Pharmabetriebslehre

Springer

Berlin
Heidelberg
New York
Barcelona
Hongkong
London
Mailand
Paris
Tokio

Oliver Schöffski
Frank-Ulrich Fricke
Werner Guminski
Wolfgang Hartmann
Herausgeber

Pharma-
betriebslehre

Mit 63 Abbildungen
und 39 Tabellen

 Springer

Professor Dr. Oliver Schöffski
Universität Erlangen-Nürnberg
Lehrstuhl für Gesundheitsmanagement
Lange Gasse 20
90403 Nürnberg, Deutschland

Dr. Frank-Ulrich Fricke
Fricke & Pirk GmbH
Färberstraße 20
90402 Nürnberg, Deutschland

Werner Guminski
I + G Gesundheitsforschung GmbH & Co.
Landsberger Straße 338
80687 München, Deutschland

Dr. Wolfgang Hartmann
Kröckelbergstraße 17
65193 Wiesbaden, Deutschland

ISBN 3-540-43222-1 Springer-Verlag Berlin Heidelberg New York

Die Deutsche Bibliothek – CIP-Einheitsaufnahme
Pharmabetriebslehre / Hrsg.: Oliver Schöffski .... – Berlin; Heidelberg; New York;
Barcelona; Hongkong; London; Mailand; Paris; Tokio: Springer, 2002
ISBN 3-540-43222-1

Springer-Verlag Berlin Heidelberg New York
ein Unternehmen der BertelsmannSpringer Science + Business Media GmbH

http://www.springer.de

© Springer-Verlag Berlin Heidelberg, 2002
Printed in Germany

Umschlaggestaltung: Erich Kirchner, Heidelberg
SPIN 10867446   42/2202-5 4 3 2 1 0 – Gedruckt auf säurefreiem Papier

Vorwort

Die pharmazeutische Industrie ist ein bedeutender und weiter wachsender Wirtschaftsbereich mit mehr als 110.000 hochqualifizierten Mitarbeitern in Deutschland. Jährlich werden viele Personen mit unterschiedlichem akademischen oder nicht-akademischen Hintergrund neu eingestellt. Nur exemplarisch seien hier Mediziner, Wirtschaftswissenschaftler, Pharmazeuten, Biologen, Chemiker und Veterinäre zu nennen. All diesen Personengruppen ist eines gemeinsam: Sie verfügen nach Abschluss der Ausbildung nur über geringe Kenntnisse bezüglich der institutionellen Gegebenheiten innerhalb des deutschen Gesundheitssystems und auch die Besonderheiten der pharmazeutischen Industrie gehören nicht zum allgemeinen Wissensstand. Um ihre Aufgabe im Unternehmen oder auch in Verbänden wahrnehmen zu können, müssen sie erst aufwändig intern mit den Besonderheiten und Rahmenbedingungen vertraut gemacht werden. Dieses ist nicht einfach, denn eine allgemeine „Pharmabetriebslehre", die den notwendigen Stoff systematisch, aktuell und insbesondere auch Deutschland-spezifisch abdeckt, existiert bislang noch nicht.

Das vorliegende Buch soll diese Lücke schließen. Es umfasst sich gegenseitig ergänzende Beiträge von Praktikern, Beratern, Wissenschaftlern, gesundheitspolitisch tätigen Personen sowie Vertretern von Verbänden und gibt damit erstmals einen umfassenden und verständlichen Überblick über nahezu alle für die pharmazeutische Industrie relevanten Bereiche.

Teil A des Buchs befasst sich insbesondere mit den Rahmenbedingungen, innerhalb derer die Pharmaindustrie agieren muss. Es werden beispielsweise das System der Krankenversicherung (GKV, PKV), die Institution der Bundesausschüsse, der Krankenhausbereich, das Nachfrageverhalten nach Gesundheitsleistungen, Steuerungsmechanismen, die Evaluationsforschung, die Konzertierte Aktion im Gesundheitswesen sowie alternative Gesundheitsversorgungssysteme diskutiert. Teil B beschäftigt sich dagegen insbesondere mit den Prozessen, die innerhalb eines pharmazeutischen Unternehmens ablaufen. Hier wird in verschiedenen Beiträgen insbesondere auf die Phasen bis zur Zulassung eines Arzneimittels und die Vermarktung ab der Zulassung eingegangen. Strategische Planung, Arzneimittelentwicklung, Zulassungsfragen, Preisbildung und Erstattung, Vertriebskanäle, Marketing und Marktforschung sowie die Rolle der verschiedenen beteiligten Abteilungen im Unternehmen sind einige Stichworte, die hier sehr umfassend dargestellt werden. Teil C ist schließlich einigen Spezialfragen der pharmazeutischen Industrie gewidmet, hier werden beispielsweise verschiedene rechtliche Aspekte dargestellt, die Frage der Finanzierung pharmazeutischer Forschung aufgeworfen, der Konzentrationsprozess in dieser Industrie beleuchtet sowie abschließend die Frage der europäischen Entwicklung diskutiert.

Das Manuskript für dieses Buch wurde im Jahr 2001 fertiggestellt, das Buch erscheint allerdings erst im Jahr 2002, d. h. nach der Einführung des Euros. In diesem Buch wird nicht durchgängig die neue Währungseinheit verwendet, da im Laufe des Jahres 2001 noch nicht absehbar war, wie beispielsweise die amtlichen Statistiken (z. B. Zeitreihen) umgerechnet werden. Außerdem haben sich im zweiten Halbjahr 2001 die Rahmenbedingungen des Pharmamarktes weiter verändert.

Diese Veränderungen konnten nicht vollständig eingearbeitet werden. In späteren
Auflagen wird dieses nachgeholt.

Die Herausgeber bedanken sich auf diesem Wege ganz herzlich bei allen Auto-
ren, die zum Gelingen dieses Buchs beigetragen haben. Der Anreiz, an einem
wirklich notwendigen Buch mitzuwirken, war für alle ausreichend, einen großen
Teil ihrer Arbeitskraft diesem Projekt zu widmen, obwohl bei allen Beteiligten die
Belastungen des Alltagsgeschäfts dieses eigentlich nicht erlaubt hätten. Wir bedanken uns auch bei Frau Diplom-Kauffrau Daniela Marschall und Frau Barbara
Winter für ihre monatelange inhaltliche und formale Arbeit, mit der sie das Entstehen des endgültigen Manuskripts überhaupt erst ermöglicht haben. Wir hoffen,
dass die Bemühungen aller Beteiligten, die zum vorliegenden Buch geführt haben,
durch den Nutzen der Leser weit mehr als ausgeglichen werden.

Nürnberg, München, Wiesbaden, im Dezember 2001

Oliver Schöffski
Frank-Ulrich Fricke
Werner Guminski
Wolfgang Hartmann

Inhaltsverzeichnis

Teil C: Spezielle Fragen zu Markt und Unternehmenssteuerung

Teil A:

Rahmenbedingungen unternehmerischen Handelns in der pharmazeutischen Industrie

1 System der Krankenversicherung

Oliver Schöffski

Lehrstuhl für Gesundheitsmanagement, Universität Erlangen-Nürnberg

1.1
Das Sozialversicherungssystem in Deutschland

Die Grundlage des sozialen Engagements unseres Staates ist das *Sozialstaatsprinzip*, das im Art. 20 des Grundgesetzes kodifiziert ist. In der über hundertjährigen Geschichte der deutschen Sozialgesetzgebung sind eine Vielzahl von Einzelgesetzen entstanden, die in der Rechtssystematik kaum nachvollziehbar eingegliedert wurden. Seit einigen Jahren ist der Gesetzgeber dabei, diese Einzelgesetze zu einem großen Gesamtwerk, dem *Sozialgesetzbuch*, zusammenzufassen. Die im Sozialgesetzbuch enthaltenen Vorschriften sollen der Verwirklichung sozialer Gerechtigkeit und sozialer Sicherheit dienen. Gerade in den letzten Jahren sind bei der Systematisierung erhebliche Fortschritte erzielt worden.[1] Der derzeitige Stand des Sozialgesetzbuchs stellt sich wie folgt dar:

SGB I	:	Allgemeiner Teil des Sozialgesetzbuchs (vom 11.12.1975)
SGB II	:	noch nicht belegt
SGB III	:	Arbeitsförderung (vom 24.03.1997)
SGB IV	:	Gemeinsame Vorschriften für die Sozialversicherung (vom 23.12.1976)
SGB V	:	Gesetzliche Krankenversicherung (vom 20.12.1988)
SGB VI	:	Gesetzliche Rentenversicherung (vom 18.12.1989)
SGB VII	:	Gesetzliche Unfallversicherung (vom 07.08.1996)
SGB VIII	:	Kinder- und Jugendhilfe (vom 15.03.1996)
SGB IX	:	noch nicht belegt (Gesetz zur Eingliederung von Behinderten und Rehabilitationsgesetz, geplant für die laufende Legislaturperiode)
SGB X	:	Verwaltungsverfahren (vom 04.11.1982)
SGB XI	:	Soziale Pflegeversicherung (vom 26.05.1994)

---

[1] Vgl. Schöffski, O. (1999), S. 1.

1.2
Finanzierung des Gesundheitswesens und Mittelverwendung im Überblick

Im Gesundheitswesen sind neben den Sozialversicherungsträgern auch andere Kostenträger an der Finanzierung beteiligt. Abb. 1.1 zeigt dabei die unterschiedlichen Anteile.

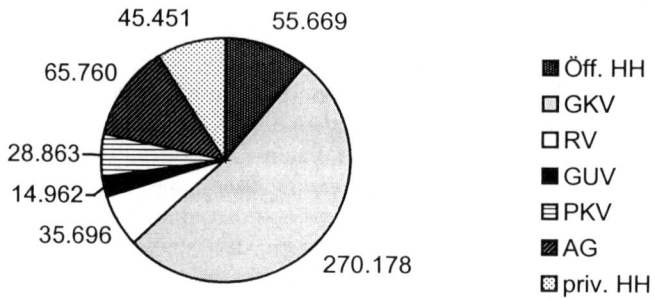

Abb. 1.1. Ausgaben für Gesundheit nach Ausgabenträgern (Deutschland, 1997, insgesamt 516.579 Millionen DM)[2]

Die Gesetzliche Krankenversicherung (GKV) hat einen Anteil von über 50 % der gesamten Ausgaben für die Gesundheitsversorgung und ist damit der größte (direkte) Finanzierungsträger. Das bedeutet aber auch gleichzeitig, dass die GKV nicht mit dem Gesundheitswesen gleichgesetzt werden darf. Werden staatliche Eingriffe in das Gesundheitswesen geplant, so muss als erstes die Frage gestellt werden, was damit eigentlich beeinflusst werden soll: Die Ausgaben für das Gesundheitswesen als Ganzes oder nur der Teil, der von der GKV finanziert wird? Dieses wird in der öffentlichen Diskussion häufig nicht ausreichend berücksichtigt. Entlastet man die Krankenkassen (beispielsweise durch höhere Selbstbeteiligungen), so werden die Ausgaben im Gesundheitswesen (zumindest direkt) erst einmal nicht tangiert, sondern es findet nur eine Verschiebung von einem Kostenträger zum anderen statt.

Die private Krankenversicherung (PKV) spielt neben den Sozialversicherungsträgern und den öffentlichen Haushalten ebenfalls eine wesentliche Rolle bei der Finanzierung. Man kann in Deutschland von einem Größenverhältnis zwischen GKV und PKV von 9:1 ausgehen, sowohl bezüglich der vollversicherten Mitglieder als auch bezüglich der Ausgaben. Die privaten Haushalte zeichnen noch für

2   Quelle: Statistisches Bundesamt (Hrsg.) (2000), S. 442.

ein Ausgabenvolumen von mehr als 45 Milliarden DM verantwortlich. Hier sind insbesondere die Selbstbeteiligungen und die „out of pocket"-Käufe zu nennen. Bei dieser Abgrenzung muss aber beachtet werden, dass im Endeffekt natürlich der Verbraucher die gesamten Ausgaben im Gesundheitswesen zu tragen hat, da er die Sozialversicherungen finanziert und auf Lohnbestandteile verzichtet.

Der größte Block, nämlich 62 %, der Ausgaben im Gesundheitswesen geht – wie erwartet – in den Bereich der Behandlung von Kranken (s. Abb. 1.2). Vorbeugende und betreuende Maßnahmen (z. B. Gesundheitsdienste, Früherkennung, Mutterschaftshilfe, Pflege) schlagen mit etwa 7 % zu Buche, die Krankheitsfolgeleistungen (z. B. berufliche und soziale Rehabilitation, Entgeltfortzahlung, Berufs- und Erwerbsunfähigkeitsrenten) mit etwa 24 %. Für Forschung und Lehre wird insgesamt ein Anteil von nicht einmal 1,7 % ausgegeben. Die einzelnen Finanzierungsträger sind bei diesen Blöcken unterschiedlich stark vertreten.

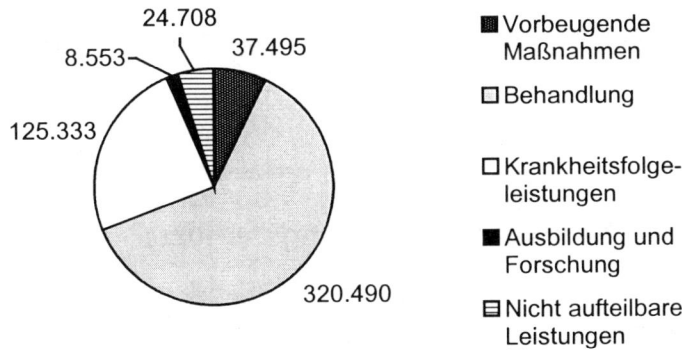

Abb. 1.2. Ausgaben für Gesundheit nach Leistungsarten (Deutschland, 1997, insgesamt 516.579 Millionen DM)[3]

Gemäß der Gliederung des Statistischen Bundesamts lassen sich die Gesamtausgaben für Behandlung in die fünf Leistungsbereiche ambulante Behandlung, stationäre Behandlung, stationäre Kurbehandlung, Arzneien, Heil- und Hilfsmittel sowie Zahnersatz unterteilen (s. Abb. 1.3).

Mit über 40 % schlägt die stationäre Behandlung, d. h. die Krankenhäuser, bei den Ausgaben für die Behandlung zu Buche, gefolgt von der ambulanten Behandlung (knapp 30 %) und den Arznei-, Heil- und Hilfsmitteln (knapp 22 %).

---

[3]   Quelle: Statistisches Bundesamt (Hrsg.) (2000), S. 442.

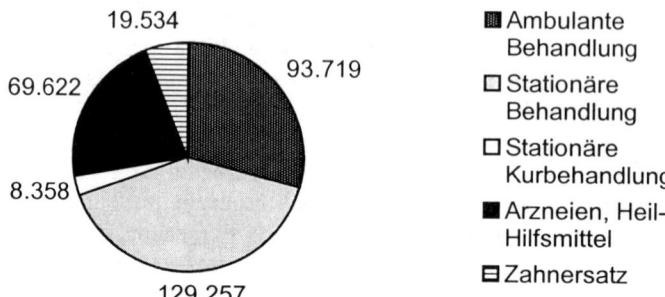

Abb. 1.3. Ausgaben für Behandlung (Deutschland, 1997, insgesamt 320.490 Millionen DM)[4]

1.3
Die Anbieter von Krankenversicherungsschutz

Der Krankenversicherungsschutz wird in Deutschland von verschiedenen Institutionen gewährleistet. Insbesondere sind hier die beiden großen Gruppen Gesetzliche Krankenversicherung (GKV) und private Krankenversicherung (PKV) zu nennen. Obwohl das deutsche Krankenversicherungssystem nicht staatlich organisiert ist (wie beispielsweise in Großbritannien), ist doch die ganz überwiegende Mehrheit der Bevölkerung gegen das Krankheitsrisiko geschützt (s. Abb. 1.4).

Die Gesetzliche Krankenversicherung, d. h. die Allgemeinen Ortskrankenkassen (AOKn), die Betriebskrankenkassen (BKKn), die Innungskrankenkassen (IKKn), die Landwirtschaftlichen Krankenkassen, die Angestellten- oder Arbeiterersatzkassen (EKn), die Bundesknappschaft und die Seekrankenkasse, ist für den Versicherungsschutz von 88,5 % der deutschen Bevölkerung verantwortlich, die PKV für fast 9 %. Sonstigen Versicherungsschutz genießen beispielsweise Personen mit freier Heilfürsorge (Bundeswehr, Bundesgrenzschutz), dieses betrifft etwa 2,4 % der Bevölkerung. Etwa 150.000 Personen haben in Deutschland stichtagsbezogen überhaupt keinen Krankenversicherungsschutz (etwa 0,2 %).

---

[4]   Quelle: Statistisches Bundesamt (Hrsg.) (2000), S. 442.

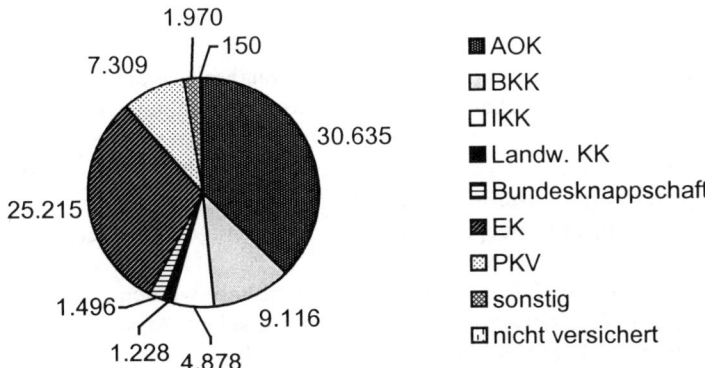

Abb. 1.4. Bevölkerung nach Krankenversicherungsschutz (Deutschland, April 1999, in 1.000, insgesamt 81.996)[5]

Im Folgenden wird speziell auf den größten direkten Finanzierungsträger des Gesundheitswesens der Bundesrepublik Deutschland eingegangen: Die Gesetzliche Krankenversicherung.

1.4
Die Gesetzliche Krankenversicherung (GKV)

1.4.1
Die Finanzierung der Gesetzlichen Krankenversicherung

Die Finanzierung der Gesetzlichen Krankenversicherung ist nach dem Umlageverfahren organisiert. Die Einnahmen in jedem Jahr müssen den Ausgaben im selben Jahr entsprechen, Ausnahmen können nur kurzfristige, relativ geringe Kassenbestände oder -fehlbeträge sein. Die Beiträge, die das einzelne Kassenmitglied zu zahlen hat, richten sich (anders als in der PKV) nicht nach dem individuellen Risiko, sondern sie sind einkommensbezogen. Damit soll eine Berücksichtigung der Leistungsfähigkeit erreicht werden: eine Person mit einem hohen Einkommen wird zur Finanzierung der GKV stärker herangezogen (bei im Prinzip gleichem Leistungsanspruch) als eine Person mit einem geringen Einkommen.[6]

Da die Leistungen der GKV zu 90 bis 95 % gesetzlich im SGB V determiniert sind, haben die Krankenkassen auf der Ausgabenseite kaum Einflussmöglichkei-

---

[5] Quelle: Statistisches Bundesamt (Hrsg.) (2000), S. 62.
[6] Vgl. Schöffski, O. (1999), S. 3.

ten. Die Verwaltungskosten der Krankenkassen, die häufig als wesentlich überzogen kritisiert werden, betragen nur etwa 5 % der gesamten Ausgaben. Selbst eine Halbierung dieses Ausgabenblocks hätte nur eine Beitragssatzsenkung von weniger als 0,4 Prozentpunkten zur Folge. Auf der Einnahmenseite kann innerhalb der Gesetzlichen Krankenversicherung das der Beitragserhebung zugrundeliegende Einkommen der Versicherten nicht beeinflusst werden, es existiert damit für die Krankenkassen nur eine einzige Stellschraube, um Einnahmen und Ausgaben, wie beim Umlageverfahren gefordert, zum Ausgleich zu bringen: der *Beitragssatz*.[7] Dieser muss regelmäßig angepasst, d. h. erhöht oder gesenkt werden, wenn die finanzielle Situation dies erfordert.

Wie im deutschen Sozialversicherungssystem üblich, werden auch die Beiträge zur Gesetzlichen Krankenversicherung hälftig zwischen Arbeitnehmer und Arbeitgeber aufgeteilt. Diese beiden Quellen tragen die Hauptfinanzierungslast der GKV. Weitere Einnahmen stammen aus den Beiträgen der Rentner (hier zahlt die Rentenversicherung den hälftigen Beitrag), der Studenten und der Bundesanstalt für Arbeit, die die Bezieher von Lohnersatzleistungen (z. B. Arbeitslosengeld, Arbeitslosenhilfe, Unterhaltsgeld, Eingliederungsgeld) gegen Krankheit weiterversichert.

In der Gesetzlichen Krankenversicherung existiert eine *Beitragsbemessungsgrenze*, die 2001 auf den Monat gerechnet 6.525 DM beträgt. Nur bis zu dieser Grenze werden die prozentualen Beiträge erhoben, darüber hinausgehende Einkommen werden mit Beiträgen zur GKV nicht belastet. Der Grund für die Festlegung einer Beitragsbemessungsgrenze ist die Vermeidung einer zu großen Diskrepanz zwischen Beitragszahlung und in Anspruch genommenen Leistungen im Einzelfall, das Leistungsfähigkeitsprinzip soll nicht überstrapaziert werden.

Anders als in den übrigen Sozialversicherungszweigen Rentenversicherung, Arbeitslosenversicherung und Pflegeversicherung existiert in der Gesetzlichen Krankenversicherung kein bundesweit einheitlicher Beitragssatz, jede Krankenkasse kalkuliert individuell. Allerdings nimmt der Gesetzgeber insofern Einfluss auf die Beitragssätze, als er eine Beitragssatzstabilität seit 1988 in § 71 SGB V fordert.

1.4.2
Die Träger der Gesetzlichen Krankenversicherung

Die GKV wird von selbständig kalkulierenden Krankenkassen getragen. Während noch vor einigen Jahren weit mehr als 1.000 Krankenkassen existierten, hat sich in der letzten Zeit ein sehr starker Konzentrationsprozess ergeben, der immer noch nicht abgeschlossen ist. 1992 gab es 1367 Krankenkassen, 1998 noch 483 und im Jahr 1999 waren es bereits nur noch 459 (s. Abb. 1.5).

---

[7]   Vgl. Lampert, H. (1998), S. 239.

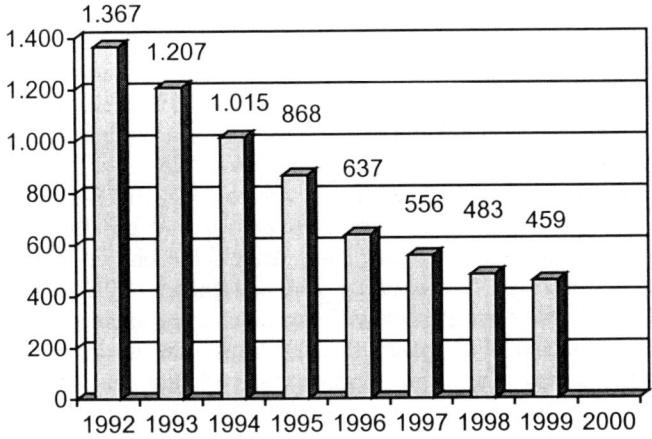

Abb. 1.5. Anzahl der Krankenkassen im Zeitablauf (Deutschland)[8]

Bei einigen Kassenarten ist der Konzentrationsprozess mittlerweile abgeschlossen, dieses gilt insbesondere für die Allgemeinen Ortskrankenkassen (AOKn), von denen es mittlerweile nur noch pro Bundesland eine gibt (Ausnahme: Nordrhein-Westfalen ist in die Regionen Rheinland und Westfalen-Lippe unterteilt) (s. Abb. 1.6). Auch die Anzahl der Ersatzkassen ist seit Jahren mit 13 konstant. Mitten im Konzentrationsprozess befinden sich derzeit noch die Innungs- und insbesondere die Betriebskrankenkassen. Deren Zahl dominiert die übrigen Kassen zwar noch gewaltig, ist aber seit Jahren rückläufig.

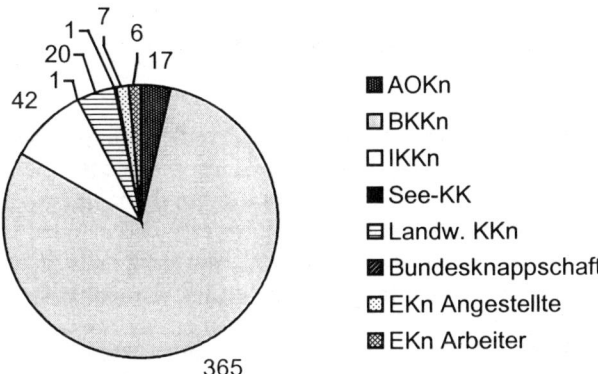

Abb. 1.6. Anzahl der Krankenkassen nach Kassenarten[9]

---

8   Quelle: Statistisches Bundesamt (Hrsg.) (2000), S. 450.
9   Quelle: Statistisches Bundesamt (Hrsg.) (2000), S. 450.

1.4.3
Die Versicherten

In der Gesetzlichen Krankenversicherung müssen mindestens drei verschiedene Gruppen von Leistungsberechtigten unterschieden werden: die Pflichtversicherten, die freiwillig Versicherten und die Familienversicherten. Die Regelungen zur *Versicherungspflicht* sollen insbesondere dazu dienen, den Schutzbedürftigen in der Bevölkerung eine Absicherung des Krankheitsrisikos zu ermöglichen. Die Versicherungspflicht knüpft insbesondere am Einkommen aus unselbständiger Tätigkeit an. So sind Arbeitnehmer, d. h. Arbeiter, Angestellte und zu ihrer Berufsausbildung Beschäftigte, deren regelmäßiges Arbeitsentgelt 75 % der Beitragsbemessungsgrenze in der Gesetzlichen Rentenversicherung nicht übersteigt (diese Grenze beträgt 2001 monatlich 6.525 DM), zwangsweise in der Gesetzlichen Krankenversicherung versichert. Die Versicherungspflichtgrenze entspricht somit von der Höhe her der Beitragsbemessungsgrenze, trotzdem sind beide Grenzen inhaltlich strikt voneinander zu trennen, da sie eine unterschiedliche Bedeutung haben.

Aber auch andere Personen außer den genannten Arbeitnehmern werden als schutzbedürftig definiert und daher der Versicherungspflicht unterworfen (§ 5 SGB V). Beispielhaft seien die folgenden Gruppen genannt:

- Empfänger von Lohnersatzleistungen (Arbeitslosengeld, Arbeitslosenhilfe, Unterhaltsgeld),
- Landwirte, ihre mitarbeitenden Familienangehörigen und Altenteiler,
- Künstler und Publizisten,
- Rentner, wenn sie bestimmte Versicherungszeiten zurückgelegt haben,
- Studenten bis zum Abschluss des 14. Fachsemesters, längstens jedoch bis zum vollendeten 30. Lebensjahr,
- Personen, die in Jugendhilfe-, Behinderten- und Rehabilitationseinrichtungen zur Vermittlung beruflicher Fähigkeiten tätig sind.

Insgesamt ist zu fragen, ob die sehr stark ausgedehnte Definition der Schutzbedürftigkeit heute noch Sinn macht. Seit der Gründung der Gesetzlichen Krankenversicherung am 15. Juni 1883 ist der Mitgliederstamm immer weiter ausgedehnt worden mit der Folge, dass heute im System vielleicht auch Personen erfasst werden, die nicht unbedingt schutzbedürftig sind. Hier wäre zu überlegen, ob eine stärkere Selbstverantwortung nicht positive Signale für das gesamte Krankenversicherungssystem geben könnte.

Personen, die aus der Versicherungspflicht ausscheiden, können als *freiwillige Mitglieder* in der GKV verbleiben, wenn sie bestimmte Mindestversicherungszeiten vorweisen können (§ 9 SGB V). Sie haben allerdings ebenso wie die übrigen Personengruppen, die nicht versicherungspflichtig sind, die Möglichkeit, sich privat oder überhaupt nicht gegen das Krankheitsrisiko zu versichern.

Die dritte Gruppe der Leistungsberechtigten innerhalb der GKV sind die *Familienversicherten*. Hierbei handelt es sich um Ehegatten und Kinder von Mitgliedern einer Krankenkasse, die nicht selbst versicherungspflichtig sind. Für diese

Familienversicherten muss kein gesonderter Beitrag an die Krankenkasse abgeführt werden, sie haben trotzdem einen nahezu identischen Leistungsanspruch.

1.4.4
Die Wahlmöglichkeiten der Versicherten und aktuelle Beitragssätze

Während noch vor wenigen Jahren für den Großteil der Bevölkerung die Krankenkasse verbindlich vorgeschrieben war und insbesondere nur die Angestellten zwischen ihrer Primärkasse und einer Ersatzkasse wählen konnten, existieren heute Wahlrechte für fast alle Versicherten (Ausnahmen: Versicherte der Seekrankenkasse und der Bundesknappschaft).[10] Versicherungspflichtige und Versicherungsberechtigte können generell wählen (§ 173 SGB V)

- die Ortskrankenkasse des Beschäftigungs- oder Wohnorts,
- jede Ersatzkasse, deren Zuständigkeit sich nach der Satzung auf den Beschäftigungs- oder Wohnort erstreckt,
- die Betriebs- oder Innungskrankenkasse des Betriebs, in dem man beschäftigt ist,
- die Betriebs- oder Innungskrankenkasse, wenn die jeweilige Satzung es vorsieht,
- die Krankenkasse, bei der vor Beginn der Versicherungspflicht oder Versicherungsberechtigung zuletzt eine Mitgliedschaft bestanden hat,
- die Krankenkasse, bei der der Ehegatte versichert ist.

Für die Krankenkassen besteht dabei ein Kontrahierungszwang, d. h. sie dürfen die Mitgliedschaft nicht ablehnen, wenn der Antragsteller zu dem satzungsmäßigen Mitgliederkreis zählt. Eine Risikoselektion durch die Krankenkasse ist im Gegensatz zu privaten Krankenversicherungen zumindest wesentlich erschwert. Der Versicherungspflichtige ist für mindestens 12 Monate an die Wahl seiner Krankenkasse gebunden. Mit einer Frist von drei Monaten zum Ende eines Kalenderjahres ist eine Kündigung möglich. Ausnahmen bestehen bei einer Erhöhung des Beitragssatzes oder einer Veränderung der Leistungen. Hier kann mit einmonatiger Frist zum Ende des nächsten Kalendermonats gekündigt werden. Freiwillige Mitglieder einer Krankenkasse haben weiterreichende Wechselmöglichkeiten. Sie können regelmäßig mit 2-monatiger Kündigungsfrist ihre Mitgliedschaft beenden.[11]

Von den aktuell über 400 Krankenkassen ist gemäß den oben dargestellten Prinzipien nicht jede für jedermann wählbar. Etwa 200 Krankenkassen sind generell geöffnet, bei den übrigen ist die Mitgliedschaft an Bedingungen, meist an die Zugehörigkeit zu einem bestimmten Unternehmen, geknüpft. Aber auch bei der Bundesknappschaft, der Seekasse, den landwirtschaftlichen Krankenkassen und anderen ist kein allgemeiner Beitritt möglich. Von den etwa 200 allgemein wählbaren Krankenkassen haben viele eine regionale Gebietsbeschränkung, d. h. nur

---

[10] Vgl. Horgby, P.-J., Schöffski, O., Schulenburg, J.-M. Graf v. d. (1994).
[11] Vgl. Schöffski, O., Galas, E., Schulenburg, J.-M. Graf v. d. (1996), S. 297.

ein Gebietsansässiger (Wohnung oder Arbeitsplatz) kann beitreten. Die kleinste
regionale Beschränkung beträgt dabei ein Bundesland (auch hier wieder die Ausnahme Nordrhein-Westfalen). Wegen der regionalen Begrenzung ist die Zahl der
wählbaren Krankenkassen in den einzelnen Bundesländern daher unterschiedlich,
in Bayern kann derzeit beispielsweise aus 111 Krankenkassen gewählt werden, in
Niedersachsen aus 106 (Stand September 2000).

Die bundesweit allgemein zugänglichen Krankenkassen verlangten im September 2000 Beitragssätze zwischen 11,8 und 14,7 %. Bei einer Betrachtung aller
allgemein zugänglichen Krankenkassen (auch der regional Tätigen) waren Bei-
tragssatzschwankungen zwischen 11,2 und 14,9 % festzustellen, d. h. eine Bei-
tragssatzdifferenz von 3,7 Prozentpunkten. Es handelt sich dabei allerdings um
eine linksschiefe Verteilung, da die günstigen Beitragssätze von vielen kleinen
Krankenkassen angeboten werden, die großen, bundesweit agierenden Krankenkassen (Ersatzkassen) und die örtlichen AOKn haben meist Beitragssätze zwischen 13 und 14 %, meist im oberen Bereich dieser Spanne.

1.4.5
Die Aufgaben und Leistungen

Generell ist in § 12 SGB V festgelegt, dass die Leistungen der Krankenkassen
ausreichend, zweckmäßig und wirtschaftlich sein müssen. Das Maß des Notwendigen darf dabei nicht überschritten werden. Mit diesen Vorgaben bleibt die GKV
hinter den entsprechenden Vorschriften der Gesetzlichen Unfallversicherung zurück, wo in den §§ 14 und 26 SGB VII festgelegt ist, dass die Unfallversiche-
rungsträger *mit allen geeigneten Mitteln* für die Verhütung und die Behandlung
von Arbeitsunfällen und Berufskrankheiten zu sorgen haben. Im Einzelfall kann
sich daraus eine sehr unterschiedliche Versorgung von Personen mit gleichem
Gesundheitszustand ergeben, je nachdem worauf die gesundheitliche Beeinträchtigung zurückzuführen ist (arbeitsbedingt oder nicht arbeitsbedingt).

Die GKV ist prinzipiell gemäß dem Sachleistungsprinzip aufgebaut, das bedeutet, dass die Versicherten Anspruch auf nahezu kostenlose Versorgung mit den
notwendigen Gesundheitsgütern und -dienstleistungen haben. Die Abrechnung mit
den Leistungserbringern erfolgt dann direkt durch die Krankenkassen. Das Sachleistungsprinzip ist für den Patienten sehr komfortabel, da er nicht erst die Leistungserbringer bezahlen und sich das verauslagte Geld von den Krankenkassen
erstatten lassen muss. Verloren geht durch das Sachleistungsprinzip aber der Patient als Kontrollinstanz, da er in der Regel nicht weiß, was von den Leistungserbringern den Krankenkassen in Rechnung gestellt wird. Zusätzlich kann der Patient
auch kein Kostenbewusstsein entwickeln, das ihn eventuell von der Inanspruchnahme nicht notwendiger Leistungen abhalten würde.

Die durch die GKV gewährten Leistungen sind relativ umfassend, zu nennen
sind beispielsweise die folgenden Bereiche (§§ 20–60 SGB V):

* Leistungen zur Verhütung von Krankheiten
* Leistungen zur Früherkennung von Krankheiten
* Leistungen zur Behandlung von Krankheiten

- Ärztliche Behandlung
- Zahnärztliche Behandlung
- Versorgung mit Arznei-, Verband-, Heil- und Hilfsmitteln
- Häusliche Krankenpflege und Haushaltshilfe
- Krankenhausbehandlung
- Medizinische Rehabilitation
- Krankengeld

Für bestimmte Leistungen existieren allerdings Ausschlüsse (z. B. Negativliste) und generell sind alle Leistungen mit mehr oder weniger hohen Selbstbeteiligungen unterlegt (Ausnahme: ambulante ärztliche Versorgung), es existieren aber obere Belastungsgrenzen (vgl. §§ 61, 62 SGB V).

1.4.6
Einflussfaktoren auf den Beitragssatz und Risikostrukturausgleich

Gründe für die unterschiedlich hohen Beitragssätze der Krankenkassen sind in der Risikostruktur der Mitglieder, der Grundlohnsumme und in der Struktur und Anzahl der Leistungsanbieter in einer bestimmten Region zu sehen. Dieses führte dazu, dass sich Anfang der 90er Jahre die Beitragssätze zwischen einzelnen Krankenkassen um mehr als acht Prozentpunkte (zwischen weniger als acht und mehr als 16 %) unterschieden. Dieser Differenz von mehr als 100 % stand ein nahezu identischer Leistungsanspruch der Versicherten gegenüber. Dieses wurde als sozialpolitisch nicht erwünscht betrachtet, da es zu einer Ungleichbehandlung einzelner Versicherter führte, denn nur ein Teil der Versicherten (insbesondere die Angestellten) hatte eine Wahlmöglichkeit zwischen verschiedenen Kassen.

Aus diesem Grund wurde 1994 ein bundesweiter, kassenartenübergreifender *Risikostrukturausgleich* eingeführt (§ 266 SGB V). Kassen mit einer guten Risikostruktur und einer hohen Grundlohnsumme der Versicherten zahlen seitdem an Kassen mit einer schlechten Risikostruktur (hohe Anzahl von Familienversicherten, hohes durchschnittliches Alter der Versicherten, überproportional viele Frauen) und einer niedrigen Grundlohnsumme ihrer Versicherten.[12] Historisch gewachsene Benachteiligungen einzelner Kassen(-arten) werden damit zum großen Teil ausgeglichen, so dass im nun verstärkt herrschenden Wettbewerb der Kassen untereinander im wesentlichen nur noch die unterschiedliche Leistungsfähigkeit eine Rolle spielt. Seit der Einführung des Risikostrukturausgleichs haben sich die Beitragssatzunterschiede innerhalb der GKV wesentlich verringert. Die Morbidität der Versicherten (d. h. Häufigkeit bestimmter Erkrankungen) wird bislang noch nicht ausgeglichen.

---

[12] Vgl. Galas, E. Schöffski, O. (1996), S. 295.

1.4.7
Die Steuerung der Gesetzlichen Krankenversicherung

Im System der Gesetzlichen Krankenversicherung sind wichtige Marktprinzipien außer Kraft gesetzt. Insbesondere die Mengen und Preise der Gesundheitsgüter und -dienstleistungen folgen nicht dem Prinzip von Angebot und Nachfrage. Da das Gesundheitswesen nicht dem freien Spiel der Marktkräfte überlassen werden kann, sind umfangreiche staatliche Regulierungen notwendig, die immer nur unbefriedigend sein können.[13] Regulierungslücken und -fehlsteuerungen werden von den rational handelnden Marktteilnehmern konsequent ausgenutzt und ziehen dann weitergehende gesetzliche Eingriffe nach sich, so dass die Regulierungsdichte im Zeitablauf immer weiter zunimmt.

Insbesondere der niedergelassene Arzt spielt als *Gatekeeper* eine besondere Rolle im Gesundheitswesen, da er nicht nur für seine eigenen Leistungen Kosten verursacht, sondern auch Leistungen im Bereich der Arzneimittelversorgung, der stationären Versorgung und in den anderen Leistungsbereichen veranlasst. Während sich in einem marktwirtschaftlichen System nur zwei Marktparteien gegenüberstehen (Anbieter und Nachfrager), sind es im Gesundheitswesen im wesentlichen drei Parteien: Der Arzt, der Patient und die Krankenkasse. Daraus ergibt sich die folgende Situation: Der Arzt verordnet Leistungen, konsumiert oder bezahlt sie aber nicht; der Patient konsumiert die Leistung, fragt sie aber selbst nicht nach und bezahlt sie auch nicht (zumindest nicht direkt); die Krankenkasse hat mit der Verordnung und Konsumierung der Leistung nichts zu tun, sie muss aber dafür bezahlen. Dieser Mechanismus führt dazu, dass mehr Gesundheitsleistungen als nötig konsumiert werden, da die Grenzkosten für die Inanspruchnahme einer Leistung beim Patienten nahe Null sind.

Ein ähnliches Problem wirft auch das Phänomen der angebotsinduzierten Nachfrage auf. Die Leistungserbringer im Gesundheitswesen (und hier insbesondere die ambulant und stationär tätigen Ärzte) haben es zu einem großen Teil in der Hand, die Nachfrage nach ihren Leistungen selbst zu schaffen. Dadurch nimmt die Leistungsmenge im Gesundheitswesen immer weiter zu. Damit dieses nicht zu explodierenden Gesundheitsausgaben führt, wird im Gesundheitswesen immer stärker mit Budgets und Gesamtvergütungen gearbeitet. Dadurch wird das Risiko der Leistungsausweitung auf die Leistungserbringer abgewälzt.

1.4.8
(Immer wieder diskutierte) Reformvorschläge

Bezüglich der Finanzierung der GKV werden in regelmäßigen Abständen Reformvorschläge gemacht, dabei dreht man sich allerdings meist im Kreis und kommt in der Diskussion nicht weiter. Nur selten wird tatsächlich einmal eine bedeutende Entscheidung getroffen und in das System implementiert.

Die erste Reformoption wäre eine (wesentliche) *Veränderung der Beitragsbemessungs- und / oder Versicherungspflichtgrenze* über das Maß hinaus, in dem

---

[13] Vgl. zu den Inhalten der Gesundheitsreformgesetze von 1988, 1992, 1996 und 1997 Lampert, H. (1998), S. 242–245.

jährlich gemäß der Einkommensentwicklung angepasst wird. Beide Grenzen haben inhaltlich eine vollkommen unterschiedliche Bedeutung, sind allerdings seit jeher in Deutschland gleich hoch. Dieses ist aber für die Zukunft nicht zwingend notwendig. Wesentliche Änderungen bezüglich der Höhe einer oder beider Grenzen hätten erhebliche Auswirkungen auf die Krankenkassen, die privaten Krankenversicherungsunternehmen, die Beitragssätze und die absoluten Beiträge der Versicherten. Da beide Versicherungssysteme (GKV und PKV) mit der derzeitigen Verteilung der Versicherten zufrieden sind, spricht man daher auch von der *Friedensgrenze*, die möglichst nicht angerührt werden soll.

Die Beiträge zur Sozialversicherung und damit auch zur Gesetzlichen Krankenversicherung knüpfen ausschließlich am Einkommen aus unselbstständiger Beschäftigung an. Ausnahmen existieren bei den freiwillig Versicherten. Es wird häufig bezweifelt, dass diese Beschränkung zu dem bereits oben erwähnten Leistungsfähigkeitsprinzip passt. Durch eine *Erweiterung der Bemessungsgrundlage* auf die sieben Einkunftsarten gemäß dem Steuerrecht (Einkünfte aus nichtselbstständiger Arbeit, selbstständiger Arbeit, Gewerbebetrieb, Kapitalvermögen, Vermietung und Verpachtung, Land- und Forstwirtschaft, sonstige Einkünfte) könnte man eine stärkere Orientierung an der Leistungsfähigkeit erreichen. Zusätzlich würde die zur Zeit noch existierende Ungleichbehandlung zwischen Pflichtversicherten und freiwillig Versicherten aufgehoben. Der Beitragssatz würde durch eine entsprechende Maßnahme sinken, man hätte eine etwas geringere konjunkturelle Abhängigkeit der Beitragseinnahmen, eine Entlastung der Arbeitsentgelte (gerade die hohen Lohnnebenkosten werden häufig als Negativfaktor für den Wirtschaftsstandort Deutschland angeführt) und Renten sowie eine Belastung der Bezieher von Nicht-Arbeitseinkommen (Stichwort: reiche Erben). Daher wird auch diese Reformoption regelmäßig in die Diskussion gebracht. Allerdings ist eine Erweiterung der Bemessungsgrundlage, so plausibel sie auf den ersten Blick erscheint, nicht problemlos möglich:

- Wer soll die Einkünfte erfassen? Bislang ist das Abführen der Beiträge und die Überprüfung relativ problemlos möglich. Die Gesamteinkünfte könnten nur vom Finanzamt gemeldet werden, damit wäre die steuerfinanzierte Sozialversicherung ein Stück näher.
- Die Begründung für den Arbeitgeberbeitrag würde entfallen. Die Arbeitgeber würden sich weigern 50 % des Beitrags zu tragen, der aufgrund von Zinseinkünften anfällt.
- Es entstehen regressive Verteilungseffekte, da zusätzliche Einkommen nur bei Personen unterhalb der Beitragsbemessungsgrenze relevant wären. Die vorher schon darüber liegenden Personen würden von Beitragssatzsenkungen profitieren. Dieses könnte nur durch eine Erhöhung der Grenzen vermieden werden, die allerdings auch unerwünschte Effekte aufweisen kann.
- Es sind massive Umgehungsstrategien der Versicherten zu befürchten, die beispielsweise zu einer Kapitalflucht ins Ausland führen würden.
- Mehr Personen hätten die Möglichkeit des Übertritts zur PKV, wodurch sich möglicherweise auch unbeabsichtigte Verteilungseffekte ergeben würden.

Eine weitere Reformoption bezüglich der Finanzierung besteht in der *Änderung der Vorschriften zur beitragsfreien Familienversicherung*. Nicht-berufstätige Familienmitglieder (Ehegatte, Kinder) sind in der Gesetzlichen Krankenversicherung beitragsfrei bei prinzipiell gleichen Leistungen mitversichert. Hier ist allerdings in vielen Fällen eine massive Ungleichbehandlung von Familien mit gleichem Familieneinkommen zu verzeichnen. Verdienen beide Ehepartner exakt in der Höhe der Beitragsbemessungsgrenze, zahlen sie doppelt so hohe Beiträge bei fast identischen Leistungen wie eine Familie, bei der nur ein Ehegatte das Doppelte der Beitragsbemessungsgrenze verdient. Durch die Einführung eines Ehegattensplitting könnte man diese Ungleichbehandlung vermeiden. Vom Splitting unberührt blieben Familien mit einem Einkommen unterhalb der Beitragsbemessungsgrenze, es führt nur zu einer höheren Beitragsbelastung, wenn ein Ehepartner über und der andere unter der Beitragsbemessungsgrenze verdient. Es käme dadurch zu Mehreinnahmen und zu Beitragssatzsenkungen zum Vorteil der übrigen Versicherten und der Arbeitgeber. Aber auch dieser Vorschlag ist nicht problemlos umsetzbar:

* Nichteheliche Lebensgemeinschaften würden bevorzugt.
* Was passiert, wenn ein Ehepartner privat versichert ist? Die konzeptionelle Grundlage des Ehegattensplitting wäre damit hinfällig.
* Durch die Reduzierung der Bemessungsgrundlage würden viele bislang privat Versicherte wieder in die Versicherungspflicht fallen mit den entsprechenden Auswirkungen für die PKV.
* Was passiert mit den Familien, bei denen ein Ehepartner nicht arbeitet um die Kinder zu erziehen? Familienpolitisch wäre eine „Bestrafung" mit höheren Beiträgen nicht akzeptabel, daher müssten Kindererziehungszeiten Ausnahmetatbestände für das Splitting sein. Dann wäre allerdings zu fragen, was mit den Familien passiert, die Kinder haben, bei denen aber trotzdem beide Ehepartner berufstätig sind. Diese dürften auch nicht benachteiligt werden.

Ein vierter aktuell diskutierter Reformansatz ist die *Differenzierung des Leistungskatalogs* der Krankenkassen nach Grund- und Wahlleistungen. Hintergrund dieser Diskussion ist die Schaffung von Finanzierungsspielräumen, um Beitragssatzsteigerungen zu vermeiden und zukünftigen Finanzbedarf aufgrund des medizinisch-technischen Fortschritts und der demographischen Entwicklung decken zu können. Das größte Problem am Konzept der Grund- und Wahlleistungen ist darin zusehen, dass kaum finanziell bedeutende Teile aus dem bisherigen Erstattungskatalog als nicht unbedingt notwendig definiert werden können. Alle medizinischen Leistungen, an die man denken würde, sind bereits heute von der Erstattung ausgenommen oder mit einer mehr oder weniger hohen Selbstbeteiligung belegt (z. B. Arzneimittel gegen geringfügige Gesundheitsstörungen, Sterbegeld). Eine massive Reduzierung der Beitragssätze ist kaum denkbar.

1.5
Die private Krankenversicherung (PKV)

1.5.1
Die PKV-Unternehmen

Die private Krankenversicherung ist mit Beitragseinnahmen von 38,9 Milliarden DM (1998) nach der Lebensversicherung und der Kraftfahrtversicherung die dritt-stärkste Versicherungssparte in Deutschland.[14] Privater Krankenversicherungs-schutz wird von rechtlich selbständigen Unternehmen angeboten, die heute aber in der Regel als Mutter- oder Tochtergesellschaften Bestandteil von Versicherungs-gruppen sind, zu denen auch Lebens- und Schadensversicherer gehören. Die ge-meinsamen Interessen der privaten Krankenversicherungsunternehmen werden durch den Verband der privaten Krankenversicherung e. V. (PKV-Verband) wahrgenommen. Ende 1999 waren im PKV-Verband 52 ordentliche und zwei außerordentliche Mitgliedsunternehmen zusammengeschlossen.[15] Diese repräsen-tierten über 99 % der Jahresprämieneinnahmen. Daneben existieren noch eine Reihe von kleineren und kleinsten Krankenversicherungsunternehmen mit regio-naler bzw. berufsständischer Orientierung, deren Beitragsanteil weniger als 1 % beträgt.

Die neun größten PKV-Unternehmen erzielen jeweils mehr als 1 Milliarde DM Beitragseinnahmen. Die drei größten Unternehmen (DKV, Vereinte, Debeka) kön-nen einen Beitragsanteil von mehr als 40 % auf sich vereinen. Insgesamt gesehen existieren wenige große, einige mittlere und zahlreiche kleinere Unternehmen, damit ist bei der PKV die Marktform des Teiloligopols gegeben (s. Tabelle 1.1).

Tabelle 1.1. Marktanteile ausgewählter PKV-Unternehmen (1996, bezüglich der Bei-tragseinnahmen, in %)[16]

Rang	Unternehmen	Rechtsform	Marktanteil einfach	Marktanteil Kumuliert
1	DKV	AG	15,1	15,1
2	Vereinte	AG	12,8	28,0
3	Debeka	VVaG	12,6	40,6
4	Signal	VVaG	5,1	45,7
5	Continentale	VVaG	5,0	50,8
6	Central	AG	4,9	55,7
7	Bayerische Beamten	AG	4,8	60,5
8	Barmenia	VVaG	3,8	64,3
9	DBV	AG	3,7	68,0
10	Nova	VVaG	3,0	71,0

---

[14] Vgl. Verband der privaten Krankenversicherung e. V. (Hrsg.) (2000), S. 9.
[15] Vgl. Verband der privaten Krankenversicherung e. V. (Hrsg.) (2000), S. 7.
[16] Quelle: Terhorst, E. (2000), S. 31.

1.5.2
Die Versicherten

Durch die PKV-Unternehmen werden sowohl Krankheitskostenvollversicherungen als auch Zusatzversicherungen angeboten. Da es sich um privatrechtliche Verträge handelt, kann prinzipiell jeder einen Krankheitskostenvollversicherungsvertrag abschließen, sofern er ein PKV-Unternehmen findet, das ebenfalls dazu bereit ist. Tatsächlich Sinn macht solch ein Vertrag aber nur, wenn nicht gleichzeitig eine Versicherungspflicht in der GKV besteht, da sonst Beiträge und Prämien gezahlt werden müssten, die Leistung allerdings nur einmal erfolgen würde. Prinzipiell kann man daher davon ausgehen, dass insbesondere die versicherungsfreien Personengruppen zur Klientel der PKV gehören. Bei der Krankheitskostenvollversicherung spricht man auch von der *substitutiven Krankenversicherung*, da diese den GKV-Schutz in mindestens gleichem Umfang ersetzt. Nur wenn eine substitutive Krankenversicherung vorliegt (in der Regel durch den Abschluss eines ambulanten, stationären und Zahntarifs), sind die Arbeitgeber verpflichtet, die hälftige Prämie zu bezahlen.

Der Versicherungsvertrag kommt aufgrund der Vertragsfreiheit nur zustande, wenn beide Vertragspartner dieses wollen. Es gibt allerdings einige Ausnahmen, bei denen eine Kontrahierung und die Vertragsbedingungen gesetzlich vorgeschrieben sind bzw. sich die Versicherungsunternehmen dazu selbst verpflichtet haben. Hierzu zählt beispielsweise die *Versicherung von neugeborenen Kindern*, bei denen ein Elternteil wenigstens drei Monate bei einem PKV-Unternehmen versichert ist. Die Versicherung erfolgt in diesen Fällen ohne Risikoprüfung und Wartezeiten. Eine weitere Ausnahme bezüglich der Vertragsfreiheit ist der sogenannte *Standardtarif*. Die PKV-Unternehmen wurden gesetzlich verpflichtet, einen entsprechenden Tarif anzubieten, wenn sie als substitutiver Krankenversicherungsschutz gelten wollen. Der Standardtarif ist ein brancheneinheitlicher Tarif mit einem gesetzlich begrenzten Höchstbeitrag (max. der durchschnittliche Höchstbetrag zur GKV, im Jahr 2000 betrug dieser 870,76 DM West bzw. 740,18 DM Ost), dessen genau definierter Versicherungsschutz vergleichbar ist mit demjenigen der GKV. Dieser Tarif richtet sich an Personen (insbesondere Rentner), die aus finanziellen Gründen einen preiswerten Versicherungsschutz benötigen. Der Standardtarif gilt in der Branche als „Schmuddeltarif", da durch ihn deutlich wird, dass ein Unternehmen nicht mehr bezahlbare Tarife anbietet. Daher werden den Versicherten häufig andere (preiswerte) Alternativen angeboten, um einen Übertritt in den Standardtarif zu vermeiden. Ende 1999 waren in Deutschland nur 1.407 Personen im Standardtarif versichert, nur bei 109 davon mussten die Prämien auf den Höchstbeitrag gekappt werden.

Eine Selbstverpflichtung der größten PKV-Unternehmen stellt die *dauernde Öffnung der PKV für Beamtenanfänger* dar. Da die PKV für diese Gruppe häufig (neben der Beihilfe) die einzige Quelle für Versicherungsschutz ist, musste eine entsprechende Regelung gefunden werden, um den Versicherungsschutz zu garantieren. Andernfalls wäre schnell das zweigeteilte Krankenversicherungssystem in Frage gestellt worden (gerade die Beamten sind eine wichtige Gruppe in den gesetzgebenden Körperschaften). Die erleichterten Bedingungen laufen darauf hinaus, dass kein Antragsteller aus Risikogründen abgelehnt wird. Leistungsausschlüsse werden nicht vorgenommen und die Zuschläge zum Ausgleich erschwerter Risiken werden auf maximal 30 % des tariflichen Beitrags begrenzt. Zusatztarife (z. B. Auslandsreiseversicherungen, höhere Leistungen bei Zahnersatz) werden dann aber verweigert. Auch die *Pflegeversicherung* ist für alle Mitglieder der PKV gesetzlich vorgeschrieben, auch hier kann man sich nicht auf die Vertragsfreiheit berufen.

1.5.3
Die Prämienkalkulation

Während die Beiträge in der Gesetzlichen Krankenversicherung nach dem Umlageverfahren und gemäß dem Leistungsfähigkeitsprinzip erhoben werden, folgt die Prämienkalkulation in der PKV nach dem *Äquivalenzprinzip (Anwartschaftsdeckungsverfahren)*. Die kalkulierte Prämie jedes einzelnen Versicherten soll dem Risiko entsprechen, dass er in die Versichertengemeinschaft einbringt. Obwohl die Leistungsausgaben pro Jahr steigen, soll die Prämie so kalkuliert werden, dass sie prinzipiell ein Leben lang konstant gehalten werden kann.

Das Prinzip der konstant bleibenden Prämien führt dazu, dass in jungen Jahren eine höhere Prämie verlangt wird als dem tatsächlichen Schadenserwartungswert entspricht. Die nicht benötigte Differenz wird in eine Alterungsrückstellung eingebracht. Diese wird abgeschmolzen, sobald die jährlichen Ausgaben höher sind als die Prämie. Während sich im Einzelfall die lebenslangen Prämieneinnahmen und Krankheitskosten nicht decken müssen, wird bei guter Kalkulation die Alterungsrückstellung für alle Mitglieder eines Tarifs genau dann aufgebraucht sein, wenn der letzte Versicherte verstorben ist.

Dieses Kalkulationssystem profitiert von zwei Faktoren. Der erste ist die verzinsliche Ansammlung der Alterungsrückstellung. Durch den Zinseszinseffekt ergeben sich generelle Vorteile des Anwartschaftsdeckungsverfahrens gegenüber dem Umlageverfahren. Viel wesentlicher ist allerdings der zweite Faktor, die „Vererbung" der Alterungsrückstellung an das Versichertenkollektiv durch Tod oder Storno. Jemand der freiwillig (durch Kündigung) oder unfreiwillig (durch vorzeitigen Tod) das Kollektiv verlässt, hat keinen Anspruch auf Mitnahme (oder Vererbung an Angehörige) seiner individuellen Alterungsrückstellung. Dieses wird in jüngster Zeit als wesentliches Problem der PKV angesehen. Da das Eintrittsalter die Hauptkomponente bei der Prämienkalkulation ist, wird durch diesen Mechanismus quasi ein Wechsel zu einem anderen PKV-Unternehmen verhindert. Das neue Unternehmen würde gemäß dem höheren Eintrittsalter eine neue risikoäquivalente Prämie kalkulieren, die (zumindest nach einigen Jahren) wesentlich über derjenigen des alten Versicherers liegt. De facto sind damit die Versicherungsnehmer gezwungen, ihrem Versicherungsunternehmen quasi lebenslang die Treue zu halten. Damit greift der einzige Sanktionsmechanismus der Versicherungsnehmer (die Abwanderung) völlig ins Leere. Im Gegenteil: Je höher die Stornoquote ist, desto günstigere Prämien kann ein Krankenversicherungsunternehmen kalkulieren und zieht damit viel Neugeschäft an sich. Eine kundenfeindliche Geschäftspolitik (z. B. fehlende Kulanz, starke Beitragserhöhungen) führt damit zu einem Wettbewerbsvorteil.

Bislang wurde dargestellt, dass prinzipiell lebenslang gleich hohe Prämien in der PKV kalkuliert werden. Da die PKV-Unternehmen auf ihr ordentliches Kündigungsrecht verzichtet haben (damit niemand im Alter ohne Versicherungsschutz dasteht), wurde ihnen quasi als Kompensation zugebilligt, die Prämien zu erhöhen, wenn sich die Kalkulationsgrundlagen verändern. Dieses kann beispielsweise durch eine längere durchschnittliche Lebenserwartung oder den medizinisch-technischen Fortschritt geschehen. Entsprechend können die Prämien (nach Genehmigung durch einen Treuhänder) angepasst werden. Je älter ein Versicherungsnehmer zum Zeitpunkt der Prämienerhöhung ist, desto härter trifft ihn die Erhöhung. Die zusätzlichen (d. h. bislang nicht richtig kalkulierten) Kosten können bei ihm nur noch auf die Jahre verteilt werden, die noch vor ihm liegen und nicht auf die bereits abgelaufenen Jahre. Daher wurde gerade in den letzten Jahren in den Medien von exorbitant hohen PKV-Prämien für Rentner berichtet.

Die *Risikoprämie* (*Nettoprämie*) stellt nur einen Teil der gesamten zu zahlenden Prämie dar. Hinzu kommen noch ein Sicherheitszuschlag für die unsicheren Annahmen und ein Beitrag für die Verwaltungskosten des Versicherungsunternehmens. Diese *Bruttoprämie* ist der Betrag, der in den Prämientabellen der Unternehmen, differenziert nach Alter, Geschlecht und Tarif, abgedruckt ist. Es ist aber nicht unbedingt der Betrag, den ein individueller Versicherter auch bezahlen muss. Denn bisher ist immer nur von einem „normalen" Risiko (differenziert nach Alter und Geschlecht) ausgegangen worden. Gemäß der *Risikoprüfung* bei der Antragsannahme kann sich aber ergeben, dass beim Antragsteller ein erhöhtes Risiko vorliegt (z. B. durch Vorerkrankungen). Das Versicherungsunternehmen kann den Vertragsabschluss dann komplett ablehnen, einen Risikoausschluss formulieren oder einen Risikozuschlag zur Prämie fordern. Dabei ist es für die Versicherungsunternehmen weniger relevant, welche medizinische Bedeutung eine Diagnose hat, sondern vielmehr welche kostenmäßigen Implikationen damit verbunden sind. Eine Erkrankung mag medizinisch unbedeutend sein, da sie gut und sicher behandelbar ist, aber gerade diese Behandlungskosten sind natürlich für den Versicherer relevant.

1.6
Abschließende Bemerkungen

Das gegliederte Krankenversicherungssystem in Deutschland hat sich seit Jahrzehnten erfolgreich gegen alle größeren Änderungs- und Reformvorschläge behauptet. Es ist ein Status quo erreicht worden, mit dem sowohl die GKV als auch die PKV zufrieden ist. Beide Systeme haben ihre Vor- und Nachteile und sind sicherlich verbesserungswürdig. Die steigenden Kosten im Gesundheitswesen bauen seit einigen Jahren einen enormen Druck im System auf, so dass eine große Systemänderung nicht unwahrscheinlich ist.

Auf der anderen Seite ist im deutschen Gesundheitswesen das zu verzeichnen, was auch in anderen Ländern deutlich wird: Die Bevölkerung schimpft über das

Gesundheitssystem, die Leistungen sind zu schlecht und die Kosten zu hoch. Trotzdem hängt man an dem eigenen System und möchte weder wesentlich mehr marktwirtschaftliche Komponenten einführen (wie beispielsweise in Amerika), noch ein rein staatliches Gesundheitswesen haben (wie beispielsweise in Großbritannien). Daher werden auch in Zukunft die Reformen wahrscheinlich keine massive Systemänderung bringen, sondern eher an den Symptomen ansetzen und Änderungen im Kleinen bringen. Vielleicht ist das aber auch nicht die schlechteste Lösung.

2 Die Bundesausschüsse

Kerstin Kamke
Kassenärztliche Bundesvereinigung, Köln

Die Bundesausschüsse nehmen als wichtige Entscheidungsgremien der gemeinsamen Selbstverwaltung auf Bundesebene bestimmte gesetzlich festgelegte Aufgaben wahr (hoheitliche Funktion). Sie erlassen aufgrund der ihnen vom Gesetzgeber zugewiesenen Normsetzungsbefugnisse Richtlinien und wirken damit mit bei der Gestaltung der ambulanten und stationären Versorgung im System der Gesetzlichen Krankenversicherung (GKV). Durch ihr Handeln regeln sie das Zusammenwirken von Ärzten, Zahnärzten, Krankenkassen, Krankenhäusern und anderen Leistungserbringern im Gesundheitswesen zur Sicherstellung der ärztlichen und zahnärztlichen Versorgung der GKV-Versicherten (ordnungspolitische Funktion).

Es gibt insgesamt drei Ausschüsse, den Bundesausschuss der Ärzte und Krankenkassen, den Bundesausschuss der Zahnärzte und Krankenkassen und den Ausschuss Krankenhaus, der infolge des Gesundheitsreformgesetzes 2000 de facto einen dritten Bundesausschuss darstellt, auch wenn der Name an die bestehenden Ausschüsse nicht angepasst wurde.

Der folgende Beitrag gibt im ersten Teil einen Gesamtüberblick über die Aufgaben und die Funktion der drei Bundesausschüsse und beschäftigt sich dann exemplarisch mit dem Bundesausschuss der Ärzte und Krankenkassen.

2.1
Die Bundesausschüsse im Überblick

2.1.1
Der Bundesausschuss der Ärzte und Krankenkassen

Der Bundesausschuss der Ärzte und Krankenkassen (BA Ä/KKen) hat die Aufgabe Richtlinien für eine ausreichende, zweckmäßige und wirtschaftliche (ambulante) vertragsärztliche Versorgung der GKV-Versicherten zu erlassen. Er besteht – wie der Name schon sagt – aus Vertretern der Ärzte einerseits und Vertretern der Krankenkassen andererseits, wobei eine paritätische Besetzung beider Seiten gesetzlich vorgegeben ist. Neun Ärztevertreter, berufen von der Kassenärztlichen Bundesvereinigung, stehen neun Krankenkassenvertretern, berufen von ihren jeweiligen Spitzenverbänden auf Bundesebene, gegenüber. Darüber hinaus hat der

Bundesausschuss drei unparteiische Mitglieder. Der Vorsitzende unter ihnen vertritt den Ausschuss nach außen, sowohl gerichtlich als auch außergerichtlich.

Die Rechtsgrundlagen des BA Ä/KKen finden sich in den §§ 91 bis 94 des Sozialgesetzbuches V (SGB V) und in der Rechtsverordnung über die Amtsdauer
und die Amtsführung der Mitglieder vom 10. November 1956.

2.1.2
Der Bundesausschuss der Zahnärzte und Krankenkassen

Der Bundesausschuss der Zahnärzte und Krankenkassen (BA ZÄ/KKen) besteht
ebenfalls aus jeweils neun Vertretern der Zahnärzte und der Krankenkassen, einem unparteiischen Vorsitzenden und zwei weiteren unparteiischen Mitgliedern,
insgesamt also aus 21 Mitgliedern wie auch der BA Ä/KKen. Die Vertreter der
Zahnärzte werden von der Kassenzahnärztlichen Bundesvereinigung (KZBV) und
die Vertreter der Krankenkassen von den jeweiligen Spitzenverbänden der Krankenkassen berufen. Die gesetzliche Grundlage des Ausschusses findet sich in den
§§ 91 und 92 SGB V, die Rechtsverordnung über die Amtsdauer und die Amtsführung der Mitglieder vom 10. November 1956 gilt auch hier.

Aufgabe des BA ZÄ/KKen ist es, Richtlinien über die Gewähr für eine ausreichende, zweckmäßige und wirtschaftliche (ambulante) zahnärztliche Versorgung
der GKV-Versicherten zu erlassen. Die Beschlüsse des Ausschusses (Richtlinien,
Richtlinienänderungen) werden mit Veröffentlichung im Bundesanzeiger gültig
und für deren Adressaten verbindlich. Der BA ZÄ/KKen hat sieben Richtlinien
erlassen, nämlich:

1. Richtlinien für die vertragszahnärztliche Versorgung
2. Richtlinien über Maßnahmen zur Verhütung von Zahnerkrankungen (Individu-
   alprophylaxe)
3. Richtlinien über die Früherkennungsuntersuchungen auf Zahn-, Mund- und
   Kieferkrankheiten (zahnärztliche Früherkennung gemäß § 26 Abs. 1 Satz 2
   SGB V)
4. Richtlinien für die Versorgung mit Zahnersatz und Zahnkronen
5. Richtlinien für die kieferorthopädische Behandlung
6. Richtlinien über neue Untersuchungs- und Behandlungsmethoden und die
   Überprüfung erbrachter vertragszahnärztlicher Leistungen
7. Richtlinien über die Bedarfsplanung in der vertragszahnärztlichen Versorgung
   (Bedarfsplanungs-Richtlinien-Ärzte)

2.1.3
Der Ausschuss Krankenhaus

Während der BA Ä/KKen und der BA ZÄ/KKen seit 1955 existieren (und auch
einen gemeinsamen Vorgänger hatten) wurde der Ausschuss Krankenhaus erst
durch das Gesundheitsreformgesetz 2000 ins Leben gerufen. Seine gesetzliche
Grundlage findet sich in § 137 c SGB V. Mit Wirkung zum 1. September 2000
wurde der Ausschuss offiziell gegründet. Er bestand jedoch bis zu seiner konstitu-

ierenden Sitzung am 29. August 2001 nur formalrechtlich. Seine Aufgaben hat er
im September 2001 aufgenommen.

In Analogie zum Bundesausschuss der Ärzte und Krankenkassen wurde durch
den Ausschuss Krankenhaus (A KH) ein entsprechendes Gremium für den stationären Bereich geschaffen. Der Ausschuss besteht aus Vertretern der Krankenkassen und der Krankenhäuser, erstere werden von ihren jeweiligen Verbänden auf
Bundesebene, letztere von der Deutschen Krankenhausgesellschaft und der Bundesärztekammer berufen. Darüber hinaus ist der Vorsitzende des BA Ä/KKen
kraft Amtes Mitglied im Ausschuss KH (s. Tabelle 2.1) Die Aufgabe des A KH ist
es Entscheidungen über die Einführung neuer medizinischer Verfahren und Methoden in die stationäre Regelversorgung abzugeben. Damit hat die Selbstverwaltung – ähnlich wie im ambulanten Bereich – künftig Einfluss auf den stationären
Leistungskatalog. Der Ausschuss wird auf Antrag eines Spitzenverbandes der
Krankenkassen, der Deutschen Krankenhausgesellschaft oder eines Bundesverbandes der Krankenhausträger Untersuchungs- und Behandlungsmethoden prüfen,
die im Rahmen einer Krankenhausbehandlung angewendet werden oder angewendet werden sollen.

Tabelle 2.1. Zusammensetzung des Ausschusses Krankenhaus gemäß § 137 c SGB V

Unparteiischer	1 Vorsitzender	
Bundesärztekammer	4 Vertreter	
Deutsche Krankenhausgesellschaft	5 Vertreter	
Spitzenverbände der Krankenkassen wobei	9 Vertreter	
• AOK-BV		3 Vertreter
• VdAK / AEV		2 Vertreter
• BKK-BV		1 Vertreter
• IKK-BV		1 Vertreter
• BdL		1 Vertreter
• BKN		1 Vertreter
Summe Mitglieder	19	

2.1.4
Der Koordinierungsausschuss

Der Koordinierungsausschuss ist den Bundesausschüssen übergeordnet und hat
die Aufgabe die Entscheidungen der drei Bundesausschüsse zu koordinieren. Dabei bleibt die verfahrensmäßige und fachliche Verantwortung der drei, ihm unter-
geordneten Ausschüsse für die von ihnen zu treffenden Entscheidungen unberührt.
Der Koordinierungsausschuss wurde durch das Gesundheitsreformgesetz 2000
gesetzlich verankert, seine gesetzlichen Grundlagen finden sich in § 137 e SGB V.

Nach langen Vorbereitungen für die Gründung des neuen Koordinierungsausschusses fand schließlich Ende Juni 2001 seine Gründungsversammlung statt. Es
ist geplant, dass die Geschäftsstelle des Ausschusses im Januar 2002 errichtet ist,
so dass der Ausschuss dann die ihm vom Gesetzgeber zugewiesenen Aufgaben
aufnehmen kann. Dies sind:

- Führung der Geschäfte für die Bundesausschüsse (Bundesausschuss der Ärzte und Krankenkassen, Bundesausschuss der Zahnärzte und Krankenkassen) und den Ausschuss Krankenhaus,
- Entwicklung von Kriterien auf der Grundlage evidenzbasierter Leitlinien für eine im Hinblick auf das diagnostische und therapeutische Ziel ausgerichtete zweckmäßige und wirtschaftliche Leistungserbringung für mindestens zehn Krankheiten im Jahr (entsprechende Entscheidungen werden durch eine sachverständige Stabsstelle vorbereitet, die sich externen wissenschaftlichen Sachverstandes bedienen kann),
- Empfehlungen zu den zur Umsetzung und Evaluierung dieser Kriterien notwendigen Verfahren, insbesondere bezüglich der Dokumentation der Leistungserbringer,
- Empfehlungen in sonstigen sektorenübergreifenden Angelegenheiten der Bundesausschüsse und des Ausschusses Krankenhaus.

Die Zusammensetzung des Ausschusses ist der nachfolgenden Tabelle 2.2 zu entnehmen:

Tabelle 2.2. Zusammensetzung des Koordinierungsausschusses gemäß § 137 e SGB V

Unparteiische	Vorsitzender des BA Ä/KKen	
	Vorsitzender des BA ZÄ/KKen	
	Vorsitzender des Ausschusses KH	
Kassenärztliche Bundesvereinigung	3 Vertreter	
Kassenzahnärztliche Bundesvereinigung	2 Vertreter	
Deutsche Krankenhausgesellschaft	3 Vertreter	
Bundesärztekammer	1 Vertreter	
Spitzenverbände der Krankenkassen	9 Vertreter	
wobei		
• AOK-BV		3 Vertreter
• VdAK / AEV		2 Vertreter
• BKK-BV		1 Vertreter
• IKK-BV		1 Vertreter
• BdL		1 Vertreter
• BKN		1 Vertreter
Summe Mitglieder	21	

2.2
Der Bundesausschuss der Ärzte und Krankenkassen

Der Bekanntheitsgrad des BA Ä/KKen hat sich durch das 2. GKV-Neuordnungsgesetz (2. GKV-NOG) vom 23. Juni 1997 verändert. Mit Inkrafttreten des Gesetzes im Juli 1997 waren die Aufgaben des Bundesausschusses erweitert und seine

Kompetenzen bei der Gestaltung der ambulanten ärztlichen Versorgung gestärkt worden. Zu nennen ist hier insbesondere die Aufgabe diagnostische und therapeutische Verfahren des bestehenden GKV-Leistungskataloges einer Prüfung hinsichtlich ihres Nutzens, ihrer medizinischen Notwendigkeit und ihrer Wirtschaftlichkeit zu unterziehen. Während der Ausschuss vor 1997 nahezu unbekannt war, wird er jetzt von der Öffentlichkeit insbesondere dadurch wahrgenommen, weil seine neue Aufgabe – je nach Interessenlage – mit hohen Erwartungen einerseits und mit großen Befürchtungen andererseits verbunden ist.

2.2.1
Zusammensetzung

Der BA Ä/KKen besteht aus insgesamt 21 Mitgliedern. Die strukturelle Zusammensetzung des Ausschusses ist der Tabelle 2.3 zu entnehmen. Für jedes Mitglied werden fünf Stellvertreter bestellt, zum einen, um jederzeit die Beschlussfähigkeit des Ausschusses zu gewährleisten, zum anderen, um einen ausreichenden Pool für die Besetzung der derzeit zehn Arbeitsausschüsse des Bundesausschusses zu haben.

Tabelle 2.3. Zusammensetzung des Bundesausschusses der Ärzte und Krankenkassen[17]

Unparteiische	1 Vorsitzender	
	2 weitere Mitglieder	
Ärztevertreter	9 Mitglieder	
Krankenkassenvertreter	9 Mitglieder	
wobei		
• AOK-BV		3 Mitglieder
• VdAK / AEV		2 Mitglieder
• BKK-BV		1 Mitglied
• IKK-BV		1 Mitglied
• BdL		1 Mitglied
• BKN		1 Mitglied
Summe Mitglieder	21	

Die neun Vertreter der Ärzte werden von der Kassenärztlichen Bundesvereinigung, die neun Vertreter der Krankenkassen werden von ihren jeweiligen Spitzenverbänden für die Dauer von vier Jahren bestellt, die benannten Vertreter sind nicht weisungsgebunden. Wesentlich für die Zusammensetzung ist, dass die Vertreter der Ärzte und Krankenkassen in gleicher Zahl repräsentiert sind und sich aufgrund paritätischer Besetzung gleichberechtigt gegenüberstehen. Die unterschiedliche Repräsentanz der verschiedenen Krankenkassenarten ist beabsichtigt. Der Gesetzgeber hat hiermit den Versuch unternommen, die Krankenkassenarten nach ihrem Gewicht, d. h. nach ihrer Mitgliederzahl, im Bundesausschuss zu berücksichtigen.

Über die unparteiischen Mitglieder sollen sich die Kassenärztliche Bundesvereinigung und die Spitzenverbände der Krankenkassen einigen. In der 12. Amtspe-

---

[17] Quelle: Kamke, K., Hutzler, D. (1999), S. 254.

riode des Bundesausschusses der Ärzte und Krankenkassen (Beginn: 1. Januar 2001; Ende: 31. Dezember 2004) führt Karl Jung, ehemaliger Staatssekretär im Bundesministerium für Arbeit und Sozialordnung, den Vorsitz im Bundesausschuss der Ärzte und Krankenkassen; die beiden weiteren unparteiischen Mitglieder sind die Herren Dr. jur. Jürgen W. Bösche und Dr. jur. Franz Josef Oldiges. Die unparteiischen Mitglieder nehmen ihr Amt als Ehrenamt wahr; sie erhalten keine Vergütung, sondern eine Aufwandsentschädigung.

Im Juni 1998 hat sich der Bundesausschuss in seiner besonderen Zusammensetzung für Fragen der Psychotherapie konstituiert. Die vom Gesetzgeber durch das Psychotherapeutengesetz vom 16. Juni 1998 vorgegebene Zusammensetzung unterscheidet sich von der üblichen Zusammensetzung des Bundesausschusses insofern, als die Leistungserbringerseite durch fünf psychotherapeutisch tätige Ärzte und fünf psychologische Psychotherapeuten repräsentiert wird (s. Tabelle 2.4). Der Gesetzgeber erhöhte die Mitgliederzahl bei den Ersatzkassen von zwei auf drei, um das Gleichgewicht von 10:10 wieder herzustellen. Auch wenn die Zusammensetzung des Ausschusses geändert wurde, so handelt es sich dennoch nicht um einen zweiten Bundesausschuss. Der Ausschuss tritt in dieser Besetzung zusammen, wenn psychotherapeutische Fragen zur Beratung anstehen. Seine erste Aufgabe bestand darin, bis zum 31. Dezember 1998 eine Neufassung der Psychotherapie-Richtlinien zu erarbeiten. Sie sind fristgerecht zum 1. Januar 1999 in Kraft getreten.

Tabelle 2.4. Zusammensetzung des Bundesausschusses der Ärzte und Krankenkassen für Fragen der Psychotherapie[18]

Unparteiische	1	Vorsitzender	
	2	weitere Mitglieder	
Ärztevertreter	5*)	psychotherapeutisch tätige Ärzte	
	5*)	Psychotherapeuten	
Krankenkassenvertreter	10	Mitglieder	
wobei			
• AOK-BV			3 Mitglieder
• VdAK / AEV			3 Mitglieder
• BKK-BV			1 Mitglied
• IKK-BV			1 Mitglied
• BdL			1 Mitglied
• BKN			1 Mitglied
Summe Mitglieder	23		

*) Wobei jeweils ein Mitglied die Kinder- und Jugendlichenpsychotherapie vertritt.

2.2.2
Aufgaben

Generell hat der Ausschuss die Aufgabe mit der Erarbeitung und Verabschiedung von verbindlichen Richtlinien für Vertragsärzte und Krankenkassen in einem letzten Schritt den Leistungsanspruch der GKV-Versicherten zu konkretisieren und

---

[18] Quelle: Kamke, K., Hutzler, D. (1999), S. 256.

zwar unter Berücksichtigung der gesetzlichen Rahmenvorgaben des Gesetzgebers. Die Konkretisierung des *Wirtschaftlichkeitsgebotes* steht dabei im Vordergrund des Geschehens. Es gibt derzeit 21 Richtlinien des BA Ä/KKen zu unterschiedlichen Themen.

Der Bundesausschuss der Ärzte und Krankenkassen beschließt die zur Sicherung der ambulanten ärztlichen Versorgung erforderlichen Richtlinien über die Gewähr für eine ausreichende, zweckmäßige und wirtschaftliche Versorgung der Versicherten (§ 92 SGB V). Der Bundesausschuss soll insbesondere Richtlinien beschließen über

- Ärztliche Behandlung
- Maßnahmen zur Früherkennung von Krankheiten
- die ärztliche Betreuung bei Schwangerschaft und Mutterschaft
- die Einführung neuer Untersuchungs- und Behandlungsmethoden
- die Verordnung von Arznei-, Verband-, Heil- und Hilfsmitteln, Krankenhausbehandlung und häuslicher Krankenpflege
- die Beurteilung der Arbeitsunfähigkeit
- die Verordnung von im Einzelfall gebotenen medizinischen Leistungen und die Beratung über die medizinischen, berufsfördernden und ergänzenden Leistungen zur Rehabilitation
- die Bedarfsplanung
- Medizinische Maßnahmen zur Herbeiführung einer Schwangerschaft
- Maßnahmen nach den §§ 24 a (Empfängnisverhütung) und 24 b (Schwangerschaftsabbruch und Sterilisation) des SGB V

Auf der Basis des 2. GKV-NOG hat der Bundesausschuss der Ärzte und Krankenkassen auch die folgenden drei neuen Aufgaben wahrzunehmen:

1.   Beschlussfassung über neue Richtlinien
2.   Beteiligung von nicht-ärztlichen Leistungserbringern vor der Verabschiedung von Richtlinien
3.   ständiger Prüf- und Bewertungsauftrag neuer Untersuchungs- und Behandlungsmethoden und bereits erbrachter vertragsärztlicher Leistungen

Neue Richtlinien

Nach dem 2. GKV-NOG waren erstmals Richtlinien über die häusliche Krankenpflege zu beschließen. Die Richtlinien sollten dabei insbesondere

- die Verordnung der häuslichen Krankenpflege und deren ärztliche Zielsetzung,
- den Inhalt und den Umfang der Zusammenarbeit des verordnenden Vertragsarztes mit dem jeweiligen Leistungserbringer und dem Krankenhaus regeln.

Die Richtlinien über die Verordnung von häuslicher Krankenpflege sind am 14. Mai 2000 in Kraft getreten. Darüber hinaus waren die Heilmittel-Richtlinien und die Rehabilitations-Richtlinien des Bundesausschusses komplett zu überarbeiten. Nach dem 2. GKV-NOG bestand der Gesetzesauftrag für die Modifikation der Heilmittel-Richtlinien in der

- Erstellung eines Kataloges verordnungsfähiger Heilmittel,
- Zuordnung der Heilmittel zu Indikationen,
- Regelung der Besonderheiten bei Wiederholungsverordnungen,
- Bestimmung des Inhalts und des Umfangs der Zusammenarbeit des verordnenden Vertragsarztes mit dem jeweiligen Heilmittelerbringer.

In Erfüllung dieser Aufträge konnten die neuen Heilmittel-Richtlinien am 1. Juli 2001 in Kraft gesetzt werden. Die Kassenärztliche Bundesvereinigung und die Spitzenverbände beraten derzeit, wie in den Bundesmantelverträgen insbesondere dem Erfordernis nach Rehabilitation bei komplexen Gesundheitsstörungen in der ambulanten Versorgung Rechnung zu tragen ist. Auf der Grundlage dieser Regelungen sollen dann in den Reha-Richtlinien des Bundesausschusses die Grundlagen für die Verordnung und Durchführung der ambulanten Rehabilitation festgelegt werden.

Beteiligung von nicht-ärztlichen Leistungserbringern vor der Verabschiedung von Richtlinien

Die Einführung des 2. GKV-NOG wurde stark mit der Einführung des sog. Partnerschaftsmodells in Verbindung gebracht. Hiermit gemeint war die Einbindung Dritter (nicht-ärztlicher Leistungserbringer) in die Entscheidungen der Vertragspartner der gemeinsamen Selbstverwaltung und damit in die Gestaltung von ambulanten Gesundheitsleistungen. Vor Juli 1997 war eine Beteiligung Dritter lediglich vorgeschrieben bei den Arzneimittel-Richtlinien des Bundesausschusses mit Blick auf die Erstellung der Preisvergleichsliste und die Bildung von Festbetragsgruppen. Heute sind bei insgesamt sechs Richtlinien (Arzneimittel-Richtlinien, Rehabilitations-Richtlinien, Richtlinien über häusliche Krankenpflege, Heilmittel-Richtlinien, Hilfsmittel-Richtlinien, Mutterschafts-Richtlinien) die maßgeblichen Spitzenverbände der jeweiligen Bereiche auf Bundesebene zwingend in die gesetzlich vorgesehenen Anhörungen einzubeziehen.

Der Bundesausschuss der Ärzte und Krankenkassen hatte bereits im Oktober 1997 durch Beschlussfassung über eine eigene Verfahrensordnung für Anhörungen eine wesentliche Voraussetzung für die Umsetzung des Partnerschaftsmodells geschaffen. Die Verfahrensordnung bestimmt, wie Anhörungen für neue Richtlinienentwürfe oder Richtlinienänderungen durchgeführt werden sollen, wenn die Bereiche Arzneimittel, Rehabilitation, häusliche Krankenpflege, Heil- und Hilfsmittel sowie die Betreuung bei Schwangerschaft und Mutterschaft betroffen sind. In seiner Verfahrensordnung hat der Bundesausschuss die gesetzlich vorgeschriebene Anhörungsregelung im Interesse der nicht-ärztlichen Leistungserbringer ausgeweitet: So können Anhörungen auch zu allen anderen Richtlinien durchgeführt und der Kreis der anzuhörenden Organisationen im Einzelfall vergrößert werden. Neben schriftlichen Anhörungen gibt die Verfahrensordnung dem Bundesausschuss die Möglichkeit, darüber hinaus mündliche Anhörungen durchzuführen. Mit der Verfahrensordnung ist damit sichergestellt, dass die Interessenvertretungen der am Gesundheitswesen beteiligten Organisationen vor dem Gremium

Gehör finden werden. Der Kreis der anhörungsberechtigten Organisationen ist durch den Bundesausschuss nach gesetzlichen Vorgaben festgelegt worden.

Ständiger Prüf- und Bewertungsauftrag neuer Untersuchungs- und Behandlungsmethoden und bereits erbrachter vertragsärztlicher Leistungen
Mit dem 2. GKV-NOG wurde der Prüf- und Bewertungsauftrag für diagnostische und therapeutische ärztliche Verfahren ausgeweitet. Während sich der Auftrag von 1989 bis Mitte 1997 lediglich auf *neue Untersuchungs- und Behandlungsmethoden* bezog (als neu wird all das bezeichnet, was noch nicht als abrechnungsfähige Leistung im Einheitlichen Bewertungsmaßstab (EBM) enthalten ist), schließt er seit Inkrafttreten des 2. GKV-NOG auch *bereits erbrachte vertragsärztliche Leistungen* und damit all die Leistungen mit ein, die derzeitig im EBM enthalten sind. Bei der Überprüfung bzw. Erstprüfung von Leistungen stehen in beiden Fällen die Kriterien therapeutischer Nutzen, medizinische Notwendigkeit und Wirtschaftlichkeit im Vordergrund. Wird eine Leistung negativ bewertet, so mit der Konsequenz, dass sie nicht bzw. nicht mehr zu Lasten der gesetzlichen Krankenkassen erbracht werden darf.

2.2.3
Arbeitsweise

Der Bundesausschuss fasst seine Beschlüsse – von wenigen Ausnahmen abgesehen – grundsätzlich in Sitzungen. Sitzungen des Bundesausschusses finden nach Beratungsbedarf statt.

Zur Vorbereitung seiner Beratungen und Beschlussfassungen hat der Bundesausschuss zehn Arbeitsausschüsse eingesetzt, deren Aufgabengebiet und Zuständigkeit sich an den in § 92 SGB V aufgeführten Themen orientieren. Tabelle 2.5 gibt eine Übersicht über die derzeitigen Arbeitsausschüsse des Bundesausschusses und beschreibt, für welche Richtlinien sie jeweils zuständig sind. Einige Arbeitsausschüsse setzen Unterausschüsse oder Arbeitsgruppen ein, um bestimmte Themen parallel bearbeiten zu können. In den Arbeitsausschüssen sitzen sich ebenfalls etwa zehn Vertreter der Ärzte und zehn Vertreter der Krankenkassen gegenüber, die von der Kassenärztlichen Bundesvereinigung und den Spitzenverbänden der Krankenkassen aus dem Pool ihrer jeweils 54 Mitglieder und stellvertretenden Mitglieder im Bundesausschuss benannt werden. Eine paritätische Besetzung ist in den Arbeitsausschüssen nicht immer gegeben. Dies ist auch nicht erforderlich, da es sich bei den Beschlussvorlagen für den Bundesausschuss um vom Arbeitsausschuss konsentierte Beratungsunterlagen handelt.

Der Bundesausschuss hat zur Durchführung seiner Geschäfte eine Geschäftsordnung aufgestellt. Die Geschäftsordnung regelt Formalien über die Ladung zu und das Abhalten von Sitzungen, Beschlussfassungen, Presseveröffentlichungen, Niederschriften, etc. Nach der gültigen Geschäftsordnung führt der Vorsitzende des Bundesausschusses die laufenden Geschäfte des Bundesausschusses. Er bedient sich hierzu einer Geschäftsstelle.

Tabelle 2.5. Die Arbeitsausschüsse des Bundesausschusses[19]

Ausschuss „Prävention"	Gesundheitsuntersuchungs-Richtlinien
	Krebsfrüherkennungs-Richtlinien
	Kinder-Richtlinien
	Jugendgesundheitsuntersuchungs-Richtlinien
Ausschuss „Familienplanung"	Mutterschafts-Richtlinien
	Richtlinien zur Empfängnisregelung und zum Schwangerschaftsabbruch
	Richtlinien über künstliche Befruchtung
Ausschuss „Ärztliche Behandlung"	Ärztliche Untersuchungs- und Behandlungsmethoden
Ausschuss „Psychotherapie"	Psychotherapie-Richtlinien
Ausschuss „Arzneimittel"	Arzneimittel-Richtlinien
Ausschuss „Heil- und Hilfsmittel / Häusliche Krankenpflege / Rehabilitation / Arbeitsunfähigkeit"	Heilmittel-Richtlinien
	Hilfsmittel-Richtlinien
	Häusliche Krankenpflege-Richtlinien
	Rehabilitations-Richtlinien
	Arbeitsunfähigkeits-Richtlinien
Ausschuss „Krankenhaus"	Krankenhausbehandlungs-Richtlinien
	Krankentransport-Richtlinien
Ausschuss „Qualitätsbeurteilung"	Qualitätsbeurteilungs-Richtlinien
Ausschuss „Bedarfsplanung"	Bedarfsplanungs-Richtlinien-Ärzte
	Angestellte-Ärzte-Richtlinien
Ausschuss „Soziotherapie"	Soziotherapie-Richtlinien

2.2.4
Die Richtlinien des Bundesausschusses als Regelungsinstrument des Kassenarztrechts

Für den Terminus „Richtlinie" bietet Wahrig's Deutsches Wörterbuch die Begriffe „Anweisung", „Grundsatz" und „Vorschrift" an. Weitere Synonyme finden sich in den Begriffen „Richtschnur", „Maßstab" oder „Regel". So ließe sich die Reihe der Synonyme beliebig fortsetzen. Was nun aber macht eine Richtlinie aus?

Zweck der Richtlinien des Bundesausschusses der Ärzte und Krankenkassen ist die Sicherung der vertragsärztlichen Versorgung; die Richtlinien sollen die Gewähr für eine ausreichende, zweckmäßige und wirtschaftliche Versorgung der GKV-Versicherten bieten. In den Richtlinien wird das Wirtschaftlichkeitsgebot für deren Adressaten konkretisiert. Die Richtlinien konkretisieren damit

- die Leistungsverpflichtung des Vertragsarztes,
- den Leistungsumfang der Krankenkassen,
- das Leistungsrecht der GKV-Versicherten.

Der Gesetzgeber beschränkt sich darauf, die zu beschließenden Richtlinien beispielhaft aufzuzählen. Genauere Angaben über den Inhalt der Richtlinien bzw.

---

[19] Quelle: Kamke, K., Hutzler, D. (1999), S. 259.

eigene konkrete Regelungen des Gesetzgebers enthält das SGB V nur bezüglich einiger Richtlinien.

Seit dem 1. Januar 1989 – auf der Basis des Gesundheitsreformgesetzes – hat sich der Rechtscharakter der Richtlinien von Grund auf geändert. Die Richtlinien des Bundesausschusses der Ärzte und Krankenkassen sind heute Bestandteil der Bundesmantelverträge (§ 92 Abs. 8 SGB V) und damit wiederum Bestandteil der Gesamtverträge zwischen den Kassenärztlichen Vereinigungen (KVen) und den Landesverbänden der Krankenkassen. Hieraus ergibt sich, dass die Richtlinien des Bundesausschusses über die Gesamtverträge für den einzelnen Vertragsarzt und die einzelne Krankenkasse unmittelbar verbindlich sind. Auch nach den Satzungen der KVen und der Landesverbände der Krankenkassen sind die Richtlinien des Bundesausschusses für die jeweiligen Mitglieder verbindlich. Dass es sich bei den Richtlinien des Bundesausschusses um verbindliche Rechtsnormen mit unmittelbarer Außenwirkung handelt, wurde schließlich in einem Grundsatzurteil des 6. Senats des Bundessozialgerichts vom 20. März 1996 ausdrücklich erklärt und durch ein weiteres Urteil des 1. Senats des Bundessozialgerichts vom 16. September 1997 bestätigt.[20]

Richtlinien können die Behandlungsmethode eines Arztes zwar nicht strikt festlegen, sie sind jedoch richtungsweisend und liefern dem Arzt allgemeine Leitlinien und Anhaltspunkte für seine vertragsärztliche Tätigkeit. Durch die abstrakte Formulierung kann nicht jeder Einzelfall exakt geregelt werden. Dem Bundesausschuss der Ärzte und Krankenkassen obliegt es daher, die Richtlinien ihrem Charakter nach als Soll- oder Kann-Vorschriften zu formulieren. Eine Durchsicht der bisher erlassenen Richtlinien bestätigt, dass diese im allgemeinen in der Soll- oder Kann-Form abgefasst sind oder ähnliche Wendungen enthalten wie

- der Arzt soll prüfen
- der Arzt soll vornehmen
- der Arzt soll in Erwägung ziehen
- der Arzt kann verordnen
- es empfiehlt sich.

Soll-Vorschriften lassen für die Ärzte und Krankenkassen ein Abweichen von der Regel in atypischen Ausnahmefällen zu. Kann-Vorschriften räumen den Ärzten und Krankenkassen einen Ermessensspielraum ein. Die Richtlinien des Bundesausschusses enthalten neben den Kann- und Soll-Vorschriften auch Muss-Vorschriften. Muss-Vorschriften sind für die Ärzte und Krankenkassen zwingend.

Richtlinien kommen durch Beschluss des Bundesausschusses zustande. Wie kommt es aber dazu, bzw. anders gefragt, was geht einer Beschlussfassung im Plenum voraus? Abbildung 2.1 gibt einen Überblick über das Zustandekommen von Richtlinien. Das Procedere gilt auch für die inhaltliche Ergänzung oder Änderung einer Richtlinie.

Der Beschlussfassung im Bundesausschuss über eine Neufassung oder eine inhaltliche Änderung oder Ergänzung von Richtlinien geht eine eingehende und zum Teil zeitintensive Beratung im jeweils zuständigen Arbeitsausschuss voraus. In

---

[20] Vgl. Kamke, K. (1998), S. A27.

Analogie zur Bundesausschuss-Besetzung beraten im Arbeitsausschuss Vertreter der Krankenkassen einerseits und Vertreter der Ärzte andererseits; außerdem werden bei Bedarf Sachverständige hinzugezogen.

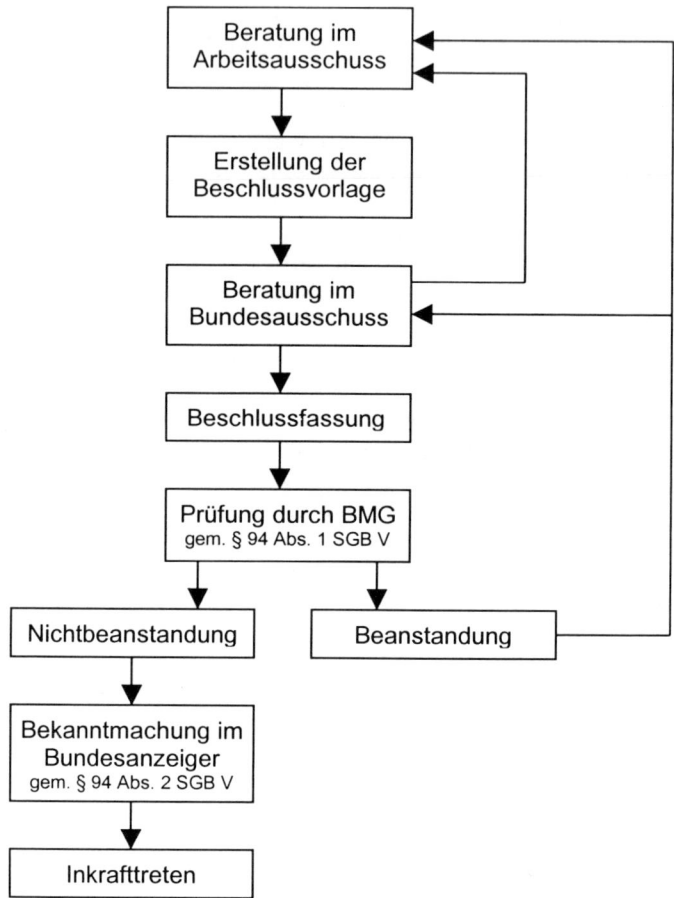

Abb. 2.1. Das Zustandekommen von Richtlinien[21]

Nach dem Partnerschaftsmodell des 2. GKV-NOG und der daraufhin beschlossenen Verfahrensordnung des Bundesausschusses sind bei den

- Arzneimittel-Richtlinien allgemein, bei Arzneimittel-Hinweisen, der Preisvergleichsliste und der Festbetragsgruppenregelung
- Rehabilitations-Richtlinien
- Richtlinien über häusliche Krankenpflege
- Heilmittel-Richtlinien

---

[21] Quelle: Kamke, K., Hutzler, D. (1999), S. 264.

- Hilfsmittel-Richtlinien
- Mutterschafts-Richtlinien

schriftliche Anhörungen durchzuführen und die auf Bundesebene tätigen maßgeblichen Verbände der jeweiligen Interessenvertreter in diese Anhörungen einzubinden. Konkret bedeutet dies, dass die jeweiligen anhörungsberechtigten Organisationen die Entwürfe über Richtlinien-Neufassungen oder Änderungen zugeschickt bekommen und sich dann schriftlich gegenüber dem Bundesausschuss äußern können. Sämtliche Stellungnahmen werden in die Entscheidung des Bundesausschusses einbezogen. Die Letztentscheidung liegt allerdings beim Bundesausschuss. Im Rahmen einer Kannvorschrift können mündliche Anhörungen durchgeführt werden. Auch ist es möglich, weitere Organisationen oder Personen beim schriftlichen Anhörungsverfahren zu beteiligen. Während das Anhörungsverfahren für die sechs o. g. Richtlinien gesetzlich vorschrieben ist, ist es dem Bundesausschuss bei den übrigen 15 Richtlinien freigestellt, eine Anhörung durchzuführen.

Der Bundesausschuss hat keine festen Sitzungsperioden. Eine Sitzung des Bundesausschusses wird einberufen, wenn eine genügende Anzahl von Beratungsgegenständen vorhanden ist.

Der Bundesausschuss kann Richtlinien nur verabschieden, wenn er beschlussfähig ist, d. h. wenn seine Mitglieder oder deren stimmberechtigte Stellvertreter anwesend sind. Der Bundesausschuss beschließt die Richtlinien mit der absoluten Mehrheit der anwesenden Stimmberechtigten. Bei Stimmengleichheit ist der Antrag abgelehnt. In einem solchen Fall entscheidet nicht etwa die Stimme des Vorsitzenden.

Die vom Bundesausschuss beschlossenen Richtlinien bzw. Richtlinienänderungen sind dem Bundesminister für Gesundheit vorzulegen (§ 94 Abs. 1 SGB V). Der Bundesminister für Gesundheit prüft die Rechtmäßigkeit der beschlossenen Richtlinien und kann von seinem Beanstandungsrecht Gebrauch machen.

Im Falle der Nichtbeanstandung gelten die Richtlinien als genehmigt. Sie werden unmittelbar nach einer positiven Antwort seitens des BMG im Bundesanzeiger bekannt gemacht. Im Falle der Beanstandung müssen die Richtlinien erneut im Bundesausschuss bzw. zuständigen Arbeitsausschuss beraten werden. Die Beanstandung der Richtlinien durch den Bundesminister für Gesundheit kann sich sowohl auf einzelne Teile (Teilbeanstandung) als auch auf die Richtlinien als Ganzes beziehen.

Der Bundesminister für Gesundheit kann Richtlinien sogar selbst erlassen, dann nämlich, wenn

- die für die Sicherstellung der ärztlichen Versorgung erforderlichen Beschlüsse nicht oder nicht innerhalb einer von ihm gesetzten Frist zustandekommen;
- die Beanstandungen des Bundesministers für Gesundheit nicht innerhalb der von ihm gesetzten Frist behoben werden.

Man spricht hier von der sogenannten Ersatzvornahme. In der Praxis hat der Bundesminister für Gesundheit von seinem Recht der Ersatzvornahme noch nie Gebrauch machen müssen.

Durch die Bekanntmachung der Richtlinien im Bundesanzeiger (ein täglich erscheinendes Amtsblatt der Bundesministerien) werden die Richtlinien rechtskräftig. Sie können damit über den internen Bereich des Bundesausschusses hinaus als verbindliche Rechtsnormen Wirkungen entfalten. Die Bekanntmachung wird von der Geschäftsstelle des Bundesausschusses veranlasst, sobald die Nichtbeanstandung des Bundesministeriums für Gesundheit vorliegt.

Für das Datum des Inkrafttretens gibt es keinerlei Vorgaben. Veröffentlichung und Inkrafttreten sollten allerdings zeitlich etwas auseinander liegen. Dies hat seinen Grund darin, dass die Richtlinien des Bundesausschusses ihrem Charakter nach in die Zukunft weisen und das Handeln ihrer Adressaten anleiten sollen. Bei neuen oder vollständig überarbeiteten Richtlinien ist es üblich diese zu einem festen Zeitpunkt in Kraft treten zu lassen. Für den Fall, dass abrechnungstechnische Änderungen mit einem solchen Inkrafttreten einhergehen, bietet sich der Beginn eines Quartals an. Änderungen oder Ergänzungen von bereits bestehenden Richtlinien treten üblicherweise am Tage nach ihrer Bekanntmachung im Bundesanzeiger in Kraft.

Die Richtlinien des Bundesausschusses der Ärzte und Krankenkassen wenden sich formal an die Kassenärztlichen Vereinigungen einerseits und die Verbände der Krankenkassen andererseits. Ihre Satzungen müssen Bestimmungen enthalten, die die Verbindlichkeit der Richtlinien für die Mitglieder der KVen und der Krankenkassenverbände unterstreichen. In den gültigen Satzungen findet man oft Formulierungen wie „sind für die Mitglieder .... verbindlich".

Von der inhaltlichen Seite her betrachtet, sind die eigentlichen oder direkten Adressaten der Richtlinien die Vertragsärzte und die Krankenkassen. Vertragsärzte, die verbindliche Richtlinien nicht beachten, können ggf. dadurch ihre vertragsärztlichen Pflichten gröblich verletzen. Ihnen drohen Disziplinarmaßnahmen. Was die Krankenkassen betrifft, so bestimmen die Richtlinien den Leistungsumfang gegenüber ihren Versicherten. Aus Sicht der Versicherten wird deren Leistungsrecht durch die Richtlinien konkretisiert.

Neben den direkten Adressaten sind einige indirekte Adressaten zu nennen, auf die die Richtlinien mittelbaren Einfluss nehmen. Zu erwähnen sind hier Leistungserbringer wie z. B. ambulante Pflegedienste, ambulante Rehabilitationseinrichtungen sowie Heilmittelerbringer wie Masseure und Krankengymnasten. Zu erwähnen sind ferner die Hersteller von Arznei- und Hilfsmitteln.

Tabelle 2.6 gibt einen Überblick über die 21 Richtlinien des Bundesausschusses der Ärzte und Krankenkassen. Infolge des 2. GKV-NOG hat sich die Anzahl der vom Bundesausschuss zu beschließenden Richtlinien erhöht. Darüber hinaus hat es der Bundesausschuss als notwendig erachtet, Qualitätsbeurteilungs- und Krankentransport-Richtlinien sowie Richtlinien zur Empfängnisregelung und zum Schwangerschaftsabbruch zu erlassen, obwohl der Gesetzgeber hier gar keine Vorgaben im § 92 SGB V gemacht hatte.

Tabelle 2.6. Richtlinien des Bundesausschusses der Ärzte und Krankenkassen[22]

	Kurzfassung	Langfassung
1.	Angestellte-Ärzte-Richt- linien	Richtlinien über die Beschäftigung von angestellten Praxisärzten in der Vertragsarztpraxis
2.	Arbeitsunfähigkeits-Richt- linien	Richtlinien über die Beurteilung der Arbeitsunfähig- keit und die Maßnahmen zur stufenweisen Wieder- eingliederung
3.	Arzneimittel-Richtlinien	Richtlinien über die Verordnung von Arzneimitteln in der vertragsärztlichen Versorgung
4.	Bedarfsplanungs-Richt- linien-Ärzte	Richtlinien über die Bedarfsplanung sowie die Maß- stäbe zur Feststellung von Überversorgung und Un- terversorgung in der vertragsärztlichen Versorgung
5.	Gesundheitsuntersuchungs- Richtlinien	Richtlinien über die Gesundheitsuntersuchung zur Früherkennung von Krankheiten
6.	Häusliche Krankenpflege- Richtlinien	Richtlinien über die Verordnung von häuslicher Krankenpflege
7.	Heilmittel-Richtlinien	Richtlinien über die Verordnung von Heilmitteln in der vertragsärztlichen Versorgung
8.	Hilfsmittel-Richtlinien	Richtlinien über die Verordnung von Hilfsmitteln in der vertragsärztlichen Versorgung
9.	Jungendgesundheitsunter- suchungs-Richtlinien	Richtlinien zur Jungendgesundheitsuntersuchung
10.	Kinder-Richtlinien	Richtlinien über die Früherkennung von Krankheiten bei Kindern bis zur Vollendung des 6. Lebensjahres
11.	Krankenhausbehandlungs- Richtlinien	Richtlinien über die Verordnung von Krankenhaus- behandlung
12.	Krankentransport-Richt- linien	Richtlinien über die Verordnung von Krankenfahrten und Krankentransportleistungen
13.	Krebsfrüherkennungs- Richtlinien	Richtlinien über die Früherkennung von Krebser- krankungen
14.	Mutterschafts-Richtlinien	Richtlinien über die ärztliche Betreuung während der Schwangerschaft und nach der Entbindung
15.	Psychotherapie-Richtlinien	Richtlinien über die Durchführung der Psychothe- rapie in der vertragsärztlichen Versorgung
16.	Qualitätsbeurteilungs- Richtlinien	Richtlinien über Kriterien zur Qualitätsbeurteilung in der Radiologischen Diagnostik gem. § 136 SGB V
17.	Rehabilitations-Richtlinien	Richtlinien über medizinische, berufsfördernde und ergänzende Leistungen zur Rehabilitation
18.	BUB-Richtlinien (Verfahrens-Richtlinien „Ärztliche Behandlung")	Richtlinien über die Bewertung ärztlicher Untersu- chungs- und Behandlungsmethoden gem. § 135 Abs. 1 SGB V
19.	Richtlinien über künstliche Befruchtung	Richtlinien über ärztliche Maßnahmen zur künst- lichen Befruchtung
20.	Richtlinien zur Empfängnis- regelung und zum Schwan- gerschaftsabbruch	Ärztliche Maßnahmen zur Empfängnisregelung, zum Schwangerschaftsabbruch und zur Sterilisation
21.	Soziotherapie-Richtlinien	Richtlinien über die Durchführung von Soziotherapie in der vertragsärztlichen Versorgung

---

[22] Quelle: Kamke, K., Hützler, D. (1999), S. 267 (aktualisiert).

Wenn man den Versuch unternimmt, die 21 Richtlinien des Bundesausschusses nach Inhalten und Zielsetzungen zu unterteilen, so lassen sich sechs Gruppen von Richtlinien unterscheiden.

- Gruppe 1:
  Richtlinien, die Früherkennungsmaßnahmen mit vorgeschriebenen Untersuchungskatalogen regeln (Gesundheitsuntersuchungs-, Jugendgesundheitsuntersuchungs-, Krebsfrüherkennungs- und Kinder-Richtlinien),
- Gruppe 2:
  Richtlinien, die besondere Behandlungs- und Betreuungsverfahren im Rahmen der Familienplanung regeln (Mutterschafts-Richtlinien, Richtlinien zur Empfängnisregelung und zum Schwangerschaftsabbruch, Richtlinien über künstliche Befruchtung),
- Gruppe 3:
  Richtlinien zur Verordnungsweise in der vertragsärztlichen Versorgung (Arzneimittel-, Heilmittel-, Hilfsmittel-Richtlinien, Häusliche Krankenpflege-Richtlinien, Rehabilitations-Richtlinien)
- Gruppe 4:
  Richtlinien, die das Verfahren und die Voraussetzungen für die Veranlassung von Leistungen in der Krankenversicherung regeln (Arbeitsunfähigkeits-, Krankenhausbehandlung-, Krankentransport-, Psychotherapie-, Soziotherapie-Richtlinien),
- Gruppe 5:
  Richtlinien, auf deren Basis die Niederlassung von Vertragsärzten gesteuert und das Job-Sharing geregelt wird (Bedarfsplanungs-Richtlinien-Ärzte, Angestellte-Ärzte-Richtlinien)
- Gruppe 6:
  Richtlinien, die die Einführung und Qualitätssicherung neuer Verfahren betreffen und erbrachte vertragsärztliche Leistungen überprüfen (Richtlinien über ärztliche Untersuchungs- und Behandlungsmethoden, Qualitätsbeurteilungs-Richtlinien).

2.2.5
Ein Beispiel aus der Arbeit des Bundesausschusses – Ausschuss trifft Entscheidungen auf der Grundlage von Evidence-based Medicine

Wie bereits erwähnt, sind die Aufgaben des Bundesausschusses der Ärzte und Krankenkassen erweitert und seine Kompetenzen bei der Gestaltung der ambulanten ärztlichen Versorgung mit Inkrafttreten des 2. GKV-NOG gestärkt worden. Im Folgenden soll die Aufgabe, neue diagnostische und therapeutische Verfahren sowie Verfahren des bestehenden GKV-Leistungskataloges einer Prüfung hinsichtlich ihres Nutzens, ihrer medizinischen Notwendigkeit und ihrer Wirtschaftlichkeit zu unterziehen, näher beleuchtet werden.

Der Bundesausschuss hat in Reaktion auf die oben beschriebene erweiterte Aufgabenstellung am 1. Januar 1998 *Richtlinien über die Bewertung ärztlicher*

Untersuchungs- und Behandlungsmethoden gemäß § 135 Abs. 1 SGB V (BUB-Richtlinien oder Verfahrensrichtlinie „Ärztliche Behandlung") in Kraft gesetzt, die das Verfahren und die Kriterien präzisieren, die für die Überprüfung ärztlicher Leistungen herangezogen werden. Die Prüfung von neuen bzw. Überprüfung von bereits eingeführten Untersuchungs- und Behandlungsmethoden orientiert sich dabei an nachvollziehbaren wissenschaftlichen Bewertungskriterien, die insbesondere die Qualität der Studienmethodik und die daraus resultierende Glaubwürdigkeit untersuchen.

Auf der Grundlage seiner Verfahrensrichtlinie „Ärztliche Behandlung" hat der Bundesausschuss der Ärzte und Krankenkassen am 24. April 1998 die ersten Beschlüsse zum Leistungskatalog der Gesetzlichen Krankenversicherung gefasst. So wurden die Verfahren

- Colon-Hydro-Therapie und ihre Modifikationen
- Extrakorporale Stosswellentherapie (ESWT) bei orthopädischen, chirurgischen und schmerztherapeutischen Indikationen
- pulsierende Signaltherapie (PST)
- niedrigdosierter, gepulster Ultraschall

in die Anlage B der Verfahrensrichtlinie aufgenommen und damit als Verfahren gewertet, die von Vertragsärzten nicht zu Lasten der gesetzlichen Krankenkassen erbracht werden dürfen. Der Bundesausschuss war nach eingehender Prüfung zu dem Ergebnis gekommen, dass der Nutzen, die medizinische Notwendigkeit und die Wirtschaftlichkeit der vier neuen Verfahren weder vollständig noch teilweise belegt sind.

Auf welcher Grundlage kam nun der Bundesausschuss zu diesem Ergebnis? Die Verfahrensrichtlinie „Ärztliche Behandlung" sieht eine kritische Beurteilung der zur Entscheidung anstehenden Verfahren vor und regelt en Detail, wie das Prüfverfahren abzulaufen hat und welche Unterlagen und Studienergebnisse für eine Anerkennung verlangt werden. Die Messlatte wird dabei deutlich höher angelegt als es bisher üblich war. Eine ärztliche Methode wird bewertet, indem die zur Verfügung stehenden Materialien und Studien auf Relevanz und Glaubwürdigkeit (Validität) auf wissenschaftlicher Grundlage beurteilt werden. Die existierenden Studientypen (randomisierte, kontrollierte Studie; Kohortenstudie; Fallstudie) und Methoden (Expertenmeinung; Konsensuskonferenzen) werden dabei in Evidenzstufen bzw. „*Levels of Evidence*" eingeteilt. Evidenzstufe I spiegelt den Studientyp / die Methode wider, der / die die glaubwürdigsten, überzeugendsten Ergebnisse („Evidence") liefert. Als Goldstandard (Evidenzklasse I) bei therapeutischen Methoden wird die randomisierte, kontrollierte Studie gewertet.

Ist eine zur Beurteilung anstehende diagnostische oder therapeutische Methode mit harten Daten hinsichtlich des Nutzens, der medizinischen Notwendigkeit und der Wirtschaftlichkeit gesichert und damit „evidence-based", so wird sie vom Bundesausschuss positiv beurteilt und darf zu Lasten der gesetzlichen Krankenkassen in der vertragsärztlichen Versorgung erbracht werden. Bei den vier genannten neuen Verfahren (als „neu" wird all das bezeichnet, was bisher noch nicht als abrechenbare Leistung im Einheitlichen Bewertungsmaßstab (EBM) enthalten war) fiel die Entscheidung aufgrund der vorliegenden Materialien und Studien ganz klar negativ und damit zu ungunsten des GKV-Leistungskataloges aus. Auch wenn es sich noch nicht um „echte" Rationierungsentscheidungen handelt – die Verfahren waren in der Vergangenheit nicht Gegenstand des GKV-Leistungskataloges –, so hat der Bundesausschuss mit seinen Entscheidungen den Leistungskatalog nicht ausgeweitet und damit dessen Grenzen aufgezeigt. Die schwierige Aufgabe des Bundesausschusses, Entscheidungen hinsichtlich Prioritätensetzung und Rationierung zu treffen, wird sicherlich nicht einfacher durch die Hinzuziehung von „Evidence-based Medicine"; die Entscheidungen werden aber auf eine rationale Basis mit besserer Transparenz gestellt, soweit es die Entscheidungsgrundlagen wie auch den Prozess der Entscheidungsfindung betrifft.

Nachdem die Beschlüsse vom 24. April 1998 rechtskräftig geworden waren, wurden gegen den Beschluss zur Extrakorporalen Stosswellentherapie (ESWT) beim Sozialgericht (SG) Köln Klagen eingereicht von zwei auf diesem Gebiet tätigen Gerätevermietungsgesellschaften. Zum Hintergrund: Nach Art. 19 (4) Grundgesetz haben die von den Richtlinien betroffenen Leistungserbringer verordneter Leistungen die Möglichkeit, eine Feststellungs- oder Leistungsklage vor den Sozialgerichten zu erheben mit dem Ziel, die Richtlinien des Bundesausschusses aufzuheben oder zu ändern. Zulässig ist die Klage dann, wenn ein Leistungserbringer behauptet, in seinen Rechten verletzt worden zu sein.[23] Ziel der beiden Klagen vor dem SG Köln war die Feststellung, dass die Aufnahme der ESWT in die Anlage B der Richtlinien des Bundesausschusses (Anlage der nicht anerkannten Methoden) rechtswidrig sei. Die Methode sollte nach Auffassung der klagenden Gesellschaften vielmehr in die Anlage C aufgenommen werden (Anlage der eingeschränkt anerkannten Methoden). Darüber hinaus wollten die Kläger erreichen, dass ihnen volle Akteneinsicht in die Beschlussunterlagen des Bundesausschusses gewährt würde.

Am 2. Dezember 1998 fand schließlich die mündliche Verhandlung vor dem Sozialgericht Köln statt. Das SG Köln bestätigte in seinen beiden Urteilen (S19 KA 30/98 und S19 KA 29/98) die Entscheidung des Bundesausschusses vom 24. April 1998, wonach die Extrakorporale Stosswellentherapie (ESWT) bei orthopädischen, chirurgischen und schmerztherapeutischen Indikationen nicht als Behandlungsmethode in die vertragsärztliche Versorgung aufzunehmen ist. Die Klagen wurden in allen Punkten vom Sozialgericht abgewiesen. Das Gericht sah keinen Anlass, die Entscheidung des Bundesausschusses zur ESWT oder das Bewertungsverfahren des Ausschusses zu beanstanden; auch die dem Verfahren zugrundeliegende Verfahrensrichtlinie des Bundesausschusses vom 1. Oktober 1997 fand die Billigung des Gerichts. Das Gesamturteil ist für den Bundesausschuss von elementarer Bedeutung, handelte es sich doch bei seiner Entscheidung um die erstmalige Anwendung seiner neuen Kompetenzen auf der Grundlage des 2. GKV-Neuordnungsgesetzes.

---

[23] Vgl. Jung, K. (1998), S. 12.

2.2.6
Was ändert sich mit Einführung des Koordinierungsausschusses für den Bundesausschuss? Ein Ausblick

- Die Aufgaben des Bundesausschusses bleiben bestehen.
- Der Bundesausschuss der Ärzte und Krankenkassen nimmt die ihm gesetzlich zugewiesenen Aufgaben weiterhin in eigener Verantwortung wahr.
- Die juristische Beratung und Betreuung des Bundesausschusses und seiner Arbeitsausschüsse erfolgt durch hauptamtliche Juristen des Koordinierungsausschusses.
- Die Analyse und Bewertung von Berichten über medizinische Verfahren und Technologien wird durch hauptamtliche Mitarbeiter des Koordinierungsausschusses wahrgenommen, damit auch die Vorbereitung der Beschlussvorlagen seitens des Arbeitsausschusses „Ärztliche Behandlung".
- Der Bundesausschuss und seine Arbeitsausschüsse können sich von der beim Koordinierungsausschuss eingerichteten sachverständigen Stabsstelle beraten lassen.

Für den Bundesausschuss als Beschlussorgan wird sich durch den Koordinierungsausschuss kaum etwas ändern. Die Geschäftsführungsaufgaben des Bundesausschusses werden jedoch neu geregelt. Die Geschäftsführung wird verselbständigt. Die Fachaufsicht über die Geschäftsführung hat zukünftig der Vorsitzende des Bundesausschusses, die Aufsicht in Verfahrens- und Verwaltungsfragen übt der Hauptgeschäftsführer des Koordinierungsausschusses aus.

3 Organisation der stationären Leistungserbringung

Jörg Robbers, Heinz Stapf-Finé
Deutsche Krankenhausgesellschaft (DKG), Düsseldorf, Berlin

3.1 Organisation auf der Makroebene

3.1.1 Definition „Krankenhaus"

Die stationäre Leistungserbringung findet in Krankenhäusern, Vorsorge- und Rehabilitationseinrichtungen und in Pflegeeinrichtungen statt. Im Folgenden wird nur auf die Krankenhäuser eingegangen, deren Legaldefinition in § 2 Nr. 1 KHG und in § 107 Abs. 1 SGB V vorgenommen wird. Danach zeichnen sich Krankenhäuser durch die ständige Verfügbarkeit ärztlicher und pflegerischer Leistungen aus. Zudem müssen Mindestvoraussetzungen für das Erbringen medizin-technischer Leistungen gegeben sein.

Die Krankenkassen dürfen gemäß § 108 SGB V Krankenhausbehandlungen nur durch Krankenhäuser erbringen lassen, die auf eine der folgenden Arten zugelassen sind:

1. Es handelt sich um Hochschulkliniken im Sinne des Hochschulbauförderungsgesetzes.
2. Es handelt sich um ein Plankrankenhaus, das in den Krankenhausplan des Landes aufgenommen worden ist.
3. Es handelt sich um ein Krankenhaus, das einen Versorgungsvertrag mit den Landesverbänden der Krankenkassen und den Verbänden der Ersatzkassen gemeinsam abgeschlossen hat.

3.1.2 Leistungen

Nach § 39 SGB V wird die Krankenhausbehandlung vollstationär, teilstationär, vor- und nachstationär (§ 115 a SGB V) sowie ambulant (§ 115 b SGB V – ambulantes Operieren) erbracht. GKV-Versicherte haben Anspruch auf vollstationäre Behandlung, wenn die Aufnahme nach Prüfung durch das Krankenhaus erforderlich ist, weil das Behandlungsziel nicht durch teilstationäre oder ambulante Behandlung einschließlich häuslicher Krankenpflege erreicht werden kann. Damit haben die nicht vollstationären Behandlungsformen Vorrang.

Bislang finden in den Krankenhäusern die folgenden ambulanten Leistungen Anwendung: ambulantes Operieren, Ermächtigung von Krankenhausärzten zur ambulanten vertragsärztlichen Versorgung, vor- und nachstationäre Behandlung, ambulante Behandlung in Universitätspoliklinika und ambulanter Notdienst.

Ambulante Operationen

sind diagnostische und therapeutische Eingriffe, die nicht mit einer stationären Unterbringung bzw. Übernachtung des Patienten verbunden sind. Das ambulante Operieren in der Praxis von Vertragsärzten wurde im Zuge der Diskussion um die Begrenzung der Kosten im Gesundheitswesen seit 1981 durch die Einführung von Zuschlägen für den notwendigen sachlichen und personellen Aufwand besonders gefördert. Seit 1993 sind auch Krankenhäuser zum ambulanten Operieren zugelassen. Rechtsgrundlage für ambulantes Operieren im Krankenhaus ist § 115 b SGB V. Danach vereinbaren die Spitzenverbände der Krankenkassen, die Deutsche Krankenhausgesellschaft und die KBV einen Katalog ambulanter Operationen. Mit der GKV-Gesundheitsreform 2000 sind die sonstigen stationersetzenden Leistungen hinzugekommen. Dabei handelt es sich um Eingriffe, die überwiegend im Rahmen einer voll- bzw. teilstationären Behandlung durchgeführt werden, grundsätzlich jedoch auch ambulant durchgeführt werden können. Zu vereinbaren sind weiterhin einheitliche Vergütungen für Krankenhäuser und Vertragsärzte und Maßnahmen zur Qualitätssicherung. Die Vergütung ambulanter Operationen im Krankenhaus erfolgt direkt durch die Krankenkasse und richtet sich nach der Vergütung für ambulante Operationen durch Vertragsärzte.

Die Entwicklung des ambulanten Operierens im Krankenhaus gibt das Krankenhaus-Barometer des Deutschen Krankenhausinstituts wieder (s. Tabelle 3.1):

Tabelle 3.1. Entwicklung des ambulanten Operierens im Krankenhaus[24]

Krankenhäuser mit ambulanten Operationen nach § 115 b SGV V (in %)	1997	1999	1999/97
gesamt	45	51	13,3 %
alte Bundesländer	43	47	9,3 %
neue Bundesländer	58	72	24,1 %
100–299 Betten	51	60	17,6 %
300–599 Betten	65	72	10,8 %
600 Betten und mehr	81	87	7,4 %
Patienten mit ambulanten Operationen			
durchschnittliche Zahl je Krankenhaus mit ambulanten Operationen	222	297	33,8 %

Die Versorgungsform ambulantes Operieren hat sich lediglich in den großen Krankenhäusern insoweit durchgesetzt, als dass das ambulante Operieren als Leis-

---

[24] Quelle: Deutsches Krankenhausinstitut e.V. (2000), S. 22.

tungsform grundsätzlich angeboten wird (87 % der Krankenhäuser mit 600 Betten und mehr). In den anderen Bettengrößenklassen gibt es weiterhin einen erheblichen Anteil von Krankenhäusern, die ambulante Operationen als Institutsleistung nicht anbieten. Auch ist die Zahl der in den Krankenhäusern ambulant operierten Patienten – trotz der zu verzeichnenden Zunahme – unverändert niedrig. Ein Grund hierfür ist, dass nicht in allen Krankenhäusern das komplette Leistungsspektrum vorgehalten wird, was auch die Konzentration des ambulanten Operierens in großen Krankenhäusern erklärt. Zum anderen befinden sich Krankenhäuser in Konkurrenzsituation mit den niedergelassenen Ärzten, die gleichzeitig als Zuweiser Nachfragemacht ausüben, und mit denen sie sich das gleiche Patientenspektrum teilen müssen.

Ermächtigungen

gemäß § 116 SGB V ermöglichen es angestellten Krankenhausärzten mit abgeschlossener Weiterbildung, an der ambulanten vertragsärztlichen Versorgung unter Zustimmung des Krankenhausträgers teilzunehmen. Die Ermächtigung kann dem einzelnen Krankenhausarzt oder einer Fachabteilung in Form einer Institutsermächtigung ausgesprochen werden. Ermächtigungen werden von den Zulassungsausschüssen erteilt, die aus Vertretern der KV und der Krankenkassen besetzt sind, und deren Hauptaufgabe die Bedarfsplanung und die Zulassung zur vertragsärztlichen Versorgung ist.

In den zurückliegenden Jahrzehnten haben die Zulassungsausschüsse die im Interesse des Patienten liegende Verzahnung in Form von Ermächtigungen von im Krankenhaus tätigen Fachärzten kontinuierlich reduziert. Zwischen 1990 und 1999 ist der Anteil ermächtigter Krankenhausärzte von 10 % auf 8,7 % gesunken. Ursächlich hierfür ist, dass die Facharztdichte im niedergelassenen Bereich angestiegen ist und dass ausreichende Versorgung oder Situationen der Überversorgung argumentativ herangezogen werden, um eine Ermächtigung durch die Zulassungsausschüsse zu untersagen. Da die Leistungen ermächtigter Krankenhausärzte aus den Budgets der Kassenärztlichen Vereinigungen gezahlt werden, haben Letztere ein Interesse an der Einschränkung dieser Leistungen.

Eine Besonderheit sind die psychiatrischen Institutsambulanzen. Nach § 118 SGB V sind psychiatrische Krankenhäuser vom Zulassungsausschuss zur ambulanten psychiatrischen und psychotherapeutischen Versorgung der Versicherten zu ermächtigen. Allgemeinkrankenhäuser mit selbständigen, fachärztlich geleiteten psychiatrischen Abteilungen sind kraft Gesetzes zur ambulanten Durchführung von psychiatrischer und psychotherapeutischer Behandlung ermächtigt.

Polikliniken

der Universitäten werden nach § 117 SGB V vom Zulassungsausschuss zur ambulanten Versorgung ermächtigt, soweit es für ihre Lehr- und Forschungstätigkeit erforderlich ist. Das Nähere ist zwischen der GKV, der zuständigen KV und den Trägern der Hochschulkliniken vertraglich zu regeln. Die Ausgestaltung der Verträge in den einzelnen Bundesländern ist nicht einheitlich. Die Vergütung der im Krankenhaus erbrachten ambulanten ärztlichen Leistungen der ermächtigten Krankenhausärzte, Polikliniken und sonstiger ermächtigter ärztlich geleiteter Einrichtungen werden gemäß § 120 SGB V nach den für Vertragsärzte geltenden

Grundsätzen aus der vertragsärztlichen Gesamtvergütung vergütet. Die Vergütung der Leistungen der Poliklinika kann pauschaliert werden, was allgemein üblich ist. Die Poliklinika erhalten zwischen 100 und 150 DM je Quartal und Fall. Die Vergütungen werden bei Krankenhäusern, deren Investitionen durch das Bundesland gefördert werden, um einen Investitionskostenabschlag von 10 % gekürzt. Bei Poliklinika erfolgt eine Reduktion um zusätzliche 20 % als Abschlag für Forschung und Lehre, weil diese Bereiche durch das Bundesland finanziert werden. Eine Änderung der Situation der Polikliniken ist mit dem DRG-Einführungsgesetz vorgesehen, dessen Referentenentwurf im Juli 2001 vorgelegt worden ist. Danach sollen an den Polikliniken erbrachte Leistungen nicht mehr aus der Gesamtvergütung für Vertragsärzte vergütet werden. Die Träger der Hochschulkliniken sollen das Recht erhalten, selbst über die Vergütung der im Rahmen von Forschung und Lehre erbrachten Leistungen mit den Krankenkassen zu verhandeln. Der Investitionskostenabschlag soll beibehalten werden. Künftig muss die Vergütung jedoch nicht zwingend um 20 % gemindert werden. Die Vertragspartner können den Abschlag flexibel ausgestalten.

Vor- und nachstationäre Behandlung

Seit dem GSG 1993 können Krankenhäuser Patienten vor- und nachstationär behandeln. Mit dem § 115 a SGB V wurde eine gesetzliche Grundlage für diese Versorgungsform geschaffen, die bereits vorher von vielen Krankenhäusern praktiziert worden ist. Die Krankenhäuser können vor dem stationären Aufenthalt abklären, ob eine Krankenhausaufnahme notwendig ist bzw. den Krankenhausaufenthalt vorbereiten. Als Vergütung erhalten die Krankenhäuser eine fallbezogene Pauschale in Abhängigkeit von der behandelnden Abteilung. Das Gesetz begrenzt die vorstationäre Behandlung auf längstens drei Behandlungstage innerhalb von fünf Tagen vor Beginn der stationären Behandlung. Dies wird von vielen Krankenhausärzten bezüglich der Planbarkeit solcher Behandlungen als zu eng empfunden.

Die nachstationäre Behandlung soll dazu dienen, den Behandlungserfolg zu sichern und zu festigen. Sie darf in der Regel bis zu sieben Behandlungstage innerhalb von 14 Tagen nach dem stationären Aufenthalt umfassen. Hierfür werden nach Fachabteilungen unterschiedliche Pauschalen je Behandlungstag abgerechnet.

Zwischen 1997 und 1999 ist die Beteiligung von Krankenhäusern an der vorstationären Behandlung von 56,9 % der Häuser auf 64,3 % angestiegen. Im Bereich der nachstationären Behandlung stieg die Beteiligung im gleichen Zeitraum von 54,0 % auf 61,4 %.[25]

Zum einen ist die noch nicht flächendeckende Ausbreitung dieser Behandlungsform darauf zurückzuführen, dass sie in der Gruppe kleinerer Krankenhäuser kaum erbracht wird, in der Belegkrankenhäuser überrepräsentiert sind. Zudem war

---

[25] Vgl. Deutsches Krankenhausinstitut (1999), S. 61, und Deutsches Krankenhausinstitut (2000), S. 16. Berücksichtigt sind hierbei nur vor- und nachstationäre Behandlungen in Zusammenhang mit vollstationären Fällen, die über das Budget vergütet werden. Nicht berücksichtigt sind solche Behandlungen bei Fällen, die mit Fallpauschalen vergütet werden.

die bisherige Festlegung der Behandlungstage und -zeiträume zu rigide und gestattete den Krankenhäusern nicht genug Flexibilität.

Mit der Einführung des DRG-Fallpauschalensystems ab 2003 ist aufgrund des zu erwartenden Drucks auf die Verweildauer mit einer steigenden Bedeutung vor- und nachstationärer Behandlung zu rechnen. Wichtig für die Krankenhäuser ist, dass sie diese Versorgungsform flexibel einsetzen können und diese Leistungen entweder selbst oder in Kooperation mit niedergelassenen Ärzten erbringen können.

Ambulanter Notdienst

Der Sicherstellungsauftrag der Kassenärztlichen Vereinigungen erstreckt sich nach § 75 Abs. 1 auch auf die vertragsärztliche Versorgung zu den sprechstundenfreien Zeiten (Notdienst), nicht jedoch auf die notärztliche Versorgung im Rahmen des Rettungsdienstes. In vielen Regionen ist außerhalb der regulären Öffnungszeiten kaum ein niedergelassener Arzt erreichbar. Vielfach ist bei Hausbesuchen nur eine eingeschränkte Behandlung möglich, zudem ist ein eingerichteter Fahrdienst der niedergelassenen Ärzte nicht kostendeckend zu betreiben. Bei Unfällen bzw. Notfällen wenden sich viele Patienten in der Regel gleich an eine Klinik. Durch diese Praxis werden die Krankenhäuser de facto in den Sicherstellungsauftrag der KVen eingebunden.

Teilstationäre Behandlung

Die teilstationäre Behandlung in Tages- und Nachtkliniken hat eine beachtliche Expansion erfahren, wenn auch von einem niedrigen Niveau ausgehend (s. Tabelle 3.2).

Tabelle 3.2. Tages- und Nachtklinikplätze[26]

	1991	1999
KH insgesamt	2.411	2.252
KH mit teilstationären Plätzen	210	482
teilstationäre Plätze	5.030	11.406
• Geriatrie	358	1.355
• Kinder- u. Jugendpsychiatrie	509	1.017
• Psychiatrie	3.663	7.129
Psychosomatik	100	299

Die Zahl der Krankenhäuser mit teilstationären Plätzen hat sich mehr als verdoppelt, trotz eines Rückgangs der Zahl der Krankenhäuser insgesamt. Auch die Zahl der teilstationären Plätze ist 1999 mehr als doppelt so hoch wie 1991. Dies ist zurückzuführen auf den weiteren Ausbau der gemeindenahen Psychiatrie und der teilstationären geriatrischen Versorgung. Nachtklinikplätze spielen kaum eine Rolle, allenfalls in der psychiatrischen Versorgung. Im Jahr 1999 waren unter den 11.406 teilstationären Plätzen nur 333 Nachtklinikplätze.

---

[26] Quelle: Statistisches Bundesamt (verschiedene Jahrgänge) (Grunddaten ...).

Vollstationäre Krankenhausbehandlung

Nach den Ergebnissen der Diagnosestatistik der Krankenhauspatienten wurden 1999 16,2 Millionen Patienten vollstationär im Krankenhaus behandelt, was einem Anstieg gegenüber dem Vorjahr von 1,6 % entspricht. Als durchschnittliche Verweildauer wurden 10,5 Tage ermittelt.[27] Mit einem Anteil von 35,1 % haben die Patienten der Altersgruppe 65 und älter den höchsten Anteil der betrachteten Altersgruppen. Häufigste Diagnosegruppe sind die Krankheiten des Kreislaufsystems mit 2,7 Millionen Patienten, wovon 1,7 Millionen der Altersgruppe 65 Jahre und älter angehören. Die zweithäufigste Diagnosegruppe sind Neubildungen mit 1,9 Millionen Patienten.

Um einen Eindruck von der Dynamik der Entwicklung zu erhalten, wurde ein Vergleich der Daten der Jahre 1999 und 1996 vorgenommen (s. Tabelle 3.3).

Anhand der Tabelle können folgende Entwicklungen aufgezeigt werden: In den Altersgruppen 0–14 Jahre und 15–44 Jahre sind leichte Rückgänge der Krankenhaushäufigkeit zu verzeichnen. Die beiden oberen Altersgruppen verzeichnen deutliche Zunahmen, die Altersgruppe 65 Jahre und älter hat mit 14,3 % einen deutlich überdurchschnittlichen Zuwachs. In absoluten Zahlen ausgedrückt bedeutet dies, dass im Jahr 1999 knapp 712.000 Patienten dieser Altersgruppe mehr behandelt worden sind als 1996. Das bedeutet einen jährlichen Zuwachs von 178.000 älteren Patienten.

Zurückgegangen ist die Krankenhaushäufigkeit der bestimmten Affektionen, die ihren Ursprung in der Perinatalzeit haben, der Komplikationen der Schwangerschaft, bei Entbindung und im Wochenbett und der kongenitalen Anomalien.

Der in den vergangenen Jahren zu beobachtende Trend der Veränderung der Altersstruktur der Krankenhauspatienten setzt sich fort: leichten Rückgängen in den unteren Altersgruppen stehen hohe Zuwächse in den oberen Altersgruppen gegenüber.

In der Zeit zwischen 1991 und 1999 haben die Krankenhäuser nach der Statistik der Grunddaten der Krankenhäuser eine enorme Leistungs- und Effizienzsteigerung bewerkstelligt: Immer mehr Patienten werden in immer kürzeren Krankenhausaufenthalten behandelt. Die Fallzahl ist von 13,9 Millionen auf 16,2 Millionen angestiegen, die durchschnittliche Verweildauer von 14,6 auf 10,4 Tage gesunken. Diese Entwicklung erfolgte vor dem Hintergrund eines Kapazitätsabbaus. Die Zahl der Krankenhäuser wurde von 2.411 auf 2.252 reduziert, die Zahl der Krankenhausbetten von 665.565 auf 565.268.

---

[27] In der Diagnosestatistik wird die Verweildauer aus der Differenz zwischen Zu- und Abgangsdatum ermittelt. Die übrige Krankenhausstatistik (Grunddaten, Kostennachweis) berechnet die Verweildauer aus den Pflegetagen geteilt durch die Fallzahl. Somit ergeben sich Unterschiede in den Verweildauerangaben der amtlichen Statistik. Die Statistik der Grunddaten weist für 1999 einen Wert von 10,4 Tagen aus.

Tabelle 3.3. Veränderung der Krankenhaushäufigkeit[1] 1999 im Vergleich zu 1996 (in %)

ICD-9	Diagnose	Altersgruppen				
		0–14	15–44	45–64	65+	Insg.
001–139	Infektiöse und parasitäre Krankheiten	-3,6	-1,4	14,6	25,9	*5,2*
140–239	Neubildungen	5,7	-2,4	10,9	15,9	*10,2*
240–279	Endokrinopathien, Ernährungs- und Stoffwechselkrankheiten sowie Störungen im Immunsystem	35,7	-8,3	0,5	10,3	*3,9*
280–289	Krankheiten des Blutes und der blutbildenden Organe	4,2	1,9	7,2	18,0	*11,0*
290–319	Psychiatrische Krankheiten	5,2	5,0	13,5	14,4	*9,0*
320–389	Krankheiten des Nervensystems und der Sinnesorgane	4,4	6,8	11,9	6,2	*7,2*
390–459	Krankheiten des Kreislaufsystems	-0,1	2,7	6,4	13,5	*9,6*
460–519	Krankheiten der Atmungsorgane	-4,7	-2,4	8,0	17,8	*3,9*
520–579	Krankheiten der Verdauungsorgane	-4,8	0,4	10,1	15,3	*6,9*
580–629	Krankheiten der Harn- und Geschlechtsorgane	-5,1	-9,7	1,9	9,0	*-1,1*
630–676	Komplikationen der Schwangerschaft, bei Entbindung und im Wochenbett	-3,0	-5,7	-8,8		*-4,5*
680–709	Krankheiten der Haut und des Unterhautzellgewebes	9,1	2,5	10,7	14,4	*8,0*
710–739	Krankheiten des Skeletts, der Muskeln und des Bindegewebes	-0,6	2,7	18,5	24,2	*14,7*
740–759	Kongenitale Anomalien	-3,5	-3,6	0,1	-2,7	*-3,7*
760–779	Bestimmte Affektionen, die ihren Ursprung in der Perinatalzeit haben	-3,8	-25,7	-20,8	-2,1	*-5,4*
780–799	Symptome und schlecht bezeichnete Affektionen	10,7	10,7	29,2	24,8	*19,7*
800–999	Verletzungen und Vergiftungen	-0,7	-7,4	3,2	10,4	*0,6*
	ohne Angabe	-53,1	-50,8	-55,6	-53,8	*-53,1*
v01–v82	Faktoren, die den Gesundheitszustand und die Inanspruchnahme von Einrichtungen des Gesundheitswesens beeinflussen	-31,5	-10,6	38,8	54,5	*10,9*
Alle		*-1,2*	*-2,6*	*9,7*	*14,3*	*6,2*

[1] Krankenhaushäufigkeit: Aus dem Krankenhaus entlassene vollstationäre Fälle (einschließlich Sterbefälle, ohne Stundenfälle) je 1.000 der Bevölkerung

3.1.3
Krankenhauspersonal

Im Jahr 1999 waren in deutschen Krankenhäusern mehr als 1,1 Millionen Menschen beschäftigt. Im Vergleich zu 1991 ist ein Rückgang um etwa 5.600 zu verzeichnen, der sich recht unterschiedlich auf die Berufsgruppen verteilt (s. Tabelle 3.4).

Tabelle 3.4. Krankenhauspersonal nach Berufsgruppen[28]

	Insges.	Haupt-amtl. Ärzte u. Zahn-	Pflege-dienst	mediz.-techn. Dienst	Funk-tions dienst	Wirtsch.-, Haus-personal, techn. Dienst	Verw.-tungs-per-sonal	Schüler
1991	1.119.791	99.548	389.511	140.551	89.761	186.678	69.818	89.177
1992	1.133.050	99.673	399.915	143.302	91.303	182.285	70.074	87.370
1993	1.134.690	100.082	405.848	143.776	92.682	176.095	69.717	85.896
1994	1.146.779	102.425	417.272	143.727	94.036	171.262	69.329	87.109
1995	1.161.863	104.552	429.183	150.493	95.511	166.489	70.457	88.841
1996	1.150.857	106.243	427.271	151.998	95.769	159.689	70.449	89.186
1997	1.133.409	107.752	420.306	152.177	96.139	151.567	69.538	88.270
1998	1.124.881	109.768	419.284	151.791	97.041	145.990	69.174	85.261
1999	1.114.178	111.198	415.865	152.208	98.107	140.403	69.110	82.149
99/91	-5.613	11.650	26.354	11.657	8.346	-46.275	-708	-7.028

Die Zahl des hauptamtlichen ärztlichen Personals ist kontinuierlich angestiegen. Der Anstieg der Zahl der Pflegekräfte erreichte 1995 seinen Höhepunkt. Seitdem ist die Zahl der Pflegekräfte rückläufig, hat aber den Ausgangswert von 1991 noch nicht unterschritten. Der Anstieg der Zahl der Pflegekräfte in der ersten Hälfte der 90er Jahre ist auf die Pflegepersonalregelung zurückzuführen, mit deren Hilfe zusätzliche Personalstellen im Pflegebereich geschaffen werden sollten. Die Pflegepersonalregelung galt jedoch nur von 1993 bis 1995.

Für das Wirtschafts- und Hauspersonal und den technischen Dienst werden abnehmende Beschäftigtenzahlen ausgewiesen, was durch das verstärkte Outsourcing patientenferner Leistungsbereiche bedingt ist. Die Zahl des Verwaltungspersonals ist in etwa gleichgeblieben.

Wie sich die Änderung des Personalbestands auf die Patientenversorgung auswirkt, lässt sich anhand der Belastungszahlen abschätzen. Hierzu wird zunächst die Zahl der Beschäftigten in Vollkräfte umgerechnet. Die Umrechnung bezieht sich auf Teilzeitbeschäftigte und auf Mitarbeiter, die nicht im gesamten Zeitraum tätig waren (s. Tabelle 3.5).

Bezogen auf 100 belegte Betten ist die Zahl der Vollkräfte von 157 auf etwas mehr als 182 angestiegen. Somit ließe sich rein rechnerisch eine Verbesserung der Personalsituation ermitteln. Doch für die Arbeitsbelastung des Personals ist von Interesse, ob durch Fallzahlanstieg und Verweildauerverkürzung eine Leistungsverdichtung eintritt. Dies ist mit dem Indikator Vollkräfte je 1.000 Fälle möglich. Zwischen 1991 und 1996 ist die Zahl der Vollkräfte von 62,9 je 1.000 Fälle auf 51,9 gesunken, was auf eine deutliche Leistungsverdichtung schließen lässt. Nicht davon betroffen ist der ärztliche Bereich, dessen Belastungszahl in etwa gleich geblieben ist. Alle übrigen patientennahen Berufsgruppen haben jedoch eine Zunahme der Leistungsintensität zu verzeichnen. Aber auch dieser Indikator ist relativ grob, denn er lässt unberücksichtigt, dass sich die Pflegeintensität verändert hat, weil die Patienten im Durchschnitt älter geworden sind und der medizinisch-

---

[28] Quelle: Statistisches Bundesamt (verschiedene Jahrgänge) (Grunddaten ...)..

technische Fortschritt dazu führt, dass zunehmend schwerere Fälle im Krankenhaus verbleiben.

Tabelle 3.5. Belastungszahl: Vollkräfte je 100 belegte Betten bzw. 1.000 Fällen[29]

	je 100 belegte Betten		je 1.000 Fälle	
	1991	1999	1991	1999
Ärztlicher Dienst	17,1	23,3	6,8	6,6
Pflegedienst	58,5	72,4	23,4	20,6
Medizinisch-technischer Dienst	21,9	26,7	8,8	7,6
Funktionsdienst	14,1	17,7	5,7	5,0
Klinisches Hauspersonal	7,6	5,4	3,0	1,5
Wirtschafts- und Versorgungsdienst	17,2	15,5	6,9	4,4
Technischer Dienst	4,4	4,6	1,8	1,3
Verwaltungsdienst	10,9	12,5	4,4	3,6
Sonderdienste	2,0	1,0	0,8	0,3
Sonstiges Personal	3,5	3,2	1,4	0,9
gesamt	157,0	182,3	62,9	51,9

3.1.4
Krankenhausausgaben im internationalen Vergleich[30]

Ein internationaler Vergleich der Gesundheitsausgaben zeigt zunächst, dass das bundesdeutsche Gesundheitswesen zumindest in Europa am teuersten ist: Mit 10,7 Prozent beanspruchte es im europäischen Vergleich den höchsten Anteil am Bruttoinlandsprodukt. Dass hierzulande soviel für Gesundheit ausgegeben wird, ist allerdings nicht auf die stationäre Versorgung zurückzuführen: Gemessen an international vergleichenden Statistiken ist die Leistungserbringung der deutschen Krankenhäuser bei hoher Qualität sehr wirtschaftlich. Der Ausgabenanteil für die stationäre Versorgung am Bruttoinlandsprodukt lag in Deutschland bei 3,6 %. Im Vergleich mit anderen europäischen Ländern nahmen die deutschen Krankenhäuser damit einen Platz im Mittelfeld (Rang 10 von 16) ein (s. Tabelle 3.6).

Vergleicht man die Ausgaben für die Versorgungsbereiche in den Ländern, für welche die Angaben vollständig vorliegen, ergibt sich folgendes Bild: Unter acht betrachteten Ländern hat Deutschland den zweitniedrigsten Anteil der Ausgaben für stationäre Versorgung an den Gesamtausgaben des Gesundheitswesens. Hinsichtlich der ambulanten Leistungen nimmt Deutschland jedoch den drittschlechtesten Platz unter den acht betrachteten Ländern ein. Der internationale Vergleich ergibt: Die hohen Gesundheitsausgaben sind verursacht durch vergleichsweise hohe Ausgaben für die ambulanten Leistungen (s. Tabelle 3.7).

---

[29] Quelle: Deutsche Krankenhausgesellschaft (2000c) und Statistisches Bundesamt (verschiedene Jahrgänge) (Grunddaten ...).

[30] Vgl. Schölkopf, M., Stapf-Finé, H. (2000), S. 870–874.

Tabelle 3.6. Ausgaben für Gesundheit und Krankenhausversorgung im europäischen Vergleich um 1996/97[31]

	Gesundheitsausgaben in % BIP (OECD)	KH-Ausgaben in % des BIP (BASYS)	Rang
Belgien	7,6	2,8	1
Dänemark	8,0	3,8	10
Deutschland	10,7	3,7	9
Finnland	7,4	3,2	2
Frankreich	9,6	4,4	12
Griechenland	8,6	-	-
Vereinigtes Königreich	6,8	3,4	5
Irland	6,3	3,4	6
Italien	7,6	3,4	7
Niederlande	8,2	3,2	3
Norwegen	7,5	-	-
Österreich	8,3	4,3	11
Portugal	7,9	-	-
Schweden	8,6	3,5	8
Schweiz	10,0	4,9	13
Spanien	7,4	3,3	4

OECD-Daten: Australien, Kanada, Spanien, USA: 1996. Vereinigtes Königreich, Japan, Portugal: 1997/1995. Niederlande: 1998/1997. Österreich, Schweiz: 1997/1996. Schweden: 1997/1990. Übrige Länder: Angaben aus 1997.

Tabelle 3.7. Ausgaben nach Sektoren, Rangfolge (1996, 1 = niedrigste Ausgaben, 8 = höchste Ausgaben)[32]

	ambulante Leistungen	Arzneimittel	stationäre Versorgung
Belgien	7.	8.	3.
Dänemark	1.	1.	8.
Deutschland	6.	3.	2.
Finnland	8.	5.	4.
Frankreich	3.	6.	5.
Italien	5.	7.	6.
Niederlande	4.	2.	7.
Österreich	2.	4.	1.

Im Krankenhausreport 1998 wird festgestellt: „Soll der internationale Vergleich als Maßstab dienen, so ist der stationäre Sektor in Deutschland trotz hoher Bettendichte unterfinanziert, der niedergelassene Bereich dagegen überproportioniert."[33] Damit kann man aber bereits hier festhalten: Der in der gesundheitspolitischen Diskussion immer wieder geäußerte Vorwurf, das deutsche Krankenhauswesen sei

---

[31] Quellen: OECD (2000) und Beratungsgesellschaft für angewandte Systemforschung (BASYS) (2001).
[32] Quellen: OECD (2000) und WHO (2000).
[33] Beske, F., Michel, C. (1998), S. 66.

wegen der im internationalen Vergleich hohen Bettendichte zu teuer, erweist sich als Denkfehler.

Zu den vergleichsweise niedrigen Krankenhausausgaben trägt in Deutschland die Personalausstattung bei. Hierzulande ist eine vergleichsweise niedrige Personalausstattung pro Bett vorzufinden, die durch eine längere Verweildauer und eine höhere Bettendichte ausgeglichen wird (s. Tabelle 3.8).

Tabelle 3.8. Personal je Bett (1996)[34]

Deutschland	1,5
Frankreich	1,1
Irland	1,8
Italien	2,2
Niederlande	2,4
Norwegen	3,6
Österreich	2,0
Portugal	2,7

Die Leistungsanforderungen an das Personal in deutschen Krankenhäusern sind entsprechend hoch.

3.1.5
Interessenverbände der Krankenhäuser

Die Interessenvertretung auf Bundesebene erfolgt durch die Deutsche Krankenhausgesellschaft (www.dkgev.de). Gemäß § 108 a SGB V ist sie der Zusammenschluss der Landeskrankenhausgesellschaften. Bundesverbände der Krankenhausträger können ihr ebenfalls angehören. In der Rechtsform eines eingetragenen Vereins ist die DKG ein Verband von Verbänden; einzelne Krankenhäuser sind nicht Mitglieder. Der DKG gehören neben den 16 Landeskrankenhausgesellschaften die folgenden zwölf Spitzenverbände an:

- Arbeiterwohlfahrt
- Bundesverband Deutscher Privatkrankenanstalten e. V.
- Deutscher Caritasverband e. V.
- Deutscher Landkreistag
- Deutscher Paritätischer Wohlfahrtsverband e. V.
- Deutscher Städte- und Gemeindebund
- Deutscher Städtetag
- Deutsches Rotes Kreuz
- Diakonisches Werk der Evangelischen Kirche in Deutschland e. V.
- Verband der Universitätsklinika Deutschlands e. V.
- Verband Deutscher Rentenversicherungsträger

---

[34] Quellen: OECD (2000) und WHO (2000).

• Zentralwohlfahrtsstelle der Juden in Deutschland e. V.

Neben der Interessenvertretung der Krankenhäuser nimmt die DKG Selbstver-
waltungsaufgaben wahr, die ihr vom Gesetzgeber zugewiesen worden sind. Beispielsweise wurde im Jahr 1998 die Aufgabe der Pflege und Weiterentwicklung
der Entgeltkataloge für Fallpauschalen und Sonderentgelte vom BMG auf die
DKG, die GKV-Spitzenverbände und den PKV-Verband übertragen. Mit der
GKV-Gesundheitsreform 2000 erreichte das Selbstverwaltungsprinzip seinen
bisherigen Höhepunkt. Die Entwicklung und Pflege des neuen DRG-basierten
Entgeltsystems wurde ebenso der Selbstverwaltung übertragen wie die Einrichtung des neuen Ausschusses zur Bewertung von Untersuchungs- und Behandlungsmethoden im Krankenhaus und des Koordinierungsausschusses, der eine
Arbeitsgemeinschaft der Spitzenorganisationen ist, die den ambulanten und den
stationären Bewertungsausschuss bilden.

Die Krankenhausdirektoren werden vom Verband der Krankenhausdirektoren
Deutschlands e. V. vertreten, der auf Bundes- und Landesebene organisiert ist. Die
Krankenhausberufe werden durch die folgenden Interessenverbände vertreten:
Verband der leitenden Krankenhausärzte Deutschlands e. V., Marburger Bund,
Bundesarbeitsgemeinschaft der leitenden Pflegekräfte und Arbeitsgemeinschaft
Deutscher Schwesternverbände.

3.1.6
Trägerstruktur

Gemäß der Eigentumsträgerschaft, die sich nach der Mehrheit der Kapital- bzw.
Stimmanteile bemisst, lassen sich drei Trägergruppen unterscheiden: Ein Haus befindet sich in *öffentlicher Trägerschaft*, wenn es von Gebietskörperschaften
(Bund, Land, Bezirk, Kreis, Gemeinde), Sozialversicherungsträgern, Landesversicherungsanstalten oder Berufsgenossenschaften betrieben wird. *Freigemeinnützige
Trägerschaft* bedeutet, dass ein Krankenhaus von Trägern der kirchlichen oder
freien Wohlfahrtspflege, Kirchengemeinden, Stiftungen oder Vereinen betrieben
wird. *Private Trägerschaft* liegt vor, wenn ein Krankenhaus durch ein gewerbli-
ches Unternehmen betrieben wird. Voraussetzung für den Betrieb von Privatkrankenanstalten ist eine Konzession nach § 30 Gewerbeordnung.

Im letzten Jahrzehnt des vergangenen Jahrhunderts fand ein beachtlicher Wandel in der Trägerstruktur deutscher Krankenhäuser statt. Die Zahl der öffentlichen
Krankenhäuser ist um fast 30 % gesunken, während die Zahl privater Krankenhäuser um mehr als 30 % angestiegen ist. Bei den freigemeinnützigen Krankenhäusern gab es hingegen keine ausgeprägten Veränderungen. Insgesamt sind im
Betrachtungszeitraum 8,7 % der Krankenhäuser geschlossen worden, so dass 1999
2.014 allgemeine Krankenhäuser verblieben. Zählt man noch die „sonstigen Krankenhäuser" hinzu, die ausschließlich über psychiatrische bzw. psychiatrische und
neurologische Betten verfügen sowie reine Tages- oder Nachtkliniken, dann gab
es 1999 insgesamt 2.252 Krankenhäuser (s. Tabelle 3.9).

In dieser Statistik ist jedoch nicht sauber zwischen privater Rechtsform von
kommunalen Krankenhäusern und privaten Krankenhäusern mit Gewinnstreben

abgegrenzt, so dass Rechtsformänderungen kommunaler Krankenhäuser wie ein Trägerwechsel erscheinen und somit der Eindruck des Wandels der Trägerstruktur übersteigert wird.

Tabelle 3.9. Krankenhäuser nach Trägerschaft[35]

Allgemeine KH	öffentlich	Freigemeinnützig	privat	Insgesamt
1990	1.043	843	321	2.207
1999	753	832	429	2.014
1999/1990	-27,8 %	-1,3 %	33,6 %	-8,7 %

Der Marktanteil privater Krankenhäuser ist jedoch nach wie vor niedrig. Insgesamt verfügen die privaten Krankenhäuser über 7,1 % der Betten. Im Vergleich dazu liegt der Bettenanteil der öffentlichen Krankenhäuser bei 54,3 % und der freigemeinnützigen Häuser bei 38,6 % (s. Abb. 3.1).

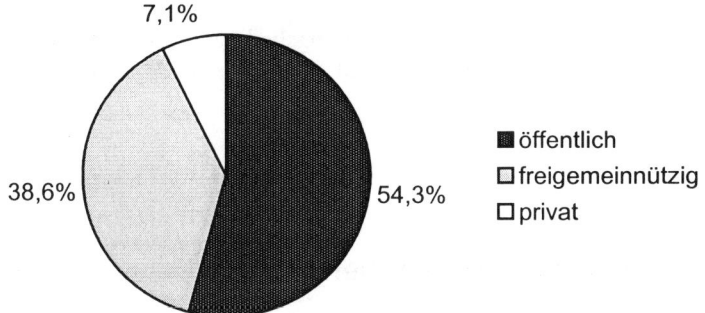

Abb. 3.1. Trägerstruktur deutscher Krankenhäuser gemessen an Bettenanteilen (1999)[36]

Es gibt eine Reihe von Einflussfaktoren auf den Wandel der Trägerstruktur, die aus der Statistik nicht ableitbar sind: Zum einen dürfte die Expansionsdynamik privater Krankenhausketten eine Rolle spielen. Als Gründe für den Erfolg privater Krankenhausunternehmen werden Managementvorteile angeführt; insbesondere mit wachsender Zahl der Betriebe in Krankenhausketten sinken die Managementkosten. Zudem sind private Krankenhäuser nicht auf die staatliche Investitionsförderung angewiesen.[37] Zum anderen spielt die Tatsache eine Rolle, dass die Krankenhausplanung aus Gründen der leichteren politischen Durchsetzbarkeit eher bei Krankenhäusern mit öffentlicher Trägerschaft ansetzt. Es gibt aber auch eine Sonderentwicklung im Osten Deutschlands, wo im Jahr 1990 noch mehr als 80 % der Krankenhäuser in öffentlicher Trägerschaft waren. Dort gab es einen starken Abbau von Kapazitäten insbesondere bei öffentlichen Krankenhäusern und eine Welle der Privatisierung von vormals öffentlichen Krankenhäusern. Im Westen ist im

---

[35] Quelle: Statistisches Bundesamt (verschiedene Jahrgänge) (Grunddaten ...).
[36] Quelle: Statistisches Bundesamt (1999) (Grunddaten ...), S. 26–27.
[37] Vgl. Neubauer, G. (1999).

Beobachtungszeitraum der Anteil an Betten in privater Trägerschaft nahezu gleich geblieben (s. Tabelle 3.10).

Tabelle 3.10. Betten je 10.000 Einwohner nach Trägerschaft

Jahr		1990	1998	1998/1990
Bund	• öffentlich	48,6	36,0	-12,5
	• freigemeinnützig	25,9	24,7	-1,3
	• privat	2,9	4,4	1,5
	• gesamt	77,4	65,1	-12,3
Ost	• öffentlich	83,5	43,1	-40,4
	• freigemeinnützig	5,8	10,0	4,1
	• privat	0,2	6,9	6,7
	• gesamt	89,5	60,0	-29,6
West	• öffentlich	39,8	34,4	-5,4
	• freigemeinnützig	31,0	28,0	-3,0
	• privat	3,5	3,8	0,3
	• gesamt	74,3	66,2	-8,1

Es wäre verfehlt, würde man den einigungsbedingten Wandel in der Träger-struktur in die Zukunft fortschreiben und eine anhaltende Privatisierungswelle gleichen Ausmaßes prognostizieren.

3.2
Organisation auf der Mikroebene

3.2.1
Unternehmensverfassung

Der Krankenhausträger bestimmt die Verfassung des Unternehmens. Darunter ist die Gesamtheit der konstitutiven und langfristigen Strukturregelungen zu verste-hen. Die Unternehmensverfassung ordnet den verschiedenen Instanzen Leitungs- und Führungskompetenzen zu und stellt formal die Kontrolle der Macht im Unter-nehmen sicher.[38]

Konstitutiv ist die Verteilung der Kompetenzen zwischen Aufsichtsgremien (normatives Management) und geschäftsführenden Organen (strategisches bzw. operatives Management). Das Aufsichts- bzw. Kontrollgremium wird vom Kran-kenhausträger gebildet und geschäftsführend tätig sind entweder Einzelpersonen oder Leitungsgremien, die als leitende Angestellte die erste Leitungsebene des Krankenhausunternehmens bilden.

---

[38] Vgl. Pantenburg, S. (2000), S. 111.

Die Unternehmensverfassung ist in Gesetzen, Verordnungen, Statuten, Satzungen oder Geschäftsordnungen niedergelegt. Von entscheidender Bedeutung ist die Verteilung der Aufsichts- und Entscheidungsrechte zwischen den jeweiligen Gremien. Insbesondere ist die Einbindung des Aufsichtsgremiums in die Entscheidungsprozesse festzulegen: Dies reicht von Informations- und Berichtspflichten über Zustimmungsvorbehalte bis zur Mitwirkung. Zudem sind die Entscheidungsverfahren, die Beschlussfähigkeit und Mehrheitserfordernisse festzulegen.

3.2.2
Leitbild

Neben der Unternehmensverfassung gehört die Entwicklung einer Unternehmenskultur zu den wesentlichen Elementen normativen Managements. Hierzu bietet sich die Entwicklung eines Unternehmens-Leitbildes an, das die Qualitäts- und Kundenorientierung stärker verankern soll. Zusätzliche Ressourcen beim Personal werden erschlossen, indem Konflikte oder Konfliktpotenziale innerhalb des Hauses verhindert werden: Ein Leitbild kann eine Grundlage einer vertrauensvollen Zusammenarbeit der unterschiedlichen Berufsgruppen im Krankenhaus sein. Auch eine von gegenseitiger Akzeptanz und Verständnis getragene Zusammenarbeit mit der Personalvertretung kann hier positiv wirken. Die Ausbildung eines Leitbildes ist ein kontinuierlicher Prozess, da das Leitbild zunächst sehr abstrakt ist und immer wieder konkret umgesetzt werden muss.

3.2.3
Rechtsform

Bestimmend für die Möglichkeiten der Ausgestaltung der Unternehmensverfassung ist die Wahl der Rechtsform.

Regiebetrieb und *Eigenbetrieb* sind die traditionellen Rechtsformen für nichtrechtsfähige Betriebsformen kommunaler Krankenhäuser. Der Regiebetrieb ist Teil der kommunalen Verwaltung, demgegenüber ist der Eigenbetrieb von der Verwaltung organisatorisch abgegrenzt. Diese Rechtsformen bieten den Kommunen ein hohes Maß an Einflussmöglichkeiten auf die Betriebsführung eines Krankenhauses. Die Gründung einer vollrechtsfähigen *Anstalt des öffentlichen Rechts* erfolgt durch einen Gründungsakt in Form eines Gesetzes, einer Rechtsverordnung oder eines Verwaltungsaktes. Der Handlungsspielraum der geschäftsführenden Organe ist im Vergleich zu den nicht rechtlich selbständigen Rechtsformen Regiebetrieb und Eigenbetrieb größer.

Innerhalb der privatrechtlichen Rechtsformen hat die *GmbH* in den letzten Jahren an Bedeutung gewonnen. Im Krankenhausbereich findet sich mit der *gemeinnützigen GmbH* (gGmbH) eine besondere Variante. Um den Status der Gemeinnützigkeit und die damit verbundenen Steuerbefreiungen zu erlangen, muss der Nachweis erfolgen, dass ausschließlich gemeinnützige, mildtätige oder kirchliche Zwecke verfolgt werden. Insbesondere im privaten Trägerbereich ist zu erwarten, dass die Rechtsform der *AG* weiter an Bedeutung gewinnen wird.

Die Rechtsform eines *Vereins* findet man vor allem bei freigemeinnützigen Krankenhäusern. An Organen sind die Mitgliederversammlung und der Vorstand zwingend vorgesehen. Sind der Mitgliederversammlung als dem Hauptorgan entscheidende Mitwirkungskompetenzen im laufenden Betrieb zugewiesen, können unternehmerische Aspekte in den Hintergrund geraten.

Eine *Stiftung* ist als Stiftung bürgerlichen, öffentlichen oder kirchlichen Rechts denkbar. Im Krankenhausbereich haben vor allem kirchliche oder weltanschaulich geprägte Krankenhausträger diese Rechtsform gewählt. Vielfach liegen Stiftungsgründungen zeitlich weit zurück, so dass die Satzungen von Stiftungen neuen gesellschaftlichen oder betrieblichen Gegebenheiten angepasst werden müssen.

Es ist noch einmal ausdrücklich auf den Unterschied zwischen einem öffentlichen Träger und öffentlicher Rechtsform hinzuweisen. Ein öffentlicher Träger kann sein Krankenhaus auch mit der privaten Rechtsform einer GmbH organisieren ohne den Charakter eines öffentlichen Trägers zu verlieren, solange die Kommune oder Gebietskörperschaft Mehrheitsbesitzer bleibt. Gerade in den letzten Jahren wurde bei öffentlichen Krankenhäusern oft eine Rechtsformänderung vorgenommen. Hauptgrund hierfür ist mehr unternehmerische Flexibilität zu gewinnen. Von der Rechtsform hängt aber auch die Tarifbindung und die Art der Mitarbeitervertretung ab. Hingegen sind private Träger auf private Rechtsformen beschränkt. Welche Konsequenzen die Rechtsform auf andere strukturelle Parameter hat, zeigt die Tabelle 3.11:

Tabelle 3.11. Rechtsformen und Trägerstrukturen im Überblick[39]

Rechtsform	Rechts-fähigkeit	Willensbildung	Vertretung nach aussen	BAT-Bindung	Mitarbeiter vertretungsrecht
Regiebetr.	nein	Nach Kommu-nalrecht	Nach Kom-munalrecht	ja	LPVG
Eigenbetr.	nein	Nach Kommu-nalrecht	Nach Kom-munalrecht	ja	LPVG
GmbH	ja	Gesellschafter-versammlung, Geschäftsführer	Geschäfts-führer	fakultativ	BetrVG / kirchliches Recht
AG	ja	Hauptversamm-lung, Vorstand, Aufsichtsrat	Geschäfts-führer	fakultativ	BetrVG / kirchliches Recht
Stiftung	ja	Stiftungsorgane	i. d. R. Vor-stand	fakultativ	LPVG / BetrVG / kirchliches Recht
e. V.	ja	Mitgl.versamm-lung, Vorstand	Vorstand	fakultativ	BetrVG / kirchliches Recht

Nicht aufgeführt sind Universitätsklinika und Krankenhäuser, Landesversicherungsanstalten und Krankenhäusern in Bayern gemäß der Verordnung über Kommunalunternehmen.

Bei Verbundstrukturen, wie sie in Krankenhausketten oder Zusammenschlüssen kommunaler Krankenhäuser vorherrschen, sind abhängig vom Grad der Zentralisierung Einheitsunternehmen denkbar, in denen sämtliche außergewöhnlichen Geschäftsvorfälle von der Zentrale entschieden werden, bis hin zu Holding-Mo-

---

[39] Quelle: Bohle, T. (2001), S. 155.

dellen, in denen die einzelnen Krankenhäuser als GmbH geführt werden, die in der Muttergesellschaft integriert sind.

3.2.4
Betriebsleitung

In der ersten Ebene der Unternehmensleitung ist in den meisten Krankenhäusern das klassische Dreiergremium mit *Verwaltungsdirektor, Ärztlichem Direktor* und *Pflegedirektor* vorzufinden. Diese repräsentieren die drei wesentlichen Berufsgruppen im Krankenhaus. Da viele Mitglieder der Dreierdirektorien sich als Vertreter ihres Berufsstandes verstehen, wurde in letzter Zeit verstärkt dazu übergegangen, singuläre Führungsspitzen einzusetzen, mit einem Geschäftsführer oder Krankenhausdirektor, der die gesamtunternehmerische Verantwortung trägt. Manche Krankenhausträger stellen dem kaufmännischen Geschäftsführer einen medizinischen Geschäftsführer zur Seite, um den medizinischen Sachverstand zu erhöhen.

3.2.5
Organisationsstruktur eines Krankenhauses

Abgeleitet von der klassischen Dreierspitze sind die nachgelagerten Bereiche ebenfalls in drei Säulen organisiert. Die leitenden Ärzte führen die ihnen zugewiesenen Bereiche unter Einschluss des Pflege- und Funktionsdienstes in der Regel hierarchisch. Die Abbildung 3.2 zeigt die typische Organisationsstruktur eines Krankenhauses.

In der letzten Zeit verstärkt sich die Tendenz zu mehr Dezentralisierung der einzelnen Abteilungen und Bereiche, denen mehr Entscheidungsautonomie bzw. Entscheidungsverantwortung übertragen wird. Die einzelnen Geschäftsbereiche werden als ergebnisorientierte Leistungszentren oder *profit center* bezeichnet. Grundgedanke ist, auf der Ebene der Leistungserbringung die Einheit von Handlung und finanzieller Haftung herzustellen. Hierzu werden den verursachenden Abteilungen Kosten und Erlöse zugeordnet und sie für das Ergebnis verantwortlich gemacht. An der Spitze des *profit centers* steht der leitende Arzt einer Fachabteilung, der diese eigenverantwortlich leitet. Dies beinhaltet die Produkt-, Qualitäts-, Budget- und Ergebnisverantwortung. Alle anderen Bereiche des Krankenhauses können als *cost center* organisiert werden. Dieses Konzept beinhaltet die Produkt-, Qualitäts- und Budgetverantwortung. Das *profit center*-Konzept setzt ein gut ausgebautes betriebswirtschaftliches Controlling voraus.

Chefärzte
Der Wandel der Krankenhäuser zu Wirtschaftsunternehmen bringt einen Wandel der Berufsbilder im Krankenhaus mit sich. Die Rolle des Chefarztes wird hin zu einem „Medizin-Manager" erweitert. Er soll bei der Entwicklung, Umsetzung und Kontrolle der internen Leistungs-, Kosten- und Erlösbudgets mitwirken können. Zudem kann durch Übereinstimmung von Kompetenz und Verantwortung eine verbesserte Identifikation mit den Zielen des Krankenhauses erreicht werden. Um

dies zu realisieren, sind die Chefarztverträge entsprechend auszugestalten. Die DKG hat bereits im Jahr 1996 ein Eckpunktepapier zur Weiterentwicklung des Chefarztsystems vorgelegt. Unter Einbeziehung der bisherigen Chefarztliquidation bzw. Beteiligungsvergütung wird dort eine erfolgsabhängige Vergütung auf der Grundlage eines Tantiemenmodells vorgeschlagen. Dieses soll sich nicht nur auf den Abteilungsbereich des Chefarztes, sondern auch auf das Gesamtergebnis des Krankenhauses erstrecken. Ein derartiges Modell bietet die Möglichkeit, auch weitere leitende Mitarbeiter (zweite ärztliche Führungsebene) mit individuellen Verträgen und Sondervereinbarungen am *Tantiemenpool* zu beteiligen. Die Kultusministerkonferenz hat Ende 1999 für die medizinische Leitung der Universitätsklinika ähnliche Reformvorstellungen geäußert.

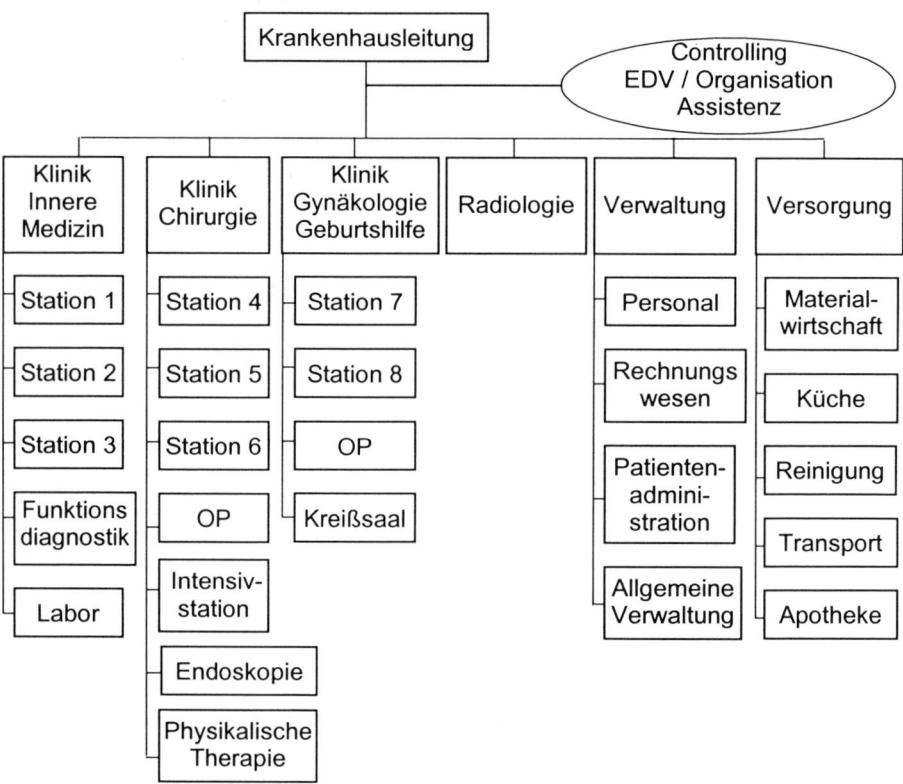

Abb. 3.2. Typische Organisationsstruktur eines Krankenhauses[40]

Abteilungsgliederung und Zentrumsstruktur

In der Regel sind die Krankenhäuser in Fachabteilungen gegliedert. Die Aufbau- und Ablauforganisation erfolgt in Abhängigkeit von der fachlichen Kompetenz der leitenden Ärzte. Mittlerweile gibt es Bestrebungen, die klassische Fachabtei-

---

[40] Quelle: Pantenburg, S. (2000), S. 119.

lungsstruktur durch eine Zentrumsstruktur zu ersetzen. Bei der Zentrumsstruktur ist die Aufbau- und Ablauforganisation prozessbestimmt und wird gemäß der an den Patienten zu erbringenden Leistungen ausgerichtet. Die Stationen mehrerer bisher meist eigenständiger Fachabteilungen werden bei der Zentrumslösung zusammengefasst und erhalten gemeinsame Funktions- und Infrastrukturbereiche. Zentren beherbergen also Betten verschiedener Fachabteilungen, die sich durch Gemeinsamkeiten in der Leistungserbringung auszeichnen, wie z. B. Intensivmedizin, konservative Medizin, operative Medizin, Gynäkologie und Geburtshilfe. Durch die Zentrumsstruktur sollen die Leistungen nahe am Patienten erbracht werden, da die häufig genutzten Funktions- und Infrastrukturbereiche direkt zum Zentrum gehören. Zudem soll ein besserer Zugriff auf die personellen und sachlichen Ressourcen erfolgen. Die Auslastung kann optimiert werden, es besteht Zugriff auf einen größeren Bettenpool und das Personal kann flexibler eingesetzt werden. Die optimale Größe für ein Zentrum wird mit 120 bis 150 Betten angegeben.[41]

3.2.6
Krankenhausapotheke

Hinsichtlich der Arzneimittelversorgung im Krankenhaus kann der Krankenhausträger eine eigene Krankenhausapotheke einrichten, sich durch die Apotheke eines anderen Krankenhauses mitversorgen lassen oder einen Versorgungsvertrag mit einer öffentlichen Apotheke schließen.

Die Tabelle 3.12 zeigt, dass bei rückläufiger Zahl der Krankenhäuser sich immer mehr Krankenhäuser von anderen Krankenhausapotheken mitversorgen lassen. Der Trend zum Outsourcing kommt folglich auch in diesem Bereich zum Tragen. Allerdings ist auch die Versorgung von Krankenhäusern durch öffentliche Apotheken rückläufig.

Hinsichtlich der Preisbildung in der Arzneimittelversorgung unterscheiden sich der Krankenhausbereich und der vertragsärztliche Bereich erheblich. Im Krankenhaus gilt die Arzneimittelpreisverordnung nicht und somit sind die Preise frei verhandelbar. Sie werden in der Regel direkt mit den pharmazeutischen Herstellern verhandelt. Einige Krankenhäuser haben sich zur Stärkung ihrer Nachfragemacht bereits zu Einkaufsgemeinschaften zusammengeschlossen. In der vertragsärztlichen Versorgung gibt es angesichts des Vertriebsweges eine Preisstaffelung, die zu höheren Preisen führt. Die entsprechenden Zuschläge für Großhandelszuschlag und Apothekenzuschlag sind in der Arzneimittelpreisverordnung geregelt.

Die Tabelle 3.13 zeigt den Umsatz (in Herstellerabgabepreisen) und die abgesetzte Menge im Krankenhausmarkt. Der Umsatz insgesamt ist zwischen 1995 und 2000 in etwa konstant geblieben.

---

[41] Vgl. Kerres, M., Lohmann, H. (2000), S. 56.

Tabelle 3.12. Arzneimittelversorgung im Krankenhaus[42]

	1991	1999
KH insgesamt	2.411	2.252
mit eigener Apotheke	659	566
davon nur zur Selbstversorgung	314	198
davon auch zur Versorgung anderer KH	345	368
ohne eigene Apotheke	1.752	1.686
davon versorgt durch eine Apotheke eines anderen KH	787	860
davon versorgt durch eine öffentliche Apotheke	965	826

Tabelle 3.13. Arzneimittelumsatz und abgesetzte Menge im Krankenhausmarkt[43]

Jahr	Umsatz (Millionen DM)	Zähleinheiten (Millionen)	Umsatz je 100 Zähleinheiten
1995	4.860,1	7.804,0	62,28
1996	4.819,9	7.237,4	66,60
1997	4.739,7	7.108,7	66,67
1998	4.749,1	7.382,3	64,33
1999	4.762,4	7.291,3	65,32
2000	4.996,9	7.396,1	67,56

Nach Maßgabe des Apothekengesetzes dürfen bislang nur stationär behandelte und ambulant operierte Patienten durch die Krankenhausapotheke versorgt werden, nicht jedoch Patienten im Rahmen einer Behandlung durch ermächtigte Krankenhausärzte oder durch Institutsambulanzen des Krankenhauses gemäß §§ 116 bis 119 SGB V. Die Arzneimittelabgabe durch die Krankenhausapotheke sollte entsprechend ausgeweitet und auch an Ambulanzen in den Räumen des Krankenhauses ermöglicht werden. Perspektivisch gesehen sollten Krankenhausapotheken auch eine aktive Rolle im Rahmen der integrierten Versorgung gemäß §§ 140 a ff. SGB V übernehmen können. Erforderlich ist eine Änderung des Apothekengesetzes. Die Arzneimittelversorgung von Pflegeeinrichtungen durch Krankenhausapotheken sollte ermöglicht werden, insbesondere in Fällen, in denen es sich um Komplexeinrichtungen bzw. umgewidmete Akutbetten eines Krankenhauses handelt.

3.2.7
Qualitätsmanagement

Als Konzept zur internen Optimierung der Krankenhausorganisation kann schließlich auch das interne Qualitätsmanagement verstanden werden. Damit lässt sich die Qualität der Krankenhausleistungen bei gleichem Aufwand erhöhen – ein wichtiger Aspekt, wenn der Wettbewerb der Anbieter zunimmt. Auch deshalb

---

[42] Quelle: Statistisches Bundesamt (verschiedene Jahrgänge) (Grunddaten ...).
[43] Quelle: Institut für medizinische Statistik (IMS) (2001).

werden die Krankenhäuser die mit der GKV-Gesundheitsreform 2000 eingeführte obligatorische Vorgabe eines internen Qualitätsmanagementsystems aktiv aufgreifen. Ganz neu ist dieses Konzept für den stationären Sektor aber nicht. Im Gegenteil: Gerade die Krankenhäuser waren in der Vergangenheit Vorreiter der Entwicklung; ihre Anstrengungen waren sogar beispielgebend für die Qualitätsorientierung anderer Leistungserbringer.

Qualitätssicherung und Qualitätsmanagement haben Außen- und Innenwirkungen auf die Organisation Krankenhaus und deren Umfeld. Nach außen wird durch Qualitätssicherungs- und Qualitätsmanagementaktivitäten das Vertrauen der Öffentlichkeit, d. h. insbesondere der Patienten und einweisenden Ärzte, gestärkt. Schon das ist eine „Ressource", die für das Krankenhaus Nutzen bringt. Nach innen zielen Qualitätssicherungs- und Qualitätsmanagementaktivitäten auf die Regeneration, die Motivation und die kontinuierliche Anregung der Krankenhausmitarbeiter, sich für die eigene Leistung und deren Verbesserung zu interessieren. Ziel solcher Maßnahmen ist es, einen kontinuierlichen Verbesserungsprozess zu ermöglichen. Unter dem Stichwort „*Total Quality Management*" werden bereits in vielen Krankenhäusern Ziele definiert, unter denen die zum Teil schon seit Jahren etablierten unterschiedlichen Qualitätssicherungsaktivitäten wie Patientenbefragungen und Qualitätszirkel zu einem geschlossenen Konzept zusammengefasst werden.

Ein Weg, um Patienten eine bessere Orientierung über die Qualität der Leistungserbringung im Krankenhaus zu geben, ist die Beteiligung an einem Zertifizierungsverfahren. So hat die DKG zusammen mit der Bundesärztekammer und den Spitzenverbänden der Krankenkassen ein freiwilliges, krankenhausspezifisches Zertifizierungsverfahren, die „Kooperation für Transparenz und Qualität (KTQ)" entwickelt (www.ktq.de). Das Konzept sieht im Routinebetrieb einen zweistufigen Bewertungsprozess des Qualitätsmanagements der teilnehmenden Krankenhäuser vor. In einem ersten Schritt erfolgt eine Selbstbewertung durch die Klinik, in einem zweiten die Fremdbewertung durch Visitoren. Mit diesem System können sich die Krankenhäuser ein Bild über den Stand ihrer Qualitätssicherung verschaffen und dies nach außen dokumentieren.

3.2.8
Integriertes Dienstleistungszentrum

Ein weiterer Trend in der Organisation der stationären Leistungserbringung ist die stärkere Integration von Dienstleistungsangeboten, die bislang streng nach Leistungssektoren getrennt erbracht wurden. Leitbild ist dabei das Konzept vom integrierten Dienstleistungszentrum, das die DKG im Hinblick auf eine bessere Verzahnung und Vernetzung entwickelt hat (s. Abb. 3.3).

Das integrierte Dienstleistungszentrum führt zu einer Verzahnung durch Kooperation und Koordination der Krankenhäuser mit den unterschiedlichen vor- und nachgelagerten Leistungserbringern. Gleichzeitig soll eine schrittweise Öffnung der Krankenhäuser für weitere ambulante Funktionen erfolgen. Hier geht es in erster Linie darum, Patienten bei Multimorbidität und Schwersterkrankungen, wie z. B. Aids und Krebs, einen häufigen Wechsel zwischen den einzelnen Leistungserbringern zu ersparen.

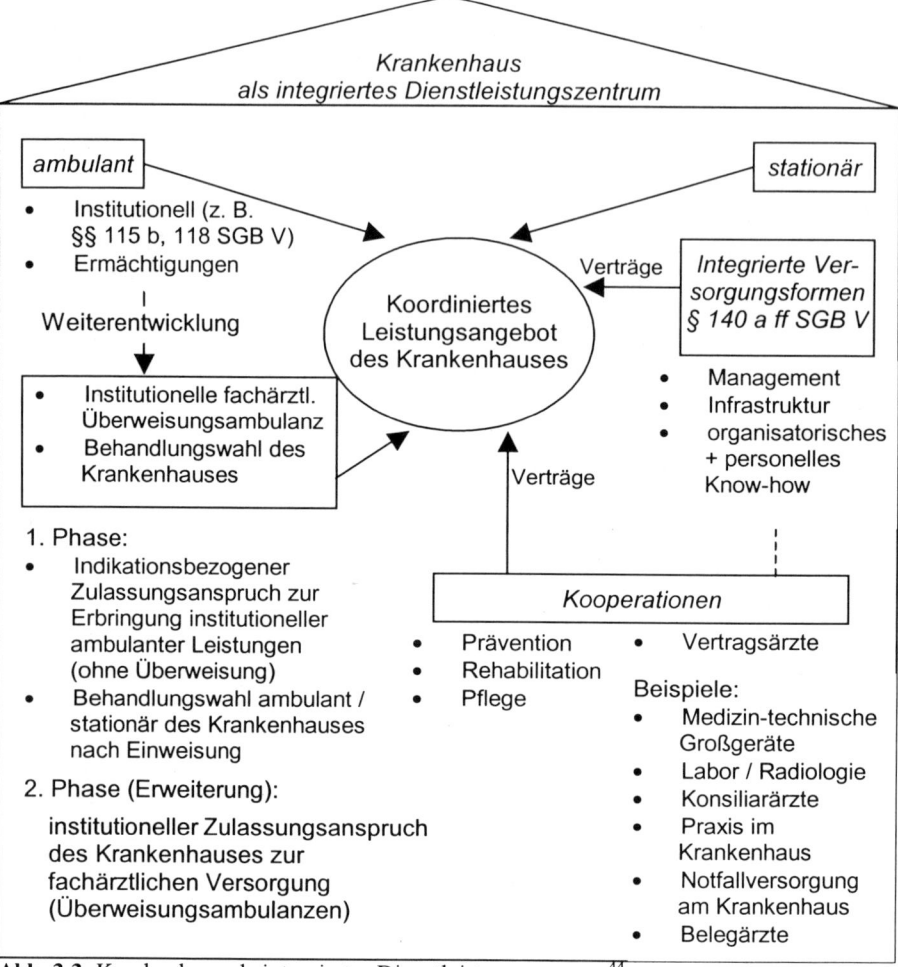

Abb. 3.3. Krankenhaus als integriertes Dienstleistungszentrum[44]

3.3
Entwicklungstendenzen

Die künftige Organisation der stationären Leistungserbringung hängt von der weiteren Entwicklung wichtiger Rahmenbedingungen ab. An erster Stelle ist die Ausgestaltung des DRG-basierten Entgeltsystems zu nennen. Diese muss zu einer leistungsgerechten Vergütung der Krankenhausleistungen beitragen. Mit der Einführung der neuen Entgelte muss deshalb eine Aufhebung der Budgetierung der Krankenhausausgaben erfolgen. Das neue Entgeltsystem darf keinesfalls dazu

---

[44] Quelle: Deutsche Krankenhausgesellschaft (2000b) (Positionen ...).

dienen, ein Globalbudget oder sektorale Budgets für den Krankenhausbereich zu „verteilen". Andernfalls würden die fatalen Auswirkungen floatender Punktwerte, wie sie aus dem vertragsärztlichen Bereich bekannt sind, für den stationären Bereich übernommen. Die Krankenhäuser müssen im Voraus wissen, wieviel Geld für welche Leistung zu erzielen ist. Eine Steuerung der Ausgaben ist nicht durch eine undifferenzierte Budgetbegrenzung, sondern durch eine sinnvolle Mengensteuerung durch Mengenvereinbarungen auf der Ebene des einzelnen Krankenhauses zu lösen. Dieses Problem ist für die Krankenhäuser aufgrund der statistisch nachweisbaren jährlichen Steigerung der Patientenzahlen und der demografischen Entwicklung von besonderer Bedeutung.

Im Zusammenhang mit der Einführung des neuen Entgeltsystems wird der Übergang zu einer *monistischen Finanzierung* (Finanzierung der Investitions- und Betriebskosten aus einer Hand durch die Krankenkassen) diskutiert. Eine rein monistische Finanzierung würde die soziale Verteilung der Finanzlasten aufheben. Zudem würde die GKV mit jährlichen Mehrkosten in Milliardenhöhe zusätzlich belastet, ohne dass eine Gegenfinanzierung realistisch zu erwarten ist. Die DKG schlägt die Einführung eines teilmonistischen Systems vor. Danach soll die Finanzierung langfristiger Anlagegüter in den Händen der Bundesländer bleiben. Einrichtungs- und Ausstattungsgegenstände sollten aber künftig über die durch die Krankenkassen zu zahlenden Entgelte finanziert werden. Aber auch die teilmonistische Lösung setzt eine Gegenfinanzierung der für die GKV zusätzlich entstehenden Ausgaben voraus.

Die gesundheitspolitische Letztverantwortung des Staates für eine flächendeckende, bedarfsgerechte Versorgung – ausgedrückt insbesondere durch die Planungskompetenz der Bundesländer – ist auch in Zukunft unverzichtbar. Aufgrund der veränderten Rahmenbedingungen, insbesondere durch die Einführung eines pauschalierenden Entgeltsystems, muss die Krankenhausplanung zu einer leistungsgerechten Rahmenplanung der Länder weiterentwickelt werden. Die Ausfüllung der Rahmenvorgaben sollte durch ergänzende Vereinbarungen zwischen Krankenhausträgern und Krankenkassen nach § 109 Abs. 1 SGB V erfolgen.

Wer mehr Anreize für Effizienz im Gesundheitswesen setzen will, sollte vor allem über innovative Formen der Leistungserbringung nachdenken. Zu mehr Wirtschaftlichkeit würden insbesondere effizientere Versorgungsstrukturen beitragen. Hier ist z. B. an die Aufhebung der strikten Trennung zwischen ambulanter und stationärer Versorgung zu denken, die unzweifelhaft diverse kostenträchtige Strukturmängel des Gesundheitssystems (Koordinationsprobleme, Schnittstellenproblematik, Mehrfachuntersuchungen) beseitigen könnte. Hier liegt insbesondere eine weitergehende Öffnung der Krankenhäuser für die ambulante Versorgung nahe. Angesichts des dort vorhandenen medizinischen Sachverstands und der technischen Infrastruktur käme den Krankenhäusern dann die Funktion eines integrierten Dienstleistungszentrums zu.

4 Nachfragestruktur und Nachfrageverhalten

Volker Ulrich
Lehrstuhl für Finanzwissenschaft, Universität Greifswald

4.1
Einleitung

Wer bestimmt über die Nachfrage nach medizinischen Leistungen? Ist es, wie die klassische ökonomische Nachfragetheorie unterstellt, der Patient, der eigenverantwortlich und vollkommen informiert gemäß seinen individuellen Präferenzen die Auswahl zwischen den angebotenen Leistungen vornimmt? Oder ist es der Arzt, der aufgrund seines Wissens- und Informationsvorsprungs die Entscheidung über die Therapie und damit auch über die Nachfrage nach medizinischen Leistungen bestimmt?

Im Gesundheitswesen treten eine Vielzahl von Informationsasymmetrien auf, die nahe legen, dass weder Arzt noch Patient allein über die Nachfrage entscheiden. Sicherlich entscheidet der Patient über den Erstkontakt mit dem Arzt, d. h. darüber, ob er für ein gegebenes gesundheitliches Problem den Arzt überhaupt konsultieren will. Er entscheidet auch in eigener Verantwortung über die Nachfrage nach freiverkäuflichen medizinischen Leistungen bzw. Leistungen, die an der Schnittstelle zwischen Medizin und sogenannten Lifestyle-Präparaten liegen. Demgegenüber bestimmt der Arzt nach erfolgtem Erstkontakt über die weitere Behandlung oder über die Einweisung ins Krankenhaus bzw. die Überweisung zu einem Facharzt. Er legt damit auch die Intensität des Ressourcenverbrauchs fest. Falls der Arzt bei seiner Entscheidung nicht nur die Interessen des Patienten vertritt, sondern erwartungsgemäß auch eigene Einkommens- und Freizeitziele verfolgt, weicht er vom Verhaltensmodell eines vollkommenen *Sachwalters des Patienten* ab. Verordnet er beispielsweise Leistungen, die medizinisch nicht unbedingt erforderlich sind, um etwa seine eigenen Einkommensziele zu realisieren, induziert er zusätzliche Leistungen im Sinne der These von der *anbieterinduzierten Nachfrage*.

Dieser Beitrag analysiert den Entscheidungsprozess über die Nachfrage nach medizinischen Leistungen und zeigt einige zentrale Bestimmungsfaktoren auf. Dabei wird insbesondere auf die Nachfrageeffekte des demographischen Wandels und des medizinisch-technischen Fortschritts eingegangen.

4.2
Charakterisierung der Nachfrage nach medizinischen Leistungen

4.2.1
Der Patient als Entscheidungseinheit

Unter Gesundheitsökonomen besteht heute weitgehend Konsens, dass die Anwendung der traditionellen ökonomischen Nachfragetheorie auf Fragestellungen der Nachfrage nach Gesundheit und nach medizinischen Leistungen zu schwerwiegenden Fehleinschätzungen und Irrtümern führen kann. Die klassische ökonomische Nachfragetheorie basiert auf Prämissen, die im Gesundheitswesen in dieser Form nicht vorliegen. Die zentralen Merkmale eines vollkommenen Marktes fehlen sicherlich im Gesundheitswesen bzw. sind nur eingeschränkt gegeben. Dazu zählen:

- Markttransparenz,
- Konsumentensouveränität,
- Güterhomogenität,
- Fehlen von Externalitäten.

Beispielsweise geht von der Impfung gegen eine ansteckende Krankheit ein positiver externer Effekt aus, der vom Markt nicht erfasst wird.[45] Dieser externe Effekt bewirkt, dass der Nutzen der Impfung nicht nur demjenigen zugute kommt, der sich selbst impfen lässt, sondern auch anderen Personen, da sich deren Ansteckungsrisiko ebenfalls verringert. Dieser externe Nutzenteil wird allerdings vom Marktmechanismus nicht erfasst, da es für ihn keine Nachfrage gibt. Man kommt in seinen Genuss, ohne dafür zahlen zu müssen. Dadurch bleibt die vom Markt erfasste Nachfrage hinter der gesellschaftlich erwünschten Nachfrage zurück. Auch wenn hier von einem positiven externen Effekt gesprochen wird, gilt es zu betonen, dass es sich aus ökonomischer Sicht um eine Fehlallokation handelt, da das Marktergebnis hinter dem wohlfahrtsoptimalen Ergebnis zurückbleibt.

Eine andere Ursache von Marktversagen kann beispielsweise die Unfähigkeit für eine rationale Entscheidung in bezug auf die eigene Gesundheit sein, die sich am deutlichsten bei einer lebensbedrohlichen Krankheit zeigt, bei welcher der Betreffende bereit ist jeden Geldbetrag für seine Genesung zu zahlen. Auch die Minderschätzung zukünftiger Bedürfnisse, der Informationsvorsprung des Arztes

---

[45] Ein externer Effekt bedeutet, dass nicht nur derjenige, der das Gut bzw. die Leistung kauft und konsumiert, davon tangiert ist, sondern auch eine andere, dritte Person. Negative externe Effekte können beispielsweise auftreten beim Ausstoß von Schadstoffen aus Fabrikschloten (Beeinträchtigung der in der Umgebung lebenden Menschen), beim Überfischen von Gewässern (Zerstörung von Lebensräumen, Vernichtung von Arbeitsplätzen) oder beim Tabakkonsum (Beeinträchtigung Dritter durch passives Rauchen).

oder Gerechtigkeitsaspekte werden häufig als Ursache für eine eingeschränkte Nachfrageentscheidung des Konsumenten genannt.

Aus der Sicht der ökonomischen Nachfragetheorie trifft der Patient zwar weiterhin souverän die Auswahl zwischen den grundlegenden nutzenstiftenden Gütern „konsumierbares Endprodukt"[46] und „Gesundheit", es fehlt ihm jedoch die für eine rationale Entscheidung und konsistente Präferenzabwägung notwendige Information über die technische Beziehung zwischen der „Gesundheit" bzw. dem „Gesundheitszustand" und der Nachfrage nach medizinischen Leistungen, d. h. die Kenntnis der „Gesundheitsproduktionsfunktion".

Ein Beispiel soll den Sachverhalt verdeutlichen. Selbst wenn der Patient die Gesundheitsrisiken des Rauchens kennt, entscheidet er souverän über die Anzahl an Zigaretten, die er täglich rauchen möchte. Die Nachfrage nach medizinischen Leistungen als Folge des Zigarettenkonsums hängt dagegen nicht nur davon ab, sondern in starkem Ausmaß auch vom ärztlichen Verhalten bzw. seinem medizinischen Kenntnisstand oder technisch gesprochen von den entscheidungsrelevanten Fähigkeiten des Arztes, die selbst wiederum von einer Vielzahl von Anreizen und Einflussgrößen gesteuert werden.

Betrachtet man die Nutzenfunktion des Patienten, so lassen sich diese Zusammenhänge wie folgt ausdrücken:

$$U = U(X, G(GN, X, E))$$

Der Nutzen des Patienten hängt von den beiden unmittelbar nutzenrelevanten Gütern X und G ab. Dabei steht X vereinfachend als pars pro toto für alle konsumierbaren Endprodukte ohne medizinische Leistungen und G symbolisiert die Gesundheit bzw. den Gesundheitszustand. Der Gesundheitszustand (G) selbst wird wiederum beeinflusst von der Nachfrage nach medizinischen Leistungen (GN), der Menge und Qualität der konsumierbaren Güter und Leistungen (X) sowie von ausgewählten Umwelt- bzw. Effizienzvariablen (E). Diesen Zusammenhang beschreibt die sogenannte Gesundheitsproduktionsfunktion:

$$G = G(GN, X, E).$$

Der Patient allein bestimmt die Beziehung $\partial U / \partial G$, d. h. nur er kann Änderungen des Gesundheitszustandes in individuelle Nutzenänderungen umwandeln. Für diese Abwägung benötigt er allerdings ergänzende Informationen über die Gesundheitsproduktionsfunktion $\partial G / \partial GN$, die in wesentlichen Teilen durch den Arzt als Agenten des Patienten (mit)bestimmt wird.

---

[46] Der Begriff konsumierbares Endprodukt dient zur Abgrenzung von den am Markt erworbenen Konsumgütern. Die konsumierbaren Endprodukte werden nämlich selbst wiederum im Rahmen eines Haushaltsproduktionsprozesses hergestellt. Man stellt sich das am besten so vor, dass man am Markt die einzelnen Güter und Leistungen zwar erwirbt, diese aber erst dann Nutzen stiften können, wenn der Konsument sie mit Hilfe des Einsatzes eigener Zeit in konsumierbare Endprodukte transformiert. Nicht die am Markt gekaufte Dose Ravioli stiftet bereits Nutzen, sondern erst das fertige Tellergericht, das der Konsument zu Hause unter Einsatz eigener Zeit und anderer Faktoren (Dosenöffner, Kochplatte, Energie, Besteck, Geschirr) „produziert".

Dieser Sachverhalt, der in der gesundheitsökonomischen Literatur intensiv diskutiert wird, hat dazu geführt, dass für Nachfrageanalysen im Gesundheitswesen im wesentlichen zwei Analysekonzepte zentrale Bedeutung erlangt haben: das Modell von Grossman zur Erklärung der Nachfrage nach Gesundheit und nach medizinischen Leistungen sowie das Principal-Agent-Modell von Holmstöm und Mirrlees, das von Zweifel auf das Gesundheitswesen übertragen wurde.[47]

4.2.2
Der Ansatz von Grossman

Beim Modell von Grossman handelt es sich um einen intertemporalen neoklassischen Ansatz zur Ableitung der Nachfrage nach Gesundheit und nach medizinischen Leistungen. Das Modell betont die individuelle Verantwortung des Einzelnen für seine Gesundheit. Gesundheit wird dabei als Kapitalstock definiert, der im Zeitablauf altersbedingten Abschreibungen unterliegt, die jedoch durch Investitionen in die eigene Gesundheit abgeschwächt bzw. eine Zeit lang sogar (über)kompensiert werden können. Der Gesundheitskapitalstock selbst gibt wiederum Leistungen ab, nämlich die „gesund verbrachte Zeit", die entweder zum Arbeiten oder für die beiden Haushaltsproduktionsprozesse „Investitionen in die Gesundheit" und „Produktion von konsumierbaren Endprodukten" verwendet werden können. Damit bestimmt der Gesundheitskapitalstock die insgesamt zur Verfügung stehende Zeit. Das Individuum bzw. der Patient ist damit die zentrale Entscheidungseinheit, die konsumiert (konsumierbare Endprodukte, Wohlergehen) und produziert (konsumierbare Endprodukte, Gesundheitskapital). Im Rahmen der Haushaltsproduktion „erstellt" der Patient die konsumierbaren Endprodukte, indem er die am Markt erworbenen Güter und eigene Zeit miteinander kombiniert. Daneben tätigt er Investitionen in die Gesundheit, indem er medizinische Leistungen und erneut eigene Zeit miteinander kombiniert. Das Individuum selbst bestimmt in diesem Ansatz indirekt die Länge seines Lebens bzw. den Todeszeitpunkt. Falls der Gesundheitskapitalstock eine untere Schranke erreicht, stirbt das Individuum. Auf den ersten Blick irritierend bzw. sogar befremdend wird die Länge des Lebens damit zum ökonomischen Kalkül. Mit zunehmendem Alter wird die Gesundheitsproduktion ineffizient, da die steigenden Abschreibungsraten auf das Gesundheitskapital dem Individuum zunehmende und schließlich sogar prohibitive Opportunitätskosten verursachen und er aus ökonomischen Gründen die Länge des Lebens begrenzt. Hinter den Opportunitätskosten verbirgt sich das Konzept der *user cost of health capital*. Natürlich kann Gesundheit nicht am Kapitalmarkt gehandelt werden. Dennoch kann ein Individuum seinen Kapitalstock „ausleihen", und zwar in intertemporaler Hinsicht: Es variiert seine Investitionen über die Zeit. Es wägt also die Kosten der Gesundheitsproduktion mit anderen Kosten ab. Zunehmendes Alter führt dazu, dass am Ende die Gesundheitsproduktion zu teuer erscheint und daher konsequenterweise „der Tod gewählt" wird.

---

[47] Vgl. zu diesem Kapitel auch Grossman, M. (1972), Mirrlees, J. A. (1976), Holmström, B. (1979), McGuire, H., Henderson, J., Mooney, G. (1988), Zweifel, P. (1994) und Breyer, F., Zweifel, P. (1999).

Im Hinblick auf die Nachfrage nach Gesundheit und nach medizinischen Leistungen liefert der Ansatz von Grossman die zentrale Erkenntnis, dass der Konsument bzw. Patient letztlich Gesundheit anstrebt und die Nachfrage nach medizinischen Leistungen eine abgeleitete Nachfrage ist, die sich aus dem Gesundheitszustand herleiten lässt. Zudem betont der Ansatz, dass die Gesundheit sowohl unter konsumtiven als auch unter investiven Gesichtspunkten analysiert werden kann. Konsumtiv bedeutet, dass „Gesundsein" einen Wert an sich darstellt, der unmittelbar wohlfahrtsrelevant ist. Das Wissen um die eigene Gesundheit, das Freisein von Schmerzen oder das eigene Wohlergehen stiften also unmittelbar Nutzen. Investiv bedeutet, dass das Gesundheitskapital eine Voraussetzung dafür ist, dass man arbeiten bzw. dass man selbst im Rahmen der Haushaltsproduktion aktiv sein kann.

Abbildung 4.1 zeigt eine graphische Darstellung des Grossman Modells, die häufig empirischen Untersuchungen zugrunde liegt. Im Mittelpunkt der Betrachtung steht die Gesundheit, die in empirischen Arbeiten als latente Variable modelliert wird, da sie nicht beobachtbar ist. Allerdings kann man versuchen, die Gesundheit mit Hilfe beobachtbarer Indikatoren zu messen bzw. zu erfassen. Solche Gesundheitsindikatoren sind etwa die Gesundheitszufriedenheit, der Gesundheitszustand oder die Dauer der Arbeitsunfähigkeit. Weiterhin wirken auf die Gesundheit demographische, sozioökonomische und prädisponierende Variablen. Zu diesen Gruppen rechnen beispielsweise die Variablen Alter, Familienstand, Einkommen, Ausbildung, Arbeitsplatzbedingungen, Umweltvariablen oder die Lebensstilvariablen wie Rauch-, Trink- und Ernährungsgewohnheiten. Die Gesundheit wiederum drückt sich in der aus ihr abgeleiteten Gesundheitsnachfrage aus, etwa in Form von Arzt- und Facharztkontakten, Fallzahlen, Krankenhaustagen oder standardisierten Tagesdosen bestimmter Medikamente. Daneben gibt es noch eine Kategorie von Variablen, die zwar die Gesundheitsnachfrage beeinflussen, nicht aber den Gesundheitskapitalstock selbst. Hierzu zählen etwa der Umfang und die Struktur des Krankenversicherungsschutzes oder bestimmte Wettbewerbsmerkmale des Gesundheitssystems.

Empirische Untersuchungen zum Grossman Modell betonen die Bedeutung der individuellen und strukturellen Determinanten, wie etwa Lebensgewohnheiten, Ernährungsverhalten und Umweltqualität, denen häufig ein größeres Gewicht für die Gesundheit zukommt als der eigentlichen Nachfrage nach medizinischen Leistungen.[48] Zugleich weisen sie aber auch auf einen generellen Konflikt zwischen theoretischem Modell und empirischer Umsetzung hin. Im theoretischen Modell besteht ein positiver Zusammenhang zwischen der Nachfrage nach medizinischen Leistungen und dem Gesundheitskapitalstock, da die Nachfrage nach medizinischen Leistungen über die Investition den Gesundheitskapitalstock erhöht. Dies wird in empirischen Untersuchungen konsistent widerlegt, die einen signifikanten negativen Zusammenhang zwischen Gesundheit und medizinischen Leistungen ausweisen. Je höher der Gesundheitszustand ausfällt, umso weniger medizinische Leistungen werden nachgefragt. Das letzte Wort scheint hier aber noch nicht gesprochen. Neuere Untersuchungen mit Hilfe von Panel-Daten liefern zu diesem

---

[48] Vgl. Leu, R. E., Doppmann, R. J. (1986), Wagstaff, A. (1986) und Pohlmeier, W., Ulrich, V. (1992).

Aspekt neue Erkenntnisse. Ganz allgemein wird möglicherweise die Rolle des
Individuums als Gesundheitsproduzent aber zu stark betont, während insbesondere
die Rolle der Ärzte unterschätzt wird.[49]

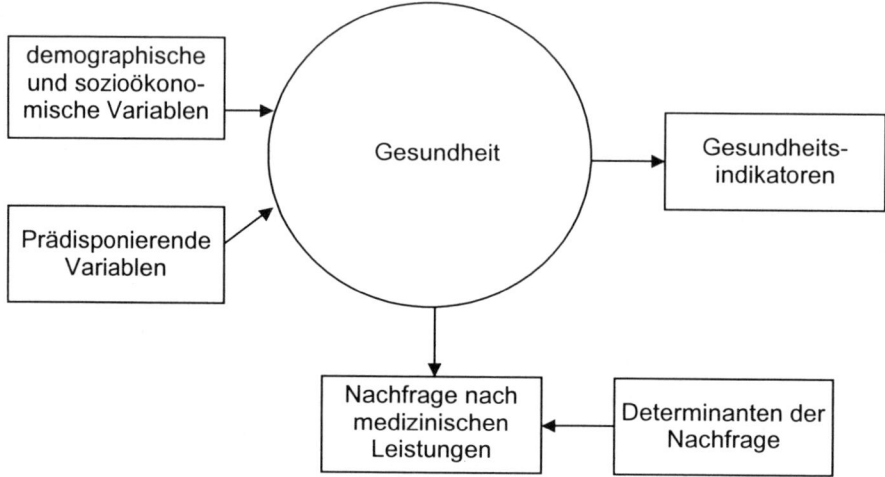

Abb. 4.1. Die Nachfrage nach Gesundheit und medizinischen Leistungen

4.2.3
Das Principal-Agent-Modell

Die Rolle des Arztes bei der Nachfrage nach medizinischen Leistungen betont
dagegen das sogenannte Principal-Agent-Modell. Der Ansatz analysiert unmittelbar die asymmetrische Informationsverteilung im Gesundheitswesen und hier
speziell zwischen Arzt und Patient. Der Patient kann die Qualität der medizinischen Leistung nicht beurteilen. Der Arzt als Anbieter besitzt hier sicherlich aufgrund seiner Ausbildung und seines Fachwissens einen Informationsvorsprung.
Damit lässt sich die Arzt-Patient-Beziehung einmal durch eine begrenzte Infor-
mationsverarbeitungskapazität des Patienten und zum anderen durch das Spezia-
listenwissen des Arztes kennzeichnen. Da zudem eine starke persönliche Arzt-
Patient-Beziehung besteht, können andere Erfahrungen bzw. Bewertungen auch
nicht unmittelbar zum Vergleich verwendet werden. Der Patient (Principal) beauftragt einen Agenten (Arzt) mit der Wahrnehmung eines Teils seiner Entschei-
dungskompetenzen, hier mit einer angemessenen medizinischen Behandlung,
wobei der Arzt seinen Wissensvorsprung zum Nutzen des Patienten einbringen
soll. Sein Informationsvorsprung gewährt dem Arzt gegenüber dem Patienten und
der Versicherung allerdings einen diskretionären Handlungsspielraum, den er dazu
nutzen kann, innerhalb berufsethischer Grenzen seine persönlichen Einkommens-

---

[49] Vgl. zu diesem Kapitel auch Auster, R., Leveson, I., Sarachek, D. (1969), Grossman, M.
(1972), Grossman, M. (1999), Muurinen, J. (1982), Leu, R. E., Doppmann, R. J. (1986),
Wagstaff, A. (1986), Pohlmeier, W., Ulrich, V. (1992), Erbsland, M., Ried, W., Ulrich,
V. (1998), Ried, W. (1998) und Breyer, F., Zweifel, P. (1999).

und Freizeitziele zu verwirklichen. Bei den bestehenden Vergütungssystemen besitzt der ambulante Arzt ein Eigeninteresse daran, seine Leistungen bis zur Grenze des medizinisch Vertretbaren auszuweiten, denn eine solche Verhaltensweise erhöht unmittelbar sein Einkommen und möglicherweise auch seine Attraktivität in den Augen des Patienten (These von der anbieterinduzierten Nachfrage).[50]

Zwischen Arzt und Patient kann darüber hinaus eine wechselseitige asymmetrische Informationsbeziehung vorliegen, denn das Behandlungsergebnis hängt nicht nur von der ärztlichen Therapie, sondern auch von den natürlichen Heilungskräften des Patienten und vor allem von seinem konformen Verhalten ab. Sofern der Patient die Gesundheitsgüter schlecht nutzt oder die angestrebten Effekte durch eine gesundheitsschädigende Lebensweise konterkariert, bleibt selbst eine hochwertige ärztliche Behandlung ohne den möglichen therapeutischen Erfolg. Diese Compliance-Probleme, die größtenteils auf ärztliche Informationsdefizite und begrenzte Steuerungsmöglichkeiten zurückgehen, setzen sowohl einer Evaluierung medizinischer Programme als auch einer wirkungsbezogenen Vergütung ärztlicher Leistungen enge Grenzen.

Einige zentrale Aspekte des Principal-Agent-Modells können wiederum an einem Beispiel verdeutlicht werden. Die Handlung des Arztes besteht in der Auswahl der geeigneten medizinischen Leistung, hier in der Verordnung eines Medikaments. Die ärztliche Handlung kann durch den Patienten nicht vollständig eingeordnet bzw. bewertet werden.[51] Allerdings nimmt der Patient den resultierenden Gesundheitszustand wahr. Das Ergebnis der Behandlung wird aber nicht alleine durch das verordnete Medikament bestimmt. Der Gesundheitszustand stellt vielmehr eine Zufallsvariable dar, deren Ausprägung durch die Handlungen des Arztes mitbeeinflusst wird. Abbildung 4.2 zeigt den Verlauf zweier unterschiedlicher Dichtefunktionen für die Zufallsvariable Gesundheitszustand in Abhängigkeit von dem verordneten Medikament. Hierbei gibt θ_k einen schlechten und θ_g einen guten Gesundheitszustand an. Die Lage der Dichtefunktion $f(\theta|a_0)$ ist durch die Wahl des Medikaments determiniert, wobei a_0 für ein weniger geeignetes Medikament steht, d. h. das Arzneimittel führt im Durchschnitt eher zu einem niedrigen Gesundheitszustand. Demgegenüber kennzeichnet die Dichte $f(\theta|a_1)$ den Einsatz eines äußerst wirksamen Medikaments a_1. Die sorgfältige Auswahl des Medikaments durch den Arzt lässt somit einen schlechten Gesundheitszustand unwahrscheinlicher werden und vice versa.

Das zentrale Problem besteht nun darin, dass auch ein guter Gesundheitszustand mit einem geringen Arbeitsaufwand des Arztes, d. h. auch bei unzureichen-

---

[50] Dies gilt unter der Voraussetzung, dass keine individuelle Plafondierung vorliegt. Im Falle einer globalen Ausgabenplafondierung, wie z. B. im Bereich der ambulanten Versorgung, tangiert die Mengenausweitung des einzelnen Arztes zwar nicht die Finanzen der Krankenkassen, dafür aber die Entlohnung der Kollegen, deren Vergütung pro Leistungseinheit dadurch sinkt. Insofern klaffen dann auch hier individuelle und kollektive bzw. gruppenbezogene Rationalität im Sinne eines „Gefangenen-Dilemmas" auseinander.

[51] Sicherlich erkennt der Patient welcher Art die Handlungen des Arztes sind. Der Einfluss auf seinen Gesundheitszustand ist für ihn aber nur schwer abzuschätzen bzw. bleibt ihm verborgen.

der Sorgfalt bei der Medikamentenauswahl erreicht werden kann, wenn auch nur
mit geringer Wahrscheinlichkeit. Wenn der Patient mangels Fachwissen die Bemühungen des Arztes nicht beobachten kann, so bleibt ihm nur der erreichte Gesundheitszustand θ als Maßstab für die Honorierung. Unter Umständen kann der
Arzt bei einer erfolgsbezogenen Honorierung sein Einkommensziel mit einem nur
geringen Aufwand erreichen. Im umgekehrten Fall erscheint es möglich, dass trotz
hoher Anstrengungen des Arztes der Gesundheitszustand des Patienten schlecht
bleibt und der Arzt lediglich eine geringe Entlohnung erhält. Geht man dagegen
auf ein fixes Honorar über, fördert man dabei die Leistung des Arztes nicht, da der
Arzt stets die gleiche Entlohnung erhält. Es ist daher offensichtlich, dass das Ver-
gütungssystem das Verhalten des Arztes beeinflusst und zusätzliche Informationen
dem Patienten grundsätzlich helfen könnten, die ärztliche Leistung besser bewerten bzw. beurteilen zu können.

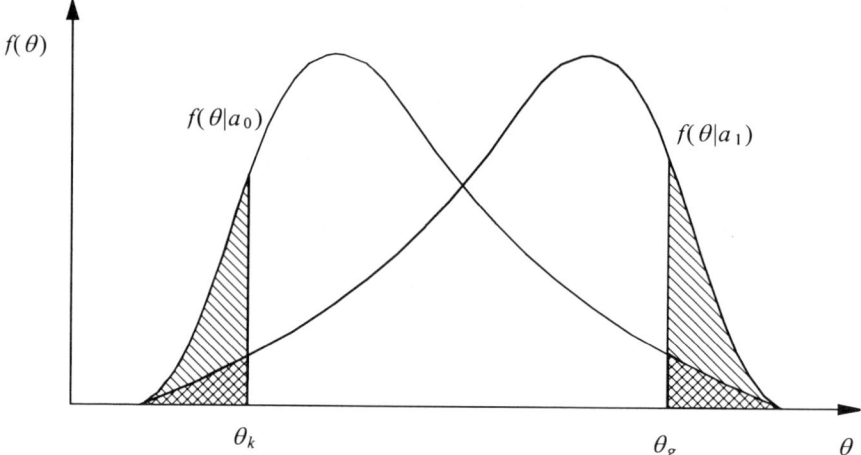

Abb. 4.2. Zusammenhang zwischen Medikament und Gesundheitszustand[52]

Als Ergebnis liefert das Grundmodell der Principal-Agent-Beziehung im Gesundheitswesen somit einen Ansatz für eine leistungsorientierte ärztliche Vergütung und zeigt zudem, welche Vorteile Arzt und Patient durch den „Behandlungs-
vertrag" erzielen.

Allerdings weichen die relativ komplizierten Regelungen aus dem Modell doch
deutlich von den in der Realität vorherrschenden Honorierungsformen ab. Die
Theorie nennt zwar eine Reihe von Gründen, die für eine Risikoaufteilung zwischen Arzt und Patient sprechen, sie kann letztlich aber nur begrenzt zur Ausarbeitung konkreter Entlohnungsstrukturen herangezogen werden, da die erforderlichen Informationen insbesondere über die jeweiligen funktionalen Zusammenhänge überwiegend nicht vorliegen. Einer gesundheitspolitischen Umsetzung der
abgeleiteten Ergebnisse stehen vor allem zwei Einwände bzw. Aspekte entgegen.

---

[52] Quelle: Zweifel, P. (1994), S. 12.

Zum einen unterliegt der Vertragsabschluss zwischen Arzt und Patient häufig einer gewissen Dringlichkeit. Dies trifft insbesondere dann zu, wenn der Gesundheitszustand des Patienten vor Vertragsabschluss so schlecht ist, so dass bei einer Nichtbehandlung ernste Konsequenzen drohen, im Extremfall sogar Lebensgefahr besteht. Ein zweiter Einwand betrifft die erforderlichen Informationen, die der Patient benötigt, um die ärztliche Leistung angemessen bewerten zu können. Zunächst ist die Ermittlung des Gesundheitszustandes mit vielfältigen Messproblemen behaftet. Hinzu kommt, dass die subjektive Sichtweise des Patienten bezüglich seines Gesundheitszustandes in der überwiegenden Zahl der Fälle sicherlich von der Einschätzung des Arztes abweicht. Es bleibt auch eine offene Frage, ob wirklich der erreichte Gesundheitszustand als Maßstab für eine Honorierung der ärztlichen Leistung ausreichend sein kann. Ein guter Gesundheitszustand lässt sich bei einer leichten Erkrankung einfacher erreichen bzw. wiederherstellen als bei einer schweren Erkrankung. Für die Vergütung bedeutet dies, dass es unter Umständen sinnvoller erscheint, die Verbesserung und nicht das Niveau des Gesundheitszustandes heranzuziehen.

Es gilt aber zu betonen, dass den Ansätzen für eine leistungsorientierte Vergütung, unbeschadet aller geschilderten Probleme, zunehmend eine stärkere Bedeutung für die vorherrschenden Vergütungssysteme zukommt. Dieses neue Prinzip verdrängt zunehmend das bisherige Prinzip der Vergütung nach Abrechnungseinheiten. Leistungs- bzw. ergebnisorientiert bedeutet dabei, den Blick nicht primär auf den Versorgungsprozess zu richten, sondern auf das konkrete Versorgungsergebnis. Der Arzt wird nicht mehr nur für die sorgfältige Erbringung einer Leistung vergütet, sondern zusätzlich auch dann, wenn diese erfolgreich ist oder zumindest einen Erfolg erwarten lässt. In den USA werden Erfolgsparameter beispielsweise arztgruppenspezifisch aufgestellt und Internisten werden etwa daran gemessen, wie hoch der Prozentsatz von Hypertonikern ist, deren Blutdruck unter Kontrolle ist oder wie hoch der Anteil an Diabetikern ist, die im letzten Kalenderjahr keinen Krankenhausaufenthalt hatten. In Deutschland gibt es erste Ansätze bei einigen Modellvorhaben und Strukturverträgen. Das Berliner Kodexsystem mit der Allgemeinen Ortskrankenkasse belohnt, wenn nach ambulanter Operation im Folgejahr kein Krankenhausaufenthalt erforderlich ist. Im Praxisnetz der Berliner Ärzte wurde ein Bonus ausgeschüttet, wenn bei veranlassten Leistungen, also vor allem im stationären Sektor, Einsparungen erzielt wurden. Eine weitere Komponente eines neuen Vergütungssystems könnte die Verknüpfung der Vergütung mit dem Einhalten evidenzbasierter Leitlinien sein. Die Einhaltung solcher Leitlinien lässt ein verbessertes Ergebnis erwarten und zielt damit auch, zumindest indirekt über eine höhere Prozessqualität, auf die Ergebnisqualität ab. Die leitlinienorientierte Vergütung könnte etwa ein Arzt in Anspruch nehmen, der entsprechende Leitlinien befolgt. Leitlinien stellen für den Arzt zunächst einmal zusätzliche Informationen dar.[53]

---

[53] Vgl. zu diesem Kapitel auch Mirrlees, J. A. (1976), Hölmstrom, B. (1979), Zweifel, P. (1982), Zweifel, P. (1994), Wille, E., Ulrich, V. (1991), Sachverständigenrat für die Konzertierte Aktion im Gesundheitswesen (1997), Schneider, U. (1998) und Breyer, F., Zweifel, P. (1999).

4.3
Determinanten des Nachfrageverhaltens

4.3.1
Nachfrage- und Ausgabenstruktur

Gegenwärtig belaufen sich die Gesundheitsausgaben auf etwa 550 Milliarden DM oder in Relation zum Bruttosozialprodukt auf 11 %. Die Hälfte dieser Ausgaben (etwa 260 Milliarden DM) entfällt auf die gesetzliche Krankenversicherung (GKV). Abbildung 4.3 zeigt die Struktur der Ausgaben in der GKV für das Jahr 1999. Über ein Drittel der GKV-Ausgaben (33,4 %) entfallen auf die Krankenhausbehandlung, während die ambulante ärztliche Behandlung nur etwa die Hälfte dieser Ausgaben beansprucht (16,2 %). 14,1 % der Ausgaben werden für Arzneimittel aus Apotheken ausgegeben, 8,4 % für die zahnärztliche Behandlung einschließlich Zahnersatz. Die übrigen Leistungsausgaben (Kuren, Fahrtkosten, häusliche Pflege, Heil- und Hilfsmittel, Schwangerschaft / Mutterschaft, Sterbegeld und sonstige Leistungen) beanspruchen 16,5 %, das Krankengeld 5,5 % und auf die Verwaltungskosten entfallen 5,9 %.

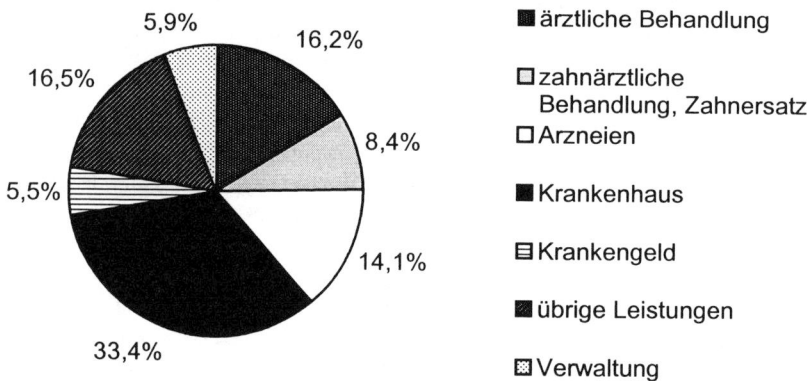

Abb. 4.3. Struktur der Ausgaben der GKV 1999[54]

Diese Zahlen verdeutlichen zunächst die quantitative Bedeutung der GKV als Ausgabenträger im Gesundheitswesen und geben einen ersten Einblick in die Bedeutung der einzelnen Leistungsarten. Neben dieser Querschnittsbetrachtung spielt natürlich auch die zeitliche Entwicklung der Nachfragestruktur oder der Vergleich zur Situation in der privaten Krankenversicherung eine zentrale Rolle. Dabei gilt es zu betonen, dass im Zeitablauf steigende Gesundheitsausgaben keineswegs nur eine kostenmäßige Belastung der Volkswirtschaft darstellen. Die Ausgaben setzen sich zusammen aus einer Preis-, Mengen- und Qualitätskompo-

---

[54] Quelle: Sachverständigenrat zur Begutachtung der gesamtwirtschaftlichen Entwicklung (2000), S. 239.

nente und die ausschließliche Betrachtung der Ausgaben informiert nicht darüber, in welchen Mengen und in welcher Qualität die Ausgaben Verwendung finden bzw. anders formuliert, welche Wohlfahrtseffekte von ihnen ausgehen. Zu erwähnen sind hier die möglichen Wohlfahrtseffekte einer niedrigeren Morbidität und Mortalität als direkte Folge eines leistungsfähigen und effizienten Gesundheitswesens oder die Vermeidung indirekter Kosten durch Wertschöpfungsverluste aufgrund von Arbeitsunfähigkeit, Invalidität oder dem vorzeitigen Tod von Erwerbstätigen. Darüber hinaus ist der Gesundheitssektor ein personalintensiver Dienstleistungssektor von erheblicher Wachstums- und Beschäftigungsrelevanz.

Die intertemporale Analyse und der Vergleich mit der PKV ergeben folgendes Bild, das Tabelle 4.1 zusammenfasst. Die Versicherungsleistungen in der PKV haben sich im Jahr 1998 im Verhältnis zum Vorjahr insgesamt um 4,0 % erhöht. In der GKV sind die Versicherungsleistungen 1998 im Vergleich zum Vorjahr um 1,8 % gestiegen. Eine ansteigende Gesundheitsnachfrage bzw. steigende Gesundheitsausgaben sind somit kein Spezifikum der GKV, sondern betreffen in gleichem bzw. sogar stärkerem Ausmaß auch die PKV, die ja viel stärker am Äquivalenzprinzip, d. h. am Grundsatz risikoäquivalenter Versicherungsprämien, ausgerichtet ist im Vergleich zur GKV. Bei dieser orientieren sich die Beiträge am Lohn bzw. Einkommen des beitragspflichtigen Mitglieds und das Leistungsfähigkeitsprinzip dominiert. Die Entwicklung je Versichertem stellt sich bei den einzelnen Leistungsarten der PKV wie folgt dar: 35,1 % der Leistungen in der PKV entfielen auf den stationären Bereich (allgemeine Krankenhausleistungen und Wahlleistungen). Die Wachstumsrate gegenüber dem Vorjahr betrug 3,6 %. Insbesondere die Pflegekosten im Krankenhaus (15,6 % Anteil an den PKV-Leistungsausgaben) rechnen mit zu den Leistungsarten, die gegenüber dem Vorjahr am stärksten angestiegen sind (5,0 %). Für die ambulante Behandlung durch Ärzte wurden 22,8 % der Leistungsausgaben der PKV ausgegeben, dies entspricht einer Steigerungsrate gegenüber dem Vorjahr um 5,4 %. Etwa 14 % der PKV-Leistungsausgaben entfallen auf die Zahnbehandlung und den Zahnersatz, die Wachstumsrate gegenüber dem Vorjahr betrug 0,3 %. Arznei- und Verbandmittel beanspruchen 8,1 % der PKV-Leistungsausgaben, die Wachstumsrate gegenüber 1997 ist 8,9 %. Für Heil- und Hilfsmittel wurden 5,9 % der Ausgaben aufgewendet, dies entspricht einer Steigerungsrate von 5,4 %.[55] Die Verwaltungsausgaben der PKV, die nicht in den Leistungsausgaben enthalten sind, belaufen sich auf knapp 3,4 % der Beitragseinnahmen. Im 10-Jahres-Vergleich zeigt Tabelle 4.1, dass die PKV-Ausgaben deutlich stärker angestiegen sind als die entsprechenden GKV-Positionen, so dass der Leistungsausgabenzuwachs der PKV seit 1988 um 27,8 Prozentpunkten über demjenigen der GKV liegt (71,6 % minus 43,8 %).[56]

---

[55] Die Anteile der aufgeführten PKV-Leistungsarten addieren sich nicht zu den angegeben 96,4 %. Hinzu kommen das Krankenhaustagegeld (4,3 % Anteil), die Zusatzleistungen im Todesfall (0,02 %), das Krankentagegeld (5,2 %) und die sonstigen Leistungen (0,9%). Addiert man zu den 96,4 % die Leistungen der Pflegepflichtversicherung (3,61 %) kommt man auf 100 %.

[56] Vgl. zu diesem Kapitel auch Statistisches Bundesamt (2000), Verband der privaten Krankenversicherung (2000) und Sachverständigenrat für die Konzertierte Aktion im Gesundheitswesen (2001).

Tabelle 4.1. PKV-Leistungsausgaben je Versichertem im Vergleich zur GKV[57]

Leistungsart	PKV-Anteil[1] 1998 (%)	PKV-Wachstumsrate[2] 1998/97 (%)	PKV-Wachstumsrate[2] 1988/98 (%)	GKV-Wachstumsrate[2] 1998/97 (%)	GKV-Wachstumsrate[2] 1988/98 (%)
Arztkosten ambulant	22,8	5,4	96,1	1,3	51,0
Zahnbehandlung und Zahnersatz	14,0	0,3	83,5	-8,4	-4,2
Krankenhaus davon:	35,1	3,6	50,1	-	-
Pflegekosten	15,6	5,0	82,1	2,6	62,2
Wahlleistungen	5,6	1,0	19,1	-	-
Arzthonorare	13,8	2,8	29,6	-	-
Arzneien und Verbandmittel	8,1	8,9	60,9	5,0	24,1
Heil- und Hilfsmittel	5,9	5,4	94,2	4,3	71,4
Gesamtleistung für Krankheitskosten	96,4	4,0	71,6	1,8	43,8

[1] PKV-Leistungsausgaben in Prozent der PKV-Versicherungsleistungen. [2] Veränderungsrate im angegeben Zeitraum.

4.3.2
Verordnungen auf dem Arzneimittelmarkt

Die Nachfrage nach Arzneimitteln lässt sich durch einen langjährigen Trend zur Verordnung preiswerter Generika charakterisieren. Der Anteil der Generika an den gesamten Verordnungen von generikafähigen Wirkstoffen belief sich 1997 auf 68,8 %, bezogen auf den Umsatz waren es 64,1 %. In Bezug auf den Gesamtmarkt lauten diese Kennzahlen 40,3 % (Verordnungen) und 30,4 % (Umsatz). Allein für 1997 belief sich das Einsparvolumen durch die Verordnung von Zweitanmelderpräparaten auf 2,4 Milliarden DM. Dies erklärt sich dadurch, dass die Durchschnittskosten einer Generikaversorgung etwa 7 DM niedriger sind im Vergleich zu den Durchschnittskosten einer Originalpräparateverordnung.

Aus ökonomischer Sicht ist diese Entwicklung zu begrüßen, da die zentrale Aufgabe der imitierenden Arzneimittel darin besteht über Preissenkungen zur effizienten, d. h. wirtschaftlichen Gesundheitsversorgung beizutragen. Es besteht allerdings kein Anlass, den Forschungs- und Innovationswettbewerb über innovative Arzneimittel gegenüber dem Preiswettbewerb über imitierende Arzneimittel zu diskriminieren, wie dies heute durch die Preisbildung bei den Festbeträgen geschieht. Auch innovative Arzneimittel sind unverzichtbare Komponenten des Arzneimittelmarktes. Indem sie bestimmte Ziele mit einem geringeren Aufwand erreichen bzw. mit dem bisherigen Aufwand ein höheres Zielniveau realisieren,

---

[57] Quelle: Verband der privaten Krankenversicherung (2000), S. 37.

steigern sie unmittelbar die Effektivität im Gesundheitswesen. Direkte Wohlfahrtseffekte in der Gesundheitsversorgung lassen sich letztlich nur durch innovative Arzneimittel erreichen.

Im Unterschied zu innovativen Produkten beeinflussen imitierende Arzneimittel, wie Generika und Analogpräparate, nicht die gesundheitlichen Wirkungsziele.
Sie haben die Aufgabe, bei schon existierenden Produkten über Preissenkungen
die Effizienz der Gesundheitsversorgung zu verbessern. Imitierende Arzneimittel
können die Opportunitätskosten von Gesundheitsleistungen im Arzneimittelsektor
vermindern und auf diese Weise über die alternativen Verwendungen dieser ein-
gesparten Mittel indirekt wohlfahrtssteigernd wirken.

In diesem Kontext gilt es auch zu beachten, dass von innovativen Präparaten
zahlreiche positive externe Effekte ausgehen können. Bereits das Wissen um die
Existenz eines wirksamen Arzneimittels gegen Krebs oder AIDS würde die Angst
vor diesen Krankheiten mindern und die Wohlfahrt nicht nur von erkrankten,
sondern auch von gesunden Menschen erhöhen. Positive externe Effekte werden
auch über die Kommunikation mit Wissenschaftlern, über Publikationen sowie
über die Beratung und Fortbildung von Ärzten erzeugt. Dadurch diffundieren neue
Informationen relativ schnell und versetzen z. B. den niedergelassenen Arzt in die
Lage, sein medizinisches Wissen zu erweitern bzw. auf dem neuesten Stand zu
halten.[58] Die Wirkungen der Forschung beschränken sich zudem nur selten auf den
eigentlichen Gesundheitssektor, sondern es bestehen enge Wechselwirkungen
etwa zum Umweltbereich oder zur Bio- und Gentechnologie. Im Vergleich zu den
meisten anderen Innovationen im Gesundheitswesen weisen Arzneimittel den
Vorteil auf, egalitär zu wirken. Sofern die benötigten Substanzen ausreichend
vorhanden sind, stehen neue Medikamente allen Patienten zur Verfügung. Im
Unterschied dazu haben Neuerungen in anderen Bereichen wesentlich schlechtere
Diffusionsmöglichkeiten, so dass, wie z. B. bei Organtransplantationen, lange
Wartelisten bestehen.[59]

4.3.3
Alters- und Fortschrittseffekte auf die Nachfrage nach medizinischen Leistungen

Die Bevölkerung in Deutschland altert. Genau genommen unterliegt die Bevölkerung sogar einem doppeltem Alterungsprozess, da sich einerseits aufgrund der
niedrigen Fertilität eine Verengung der Bevölkerungsbasis ergibt (Alterung von
unten) und andererseits sich die Altersstruktur durch eine steigende Lebenserwartung (Alterung von oben) in Richtung zu den höheren Altersklassen verschiebt.
Noch zu Beginn des Jahrhunderts ähnelte die Altersstruktur der Bevölkerung einer
Pyramide, bis zum Jahr 2040 wird daraus ein Bevölkerungspilz werden. Der Alte-

---

[58] Natürlich lässt sich darüber streiten, wo die Grenze zwischen „wissenschaftlicher Information" und „Werbung" verläuft und ob die Werbung um die „Verschreibungsgunst"
der Ärzte nicht überhand nimmt.

[59] Vgl. zu diesem Kapitel auch Wille, E., Mehnert, A., Rohweder, J. P. (1994), Schwabe,
U., Paffrath, D. (1999) und Müller-Bohn, T., Ulrich, V. (2000).

rungsprozess der deutschen Bevölkerung in den nächsten Jahrzehnten ist unstrittig. Die demographische Entwicklung wird von Kohorten bestimmt, die heute bereits geboren sind und den demographischen Wandel vergleichsweise genau zu prognostizieren gestatten. Die größte Unsicherheit bei einer Prognose der Bevölkerungsentwicklung betrifft die Stärke der Wanderungssalden. Um diesen Aspekt zu berücksichtigen, arbeiten die meisten Bevölkerungsprognosen mit mehreren Varianten, die unterschiedliche Wanderungssalden unterstellen. Mehr Einwanderung wird das Problem allerdings nicht vollständig lösen, sondern nur dämpfen. Sie müsste 5–10-mal so stark sein wie heute, so dass zu den rund acht Millionen Ausländern noch einmal 14 Millionen Menschen hinzukommen müssten, um die Alterungseffekte zu kompensieren. Dies ist unrealistisch, da diese Personen zudem über die jeweils erforderliche Qualifikation verfügen und auf dem Arbeitsmarkt integrierbar sein müssen.

Der geschilderte demographische Wandel wird sich auf zweierlei Weise auf die Nachfrage nach medizinischen Leistungen auswirken:

- *Demographischer Finanzierungseffekt*:
  Durch die Umlagefinanzierung impliziert ein Anstieg des Rentnerquotienten eine immer stärkere Umverteilung der zu finanzierenden Gesundheitsausgaben zu Lasten der Erwerbstätigen. Dies lässt sich dadurch erklären, dass die beitragspflichtigen Einnahmen der Rentner im Durchschnitt signifikant unter denen der Erwerbstätigen liegen, so dass die Beitragszahlungen der Rentner nur knapp die Hälfte ihrer Gesundheitsausgaben ausmachen und die Rente ihrerseits ja wieder im Umlageverfahren finanziert wird.
- *Demographischer Ausgabeneffekt*:
  Die Nachfrage nach medizinischen Leistungen steigt mit dem Alter an. Dieser Effekt wird durch den technischen Fortschritt noch verstärkt, da die vorherrschenden Produktinnovationen des Gesundheitswesens verstärkt in den hohen und höchsten Altersklassen zum Einsatz kommen. Die steigende Zahl an Rentnern führt gemeinsam mit der zunehmenden Lebenserwartung zu progressiv ansteigenden Gesundheitsausgaben und damit zu einem steileren Verlauf der Ausgabenprofile im Gesundheitswesen.

Der demographische Finanzierungseffekt, der eng mit der Umlagefinanzierung verbunden ist, ist weitgehend unstrittig. Solange die Beitragszahlungen zur GKV an das Vorliegen eines Beschäftigungsverhältnisses geknüpft sind, wird der demographische Wandel, der sich in einer Verdoppelung des Altenquotienten[60] niederschlägt, die Spirale aus höheren Beitragssätzen, höheren Lohnnebenkosten und höherer Arbeitslosigkeit weiter nach oben drehen. Der Finanzierungseffekt wird nur dann an Wirkung verlieren, wenn die zukünftige Finanzierung des Gesundheitswesens lohnkostenneutral ausgestaltet wird, d. h. wenn die Finanzierung von der Erwerbstätigkeit entkoppelt wird.

---

[60] Der Altenquotient ist die Relation der 60jährigen und Älteren in Bezug auf je 100 Personen im erwerbsfähigen Alter. Es ist offensichtlich, dass die Frage, wieviel ökonomisch abhängige ältere Menschen auf je 100 Erwerbspersonen kommen, für die Finanzierung der sozialen Sicherungssysteme von zentraler Bedeutung ist.

Umstritten ist dagegen der demographische Ausgabeneffekt. Nach der *Kompressionsthese* nimmt die Morbidität im Alter dank einer immer leistungsfähigeren Medizin nur geringfügig zu. Bei den zusätzlich gewonnenen Lebensjahren handelt es sich überwiegend um gesund verbrachte Lebensjahre. Nicht das Kalenderalter ist der entscheidende Einflussfaktor der Gesundheitsausgaben, sondern die verbleibende Restlebenszeit. Lediglich kurz vor dem Tod (Restlebenszeiteffekt) kommt es zu einer exponentiell steigenden Nachfrage nach medizinischen Leistungen. Nach der Kompressionsthese kommt es demographiebedingt nicht notwendigerweise zu einer Ausgabenexplosion. Die höhere Lebenserwartung zögert den Beginn der exponentiell ansteigenden Gesundheitsausgaben hinaus, sie impliziert für sich genommen jedoch nur einen begrenzten Ausgabenanstieg, da die Zahl an älteren Menschen mit entsprechend höherer Mortalität zunimmt. Die Kompressionsthese erscheint jedoch wenig plausibel, wenn man sich die Wirkungsweise des medizinisch-technischen Fortschritts vor Augen hält, der über Produktinnovationen und sogenannte Add-on Technologien ausgabensteigernd wirkt. Zudem besitzt er empirisch kaum Relevanz. Der demographische Wandel impliziert nämlich nicht nur eine längere Überlebenszeit in einem guten Gesundheitszustand, sondern vielmehr auch eine deutliche Zunahme der chronischen Erkrankungen. Auch wenn die fortschrittsbedingte bessere Therapie nicht teurer wäre als die schlechte Therapie, führt die bessere Therapie zu Kostensteigerungen. Dies liegt daran, dass mehr Patienten ihre Erkrankungen überleben und auch während der gewonnenen Lebensjahre die chronischen Erkrankungen und neu hinzu kommende Krankheiten weiter therapiert werden müssen (*These von den konkurrierenden Risiken*). Über eine Verbesserung der Therapie ist daher der Wettlauf mit den Kosten nie zu gewinnen. Allerdings kann die Krankheitskompression durchaus als eine Zieldimension für eine zukünftige Gesundheitspolitik angesehen werden. Falls es gelingt, insbesondere die teuere Phase der chronischen Erkrankungen zu verkürzen, sind finanzielle Einsparungen im Gesundheitswesen zu realisieren. Dazu erscheinen insbesondere Präventivprogramme geeignet zu sein.

Nach der *Medikalisierungsthese* nimmt die Morbidität im höheren Alter stark zu und impliziert einen überproportionalen Anstieg der Gesundheitsausgaben. Insbesondere die Wechselwirkungen mit dem medizinisch-technischen Fortschritt führen zu einer Verschlechterung des Gesundheitszustands der Bevölkerung und damit zu einem steileren Verlauf der altersspezifischen Ausgabenprofile. Es scheint ein Paradoxon der modernen Medizin zu sein, dass die Hochleistungsmedizin den durchschnittlichen Gesundheitszustand der Bevölkerung verschlechtern muss, da sie die Überlebensschwelle deutlich absenkt und damit auch ein Überleben der sogenannten „schlechten Risiken" ermöglicht. Nach der Medikalisierungsthese führt die steigende Lebenserwartung in Verbindung mit der steigenden Zahl an Rentnern zu progressiv ansteigenden Gesundheitsausgaben, so dass der bevorstehende demographische Wandel einen Sprengsatz für die zukünftige Finanzierung des Gesundheitswesens darstellt.[61]

---

[61] Vgl. zu diesem Kapitel auch Zweifel, P. (1990), Sachverständigenrat für die Konzertierte Aktion im Gesundheitswesen (1994), Krämer, W. (1996), Breyer, F. (1999), Breyer, F., Ulrich, V. (2000), Knappe, E., Optendrenk, S. (1999) und Hof, B. (2001).

4.4
Zusammenfassung und Ausblick

Sowohl Patient als auch Arzt bestimmen über die Nachfrage nach medizinischen
Leistungen. Der Beitrag zeigt, dass aus der Sicht des Patienten die Nachfrage nach
medizinischen Leistungen eine abgeleitete Nachfrage darstellt, da er letztlich „Gesundheit" nachfragt und medizinische Leistungen somit zum Zwecke der Gesund-
heitsverbesserung bzw. -erhaltung nachgefragt wird. Die Rolle des Arztes bei der
Nachfrage nach medizinischen Leistungen betont dagegen das sogenannte Principal-Agent-Modell. Der Ansatz analysiert unmittelbar die asymmetrische Informationsverteilung im Gesundheitswesen und hier speziell zwischen Arzt und Patient.
Letztlich werden Gesundheitsverbesserungen als *joint product* erzielt, die aus den
Handlungen von Arzt und Patient sowie den nachgefragten medizinischen Leistungen resultieren.

Die Analyse der Nachfragestruktur und einiger zentraler Bestimmungsfaktoren
der Nachfrage zeigen, dass der demographische Wandel gemeinsam mit dem medizinisch-technischen Fortschritt die Nachfrage nach medizinischen Leistungen in
den kommenden Jahrzehnten weiter erhöhen wird, wodurch die bisherige
lohn- / einkommensbezogene Finanzierung der GKV stark in Frage gestellt wird.

5 Steuerungsinstrumente in der Arzneimittelversorgung

Frank-Ulrich Fricke
Fricke & Pirk GmbH, Nürnberg

5.1
Problemstellung

Die Ausgaben für die Gesundheitsversorgung der Mitglieder in der Gesetzlichen Krankenversicherung sind in den vergangenen Jahren beständig gestiegen, ohne dass die Einnahmen, gekoppelt an die Grundlohnentwicklung, in gleicher Weise mitgestiegen wären. Die daraus resultierenden Defizite haben den Gesetzgeber immer wieder bewogen, nach Instrumenten zur Steuerung der Ausgaben zu suchen, die einerseits die Ausgaben wirksam begrenzen und andererseits die Wirtschaftlichkeit des Mitteleinsatzes, wie in § 12 SGB V gefordert, sicherstellen. Bei diesen Bemühungen des Gesetzgebers standen in der Vergangenheit häufig die Arzneimittel und deren Einsatz zu Lasten der Gesetzlichen Krankenversicherung im Mittelpunkt. Dies verwundert nur auf den ersten Blick, denn man könnte vermuten, dass bei rationaler Vorgehensweise diejenigen Mittel im Mittelpunkt stünden, deren Ausgaben den größten Anteil an den Gesundheitsausgaben insgesamt ausmachen. Auf den zweiten Blick wird deutlich, dass andere, politische Gesichtspunkte eine nicht unerhebliche Rolle spielen.[62] Relevant ist in diesem Zusammenhang die vermeintlich leichte Steuerbarkeit und Kontrollierbarkeit der Ausgaben für Arzneimittel. Ferner dürfte eine Rolle spielen, dass pharmazeutische Unternehmen, die durch Steuerungsmaßnahmen belastet werden, nicht so viele Wahlstimmen aufbringen können, wie etwa die Gemeinschaft der gesetzlich Krankenversicherten, die etwa unter Veränderungen im Leistungskatalog der Gesetzlichen Krankenversicherung „leiden" müssen.

In diesem Kapitel werden die aktuellen Steuerungsinstrumente, die in der Arzneimittelversorgung in Deutschland eingesetzt werden, vorgestellt und einer kritischen Würdigung unterzogen. Vor der Darstellung der Steuerungsinstrumente ist zu klären, welcher Teil der Bevölkerung von dieser Steuerung betroffen ist und aus welchen Gründen.

Neben der Darstellung ist die kritische Würdigung der Instrumente wichtig, um die Wirksamkeit der Instrumente und ihre Nebenwirkungen beurteilen zu können. Die kritische Würdigung zielt auf grundsätzliche Probleme beim Einsatz der Steuerungsinstrumente und die Auswirkungen auf Absatz und Umsatz von Arzneimit-

---

[62] Vgl. Fricke, F.-U. (2000a), S. 486–487.

teln. Abschließend für dieses Kapitel wird in einem kurzen Ausblick skizziert, wohin die Reise in Sachen Steuerung der Arzneimittelausgaben gehen könnte.

5.2
Steuerung der Arzneimittelversorgung – Begründungen, Ziele und Betroffene

5.2.1
Wozu Steuerungsinstrumente in der Arzneimittelversorgung?

Wer sich mit der Darstellung der Steuerungsinstrumente in der Arzneimittelversorgung befasst und dabei im Stillen Vergleiche mit anderen Bereichen des Wirtschaftens zieht, der stolpert zunächst über die Frage: „Warum dieser Wust an Regelungen? Was ist das Ziel?"

Ausgangspunkt der Steuerung der Arzneimittelversorgung ist der Grundtatbestand der Knappheit. Damit ist ein effizienter Einsatz der verfügbaren Mittel unabdingbar. Die Frage ist, wie kann dieser effiziente Mitteleinsatz erreicht werden. Je nach Glaubensrichtung fällt die Antwort aus: Die einen glauben an Regulierungen und positive Vorgaben, die anderen glauben an den Wettbewerb als dezentrales Such- und Entdeckungsverfahren[63] für effiziente Problemlösungen. Allerdings setzen Wettbewerbslösungen individuelle Handlungsfreiheit, das Zusammenfallen von Handlung und Handlungsfolgen und das Fehlen von wettbewerbsbeschränkender Marktmacht einzelner Marktteilnehmer voraus.

Gleichzeitig ist in der Diskussion um das bessere Verfahren zum Finden effizienter Lösungen in der Arzneimittelversorgung häufig von Gesundheit als einem besonderen Gut die Rede. Die Konsequenz einer solchen Einordnung ist dann die Notwendigkeit von Regulierung anstelle des Einsatzes von Wettbewerb als Entdeckungsverfahren für die bessere Lösung.

Was kennzeichnet Gesundheit als besonderes Gut, so dass der Produktionsprozess, aber auch die Menge und Qualität der eingesetzten Gesundheitsgüter und -dienstleistungen der Regulierung bedürfen?[64] Häufig sind Werturteile zu hören: „Gesundheit ist unser höchstes Gut." „Für ein Menschenleben gibt es keinen Preis." Sofern es sich dabei um individuelle Urteile handelt, die dann darin münden, dass der Einzelne hohe Anteile seines Einkommens für Gesundheit aufwendet, ist diese Wertung folgenlos für die gesellschaftliche Einordnung von Gesundheit als einem besonderen Gut. Außerdem ist es legitim, wenn der Einzelne hohe Anteile seines Einkommens für die individuelle Nachfrage nach Gesundheitsgütern reserviert und im Gegenzug auf den Konsum anderer Güter verzichtet. Allerdings gibt es auch eine Reihe von Menschen, denen die eigene Gesundheit nicht

---

[63] Vgl. Hayek, F. A. v. (1968).
[64] Vgl. Oberender, P., Hebborn, A. (1994), S. 21–25.

so sehr am Herzen liegt, dass sie Einschränkungen im Konsum anderer Güter hinnähmen. Mit Blick auf bestimmte Konsumgewohnheiten im Nahrungs- und Genussmittelbereich drängt sich teilweise sogar der Eindruck auf, dass Gesundheit in der individuellen Wertschätzung auch nachrangig eingeordnet werden kann. Dies mag auch daran liegen, dass der Einzelne nicht vollständig die gesundheitlichen Konsequenzen seines Konsumverhaltens tragen muss (moral hazard), sondern auf die Versichertengemeinschaft zurückgreifen kann.

Ein anderes Argument für Gesundheit als ein besonderes Gut ist die Kennzeichnung als öffentliches Gut. Öffentliche Güter zeichnen sich dadurch aus, dass der individuelle Konsum des Gutes Mitbürger nicht im Konsum des selben Gutes beeinträchtigt (Nichtrivalität im Konsum). Ferner können aber auch Mitbürger nicht vom Konsum ausgeschlossen werden (Nicht-Ausschließbarkeit im Konsum). Private Güter wie etwa ein Eis kann nicht von zwei Personen gleichzeitig in gleichem Ausmaß konsumiert werden, weshalb vermutlich jeder Beteiligte versuchen wird, den jeweils anderen vom Eisverzehr auszuschließen. Erfahrungsgemäß führt dies zu Streit. Klassische Beispiele für öffentliche Güter sind die Landesverteidigung oder die innere Sicherheit, wobei letzteres mit Blick auf die Kriterien schon fraglich ist. Gesundheit bzw. der Erhalt derselben ist vor dem Hintergrund dieser Definition eines öffentlichen Gutes sicher keins: Es besteht Rivalität im Konsum gesundheitserhaltender Güter etwa bei der Belegung eines Krankenhausbetts und in der Regel ist der Arztbesuch auch keine Gruppenveranstaltung. Weitere Argumente für Gesundheit als ein besonderes Gut sind:

- Gesundheit „produziert" positive externe Effekte. So führt etwa die erfolgreiche Impfung bei ansteckenden Krankheiten nicht nur zum Erhalt der eigenen Gesundheit, sondern auch dazu, dass andere nicht angesteckt werden können. Dies ist eine Folge des Impfens, von der andere profitieren. Außerdem tragen gesunde Menschen zum Wohlstand einer Gesellschaft bei.
- Ferner wird behauptet, dass künftige Leiden und ihre Konsequenzen aufgrund des zeitlichen Abstands von uns Menschen unterschätzt werden. Damit bleibt eine Bildung hinreichender finanzieller Reserven für künftige Erkrankungen aus. Dem Einzelnen fehlen so in der Zukunft die Mittel im Erkrankungsfall die Behandlung und Einkommensausfälle zu finanzieren.
- Die Informationen über Krankheiten und deren angemessene, erfolgreiche Behandlung sind ungleich zwischen den Anbietern von Gesundheitsleistungen und den Nachfragern verteilt. Damit fehlt dem Einzelnen insbesondere in Notfallsituationen die sogenannte Konsumentensouveränität, die notwendig für unabhängige Entscheidungen ist. Der Einzelne ist damit aufgrund des Informationsnachteils den Anbietern von Gesundheitsleistungen ausgeliefert, was einen entsprechenden Regulierungsbedarf verursacht.

Diese Argumente werden häufig als Grund für die Einordnung von Gesundheit als ein besonderes Gut angegeben. Die Konsequenz aus dieser Bewertung ist, dass die Versorgung mit Gesundheitsgütern und -dienstleistungen und damit auch die Versorgung mit Arzneimitteln zum Schutz der Mitglieder einer Gesellschaft gesellschaftlich zu regeln ist und nicht allein den Marktkräften überlassen werden darf. Dabei wird jedoch häufig übersehen, dass Regulierungen die menschliche

Kreativität dazu anreizen, nach „Schlupflöchern" zu suchen. Der Versuch, diese „Schlupflöcher" dann zu stopfen, führt zu weiteren Regulierungen. Eine so genannte Regulierungsspirale entsteht.

An dieser Stelle kann die Diskussion um den Charakter des Guts „Gesundheit" nicht vertieft werden, es stellt sich allerdings Frage, ob Regulierung anstelle marktlicher Prozesse zu effizienten Lösungen in der Arzneimittelversorgung führt. Denn selbst wenn die Regulierungsmotive akzeptabel wären, heisst dies nicht, dass die Regulierungsergebnisse dies auch sein müssen.

5.2.2
Ziele der Steuerung in der Arzneimittelversorgung

Wenn Gesundheit ein besonderes Gut ist, stellt sich die Frage, mit welchem Ziel in diesem Fall die Arzneimittelversorgung zu regulieren ist. Was sollen die Ergebnisse der Regulierung sein? Allgemein müsste man Regeln erwarten, die der Internalisierung externer Effekte dienen, den Zugang zur Gesundheitsversorgung sichern, Informationsdefizite beheben und die Konsumentensouveränität steigern. Allerdings sieht dies zumindest das Sozialgesetzbuch nicht vor. Hier geht es weniger um die Unterstützung des Einzelnen auf der Suche nach einer effizienten Lösung für sein Gesundheitsproblem als vielmehr um eine Beschränkung der Handlungsmöglichkeiten zur Erhaltung oder Wiedererlangung von Gesundheit. Die Handlungsmöglichkeiten werden auf diejenigen beschränkt, die nach § 12 SGB V „...ausreichend, zweckmäßig und wirtschaftlich sind". Ferner dürfen sie „das Maß des Notwendigen nicht überschreiten. Leistungen, die nicht notwendig oder unwirtschaftlich sind, können Versicherte nicht beanspruchen, dürfen die Leistungserbringer nicht bewirken und die Krankenkassen nicht bewilligen."

Zentrales Element dieser Formulierungen ist die Wirtschaftlichkeit in der Versorgung. Wirtschaftlichkeit heißt aus ökonomischer Sicht, dass die Versorgungsergebnisse für den betroffenen Versichertenbestand besser werden oder dass ein bestimmtes Versorgungsniveau für eine größere Gruppe von Versicherten erreicht werden kann. Je höher die Wirtschaftlichkeit der Versorgung, ökonomisch definiert als Relation der eingesetzten Güter und Dienstleistungen zu den damit erzielten Ergebnissen,[65] um so größer die Chance des Zugangs des Einzelnen zu Versorgungsmöglichkeiten und um so größer die Chance für die Versicherten auf bessere Versorgungsmöglichkeiten. Mithin müsste das Kriterium der Wirtschaftlichkeit entscheidend auch für die Beurteilung von Regulierungsmaßnahmen sein. Die Frage müsste lauten: „Ist die jeweilige Regulierungsmaßnahme geeignet, die Wirtschaftlichkeit in der Gesundheitsversorgung zu verbessern?"

Die Argumente zur Gesundheit als ein besonderes Gut spielen folglich für die Ausgestaltung der Steuerungsinstrumente keine größere Rolle, da sie in den Zielvorstellungen des SGB V nicht mehr auftauchen. Wirtschaftlichkeit wird zum einzigen Zielkriterium für die Gestaltung der Steuerungsinstrumente.

---

[65] Vgl. zur Definition von Wirtschaftlichkeit Fricke, F.-U. (2000a), S. 473–474.

5.2.3
Wer ist der Steuerung in der Gesundheitsversorgung unterworfen?

Eine wirtschaftliche Versorgung mit Arzneimitteln sollte alle Mitglieder einer Gesellschaft erfreuen. Betrachtet man ferner die oben angeschnittene Diskussion zur Gesundheit als ein besonderes Gut, so müsste man davon ausgehen, dass jedes Mitglied unserer Gesellschaft den Regulierungen der Gesundheitsversorgung in gleicher Weise unterworfen ist. Dem ist nicht so. So betreffen die Regulierungen zwingend nur jene Menschen, die aufgrund Ihres Einkommens der Versicherungspflicht in der Gesetzlichen Krankenversicherung (GKV) unterliegen. Ab einer bestimmten Einkommenshöhe scheint das Argument von der Gesundheit als ein besonderes Gut nicht mehr zu gelten und Wirtschaftlichkeit in der Versorgung eine freie individuelle Willensentscheidung zu sein. Menschen, die oberhalb der Beitragsbemessungsgrenze verdienen, bedürfen offenbar nicht mehr des Schutzes durch Regulierungen auf der Basis des Sozialgesetzbuches V (SGB V). Oberhalb der Beitragsbemessungsgrenze von 6.525 DM für das Jahr 2001 kann man sich diesen Normen freiwillig unterwerfen. Aufgrund dieser Regelung sind etwa 90 % der deutschen Bevölkerung den Auswirkungen der Steuerungsinstrumente im Gesundheitswesen ausgesetzt, während etwa 10 % der Bevölkerung ihre Gesundheitsversorgung privat absichern. Die Wirtschaftlichkeit in der Versorgung ist in den Fällen privater Absicherung damit auch „Privatvergnügen". Wenn im Folgenden die Steuerungsinstrumente dargestellt und diskutiert werden, dann gelten die Aussagen immer nur für die Versorgung der Versicherten in der Gesetzlichen Krankenversicherung (GKV).

5.3
Steuerungsinstrumente im Arzneimittelmarkt

5.3.1
Arzneimittelbudgets

Arzneimittelbudgets bildeten seit 1993 die Obergrenze für die Ausgaben für Arzneimittel (§ 84 Sozialgesetzbuch V). Per 1. Januar 1999 wurden Budgets auf Basis 1996 plus 7,5 v. H. neu festgesetzt (Art. 16 GKV-SolG). Das jährliche, aggregierte Budgetvolumen liegt heute bei etwa 40 Milliarden DM. Allerdings werden die Budgets regional auf der Ebene der Kassenärztlichen Vereinigungen (KV) verhandelt. Das Gesamtbudget entsteht erst aus der Zusammenfassung. Nach dem Willen des Gesetzgebers sind die Budgets regelmäßig anzupassen. Anpassungskriterien sind

- Veränderungen der Zahl und der Altersstruktur der Versicherten,
- Veränderung der Preise der Arznei-, Verband- und Heilmittel,

- Veränderungen der gesetzlichen Leistungspflicht der Krankenkassen und
- bestehende Wirtschaftlichkeitsreserven und Innovationen.

Bei Budgetüberschreitung hafteten formal bislang die Mitglieder der jeweiligen KV kollektiv für den Teil der Budgetüberschreitungen, der nicht über Individualregresse von den verursachenden Ärzten zurückgefordert werden kann. Die kollektive oder Globalhaftung der Ärzte war auf maximal 5 % des Budgets begrenzt. Das Ausmaß der individuellen Haftung wird auf der Basis von Richtgrößen in der Wirtschaftlichkeitsprüfung festgestellt.

Betrachtet man die Budgets der 23 Kassenärztlichen Vereinigungen für das Jahr 2000 (s. Tabelle 5.1), so wird deutlich, dass die Globalhaftung theoretisch zu Honorareinbußen der Vertragsärzte im Jahr 2001 hätte führen können. Dabei wären zunächst die Individualregresse durchzuführen und die verbleibende offene Summe wäre kollektiv zu zahlen gewesen. Da jedoch Individualregresse aufgrund von zeitlich verzögerten Datenlieferungen und der gelieferten Datenqualität nur schwer durchzuführen sind, blieb die Höhe der Regressansprüche aus dem Kollektivregress ungeklärt. Mit formaler Abschaffung des Kollektivregresses dürfte ein solcher wohl kaum mehr durchgeführt werden.

Die Abschaffung der Globalhaftung ist gerade erst im Gesetzgebungsverfahren beschlossen worden. Ein entsprechender Gesetzentwurf, ein Arzneimittelbudget-Ablösungsgesetz (ABAG), wurde vom Bundestag in dritter Lesung angenommen. Danach müssen Kassen und Kassenärztliche Vereinigungen Verträge über medizinische Inhalte, qualitative Aspekte (Zielvereinbarungen) und die fiskalische Seite der Arznei- und Heilmittelversorgung (Ausgabevolumina) eigenverantwortlich regeln. Ferner sind sie verpflichtet, einen Mechanismus zu finden, um mit Abweichungen von vereinbarten Zielgrößen fertig werden zu können.

Allerdings täuscht der Titel des Gesetzes: Im Prinzip wird die Budgetierung einschließlich der Sanktionsmöglichkeiten bei Überschreitung beibehalten. Lediglich die Begriffe haben sich geändert: Aus dem Arzneibudget wurde ein zu vereinbarendes Ausgabevolumen auf Ebene der jeweiligen KV; eine Überschreitung löst nun nicht mehr zwangsweise einen Regress aus, der in der Vergangenheit auf der KV-Ebene auch kaum durchgeführt wurde. Dafür wirken Abweichungen von Zielvereinbarungen im Arznei- und Heilmittelbereich auf die Gesamthonorare der niedergelassenen Vertragsärzte positiv wie negativ. Bei den Anpassungskriterien für die Ausgabevolumina kommen neue Kriterien hinzu:

- Änderungen der Richtlinien des Bundesausschusses nach § 92 Abs. 1 Nr. 6 SGB V
- Veränderungen der sonstigen indikationsbezogenen Notwendigkeit und Qualität bei der Arzneimittelverordnung entsprechend den Zielvereinbarungen
- Veränderungen des Verordnungsumfangs von Arznei- und Verbandmitteln aufgrund von Verlagerungen zwischen den Leistungsbereichen

Tabelle 5.1. Nur noch in fünf KVen ist das Arzneibudget ausreichend (Vorläufige Abrechnungsdaten der Apothekenrechenzentren für das Jahr 2000)[66]

Kassenärztliche Vereinigung	Arzneimittel-budget für die Monate Januar bis Dezember 2000	Bereinigte Budget-abweichung in Millionen DM	Regress-grenze in Millionen DM	Von den Ärzten zu zahlen in Millionen DM	Von den Kassen zu zahlen in Millionen DM
Bayern	4.572,76	182,59	228,6	182,6	0,0
Berlin*	1.383,42	199,34	69,2	69,2	130,2
Brandenburg*	1.056,65	162,78	52,8	52,8	110,0
Bremen*	303,15	7,43	15,2	7,4	0,0
Hamburg	760,01	31,30	38,0	31,3	0,0
Hessen	2.454,81	5,21	122,7	5,2	0,0
Koblenz*	615,20	-5,18	30,8	0	0,0
Mecklenburg-Vorp.*	835,66	120,39	41,8	41,8	78,6
Niedersachsen	3.263,66	-15,17	163,2	0	0,0
Nordbaden*	1.104,25	91,27	55,2	55,2	36,1
Nordrhein	3.918,09	261,86	195,9	195,9	66,0
Nord-Württemberg*	1.407,51	7,08	70,4	7,1	0,0
Pfalz	632,88	-36,70	31,6	0	0,0
Rheinhessen*	242,31	15,10	12,1	12,1	3,0
Saarland	532,01	-29,60	28,6	0	0,0
Sachsen*	2.061,15	317,79	103,1	103,1	214,7
Sachsen-Anhalt*	1.313,91	14,55	65,7	14,6	0,0
Schleswig-Holstein	1.083,61	27,78	54,2	27,8	0,0
Südbaden	778,66	-7,79	38,9	0	0,0
Südwürttemberg	666,00	20,67	33,3	20,7	0,0
Thüringen*	1.118,60	195,55	55,9	55,9	139,6
Trier*	216,41	1,89	10,8	1,9	0,0
Westfalen-Lippe*	3.666,78	122,76	183,3	122,8	0,0
Bundesgebiet insg.	33.987,48	1.690,89	1.699,37	1.007,26	778,07

*) Annahme Budgethöhe 1999: Es werden die rechnerisch ermittelten Abweichungen vom Arzneimittelbudget erfasst. Der Heilmittelbedarf wird mangels Daten nicht berücksichtigt.

Durch diese Kriterien sollen Änderungen der Arzneimittelrichtlinien, die mit dem Gesetz neu eingeführten Zielvereinbarungen und die Verlagerung vom stationären Bereich in die ambulante Versorgung explizit in der Anpassung der Ausgabenvolumina berücksichtigt werden. Neu ist im Gesetz auch die Verpflichtung der Krankenkassen, den Kassenärztlichen Vereinigungen arztbezogen monatliche Schnellinformationen über die Ausgabenentwicklung zu liefern. Allerdings fehlt eine Fristsetzung für den Lieferzeitpunkt und eine Sanktion, falls die Kassen der Lieferverpflichtung nicht nachkommen.

Können Arzneimittelbudgets oder Ausgabevolumina der Steigerung der Wirtschaftlichkeit in der Gesundheitsversorgung dienen? Zunächst ist festzustellen, dass grundsätzlich die Produktion von Gesundheit ein Produktionsprozess ist, für

---

[66] KBV gemäß Ärztezeitung vom 13. Februar 2001.

den nach effizienten Lösungen gesucht wird. In diesem Produktionsprozess sind
Arzneimittel nur ein Einsatzfaktor. Weitere Einsatzfaktoren sind ärztliche Leistungen in der niedergelassenen Praxis, ärztliche Leistungen im Krankenhaus, medizintechnische Leistungen oder auch Heil- und Hilfsmittel. Der Produktionsprozess
für Gesundheit stellt sich schematisch vereinfacht wie folgt dar:

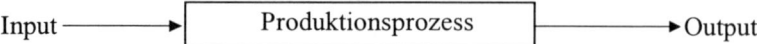

Input ⟶ Produktionsprozess ⟶ Output

Als Input kann man die Menge der eingesetzten Gesundheitsgüter und -dienst-
leistungen bezeichnen. Der Output ist Gesundheit oder Verbesserung des Gesundheitszustands und kann in verschiedener Weise gemessen werden. Verbesserungen
der Effizienz beziehen sich nun sowohl auf die möglichen einsetzbaren Gesundheitsgüter und -dienstleistungen als auch auf die Kombination dieser Einsatzfaktoren im Produktionsprozess.

Durch ein Arzneimittelbudget werden Menge, Qualität und Kombinierbarkeit
der Einsatzfaktoren im Produktionsprozess beeinflusst. Die Bemühungen um Effi-
zienzsteigerungen durch veränderte Faktorkombination sind begrenzt durch die
Höhe des Arzneimittelbudgets. Damit kann ein Arzneimittelbudget auch kaum zur
Steigerung der Wirtschaftlichkeit in der Gesundheitsversorgung beitragen. Vielmehr ist zu erwarten, dass die starre Obergrenze für einen Einsatzfaktors zu Verschwendung im Produktionsprozess führt. Folgende Konsequenzen eines Arzneimittelbudgets sind zu erwarten, wenn das Einsatzverhältnis der Faktoren untereinander optimal zur Erlangung eines bestimmten Ergebnisses war:

- Bei notwendig höherer Produktion von Gesundheit müssen andere Produktionsfaktoren zur Erzielung eines höheren Ergebnisses stärker eingesetzt werden.
  Das Faktoreinsatzverhältnis wird suboptimal.
- Bei Festlegung der Obergrenze unterhalb eines optimalen Einsatzverhältnisses
  der Faktoren untereinander müssen andere Produktionsfaktoren zur Erzielung
  eines vorgegebenen Ergebnisses stärker eingesetzt werden.
- Die Beteiligten im Produktionsprozess entwickeln Umgehungsstrategien, um
  nicht die Obergrenze zu erreichen oder zu überschreiten.
- Mit einer Verschlechterung der Ergebnisse der Produktion ist zu rechnen, sofern nicht durch andere Maßnahmen die Ergebnisqualität sichergestellt werden
  kann.

Diese theoretischen Ausführungen könnten vermuten lassen, dass das Ausmaß
der Störung des Produktionsprozesses durch die Einführung einer starren Obergrenze für einen Einsatzfaktor ermittelbar wäre. Dies ist nicht der Fall. Auch ist
die Darstellung insofern irreführend, als dass ein Produktionsprozess auf hoch
aggregiertem Niveau nicht beobachtbar ist. Allerdings gibt es durchaus Indizien
für Umgehungsverhalten nach Einführung eines Budgets bzw. für den stärkeren
Einsatz anderer Produktionsfaktoren nach Einführung eines Budgets.[67] Unter pro-
duktionstheoretischen Aspekten können Arzneimittelbudgets kaum zu den Instru-

---

[67] Vgl. Schöffski, O. (1996).

menten gezählt werden, die die Wirtschaftlichkeit der Gesundheitsversorgung verbessern können.

Welche Wirkungen gehen von einem Arzneimittelbudget auf Absatz und Umsatz von Arzneimitteln aus? Zunächst ist damit zu rechnen, dass durch das Budget das individuelle Faktoreinsatzverhalten beeinflusst wird. Arzneimittelverordnungen werden voraussichtlich zu Beginn eines Budgetzeitraums weniger restriktiv erfolgen als zum Ende. Ferner entsteht ein Anreiz, billigere Präparate einzusetzen, auch wenn damit Ergebnisveränderungen einhergehen können. Die Ausbreitung des Einsatzes von neuen, in der Regel teureren Produkten verzögert sich. Der Prozess der Marktpenetration verlangsamt sich. Der Preis als ein Wettbewerbsparameter im Arzneimittelmarkt bekommt ein stärkeres Gewicht. Andere Wettbewerbsparameter wie etwa die Wirksamkeit oder das Nebenwirkungsprofil eines Präparates verlieren an Bedeutung.

5.3.2
Wirtschaftlichkeitsprüfung und Richtgrößen

Wirtschaftlichkeitsprüfungen gemäß § 106 SGB V werden nach Durchschnittswerten für den Zeitraum eines Quartals, bei Überschreitung von Richtgrößen nach § 84 SGB V und auf der Grundlage von arzt- und versichertenbezogenen Stichproben (mindestens 2 % der Ärzte je Quartal) durchgeführt. Mit der Stichprobenprüfung sollen insbesondere „statistisch unauffällige" Unwirtschaftlichkeiten aufgedeckt werden. Die Daten werden behandlungsfallbezogen analysiert. Der zugrunde gelegte Untersuchungszeitraum beträgt mindestens ein Jahr. Wirtschaftlichkeitsprüfungen nach Durchschnittswerten für den Zeitraum eines Quartals werden heute in den Facharztgruppen durchgeführt, für die es keine Richtgrößen gibt. Die Richtgrößenprüfung löst in den meisten Fällen die Durchschnittsprüfung ab.

Richtgrößen sind rechnerische Durchschnittsbeträge, die sich auf alle von einem Arzt in einem Kalenderjahr behandelten Patienten beziehen. Richtgrößen sind keine Obergrenze für das Verordnungsvolumen eines Arztes; sie sind auch keine Budgets pro Patient. Es handelt sich um Orientierungspunkte, abgeleitet aus den Arzneimittelbudgets als „Obergrenze für die insgesamt von den Vertragsärzten veranlassten Ausgaben für Arznei-, Verband- und Heilmittel" (§ 84 SGB V).

Richtgrößen dienen dem Gesetzgeber zufolge der Ermittlung von Unwirtschaftlichkeit in der Arzneimittelverordnung. Bei einer Überschreitung der Richtgrößen um mehr als 15 % (für Prüfungszeiträume vor dem 1. Januar 2000: 25 %) hat der Vertragsarzt den Mehraufwand, der sich aus der Überschreitung der Richtgrößen ergibt, zu erstatten, soweit er keine Praxisbesonderheiten geltend machen kann. Es wird also von vornherein Unwirtschaftlichkeit unterstellt und der Arzt muss antreten, das Gegenteil zu beweisen.

Bei einer Überschreitung der Richtgrößen um mehr als 5 % (für Prüfungszeiträume vor dem 1. Januar 2000: 15 %) wird grundsätzlich eine Prüfung durchgeführt. Allerdings wird ein Prüfungsverfahren nur dann durchgeführt, wenn auf Grund der vorliegenden Daten über die Verordnungen des Arztes nicht davon auszugehen ist, dass die Überschreitung durch Praxisbesonderheiten begründet ist. Was Praxisbesonderheiten sind, regeln häufig Richtgrößenvereinbarungen in den

Kassenärztlichen Vereinigungen. Auch Arzneimittel, die bei der Ermittlung von Richtgrößen außer Betracht bleiben, werden dort genannt. Diese Ausnahmen sind teilweise in den Anhängen zu den Vereinbarungen aufgelistet. Abgeleitet werden die Richtgrößen aus den jeweils zur Verfügung stehenden Arzneimittelbudgets unter Berücksichtigung von Versichertenzuzahlungen, Apothekenrabatt und weiteren Korrekturfaktoren, die je nach Budgetregion unterschiedlich ermittelt werden.

In der Wirtschaftlichkeitsprüfung nach Richtgrößen werden ärztliche und ärztlich verordnete Leistungen, Überweisungen, Krankenhauseinweisungen, Arbeitsunfähigkeit sowie sonstige veranlasste Leistungen geprüft. Die erbrachten oder veranlassten Leistungen müssen

- medizinisch notwendig,
- zur Zielerreichung geeignet,
- mit anerkannter Qualität insbesondere den Richtlinien der Bundesausschüsse übereinstimmend und
- bezüglich ihrer Kosten angemessen sein.

Die bisher theoretischen Ausführungen insbesondere zur Wirtschaftlichkeitsprüfung nach Richtgrößen bergen praktisch eine Reihe von Problemen: Technisch schwierig ist die Zuordnung der Verordungsdaten zum jeweiligen Verordner, da die Rezepte über die Apotheken in die Apothekenrechenzentren gelangen und von dort zu den gesetzlichen Krankenversicherungen. Außerdem haben Krankenkassen Probleme, zwischen Arznei-, Heil- und Hilfsmitteln zu trennen und anrechnungspflichtige und anrechnungsfreie Verordnungen (Praxisbesonderheiten, Wirkstoffausnahmen) herauszurechnen.

Durch das Arzneimittelbudget-Ablösegesetz (ABAG) haben sich die Kriterien, nach denen Richtgrößen festgelegt werden sollen, vermehrt: Künftig soll nicht mehr nur nach der Fachgruppenzugehörigkeit des jeweiligen Arztes und dem Status des Patienten, Mitglied, Familienangehöriger oder Rentner, sondern darüber hinaus auch aufgrund von Altersklassen und nach Krankheitsarten differenziert werden. Dies wird zu einer Vervielfachung von Richtgrößen führen. Die Praktikabilität eines solchen Verfahrens ist fraglich. Ferner werden im ABAG die Grenzkriterien für die Wirtschaftlichkeitsprüfung zum Gegenstand der Verträge und damit flexibilisiert. Es gelten danach ab 2002 nicht mehr 5 % und 15 % als Aufgreifschwellen für die Wirtschaftlichkeitsprüfung, sondern jeder Vertragsarzt muss die Aufgreifschwellen aus den Verträgen seiner KV mit den Spitzenverbänden der GKV auf Landesebene herauslesen.

Können Wirtschaftlichkeitsprüfung oder Richtgrößen der Steigerung der Wirtschaftlichkeit in der Gesundheitsversorgung dienen? Da das Verfahren und die Richtgrößen eine Konsequenz der Einführung von Arzneimittelbudgets sind, zeigen sie vielmehr den Umlenkungsprozess von Ressourcen aus der Versorgung heraus in die Administration des Budgets. Ein administrativer Kontroll- und Verhandlungsprozess ersetzt das Such- und Entdeckungsverfahren nach besseren Lösungen für den Faktoreinsatz. Zusätzliche Ressourcen sind für die Durchführung des Kontroll- und Verhandlungsprozesses erforderlich. Mithin wäre eine Steigerung der Wirtschaftlichkeit nur dann zu erwarten, wenn der Wirtschaftlichkeitsgewinn die Kosten des Kontrollprozesses übersteigt. Da bereits die Einführung des Arzneimittelbudgets produktionstheoretisch keine Steigerung der Wirtschaftlichkeit erwarten lässt, stehen hier keine Wirtschaftlichkeitsgewinne den Kontrollkosten gegenüber. Somit können Wirtschaftlichkeitsprüfung und Richtgrößen kaum zu den Instrumenten gezählt werden, die die Wirtschaftlichkeit der Gesundheitsversorgung verbessern können.

Welche Wirkungen gehen von Richtgrößen und der Wirtschaftlichkeitsprüfung auf Absatz und Umsatz von Arzneimitteln aus? Da Richtgrößen lediglich „Übersetzungshilfe" für das Arzneimittelbudget auf die individuelle Praxis sind, gelten hier die Ausführungen zum Arzneimittelbudget analog. Teile dieser Auswirkungen sollen über die Wirtschaftlichkeitsprüfung wieder eingefangen werden. So dient die Berücksichtigung von ärztlichen und ärztlich verordneten Leistungen, Überweisungen, Krankenhauseinweisungen, Arbeitsunfähigkeit sowie sonstigen veranlasste Leistungen im Rahmen der Wirtschaftlichkeitsprüfung dem Ausschluss von „Umgehungsstrategien" seitens der Leistungserbringer bei der Versorgung ihrer Patienten und dem Ausschluss von Qualitätsminderungen in der Versorgung, die sich in weiteren Leistungsinanspruchnahmen niederschlagen können. Ergebnisverschlechterungen auf der medizinischen Seite bzw. bei der Lebensqualität der Patienten können nicht berücksichtigt werden.

5.3.3
Festbeträge

Festbeträge nach § 35 SGB V sind Erstattungshöchstbeträge für erstattungsfähige Arzneimittel in der GKV. Festbeträge werden für verschiedene Gruppen von Arzneimitteln vom Bundesausschuss Ärzte und Krankenkassen gebildet. In den Festbetragsgruppen sind

- Präparate mit denselben Wirkstoffen (Stufe 1),
- Präparate mit pharmakologisch-therapeutisch vergleichbaren Wirkstoffen (Stufe 2) und
- Präparate mit therapeutisch vergleichbarer Wirkung (Stufe 3) enthalten.

Ausgenommen von dieser Regelung sind patent-geschützte Arzneimittel mit Zulassung nach dem 31. Dezember 1995.

Im Gegensatz zur Bildung der Arzneimittelgruppen durch den Bundesausschuss Ärzte / Krankenkassen obliegt die Festsetzung der Festbeträge allein den Spitzenverbänden der Gesetzlichen Krankenversicherung (GKV). Die Festsetzung sollte nach der Gesundheitsreform 2000 im unteren Preisdrittel erfolgen und wirksamen Preiswettbewerb, eine ausreichende Marktversorgung und ausreichende Wahlmöglichkeiten für die Verordner sicherstellen. Festbeträge sind einmal jährlich zu überprüfen.

Zwischenzeitlich hat das Bundesgesundheitsministerium (BMG) mit dem Entwurf eines Festbetrags-Anpassungsgesetzes (FBAG) auf die rechtlichen Bedenken gegenüber der ursprünglichen Festbetragsregelung reagiert. Darin wird das Ministerium ermächtigt, einmalig durch Rechtsverordnung Festbeträge anzupassen und in Ausnahmefällen neue Gruppen festzusetzen. Für Klagen ist nur noch das Landessozialgericht Berlin zuständig. Damit sollen Zivilklagen verhindert werden.

Das Ministerium legt durch Rechtsverordnung ohne Zustimmung des Bundesrates im Einvernehmen mit dem Bundeswirtschaftsministerium einmalig Festbeträge fest. Die Senkung der Festbeträge um maximal 27,5 Prozent soll minimal 650 Millionen DM an Arzneimittelausgaben sparen. Mindestens ein Drittel aller Verordnungen und ein Viertel aller am Markt befindlichen Packungen einer Gruppe müssen zum Festbetrag verfügbar sein. Für patentgeschützte Arzneimittel, die nach 1995 zugelassen wurden, werden keine Festbeträge gebildet.

Können Festbeträge der Steigerung der Wirtschaftlichkeit in der Gesundheitsversorgung dienen? Festbeträge beeinflussen den Preiswettbewerb insbesondere bei patentfreien Substanzen, aber auch bei patentierten Substanzen, sofern patentfreie Substanzen, die dem Festbetragssystem unterliegen, als therapeutische Alternativen in Frage kommen. Da in die Preisbildung von Arzneimitteln nicht direkt eingegriffen wird, sondern lediglich Einfluss auf die Erstattungshöhe für das jeweilige Präparat ausgeübt wird, wird der Produktionsprozess von Gesundheit nicht direkt berührt. Allerdings mindert das Festbetragssystem auch Unsicherheit über das Verhalten von Wettbewerbern, so dass der Festbetrag als Preissignal verstanden werden kann und möglicherweise weitergehende Preissenkungen verhindert.

Systematische Effekte auf die Wirtschaftlichkeit in der Gesundheitsversorgung aus Festbeträgen etwa durch die Beeinflussung therapeutischer Entscheidungen sind möglich, so dass das Festbetragssystem über den Preisdruck hinaus Effekte auf die Wirtschaftlichkeit in der Gesundheitsversorgung haben dürfte. Ob jedoch ein „Zwang" zur „billigeren" Verordnung auch die Wirtschaftlichkeit positiv beeinflusst, muss offen bleiben, da die Auswirkungen der „billigeren" Verordnung auf den übrigen Faktoreinsatz und das Ergebnis der Versorgung unklar ist.

Allerdings ist die ursprüngliche Festbetragsregelung des Gesetzgebers bereits seit 1995 rechtlich aus mehreren Gründen umstritten: So fasst das Bundessozialgericht in Kassel die Festsetzung von Festbeträgen als Normsetzung auf. Damit ist abgesehen von formeller Regelung unmittelbar durch Gesetz eine Rechtsverordnung durch das Bundesgesundheitsministerium erforderlich.

Neben dieser verfassungsrechtlichen Problematik vertritt das Bundeskartellamt die Auffassung, dass die gemeinsame und einheitliche Festlegung von Festbeträgen durch die Spitzenverbände nach dem Kartellrecht unzulässig ist. Die Kassen nehmen nach Auffassung des Amtes mit ihren Vereinbarungen im Außenverhältnis auf das Marktverhalten von Unternehmen Einfluss. Unter diese Einflussnahme fällt auch die mittelbare Wirkung auf das Verhalten von Versicherten. Die Krankenkassen sind deshalb unternehmerisch tätig. Da die Kassen als Unternehmen angesehen werden, unterliegen Vereinbarungen der Spitzenverbände dem Kartellrecht. Damit ist die gemeinsame und einheitliche Festsetzung von Festbeträgen unzulässig. Darauf hat der Gesetzgeber wie bereits oben dargestellt zwischenzeitlich reagiert.

Welche Wirkungen gehen von Festbeträgen auf Absatz und Umsatz von Arzneimitteln aus? Festbeträge führen ebenso zu einer hervorgehobenen Stellung des Preises als Wettbewerbsparameter im Arzneimittelmarkt. So mussten bei Einführung der Festbeträge 1989 die Unternehmen, die die Preise ihrer betroffenen Produkte nicht auf das Festbetragsniveau absenkten, erhebliche Umsatzeinbußen hinnehmen. Diese Umsatzeinbußen konnten in den Jahren danach zum Teil nicht wieder aufgeholt werden. Aus dieser Erfahrung heraus haben zahlreiche Unternehmen im Arzneimittelmarkt jede Festbetragsanpassung mit entsprechenden Preissenkungen nachvollzogen. Erst in der jüngeren Vergangenheit haben Unternehmen, bei denen Festbetragssenkungen zu Preissenkungen von bis zu 50 % führen können, ihre Preispolitik verändert und ein Nachvollziehen der Festbetragssenkungen gesundheitspolitisch lautstark verweigert. Umgekehrt haben Festbetragsanpassungen nach oben Preissteigerungsmöglichkeiten für die Marktteilnehmer signalisiert, die in der Regel auch genutzt worden sind.

5.3.4
Arzneimittelrichtlinien

Die Arzneimittelrichtlinien (AMR) gemäß § 92 Absatz 1 Satz 2 Nr. 6 konkretisieren das Wirtschaftlichkeitsgebot gemäß §§ 2, 12, 70 SGB V. Sie gelten für Vertragsärzte, Kassenärztliche Vereinigungen und gesetzliche Krankenkassen und werden vom Bundesausschuss der Ärzte und Krankenkassen gemäß § 91 SGB V beschlossen.

Grundsätzlich schreiben die Arzneimittelrichtlinien vor, vor dem Einsatz von Arzneimitteln zu prüfen, ob „entsprechend dem Gebot der Wirtschaftlichkeit ein vergleichbarer Behandlungserfolg durch andere Maßnahmen (z. B. hygienische, diätetische) erreicht werden kann." (Nr. 10 AMR) Ferner schreiben sie vor, dass Arzneimittel nur in der zugelassenen Indikation zu verordnen sind.

Neben diesen grundsätzlichen Einschränkungen für die medikamentöse Therapie wird in der Nr. 12 AMR darauf hingewiesen, dass der therapeutische Nutzen von Arzneimitteln „gewichtiger" ist als deren Kosten. Der therapeutische Nutzen setzt nach Nr. 13 AMR eine Nutzen-Risiko-Abwägung mit günstigem Ergebnis für das Arzneimittel voraus, welches eingesetzt werden soll. Therapeutischer Nutzen ist gegeben, wenn nach dem allgemein anerkannten Stand der medizinischen Erkenntnis ein relevantes Ausmaß an Wirksamkeit bei einer definierten Indikation erreicht wird. Allerdings finden sich keine Hinweise, wann von einem relevanten Ausmaß an Wirksamkeit gesprochen werden kann. Nr. 14 AMR weist die Vertragsärzte an, bei dieser Risiko-Nutzen-Abwägung die Anlage 4 der AMR zu beachten. Hinweise zu Arzneimitteln in Anlage 4 sind bislang u. a. zu folgenden Wirkstoffen ergangen: Acamprosat, Clopidogrel, Etanercept, Insulin Lispro, Interferon beta-1a und -1b, Leflunomid, Repaglinide, Rofecoxib und Zanamivir. Die Konsequenzen aus der Aufnahme eines Wirkstoffes in der Anlage 4 sind in der Regel die Notwendigkeit einer individuellen Kosten-Nutzen-Analyse, die zum Nachweis in der Wirtschaftlichkeitsprüfung dokumentiert werden sollte.

Können Arzneimittelrichtlinien der Steigerung der Wirtschaftlichkeit in der Gesundheitsversorgung dienen? Grundsätzlich formulieren die Arzneimittelrichtlinien aus ökonomischer Sicht einen normalen Entscheidungsprozess bei wirtschaftlicher Vorgehensweise: Es ist zu prüfen, ob nicht auch andere, nicht-medikamentöse Maßnahmen zum Erfolg führen können, und wenn dies nicht der Fall ist, ist die Kosten-Nutzen-Relation der eingesetzten Präparate im Vergleich zu Alternativen zu bewerten. Diese Vorgehensweise entspricht der Auswahl effizienter Einsatzfaktoren. Allerdings stellt sich das Problem erst bei der Bewertung der Kosten-Nutzen-Relation:

- Welche Kosten und Nutzen sind bei der Abwägung zu berücksichtigen?
- Ist die Bewertung aus arzt-individueller Sicht, aus Sicht der Gesetzlichen Krankenversicherung oder aus gesellschaftlicher Sicht vorzunehmen?

Die einschlägige Diskussion zu diesen Fragen kann hier nicht nachgezeichnet werden.[68] Sie füllt jedoch Bücher und kann Wissenschaftler über Forschungsvorhaben ernähren.

Erst in der Durchführung der Richtlinien zeigen sich somit die Auswirkungen auf die Wirtschaftlichkeit in der Gesundheitsversorgung. Grundsätzlich könnten Arzneimittelrichtlinien die Wirtschaftlichkeit in der Gesundheitsversorgung steigern. Dies hängt von der Ausgestaltung der Bewertung von Kosten und Nutzen ab. Außerdem stellt sich die Frage, ob sich Wirtschaftlichkeit in der Versorgung nicht mit effizienteren Verfahren erreichen lässt.

Wie wirken sich Arzneimittelrichtlinien auf Absatz und Umsatz von Arzneimitteln aus? Grundsätzlich sollten absatz- und umsatzmindernde Wirkungen zu verzeichnen sein, wenn nicht-medikamentöse Maßnahmen in den jeweiligen Indikationen vorrangig sind. Bei der Bewertung der jeweiligen Kosten und Nutzen des Einsatzes der Präparate hängen die Auswirkungen vom gesundheitsökonomischen Profil des jeweiligen Produkts und der methodischen Vorgehensweise bei der Bewertung ab. Werden aus gesellschaftlicher Perspektive solche Bewertungen vorgenommen, so haben auch Produkte gute Chancen, die etwa zu Ausgabensteigerungen in der Gesetzlichen Krankenversicherung und Ausgabenminderungen in der Gesetzlichen Pflegeversicherung oder Rentenversicherung führen. Bei Beschränkung der Perspektive auf die Gesetzliche Krankenversicherung fielen diese Produkte aus der Anwendung in vielen Fälle heraus.

Produkte, denen im Anhang der Arzneimittelrichtlinien besondere Aufmerksamkeit zuteil wird, haben in der Regel beschränkte Verordnungschancen, da die Arzneimittelrichtlinien hier häufig eine besondere Kosten-Nutzen-Abwägung fordert, die schon aus Nachweisgründen zu dokumentieren ist und damit wird die Verordnung des jeweiligen Produkts aufwendiger als die Verordnung alternativer Produkte.

5.3.5
Positivliste

Das BMG ist nach § 33a SGB V ermächtigt, durch Rechtsverordnung mit Zustimmung des Bundesrates eine Liste verordnungsfähiger Arzneimittel zu Lasten der GKV zu erlassen. Diese Liste hat eine Vorschlagsliste zur Grundlage, die vom Institut für die Arzneimittelverordnung in der GKV erarbeitet wird. In die Liste werden solche Wirkstoffe aufgenommen, die die folgenden Kriterien erfüllen:

---

[68] Vgl. Greiner, W. (2000), und Greiner, W., Schöffski, O. (2000).

- Eignung für eine zweckmäßige, ausreichende und notwendige Behandlung, Prävention oder Diagnostik
- Nachgewiesener mehr als geringfügiger therapeutischer Nutzen
- Erfolgswahrscheinlichkeit der Maßnahme

Die Liste hätte ursprünglich zum 30. Juni 2001 erstmalig vorliegen sollen. Der tatsächliche Einführungszeitpunkt ist jedoch heute, zum Redaktionsschluss dieses Kapitels, offen.

Positivlisten beschränken die Einsatzfaktoren in der Gesundheitsversorgung gesetzlich Krankenversicherter. Der Raum der Handlungsmöglichkeiten wird beschränkt. Gleichzeitig bieten Positivlisten Bestandsschutz für die Substanzen auf der Liste. Neuerungen, sofern sie nicht sofort auf der Liste aufgenommen werden, haben Nachteile auch wenn sie unter Wirtschaftlichkeitsgesichtspunkten die besseren Alternativen sein könnten. Positivlisten sind damit innovationsfeindlich.

Positivlisten können auch nicht vor dem Einsatz der gelisteten Substanzen in falschen Indikationen schützen. Als weiteres Kontroll- und Steuerungsinstrument beansprucht die Bildung, Überarbeitung und Durchsetzung einer Positivliste weitere Ressourcen.

Vor diesem Hintergrund ist der Beitrag von Positivlisten zur Wirtschaftlichkeit in der Gesundheitsversorgung höchst fragwürdig. Kurzfristig mag kein negativer Einfluss davon ausgehen, mittel- bis langfristig wäre jedoch eine Verlangsamung des Innovationsprozesses bei diesem Einsatzfaktor in der Gesundheitsversorgung zu erwarten, so dass ein positiver Effekt auf die Gesundheitsversorgung eher unwahrscheinlich ist.

Wie wirkt sich eine Positivliste auf Absatz und Umsatz von Arzneimitteln aus? Arzneimittel, die nicht auf der Liste enthalten sind, werden von der Gesetzlichen Krankenversicherung nicht erstattet. Damit fehlt diesen Arzneimitteln das größte Marktsegment (90 %) im Markt verschreibungspflichtiger Produkte, da die Bereitschaft zur Verordnung und anschließendem Kauf dieser Produkte bei Ärzten und Patienten gering eingeschätzt werden darf. Absatz und Umsatz nicht gelisteter verschreibungspflichtiger Produkte dürfte im Vergleich zu gelisteten Alternativen relativ gering ausfallen.

5.3.6
Anreize zu Parallelimporten

Den rechtlichen Rahmen für Parallelimporte bildet der § 129 SGB V in Verbindung mit dem Rahmenvertrag zwischen den Spitzenverbänden der GKV und dem deutschen Apothekerverband. Danach sind Apotheken zur Abgabe auch von preisgünstigen namensgleichen importierten Arzneimitteln verpflichtet. Preisgünstig nach dem Verständnis der Vertragspartner heißt, wenn der Apothekenabgabepreis des importierten Arzneimittels mindestens 10 % und mindestens 1 DM unter dem des inländischen Arzneimittels liegt.

Kann die Förderung von Parallelimporten der Steigerung der Wirtschaftlichkeit in der Gesundheitsversorgung dienen? Parallelimporte beeinflussen den Preiswettbewerb insbesondere bei patentierten Substanzen. Der Gesetzgeber unternimmt

hier den Versuch, Preisdifferenzen bei einzelnen Arzneimitteln zwischen den verschiedenen Ländern, in denen diese Produkte auf dem Markt sind, zu nutzen. Die
Wirkung dieses Instruments hängt stark von den nationalen Systemen zur Preisbildung und Erstattung von Arzneimittelausgaben und dem Verhalten der Apotheker
und der pharmazeutischen Unternehmen in der internationalen Preisbildung ab.

Da in die Preisbildung von Arzneimitteln nicht direkt eingegriffen wird, sondern lediglich der Wettbewerbsraum vergrößert wird, sofern die Apotheken ihrer
Abgabeverpflichtung nachkommen, kann dieses Instrument die Wirtschaftlichkeit
in der Gesundheitsversorgung steigern. Die langfristigen Effekte auf die Innovati-
onsanreize und die Geschwindigkeit in der Ausbreitung des medizinisch-pharma-
kologischen Fortschritts bleiben hier jedoch ausdrücklich unberücksichtigt.[69]

Wie wirken sich Parallelimporte auf Absatz und Umsatz von Arzneimitteln
aus? Aus Sicht der inländischen Vertriebsgesellschaft umsatzmindernd, aus Sicht
der Muttergesellschaft könnten sich Umsatzsteigerungen ergeben. Von den Ver-
triebsanstrengungen der Außendienstmitarbeiter der Unternehmen im Inland profitieren Tochtergesellschaften des Unternehmens oder einer gemeinsamen Muttergesellschaft im Ausland. Es entsteht ein Druck auf die inländische Preispolitik des
Unternehmens. Aber auch die Konditionenpolitik etwa im Krankenhausgeschäft
wird durch die Erweiterung des Wettbewerbsraumes beschränkt. Die Unternehmen versuchen hier gegenzusteuern, indem die Preisdifferenzierung insbesondere
bei Neueinführungen in den verschiedenen Märkten nicht allzu groß ausfällt.

5.3.7
Negativlisten

Neben dem oben dargestellten Vorhaben der Einführung einer Positivliste gibt es
in der Gesetzlichen Krankenversicherung seit längerem Arzneimittel, die von der
Verordnung zu Lasten der Gesetzlichen Krankenversicherung ausgeschlossen
sind.[70] So sind seit 1983 für erwachsene Versicherte

- Mittel bei Erkältungskrankheiten und grippalen Infekten
- Mund- und Rachentherapeutika
- Abführmittel
- Mittel gegen Reisekrankheiten

von der Erstattung ausgeschlossen (§ 34 Absatz 1 SGB V). Außerdem sind Arzneimittel von der Erstattung ausgeschlossen, die der Vorbeugung von Erkrankungen dienen, ohne dass Risikofaktoren erkennbar sind. Präparate zur Schwan-
gerschaftsverhütung sind für Frauen ab dem 20. Lebensjahr ebenfalls nicht erstattungsfähig.

Seit 1990 sind so genannte unwirtschaftliche Arzneimittel von der Erstattung
ausgeschlossen. Unwirtschaftlichkeit wird vom Gesetzgeber dann angenommen,
wenn das Arzneimittel:

---

[69] Vgl. Danzon, P. M. (1998).
[70] Vgl. Marx, P. (2000).

- für das Therapieziel nicht erforderliche Bestandteile enthält,
- die Wirkung der Bestandteile wegen der Vielzahl der enthaltenen Wirkstoffe nicht mit ausreichender Sicherheit beurteilt werden kann,
- der therapeutische Nutzen der Bestandteile bzw. ihrer Kombination nicht nachgewiesen werden kann.

Die betroffenen Wirkstoffe und ihre Kombinationen sind per Rechtsverordnung veröffentlicht und bilden die sogenannte Negativliste mit etwa 2.500 Arzneimitteln.

Auch Negativlisten beschränken die Einsatzfaktoren in der Gesundheitsversorgung gesetzlich Krankenversicherter. Gleichzeitig ist das Ausmaß der Beschränkung bei Negativlisten kleiner, da Neuerungen von vornherein erstattungsfähig sind und erst durch Aufnahme auf der Liste im Einsatz beschränkt werden.

Die Problematik jeder Negativliste resultiert aus dem Kriterienkatalog, der für ein Arzneimittel zum Ausschluss aus der Erstattungsfähigkeit für gesetzlich Krankenversicherte führt und aus den Umgehungsstrategien, die von Anbietern und Nachfragern von Gesundheitsleistungen entwickelt werden können. So ist aus ökonomischer Sicht kaum einzusehen, warum die Anzahl der enthaltenen Bestandteile relevant sein soll. Vielmehr lassen sich für bestimmte fixe Kombinationen gute Gründe finden wie etwa die Therapietreue oder auch Compliance der Patienten, die langfristig eher zur Steigerung der Wirtschaftlichkeit in der Gesundheitsversorgung führt. Die genannten Kriterien für Unwirtschaftlichkeit, die der Gesetzgeber nutzt, mögen aus pharmakologischer Sicht gute Gründe für den Verzicht auf fixe Kombinationen sein, aus ökonomischer Sicht zählt das Ergebnis. Vor diesem Hintergrund ist der Beitrag von Negativlisten zur Wirtschaftlichkeit in der Gesundheitsversorgung bestenfalls unklar.

Wie wirkt sich eine Negativliste auf Absatz und Umsatz von Arzneimitteln aus? Arzneimittel, die auf der Liste enthalten sind, werden von der Gesetzlichen Krankenversicherung nicht erstattet. Damit fehlt diesen Arzneimitteln das größte Marktsegment (90 %) im Markt verschreibungspflichtiger Produkte, da die Bereitschaft zur Verordnung und anschließendem Kauf dieser Produkte bei Ärzten und Patienten gering eingeschätzt werden darf. Absatz und Umsatz gelisteter Produkte dürfte damit relativ gering ausfallen. Für diese Produkte wurde in der Vergangenheit häufig die „Entlassung" aus der Verschreibungspflicht angestrebt, um einer größeren Zielgruppe gegenüber werben zu dürfen und so Absatz- und Umsatzverluste ausgleichen zu können.

5.4
Zusammenfassung und Ausblick

In diesem Kapitel sind ausgewählte Instrumente der Steuerung der Arzneimittelversorgung vorgestellt worden. Die Versorgung wird im wesentlichen durch Arzneimittelbudgets, Richtgrößen, Wirtschaftlichkeitsprüfung, Festbeträge, Arzneimittelrichtlinien, Positivliste, Regelungen zu Parallelimporten und Negativlisten gesteuert bzw. beeinflusst. Diese Regelungen wirken auf die Wirtschaftlichkeit in der Gesundheitsversorgung, aber auch auf Absatz und Umsatz von Arzneimitteln. Diese wurden kurz skizziert.

Die aktuellen Gesetzesvorhaben der Bundesregierung deuten nicht an, dass das Regulierungsausmaß zurückgeschraubt werden soll. Alternative Steuerungsansätze, die kurz- bis mittelfristig entwickelt und erprobt werden könnten, haben in der aktuellen Diskussion kaum eine Chance.[71] Vielmehr ist am Horizont ein weiteres Kostendämpfungsgesetz, das so genannte Arzneimittelausgaben-Begrenzungsgesetz (AABG) in Sicht. Dieses Gesetz ist ein „Klassiker" aus dem Instrumentenkasten der Kostendämpfung und steht in der Tradition von 1993: Preissenkungen und ein Preismoratorium sollen mit Hilfe dieses Gesetzes durchgesetzt werden. Auf diese Weise versucht die Bundesregierung das Defizit in der Gesetzlichen Krankenversicherung 2001 und seine weitere Entwicklung in den Griff zu bekommen.

Mit dieser Aussicht lässt sich kaum vermuten, dass der Arzneimittelmarkt in die Freiheit entlassen werden könnte. Daher ist es auch in Zukunft unerlässlich, sich mit den Auswirkungen von Regulierungsinstrumenten auf die Wirtschaftlichkeit in der Arzneimittelversorgung auseinander zu setzen. Gleichzeitig stellt sich jedem Verantwortlichen in der pharmazeutischen Industrie die Frage, welche Auswirkungen solche Regulierungen oder deren Veränderung für sein Produkt haben könnten. Basierend auf solchen Wirkungshypothesen lassen sich Strategien zur Bewältigung entwickeln. Dieses Kapitel bietet einen ersten Einstieg in die Auseinandersetzung mit den Steuerungsinstrumenten der Arzneimittelversorgung und legt die Grundlagen für eine Entwicklung von Bewältigungsstrategien.

---

[71] Siehe hierzu Fricke, F.-U. (2000b).

6 Evaluationsforschung

Frank-Ulrich Fricke, Oliver Schöffski
Fricke & Pirk GmbH
Universität Erlangen-Nürnberg, Lehrstuhl für Gesundheitsmanagement

6.1
Das wirtschaftliche Umfeld

In den letzten Jahren ist zu beobachten, dass bei Fragen, die das Gesundheitswesen betreffen, nicht mehr ausschließlich Ärzte gehört werden, sondern auch die Kompetenz von Wirtschaftswissenschaftlern gefragt ist. Gesundheitsökonomische Studien gehören mittlerweile zum festen Repertoire bei der Beurteilung von Innovationen bei Arzneimitteln. Von ärztlicher Seite wird häufig kritisiert, dass dadurch fachfremde Personen bei Entscheidungen beteiligt werden, die eine medizinische Domäne sind und auch bleiben sollten. Der Einsatz von Ökonomen im Gesundheitswesen wäre tatsächlich unnötig, wenn die zur Verfügung stehenden Mittel für das Gesundheitswesen unbegrenzt wären. Dieses ist leider nicht der Fall. Die Mittel, die für das Gesundheitswesen eingesetzt werden können, sind limitiert. In einer Volkswirtschaft können auf lange Sicht nur die Ressourcen verbraucht werden, die auch produziert worden sind. Wie viel von diesen Ressourcen im Gesundheitswesen eingesetzt werden sollen, sollte nach wirtschaftswissenschaftlicher Theorie allein von den Präferenzen der Bürger abhängen. Die politischen Entscheidungsträger sind aber augenscheinlich als gewählte Vertreter des Volkes zu dem Entschluss gekommen, dass mit dem derzeitigen Beitragssatz zur gesetzlichen Krankenversicherung eine kritische Grenze der Belastung der Bürger (und der Arbeitgeber mit Lohnnebenkosten) erreicht wurde.

Man muss sich dabei immer vor Augen halten, dass die in einer Volkswirtschaft verfügbaren Ressourcen auch in Bereichen außerhalb des Gesundheitswesens sinnvoll eingesetzt werden können. Jede Mark, die im Gesundheitswesen ausgegeben wird, steht beispielsweise nicht mehr für das Bildungswesen, die Landesverteidigung, die innere Sicherheit oder den sozialen Wohnungsbau zur Verfügung. Wie weit man auch bereit ist die Ausgaben für das Gesundheitswesen auszudehnen, irgendwann kommt man an eine Grenze, wo andere Dinge wichtiger werden als die Gesundheit. Ökonomen sprechen hier vom abnehmenden Grenznutzen, der auch für Gesundheitsgüter und -dienstleistungen existiert. Spätestens, wenn das gesamte Sozialprodukt des Landes in die Gesundheit der Bevölkerung investiert wird, wird man an die Grenze stoßen, obwohl auch darüber hinaus noch sinnvolle Gesundheitsausgaben möglich wären. Abb. 6.1 verdeutlicht, dass auf jeder Ebene der Zuteilung von knappen Mitteln Verteilungskonflikte entstehen. Gesundheitsökonomische Evaluationen können prinzipiell auf jeder dieser Ebenen ansetzen. Je weiter oben in der Hierarchie eine Fragestellung angesiedelt ist, desto

schwieriger wird die Beantwortung aufgrund der Komplexität und der kaum verfügbaren Daten. Je eingegrenzter eine Fragestellung allerdings ist, desto eher
können auch valide Aussagen getroffen werden. Der Vergleich zweier Interventi-
onsmöglichkeiten in einer Indikation kann sicherlich durchgeführt werden und
stellt derzeit auch den Standardfall einer gesundheitsökonomischen (pharmakoö-
konomischen) Evaluationsstudie dar.

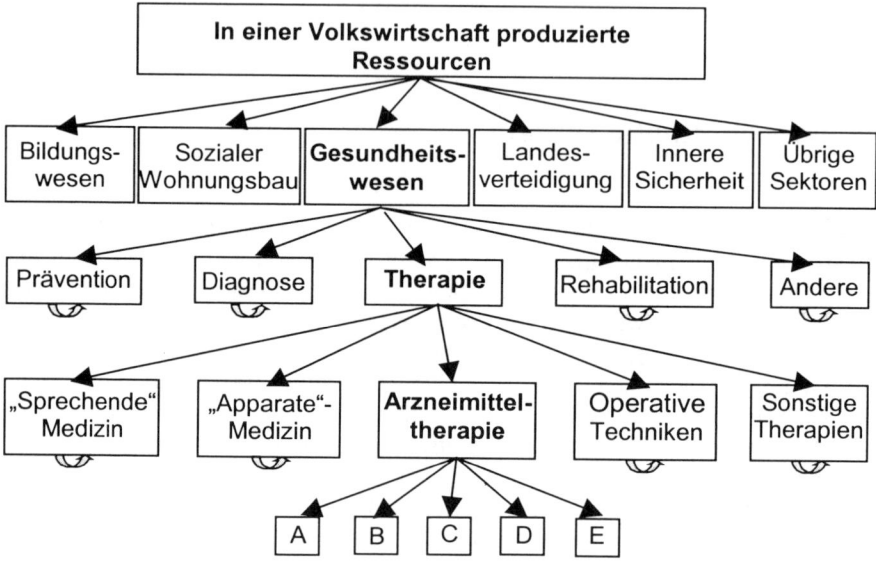

Abb. 6.1. Ebenen der Zuteilung von knappen Mitteln und Ansatzpunkte für ökonomische
Evaluationen

Geht man davon aus, dass die Politiker tatsächlich im Sinne ihrer Wähler gehandelt haben, als sie die Beitragssatzstabilität für die Gesetzliche Krankenversicherung 1988 im Sozialgesetzbuch (SGB V) festgeschrieben haben, kann es jetzt
nur darum gehen, die zur Verfügung stehenden, knappen Mittel dort im Gesundheitswesen einzusetzen, wo das beste Ergebnis zu erwarten ist. Hier ist das Betäti-
gungsfeld von Wirtschaftswissenschaftlern. Sie beschäftigen sich insbesondere
mit Fragen der Knappheit und wie die negativen Auswirkungen der Knappheit
möglichst gering gehalten werden können. Jede Geldeinheit, die für das Gesundheitswesen ausgegeben wird, sollte in dem Bereich verwendet werden, wo sie den
größten Nutzen stiftet. Dazu ist die Relation von Kosten und Nutzen zu ermitteln.
Dabei stehen beispielsweise präventive Maßnahmen in Konkurrenz zu Therapie
und Rehabilitation, Arzneimitteltherapien in Konkurrenz zu operativen oder verhaltensmedizinischen Maßnahmen und bei Operationen ist nachzuweisen, ob es
sinnvoller ist, diese ambulant oder stationär bzw. offen oder minimalinvasiv
durchzuführen. Es wird klar, dass der rein medizinische Nutzen zur Beurteilung
einer Maßnahme nicht ausreichend ist. Anstelle der *Effektivität* (= medizinisches
Ergebnis) der Maßnahme muss der Ökonom die *Effizienz*, d. h. die Relation von
Kosten und Ergebnis, beurteilen.

In diesem Kapitel werden die Grundlagen von ökonomischen Evaluationsstudien im Gesundheitswesen dargestellt. Dabei wird insbesondere erörtert, wie die beiden Hauptzielgrößen jeglicher medizinischer Maßnahme, nämlich die Lebenserwartung und die Lebensqualität der Patienten, in diese Untersuchungen mit einbezogen werden können.[72]

6.2
Grundformen gesundheitsökonomischer Evaluationen

Hinter dem Begriff *gesundheitsökonomische Evaluation* verbirgt sich kein einheitliches Studiendesign. Es sind vielmehr verschiedene Studienformen zu unterscheiden, die insbesondere die Kosten- und Nutzenkomponenten unterschiedlich berücksichtigen. Die Wahl der Analyseart hängt dabei vom Untersuchungsgegenstand und dem Zweck der Studie ab.[73]

Grob unterscheiden kann man Studien ohne vergleichenden und Studien mit vergleichendem Charakter (s. Abb. 6.2). Obwohl für eine Optimierung der Ressourcenallokation im Gesundheitswesen generell vergleichende Studien erforderlich sind, haben für bestimmte Fragestellungen auch nicht vergleichende Studien ihre Berechtigung. Problematisch ist, dass die Bezeichnungen für die einzelnen Studienformen in der Literatur nicht einheitlich verwendet werden. Die im Folgenden verwendete Klassifizierung setzt sich aber immer weiter durch.

Gesundheitsökonomische Evaluationen					
nicht vergleichend		vergleichend			
Kosten-Analyse	Krankheits-kosten-Analyse	Kosten-Kosten-Analyse	Kosten-Nutzen-Analyse	Kosten-Wirksamkeits-Analyse	Kosten-Nutzwert-Analyse

Abb. 6.2. Systematik der Studienformen[74]

Die einfachste Form einer ökonomischen Evaluation ohne vergleichenden Charakter ist die reine *Kosten-Analyse*. Diese umfasst, wie der Name schon sagt, aus-

[72] Einen umfassenden Überblick zu dieser Thematik geben die 3 Standardlehrbücher zum Thema Schöffski, O., Schulenburg, J.-M. Graf v. d. (Hrsg.) (2000), Drummond, M. F., O'Brian, B. J., Stoddart, G. L., Torrance, G. W. (1997) und Gold, M. R., Siegel, J. E., Russel, L. B., Weinstein, M. C. (Hrsg.) (1996).
[73] Vgl. Hannoveraner Konsensgruppe (2000), S. 53.
[74] Vgl. Schöffski, O., Uber, A. (2000), S. 175.

schließlich die Kosten einer bestimmten Maßnahme, d. h. den Input (z. B. Ermittlung der Kosten einer Nierentransplantation). Als Ergebnis einer Kosten-Analyse erhält man beispielsweise, dass eine bestimmte Behandlungsmethode (z. B. Einsatz eines Stents) oder eine diagnostische Maßnahme (z. B. ein Gentest) x DM kostet. Allein aus der Kenntnis dieser Kosten lässt sich allerdings keine Entscheidung für oder gegen die Methode treffen, da dazu ein Vergleich mit Alternativen notwendig ist.

Bei der *Krankheitskosten-Analyse* handelt es sich um einen Spezialfall der Kosten-Analyse. Sie wird in Deutschland zunehmend durchgeführt. Krankheitskostenstudien werden eingesetzt, um die gesamtgesellschaftliche Bedeutung von Krankheiten zu ermitteln. Es erfolgt keine Differenzierung nach einzelnen alternativen medizinischen Maßnahmen, sondern vielmehr werden die Kosten einer Krankheit als Ganzes evaluiert (z. B. Studie zu den Krankheitskosten des Reizdarmsyndroms in Deutschland). Ziel dabei ist es die volkswirtschaftlichen Kosten verschiedener Krankheiten zu erkennen und Anhaltspunkte für eine sinnvolle Verwendung von Forschungsgeldern zu ermitteln. Krankheitskostenstudien zeigen allerdings nicht, welche medizinische Maßnahme bei mehreren Alternativen zu präferieren ist. Vielmehr sollen mittels Krankheitskostenstudien quantitative Relationen deutlich gemacht und somit eine gute Grundlage für eine rationale gesundheitspolitische Allokationsdiskussion geschaffen werden.[75] Diese könnte beispielsweise zum Ergebnis haben, dass mehr öffentliche Mittel zur Bekämpfung der Krankheit (z. B. Forschung, Intensivierung von präventiven Maßnahmen) zur Verfügung gestellt werden. Auch die pharmazeutische und medizintechnische Industrie kann anhand der gewonnenen Erkenntnisse abschätzen, ob Investitionen in diesem Bereich der Medizin sinnvoll sind, da ökonomische Evaluationen von neu entwickelten Produkten hier aufgrund der volkswirtschaftlichen Bedeutung der Erkrankung eher positive Ergebnisse bringen werden.

Bei der *Kosten-Kosten-Analyse* handelt es sich im Prinzip um nichts anderes, als um die separate Kosten-Analyse von zwei oder mehr alternativen Maßnahmen (z. B. Bewertung der Nierentransplantation und der Dialyse). Ziel der Analyse ist es die kostengünstigere Alternative zu ermitteln. Aus diesem Grund wird häufig auch von einer *Kostenminimierungs-Analyse* gesprochen.[76] Wichtig ist dabei, dass die Bewertung der verschiedenen Maßnahmen im gleichen Kontext erfolgt, d. h. man darf nicht die Ergebnisse einer Kosten-Analyse mit den Ergebnissen einer anderen Kosten-Analyse vergleichen. Die Annahmen, die bei beiden Studien getroffen worden sind, werden sich im Regelfall unterscheiden. Dieses würde bei der Interpretation der Ergebnisse zu Verzerrungen führen. Eine Kosten-Kosten-Analyse macht im Gesundheitswesen daher nur unter ganz bestimmten, sehr stringenten Annahmen einen Sinn. Um tatsächlich am Studienende eine Aussage über die Vorteilhaftigkeit einer der Maßnahmen treffen zu können, ist es unbedingt erforderlich, dass die Maßnahmen vom Ergebnis (Output, Outcome) her identisch sind. Wenn dieses gegeben ist, kann die Beurteilung der Vorteilhaftigkeit auf einen

---

[75] Vgl. Schulenburg, J.-M. Graf v. d. (1995), S. 40.
[76] Vgl. Kori-Lindner, C., Berlin, M., Eberhardt, R. u. a. (1996), S. 2.

reinen Kostenvergleich reduziert werden.[77] Diese Situation ist im Gesundheitswesen allerdings eher selten anzutreffen.

Die *Kosten-Nutzen-Analyse* ist weitreichender als die Kosten-Kosten-Analyse. Es handelt sich um die klassische Form einer ökonomischen Evaluation. Sie wird regelmäßig in Bereichen außerhalb des Gesundheitswesens angewendet. Hauptkennzeichen ist, dass sämtliche Kosten und der gesamte Nutzen der zu evaluierenden Maßnahme in Geldeinheiten bewertet werden. Auch die sogenannten *intangiblen* Komponenten, die bei der Kosten-Kosten-Analyse nicht berücksichtigt bzw. höchstens „unter dem Strich" genannt werden, werden hier monetär bewertet. Dieses gilt für Änderungen in der Lebensqualität genauso wie für klinische Effekte der Behandlung und die Auswirkungen auf die Morbidität und Mortalität. Die Ordnung der Alternativen ist eindimensional in Geldeinheiten und deshalb in der Regel eindeutig. Bei der Bewertung dieser Effekte in Geldeinheiten existieren aber eine Reihe von methodischen und ethischen Problemen, darum wird allgemein von der Durchführung einer Kosten-Nutzen-Analyse im Gesundheitswesen abgeraten.[78] Insbesondere die Zuweisung eines bestimmten Geldbetrags für ein menschliches Lebensjahr oder ein menschliches Leben insgesamt wird in der Öffentlichkeit häufig als Provokation angesehen. Die Reduzierung aller Effekte im Gesundheitswesen auf monetäre Größen hat sich bislang als nicht gangbarer Weg zur Allokationsverbesserung im Gesundheitswesen erwiesen.

Wie können aber die medizinischen Ergebnisse einer Maßnahme im Gesundheitswesen in ökonomischen Evaluationsstudien berücksichtigt werden, ohne dass eine problematische Bewertung in Geldeinheiten notwendig ist? Es ist unbestritten, dass diese Einbeziehung erforderlich ist, da der Sinn des Gesundheitswesens nicht darin besteht, Kosten einzusparen, sondern Krankheiten zu heilen und den Gesundheitszustand der Bevölkerung zu verbessern. Die Annahme, dass die medizinischen Ergebnisse zweier Maßnahmen identisch sind und daher ein reiner Kostenvergleich ausreichend ist, ist sicherlich nur in Ausnahmefällen akzeptabel. Im Regelfall werden sich sowohl die Kosten als auch die Ergebnisse zweier Maßnahmen unterscheiden. Mit der Kosten-Wirksamkeits-Analyse wird auch in diesen Fällen ein Vergleich möglich.

Die *Kosten-Wirksamkeits-Analyse* (häufig auch *Kosten-Effektivitäts-Analyse* genannt) bietet die Möglichkeit, auch die nicht problemlos in monetären Einheiten zu bewertenden Effekte einer medizinischen Maßnahme in gesundheitsökonomischen Evaluationen zu berücksichtigen. Dabei werden die nicht in monetären Einheiten bewertbaren Komponenten in *naheliegenden natürlichen Einheiten* gemessen.[79] Die Beurteilung des Erfolgs der Maßnahme erfolgt dabei anhand von Größen, die von Medizinern festgelegt werden. Dabei kann es sich um sehr spezifische Erfolgsgrößen handeln, die anhand von physischen Einheiten quantifiziert werden (z. B. entdeckte Fälle, Senkung des Blutdrucks, Reduzierung des Cholesterinspiegels, Verlängerung der schmerzfreien Gehstrecke, Reduzierung der Tumorgröße, Vergrößerung des Gefäßvolumens), oder um eher globale Erfolgs-

---

[77] Vgl. Schöffski, O. (1990), S. 23.
[78] Vgl. Hannoveraner Konsensgruppe (2000), S. 53.
[79] Vgl. Drummond, M. F., Teeling Smith, G., Wells, N. (1989), S. 23.

kriterien (z. B. Anzahl der erfolgreich behandelten Fälle, Lebensverlängerung in Jahren).

Diesem messbaren Erfolg der Maßnahme werden die Kosten gegenübergestellt. Dadurch ist eine Vergleichbarkeit zweier unterschiedlich wirksamer Maßnahmen im Gesundheitswesen möglich. Das Ergebnis einer Kosten-Wirksamkeitsstudie kann dann beispielsweise folgendermaßen aussehen: „Eine durchschnittliche Senkung des Blutdrucks um 10 % kostet bei der einen Maßnahme x DM und bei der anderen Maßnahme y DM" oder „die Entfernung von Nierensteinen kostet bei der einen Methode x DM, bei Verwendung einer anderen Technik y DM". Durch das Gleichnamigmachen des Kosten-Wirksamkeits-Quotienten hat man die Möglichkeit den Vergleich beider Maßnamen auf die Kosten zu reduzieren, die zum Erreichen des standardisierten medizinischen Erfolgs notwendig sind. Da in klinischen Studien standardisierte, gut messbare Erfolgsparameter definiert werden, stellt die Kosten-Wirksamkeits-Analyse eine gute Möglichkeit zum Vergleich von unterschiedlichen Maßnahmen dar, die auf den jeweiligen Erfolgsparameter gerichtet sind. Sie wird derzeit am häufigsten von allen Studienformen durchgeführt.[80]

Kritik an der Kosten-Wirksamkeits-Analyse setzt allerdings an zwei Punkten an. Es wird behauptet, dass die medizinische Sicht des Behandlungserfolgs für den Patienten irrelevant ist, da es sich dabei nur um intermediäre Erfolgskriterien handelt. Für den Patienten ist es erst einmal unerheblich, wie hoch sein Blutdruck oder wie groß der Tumor ist. Für ihn ist einzig und allein relevant, wie sich seine Lebensqualität und seine Lebenserwartung entwickelt. Wenn tatsächlich die Patientensicht bei der Entscheidung über Behandlungsmethoden im Gesundheitswesen von Bedeutung ist, so müssen als Erfolgskriterien andere Faktoren zur Beurteilung herangezogen werden, z. B. Schmerzen, soziale Kontakte oder die Fähigkeit, für sich selbst zu sorgen. Dieses leistet eine Kosten-Wirksamkeits-Analyse nicht, da sie sich auf eher technisch definierte Erfolgskriterien stützt.

Ein weiterer Kritikpunkt an Kosten-Wirksamkeits-Analysen lautet, dass mit ihnen nur sehr eingeschränkte Vergleiche innerhalb des Gesundheitswesens möglich sind.[81] Man kann sie nur innerhalb einer Indikation einsetzen, da nur hier auch die gleichen medizinischen Erfolgskriterien aussagekräftig sind. Mit einer Kosten-Wirksamkeits-Analyse kann beispielsweise die Frage beantwortet werden, welche Behandlung bei Brustkrebs effizient ist, nicht aber die Frage, ob eine Brustkrebsbehandlung effizienter ist als eine Nichtraucherkampagne. Da entsprechende globale Vergleiche für eine effiziente Allokation im Gesundheitswesen immer relevanter werden, wurden die bisher dargestellten Studienformen weiterentwickelt.

Mit der *Kosten-Nutzwert-Analyse* wurde den beiden Kritikpunkten an der Kosten-Wirksamkeits-Analyse begegnet und es wurde (zumindest theoretisch) eine Lösung gefunden. Hier erfolgt die Bewertung des Behandlungserfolgs einer medizinischen Maßnahme aus Patientensicht, d. h. es werden die Effekte auf die Lebensqualität und die Lebenserwartung des Patienten berücksichtigt. Zusätzlich erfolgt eine Normierung des Behandlungsergebnisses für alle Indikationen, d. h. jede medizinische Maßnahme ist nach dem gleichen Muster bewertbar. Damit

---

[80] Vgl. dazu eine Übersicht über die Ergebnisse von 500 Kosten-Wirksamkeits-Analysen bei Tengs, T. O., Adams, M. E., Pliskin, J. S. u. a. (1995).
[81] Vgl. Wille, E. (1996), S. 8.

werden sehr weitreichende Vergleiche innerhalb des Gesundheitswesens, auch über Indikationen hinweg, möglich. Aus unterschiedlich dimensionierten Ergebnisgrößen werden bei dieser Studienform Nutzwerte ermittelt, die den Kosten gegenübergestellt werden. Das am häufigsten verwendete Verfahren zur Ermittlung von Nutzwerten ist das QALY-Konzept. Dieses wird später noch ausführlicher dargestellt und diskutiert.

6.3
Kosten und Nutzen im Gesundheitswesen

Neben den direkten Kosten einer Gesundheitsleistung und dem direkten Nutzen werden in ökonomischen Evaluationsstudien auch indirekte Wirkungen bei den Berechnungen berücksichtigt. Mit indirekten Kosten und Nutzen werden die negativen und positiven externen Effekte einer medizinischen Maßnahme bezeichnet.

Zu den *direkten Kosten und Nutzen* wird derjenige bewertete zusätzliche Ressourcenverzehr gezählt, der unmittelbar mit der Anwendung bzw. Ausführung der Behandlung verbunden ist bzw. vermieden werden kann. Dabei ist beispielsweise an Kosten für Personal, Arzneimittel, Labor- und Verwaltungstätigkeiten zu denken. Unter diese Kategorie fallen aber auch die Kosten für Tests und Behandlungen, die veranlasst bzw. vermieden werden aufgrund der Information, die sich aus der evaluierten Gesundheitsleistung ergeben oder durch die Behandlung bzw. Vermeidung von Nebenwirkungen und Komplikationen entstehen.

Insbesondere für das deutsche Gesundheitswesen ist kennzeichnend, dass die tatsächlichen Kosten von medizinischen Leistungen häufig nicht bekannt sind. Daher muss man sich bei Wirtschaftlichkeitsuntersuchungen in der Regel auf amtliche Gebührenordnungen beschränken, die keine direkten Kosten enthalten, sondern durch Verhandlungen und politische Faktoren hervorgegangene Größen darstellen. Dieses ist unproblematisch, wenn die Studie aus der Perspektive der Krankenkassen erfolgt, da für diese die Gebühren kassenwirksam sind. Bei anderen Perspektiven (z. B. der volkswirtschaftlichen oder der eines Krankenhauses) müsste man sehr aufwendig die tatsächlichen Kosten erfassen.

Zur Berechnung der *indirekten Kosten und Nutzen* wird häufig gemäß dem *Humankapitalansatz* vorgegangen. Dabei wird unterstellt, dass Gesundheitsausgaben aus volkswirtschaftlicher Sicht immer auch Investitionen in die Arbeitskraft des Patienten, also in das Humankapital, darstellen. Die indirekten Kosten einer Krankheit sind demnach gerade so groß wie der Verlust an Arbeitspotential, der einer Volkswirtschaft durch krankheitsbedingtes Fernbleiben oder nur eingeschränkte Leistung am Arbeitsplatz entsteht. Auch der vorzeitige Tod einer erwerbstätigen Person bedeutet nach diesem Ansatz einen volkswirtschaftlichen Produktivitätsverlust. Zur Berechnung dieser Verluste wird der bis an das statistisch zu erwartende Lebensende zukünftige Einkommensstrom des Patienten auf den Gegenwartszeitpunkt diskontiert. Die Humankapitalmethode geht von der Annahme der Vollbeschäftigung in einer Volkswirtschaft aus und wird daher häufig kritisiert. Mit neueren Verfahren wie dem *Friktionskostenansatz* soll diese Überschätzung von Produktivitätsverlusten vermieden werden.[82] Hier wird pro Patient und Krankheitsperiode ein Produktivitätsverlust höchstens für die Dauer der durchschnittlichen Vakanz unbesetzter Stellen angenommen. Die durchschnittliche Laufzeit offener Stellen, die den Arbeitsämtern gemeldet wurden (etwa drei Monate), stellt einen Näherungswert für die mittlere Friktionsperiode aller offenen Stellen am Arbeitsmarkt dar.

Mit *intangiblen Kosten und Nutzen* werden monetär nicht messbare Effekte wie Schmerz, Freude oder physische Beschränkung bezeichnet. Sie sind als Folge von Krankheit bzw. dem Einsatz von Gesundheitsleistungen auch aus gesundheitsökonomischer Sicht bedeutsam. Gerade bei chronischen Erkrankungen, bei denen es keine vollständige Heilung oder Verminderung von Mortalität gibt, ist es für die Beurteilung einer Leistung wichtig die Wohlbefindensverbesserungen für den Patienten transparent zu machen, um den Nutzen einer Maßnahme korrekt anzugeben. Die Relevanz der Einbeziehung entsprechender Effekte gilt in erster Linie aus Patientensicht, kann aber auch für seine Sachwalter, wie beispielsweise Ärzte, Krankenhäuser und Krankenkassen, wichtig sein, wenn sie das Ziel haben, für ihre beschränkten Ressourcen einen möglichst hohen Nutzen (der im Gesundheitswesen nicht immer einen monetären Wert hat) zu realisieren. In den letzten Jahren haben zur Abschätzung der intangiblen Effekte daher auch Lebensqualitätswirkungen von Gesundheitsleistungen Eingang in ökonomische Wirtschaftlichkeitsanalysen gefunden.

6.4
Prinzipien einer gesundheitsökonomischen Evaluationsstudie

Bei der Anlage von Wirtschaftlichkeitsuntersuchungen sind eine Reihe von methodischen Mindeststandards einzuhalten, damit die Studienergebnisse transparent, nachvollziehbar und vergleichbar sind. Einige dieser Prinzipien werden im folgenden kurz vorgestellt.

Die Ergebnisse einer ökonomischen Evaluation hängen ganz entscheidend von der gewählten *Perspektive* (Standpunkt) der Analyse ab. Es ist daher unabdingbar, dass die Perspektive zu Beginn der Studienpublikation offengelegt wird, da nur so gewährleistet ist, dass der Leser die Ergebnisse auch richtig interpretieren kann. Prinzipiell haben alle Individuen oder Gruppen, die Entscheidungen im Gesundheitswesen beeinflussen können, ein Interesse an Wirtschaftlichkeitsuntersuchungen, die ihren Standpunkt einnehmen. Die gewählten Perspektiven unterscheiden sich dadurch, welche Kosten- und Nutzenkomponenten berücksichtigt werden. Generell lässt sich sagen, dass die relevanten Kosten und Nutzen auf die Grenzen jenes Kollektivs hin zu definieren sind, dessen Repräsentanten mit der Entschei-

---

[82] Vgl. Koopmanschap, M. A., (1994).

dungsfindung beauftragt wurden.[83] So wird etwa der Chef einer Krankenkasse nur die Kosten berücksichtigen, die von seiner Kasse zu tragen sind. Gleiches gilt für den Nutzen. Eine andere Perspektive kann in der Regel durch Weglassen oder Berücksichtigung von einzelnen Kosten- oder Nutzenkomponenten eingenommen werden. Daher ist es in Studien oft wenig aufwendig, zusätzliche Perspektiven zu berücksichtigen.

Die Perspektive, die bei jeder Studie eingenommen werden sollte, ist die gesellschaftliche (soziale) Sichtweise. Diese Perspektive sehen auch alle bislang international publizierten Guidelines vor. Sie ist die umfassendste und berücksichtigt alle Kosten- und Nutzenkomponenten, ganz gleich wer sie trägt oder wem sie zugute kommen.[84] So wird der gesamte, aus gesamtwirtschaftlicher Sicht relevante Ressourcenverzehr berücksichtigt, d. h. sowohl direkte als auch indirekte Kosten- und Nutzeneffekte. Auch die intangiblen Effekte spielen bei der gesellschaftlichen Perspektive eine Rolle. Eine zweite Perspektive, die in ökonomischen Evaluationen häufig gewählt wird, ist die der Kostenträger, d. h. in Deutschland der Krankenkassen. Für die Krankenkassen sind nicht mehr alle Kosten- und Nutzenkomponenten der gesellschaftlichen Sichtweise von Bedeutung, da hier bestimmte Budgetverantwortungen vorliegen. Für die Krankenkassen ist es in erster Linie relevant mit den ihnen zur Verfügung gestellten Mitteln wirtschaftlich zu agieren. Einsparungen, die außerhalb des eigenen Budgets liegen, sind für die Krankenkassen nicht entscheidungsrelevant und dürfen auch nicht entscheidungsrelevant sein, wenn sie die ihnen übertragenen Aufgaben erfüllen sollen. Ist ein Arbeitnehmer ceteris paribus durch eine neue Behandlungsform statt nach drei Wochen bereits nach zwei Wochen wieder arbeitsfähig, so ist dieser indirekte Nutzen der Maßnahme zwar volkswirtschaftlich und für den Arbeitgeber bedeutungsvoll, für die Krankenkassen aber nicht entscheidungsrelevant, da er für sie nicht budgetwirksam ist (keine Krankengeldzahlung). Diese Überlegungen zeigen deutlich ein zentrales Problem der optimalen Ressourcenallokation im deutschen Sozialversicherungssystem auf: die sektorale Untergliederung. Jeder Kostenträger optimiert sein eigenes Budget, ohne dass dadurch auch ein gesamtwirtschaftliches Optimum entsteht. Solange die sektorale Trennung der verschiedenen Zweige der Sozialversicherung bestehen bleibt, werden kaum Entscheidungen von den Verantwortlichen dieser Zweige getroffen werden, die das Gesamtsystem optimieren.

Bei der Durchführung von Wirtschaftlichkeitsanalysen werden meist Durchschnittskosten bzw. -nutzen (z. B. Kosten pro Operation, Lebensqualitätsgewinn pro Patient) einer *Marginal-* oder *Grenzbetrachtung* aus praktischen Erwägungen vorgezogen. Da aber beispielsweise bei Entscheidungen über den Aufbau von Kapazitäten im Gesundheitswesen solche Durchschnittswertberechnungen zu verzerrten Ergebnissen führen, ist die Betrachtung der Kosten und Nutzen einer zusätzlichen produzierten Einheit (z. B. der Behandlung eines weiteren Patienten) sinnvoller. Nur so können die finanziellen Effekte einer Maßnahme korrekt abgeschätzt werden, da Durchschnittskosten und -nutzen sowie Grenzkosten und -nutzen sich häufig nicht unerheblich unterscheiden.[85]

---

[83] Vgl. Andreae, C.-A. (1981), S. 10–11.
[84] Vgl. Alter, U., Klausing, M. (1974), S. 3362.
[85] Vgl. Greiner, W., Schöffski, O. (2000), S. 210–215.

Beim Vergleich zweier unterschiedlicher Behandlungsformen fallen die Kosten und der Nutzen in der Regel zu unterschiedlichen Zeitpunkten an. So gibt es viele medizinische Maßnahmen, die durch hohe sofortige Kosten gekennzeichnet sind. In den folgenden Jahren fallen dann nur geringe Kosten an. Bei anderen Behandlungen verteilen sich die Kosten relativ gleichmäßig über die Jahre. Auch die Verteilung des Nutzens kann in ähnlicher Weise auf einen bestimmten Zeitpunkt konzentriert sein (z. B. bei Schmerzmitteln) oder sich auf einen längeren Zeitraum verteilen (z. B. Transplantation einer Niere). Nun ist weder der Einzelne noch die Gesellschaft indifferent gegenüber dem Zeitpunkt, zu dem die Kosten und der Nutzen anfallen.[86] Für den Nutzen wird ein möglichst früher Zeitpunkt bevorzugt, beispielsweise möchte man über einen zugesagten Geldbetrag schnell verfügen oder eine gute Lebensqualität noch heute realisieren. Die Kosten werden dagegen möglichst weit in die Zukunft verlagert.[87] Bei der Analyse muss deshalb eine positive Zeitpräferenzrate berücksichtigt werden, durch die eine *Diskontierung* auf den heutigen Zeitpunkt erreicht wird. Die theoretische Bestimmung des Diskontierungssatzes erscheint schwierig, obwohl einige wissenschaftliche Abhandlungen zum Thema existieren. In der Praxis scheint sich ein Diskontierungssatz von etwa 5 % durchzusetzen, und es gibt kaum schlüssige Gründe, diese Höhe nicht zu akzeptieren. Im Rahmen von Sensitivitätsanalysen können dann auch höhere und niedrigere Diskontierungssätze verwendet werden.[88]

Die meisten Daten, die in eine ökonomische Evaluationsstudie einfließen, müssen als unsicher gelten. Die Wirklichkeit ist zu komplex, als dass sie in einer einfachen Studie exakt abgebildet werden könnte. Auch mit einem noch so großen finanziellen Budget der Studie können Annahmen nicht gänzlich vermieden werden. Ab einem bestimmten Punkt ist man bei jeder Studie auf plausible Annahmen angewiesen. Diese hinterlassen beim kritischen Leser der Studie oft Zweifel an der Richtigkeit, es könnte sein, dass das Ergebnis der Studie durch diese nicht verifizierbaren Daten schöngerechnet wird. Ein Instrument zur Offenlegung des Einflusses unsicherer Annahmen auf das Endergebnis der Studie stellen die *Sensitivitätsanalysen* dar. Hierbei werden durch eine Variation der Annahmen alternative Gesamtergebnisse ermittelt.

6.5
Die Berücksichtigung von Lebensqualitätseffekten

Der Nutzen einer Behandlung kann sich auch in einer höheren Lebensqualität des Patienten niederschlagen, diese sollte daher bei ökonomischen Analysen berücksichtigt werden. Da sich Lebensqualitätseffekte im Gegensatz zu den weiter oben genannten Nutzenkomponenten einer einfachen Quantifizierung entziehen, bezeichnet man Lebensqualitätsänderungen häufig auch als intangible Effekte einer

---

[86] Vgl. Drummond, M. F., Teeling Smith, G., Wells, N. (1989), S. 34.
[87] Vgl. Schöffski, O. (1995), S. 92.
[88] Vgl. Hannoveraner Konsensgruppe (2000), S. 55.

medizinischen Maßnahme. In den vergangenen Jahren ist das Interesse an der Messung der Lebensqualität von Patienten stark gestiegen. Die Erforschung der Lebensqualität ist durch einen hohen Grad an Interdisziplinarität geprägt. Nicht nur Mediziner und Ökonomen, sondern auch Sozialwissenschaftler, Statistiker, Psychologen und Epidemiologen beschäftigen sich mit dem Thema.

Für diese Entwicklung sind eine Reihe von Gründen zu nennen. Ausschlaggebend mag vor allem sein, dass bei einer steigenden Lebenserwartung die Zahl der chronisch erkrankten Menschen ständig zunimmt. Medizinische Maßnahmen können hier jedoch weder die volle Arbeitsfähigkeit wiederherstellen noch die Mortalität spürbar beeinflussen. Die Krankheiten können mit Hilfe der medizinischen Interventionen zwar nicht vollständig geheilt werden, letztlich führen sie aber zu einer Verbesserung des Wohlbefindens des Patienten. Um dieses Ergebnis ärztlichen Handelns messbar zu machen, müssen Outcomeparameter wie die Lebensqualität neben die der traditionellen Ergebnismessung treten.

Soll die Lebensqualität als Outcomeparameter in gesundheitsökonomischen Studien dienen, muss sichergestellt sein, dass die Lebensqualität gemessen und bewertet werden kann und die ermittelten Werte miteinander verglichen werden können. Zur Erfassung der Lebensqualität und ihrer Komponenten existieren verschiedene standardisierte und psychometrisch geprüfte Fragebögen, die bereits bei verschiedenen Evaluationsstudien eingesetzt wurden. Lebensqualitätsfragebögen können gemäß folgender Kriterien klassifiziert werden:[89]

- Nach dem Grad der Aggregation der Ergebnisdaten werden Profil- und Indexinstrumente unterschieden
- Nach dem Krankheitsbezug unterscheidet man krankheitsspezifische und generische Lebensqualitätsmessinstrumente
- Nach der Angabe von Abständen zwischen zwei Lebensqualitätsstufen unterscheidet man Fragebögen mit ordinaler und kardinaler Skalierung

6.6
Die Integration von Lebensqualitätseffekten in gesundheitsökonomische Studien: Das QALY-Konzept

Die reine Nennung und gegebenenfalls auch Quantifizierung von Lebensqualitätseffekten einer medizinischen Leistung neben eher ökonomischen Daten kann aus theoretischer Sicht nicht befriedigen. Als ein Hauptzielkriterium muss die Lebensqualität in die ökonomische Studie integriert werden. Das Entscheidungsproblem wird dadurch aber sehr komplex, eine rationale Entscheidung kann kaum getroffen werden. Eine Entscheidungsfindung läuft immer darauf hinaus, dass man versucht, ein Entscheidungsproblem soweit zu vereinfachen, dass es sich auf den direkten Vergleich der unterschiedlichen Ausprägung einer Variablen bei Konstanz aller

---

[89] Vgl. Hoffmann, C., Schöffski, O. (2000), S. 254–259.

anderen Variablen reduziert. Und darum geht es im Prinzip beim hier vorgestellten Konzept: Es wird eine weitreichende Komplexitätsreduktion eines Entscheidungsproblems vorgenommen.

Die Komplexitätsreduktion des Entscheidungsproblems erfolgt in gesundheitsökonomischen Evaluationsstudien mit Hilfe des Konzepts der *qualitätskorrigierten Lebensjahre (quality-adjusted life-years, QALYs)*. Es wird davon ausgegangen, dass sich menschliches Leben anhand der beiden Dimensionen Restlebenserwartung (quantitative Komponente) und Lebensqualität (qualitative Komponente) darstellen lässt. Die Restlebenserwartung reicht vom Beobachtungszeitpunkt bis zum Tod des Individuums, die Lebensqualität sei durch die beiden Werte 1 (= vollständige Gesundheit, keinerlei Einschränkungen der Lebensqualität) und 0 (= Tod) normiert. Beim QALY-Konzept werden die beiden Dimensionen Lebensqualität und Lebenserwartung zu einem neuen Aggregat zusammengefasst, es handelt sich demzufolge um ein eindimensionales Outcome-Maß. Dieses ist insbesondere deshalb von Bedeutung, als dadurch später sehr weitreichende Vergleiche möglich sind (z. B. Implantation eines Herzschrittmachers vs. Nichtraucherkampagne vs. Anschaffung eines Rettungshubschraubers).[90]

Es sei einmal angenommen, dass sich die Lebensqualität des Individuums zu jedem Zeitpunkt ermitteln und auf Werte zwischen 0 und 1 normieren lässt. Diese wird auf einer Ordinate abgetragen, die Zeitachse entspricht der Abszisse. Das Leben eines Individuums kann demzufolge durch die Fläche unterhalb der so entstandenen Kurve beschrieben werden. Stehen nun zwei alternative medizinische Leistungen zur Auswahl, ergibt sich die Vorteilhaftigkeit bezüglich des Behandlungsergebnisses aus der Differenz der Größe der Lebensqualitäts- / Lebensdauerflächen beider Maßnahmen. Die Maßeinheit, in der diese Messung vorgenommen wird, ist das QALY. Ein QALY entspricht dabei einem Jahr mit einer uneingeschränkten Lebensqualität oder auch zwei Jahren mit einer Lebensqualität von 0,5 oder 10 Jahren mit einem Lebensqualität von 0,1. Das QALY ergibt sich demzufolge aus der multiplikativen Verknüpfung der beiden Dimensionen Lebensqualität und Lebenserwartung. Ein graphisches Beispiel (s. Abb. 6.3) soll diesen Sachverhalt verdeutlichen.

Es sei einmal angenommen, dass ein Patient mit einer eingeschränkten Lebensqualität beim Arzt erscheint. Beispielsweise könnte es sich um eine niereninsuffiziente, dialysepflichtige Person handeln. Aus Erfahrungswerten ist bekannt, wie sich die Lebensqualität und die Lebenserwartung dieses Patienten in den nächsten Jahren darstellt (hier dargestellt durch die Kurve „ohne Behandlung"). Der Patient hat anstelle der Dialyse aber auch die Alternative der Nierentransplantation. Direkt nach der Transplantation ist die Lebensqualität des Patienten erst einmal geringer als bei fortgesetzter Dialyse (z. B. wegen der Notwendigkeit von intensivmedizinischen Maßnahmen). Dieses wird der Patient nur in der Hoffnung auf eine später wesentlich verbesserte Lebensqualität und / oder längere Lebenserwartung auf sich nehmen. An dieser Stelle muss ermittelt werden, ob das Feld mit den gewonnenen QALYs größer ist als mit den verlorenen QALYs. Solch ein Fall, bei dem das Nettoergebnis positiv ist, ist in der Abbildung wiedergegeben.

---

[90] Vgl. Wasem, J. (1997), S. 14.

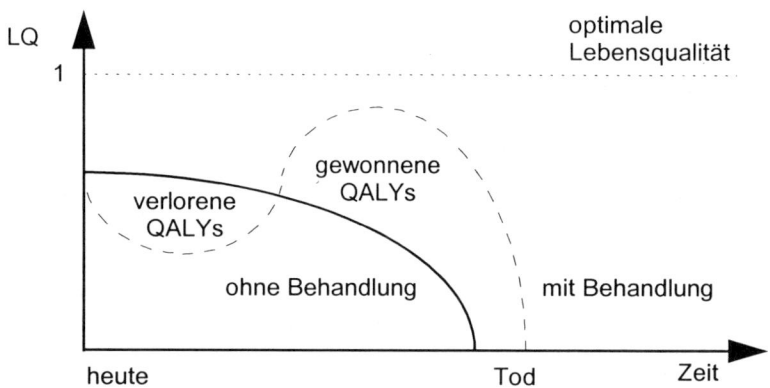

Abb. 6.3. Ermittlung der QALYs[91]

Obwohl in dem Beispiel zur besseren Anschauung angenommen wurde, dass es sich um einen Patienten handelt, muss an dieser Stelle betont werden, dass das QALY-Konzept nicht dazu geeignet ist über die Behandlung einzelner Personen zu entscheiden, sondern dass es „nur" um Allokationsentscheidungen geht, d. h. die Zuteilung von knappen Mitteln innerhalb des Gesundheitswesens. Die abgebildeten Kurven können als Durchschnittswerte einer Vielzahl von Patienten mit gleicher Krankheit interpretiert werden, sie sind sicherlich nicht auf der Ebene zwischen Arzt und Patient einzusetzen. Da sie Durchschnittswerte repräsentieren, kann der Lebensqualitätsverlauf eines einzelnen Falls durchaus anders aussehen.

Hat man nun die Anzahl der gewonnenen QALYs durch die Anwendung einer bestimmten medizinischen Maßnahme ermittelt, können diese den zusätzlichen Kosten der Maßnahme gegenübergestellt werden. Durch eine einfache Division der Zusatzkosten durch die Anzahl der gewonnenen QALYs erhält man den Geldbetrag, der nötig ist, um ein zusätzliches QALY zu erhalten. Durch das ganze Verfahren wurde erreicht, dass man jeglicher medizinischen Maßnahme eine einzige Kenngröße zuordnen kann, nämlich genau den Betrag, der notwendig ist, um ein QALY zu gewinnen. Man hat demzufolge einen einheitlichen Nenner, der es erlaubt, Vergleiche über das gesamte Gesundheitssystem anzustellen. So können die Auswirkungen von neu entwickelten Arzneimitteln, verhaltensmedizinischen Maßnahmen, neuen Operationstechniken, diagnostischen Maßnahmen, Qualitätssicherungsmaßnahmen etc. miteinander vergleichbar gemacht werden.

Ein besonderer Vorteil dieser Vorgehensweise besteht darin, dass dadurch Allokationsentscheidungen möglich werden, ohne dass man einem Lebensjahr oder dem menschlichen Leben an sich einen Wert zuweist. Es wird nicht festgelegt, dass ein qualitätskorrigiertes Lebensjahr x DM wert ist, und dass alle Maßnahmen, die ein zusätzliches QALY für weniger erreichen, durchgeführt werden und alle anderen nicht. Stattdessen wird ermittelt, dass ein bestimmtes Ergebnis (1 QALY) in einem Fall mit einem geringeren und in einem anderen Fall mit einem höheren Ressourceneinsatz erreicht werden kann. Es bleibt weiterhin eine politische Ent-

---

[91] Vgl. Schöffski, O. (2000), S. 373.

scheidung, wie viel Geld im Gesundheitswesen eingesetzt werden soll und wie viel Gesundheit man sich damit leisten will.

Die Ergebnisse von Kosten-Nutzwert-Analysen, die auf dem QALY-Konzept beruhen, können in einem nächsten Schritt zu einer Liste zusammengefasst werden. Man spricht dann von einer League-Table (auch Rangliste oder „Hit-Liste").[92] Diese Liste ist so geordnet, dass die Maßnahmen, bei denen ein QALY relativ preiswert erzeugt werden kann, oben stehen, Maßnahmen mit einem eher schlechten Nutzwertergebnis stehen weiter unten.[93] Diese Liste kann dann als Entscheidungshilfe zur Optimierung der Allokation dienen. Steht man vor dem Problem, entscheiden zu müssen, wo im Gesundheitswesen eine zusätzliche Geldeinheit eingesetzt werden soll, wäre es ökonomisch rational, diese dort einzusetzen, wo man ein zusätzliches QALY relativ preiswert erhält. Da die League-Table aber nur als Entscheidungshilfe konzipiert ist, kann man sich bei der Allokationsentscheidung natürlich auch für schlechter bewertete Maßnahmen entscheiden. Die League-Table gibt dann Auskunft darüber, auf was man verzichtet, wenn man diese zusätzliche Geldeinheit nicht der effizientesten Verwendung zuführt.

Das Konzept der qualitätskorrigierten Lebensjahre ist in sich geschlossen und leicht nachvollziehbar. Trotzdem sind in ihm eine Reihe von impliziten Annahmen enthalten, die die praktische Anwendbarkeit zumindest erschweren. Ein generelles Problem der League-Tables und des dahinter stehenden QALY-Konzepts besteht erstens darin, dass sie durch ihre hohe Aggregation dem Entscheidungsträger vorspiegeln, dass es sich bei der Allokation von knappen Mitteln um eine schnelle und leichte Entscheidung handelt. Der Entscheidungsträger wird kaum noch über die Schwierigkeiten und die Komplexität des Problems nachdenken und daher die Tragweite seiner Entscheidung unterschätzen, wenn er nur noch zwei Kennzahlen miteinander vergleichen muss. Kann denn menschliches Leben überhaupt in Wirtschaftlichkeitsuntersuchungen integriert werden oder stellt es nicht einen absoluten Wert dar? Ist denn ein inter- oder intrapersoneller Nutzenvergleich, wie er hier vorausgesetzt wird, überhaupt möglich? Ist es denn tatsächlich der Fall, dass ein Lebensqualitätsgewinn von 0,25 für die Dauer von vier Jahren exakt dasselbe bedeutet wie ein Lebensqualitätsgewinn von 0,1 für 10 Jahre oder wie ein Lebensjahr mit einer optimalen Lebensqualität.[94] Besteht ein linearer Zusammenhang zwischen Quantität und Qualität eines Lebens, d. h. sind Individuen tatsächlich indifferent zwischen diesen beiden Dimensionen?[95] Diese und ähnliche Fragen muss jeder Entscheidungsträger erst einmal für sich beantworten, bevor er die League-Tables zur Entscheidungsfindung heranzieht.

Trotzdem stellt dieses Konzept zumindest theoretisch eine gute Möglichkeit dar, die Ressourcenallokation im Gesundheitswesen auf eine objektivere Basis zu stellen. Es ist nicht unwahrscheinlich, dass bei einer konsequenten Allokation nach Nutzwerten mehr QALYs und damit mehr Gesundheit „eingekauft" werden könnte. Sicherlich gibt es noch eine Reihe von Fragen zu klären. Aber auch schon heute ist eine Entscheidung, die auf den nachvollziehbaren Annahmen des QALY-Konzepts beruht, bei allen kritisierbaren implizit enthaltenen Annahmen besser als

---

[92] Vgl. Jefferson, T., Mugford, M., Demicheli, V. (1994).
[93] Vgl. Maynard, A. (1991), S. 1284.
[94] Vgl. Schöffski, O., Rose, K. (1994), S. 33.
[95] Vgl. Schwartz, F. W., Dörning, H. (1992), S. 188.

eine Entscheidung, bei der der Entscheidungsträger nicht nachvollziehbar handelt, wie es heutzutage im Gesundheitswesen noch der Normalfall ist.

7 Konzertierte Aktion im Gesundheitswesen

Antje Freytag[96]

7.1
Entstehung und Aufgaben der KAiG

Die Konzertierte Aktion im Gesundheitswesen (KAiG) ist ein auf Bundesebene eingerichteter Bestandteil der Globalsteuerung in der gesetzlichen Krankenversicherung. Sie wurde als ein Instrument der korporativen Ausgabensteuerung mit dem Gesetz zur Dämpfung der Ausgabenentwicklung und zur Strukturverbesserung in der gesetzlichen Krankenversicherung (KVKG) vom 27. Juni 1977 unter dem Bundesminister für Arbeit und Sozialordnung Herbert Ehrenberg (SPD) ins Leben gerufen.

Die KAiG verdankt ihren Namen der Konzertierten Aktion, die bereits in den 60er Jahren in Verbindung mit dem Stabilitäts- und Wachstumsgesetz (1967) und dem Sachverständigenrat zur Begutachtung der gesamtwirtschaftlichen Entwicklung („Die fünf Wirtschaftsweisen", 1963) unter dem Bundesminister für Finanzen und Wirtschaft („Superminister") Karl Schiller (SPD) begründet wurde. Der Begriff „Konzertierte Aktion" steht dabei für das abgestimmte Verhalten der Gebietskörperschaften, der Gewerkschaften und Unternehmensverbände auf der Grundlage von Orientierungsdaten der Bundesregierung. In den 70er Jahren herrschte in Wirtschafts- und Sozialpolitik noch immer das Vertrauen in die Kräfte der Globalsteuerung zur Lenkung und Stabilisierung der Volkswirtschaft vor.

Auch im Gesundheitswesen sollte die Einrichtung einer Konzertierten Aktion für abgestimmte Verhaltensweisen sorgen und zur Umsetzung globaler Empfehlungen beitragen. In der Gesundheitspolitik stellen die späten 70er Jahre den Beginn der Zeit der Kostendämpfungspolitik und der einnahmenorientierten Ausgabenpolitik dar. Einer direkten staatlichen Budgetierung wurde die konsensuale Ausgabensteuerung durch die an der Gesundheitsversorgung beteiligten Korporationen vorgezogen.

Die KAiG besteht aus ca. 80 Mitgliedern, die sich auf ca. 30 Organisationen im Gesundheitswesen verteilen. Darunter befinden sich auch die Verbände der pharmazeutischen Industrie ebenso wie ein Apothekenverband. Die Zahl der Mitglieder ist im Laufe der Jahre angewachsen. Tabelle 7.1 zeigt den seit dem Jahre 1995 geltenden Stand, in dem sich die KAiG eine Geschäftsordnung gab:[97]

---

[96] Dipl.-Volkswirtin Antje Freytag war wissenschaftliche Mitarbeiterin und stellvertretende Referatsleiterin in der Geschäftsstelle des Sachverständigenrat für die Konzertierte Aktion im Gesundheitswesen von 1997 bis 2001.

[97] Vgl. auch § 141 Abs. 3 SGB V.

Tabelle 7.1. Die Mitglieder der Konzertierten Aktion im Gesundheitswesen (Stand: 2001)[98]

Organisation	Anzahl der Mitglieder
Gesetzliche Krankenversicherung:	
• *Bundesverband der Allgemeinen Ortskrankenkassen (AOK-BV)*	3
• *Bundesverband der Betriebskrankenkassen (BKK-BV)*	2
• *Bundesverband der Innungskrankenkassen (IKK-BV)*	2
• *Bundesverband der Landwirtschaftlichen Krankenkassen*	2
• *Bundesknappschaft*	2
• *Verband der Angestellten Krankenkassen e. V. (VdAK) und Verband der Arbeiter-Ersatzkassen (AEK)*	3
Private Krankenversicherungen:	
• *Verband der privaten Krankenversicherung e. V.*	2
Ärzte und Zahnärzte:	
• *Kassenärztliche Bundesvereinigung (KBV)*	3
• *Kassenzahnärztliche Bundesvereinigung (KZBV)*	2
• *Bundesärztekammer (BÄK)*	5
• Bundeszahnärztekammer (BZÄK)	1
Krankenhäuser:	
• Deutsche Krankenhausgesellschaft (DKG)	3
Apotheker:	
• *Bundesvereinigung Deutscher Apothekerverbände (ABDA)*	3
Pharmazeutische Industrie:	
• *Bundesverband der pharmazeutischen Industrie (BPI)*	1
• *Verband forschender Arzneimittelhersteller (VFA)*	1
• Bundesfachverband der Arzneimittelhersteller	1
Verbände weiterer Leistungserbringer im Gesundheitswesen:	
• Verband der Freien Wohlfahrtspflege	1
• Verbände der Gesundheitshandwerker	1
• Verbände der Heilmittelerbringer	1
• Verbände der Kur- und Bäderwesen	1
• Verbände der Pflegeberufe	1
Betroffenenverbände:	
• Behindertenverbände	1
• Verbraucherverbände	1
Gewerkschaften und Arbeitgeberverbände (Sozialpartner):	
• *Deutscher Gewerkschaftsbund (DGB)*	4
• *Deutsche Angestellten Gewerkschaft (DAG)*	1
• Deutscher Beamtenbund (DB)	1
• *Bundesvereinigung der Deutschen Arbeitgeberverbände (BDA)*	6
Kommunalverbände:	
• Deutscher Städtetag	1
• Deutscher Landkreistag	1
• Städte- und Gemeindebund	1
Bundesländer:	
• Gesundheitsminister der Länder	16
• *Gesundheitsministerkonferenz (kein Stimmrecht)*	1

---

[98] Die kursiv gedruckten Organisationen schicken je ein Mitglied in den Vorbereitenden Ausschuss zur KAiG. Im Falle der Kommunalverbände schickt die Bundesvereinigung der kommunalen Spitzenverbände ein Mitglied.

• *Arbeits- und Sozialministerkonferenz (kein Stimmrecht)*	1

Bund (kein Stimmrecht):
• *Bundesministerium für Gesundheit*
• *Bundesministerium für Arbeit und Soziales*
• *Bundesministerium für Familie, Senioren, Frauen und Jugend*
• *Bundesministerium für Wirtschaft und Technologie*
• Bundeskanzleramt

Sachverständigenrat für die Konzertierte Aktion im Gesundheitswesen (kein Stimmrecht)	7
Gesamtzahl der Mitglieder (mit Stimmrecht)	74

Die Mitglieder werden vom Bundesminister für Gesundheit auf Vorschlag der vertretenen Organisationen persönlich berufen. Die Vorsitzenden der Gesundheitsministerkonferenz sowie der Arbeits- und Sozialministerkonferenz der Länder nehmen ohne Abstimmungsrecht teil. Die Vertreter der Bundesregierung beteiligen sich ebenfalls nicht an den Abstimmungen. Schließlich können die Mitglieder des Sachverständigenrates für die Konzertierte Aktion im Gesundheitswesen an den Sitzungen teilnehmen.

Die KAiG hat in ihrem ersten Jahrzehnt in der Regel zweimal jährlich unter dem Vorsitz des Bundesministers für Arbeit und Sozialordnung[99] getagt, seit dem Jahre 1991 unter dem Vorsitz des Bundesgesundheitsministers.[100] Im Jahre 1995 wurde die KAiG unter Bundesgesundheitsminister Horst Seehofer (CSU) letztmals komplett einberufen. Insgesamt hat sie damit 31 Male stattgefunden. Im Jahre 1997 tagte ausschließlich der Vorbereitende Ausschuss zur KAiG.

Die der Konzertierten Aktion im Gesundheitswesen zugedachte Funktion ergibt sich aus § 141 Abs. 1 und 2 SGB V:[101]

„(1) Die an der gesundheitlichen Versorgung der Bevölkerung Beteiligten entwickeln gemeinsam mit dem Ziel einer bedarfsgerechten Versorgung der Versicherten und einer ausgewogenen Verteilung der Belastungen
1. medizinische und wirtschaftliche Orientierungsdaten
2. Vorschläge zur Erhöhung der Leistungsfähigkeit, Wirksamkeit und Wirtschaftlichkeit
im Gesundheitswesen und stimmen diese miteinander ab (Konzertierte Aktion im Gesundheitswesen). Auf der Grundlage der medizinischen und wirtschaftlichen Orientierungsdaten sind die einzelnen Versorgungsbereiche nach der Vorrangigkeit ihrer Aufgaben, insbesondere hinsichtlich des Abbaus von Überversorgung und des Ausgleichs von Unterversorgung, zu bewerten und Möglichkeiten zum Ausschöpfen von Wirtschaftlichkeitsreserven aufzuzeigen.

---

[99] Unter Herbert Ehrenberg (SPD) bis April 1982, unter Heinz Westphal (SPD) von April bis Oktober 1982, unter Norbert Blüm (CDU) 1982 bis 1991.

[100] Im Jahre 1991 wurde das Gesundheitsministerium aus Teilen des BMA und BMJFFG (Bundesministerium für Jugend, Frauen, Familie und Senioren) ausgegliedert. In den Jahren 1961 bis 1969 hatte es bereits ein eigenständiges Ministerium für Gesundheit gegeben. Somit fanden die Sitzungen der Konzertierten Aktion im Jahre 1991 unter dem Vorsitz von Bundesgesundheitsministerin Gerda Hasselfeldt (CSU), in den Jahren 1992 bis 1995 unter Horst Seehofer (CSU) statt.

[101] Vormals § 405a RVO (Reichsversicherungsordnung).

*(2) Die Konzertierte Aktion gibt Empfehlungen zu den einzelnen Versorgungs-
bereichen ab, auch über die Veränderungen der Vergütungen. Die Empfehlungen
können für die Dauer eines Jahres oder für einen längeren Zeitraum abgegeben
werden. In den Empfehlungen sind die inhaltlichen Vorgaben so zu gestalten, dass
Beitragssatzerhöhungen ausgeschlossen werden, es sei denn, die notwendige medizinische Versorgung ist auch nach Ausschöpfung von Wirtschaftlichkeitsreserven ohne Beitragssatzsteigerungen nicht zu gewährleisten. Ausgabensteigerungen aufgrund von gesetzlich vorgeschriebenen Vorsorge- und Früherkennungsmaßnahmen verletzen nicht den Grundsatz der Beitragssatzstabilität. Die Beteiligten berichten über die durchgeführten Maßnahmen und erzielten Ergebnisse. "*

Die Kernaufgabe der KAiG bestand in erster Linie darin, Empfehlungen zur
Ausgabenentwicklung in den einzelnen Versorgungsbereichen abzugeben. Diese
Empfehlungen beinhalteten eine an der Einkommensentwicklung der Versicherten
angelehnte Festlegung von Veränderungsraten für die Leistungsausgaben der
GKV (einnahmenorientierte Ausgabenpolitik), insbesondere für die ambulante
ärztliche und zahnärztliche Versorgung sowie für die Arzneimittelversorgung. Der
Krankenhaussektor wurde im Jahre 1982 in die Ausgabensteuerung durch die
KAiG einbezogen. Die Empfehlungen zur Ausgabenentwicklung waren Inhalt der
Frühjahrssitzungen. Die Herbstsitzungen sollten der Diskussion struktureller
Themen dienen. Einen Überblick über die einzelnen Sitzungen der KAiG seit
1983 und deren Ergebnisse zeigt die folgende Tabelle 7.2.

Tabelle 7.2. Sitzungen der KAiG seit 1983 [102]

Zeitraum	Versorgungsbereich / Thema	Ergebnis
Frühjahr 1983	Ärztliche Versorgung (Gesamtvergütung)	Empfehlung
	Zahnärztliche Versorgung (Gesamtvergütung; Wirt-	
	schaftlichkeit der Versorgung)	Empfehlung
	Arzneimittel (Höchstbeträge)	Empfehlung
	Krankenhauswesen	Empfehlung
	Heil- und Hilfsmittel (Höchstbeträge für Heilmittel;	
	Wirtschaftlichkeit der Versorgung)	Empfehlung
Herbst 1983	Erarbeitung medizinischer Orientierungsdaten	Empfehlung
	Ärztliche Versorgung (Weiterentwicklung der Be-	
	darfsplanungsgrundlagen)	Empfehlung
	Arzneimittel (Verordnungsverhalten der Ärzte,	
	Preisgestaltung, mögliche Maßnahmen der Kran-	
	kenkassen)	Empfehlung
	Transparenzvorhaben in der GKV	Empfehlung

---

[102] Quelle: Eigene Zusammenstellung auf der Basis von Henke, K.-D. (1988), S.139–140,
Adam, H., Henke, K.-D. (1994), S. 848.

Frühjahr 1984	Krankenhauswesen	Empfehlung
	Arzneimittel (Verordnungsverhalten der Ärzte)	Empfehlung
	Zahnärztliche Versorgung (Zahnersatz und Zahnpro-	
	phylaxe)	Empfehlung
	Heil- und Hilfsmittel (Höchstbeträge für Heilmittel)	Empfehlung
Herbst 1984	Arzneimittel (unabhängige Beratung der Kassen-	
	ärzte, Erweiterung der Preisvergleichsliste)	Empfehlung
	Zahnärztliche Versorgung (neue Leistungsbewert-	
	ung, Einführung flächendeckender Prophylaxe)	Empfehlung
	Ärztliche Versorgung (Vergütungsregeln beim Ein-	
	satz von Großgeräten)	Empfehlung
	Konzept für die Weiterentwicklung der Gesundheits-	
	politik	Empfehlung
Frühjahr 1985	Zahnärztliche Versorgung	Empfehlung
	Arzneimittel	Empfehlung
	Heil- und Hilfsmittel	Empfehlung
Herbst 1985	Sachverständigenrat für die KAiG	Entschließung
	Krankenhauswesen (Abbau und Umstrukturierung	
	von Krankenhausbetten)	Entschließung
	Gesundheitspolitisches Gesamtkonzept	Grundsätze
Frühjahr 1986	Ärztliche Versorgung (Gesamtvergütung)	Empfehlung
	Zahnärztliche Versorgung (Gesamtvergütung)	Empfehlung
	Krankenhauswesen (Untersuchung der steigenden	
	Einweisungszahlen; Ausschöpfung der Möglichkei-	
	ten der ambulanten Versorgung)	Empfehlung
	Arzneimittel (Höchstbetrag)	Empfehlung
	Heil- und Hilfsmittel	Empfehlung
Herbst 1986	Heil- und Hilfsmittel	Empfehlung
	Krankenhauswesen	Empfehlung
Frühjahr 1987	Arzneimittel	Empfehlung
	Heil- und Hilfsmittel	Empfehlung
	Sachverständigenrat für die KAiG (Verlängerung	
	des Auftrages)	Entschließung
Frühjahr 1988	Arzneimittel	Empfehlung
	Heil- und Hilfsmittel	Empfehlung
	Krankenhauswesen	Empfehlung
Frühjahr 1989	Ärztliche Versorgung (Gesamtvergütung)	Empfehlung
	Zahnärztliche Versorgung (Gesamtvergütung)	Empfehlung
	Arzneimittel	Empfehlung
	Heil- und Hilfsmittel	Empfehlung
	Krankenhauswesen	Empfehlung
	Qualitätssicherung	Aufford. zur
		Durchführung
Herbst 1989	Pflegerische Versorgung (Deckung des zusätzlichen	
	Bedarfs an Pflegekräften)	Empfehlung
Herbst 1990	Gesundheitspolitische Aufgaben im vereinten	
	Deutschland	Erklärung
	Ambulante Gesundheitseinrichtungen (neue Bun-	
	desländer)	Empfehlung
	Krankenhauswesen (neue Bundesländer)	Erklärung
	Pflegerische Versorgung	Erklärung

Frühjahr 1991	Finanzielle Entwicklung in der GKV	Entschließung
	Situation der Pflegeberufe	Entschließung
Herbst 1991	Krankenhauswesen (alte, neue Bundesländer)	Empfehlung
	Heil- und Hilfsmittel	
Frühjahr 1992		Ergebnispro-tokoll
Frühjahr 1993		Ergebnispro-tokoll
Herbst 1993	Notfallrettung, Krankentransport	Empfehlung
Herbst 1995	Ärztliche Versorgung (Gesamtvergütung)	Empfehlung
	Zahnärztliche Versorgung	Empfehlung
	Entwicklung GKV-Ausgaben	Empfehlung
	Heil- und Hilfsmittel	Empfehlung
	Kuren	Empfehlung
	Rettungsdienst	Empfehlung

7.2
Neuere Entwicklungen zur Konzertierten Aktion im Gesundheitswesen

Die letzte Sitzung der gesamten KAiG fand 1995 anlässlich der Übergabe des Gutachtens durch den Sachverständigenrat für die Konzertierte Aktion im Gesundheitswesen (s. Abschnitt 7.3) – in dem Jahre nicht wie sonst üblich an den Bundesgesundheitsminister, sondern an den Bundespräsidenten – statt. Die letzte Sitzung des Vorbereitenden Ausschusses der KAiG im Jahre 1997 wurde ebenfalls nach der Übergabe des Ratsgutachtens 1997 abgehalten. Die Beratung des Gutachtens durch den Vorbereitenden Ausschuss zur KAiG bestand im Wesentlichen darin, dass die Mitgliedsverbände ihre offizielle Stellungnahme zum Gutachten verlesen haben. Eine größere Öffentlichkeit gab es nicht und war wegen der im Herbst 1998 bevorstehenden Bundestagswahlen regierungspolitisch auch nicht gewollt.[103]

Bundesgesundheitsminister Seehofer stellte die KAiG stärker in den Hintergrund als seine Vorgänger. Zum einen ergibt sich diese Tatsache naturgemäß aus der Einführung der staatlich gelenkten Budgetierung im vertragsärztlichen Sektor im Jahre 1996. Zum anderen pflegte Seehofer einen Konsensfindungsstil, bei dem er eine Folge von bilateralen Gesprächen gegenüber einer Diskussionsplattform mit allen Beteiligten aus pragmatischen Gründen vorzog. Seine Erwartung war, dass die Sitzungen der KAiG nur die Wiederholung längst vorgetragener Argumente ohne die Bereitschaft zum Kompromiss erbracht hätte.[104]

---

[103] Laut Protokoll der Sitzung des Vorbereitenden Ausschusses im Jahre 1997 wurde eine Sondersitzung der KAiG zur Erörterung des Ratsgutachtens von keinem der Mitglieder des Vorbereitenden Ausschusses befürwortet. Es wurde befürchtet, dass angesichts des anstehenden Wahlkampfes eine sachorientierte Diskussion kaum möglich wäre.

[104] Vgl. Kopmann, U. (1997), S. 3.

In den Jahren 1998 bis 2000 unter Bundesgesundheitsministerin Andrea Fischer (Bündnis 90 / Die Grünen) wurde es sehr still um die KAiG. Eine Abschaffung der KAiG war zwar nicht Gegenstand der öffentlichen, so aber doch der regierungsinternen Diskussion.

Die aktuell im Amt befindliche Bundesgesundheitsministerin Ulla Schmidt (SPD) gründete im April 2001 den sogenannten „Runden Tisch", den sie öffentlich auch als „kleine Konzertierte Aktion" bezeichnete. Das Ziel des „Runden Tisches" soll darin bestehen, die mittel- bis langfristigen Probleme im Gesundheitswesen (außerhalb von Gesetzgebungsverfahren) im Dialog mit den wichtigsten Beteiligten zu erörtern und Lösungen im Konsens zu erarbeiten.

Der „Runde Tisch" setzt sich aus Delegierten folgender Gruppen aus dem Gesundheitswesen zusammen, von denen angenommen wird, dass sie zu möglichst allen Themen des „Runden Tisches" etwas beitragen können (siehe Tabelle 7.3).

Der „Runde Tisch" soll etwa alle drei Monate tagen. Die erste Sitzung fand am 7. Mai 2001 statt. Der „Runde Tisch" soll Themen mit entsprechenden Leitfragen erarbeiten und beschließen. Die vom „Runden Tisch" zu bildenden und zu besetzenden Arbeitsgruppen entwickeln hierzu Thesen und geben diese zur abschließenden Erörterung und Billigung an den „Runden Tisch". Derzeit bestehen sechs Arbeitsgruppen mit den Themen:

- Arbeitsgruppe I: Arzneimittel
- Arbeitsgruppe II: Krankenhäuser
- Arbeitsgruppe III: Integrierte Versorgung
- Arbeitsgruppe IV: Qualität, Evidenzbasierte Medizin (EBM)
- Arbeitsgruppe V: Prävention und Rehabilitation
- Arbeitsgruppe VI: Ambulante Versorgung

In allen Arbeitsgruppen soll ein Schwerpunkt auf die Stärkung von Patientenrechten gelegt werden. Die Frage der Finanzierung der gesetzlichen Krankenversicherung soll dagegen vorerst nicht, sondern erst später besprochen werden.

Im Vergleich zur KAiG fallen die überschaubarere Größe des „Runden Tisches" sowie die Einrichtung von Arbeitsgruppen als neue Arbeitsform auf. Die inhaltliche Konzeption des „Runden Tisches" sieht offenbar ein Aufgreifen struktureller Themen vor. In diesem inhaltlichen Aspekt soll der „Runde Tisch" die eine Hälfte des Auftrages der KAiG abdecken, die neben der Ausgabensteuerung ebenfalls zur Lösung struktureller Probleme des Gesundheitswesens beitragen sollte.

Tabelle 7.3. Die Mitglieder des „Runden Tisches" (Stand: August 2001)

Organisation	Anzahl der Mit- glieder
AOK-Bundesverband, BKK-Bundesverband, IKK-Bundesverband, Verband der Angestellten-Krankenkassen / Arbeiter-Ersatzkassen e. V. (je 1)	4
Kassenärztliche Bundesvereinigung und Bundesärztekammer (je 1)	2
Bundeszahnärztekammer	1
Deutsche Krankenhausgesellschaft	2
Bundesvereinigung Deutscher Apothekerverbände	1
Bundesverband der Pharmazeutischen Industrie e. V. und Verband forschender Arzneimittelhersteller e. V. (je 1)	2
Bundesverband Medizintechnologie e. V.	1
Deutscher Pflegerat und ver.di	2
Bundesarbeitsgemeinschaft der PatientInnenstellen und -initiativen und Deutscher Behindertenrat (je 1)	2
Deutscher Gewerkschaftsbund und Bundesvereinigung der Deut- schen Arbeitgeberverbände (je 1)	2
Gesundheitsministerkonferenz	1
Vorsitzender des Sachverständigenrates für die KAiG	1
Bundesministerium für Gesundheit	3
Gesamtzahl der Teilnehmer	24

7.3
Der Sachverständigenrat für die Konzertierte Aktion im Gesundheitswesen

Die neueren Entwicklungen zur KAiG spiegeln sich in gewisser Weise auch in ihrem wissenschaftlichen Gremium, dem Sachverständigenrat für die Konzertierte Aktion im Gesundheitswesen (SVR KAiG) wider. Der SVR KAiG wurde im November 1985 zur Unterstützung der KAiG hinsichtlich Datenlage und wissenschaftlichem Sachverstand begründet. Die zugehörige Rechtsgrundlage bestand seit der Gesundheitsreform des Jahres 1988 und lautete bis zum Inkrafttreten des GKV-Reformgesetzes 2000:

„Der BMG kann einen SVR berufen, der die KAiG bei der Erfüllung ihrer Aufgaben unterstützt."

Die Aufgaben des Rates fanden sich bis Ende 1999 nicht im Gesetz wieder, sondern waren in einem Errichtungserlass niedergelegt. Dort hieß es:

„Der Rat hat
1. die Entwicklung in der gesundheitlichen Versorgung mit ihren medizinischen und wirtschaftlichen Auswirkungen zu analysieren,

2. unter Berücksichtigung der finanziellen Rahmenbedingungen und vorhandenen Wirtschaftlichkeitsreserven Prioritäten für den Abbau von Versorgungsdefiziten und bestehenden Überversorgungen zu entwickeln,

3. Vorschläge für medizinische und ökonomische Orientierungsdaten vorzulegen sowie

4. Möglichkeiten der Weiterentwicklung des Gesundheitswesens aufzuzeigen."

Weiterhin regelte der Erlass, dass der Rat Jahresgutachten erstellen sollte, die jeweils bis zum 15. Dezember vorzuliegen hätten. Die Gutachten waren der KAiG zu übermitteln und wurden im Rahmen ihrer Sitzungen beraten.

Darüber hinaus gestattete der Erlass die (ersetzende oder ergänzende) Beauftragung des Rates durch das BMG mit Sondergutachten. Diese Möglichkeit nutzte Bundesgesundheitsminister Seehofer seit dem Jahre 1993. Die Gutachten der Jahre 1994 bis 1997 waren deshalb Sondergutachten. Diese Entwicklung gab Anlass zu der Feststellung, der Rat habe sich unter Seehofer von einem Rat der KAiG zu einem Rat des Bundesgesundheitsministers entwickelt.[105]

Im Jahre 1998 erteilte Minister Seehofer dem Rat einen weiteren Sonderauftrag zur Untersuchung des Risikostrukturausgleichs, der Organisation der Krankenkassen und Regionalisierung der Gesundheitsversorgung. Die Vertragsverlängerung der teilweise seit 1992, teilweise seit 1993 zum Rat gehörenden Mitglieder wurde an diesen speziellen Auftrag geknüpft. Mit Auflösung des Sonderauftrages konnte die neue Regierungskoalition (SPD und Bündnis 90 / Die Grünen), im Bundesgesundheitsministerium vertreten durch Andrea Fischer, somit eine Kündigung der Ratsmitglieder mit Wirkung zum 31. Dezember 1998 vornehmen. Zum April 1999 wurde der Rat mit drei der alten und vier neuen Ratsmitgliedern neu berufen. Mit dieser Neubesetzung wurde die erste der impliziten Regeln durchbrochen, die bis dahin für die Besetzung des Rates gegolten hatten:

1. Gleichgewicht zwischen Medizinern und Ökonomen,
2. je ein von Arbeitgeberverbänden und Gewerkschaften vorgeschlagener Wissenschaftler,
3. mindestens eine Frau,
4. Vertretung Ostdeutschlands,
5. „angemessene" Repräsentanz der CSU.[106]

Bundesgesundheitsministerin Andrea Fischer hat 1999 noch an der Praxis der Sondergutachten festgehalten und einen Auftrag erteilt, der sich dadurch von den anderen vorher gegangenen unterschied, als er inhaltlich spezieller formuliert war. In gewisser Weise mag der Auftrag als Rechtfertigung für die Berufung der neuen Ratsmitglieder gedient haben. Die entgegengesetzte Kausalität könnte dabei allerdings ebenso gelten: Der Auftrag war sozusagen zugeschnitten auf die seit 1999 im Rat vertretene fachliche Kompetenz seiner Mitglieder.

Mit dem GKV-Reformgesetz 2000 ist § 142 Abs. 2 SGB V neu geregelt worden und lautet seither:

---

[105] Vgl. u. a. Kopmann, U. (1997), S. 3.
[106] Wasem, J. (2000), S. 192.

„Das BMG beruft einen Sachverständigenrat, der die KAiG bei der Erfüllung ihrer Aufgaben unterstützt.

Der SVR hat zudem die Aufgabe, Gutachten zur Entwicklung der Versorgung in der GKV zu erstellen; er hat dabei im Hinblick auf eine bedarfsgerechte Versorgung Bereiche mit Über-, Unter- und Fehlversorgungen und Möglichkeiten zur Ausschöpfung von Wirtschaftlichkeitsreserven aufzuzeigen und zu bewerten. Das BMG kann den Gegenstand des Gutachtens näher bestimmen. Der SVR erstellt das Gutachten im Abstand von zwei Jahren und leitet es dem BMG jeweils zum 15. April, erstmals im Jahr 2001, zu. Das BMG legt das Gutachten den gesetzgebenden Körperschaften des Bundes unverzüglich vor und nimmt in angemessener Frist zu dem Gutachten Stellung."

Das BMG hat nunmehr die Pflicht, einen Sachverständigenrat zu berufen (bisher: fakultativ). Die sich aus Satz 2 zusätzlich ergebende Aufgabe ist im Zusammenhang mit der Diskussion der im Entwurf der GKV-Gesundheitsreform 2000 noch vorgesehenen (aber nicht Gesetz gewordenen) Globalbudgetierung auf Kassenebene zu sehen.[107] Auch wenn die Verbindung zwischen der KAiG und dem Sachverständigenrat weiterhin fortbesteht (Satz 1), rückt sie durch die eigenständige Aufgabe für die gesetzgebenden Körperschaften des Bundes doch in den Hintergrund.

Auf der Grundlage des seit dem 1. Januar 2000 geltenden gesetzlichen Auftrags hat der Rat im März 2001 zwei Bände seines Gutachtens 2000/2001 „Bedarfsgerechtigkeit und Wirtschaftlichkeit" an die Bundesgesundheitsministerin Ulla Schmidt (SPD) übergeben. Die Übergabe des dritten Bandes erfolgte im August des Jahres 2001. In den ersten zwei Bänden hat der Rat weitestgehend die Themenstellung aus dem Gutachtenauftrag von Bundesgesundheitsministerin Andrea Fischer aus dem Jahre 1999 aufgegriffen. Der dritte Band wurde auf der Basis einer im Frühjahr 2000 durchgeführten Befragung von ca. 300 Organisationen im Gesundheitswesen (Mitglieder der KAiG, Fachgesellschaften, Betroffenen-Organisationen) zur Über-, Unter- und Fehlversorgung im Gesundheitswesen (insbesondere zu sechs prioritären Indikationsbereichen) erstellt.[108]

7.4
Die Funktionsfähigkeit des korporativen Steuerungsinstruments der KAiG

Die Beurteilung der Funktionsfähigkeit der KAiG ist in zweierlei Hinsicht vorzunehmen. Zum einen und im engeren Sinne ist sie als Instrument der Ausgaben-

---

[107] Vgl. Orlowski, U. (2000), § 142 SGB V.

[108] Für weitere Informationen zum SVR KAiG, seinen aktuellen und ehemaligen Mitgliedern, der Ministeraufträge zur Erstellung von Sondergutachten etc. siehe http://www.svr-gesundheit.de.

steuerung in der gesetzlichen Krankenversicherung zu beurteilen, als das sie zur Zeit der Kostendämpfungspolitik im Gesundheitswesen ins Leben gerufen wurde. Zum anderen und im weiteren Sinne ist zu fragen, welche Rolle sie zur Vorbereitung und Durchsetzung struktureller Reformen gespielt hat und überhaupt zu spielen in der Lage ist.

Die Wirksamkeit der KAiG für die Ausgabensteuerung der GKV ist in zahlreichen Veröffentlichungen untersucht worden. Genannt seien beispielsweise der Erfahrungsbericht der Bundesregierung aus dem Jahre 1982[109] (gemäß Artikel 2 § 6 KVKG) sowie die Berichte des Bundesgesundheitsministeriums aus den Jahren 1992, 1995 und 1998[110] (gemäß § 141 Abs. 4 SGB V). Der Erfahrungsbericht der Bundesregierung bescheinigt der KAiG, dass bei einer ganzen Reihe von Empfehlungen eine Umsetzung erfolgte, so z. B. im Bereich der Heil- und Hilfsmittel und des Zahnersatzes. Die Stellungnahmen der Spitzenverbände der Krankenkassen, Kassenärzte und Kassenzahnärzte zu diesem Bericht unterstützten die tendenziell positive Einschätzung der KAiG durch die Bundesregierung.[111]

Hingegen beurteilt die Enquete-Kommission zur Strukturreform in der GKV in ihrem Endbericht aus dem Jahre 1990 das Wirken der KAiG wesentlich negativer. Eine Deckung der GKV-Ausgabenentwicklung mit der Einnahmenentwicklung habe die KAiG nicht erreicht; wesentliche zu verzeichnende Ausgabeneinschränkungen wären nicht Resultat von Beschlüssen der KAiG, sondern Folgen direkter gesetzlicher Regelungen gewesen.[112]

Ebenfalls zu einer negativen Einschätzung gelangt Michael Dalhoff, der den Mitgliedern der KAiG vorhält, sich als Vertragspartner beim Abschluss von Vergütungsverträgen in der Regel nicht an ihre Empfehlungen gehalten zu haben.[113] Eine negative Gesamteinschätzung kann nicht verwundern, hält man sich einerseits die allgemeinen Charaktereigenschaften der Empfehlungen der KAiG vor Augen und sieht man andererseits auf die höchst unterschiedlichen Steuerungsmechanismen, die Preise und Mengen innerhalb der einzelnen Versorgungsbereiche im Gesundheitswesen bestimmen, sowie auf den unterschiedlichen Einfluss der Mitgliedsverbände auf die Nachfrage nach Gesundheitsleistungen.

Die Empfehlungen der KAiG lassen sich folgendermaßen charakterisieren:

- Der Konsens der Mitglieder über Empfehlungen kommt freiwillig zustande.
- Die Vorschläge der KAiG haben rechtlich keinen bindenden, sondern lediglich Empfehlungscharakter. Nähere gesetzliche Vorgaben zu Schwerpunkten, zur Umsetzung und zu Folgewirkungen der Beschlüsse fehlen. Allerdings haben die Empfehlungen präjudizierende Wirkung im Rahmen von Schiedsamtsverfahren.[114]
- Die Empfehlungen sind mit den Unsicherheiten der Voraussagen der GKV-Einnahmenentwicklung behaftet.

---

[109] Vgl. Bundestagsdrucksache 9/1300 (1982).
[110] Vgl. Bundestagsdrucksachen 12/3937 (1992), 12/8570 (1995) sowie 13/11256 (1998).
[111] Vgl. Anlagen 2 und 3 zur Bundestagsdrucksache 9/1300 (1982).
[112] Vgl. Enquete-Kommission (1990), S. 24–25.
[113] Vgl. Dalhoff, M. (1997), S. 36.
[114] Vgl. Smigielski, E. (1981), S. 163.

- Die Empfehlungen sind mit der Gefahr eines time-lags behaftet, da die entsprechenden Vergütungsverhandlungen in der Regel mit einigem zeitlichen Verzug stattfinden.
- Die bloße Anzahl der Mitglieder hat seit Anfang der 90er Jahre zu einer zunehmenden Handlungsunfähigkeit der KAiG geführt.

Die weitestgehende Anlehnung tatsächlicher Verträge an die Empfehlungen zur Ausgabenentwicklung der KAiG lässt sich bei den Budgetabschlüssen in der vertragsärztlichen Versorgung auf der Ebene der Kassenärztlichen Vereinigungen feststellen. Das Kollektivvertragssystem im stationären Bereich ist anders als im vertragsärztlichen Bereich zwischen dem Kollektiv der Krankenkassen und einzelnen Krankenhäusern installiert, so dass sich eine durchgängige Anlehnung an allgemeine Ausgabenvorgaben naturgemäß schwieriger gestaltete.

Der Arzneimittelbereich ist traditionell am stärksten marktwirtschaftlich organisiert. Hier sind Vorgaben am wenigsten geeignet, in nachgeordneten Verhandlungen umgesetzt zu werden. Beispielhaft hierfür ist der Arzneimittelhöchstbetrag, der sich als derart ungeeignetes Instrument erwies, dass die KaiG ab 1984 von sich aus darauf verzichtete, hierzu weiterhin Empfehlungen abzugeben.[115] So hatten die Empfehlungen der KAiG im Bereich der Arzneimittelversorgung vor allem den Charakter von Appellen (Preisempfehlungen, Preisvergleichsliste, moral suasion, Verordnungsappelle an die Ärzte, Appelle an die Krankenkassen zur entsprechenden Information ihrer Mitglieder).

In Bezug auf die Tauglichkeit des Instruments der KAiG zur Kostendämpfung im Gesundheitswesen stand sie von Beginn an in direkter Konkurrenz zur staatlichen Ausgabensteuerung. So wird auch deutlich, dass die KAiG ihre Existenzberechtigung verliert, sobald zu direkter Ausgabensteuerung durch den Staat gegriffen wird, wie es in den Jahren zwischen 1996 und 1998 unter Bundesgesundheitsminister Seehofer der Fall war und insbesondere auch im Rahmen der (nicht Gesetz gewordenen) Entwürfe zum GKV-Reformgesetz 2000 in Form des Globalbudgets vorgesehen war.

Neben der (kurzfristigen) eindimensionalen Ausgabenbegrenzungspolitik, die die KAiG unterstützen sollte, war bereits in den 70er Jahren, zunehmend jedoch in späteren Jahrzehnten, die Notwendigkeit von Strukturreformen im Gesundheitswesen (z. B. zur sogenannten Mobilisierung von Wirtschaftlichkeitsreserven) Thema politischer Diskussion. Die Frage, inwieweit die KAiG notwendige (mittel- und langfristige) strukturelle Veränderungen im Gesundheitswesen unterstützen konnte bzw. überhaupt dazu in der Lage ist, muss im Gegensatz zur ersten Frage wesentlich pessimistischer beantwortet werden. Diese Einschätzung wird in der Literatur zum Thema auf breiter Basis geteilt. Sogar in dem grundsätzlich positiven Erfahrungsbericht der Bundesregierung aus dem Jahre 1982 findet sich die Aussage, dass die KAiG Strukturprobleme nicht lösen konnte und deshalb Handlungsbedarf beim Gesetzgeber gesehen wurde.[116]

Ein Hoffnungsschimmer kam zur Herbstsitzung der KAiG 1984 auf, als die KAiG den Auftrag an den Bundesarbeitsminister erteilte, mit den Beteiligten ein

---

[115] Vgl. Berg, H. (1986), S. 17.
[116] Vgl. Henke, K.-D. (1988), S. 124.

Gesamtkonzept zur Weiterentwicklung der Gesundheitspolitik zu entwickeln. Unter Norbert Blüm wurden 1985 zehn Grundsätze für ein gesundheitspolitisches Gesamtkonzept entwickelt, bei denen es dann allerdings auch geblieben ist.[117]

Als Ursachen für die geringe Steuerungseffizienz der KAiG sind Aspekte zu nennen, die sich auf alle Formen korporativer Institutionen beziehen lassen:[118]

- Die Beteiligten verfolgen in erster Linie Einzelinteressen. Das Gemeinwohl wird (in idealtypischer Betrachtungsweise) nur von Regierungsvertretern verfolgt.
- Freiwillige Verhaltensabstimmungen sind nur so lange möglich, wie sie durch bestimmte Positionen im Verteilungskampf aufrecht erhalten werden können. Korporative Gremien tendieren zur Handlungsunfähigkeit, wenn es darum geht Begrenzungen bei Einkommenspositionen einzelner Beteiligter vorzunehmen.
- Der Verteilungskonsens ist gefährdet, sobald strukturelle Veränderungen drohen. Deshalb besteht in korporativen Strukturen immer eine Tendenz zur Konservierung des Status quo.

Diese Argumente lassen auf eine ähnlich schlechte Erfolgsprognose für den „Runden Tisch" bei der Vorbereitung und Durchsetzung strukturellen Reformen schließen. Die Vorstellung, in den Arbeitsgruppen könnten „losgelöst von Interessengegensätzen Reformthemen bearbeitet werden"[119] wirkt in diesem Licht wie eine reine Wunschvorstellung.

Vor diesem Hintergrund erscheinen die kleinen Errungenschaften der KAiG zur Ausgabenbegrenzung in der GKV als Ersatzlösungen für strukturelle Reformen. Solange der Gesetzgeber nicht in der Lage ist diese durchzusetzen, eignet sich die einnahmenorientierte Ausgabenpolitik, weil sie den Minimalkonsens unter den beteiligten organisierten Interessengruppen im Gesundheitswesen darstellt. Eine KAiG kann eine starke Rolle des Staates also nicht ersetzen, allenfalls zur politischen Vorbereitung von staatlich gesteuerten Reformen genutzt werden.

7.5
Ausblick: Erwartungen für die Zukunft der KAiG

Der Staat hat seine ordnende Hand im Gesundheitswesen im Sinne der ökonomischen Ordnungstheorie seit Beginn der Amtszeit von Bundesgesundheitsminister Seehofer wieder stärker ausgestreckt. Auch deuten einige konkrete gesetzliche

---

[117] Vgl. Henke, K.-D. (1988), S. 126–127.
[118] Vgl. u. a. Olson, M. (1971), Henke, K.-D. (1988), Enquete-Kommssion (1990), Wissenschaftlicher Beirat beim BMWi (2000).
[119] Pressemitteilung des BMG zum „Runden Tisch" vom 7. Mai 2001.

Regelungen und Vorhaben der jüngeren Zeit daraufhin, dass in die Selbststeuerungskräfte des Wettbewerbs stärkeres Vertrauen gesetzt wird.[120]

Ein alternatives Szenario für die zukünftige Gesundheitspolitik wäre eine Rückkehr zu vermehrter Globalsteuerung. In einem solchen Szenario könnte auch die KAiG theoretisch wieder zu größerer Bedeutung gelangen. Allerdings könnte damit ein demokratisches Legitimationsproblem einhergehen.[121]

Selbststeuernde Mechanismen verringern die Notwendigkeit gesundheitspolitischer Absprachen und einer Konsensorientierung der Beteiligten. Je mehr es gelingt, von Budgetierungsstrategien zugunsten neuer Rahmenbedingungen und veränderter Anreize abzugehen, desto mehr beschränkt sich die Funktion von Institutionen wie der KAiG und dem „Runden Tisch" auf den sozialen Dialog und die Versachlichung der Auseinandersetzung in der Gesundheitspolitik.[122] Derartige Gremien eignen sich dabei weniger als Ideengeber, sondern eher als nützliche Kritiker von Ideen aus dem Bereich von Wissenschaft und parlamentarischer Demokratie, die noch der Details zur konkreten Umsetzung entbehren.

Michael Dalhoff sieht in der KAiG darüber hinaus ein ergänzendes korporatives Steuerungsinstrument in einem Steuerungssystem mit dem dominanten Steuerungstyp „öffentlich-rechtliche Wettbewerbssteuerung".[123] Eine solche Auffassung mag solange berechtigt sein, wie eine Selbststeuerung nicht umfassend genug installiert ist. Je mehr Rahmensetzungskompetenz der Staat zum Beispiel an die (Spitzen-)Verbände von Krankenkassen und Leistungserbringern abgibt, desto größer ist tendenziell die Steuerungsrolle, die ein Gremium wie die KAiG einnehmen kann.

Während die Bedeutung der KAiG bei zunehmender Installation selbststeuernder Mechanismen abnimmt, wächst die Bedeutung von ökonomischen und medizinischen Orientierungsdaten und wissenschaftlicher Politikberatung für den Staat in seiner Rolle als Regelsetzer.[124] Ein Gremium wie der Sachverständigenrat für die Konzertierte Aktion im Gesundheitswesen wird daher mit zunehmender Selbststeuerung nicht ebenso infrage gestellt werden wie die KAiG selbst.

Von Interesse für die Zukunft wird allerdings nur nachrangig die Frage sein, welche Rolle die KAiG im Steuerungsgefüge des Gesundheitswesens noch spielen wird. Die entscheidende Frage lautet, in welche Richtung sich die Gesundheitspolitik entwickeln wird: Etablierung selbststeuernder Prinzipien oder Verbleib bzw. Rückkehr zu zentralisierten, korporativen Globalsteuerungsinstrumenten?

---

[120] Wie insbesondere die Vertragsfreiheiten im Bereich der Integrierten Versorgung, die ordnungspolitische Rahmenbedingungen für die Einführung des fallpauschalierenden Entgeltsystems in deutschen Krankenhäusern und das Vorhaben zur Organisationsreform der Krankenkassen.

[121] Vgl. Henke, K.-D. (1988), S. 135, Erlei, M., Leschke, M., Sauerland, D. (1999), S. 457–459.

[122] Vgl. Adam, H., Henke, K.-D. (1994), S. 851.

[123] Vgl. Dalhoff, M. (1997), S. 39–40.

[124] Vgl. Sachverständigenrat für die Konzertierte Aktion im Gesundheitswesen (1988), S. 4.

8 Gesundheitssysteme im internationalen Vergleich

Axel Olaf Kern, Stephan Dieter Kupsch
Lehrstuhl für Finanzwissenschaft und Sozialpolitik, Universität Augsburg
Medizinischer Dienst der Krankenversicherung Schleswig-Holstein, Lübeck

8.1
Vorbemerkung

Es gibt keine zwei Gesundheitssysteme, deren Organisation, Finanzierung und Leistungsangebot gleich wären. Dies ist auch auf die heutige komplexe Welt zurückzuführen, in der es schwierig ist exakt zu sagen, was ein Gesundheitssystem ist, woraus es besteht, wo es beginnt und endet. Ansprüche auf und Ausgestaltung der Versorgungsleistungen, Finanzierung, Kostenübernahme sowie Selbstbeteiligungen der Patienten variieren nicht nur zwischen den Ländern erheblich, sondern sind in einem Land auch im Zeitablauf verschieden. Deshalb sind Vergleiche zwischen Ländern nur schwer möglich. Dennoch bieten Erfahrungen anderer Länder immer einen Referenzpunkt, eigene Strukturen zu überdenken und zu verbessern sowie erprobte Konzepte zu übernehmen. Länderbesonderheiten sind zu berücksichtigen.

In jeder Gesellschaft gibt es stets wirtschaftliche Probleme zu lösen, die in der allgemeinen Knappheit der vorhandenen Ressourcen gründen. Natürlich gilt dies auch für die Versorgung der Bevölkerung mit Gesundheitsgütern und -dienstleistungen. Knappheit ergibt sich aus der Diskrepanz zwischen den unbegrenzten Bedürfnissen und Wünschen des Menschen und den zu ihrer Befriedigung begrenzt vorhandenen Gütern und / oder finanziellen Mitteln. Die Knappheit der Mittel verlangt insbesondere im Bereich Gesundheit nach rationalem d. h. wirtschaftlichem Handeln, da die Finanzierung in allen Ländern überwiegend oder zu Teilen aus öffentlichen Mitteln erfolgt. Bezogen auf den Einsatz der knappen Mittel haben die Wirtschaftswissenschaften Optimierungsstrategien entwickelt: entweder mit den gegebenen knappen Mitteln ein Maximum an Nutzen (Maximalprinzip) oder ein vorgegebenes Nutzenniveau mit minimalem Mitteleinsatz (Minimalprinzip) zu erreichen. Sowohl Minimal- als auch Maximalprinzip beinhalten eine Prioritätensetzung und den Ausschluss unwirtschaftlicher Maßnahmen. Wirtschaftliches Handeln bedeutet somit immer Prioritätensetzung und damit auch Rationierung.[125] Management ist dann die Gestaltung der Knappheit in Bezug auf ein Optimum. Jedoch muss das volkswirtschaftliche Optimum sich nicht automa-

---

[125] Eine Variante von Rationierung wäre die Verteilung von Gesundheitsgütern in einem reinen Marktsystem über den Preis; dies würde jedoch dem Solidaritätsziel (*equity* im Sprachgebrauch der Weltgesundheitsorganisation WHO) entgegen wirken.

tisch aus der Summe der individuellen Optima ergeben. Bildlich erläutert: wenn in einem Fußballstadion ein Zuschauer aufsteht, verbessert sich sein individuelles Sichtfeld, nicht jedoch die Sichtfelder der anderen Zuschauer – im Gegenteil. Aus diesem Grund kommt der Koordination der einzelwirtschaftlichen Handlungen eine zentrale volkswirtschaftliche Bedeutung zu.[126] Vereinfacht bestehen drei Möglichkeiten oder ihre Kombinationen, der Knappheit finanzieller Mittel im Gesundheitswesen zu begegnen:

1. Mehr finanzielle Mittel ins System, auch zu Lasten anderer Bereiche. Dies kann auch durch eine Ausweitung der Finanzierungsbasis in Ländern geschehen, in denen nicht alle Bevölkerungsgruppen an der öffentlichen Finanzierung von Gesundheitsdiensten beteiligt sind. In wirtschaftlich weniger entwickelten Ländern kann Knappheit finanzieller Mittel für Gesundheitsleistungen bedeuten, dass überhaupt erst finanzielle Mittel gefunden werden müssen, um grundlegende medizinische Leistungen bereitstellen zu können. In wirtschaftlich entwickelten Ländern stellt sich auch die Frage des „Zusatz-" oder Marginalnutzens bei schon bestehendem hohen Angebot- und / oder Nachfrageniveau von Gesundheitsleistungen.
2. Kontrolle der Nachfrage und des Angebots sowohl hinsichtlich der Menge, der Qualität und der Preise.
3. Verringerung des Umfangs garantierter Leistungen für die Anspruchsberechtigten / Versicherten bis die verfügbaren finanziellen Mittel wieder ausreichen.

8.2
Typisierung von Gesundheitssystemen

Gesundheitssysteme werden im wesentlichen folgenden Gesundheitssystemmodellen zugeordnet:

- *Beveridge-Modell* eines nationalen Gesundheitsdienstes, überwiegend staatliche Finanzierung und häufig staatliche Produktion / Bereitstellung von Gesundheitsleistungen (z. B. Dänemark, Großbritannien, Irland, Spanien, Portugal, Finnland, Schweden, Norwegen, Italien).[127] Länder Mittel- und Osteuropas hatten ihre Wurzeln zumeist in einem staatlichen Gesundheitssystem des Semashko-Typs[128] mit vollständiger staatlicher Lenkung, Finanzierung und Organisation.
- *Bismarck-Modell* eines Sozialversicherungssystems, das weitgehend durch einkommensabhängige Pflichtbeiträge von Arbeitnehmern und / oder Arbeitgebern

---

[126] Vgl. Neubauer, G., Rowy, R. (2000), S. 241.

[127] Staatliche Bereitstellung bedeutet, dass Leistungserbringer wie Ärzte und Apotheker sowie medizinische Hilfsberufe in einem Beschäftigungsverhältnis mit Arbeitgebern der öffentlichen Hand stehen.

[128] N. A. Semashko war der erste Gesundheitsminister der Sowjetunion.

finanziert wird, und Gesundheitsleistungen, die unter staatlicher Aufsicht meist privat erbracht werden (z. B. Deutschland, Frankreich, Österreich, Belgien, Niederlande, Luxemburg, Schweiz, Japan).[129]

- *Markt-Modell* mit überwiegend privater Finanzierung und privater Bereitstellung von Gesundheitsleistungen und relativ wenigen staatlichen Eingriffen oder Kontrollen (Vereinigte Staaten von Amerika).

Alle Gesundheitssysteme werden demnach in traditioneller Sichtweise auf dem Kontinuum zwischen einem „privaten" oder „marktlichen" System wie in den USA und einem „öffentlichen" oder „staatlichen" System wie im Vereinigten Königreich eingeordnet.[130] Allen Systemen ist gemeinsam, dass sie quantitativ unterschiedlich unzureichend Gerechtigkeit herstellen, marktorientierte Systeme möglicherweise eher die Kontrolle über die Ausgaben verlieren, eine Patientenorientierung – vielleicht besonders in staatlich gesteuerten Systemen – unvollständig feststellbar ist und die Effizienz der Produktion und Bereitstellung von Leistungen wohl in allen Systemen verbessert werden kann.[131] Im Sinne der Solidarität wird in keinem industrialisierten Land die Gesundheitsversorgung vollständig dem Markt überlassen.

8.3
Staatliche Eingriffe im Gesundheitswesen

Gesundheit gilt insbesondere in industrialisierten Ländern als besonderes Gut, dessen Angebot und Nachfrage und damit auch die Inanspruchnahme nicht alleine den Kräften des Marktes überlassen werden sollen. Staatliche Eingriffe oder staatliche Einflussnahme auf die Gesundheitsversorgung werden vor allem durch die Zielvorstellungen von Solidarität, Gerechtigkeit und Effizienz begründet.[132] „The experience of most ... countries suggests that governments must play a major role in health financing through regulations, mandate or direct subsidies. Although considerable private resource may be available, these resources are often wasted

---

[129] Die Unterscheidung der Finanzierung nach Arbeitnehmer- und Arbeitgeberbeiträgen ist im volkswirtschaftlichen Sinn wenig zielführend, da Arbeitnehmer auch den Arbeitgeberanteil durch ihre Leistung erwirtschaften müssen.

[130] Vgl. Cullies, J. G., West, P. A. (1991), S. 84.

[131] Dieses Nichtüberlassen ist unterschiedlich stark ausgeprägt. Es kann angeführt werden, dass es keiner dritten Partei, dem Staat oder den Krankenkassen bedürfe, um die Leistungen der Anbieter von Gesundheitsleistungen (zweite Partei) mit der Nachfrage der Patienten (erste Partei) zu verbinden. Ohne Berücksichtigung des Ziels „Solidarität" ist dieser Vorschlag berechtigt, z. B. über eine Finanzierung analog einer Kraftfahrzeugversicherung mit risikoäquivalenten Beiträgen. Eine solche Finanzierung für Gesundheitsdienstleistungen könnte beispielsweise für Behinderte oder Personen mit erhöhten Gesundheitsrisiken – wie auch immer definiert – höhere Finanzierungbeiträge bedeuten.

[132] Vgl. WHO (2000), S. 13.

on ineffective care without effective government policies."[133] Als Beispiele werden die Erfahrungen von Chile mit der Förderung privater Krankenversicherungen und von Kolumbien durch die Einführung einer allgemeinen und bindenden Versicherungspflicht angeführt. In Chile habe „opportunistisches" Verhalten von privaten Krankenversicherungen dazu geführt, dass der öffentliche Sektor zunehmend den Bevölkerungsteil mit hohen und kostenintensiven Gesundheitsrisiken abzusichern hat. Für eine öffentliche Finanzierung von Gesundheit und staatliche Eingriffe wird in erster Linie auf das Versagen privater Märkte mit Informationsasymmetrien und -lücken sowie unbekannte Risiken hingewiesen. Inwieweit der Staat umfassend an der Bereitstellung von medizinischen Leistungen beteiligt werden soll, ist auch von der Ausgangsposition, den individuellen Gesundheitsmaßnahmen und anderen Faktoren, u. a. auch kulturellen Wertvorstellungen, abhängig. So ist eine hierarchische, streng koordinierte Organisationsform bei der Bekämpfung von Seuchen vorteilhaft, wie in der Nachkriegsperiode in Bosnien-Herzegowina. Andererseits besteht in hierarchischen Organisationen eine über die Zeit zunehmende Tendenz zur Rigidität. In der Folge werden Bedürfnisse und Erwartungen der Bevölkerung oder von Individuen unzureichend berücksichtigt.[134]

Die WHO beschreibt die Funktion von Regierungen für das Gesundheitswesen als „stewardship" unter dem Leitsatz „row less and steer more". Die Regierung übernimmt die Verantwortung für die Wohlfahrt ihrer Bevölkerung und berücksichtigt Wünsche und Rechte von Bürgern und Patienten. Dies erfordert eine zielorientierte Gesundheitspolitik, eine staatliche Einflussnahme im Sinne effektiver Regulierung sowie Beschaffung und Verbreitung von Informationen über Angebot und Qualität von Gesundheitsleistungen. Insbesondere die Informationsverbreitung soll eigen- und mitverantwortliche Entscheidungen des Bürgers oder Patienten in der Nachfrage nach Gesundheitsdienstleistungen ermöglichen und fördern.

8.4
Bewertung von Gesundheitsleistungen

Gesundheit kann nicht direkt gemessen werden. Hinweise über Umfang und Art eines wie auch immer definierten Bedarfs an Gesundheitsleistungen können soziodemographische Bevölkerungsmerkmale wie Alters- und Vermögensverteilung und Indikatoren für den Gesundheitszustand wie Lebenserwartung, Krankheitshäufigkeit und Todesursachen geben. Letztere werden auch herangezogen, um den Erfolg von Gesundheitssystemen zu messen. Jedoch gibt es zahlreiche Faktoren, die den Gesundheitszustand des Einzelnen und der Gesellschaft beeinflussen, aber

---

[133] The World Bank (1997), S. 37.
[134] WHO (2000), S. 125–126. Der WHO Gesundheitsbericht (2000) macht darauf aufmerksam, dass subjektive Bedürfnisse (*demand*) oder Patientenpräferenzen gegenüber einem angenommenen objektivierbaren Bedarf (*need*) bei früheren Reformbemühungen in den Gesundheitssystemen unzureichend berücksichtigt wurden.

außerhalb des Einflussbereichs medizinischer und pflegerischer Maßnahmen im Gesundheitswesen liegen. Hierzu zählen insbesondere der Bildungsstand und die Einkommenssituation der Bürger. Es wird als besondere Herausforderung betrachtet, die aufgrund dieser Faktoren bestehenden Unausgewogenheiten und durch soziale Ungleichheit verursachten Unterschiede im Gesundheitszustand der Bevölkerung auszugleichen.[135] Schwierigkeiten bestehen gerade auch hinsichtlich Definition, Messung und Nutzenbewertung gesundheitlicher Maßnahmen. Zudem kommt es darauf an, wie Leistungserbringer, Kostenträger, Patienten oder der Staat den Nutzen von Gesundheitsdienstleistungen bewerten, da sie in der Regel zu unterschiedlichen Nutzenbewertungen gelangen.[136]

8.5
Definition eines Gesundheitssystems

Als Gesundheitssystem gelten alle Aktivitäten, deren primärer Zweck beabsichtigt Gesundheit zu fördern, wiederherzustellen oder aufrecht zu erhalten.[137] Diese Definition folgt dem sehr umfassenden Anspruch der Weltgesundheitsorganisation (WHO) an Gesundheit, die als „... state of complete physical, mental and social well-being and not merely the absence of disease or infirmity" beschrieben wird. Formale Gesundheitsdienste, wie die individuelle medizinische Leistungserbringung oder klassische Public-Health-Aktivitäten wie Gesundheitsförderung und Krankheitsverhütung erfüllen die Kriterien dieser Definition ebenso wie Leistungen traditioneller Heiler oder die häusliche Versorgung von chronisch und akut Erkrankten. Auch andere direkt der Gesundheit dienliche Maßnahmen, z. B. Verkehrssicherheit, Umweltschutz oder Müll- und Abwasserentsorgung, können als Leistungen im Rahmen eines Gesundheitssystems aufgefasst werden. Nicht in die WHO-Definition von Gesundheitssystemen fallen solche Aktivitäten, deren primärer Zweck nicht dem Ziel von Gesundheit dient. Hierzu zählen allgemeine Bildungsmaßnahmen, wobei diesen indirekt ein maßgeblicher Einfluss auf Gesundheit zukommt. Die Hauptziele moderner Gesundheitssysteme können wie folgt gefasst werden:[138]

• Verbesserung und Aufrechterhaltung der Gesundheit der Bevölkerung;
• Berücksichtigung der Erwartungen der Bürger;
• Finanzielle Absicherung im Krankheitsfall.

Insbesondere die Verbesserung und Aufrechterhaltung der Gesundheit wird häufig als wichtigstes Ziel von Gesundheitssystemen angesehen. Die Berücksichtigung von Nicht-Gesundheitszielen, wie eine gerechte Verteilung der Finanzie-

---

[135] Vgl. Jakubowski, E., Busse, R. (1998), S. 10.
[136] Vgl. Neubauer, G., Rowy, R. (2000).
[137] Vgl. WHO (2000).
[138] Vgl. WHO (2000), S. 8.

rungslasten von Gesundheitsleistungen, so dass Einzelne im Krankheitsfall keinen großen finanziellen Risiken ausgesetzt sind, oder das explizite Eingehen auf die Erwartungen und Wünsche von Patienten bei deren Behandlung, können als Zusatzleistung oder gar Luxus angesehen werden. Solche Dimensionen werden zumeist erst in Gesellschaften mit einem höheren Wohlstand und einem besseren Gesundheitsniveau realisiert. Allerdings müssen weder die Berücksichtigung von Patientenpräferenzen noch die generelle finanzielle Absicherung von Krankheitsrisiken einer Bevölkerung notwendig zu höheren Kosten in einem Gesundheitssystem führen.

8.6
Bedeutung von Gesundheitssystemen

Gesundheitssysteme existieren seitdem Menschen versuchen ihre Gesundheit zu schützen und Krankheiten zu behandeln. Überall in der Welt bot die traditionelle Medizin, basierend auf Heilpflanzen oft in Verbindung mit spirituellen Angeboten, präventive und kurative Leistungen an. Solche Angebote existieren noch heute – oft neben oder gemeinsam mit der modernen Medizin. Organisierte Gesundheitssysteme im modernen Sinn, die der gesamten Bevölkerung zur Verfügung stehen, gibt es jedoch erst seit rund 100 Jahren und flächendeckend überwiegend nur in industrialisierten Ländern. Länder mit einer Bevölkerung, die der unteren und der mittleren Einkommensklasse zuzurechnen sind, tragen nur zu 18 % des weltweiten Einkommens und nur zu 11 % der globalen Gesundheitsausgaben bei. Demgegenüber leben 84 % der weltweiten Bevölkerung in diesen Ländern und tragen 94 % der globalen Krankheitslast.[139]

Der Beitrag von Gesundheitssystemen für die Gesundheit des Einzelnen und der Bevölkerung ist mit unterschiedlichen, teils widersprüchlichen Ergebnissen untersucht worden. Für Länder mit geringer Wirtschaftskraft gilt, dass deutliche Verbesserungen des Gesundheitsstatus sowohl auf Individual- als auch auf Bevölkerungsebene mit verhältnismäßig geringem Mitteleinsatz möglich sind. So wurde 1990 für entwickelnde Länder geschätzt, dass ein Einsatz von US$ 12 pro Person die Krankheitslast um ein Drittel reduzieren könnte.[140] Ähnlich führte ein Vergleich der unterschiedlichen Mortalitätsraten in westeuropäischen und osteuropäischen, ehemals kommunistischen Ländern rund 25 % der unterschiedlichen Lebenserwartung bei Männern und fast 40 % bei Frauen auf die Verfügbarkeit moderner medizinischer Versorgung zurück.[141]

Demgegenüber ergaben vergleichende Querschnittsuntersuchungen auf Länderebene wenig oder keine Evidenz für einen positiven Einfluss von Gesundheitssystemen auf den Gesundheitsstatus einer Bevölkerung. Die Vergleiche zeigen zwar eine deutliche Korrelation zwischen dem Pro-Kopf-Einkommen und ausge-

---

[139] Vgl. WHO (2000), S. 7.
[140] Vgl. The World Bank (1993), Tabelle 5.3.
[141] Vgl. Velkova, A., Wolleswindel-van den Bosch, J. H., Mackenbach, J. P. (1997), S. 75.

wählten Gesundheitsparametern. Ähnliche Zusammenhänge wurden allerdings auch für Unterschiede beim Bildungsniveau von Frauen, Höhe von Einkommensunterschieden und anderen kulturellen Merkmalen festgestellt.[142] Andererseits konnte kein eindeutiger Zusammenhang zwischen den Indikatoren

- Zahl der Ärzte oder Zahl von Krankenhausbetten,
- Gesamtausgaben für Gesundheit,
- Ausgaben für die Behandlung von Krankheiten, für die erfolgversprechende Therapien zur Verfügung stehen
- oder den öffentlichen Ausgaben für Gesundheit

und dem Gesundheitsstatus der Bevölkerung nachgewiesen werden. Nur schwache Zusammenhänge erscheinen für wirtschaftlich stärkere Länder wenig überraschend, da in vielen entwickelten Ländern die durch ein Gesundheitssystem beeinflussbaren Ursachen von Tod und Behinderung bekannt sind und weitgehend kontrolliert werden. Die verfügbaren Ressourcen werden auf vielfältige Art und Weise genutzt, woraus variierende Effekte auf den Gesundheitsstatus resultieren können. Jedoch fehlt bisweilen selbst für wirtschaftlich schwächere Länder der Nachweis, dass erhöhte Gesundheitsausgaben, wie beispielsweise auf die Sterberate von Kindern, die angestrebten positiven Wirkungen haben.[143] Der Erklärungsanteil des Gesundheitswesens im engeren Sinn an der Veränderung der Lebenserwartung beträgt nach nationalen und internationalen Studien 10 bis 40 %.[144]

Zudem ereignen sich in Gesundheitssystemen auf Grund organisatorischer Mängel oder wissenschaftlicher Unzulänglichkeiten mitunter Fehler mit ökonomischen und sogar fatalen Konsequenzen. So wird die Zahl der durch medizinische Behandlungsfehler verursachten Todesfälle in den USA auf jährlich 44.000 geschätzt. Hinzu kommen 7.000 Todesfälle durch fehlerhafte Verschreibungen oder Nutzung von Arzneimitteln. Dies bedeutet, dass in den USA mehr Menschen durch Behandlungsfehler ums Leben kommen als durch Autounfälle, Brustkrebs oder AIDS.[145] Die ökonomischen Folgekosten werden auf mindestens US$ 17 Milliarden beziffert, die Hälfte davon stehen in direktem Zusammenhang mit Gesundheit. Darüber hinaus infizieren sich Patienten auch ohne Behandlungsfehler z. B. während eines Krankenhausaufenthalts und der weitverbreitete Einsatz von Antibiotika fördert die Resistenzentwicklung von Krankheitserregern. Somit wird ein Teil des Krankheitsgeschehens durch Anstrengungen verursacht, die eigentlich im Sinne der Förderung von Gesundheit erfolgen.

Diese widersprüchlichen Ergebnisse der Bedeutung von Gesundheitssystemen auf die Gesundheit der Bevölkerung lassen sich so zusammenfassen:[146]

---

[142] Vgl. WHO (2000), S. 9.
[143] Vgl. WHO (2000), S. 9.
[144] Vgl. Sachverständigenrat für die Konzertierte Aktion im Gesundheitswesen (SVRKAiG) (2000/2001), S. 24.
[145] Vgl. Kohn, L., Corrigan, J., Donaldson, M. (1999), S. 51–52.
[146] Vgl. WHO (2000), S. 11.

- Gesundheitssysteme sind am Fortschritt von Gesundheit beteiligt; jedoch ist der Fortschritt in den einzelnen Ländern selbst bei vergleichbaren Volkseinkommen und Gesundheitsausgaben uneinheitlich.
- Systemmängel und falsche Steuerungsanreize mindern die positiven Effekte von modernen Gesundheitssystemen, verhindern sie jedoch nicht.

Die Defizite in Gesundheitssystemen beruhen häufig nicht auf fehlendem Wissen, sondern an der fehlenden Umsetzung von bestehendem Wissen in die Versorgungswirklichkeit. Für medizinische Behandlungsfehler wird etwa vorgeschlagen, dass die Lösung des Problem in der Systemverbesserung liegen solle – beispielsweise bei der Verabreichung von Arzneimitteln in der Krebsheilkunde – und nicht in der Schuldzuweisung nach Schadenseintritt.[147]

8.7
Ausgaben für Gesundheit

Bezogen auf das Bruttoinlandsprodukt (BIP), die Messgröße für die wirtschaftliche Leistungsfähigkeit eines Landes, sind die Ausgaben für Gesundheitsleistungen in EU-Staaten und in einigen Vergleichsländern durchaus verschieden. Die Unterschiede werden deutlicher, wenn die Lebenserwartung bei Geburt in diesen Ländern als Indikator für die Leistungsfähigkeit eines Systems gegenüber gestellt wird.

Aus Tabelle 8.1 wird deutlich, dass trotz gleich hoher Aufwendungen für Gesundheitsleistungen gemessen an der Wirtschaftskraft der Länder Belgien, Dänemark, Griechenland und Spanien die Lebenserwartung bei Geburt deutlich variiert.

So ist die Lebenserwartung in Spanien 3,4 Jahre höher als in Dänemark. Für alle aufgeführten Länder ist erkennbar, dass sich die länderspezifischen Lebenserwartungen weniger stark als die Aufwendungen für Gesundheitsleistungen unterscheiden. In den USA und Deutschland sind die auf das BIP bezogenen Gesundheitsausgaben fast doppelt so hoch wie in Norwegen und im Vereinigten Königreich bei sogar etwas geringerer Lebenserwartung. Dieser geringe Zusammenhang zwischen Ausgaben für Gesundheit mit Gesundheitsindikatoren (hier Lebenserwartung) in industrialisierten Ländern muss nicht überraschen, da andere Faktoren den Gesundheitsstatus einer Bevölkerung ebenfalls beeinflussen. In Deutschland und den USA kann dies bedeuten, dass ein ungesunder Lebensstil gepflegt wird, die Belastungen des Arbeitslebens und der Umwelt groß sind, die individuelle Inanspruchnahme von Gesundheitsdiensten hoch ist oder auch Finanzierung und Bereitstellung von Gesundheitsleistungen nicht effizient erfolgen.[148] Das niedrige Ausgabenniveau im Vereinigten Königreich kann am ehesten durch strikte Budgetvorgaben und eine niedrige Dichte der Leistungsanbieter, vor allem

---

[147] Vgl. Berwick, D. M. (2001), S. 247.
[148] Vgl. Osterkamp, R. (2001), S. 8.

bei Ärzten, erklärt werden. Die Gründe für Unterschiede in den Gesundheitsausgaben sind somit sicherlich multifaktoriell und können aus unterschiedlicher
Morbidität, unterschiedlichem Gesundheits- und Krankheitsempfinden sowie
verschiedenen Konsumgewohnheiten der Bevölkerung, historisch gewachsenen
Strukturen der Gesundheitsversorgung, gesellschaftlichen Präferenzen und politische Entscheidungen resultieren.

Tabelle 8.1. Ausgaben für öffentliche und private Gesundheitsleistungen nach absteigen-
dem Anteil der Gesundheitsausgaben am BIP und Lebenserwartung in industrialisierten
Ländern (1997)[149]

Land	Ausgaben für Gesundheitsleistungen in % des BIP	Lebenserwartung bei Geburt in Jahren
USA	13,7	70,0
Deutschland	10,5	70,4
Schweiz	10,1	72,5
Frankreich	9,8	73,1
Italien	9,3	72,7
Schweden	9,2	73,0
Österreich	9,0	71,6
Niederlande	8,8	72,0
Canada	8,6	72,0
Neuseeland	8,2	69,2
Portugal	8,2	69,3
Belgien	8,0	71,6
Dänemark	8,0	69,4
Griechenland	8,0	72,5
Spanien	8,0	72,8
Australien	7,8	73,2
Finnland	7,6	70,5
Japan	7,1	74,5
Norwegen	6,5	71,7
Vereinigtes Königreich	5,8	71,7

In Tabelle 8.2 sind für ausgewählte Länder neben den finanziellen Aufwendungen und der Lebenserwartung auch die grundlegenden organisatorischen Merkmale des Gesundheitssystems aufgeführt. Aus dieser Tabelle kann abgeleitet werden, dass in Ländern mit stärkerer staatlicher Beteiligung an der Finanzierung und
der Organisation des Gesundheitswesens (DK, SF, C, NL, UK) die auf das BIP
bezogenen Gesundheitsausgaben geringer sind als in Ländern mit einem relativ
schwächeren Einfluss des Staates (D, CH, USA).

Anreizen und insbesondere Vergütungsanreizen für Anbieter von Gesundheitsdienstleistungen werden besondere Bedeutung für die unterschiedlichen Niveaus
der Gesundheitsausgaben in einzelnen Ländern zugeschrieben. Erfahrungen aus
Ländern unterschiedlicher Wirtschaftskraft deuten darauf hin, dass retrospektive
Zahlungen, z. B. Einzelleistungsvergütungen, insbesondere in Verbindung mit
Zahlungen über Versicherung oder staatliche Institutionen (third party payment)
zu hohen Ausgaben für Arzneimittel, Diagnostik und Therapie führen. In Kalifor-

---

[149] Quelle: WHO Health for all Database (2000).

nien habe der Wechsel von der Einzelleistungsvergütung hin zu Kopfpauschalen dagegen die Kosteneskalation innerhalb weniger Jahre gestoppt.[150]

Tabelle 8.2. Ausgaben für Gesundheit, Lebenserwartung und Organisation des Gesundheitssystems, 1997[151]

Land	Anteil der Gesundheits- ausgaben am BIP in %	Lebens- erwartung bei Geburt	Kurzcharakteristik (Leistungserbringung bezieht sich i. d. R. auf den ambulanten Bereich)
Dänemark (DK)	8,0	69,4	Steuerfinanzierte Versorgung, teils öffentliche, teils private Leistungserbringung, staatlich gesteuert
Deutschland (D)	10,5	70,4	Sozialversicherungsmodell, Mischung aus staatlicher Steuerung, korporatistischen Elementen (Selbstverwaltung) und Wettbewerb, private Leistungserbringung im niedergelassenen Bereich, teils öffentliche teils private Leistungserbringung im Krankenhaussektor
Finnland (SF)	7,6	70,5	Steuerfinanzierte, überwiegend öffentliche Versorgung
Canada (C)	8,6	72,0	Steuerfinanzierte Versorgung, überwiegend private Leistungserbringung, teils staatlich gesteuert
Niederlande (NL)	8,8	72,0	Sozialversicherungsmodell, private Leistungserbringung, starke staatliche Steuerung
Schweiz (CH)	10,1	72,5	Sozialversicherungsmodell, private Leistungserbringung, reglementierter Wettbewerb
USA	13,7	70,0	Privatversicherung, Sozialversicherung für bestimmte Bevölkerungsgruppen, private Leistungserbringung, Wettbewerb, wenig Reglementierung
Vereinigtes Königreich (UK)	5,8	71,7	Steuerfinanzierte Versorgung, überwiegend private Leistungserbringung, staatlich gesteuert

Auf Grund der hohen Anforderungen an Produktivität und damit die Leistungen der Mitarbeiter in industrialisierten Ländern können große psychische und physische Belastungen für die Mitglieder in diesen Gesellschaften vermutet werden, die Krankheiten und damit Ausgaben für Gesundheitsleistungen verursachen. Würde weniger ausgegeben, könnte sich die Lebenserwartung sogar verschlechtern. Die Kosten, die beispielsweise für die medikamentöse Behandlung von Diabetes, Bluthochdruck oder Herzkrankheiten anfallen, ermöglichen es vielen Patienten erst, erwerbstätig und damit im engeren Sinne produktiv zu bleiben. Ein Teil

---

[150] Vgl. WHO (1999), S. 36.
[151] Quelle: Eigene Darstellung nach Böcken, J., Butzlaff, M., Esche, A. (2000), S. 19, WHO Health for all Database (2000) und Osterkamp, R. (2001), S. 10.

des Anstiegs der Gesundheitsausgaben kann daher durchaus als – methodisch noch nicht quantifizierbare – Transferleistung angesehen werden, die wirtschaftlichen Schaden durch Krankheit oder frühes Versterben verhindert.

8.8
Gesundheitspolitik und Gesundheitsreformen

Wirtschaftliche und organisatorische Ziele sind in allen Gesundheitssystemen industrialisierter Länder weitgehend identisch.[152] Hierzu zählen Ausgabenkontrolle, effiziente Leistungserbringung, Zufriedenheit von Nachfragern und Anbietern, gerechte[153] Finanzierung und Leistungsgewährung sowie Qualitätssicherung und Qualitätsverbesserung medizinischer und pflegerischer Leistungen. Zur Erreichung dieser Ziele wurden in den neunziger Jahren in vielen industrialisierten Ländern marktorientierte und wettbewerbsfördernde Maßnahmen hinsichtlich Finanzierung und Organisation des Gesundheitswesens ergriffen.[154] Vier Entwicklungen waren maßgeblich für Reformbestrebungen hin zu mehr Markt und mehr Wettbewerb:

- *Kostenkontrolle.* Insbesondere aufgrund der Globalisierung besteht eine Tendenz zu niedrigen Steuern und Ausgaben, damit Länder und Unternehmen konkurrenzfähig bleiben oder werden. Im Vordergrund steht somit die Perspektive der Kostendämpfung, d. h. den Ausgabenanstieg und das Niveau der Ausgaben zu senken oder zumindest weniger deutlich ansteigen zu lassen. Technischer Fortschritt aufgrund neuer Therapien oder innovativer Arzneimittel gilt neben der zunehmenden Alterung der Industriegesellschaften als Hauptursache für steigende Ausgaben im Gesundheitswesen. Kostenkontrolle kann sich auf die Makroebene als Teil der Kontrolle der öffentlichen Ausgaben insgesamt beziehen[155] oder auf Effizienzmaßnahmen auf der Mikroebene, um zu versuchen die Produktivität innerhalb des Systems zu erhöhen.
- *Verbrauchersouveränität.* Steigende Ansprüche von Seiten der Nachfrager, der Patienten, sind mit Maßnahmen der Kostendämpfung in Einklang zu bringen. Wenn öffentliche Gesundheitssysteme weiterhin Solidarität oder gar Gleichheit (equity) in der Gesundheitsversorgung erreichen sollen, dann erscheint es erforderlich, dass auch Nachfrager mit höheren Einkommen mit dem Angebot eines öffentlichen Gesundheitswesen zufrieden sind, zu dessen Finanzierung sie beitragen (sollen).

---

[152] Vgl. Organization for Economic Cooperation and Development (OECD) (1990), S. 57.

[153] „fair" im englischen Sprachgebrauch der WHO.

[154] Vgl. European Health Management Association (EHMA) (2000), S. 2.

[155] Im Gesundheitswesen werden überwiegend die Sektoren dargestellt, die unter öffentlicher Regie, d. h. staatlich oder über eine Sozialversicherung, finanziert und/oder organisiert werden. Der weite Bereich der privaten Güter und Dienstleistungen für Gesundheit wird meist nur unvollständig berücksichtigt.

- *Klinische Qualität.* Aus der zunehmenden Verbrauchersouveränität ergeben sich Fragen zur klinischen Versorgungsqualität und dem Einfluss von Interessengruppen innerhalb von Gesundheitssystemen. Die im angelsächsischen Raum stark vorangetriebene *Evidenz-basierte Medizin (EBM)* fasst nicht nur Ergebnisse aus klinischen Studien sondern auch Resultate der Versorgungsforschung zu Diagnose- und Therapieverfahren zusammen und bewertet sie anhand der Qualität der verfügbaren Studien. Es wird angestrebt bislang weitgehend auf Expertenwissen und Expertenmeinung basierende Diagnose- und Therapieverfahren zu systematisieren und evaluieren. In einem *health technology assessment (HTA)* werden neue Diagnose- und Behandlungsverfahren zusätzlich zu Kriterien der EBM auch auf ihren wirtschaftlichen Nutzen untersucht. Im Vereinigten Königreich wurde zu diesem Zweck das *National Institute for Clinical Evidence (NICE)* gegründet. Auch in den Niederlanden, Australien und Kanada haben neue medizinische Methoden, pharmazeutische Produkte und technische Entwicklungen ein u. a. nach ökonomischen Kriterien gestaltetes, rigides Genehmigungsverfahren zu bestehen. In Deutschland übernimmt der Bundesausschuss der Ärzte und Krankenkassen eine analoge Funktion. Auch von den medizinisch-wissenschaftlichen Fachgesellschaften werden zunehmend Evidenz-basierte Leitlinien für Diagnose und Therapie entwickelt.
- *Management.* Gestärkte Positionen von Managern und anderen klinischen Berufen gegenüber Vertretern des medizinischen Berufsstands werden in vielen Ländern der Europäischen Union als eine treibende Kraft für die Reformbestrebungen in den Gesundheitssystemen betrachtet. Stärker betriebswirtschaftlich orientiertes Verhalten führt parallel zu Evidenz-basiertem Handeln dazu, dass tradiertes Vorgehen und tradierte Verfahren hinsichtlich Effektivität und Effizienz überprüft werden.

Erhoffte Einsparungen waren jedoch nicht nachweisbar.[156] Eine unzureichende Datenlage und ein nicht hinreichend entwickeltes methodisches Instrumentarium sind hierfür mitverantwortlich. Die zur Verfügung stehenden Daten erlauben es kaum, Veränderungen hinsichtlich Leistung, Effektivität oder Qualität eines Gesundheitssystems verlässlich zu beurteilen, dass beispielsweise eine Trennung zwischen Käufern und Erbringern von Gesundheitsleistungen (im UK) oder die Wahlfreiheit von Krankenkassen für Versicherte (in D) vorteilhaft sind. Einige Länder, so das Vereinigte Königreich und Neuseeland haben ausgewählte, vor allem wettbewerbsorientierte Reformbestandteile modifiziert oder zurückgenommen.

---

[156] Vgl. European Health Management Association (EHMA) (2000).

8.9
Leistungsangebot

Die weitaus meisten industrialisierten Länder, ausgenommen die USA, haben sich für eine umfassende Grundversorgung für den größten Teil der Bevölkerung entschieden. Der Umfang der Grundversorgung ist allerdings nicht explizit formuliert. So übernimmt in der Schweiz die obligatorische Krankenversicherung „die Kosten für die Leistungen, die der Diagnose oder Behandlung einer Krankheit und ihrer Folgen dienen". Wie auch in Deutschland müssen diese Leistungen „wirksam", „zweckmäßig" und „wirtschaftlich" sein. Was dies konkret bedeutet, ist nicht definiert. In der Folge wird die Grundversorgung stärker durch die Praxis bestimmt. Die Forderung, zwischen einem unverzichtbaren Kern und dem Wünschbaren bei Gesundheitsleistungen zu unterscheiden, und letzteres privater Finanzierung zu überlassen, scheitert in der Umsetzung an einer Medizin, die überwiegend nicht in der Lage ist, Wirksamkeit, Zweckmäßigkeit und Wirtschaftlichkeit nachzuweisen oder einen Konsens darüber herzustellen.[157]

Was als Bestandteil der Grundversorgung gilt, ist in den Ländern historisch gewachsen und wird nicht periodisch überprüft. So werden in Deutschland und der Schweiz i. d. R. nur neue Verfahren einer Prüfung auf Aufnahme in den Leistungskatalog unterzogen. Einschneidende Änderungen des Leistungskatalogs sind die Ausnahme. In den Niederlanden wurde jedoch 1995 die Zahnbehandlung für Erwachsene aus den Grundleistungen herausgenommen.

Aus einem Vergleich von einzelnen medizinischen Leistungen in 15 europäischen Ländern wird deutlich, dass grundlegende Unterschiede in der Ausgestaltung des Leistungsangebots auf der Mikroebene, der Ebene des Arzt-Patienten-Verhältnisses, bestehen. So ist es beispielsweise in verschiedenen Ländern sehr unterschiedlich geregelt, wie viele persönliche Konsultationen und Ultraschalluntersuchungen im Rahmen der normalen Schwangerschaftsvorsorge erfolgen sollen und wer diese erbringt.[158] In den Niederlanden und in Dänemark werden für eine normale Schwangerschaft keine Ultraschalluntersuchungen empfohlen, in Ungarn dagegen vier. Länder mit einer stärkeren Beteiligung von Fachärzten an der Erbringung von Gesundheitsleistungen empfehlen mehr technische Untersuchungen, z. B. Ultraschall bei Nicht-Risikoschwangerschaften, als Länder, in denen Hebammen und Krankenschwestern einen großen Teil der Vorsorgeuntersuchungen wahrnehmen. So werden in Finnland mit einer starken Beteiligung der letztgenannten Berufsgruppen in der Präventivmedizin mehr Konsultationen während der Schwangerschaft und im Kindesalter empfohlen und durchgeführt als in Ländern mit einer dominanteren Facharztbeteiligung. Dass von der wirtschaftlichen Leistungsfähigkeit eines Landes nicht generell auf den Umfang des Leistungsangebots geschlossen werden kann, zeigt sich auch daran, dass Wartezeiten auf Bypassoperationen in der Slowakei, Tschechien und Ungarn kürzer sind als in Ländern wie Schweden oder dem Vereinigten Königreich. Diese und andere Variationen können als Beleg für einen starken Einfluss kultureller Faktoren bei der

---

[157] Vgl. Böcken, J., Butzlaff, M., Esche, A. (2000), S. 124.
[158] Vgl. Kupsch, S., Kern, A. O., Klas, C. u.a. (2000), S. 53–59.

medizinischen Leistungserbringung und für die umstrittene Evidenz der Wirksamkeit und Nutzenbewertung vieler Gesundheitsleistungen gewertet werden.[159]

Ein wegen seiner Einmaligkeit international vielbeachteter Versuch, die solidarisch finanzierten Behandlungen für Krankheiten im Einzelnen zu definieren, wurde im US-Bundesstaat Oregon Anfang der neunziger Jahre unternommen. Im Rahmen von Medicaid, der staatlich finanzierten Gesundheitsversorgung für Arme, wurden die medizinischen Leistungen geprüft und eingeschränkt. Für rund 700 Symptome mit Erfolg versprechenden Behandlungen wurde eine Behandlungs-Positivliste erarbeitet. In Teilen wurden Leitlinien berücksichtigt aber auch Therapiebudgets, Folgekosten von nicht behandelten Krankheiten oder mögliche Komplikationen. Die Prioritätenliste wird periodisch überprüft und fortgeschrieben. Insbesondere die Einbindung von Laien bei der Erstellung und Prüfung der Prioritätenliste ist im Sinne der Demokratisierung des Gesundheitswesen bemerkenswert. Eine Tendenz zur Ausweitung möglicher Behandlungen wurde gleichwohl festgestellt, dem durch Ausschluss anspruchsberechtigter Personenkreise, z. B. Studenten oder Absenkung der Einkommensobergrenze, gegengesteuert wurde.[160]

8.10
Zuzahlung und Kostenbeteiligung

Neben dem Ausschluss von Leistungen ist die Höhe von Zuzahlungen bedeutsam, auch weil sie den Gedanken einer Grundversorgung unterhöhlen können. Fast alle in den ersten beiden Tabellen berücksichtigten Länder führten in den vergangenen 10 bis 15 Jahren Zuzahlungen ein.[161] In offiziellen Begründungen überwiegen Argumente für eine Lenkungswirkung: Arztbesuche bei geringfügigen Gesundheitsstörungen sollen vermieden und ein sorgsamer Umgang mit Arzneimitteln gefördert werden. Tatsächlich ist die Lenkungswirkung umstritten, häufiger die Erschließung von Finanzmitteln beabsichtigt. Die Gesamthöhe der Zuzahlungen pro Jahr ist fast immer beschränkt, Befreiungen für chronisch Kranke oder Arme existieren regelhaft.[162] Damit die Bedeutung und auch die Belastungen durch Selbstbeteiligungen zwischen den Systemen verglichen werden kann, sollten auch die Kaufkraft, die Höhe der Versicherungsbeiträge, die individuelle Steuerbelastung ebenso wie ergänzende private Krankenzusatzversicherungen berücksichtigt werden.[163] Eine solche umfassende Analyse ist nicht bekannt. Von einer höheren finanziellen Beteiligung der anspruchsberechtigten Bevölkerung an den Krankheitskosten wird ein kostenbewusstes Verhalten erwartet. Wissenschaftliche Studien haben allerdings ergeben, dass Kosteneinsparungen infolge veränderten Kon-

---

[159] Vgl. Kupsch, S., Kern, A. O., Klas, C., u.a. (2000), S. 21–27.
[160] Vgl. Böcken, J., Butzlaff, M., Esche, A. (2000), S. 124.
[161] Vgl. Kern, A. O., Beske, F., Kupsch, S., Hallauer, J. F. (1997), S. 54–55.
[162] Vgl. Böcken, J., Butzlaff, M., Esche, A. (2000), S. 125.
[163] Vgl. Kern, A. O., Beske, F., Kupsch, S., Hallauer, J. F. (1997), S. 54.

sums nur bei einer sehr hohen jährlichen Selbstbeteiligung von gegenwärtig rund US$ 2.000 zu erwarten sind. Es ist davon auszugehen, dass die zwangsweise Einführung einer solchen jährlichen Selbstbeteiligung in Deutschland und anderen europäischen Ländern politisch nicht durchsetzbar wäre. Die Wirksamkeit der Selbstbeteiligung hängt zudem von der Arzt-Patienten-Beziehung ab. In dieser gegenwärtig noch von Autorität und Expertentum gekennzeichneten Beziehung haben Patienten wenig Einfluss auf Behandlungsauswahl und -verlauf.[164]

8.11
Versorgungssituation

Zur gesundheitlichen Organisation der Versorgung zählen Steuerung, Integration von Versorgungsbereichen und Vergütungsformen.

Steuerung. In keinem der bisher genannten Länder wird die gesundheitliche Versorgung allein dem Markt überlassen. Selbst in den USA, das als ein Musterfall für „unreguliertem" Wettbewerb gilt, gibt es für ausgewählte Bevölkerungsgruppen staatliche Programme, die den Zugang zur Gesundheitsversorgung sichern. Als Maßnahmen, die überwiegend einer staatlichen Steuerung zugeordnet werden, gelten:

- Staatliche Festlegung eines Budgets über eine Zeitperiode, ggf. mit Delegation an eine ausführende Institution, z. B. Krankenkasse oder Gebietskörperschaft.
- Staatliche Angebotsplanung, beispielsweise im niedergelassenen Bereich über Zahl und Fachrichtung der ambulant tätigen Ärzte oder im stationären Bereich über Zahl und Funktion der Krankenhäuser bzw. der Betten. Über die Angebotsplanung definiert der Staat zumindest in groben Zügen den Grundleistungskatalog.
- Die Vergütung der Anbieter erfolgt über Budgets oder über eine fixe bzw. planbare Honorierung mittels Gehälter oder Kopfpauschalen.
- Bei Arzneimitteln bestehen zumeist Preiskontrollen und restriktive Zulassungsverfahren.

In Reinkultur ist ein solches System in keinem der bisher genannten Länder (mehr) vorhanden. Finnland, Dänemark, Großbritannien, Kanada und im wesentlichen auch die Niederlande sind – wenn auch mit Unterschieden – diesem Steuerungstyp zuzuordnen. Als Kernelemente eines marktwirtschaftlich orientierten Systems können angeführt werden:

---

[164] Vgl. Böcken, J., Butzlaff, M., Esche, A. (2000), S. 128.

- Die Krankenversicherungen organisieren den Markt, sie verstehen sich als Mittler zwischen Angebot und Nachfrage. Sie verhandeln mit den Leistungserbringern den Preis und die Angebotsorganisation.
- Die Versicherten können zwischen verschiedenen Krankenversicherungen und Versicherungsoptionen wählen.
- Der Staat setzt Rahmenbedingungen, die folgendes beinhalten können: obligatorisches Grundversorgungspaket, Gewährleistung der Wahlfreiheit und Sicherheit für die Bürger durch Kontrahierungszwang der Versicherungsträger, Verhinderung der Risikoselektion bzw. Ausgleich von deren Folgen wie im Risikostrukturausgleich in der GKV, Verpflichtung zur Einhaltung von Mindeststandards des Angebots insbesondere hinsichtlich Menge und Qualität.

In reiner Form ist auch ein solches System nirgends vorhanden.

Vergütung. Honorierungssysteme setzen Anreize. Sehr allgemein wird Kopfpauschalen und Gehältern eine Tendenz zu Qualitätsmängeln, insbesondere zur Unterversorgung unterstellt, bei Einzelleistungsabrechnung eine Tendenz zur Mengenausweitung anstelle einer Optimierung der Behandlung. Dies mag eine Vorliebe für Misch-Systeme erklären. Insbesondere in Systemen mit Einzelleistungsabrechnungen wurden die steigenden Kosten durch Budgets begrenzt. Budgetüberschreitungen wurden nachträglich korrigiert, z. B. durch Absenkung der Punktwerte. Auch die Vergütung im Krankenhausbereich ist fast überall im Umbruch. Sie folgt im wesentlichen drei Linien:

- von der Kostenerstattung, inkl. Defizitgarantie, zur Festlegung prospektiver Budgets;
- von der historischen Budgetierung (zu Grunde gelegt wurden die Honorierungsvolumen vergangener Jahre) hin zur leistungs- oder funktionsorientierten Budgetierung;
- von der pauschalen Abgeltung für Pflegetage zur differenzierten Vergütung in Form von Fallpauschalen (die Einführung von DRGs – Diagnosis Related Groups ist für Deutschland ab 2007 für alle Fachgebiete außer Psychiatrie vorgesehen).

Integration. Die Frage der Integration der verschiedenen Segmente der Gesundheitsdienste ist nicht grundsätzlich mit der staatlichen oder marktorientierten Ausrichtung eines Gesundheitssystems verknüpft. Integration der gesundheitlichen Versorgung bedeutet im Idealfall, dass alle für die Betreuung eines Patienten benötigten Dienste aufeinander abgestimmt sind und ein bruchloser Übergang in das jeweils bestgeeignete Versorgungssegment möglich ist. Allerdings ist häufig nicht bekannt, welches Versorgungssegment für individuelle Patienten und Krankheiten am besten geeignet ist, z. B. für ambulante oder stationäre Rehabilitation. Als integrationsfördernd gelten:

- Angebote unter einem Dach, die eine ganzheitliche Problemsicht und reibungslose Übergänge ermöglichen.

- Gate keeping soll Doppeluntersuchungen vermeiden und dazu führen, alle Informationen in einer Hand zusammenlaufen zu lassen;
- auch die Finanzierung aus einer Hand erleichtert Abstimmung und Übergänge.

In den USA hat die Leistungserbringung und finanzielle Budgetverantwortung in einer Hand durch Managed-Care-Organisationen zu Kostendämpfungen beigetragen. In Europa hat insbesondere die Schweiz Managed-Care-Modelle eingeführt. Managed-Care-Versorgungsangebote wurden aufgrund ihres eingeschränkten Leistungskatalogs sowie fehlendem Kontrahierungszwang (kein Zwang für Krankenversicherer schlechte Gesundheitsrisiken aufzunehmen) und einer zu deutlichen Gewinnorientierung, letzteres vor allem in den USA, kritisiert. Es ist abzuwarten, ob in der Schweiz diese möglichen Fehlentwicklungen durch gesetzliche Rahmenbedingungen vermieden werden können.[165]

8.12
Qualitätssicherung, Prävention und Patientenrechte

Qualitätssicherung hat in den letzten Jahren zumindest verbal einen hohen Stellenwert in allen industrialisierten Ländern erhalten. Sowohl hinsichtlich der Erreichung von Strukturqualität (z. B. Ärztefortbildung), der Prozessqualität (z. B. Leitlinien) und der Ergebnisqualität (z. B. Erfolgsmessung anhand von Patientenbefragungen) wurden Initiativen entwickelt und staatliche Programme aufgelegt. Jedoch ist die Transparenz häufig gering, z. B. beim Vergleich von Krankenhäusern und / oder ambulanten Leistungserbringern oder bei der Erstellung und Anwendung von Leitlinien, oder es mangelt an der Umsetzung.[166]

Maßnahmen der *Prävention* werden in allen Ländern angeboten. Hierzu gehören:

- Primär- und Sekundärprävention wie Impfungen und Früherkennung. In Ländern der Europäischen Union sind diese Leistungen in den Grundleistungkatalogen enthalten, aber nicht in den USA;[167]
- spezielle Gesundheitsinitiativen, z. B. bei Herz-Kreislauf-Krankheiten oder bei AIDS;
- Gesundheitsförderung und -erziehung, z. B. Rauchen, Ernährung, Bewegung.
- Umweltgesundheit / öffentliche Gesundheit, z. B. Schadstoffe oder Wohnen.

Es kann kaum beurteilt werden, ob einzelne Länder vorbildliche Präventionsprogramme durchführen, da eine Evaluation meist nicht erfolgt. Nur punktuell lassen sich die Schwangeren-, Geburts- und Kleinkindervorsorge in Finnland und

---

[165] Vgl. Böcken, J., Butzlaff, M., Esche, A. (2000), S. 139.
[166] Vgl. Böcken, J., Butzlaff, M., Esche, A. (2000), S. 144.
[167] Vgl. Kupsch, S., Kern, A. O., Klas, C., Kressin, B. K. V., Vienonen, M., Beske, F. (2000).

die Zahnprophylaxe in der Schweiz als beispielhafte Programme anführen, da sie auch mit guten Ergebnissen verbunden sind, so mit einer niedrigen Säuglingssterblichkeit in Finnland und einer geringen Kariesfrequenz in der Schweiz.

Patienteninteressen können durch verbesserte Informationsweitergabe, Stärkung der Patientenrechte bis zur Integration der Patientensichtweise in die ärztliche Ausbildung gestärkt werden. Erst wenn Patienten zum Mitgestalten befähigt werden, kann eine größere Qualität und Effizienz im Gesundheitswesen erreicht werden. Erste Ansätze für eine organisatorische Einbindung von Patienteninteressen in ein Gesundheitssystem werden aus den Niederlanden und Finnland berichtet. In den Niederlanden enthalten alle veröffentlichten Leitlinien einen Teil, der für medizinische Laien verständlich formuliert wurde. In Finnland stellt das Versicherungsgesetz bei Patientenschäden auf den eingetreten Schaden und nicht den Verursacher ab.[168]

8.13
Zusammenfassung / Fazit

Der internationale Vergleich macht deutlich, dass alle Länder einem steigenden Ausgabendruck im Gesundheitswesen durch demographische Alterung, wachsende Ansprüche und medizinisch-technischem Fortschritt gegenüberstehen. Effizienzsteigerung und Erhöhung der Transparenz beim Leistungsgeschehen ist überall gefordert, wenn eine gute Gesundheitsversorgung für *alle* sichergestellt werden soll. Die Strukturen sind in den Ländern historisch gewachsen. Je nach Ausgangslage haben Reformen in verschiedenen Ländern unterschiedliche Ansatzpunkte. Es wird jedoch angestrebt, Maßnahmen nicht nur punktuell zu ergreifen. Grundlegende Reformen benötigen einen langen Atem, der auch Regierungswechsel übersteht.

Aus Vergleichen des eigenen Systems mit Erfahrungen anderer Länder soll das eigene Gesundheitssystem verbessert werden. Inwieweit Elemente anderer Länder vor dem Hintergrund kultureller, historischer und sonstiger Gegebenheiten eines Landes erfolgreich transferiert werden können, bleibt dennoch einem „trial-and-error"-Verfahren unterworfen. Dennoch bieten Beispiele der Finanzierung und der Organisation gesundheitlicher Versorgung anderer Länder willkommene Anregungen, die Richtung und Beschaffenheit des eigenen Weges zu überprüfen und gegebenenfalls zu verändern. Es bleibt abzuwarten, ob die von der Europäischen Union vorgegebene Prämisse, dass Gesundheitsversorgung in den Verantwortungsbereich der einzelnen Länder fällt, langfristig bestehen bleiben kann. Es ist abzuwarten, ob vor dem Hintergrund einer wachsenden grenzüberschreitenden Nachfrage nach Gesundheitsleistungen die EU-Gesundheitssysteme unterschiedlich ge-

---

[168] Vgl. Böcken, J., Butzlaff, M., Esche, A. (2000), S. 148–149.

staltet bleiben können oder inwieweit eine Harmonisierung möglich und vertretbar ist.

Teil B:

Der Unternehmensprozess im pharmazeutischen Unternehmen und seine Besonderheiten

1 Strategische Planung im pharmazeutischen Unternehmen

Maike July-Grolman
mjg Management Beratung, Köln

1.1
Der Unternehmensprozess im pharmazeutischen Unternehmen

Der Unternehmensprozess im pharmazeutischen Unternehmen lässt sich in verschiedene Teilprozesse gliedern (s. Abb. 1.1).

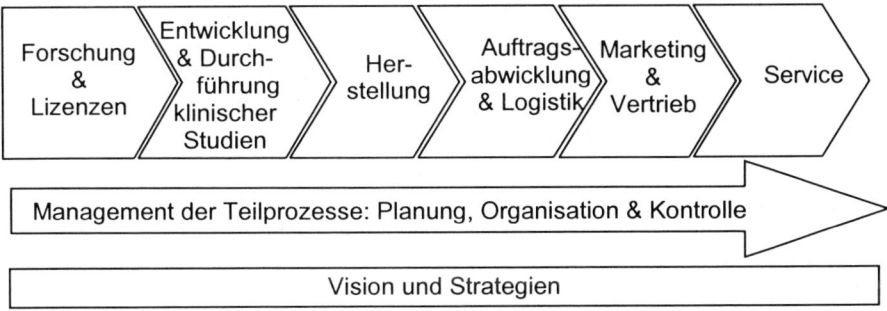

Abb. 1.1. Unternehmensprozess im Pharmaunternehmen

Die einzelnen Teilprozesse werden in den weiteren Kapiteln näher erläutert. Im Folgenden wird eine der wesentlichen Aufgaben des Managements – die strategische Planung und ihre Umsetzung (Organisation und Kontrolle) – beleuchtet.

1.2
Strategische Planung: Grundlagen

Was bedeutet Strategie? Strategie steht für eine Serie von integrierten Aktionen mit dem Ziel nachhaltige Wettbewerbsvorteile gegenüber den Konkurrenten zu erreichen. Formuliert wird die Unternehmensstrategie durch das Top-Management, abgeleitet aus der Vision des Unternehmens. „Strategic planning, as it has been practiced, has really been strategic programming, the articulation and elaboration of visions and strategies that already exist."[1] Die Existenz einer Unternehmensvision als Basisbaustein für die gesamten Strategien und Aktivitäten des Unternehmens ist für das Selbstverständnis der gesamten Organisation von elementarer Bedeutung.

Eine Unternehmensvision erfordert, dass die Organisation und damit die in ihr eingebundenen Menschen ein klares Verständnis für den Unternehmenszweck, die einzuschlagende Richtung und die zukünftige Unternehmensentwicklung zeigen und dies auch leben. Was kennzeichnet eine in sich schlüssige Unternehmensvision? Sie sollte die folgenden grundlegenden Fragen beantworten können:

- In welche Richtung bewegt sich das Unternehmen? Was soll erreicht werden?
- Was muss dafür getan werden? Wie können der bzw. die entscheidenden Wettbewerbsvorteil(e) realisiert werden?
- Wie soll agiert werden?
- Warum wird dieser Weg eingeschlagen? Wodurch sind die Mitarbeiter motiviert die Vision zu unterstützen?

Entwickelt wird die Unternehmensvision in der Regel im Rahmen von mehreren Management-Workshops, die das Top-Management einbinden und die oftmals durch externe Berater unterstützt werden. Die Vision wird bei multinationalen Unternehmen in der Muttergesellschaft geschaffen, die dann eine verbindliche Vision für ihr weltweites Geschäft und damit für alle Tochtergesellschaften festlegt. Eine Vision orientiert sich in der Regel an sehr langfristigen Zielen. Als konkretes Beispiel sei hier die Vision von Pasteur Mérieux-Connaught aufgeführt.

„Unsere Absicht ist es, als ein Global Leader zur Verbesserung der Gesundheit der Menschen beizutragen durch hervorragende immunologische Produkte für die Prävention und Behandlung von infektiösen Krankheiten. Wir bemühen uns kontinuierlich:

- In der Produktinnovation führend zu sein durch die Nutzung von strategischen Allianzen mit innovativen Partnern, die unsere Vision, unsere Werte und hohen Qualitätsstandards teilen.
- Die Wünsche / Bedürfnisse unserer Kunden zu erkennen und als Erste zu erfüllen mit einem breiten Angebot von Vakzinen zur aktiven und passiven Impfung.
- Die gute Leistung unserer Mitarbeiter anzuerkennen und weiter zu entwickeln.
- Unsere Werte zu leben: die Kundenerwartungen zufrieden zu stellen durch Eigeninitiative, Teamarbeit und aktives Umsetzen der globalen Vision.
- Unsere Firmenidentität und unser Image zu stärken."[2]

---

[1] Mintzberg, H. (1994), S. 107.
[2] Coopers & Lybrand (1995), S. 18.

Die noch sehr allgemein formulierten Ziele der Unternehmensvision werden nun durch die Ableitung von Strategien mit Leben erfüllt. Diese lassen sich grundsätzlich wie folgt klassifizieren:

- Corporate Strategie (z. B. Ausbau des Life-Science-Geschäftes)
- Strategien der Strategischen Business-Units (SBU) (z. B. Wachstum durch eine Fusion)
- Strategien der Funktionen / Abteilungen (z. B. Forschungs- und Entwicklungsstrategie)

Strategien und Zielsetzungen für die Strategischen Business-Units und die dort ablaufenden verschiedenen Unternehmensprozesse werden im Rahmen der strategischen Planung abgeleitet. Die strategische Planung hat zum Ziel die wichtigsten Eigenschaften und Erfolgsfaktoren des pharmazeutischen Unternehmens global für einen längerfristigen Zeitraum festzulegen. Die daraus entwickelten Konzepte und Strategien sollen die erfolgreiche Existenz des Unternehmens dauerhaft sichern. Somit ist die Planung stets zukunftsorientiert und basiert auf in die Zukunft gerichteten Annahmen, denen naturgemäß eine gewisse Unsicherheit eigen ist.

Entscheidend ist letztlich, dass die vorgegebene strategische Richtung von der gesamten Organisation akzeptiert, umgesetzt und gelebt wird. Die strategische Planung läuft auf drei Hierarchieebenen ab (s. Tabelle 1.1):

Tabelle 1.1. Hierarchieebenen

Planungsebene	Aktivitäten
Corporate-Ebene	• Festlegung der Vision, Unternehmenswerte und Strategien
	• Entscheidung über das Geschäftsfeld
	• Generelle Verteilung der Ressourcen
Business-Unit	• Definition der Wettbewerbsstrategie
	• Ausgestaltung der Produkt- / Marketingstrategien
Funktion / Abteilung	• Maximierung der Ressourcen-Produktivität
	• Aktive Unterstützung der Corporate- und Business-Unit-Strategien

Dieses System der nach Hierarchien aufgebauten Unternehmensplanung ist in der unternehmerischen Praxis häufig anzutreffen.

Das Planungssystem ist neben anderen – etwa dem Steuerungs- und Kontrollsystem – in die Unternehmensorganisation integriert. Innerhalb des Planungssystems werden entsprechend der Anzahl und Größe der betrieblichen Bereiche Teilpläne pro Bereich aufgestellt.

Die Intensität, mit der die Unternehmensbereiche strategische Planung betreiben, lässt sich anhand der Graphik in Abbildung 1.2 darstellen. Der zeitliche Anteil, den die einzelnen Unternehmensebenen für strategische Planung aufwenden, nimmt um so mehr zugunsten der operativen Planung und Ertragsplanung ab, je tiefer die Hierarchieebene angesiedelt ist.

Charakteristisch für die strategische Planung ist, dass sie im Wesentlichen auf der Corporate-Ebene stattfindet. Sie umfasst in der Regel mindestens die nächsten fünf Jahre. Die notwendigen Informationen und Daten werden überwiegend aus unternehmensexternen Quellen (z. B. Wirtschaftsinstitute, Institut für Medizinische Statistik IMS) bezogen und haben häufig nur Prognosequalität. Auf Basis der erhobenen Daten werden verschiedene strategische Möglichkeiten formuliert, die anhand bestimmter Kriterien analysiert werden. Die Kriterien umfassen die kritischen Rahmenbedingungen für das Unternehmen, die relevanten Stärken und Schwächen, die potenziellen Investitionen, die Auswirkungen auf den gesamten Unternehmensprozess, die möglichen Reaktionen der Wettbewerber und generelle Risiken. Als Ergebnis resultieren die definitiven Chancen und Risiken für das Unternehmen. Auf der Basis dieser Bewertung leitet sich die der speziellen Unternehmenssituation angepasste Strategie ab. Wie solche Strategien aussehen können, wird in Abbildung 1.3 veranschaulicht.

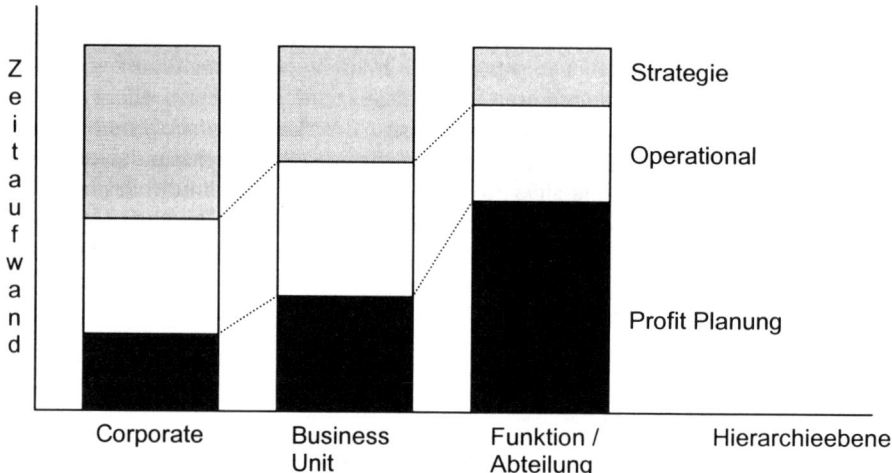

Abb. 1.2. Planungsintensität

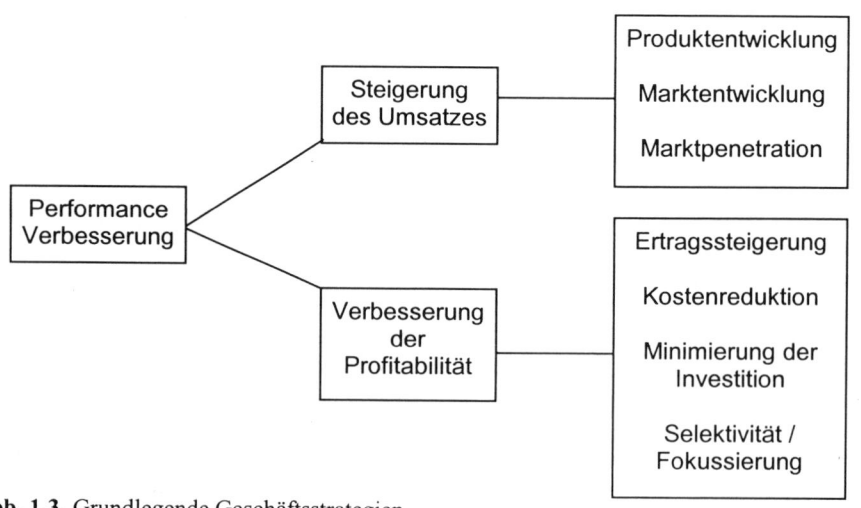

Abb. 1.3. Grundlegende Geschäftsstrategien

Auf der operativen Ebene sind die Business-Unit-Manager in das Planungsprocedere eingebunden. Der Planungshorizont umfasst ein bis fünf Jahre. Die Informationen stammen aus externen sowie internen Quellen (z. B. Marktforschung, Controlling). Die Ertragsplanung führen im Wesentlichen die Bereichsverantwortlichen durch. Sie basiert auf Ein-Jahres-Zeiträumen, wobei zusätzlich überwiegend interne Informationen einfließen.

Eine Planung bedingt in der Regel, dass das Management Entscheidungen innerhalb der Rahmenbedingungen (Vision, Strategie) fällt. Damit löst es einen Prozess mit verschiedenen Phasen aus (s. Abb. 1.4). Der dargestellte Planungsprozess zeigt einen komplexen Prozess, der durch eine Vielzahl von Vor- und Rückkopplungsschleifen gekennzeichnet ist. Ein solcher Planungsprozess vollzieht sich auf der Corporate-Ebene im Rahmen der einmal jährlichen Überprüfung des strategischen Plans. Innerhalb der Business-Units und Abteilungen läuft dieser Planungsprozess in kürzeren Zeitabständen permanent ab.

1.3
Besonderheiten für das pharmazeutische Unternehmen

Die Spielregeln in der Pharmaindustrie haben sich drastisch verändert. Das Gesundheitswesen befindet sich wirtschaftlich in einer Krise. Die Regierungen und Sozialpartner suchen intensiv nach Möglichkeiten die Kosten dauerhaft zu reduzieren. Vor allem der Pharmaindustrie werden durch die Gesundheitspolitik Preisfestsetzungen und andere Reglementierungen auferlegt. Aufgrund dieser und anderer Umfeldbedingungen müssen sich die Pharmaunternehmen derzeit mit dem Ziel ihre Wirtschaftlichkeit zu steigern strategisch neu ausrichten. Eine herausragende Bedeutung, um die Wettbewerbsfähigkeit des Unternehmens zu erhalten und auszubauen, kommt dem Erkennen von Veränderungen im Markt und deren möglichen Auswirkungen auf das Unternehmen zu. Wichtige Veränderungen, die die Pharmaindustrie unmittelbar betreffen, laufen in den Bereichen *Selbstverständnis der Patienten, Informationsmanagement, Technologie* sowie *Wissenschaft* ab.[3]

Bei den *Patienten* und ihrer Einstellung zum Thema Gesundheit ereignet sich ein bemerkenswerter Wandel: Die Patienten von heute nutzen aktiv das Internet als Informationsmedium, um sich die notwendigen Informationen über Krankheiten, Therapien usw. zu beschaffen. Sie fordern vom Gesundheitssystem und seinen Leistungserbringern eine optimale Versorgung mit Gesundheitsleistungen und Behandlungen. Das Verständnis von Gesundheit wandelt sich zunehmend von der reinen Krankheitstherapie zu einer Verbesserung der Lebensqualität unter anderem durch präventive Maßnahmen. Aber das neu erwachte Selbstbewusstsein der Patienten, auch als „ConsumerEmpowerment" bezeichnet, ist nur *ein* starker Einflussfaktor.

---

[3] Vgl. PricewaterhouseCoopers (1999), S. 3.

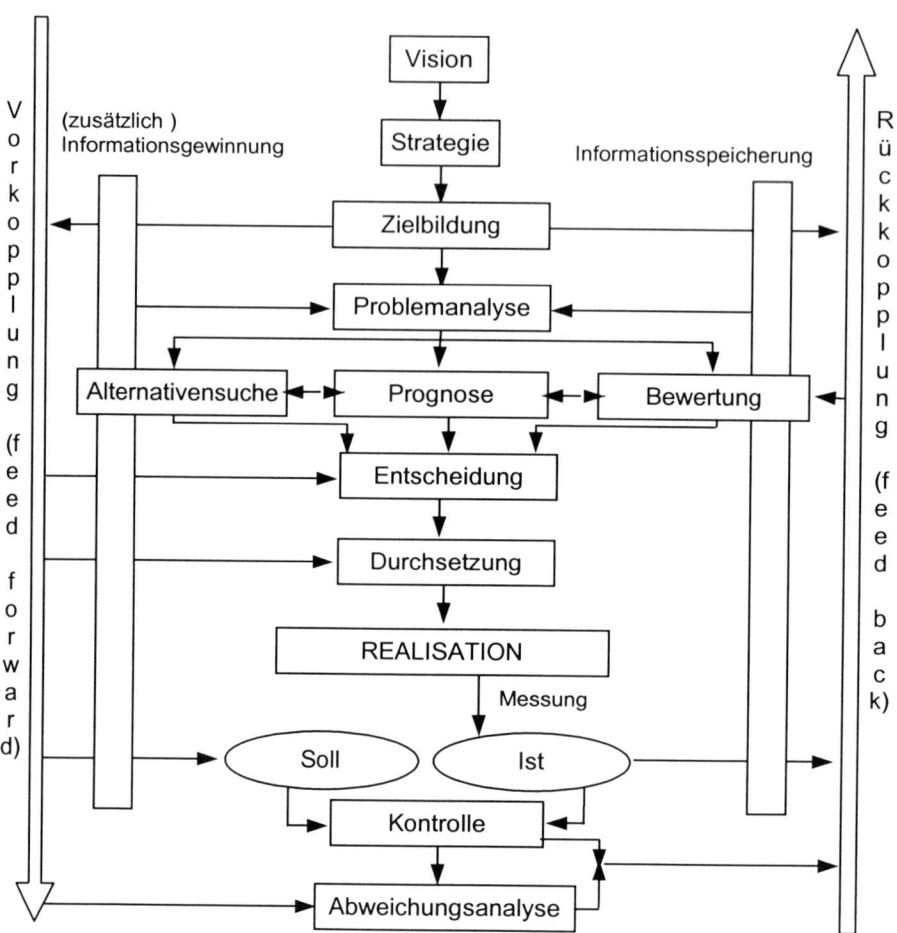

Abb. 1.4. Planungsprozess[4]

Das *Informationsmanagement* erhält durch den Einsatz des Internets eine völlig neue Dimension. Die Patienten suchen sich aktiv die Informationen, die sie über die Behandlung etwa von Diabetes benötigen oder lassen sich online Arztempfehlungen geben. In einigen Ländern – so den USA – erlaubt es die Gesetzeslage den Patienten die Verschreibung auf elektronischem Weg zu erhalten. Dem Pharmaunternehmen eröffnet eine gezielte Nutzung des Internets verstärkte Kontaktmöglichkeiten zu Ärzten, Patienten und Selbsthilfegruppen. So kann das World Wide Web als ein zusätzliches Marketing- und Vertriebsinstrument dienen.

Die Fortschritte in der medizinischen *Technologie* erlauben Optionen, welche die Behandlung von Krankheiten nachhaltig verbessern können. Der Einsatz der Telemedizin führt zu einer optimalen Versorgung von Patienten auch an fernen Orten und senkt drastisch die Kosten. Ein Beispiel aus Deutschland, Köln Porzer Kinderklinik: Kinder, die der ständigen Überwachung bedürfen, müssen nicht

---

4   Quelle: Eigene Darstellung nach Wild, J. (1982), S. 37.

längere Zeit in der Klinik verweilen. Ihre Daten werden per Funk von zu Hause aus über Monitore in die Kinderklinik übertragen. So lassen sich die zeit- und kostenaufwendigen Klinikbesuche auf einige wenige unerlässliche reduzieren. Die Nanotechnologie kann die Bioverfügbarkeit von Komponenten (Wirk- und Hilfsstoffe) verbessern, die für pharmazeutische Produkte genutzt werden. Das so genannte Tissueengineering erlaubt es, amputierte Körperteile durch neue Teile – bestehend aus biologisch abbaubaren Materialien, wie zum Beispiel bestimmte Polymere – zu ersetzen.

In der *Wissenschaft* eröffnet die Genomerforschung völlig neue Wege der Behandlung von Krankheiten. Krankhaft veränderte Gene und deren Funktion, die für den Ausbruch von bestimmten Krankheiten verantwortlich sind, können erforscht werden. Aus diesen Ergebnissen lassen sich neue Behandlungsformen entwickeln. Darüber hinaus besteht die Möglichkeit für den einzelnen Patienten eine ganz individuelle Therapie zu entwickeln, deren optimale Wirkung eben nur bei diesem Patienten eintritt. Die Erkenntnisse der Gentechnik werden neue Marktchancen für die Pharmaindustrie eröffnen, so zum Beispiel im Bereich diagnostische Tests, Präventivmedizin und Nachfolgebehandlungen. Diese Veränderungen wirken sich natürlich auf den gesamten Unternehmensprozess und seine Teilprozesse aus.

Für das *Management* stellen das Erreichen und Sichern einer wettbewerbsfähigen Unternehmensgröße die entscheidende Herausforderung dar – und zwar jetzt und heute und in Zukunft. Verschiedene Maßnahmen werden durchgeführt, wie beispielsweise eine Fusion mit einem anderen Pharmaunternehmen. Jüngstes Beispiel ist die Fusion von GlaxoWellcome und SmithKline Beecham zur neuen Firma GlaxoSmithKline mit dem strategischen Ziel, „unangefochtener Branchenführer" zu werden.[5] Oder die Pharmaunternehmen gehen strategische Allianzen bzw. Kooperationen mit Universitäten und / oder Biotechnologiefirmen ein, um die bestehenden Geschäftsfelder auszubauen oder um neue aufzubauen.

Die Herausforderung für *Forschung und Entwicklung* liegt im permanent steigenden Wettbewerbsdruck, der eine massive Reduzierung der F & E-Zeiten im Sinne von „Time to market" zwingt. Darüber hinaus erhöhen sich die Kosten im F & E-Bereich, da die Zulassungsanforderungen von nationalen und internationalen Behörden steigen, die klinischen Studien immer komplexer und das exklusive Nutzungsrecht von patentgeschützten Produkten immer kürzer werden. Zusätzlich spiegeln die gestiegenen Kosten für F & E nicht unbedingt auch eine größere Produktivität wider.[6] Neben der Entdeckung neuer Substanzen strebt man an die Entwicklungszeiten zu verkürzen. Durch Konzentration auf die Kernindikationsgebiete lässt sich die Anzahl der Forschungs- und Entwicklungsprojekte verringern. Eine frühzeitige Fokussierung auf die lukrativen Projekte mit den sogenannten „Blockbuster"-Substanzen trägt dazu bei neue Produkte schneller einzuführen und somit eher einen Umsatz zu erzielen.

In *der Herstellung und Logistik* resultieren Überkapazitäten aus einer zu großen Anzahl von Produktionsstätten weltweit. Eine Rationalisierung der Produktion zielt auf die Nutzung von wenigen Produktionsorten weltweit ab, die sich auf die

---

[5] Zitat aus der firmeneigenen Website.
[6] Vgl. Pammolli, F., Orsemigo, L., Gambardella, A. (2000).

Herstellung bestimmter Produkte (z. B. Herstellung von Suppositorien in Spanien)
spezialisiert haben. Darüber hinaus werden verstärkt Produktionsaktivitäten an
Subunternehmen (Auftragsherstellung) ausgelagert.

Das zunehmende Selbstvertrauen der Patienten und ihr Einfluss auf Therapie
und Einnahme der Medikamente – Stichwort der „mündige Patient" – bedeutet für
Marketing und Vertrieb eine Neuorientierung ihrer bisherigen Aktivitäten. Neben
dem gewohnten Fokus auf das Produkt wird der damit verbundene Service für den
Patienten immer wichtiger. Der Service kann über verschiedene Medien angebo-
ten werden. Ein Beispiel: Frauen in der Menopause haben einen hohen Bedarf an
Informationen über Symptome der eventuell einzunehmenden Medikamente sowie
über die Auswirkungen auf Psyche und Partnerschaft. Hier eröffnet sich für das
Pharmaunternehmen, das Produkte für dieses Indikationsgebiet anbietet, die
Chance diese Frauen via Internet über eine spezielle Seite zu diesem Thema anzu-
sprechen. In einem Chatroom könnten beispielsweise ausgesuchte Experten zu
Fragen der Patientinnen Rede und Antwort stehen. Eine andere Idee wären Infor-
mationstreffen, die gemeinsam mit den Krankenkassen organisiert werden, sowie
Diskussionsforen in Zusammenarbeit mit den behandelnden Ärzten. Dieser Ser-
vice wird von den Patientinnen als Zusatznutzen positiv bewertet und erhöht die
Bindung an das Unternehmen, das ihn anbietet.

Eine derart dynamische Umwelt fordert Aktionen und Reaktionen des Pharmaunternehmens, die ihren Niederschlag in den strategischen Überlegungen und
somit in der strategischen Planung finden.

1.4
Strategische Planung in der Praxis

Die strategische Planung und ihre Umsetzung kann in den verschiedenen Pharmaunternehmen im Detail variieren. In der Regel aber vollzieht sich die strategische
Planung nach folgenden Schritten:

Die Führungsspitze des Pharmaunternehmens formuliert die Vision und die
verbindliche Unternehmenspolitik. Daraus werden die vorrangigen Unternehmensziele und der entsprechende strategische Grobplan abgeleitet. In ihm werden
die allgemeinen Aktivitäten zur Zielerreichung festgelegt. Dieses Procedere findet
einmal im Jahr auf Mutterhaus-Ebene statt (Top-Down-Planung). Die Top Manager der Tochterunternehmen werden zu dieser Zusammenkunft eingeladen und
erhalten Informationen bzw. Vorgaben über die strategische Richtung für das
nächste Jahr und die folgenden fünf Jahre. Mit diesen Daten kehren die Manager
in ihre Länder zurück. Meist parallel hierzu erfolgt die Aufstellung der Detailpläne
inklusive der Budgets in den Abteilungen / Funktionen der verschiedenen Tochtergesellschaften (Bottom-Up-Planung). Die Detailpläne beschreiben konkret die
Realisierung der vorgegebenen Ziele und die dazugehörenden Kosten. Die Detailpläne gehen dann an die nächst übergeordneten Instanzen. Im Bereich Marketing
stellen die einzelnen Produktmanager Detailpläne für ihre Produktgebiete auf und

übergeben sie an die Marketingleitung. Dort werden die einzelnen Teilpläne koordiniert und anschließend weitergereicht – meist an die Abteilung Controlling. Das Controlling bietet ein System zur Unterstützung der Unternehmensführung, mit dem die Prozesse im Unternehmen hinsichtlich ihrer Zielsetzung und Zielerreichung gesteuert und optimiert werden können. Das Controlling führt die Teilpläne zu einem gesamten strategischen Plan für das Unternehmen zusammen.

Im Anschluss versammelt sich das Management in der Regel zu einer mehrtägigen Planungssitzung, die meist im Herbst stattfindet. Dort stellen die Verantwortlichen ihre jeweiligen Teilpläne vor. In Pharmaunternehmen, die einem internationalen Konzern angehören, vergleicht das Management anschließend die vorgestellten Maßnahmen und Daten mit den Vorgaben des Mutterhauses. Die Erfahrung zeigt häufig, dass dessen Vorgaben nicht mit den Vorstellungen der Tochtergesellschaft übereinstimmen. Folglich werden die einzelnen Bereiche aufgefordert, ihre Detailpläne zu überarbeiten und an die Vorgaben anzupassen. Ein neuer Sitzungstermin wird festgelegt, an dem die modifizierten Pläne den Entscheidungsträgern erneut präsentiert werden. Dieser Prozess wiederholt sich solange, bis Einigkeit erzielt ist bzw. bis zu dem von der Muttergesellschaft vorgegebenen Abgabetermin. Anschließend erhält das Mutterhaus den verabschiedeten Plan.

In selbstständigen Unternehmen werden die vorgestellten Teilpläne mit den Zielen und Vorgaben der Unternehmensleitung verglichen. Treten Differenzen auf, setzt auch hier der Prozess zur Modifizierung der Pläne ein. Die folgenden anonymisierten Beispiele für strategische Pläne geben einen konkreteren Einblick.

Auszug aus einem Plan-Dokument der Tochtergesellschaft eines internationalen Pharmakonzerns, 1995
Die strategischen Zielsetzungen sind auch für die kommenden Jahre: Wachstum in den Schlüsselmärkten, Optimale Nutzung der vorhandenen Ressourcen und Straffung der Organisationsstruktur. Zur Realisierung dieser Ziele wird sich auf verschiedene Schwerpunkte konzentriert:
- Wachstum in den Schlüsselmärkten
  - durch Neueinführungen
  - Ausbau der Wachstumspräparate
  - Neue Produkte durch Co-Promotion und Licensing-In (Erwerb von Lizenzen)
- Evaluierung neuer Geschäfte
  - Erwerb eines Generika-Anbieters
- Aktive Bearbeitung neuer Kundensegmente
  - Beziehungsmarketing mittels Vernetzung: Der Arzt erhält via Modem Zugriff auf eine Kommunikationsplattform, die den Austausch von Daten und Dokumenten sowie den Zugriff auf Datenbanken wie *medline* ermöglicht.
- Straffung der Organisationsstruktur
  - Neuorganisation im Verkauf
  - Einsatz von KeyAccountManagern in der Klinikbetreuung

Auszug aus einem strategischen Plan der Forschungsabteilung eines internationalen Pharmakonzerns, 1992 bis 2000

- Verbesserung des Forschungsportfolios
  - Interne Analysen (Projekte, Ressourcen)
  - Externe Analysen (Entwicklung der Krankheiten, medizinischer Bedarf)
- Einsatz eines operativen Plans
  - Vereinfachung der Prozesse und Strukturen
  - Umverteilung der Ressourcen und Verantwortlichkeiten
- Einführung eines Technologie-Planes
  - Sicherstellung des Zugangs zu den wichtigen Entwicklungstechnologien: intern und durch Partner

Auszug aus dem strategischen Plan eines international tätigen Pharmaunternehmens, 1998

- Innovative Strategie – Globale Allianz
- Globale Entwicklungs- und Vertriebsstrategie
- Aufbau globaler und nationaler Entscheidungsgremien
  - Zulassungsverfahren
  - Entwicklung von Präparaten für neue Indikationen
- Produktpositionierung
- Zielgruppenselektion
- Außendienstaktivitäten
- Internationale IT- und Kommunikationsstrukturen
- Steigerung der Vertriebsstärke durch Partner

Auszug aus der strategischen Planung zur Fusion zweier internationaler Pharmakonzerne, 1999

- Kurzfristige Strategie: Realisierung von Integrations- und Performanceverbesserungen
  - Schnelle Implementierung des Integrationsprozesses
  - Realisierung von Synergieeffekten in den nächsten drei Jahren in Höhe von US$ 700 Millionen
- Mittel- bis langfristige Strategie: Nachhaltiges Wachstum und Effizienz
  - mehr Innovation durch moderne Technologien
  - Nutzung der komplementären Produkte und Produkt-Pipelines
  - Erhöhung der F & E-Ressourcen
  - höhere Marketing-Power
  - Durchführung von Produktkonzentrationen
  - Nutzung von Synergieeffekten
  - Optimierung des Vermögens

Entscheidend für den Erfolg des strategischen Plans und seiner Teilpläne ist die konsequente und kontinuierliche Umsetzung. Diese sollte unbedingt vom Management gesteuert werden und zwar durch den Einsatz eines Umsetzungscontrolling. Die dort Verantwortlichen fordern in regelmäßigen Zeitabständen Statusberichte von den einzelnen Abteilungen und Projekten an, die dem Top-Management in den ohnedies regelmäßig stattfindenden Managementbesprechungen vorgestellt werden. Auf diese Weise ist sichergestellt, dass eventuelle interne und externe Einflüsse, wie z. B. Widerstände innerhalb der Mitarbeiter und Änderungen rechtzeitig bemerkt, und entsprechende Schritte eingeleitet werden, um so das Gesamtziel ungefährdet zu erreichen.

2 Von der Entwicklung bis zur Zulassung

2.1
Die Entwicklung eines Arzneimittels

Thorsten Gorbauch, Rainer de la Haye
Aventis Pharma GmbH, Bad Soden/Taunus
Input GmbH, Aachen

2.1.1
Präklinische Entwicklung

Die Entwicklung eines Arzneimittels gliedert sich in zwei Hauptabschnitte: die präklinische und die klinische Entwicklung. Während letztere im Allgemeinen die Erprobung am Menschen umfasst, beinhaltet die präklinische Entwicklung sämtliche zuvor im Labor- und im Tierversuch durchgeführten grundlegenden Studien.

Beide Abschnitte der Arzneimittelentwicklung fordern große Professionalität, bedingt zum einen durch höchste Qualitätsanforderungen aufgrund der Vorgaben des Gesetzgebers und der Zulassungsbehörden, zum anderen aufgrund der hohen Entwicklungskosten, welche zeitliche Verzögerungen oder Fehlplanungen schnell zum finanziellen Desaster für das jeweilige Unternehmen werden lassen.

Ganz am Anfang der Entwicklung eines neuen Arzneimittels, die im Schnitt acht bis zehn Jahre dauert und bis zu 500 Millionen Euro kostet, steht die Suche nach vielversprechenden Substanzen, vornehmlich für solche Erkrankungen, bei denen der Therapiestandard noch nicht ausreichend ist, also ein sogenannter *„unmet medical need"* besteht. Diese Suche geschieht heute nicht mehr nach dem Zufallsprinzip bzw. *„Trial and Error"*, sondern man versucht zunächst möglichst exakt zu definieren, an welchem biologischen Prozess man mit der neuen Therapie ansetzen möchte. So liefert beispielsweise die Rezeptorforschung Vorstellungen von den molekularen Strukturen bestimmter Bindungsstellen im Organismus, die durch eine Substanz entweder stimuliert oder gehemmt werden sollen, um eine entsprechende Reaktion (Wirkung) auszulösen, wie z. B. Senkung des Blutdrucks.

Moleküldesigner konstruieren nun am Computer erfolgversprechende chemische Verbindungen (*computer aided drug design*). Mit Hilfe von standardisierten Testsystemen wird eine große Zahl vielversprechender Molekülstrukturen auf ihre potenzielle Eignung getestet (*Screening*), wobei häufig Laborroboter diese Arbeit in früher nicht vorstellbarer Weise effektivieren. Aussichtsreiche Kandidaten werden auf diese Weise definiert und zu sogenannten *„Leitsubstanzen"* erklärt.

Diese werden anschließend in vielerlei Hinsicht variiert und weiteren Tests unterzogen. Verlaufen diese erfolgversprechend, werden die Leitsubstanzen nun an lebenden Zellen geprüft um herauszufinden, ob die vermuteten Wirkungen auch im Organismus nachzuvollziehen sind. Zum Einsatz kommt jetzt der Tierversuch oder das Tiermodell, in den letzten Jahren vermehrt auch die Testung an Zellkulturen.

Man muss wissen, dass zu diesem Zeitpunkt der Entwicklung von initial 5.000 bis 10.000 geprüften Substanzen noch rund 100 weiterentwickelt werden, wohingegen die große Mehrzahl „durch den Rost" gefallen ist und ausgesondert wurde. Auf der Zeitachse sind inzwischen viele Monate, vielleicht sogar Jahre vergangen. Im letzten Abschnitt der präklinischen Entwicklung werden vielversprechende Kandidaten an verschiedenen Tierarten untersucht, um erste pharmakologische Erkenntnisse über Resorption (Aufnahme), Metabolisierung (Verstoffwechslung) und Elimination (Ausscheidung) der Substanz und deren Abbauprodukte sowie weitere Hinweise zur Wirkung und späteren Dosierung zu gewinnen.

Darüber hinaus werden jetzt die für den folgenden Einsatz am Menschen sehr wichtigen sogenannten „toxikologischen Untersuchungen" durchgeführt. Diese liefern Erkenntnisse über die „Giftigkeit" des künftigen Arzneimittels. Man versucht herauszufinden, welche negativen Effekte sich bei sehr hoher Dosis sofort einstellen (akute Toxizität), wie z. B. Leberkoma oder Herzrhythmusstörungen, und welche Folgen sich im Organismus bei längerem Gebrauch zeigen können (Langzeittoxikologie). Ziel ist einen Dosisbereich zu definieren, in welchem keine oder zumindest keine gravierenden toxikologischen Effekte nachweisbar sind.

Außerdem ist es wichtig, im Rahmen der reproduktionstoxikologischen Tierversuche bereits zu erkennen, ob das künftige Arzneimittel bei Verabreichung in der Schwangerschaft Missbildungen (Teratogenität) oder Schäden am Embryo hervorruft (Embryotoxizität) sowie herauszufinden, ob die Möglichkeit bestehen könnte, dass die Substanz Krebs verursacht (Cancerogenität) oder das Erbgut der menschlichen Zellen verändert bzw. schädigt (Mutagenität).

Es liegt auf der Hand, dass die Studien zur Toxizität eine der wichtigsten Voraussetzungen für die weitere Entwicklung beim Menschen darstellen. Von deren Ausgang hängt letztlich ab, ob es zu verantworten ist die Substanz einem Menschen zu verabreichen.

Um die Qualität dieser Untersuchungen zu gewährleisten, fordern die Zulassungsbehörden die Einhaltung international gültiger Regeln (Good Laboratory Practice – GLP) und festgelegter Richtlinien über die Tierarten, die Anzahl der Tiere und die Dauer solcher Versuche.[7]

Die Ergebnisse der präklinischen Studien zur Pharmakologie und Toxikologie sind entscheidend für die weitere Zukunft einer Substanz. Sie bestimmen, ob die Entwicklung fortgeführt oder abgebrochen wird, welcher Forschungsweg eingeschlagen und welche Sicherheitsvorkehrungen bei der weiteren Prüfung berücksichtigt werden müssen. Sie sind entscheidende Grundlage bei der Nutzen-Risiko-Evaluierung, die im Vorfeld jeder einzelnen klinischen Studie, d. h. Studie mit menschlichen Versuchspersonen, erhoben werden muss und gehören zu den Unterlagen, die vor Studienstart der zuständigen Ethikkommission und dem Bundesinstitut für Arzneimittel und Medizinprodukte (BfArM) bzw. dem Paul-Ehrlich-Institut (PEI) vorgelegt werden müssen.

---

[7] Vgl. Environment Directorate OECD (1998).

2.1.2
Klinische Entwicklung

2.1.2.1
Voraussetzungen und Regelwerke

Nach dieser ersten Phase der „Geburt" eines neuen Arzneimittels, welche wir als präklinische Entwicklung bezeichnet hatten, die im Durchschnitt drei bis fünf Jahre dauert und rund 100 Millionen Euro kostet, werden die nun vorliegenden Daten einer gewissenhaften Überprüfung (Nutzen-Risiko-Bewertung) durch ein interdisziplinäres Forscherteam unterzogen. Hierzu zählen unter anderem Pharmakologen, Toxikologen, Fachärzte für das jeweilige Indikationsgebiet, z. B. Internisten, klinische Pharmakologen und Spezialisten für Arzneimittelsicherheit sowie Arzneimittelzulassung. Wenn die neue Substanz nun hinreichend qualifiziert zu sein scheint, um in die klinische Entwicklung, d. h. die Erprobung am Menschen, einzutreten, ist der nächste wichtige Abschnitt im Werdegang eines Arzneimittels erreicht. Es wird nun ein kompliziertes Regelwerk aus gesetzlichen Vorschriften sowie internationalen und nationalen Richtlinien wirksam.

Der Grund hierfür ist augenfällig, gelangt die Substanz nun ja in den menschlichen Organismus mit allen sich hieraus ergebenden Konsequenzen. Daher sind entsprechende Bestimmungen, welche bei allem Enthusiasmus der Forscher vor allem den Schutz der teilnehmenden Probanden (Patienten) in den Mittelpunkt stellen und die Qualitätsstandards festlegen, schon aus ethischen Gründen unverzichtbar.

Das deutsche Arzneimittelgesetz (AMG) regelt den Verkehr mit Arzneimitteln (AMG in der Fassung vom 26. Juli 2000) und bestimmt dabei auch, unter welchen Umständen und Voraussetzungen klinische Prüfungen in Deutschland durchgeführt werden müssen.

Die internationalen Richtlinien zur sogenannten „Guten Klinischen Praxis (Good Clinical Practice – GCP)" stellen ein umfangreiches Vorschriftenwerk dar und beschreiben bis ins kleinste Detail, wie nach dem aktuellen Stand der Wissenschaft klinische Prüfungen durchzuführen sind.[8] Sie beschränken sich hierbei schwerpunktmäßig auf formale, grundsätzliche und allgemeingültige Aspekte, wie z. B. Definition von Verantwortlichkeiten, Aufklärungs- und Fürsorgepflichten gegenüber Probanden und Patienten, Anweisungen zur Dokumentation und zum weiteren Umgang mit den erhobenen Daten sowie Maßnahmen zur Qualitätssicherung. Etwas pointiert ausgedrückt kann man die internationalen Richtlinien zur Good Clinical Practice als die „Bibel" des klinischen Forschers bezeichnen, die im Arzneimittelgesetz niedergelegten nationalen Bestimmungen als die „Zehn Gebote".

Darüber hinaus liegen für nahezu alle wichtigen Indikationen, wie z. B. Herzinsuffizienz, Infektionen und Schmerztherapie, ausführliche internationale und nationale Leitlinien (Guidelines) vor, die von unterschiedlichen Institutionen (Food and Drug Administration – FDA, European Union – EU, International Conference

---

[8] Vgl. EU-GCP (1995) sowie ICH (1996).

on Harmonization – ICH / Committee for Proprietary Medicinal Products – CPMP, World Health Organization – WHO) bzw. medizinischen Fachgesellschaften verfasst wurden und bei der Entwicklung eines Arzneimittels beachtet werden müssen, um ein erfolgreiches späteres Zulassungsverfahren zu gewährleisten.

Die geschilderten Regularien finden Berücksichtigung bei der Erstellung des Entwicklungsplans, in welchem sämtliche geplante klinische Studien, deren Inhalte und zeitliche Abfolge sowie wichtige Entscheidungskriterien präzise niedergelegt sind. Der Entwicklungsplan ist später Teil des Zulassungsantrages und wird in der Regel im Vorfeld mit den wichtigsten Zulassungsbehörden (FDA, European Medicines Evaluation Agency – EMEA) abgestimmt.

Unter einer klinischen Studie versteht man die Anwendung eines Arzneimittels am Menschen zu dem Zweck, über den einzelnen Anwendungsfall hinaus Erkenntnisse über den therapeutischen oder diagnostischen Wert eines Arzneimittels, insbesondere über seine Wirksamkeit und Unbedenklichkeit, zu gewinnen; dies gilt unabhängig davon, ob die Prüfung in einer Klinik oder in der Praxis eines niedergelassenen Arztes durchgeführt wird.

Vor jeder einzelnen klinischen Studie im Rahmen eines Entwicklungsprojektes muss das verantwortliche pharmazeutische Unternehmen (der sogenannte „Sponsor") eine detaillierte Dokumentation erstellen. Hierzu zählen unter anderem:

• sämtliche Erfahrungen aus vorangegangenen Studien, also das gesamte Wissen zum Produkt,
• eine ausführliche Nutzen-Risiko-Bewertung,
• ein detaillierter Prüfplan, der das geplante Projekt in allen Einzelheiten beschreibt,
• Informationen für die beteiligten Prüfärzte (sogenannte „Investigator's Brochure"),
• die Dokumentation zur Art und Weise der Aufklärung und Einholung der Einverständniserklärung der Probanden bzw. Patienten,
• Bescheinigung über die ausreichende (gesetzlich vorgeschriebene) Versicherung der Teilnehmer,
• Benennung eines für die jeweilige Studie verantwortlichen, hierfür qualifizierten ärztlichen Leiters.

Der pharmazeutische Unternehmer muss ferner sicherstellen, dass sein Prüfpräparat nach dem derzeit gültigen Standard der sogenannten „Guten Herstellungspraxis" (Good Manufacturing Practice – GMP) hergestellt wurde. [9]

Die Richtlinien zur GMP, in Deutschland u. a. umgesetzt in der Pharmabetriebsverordnung, stellen hohe Anforderungen an die Herstellung und Qualität der Prüfpräparate. [10]

Sind die geschilderten Voraussetzungen sämtlich erfüllt, muss jede einzelne Studie einer unabhängigen Ethikkommission vorgelegt werden, wie es das Arzneimittelgesetz in Deutschland vorschreibt. Die vordringlichste Aufgabe der

---

[9] Vgl. ICH (2000).
[10] Vgl. Feiden, K. (1998), S. 79–125.

Ethikkommission besteht im Schutz der teilnehmenden Probanden bzw. Patienten vor möglichen Gefahren der Studie. Die Ethikkommission überprüft gewissermaßen die bereits vom Pharmaunternehmen vorgenommene Bewertung von Nutzen und Risiko der klinischen Prüfung für die Teilnehmer. Sie richtet darüber hinaus meist ein besonderes Augenmerk auf Form und Inhalt der Patientenaufklärung und den adäquaten Versicherungsschutz.

Ethikkommissionen sind in Deutschland öffentlich-rechtlich organisiert und dem Landesrecht des jeweiligen Bundeslandes unterstellt. In der Regel sind sie bei den Landesärztekammern oder den medizinischen Fakultäten der Hochschulen angesiedelt. Ihre Zusammensetzung variiert, jedoch gibt es international gültige Mindeststandards: mindestens fünf Mitglieder, hiervon drei Ärzte, ein Jurist und ein medizinischer Laie.

Neben Prüfung sämtlicher relevanter Unterlagen vor Beginn der klinischen Prüfung begleiten die Ethikkommissionen den gesamten Verlauf der Studien, indem sie kontinuierlich über eventuelle Änderungen der Methodik, neue Erkenntnisse oder auftretende Risiken informiert werden müssen um zu überprüfen, ob gegebenenfalls Maßnahmen bis hin zum Abbruch des Projektes erforderlich sind.

Das abschließende Urteil der Ethikkommission, in der Fachsprache als „Votum" bezeichnet, ermöglicht Pharmaunternehmen, positiver Tenor vorausgesetzt, die Studie beim Bundesinstitut für Arzneimittel- und Medizinprodukte (BfArM) oder, sofern Impfstoffe, Sera oder Blutprodukte Gegenstand der Forschung sind, beim Paul-Ehrlich-Institut (PEI) einzureichen. Erst nach Erteilung der entsprechenden „Vorlagenummer" darf mit der klinischen Prüfung im engeren Sinne, d. h. der Aufnahme von Patienten in die Studie, begonnen werden.

Klinische Prüfungen werden international in Studien der Phasen I–IV unterteilt.[11] Eine Übersicht hierzu liefert Abbildung 2.1.

In den folgenden Abschnitten wird auf die einzelnen Phasen näher eingegangen.

2.1.2.2
Phase I der klinischen Prüfung

In dieser Phase kommt das Arzneimittel zum ersten Mal am Menschen, meist gesunden, freiwilligen Versuchspersonen (Probanden) zur Anwendung. Ziel dieser humanpharmakologischen Untersuchungen ist es Erkenntnisse über Sicherheit und Verträglichkeit bei ein- und mehrmaliger Verabreichung einerseits sowie dem Verhalten der Substanz im menschlichen Körper (Pharmakokinetik) andererseits zu gewinnen, d. h. festzustellen, wie die Substanz aufgenommen, verteilt, verstoffwechselt und ausgeschieden wird. Soweit möglich werden in der Phase I bereits erste Informationen zur therapeutischen Wirkung, z. B. Blutdrucksenkung, gewonnen.

---

[11] Vgl. ICH (1995).

	Phase I	Phase II	Phase III	Phase IV
CHARAKTERISTIKA	Erste Anwendung beim Menschen; ausnahmsweise auch bei ausgewählten Patienten; n=60 bis 80	Erste Anwendung bei Patienten mit der entsprechenden Indikation; Pilotstudien und / oder kontrollierte Studien (randomisiert, placebokontrolliert, doppelblind); n=100 bis 500	Anwendung bei Patienten unter den Bedingungen in Praxis und Klinik; kontrollierte multizentrische Studien; n=1.000 bis 5.000 Phase III stellt die Wirksamkeit und Verträglichkeit einer Substanz unter Beweis.	Anwendung bei sehr vielen Patienten nach der Zulassung; Unkontrollierte und kontrollierte Studien; n=5.000 bis mehr als 10.000
ANGESTREBTE ERKENNTNISSE	1. Ist die Sustanz verträglich? 2. Wie wird die Substanz verstoffwechselt? 3. Wie sollte die Substanz dosiert werden? 4. Lohnt es sich die Substanz weiter zu untersuchen?	1. In welchen Dosisbereichen ist die Substanz wirksam? 2. Wie wird sie bei Patienten verstoffwechselt? 3. Können die vermuteten Wirkungen bei Patienten erzielt werden? 4. Ist die Substanz bei Patienten verträglich? 5. Lohnt es sich die Substanz weiter zu untersuchen?	1. Ist die Substanz in der angestrebten Indikation wirksam? 2. Ist die Substanz bei praktischer Anwendungen sicher? 3. Nebenwirkungen? Welche? Wie häufig? 4. Ist die Substanz im Vergleich zu anderen besser oder gleichwertig? 5. Kann die Substanz zur Zulassung eingereicht werden?	1. Wie sieht das Sicherheitsprofil nach Langzeitanwendung aus? 2. Verändert die Anwendung der Substanz den Gesundheitsstatus der Bevölkerung? 3. Ergeben sich bisher unbekannte zusätzliche Wirkungen?

Abb. 2.1. Charakteristika, Ziele und Ergebnisse der klinischen Prüfung in den Phasen I– IV[12]

Die Anwendung beginnt mit einer sehr geringen Dosis des Präparates, d. h. einer Dosis, bei der man davon ausgehen muss, dass sie noch keinerlei Wirkung im

---

[12]   Quelle: Verband Forschender Arzneimittelhersteller e.V. (VFA) (1997), S. 10-11.

menschlichen Organismus zeigen wird. Im Laufe des Experiments wird die Dosis gesteigert und beobachtet, in wie weit sich die Sicherheitsparameter verändern. Sicherheitsparameter sind z. B. die sogenannten „Vitalparameter", wie Blutdruck, Herz- und Atemfrequenz sowie Körpertemperatur, aber auch andere Parameter, die substanzspezifisch sein können, wie EKG- oder Laborbefunde.

Weiterhin werden die bei den Probanden auftretenden eventuellen Nebenwirkungen des Präparates sorgfältig dokumentiert und bewertet. Die Steigerung der Dosis endet dort, wo die höchste, noch vom Menschen gut tolerierte Dosis erreicht ist.

Neben den Studien zur Toleranzgrenze, Dosis-Wirkungs-Beziehung und Pharmakokinetik bei Gesunden zählen auch Untersuchungen zu Wechselwirkungen (Interaktionen) mit den wichtigsten im jeweiligen Indikationsgebiet oder künftigen Patientenklientel verabreichten weiteren Medikamenten sowie Bioverfügbarkeitsstudien und pharmakokinetische Untersuchungen bei bestimmten Bevölkerungsgruppen oder bei Leber- und Nierenstörungen mit zum Programm der Phase I.

Phase-I-Studien sind gekennzeichnet durch eine große Anzahl von Einzelmessungen (z. B. von Blut- und Urinwerten) in einem genau definierten Zeitrahmen. Sie werden üblicherweise an gesunden Probanden – pro Studie ca. 10 bis 30 – durchgeführt.

Sofern Informationen über das Medikament erforderlich sind, die an Gesunden nicht zu erlangen sind, z. B. Verhalten des Medikaments im Organismus bei Leber- oder Nierenstörungen, werden diese Studien an entsprechenden Kranken durchgeführt. Darüber hinaus können Studien mit toxischen Substanzen, z. B. Medikamenten gegen Krebserkrankungen (Zytostatika), auch in der Phase I aus begreiflichen Gründen nur am erkrankten Patienten durchgeführt werden.

Probanden, die an einer Phase-I-Studie teilnehmen, helfen ganz maßgeblich mit medizinischen Fortschritt zu erzielen, haben aber selbst von der Teilnahme keinerlei therapeutischen Nutzen, sie sind ja gesund. Daher erhalten Probanden eine Vergütung des pharmazeutischen Unternehmens. Nach GCP ist das Honorar des Probanden eine Aufwandsentschädigung, die nicht so hoch sein darf, dass der Proband aus rein finanziellen Gründen an der Studie teilnehmen oder darin verbleiben möchte. Die geplanten Honorare für die Probanden müssen der zuständigen Ethikkommission zur Bewertung vorgelegt werden.

An die Aufklärung der Probanden über Art und Risiken der durchzuführenden Untersuchungen werden hohe Anforderungen gestellt. Die Einverständniserklärung bedarf der Schriftform.

2.1.2.3
Phase II der klinischen Prüfung

Zielsetzung der Studien in der Phase II der klinischen Arzneimittelentwicklung ist es herauszufinden, ob das potentielle Medikament tatsächlich bei Kranken wirksam ist, welche eventuellen Nebenwirkungen auftreten und wie die Substanz optimal zu dosieren ist. Daher wird in dieser Phase die Prüfsubstanz in sogenannten „Pilotstudien" Patienten mit Symptomen oder Erkrankungen verabreicht, für deren Behandlung die Prüfsubstanz vorgesehen ist. Dem explorativen Charakter dieser Studien folgend werden diese Untersuchungen an ca. 100 bis 150 Patienten durchgeführt (Phase IIa). Phase-II-Studien untersuchen also erstmalig die Parameter systematisch, die die Wirksamkeit der Substanz belegen sollen. Die noch relativ kleine Fallzahl ist damit begründet, dass die Verträglichkeit der Medikation beim kranken Patienten gegenüber den gesunden Probanden der Phase I unterschiedlich ausfallen kann und man das entsprechende Risiko so gering wie möglich halten möchte. Auf der anderen Seite muss die Prüfsubstanz auch erst unter Beweis stellen, dass sie bei dem untersuchten Krankheitsbild überhaupt wirksam ist.

Sofern die soeben geschilderten Studien der Phase IIa positive Resultate zeigen, kann mit der Phase IIb begonnen werden. Diese Phase umfasst vergleichende Prüfungen zur Dosisfindung und zur Erfassung von Dosiswirkungsbeziehungen sowie zur Verträglichkeit an zum Teil mehreren hundert Patienten. In diesen Studien wird versucht, aufgrund der bereits vorliegenden Ergebnisse einerseits die minimal effektive Dosis zu finden, und andererseits die maximale Dosis festzulegen, über welche hinaus nicht mehr mit einem günstigeren Verhältnis von Wirkung zu Nebenwirkung zu rechnen ist (therapeutischer Bereich).

Charakteristischerweise wird in der Phase II der Arzneimittelentwicklung angestrebt möglichst klare und von Begleiterkrankungen oder individuellen Besonderheiten des Patienten unbeeinflusste Daten zu erhalten. Die Anforderungen an die jeweiligen Versuchspersonen werden in den sogenannten „Ein- und Ausschlusskriterien" des Prüfplans entsprechend definiert. Die Schwierigkeit besteht vielfach darin, die Balance zwischen wissenschaftlich eindeutigen Aussagen einerseits und „artifiziellen Idealpatienten" andererseits zu finden, d. h. die Anforderungen an die Versuchspersonen nicht so hoch zu definieren, dass sie anschließend mit der Realität nichts mehr gemein haben und nicht verallgemeinert werden können.

Dies kann unter Umständen die spätere Zulassung einschränken, darüber hinaus den in der Phase III erfolgenden statistischen Wirksamkeitsbeweis bei der Planung erschweren.

2.1.2.4
Phase III der klinischen Prüfung

Sofern die erneute Nutzen-Risiko-Beurteilung am Ende der Phase II positiv verlaufen ist, d. h. das zu prüfende Medikament die gewünschte Wirkung, eine vertretbare Sicherheit und einen für die spätere Anwendung günstigen Dosisbereich nachgewiesen hat, kann das Arzneimittel in der Phase III an größeren Patientenkollektiven getestet werden. Hierbei kommt es darauf an Wirksamkeit und Verträglichkeit der Prüfsubstanz nach bestimmten, festgelegten Regeln statistisch abzusichern. Hierzu ist bereits im Vorfeld, d. h. bei der Festlegung des schon erwähnten Prüfplans, eine enge Zusammenarbeit zwischen Medizinern und Biometrikern, welche für die statistische Planung verantwortlich zeichnen, erforderlich. Die Versuche müssen nun so angelegt werden, dass die gezeigten Ergebnisse mit hoher Wahrscheinlichkeit, d. h. über 95 %, in manchen Fällen auch über 99 %, auf die Wirkungen des Medikaments und nicht auf den Zufall zurückzuführen sind. Je nach den zu bestimmenden Parametern kommen hierbei unterschiedliche statistische Testverfahren zum Einsatz.

Um objektive und von jeglicher Beeinflussung freie Ergebnisse zu erhalten, werden diese Studien in der Regel nach einer bestimmten Methodik, dem sogenannten *„Doppel-Blind-Verfahren"* durchgeführt. Basis dieser Technik ist, dass sowohl das zu testende Medikament als auch das Vergleichsmedikament vollkommen identisch aufgemacht sind, sodass sowohl der untersuchende Arzt als auch der Patient nicht wissen können, welche der Substanzen eingesetzt wird. Die Entschlüsselung wird erst dann vorgenommen, wenn sämtliche Daten unveränderbar in die zur Auswertung erstellte Datenbank eingegeben worden sind. In Fällen, bei denen bislang noch keine Medikamente existieren, die als Vergleichspräparate herangezogen werden könnten, erhält ein Teil der Versuchspersonen ein sogenanntes *„Scheinmedikament"* (Placebo).

In der Phase III müssen auch positive Erkenntnisse bei den Patienten gefunden werden, die die für die jeweilige Erkrankung typische Begleiterkrankungen aufweisen bzw. bestimmten Patientengruppen (Kinder, ältere Menschen, bestimmte Rassen) zugehörig sind. Darüber hinaus werden jetzt auch Langzeituntersuchungen erforderlich, sofern die Substanz zur Dauertherapie eingesetzt werden soll, wie dies z. B. bei chronischen Erkrankungen der Fall ist.

In die Phase III der klinischen Entwicklung werden daher je nach Indikationsgebiet ca. 2.000 bis über 5.000 Patienten eingeschlossen. Auf diese Weise können auch seltenere Nebenwirkungen oder Risiken festgestellt werden. Zusammenfassend kann gesagt werden, dass in der Phase III die klinischen Forscher die Prüfsubstanz unter den Bedingungen testen, die den späteren Anwendungen in der Praxis möglichst weitgehend entsprechen.

Der Bereich der Phase III der klinischen Arzneimittelentwicklung ist durch nationale und internationale Richtlinien, die einerseits von der Europäischen Union bzw. von der amerikanischen FDA (Food and Drug Administration) und andererseits von den medizinischen Fachgesellschaften vorgelegt werden, stark reguliert. Die Phase III wird mit der Erstellung des Zulassungsdossiers beendet. Das Zulassungsdossier soll eine umfassende Beurteilung ermöglichen über

- den Wirkmechanismus
- die pharmakologischen Daten
- die Wirksamkeit
- die Dosierung
- den Vergleich zur bisherigen Standardtherapie und, last but not least,
- über die Verträglichkeit und die zu erwartenden Nebenwirkungen.

Das Zulassungsdossier fasst alle Erkenntnisse, die man im Verlauf der Entwicklung eines Medikaments (präklinisch und klinisch) gewonnen hat, zusammen und dient der Zulassungsbehörde als Basis zur Entscheidungsfindung. Sämtliche Phase-III-Studien, die im Zulassungsdossier enthalten sind, werden als sogenannte „Phase-IIIa-Studien" bezeichnet. Studien, die nach Stellung des Zulassungsantrags, aber noch vor Erhalt der Zulassung beginnen, werden definitionsgemäß als „Phase-IIIb-Studien" benannt.

2.1.2.5
Phase IV der klinischen Prüfung

Klinische Prüfung der Phase IV heißt klinische Forschung nach erteilter Zulassung. Die Fragestellungen dieser Studien sind unterschiedlich. Zum einen werden Vergleichsstudien zur Wirksamkeit durchgeführt, d. h. man vergleicht die Wirksamkeit zwischen verschiedenen Substanzen. Diese Studien sind natürlich auch Instrumente des wissenschaftlichen Marketings, mit denen man sich mit der Konkurrenz misst. Zum anderen werden immer mehr sogenannte „Outcome Studies" zur Mortalität und Morbidität durchgeführt sowie gesundheitsökonomische Studien. Forschungsgegenstand können ferner die Überprüfung der Dosierungsempfehlung aus der erteilten Zulassung sowie die Identifikation seltener unerwünschter Arzneimittelwirkungen sein. Ein weiterer Forschungsgegenstand kann die Prüfung von Wirksamkeit und Verträglichkeit an Patientenpopulationen sein, die bislang aufgrund von Ein- und Ausschlusskriterien in den vorangegangenen klinischen Prüfungen nur eingeschränkt untersucht werden konnten: ältere Patienten, multimorbide Patienten, Schwangere und Kinder.

In der Zulassung kann die Behörde Bedingungen festlegen, die in klinischen Prüfungen der Phase IV umgesetzt werden können, wie Langzeitbewertung des Arzneimittels, Erfassung der Inzidenz (Auftretenshäufigkeit) von bestimmten unerwünschten Arzneimittelwirkungen.

Zusätzlich gehören zu den Phase-IV-Studien die sogenannten „Therapieoptimierungsstudien", die vielfach in der Onkologie (Krebsheilkunde) mit zugelassenen Arzneimitteln durchgeführt werden. Mit diesen klinischen Prüfungen sollen bisherige Therapieschemata optimiert werden.

Ein weiteres Instrument der Arzneimittelforschung, das definitionsgemäß zur Phase IV zählt, ist die sogenannte *Anwendungsbeobachtung*, die eine kontinuierliche Überprüfung der im Markt befindlichen Produkte gewährleistet und eine wichtige Schnittstelle zwischen Forschung und täglicher Anwendung im Routinebetrieb darstellt. Die vom BfArM im Jahre 1998 herausgegebenen Empfehlungen zur Planung, Durchführung und Auswertung von Anwendungsbeobachtungen (AWB) definieren die AWB wie folgt:

„Anwendungsbeobachtungen (AWB) sind Beobachtungsstudien, die dazu bestimmt sind, Erkenntnisse bei der Anwendung verkehrsfähiger Arzneimittel zu sammeln. Ihr besonderes Charakteristikum ist die weitestgehende Nichtbeeinflussung des behandelnden Arztes[13] in Bezug auf Indikationsstellung sowie Wahl und Durchführung der Therapie im Einzelfall. Ziel ist die Beobachtung von Behandlungsmaßnahmen in der routinemäßigen Anwendung durch den Arzt und Patient (im Rahmen dieser Empfehlungen sind hierunter auch gesunde Personen zu verstehen, etwa bei AWB von Impfungen). Eine AWB kann ohne Vergleichsgruppe, z. B. arzneimittelorientiert, oder mit zwei oder mehr vergleichenden Gruppen, z. B. indikationsorientiert, angelegt sein. Sie wird mit Handelsware durchgeführt.

---

[13] Bei Arzneimitteln, die nicht der Verschreibungspflicht unterliegen, sind Anwendungsbeobachtungen auch bei anderen Heilberufen möglich.

Eine AWB ist keine klinische Prüfung gemäß §§ 40, 41 AMG. Soweit Indikationsvorgaben gemacht werden, müssen diese der zugelassenen Indikation entsprechen."[14]

Demnach sind Anwendungsbeobachtungen keine klinischen Prüfungen und unterliegen somit nicht dem hochkomplexen System der Regelung und Überwachung nach den GCP-Richtlinien und dem Arzneimittelgesetz. Eine Aufklärung und Versicherung des Patienten sind nicht notwendig. Darüber hinaus wird ausschließlich Handelsware, d. h. Arzneimittel, zu Lasten der Krankenversicherer eingesetzt. Der pharmazeutische Unternehmer schaut sozusagen dem Arzt über die Schulter, d. h. der Arzt dokumentiert im Auftrag des pharmazeutischen Unternehmens Diagnose, Therapie und Therapieergebnis nach einem standardisierten Schema. Diese Daten werden in ausschließlich anonymisierter Form dem Pharmaunternehmen zwecks Auswertung zur Verfügung gestellt.

Eine Anwendungsbeobachtung ist immer prospektiv, also eine systematische Beobachtung einer aktuellen Therapie durch den behandelnden Arzt. Die Anwendungsbeobachtung ist nicht – wie die klinische Prüfung – intervenierend und der sogenannte Beobachtungsplan, der ihr zugrunde liegt, darf dem Arzt keine Untersuchung oder Untersuchungszeitpunkte vorschreiben, die er im Rahmen seiner ärztlichen Routine nicht ohnehin erbracht hätte. Vorgesehen werden kann lediglich ein Zeitfenster, in dem der Arzt die Anwendung des Arzneimittels beobachtet. Entscheidend wichtig ist, dass die beobachtende Indikation sich immer im Rahmen der erteilten Zulassung bewegt.

Die Anwendungsbeobachtung ist in der Lage, Hypothesen zu generieren, aber aufgrund ihres methodischen Charakters nicht in der Lage Hypothesen zu prüfen. Ein Wirksamkeitsbeweis wie bei den konfirmatorischen klinischen Prüfungen ist im eigentlichen Sinne durch sie nicht zu erbringen.[15] Im Vordergrund der Anwendungsbeobachtung stehen Fragen zur Arzneimittelsicherheit:

- Charakterisierung von Einflussgrößen und Risikofaktoren auf die Arzneimittelsicherheit
- Identifikation von möglichen Wechselwirkungen unter Risikoevaluation bei Subpopulationen, wie Schwangere, Kinder, multimorbide Patienten, die in den klinischen Prüfungen nicht eingeschlossen werden konnten. So kann es durch den Einsatz von Anwendungsbeobachtungen gelingen sehr seltene Nebenwirkungen eines Arzneimittels festzustellen, die beispielsweise mit einer Häufigkeit von 1:10.000 auftreten, jedoch in den vorangegangen klinischen Prüfungen nicht identifiziert werden konnten, weil die Fallzahlen erheblich kleiner waren.

Darüber hinaus werden Fragestellungen zur Arzneimittelutilisation, d. h. zum tatsächlichen Einsatz des Arzneimittels im medizinischen Alltag, untersucht. Oftmals zeigt sich, dass der Arzt anders verordnet als es in den Dosierungsempfehlungen vorgegeben ist bzw. der Patient selbst das Medikament anders nutzt. Auch finden immer mehr Fragestellungen aus dem Bereich der Outcome-Forschung,

---

[14] Bundesinstitut für Arzneimittel und Medizinprodukte (1998), S. 2.
[15] Vgl. de la Haye, R., Herbold, M. (2000), S. 25.

wie Lebensqualität, aber auch gesundheitsökonomische Fragen, Eingang in die AWB.

Die Qualität von Anwendungsbeobachtungen hat sich nicht zuletzt durch die Veröffentlichung der BfArM-Empfehlungen erheblich verbessert und ist für Medizin und Marketing ein wichtiges Instrument der klinischen Forschung nach der Zulassung.

2.2
Regulatory Affairs

Harald Jordan
Schwarz Pharma AG, Monheim/Rhein

2.2.1
Rahmenbedingungen für Regulatory Affairs

Regulatory Affairs, im deutschen Sprachraum auch *Zulassungsabteilung* genannt, ist einer der Bereiche in der pharmazeutischen Industrie, der zu den Schlüsselfunktionen im Prozess der Arzneimittelzulassung gezählt wird.

Bevor ein Arzneimittel „in den Verkehr" gebracht werden darf, wie der exakte juristische Begriff für die Vermarktung im deutschen Arzneimittelgesetz heißt, bedarf es einer Genehmigung durch eine Behörde. In Deutschland ist dafür das Bundesinstitut für Arzneimittel und Medizinprodukte (BfArM) in Bonn oder bei Seren und Impfstoffen das Paul-Ehrlich-Institut (PEI) in Langen zuständig. Zum Schutz der Bevölkerung vor den möglichen Risiken von Arzneimitteln sind Genehmigungsverfahren unterschiedlicher Ausprägung weltweit in allen Ländern etabliert.

Für die Mitgliedsstaaten der Europäischen Union existieren drei unterschiedliche Verfahren, um sich die Vermarktung eines Arzneimittels genehmigen zu lassen: nationale Zulassungen, die nur in einem Mitgliedsstaat gültig sind, Verfahren der gegenseitigen Anerkennung (Mutual Recognition / MR) und zentrale Zulassungsverfahren (Centralised Procedure). Die Grundidee innerhalb der EU war es, einen gemeinsamen Markt für Arzneimittel zu schaffen und dabei eine einheitliche Versorgung der Bevölkerung sicherzustellen.

Interessanterweise ist der Sektor Arzneimittel in der Kommission der Europäischen Union dem Bereich Wirtschaft (DG III) und nicht einem der Bereiche Forschung oder Gesundheit und Verbraucherschutz unterstellt. In den USA ist der Genehmigungs- und Überwachungsbereich für alle Arten von Arzneimitteln der Food & Drug Administration unterstellt. Der japanische Weg beruht wie immer auf einem Konsens mehrerer Organisationen, die in ihren Beurteilungen aufeinander aufbauen.

Nachfolgend sind Internetlinks zu den verschiedenen weiterleitenden Dokumenten angegeben. Folgende Homepages sind von generellem Interesse:

- http://dg3.eudra.org/F2/home.html: EU-Kommission
- http://www.bfarm.de: Bundesinstitut für Arzneimittel und Medizinprodukte
- http://www.emea.eu.int: The European Agency for the Evaluation of Medicinal Products
- http://www.fda.gov: Food and Drug Administration (USA)

• http://www.ifpma.org: International Federation of Pharmaceutical Manufacturers Associations

2.2.2
Rechtliche Voraussetzungen

Deutschland

In Deutschland wird der Umgang mit Arzneimitteln grundsätzlich durch das Arzneimittelgesetz geregelt. Weitere gesetzliche Regelungen, die für den Verkehr mit
Arzneimitteln berücksichtigt werden müssen, sind die Pharmabetriebsverordnung,
das Medizinproduktegesetz, das Heilmittelwerbegesetz und eine Reihe von Verordnungen, die spezielle Vorgänge im Umgang mit Arzneimitteln regeln.

Die vorgenannten gesetzlichen Regelungen gelten für nationale deutsche Verfahren und für Zulassungen nach dem Mutual Recognition Verfahren, die auf
europäischer Ebene über die Beurteilung durch einen anderen Mitgliedsstaat im
Zulassungsverfahren koordiniert werden. Als letzter Schritt muss auch hier immer
eine Zulassung nach nationalem Recht stattfinden.

Europa

Um den freien Warenverkehr mit Arzneimittel sicherzustellen, wurden seit 1965
verschiedene gesetzliche Regelungen auf europäischer Ebene geschaffen, die zum
Teil bindendes Gemeinschaftsrecht (*Regulations*) darstellen, zum Teil nach Veröffentlichung im Amtsblatt der EU erst innerhalb einer üblichen Zweijahresfrist in
nationales Recht transferiert werden müssen (*Directives*). Durch die Council Regulation EEC 2309/93 wurden die europäischen Verfahren, Mutual Recognition
(MR) und das Centralised Procedure etabliert. Gleichzeitig wurde die Europäische
Arzneimittelagentur EMEA (European Medical Evaluation Agency) geschaffen,
die zwar über die Koordination von fachkompetenter Beurteilung aus den nationalen Zulassungsbehörden eine Beurteilung über die Zulassungsfähigkeit eines
neuen Arzneimittels herbeiführt, gleichzeitig aber eine endgültige Gemeinschafts-
entscheidung vorbereitet, die nach Inkraftsetzen durch den zuständigen Kommis-
sar der EU-Kommission direkt bindendes Recht für alle Staaten der EU schafft.

USA

Verantwortliche Behörde ist die Food & Drug Administration, die für Arzneimittel, Seren, Impfstoffe, Medizinprodukte, Nahrungsergänzungsmittel und Lebensmittel zuständig ist. Gleichzeitig untersteht der FDA auch die Überwachung der
Betriebe, die Arzneimittel und Medizinprodukte herstellen. Der rechtliche Rahmen wird durch den Code of Federal Regulations (CFR) gegeben.[16]

Japan

Wie immer sind die japanischen Regelungen auf den ersten Blick nicht so klar,
wie es in Europa oder den USA den Anschein hat, aber das japanische System ist
von den grundsätzlichen Anforderungen an eine Zulassung nicht sehr von den

---

[16] Vgl. http://www.access.gpo.gov/nara/cfr/index.html.

europäischen Anforderungen entfernt. Es gebietet aber mehr als die Höflichkeit, sich einem Zulassungsverfahren in Japan sehr vorsichtig zu nähern und vor Ort Hilfe bei der Einreichung zu suchen, zumal Schrift und Sprache auch in großen Firmen der USA und Europas nur wenigen Mitarbeitern geläufig sein dürfte.

2.2.3
Europäische Zulassungsverfahren

2.2.3.1
Nationale Verfahren

In allen Mitgliedsstaaten der EU existieren nationale Regelungen zum Marktzutritt und Überwachung der Vermarktung von Arzneimitteln. An dieser Stelle soll nur exemplarisch auf die Arzneimittelzulassung in Deutschland eingegangen werden.

Eine bundeseinheitliche Regelung besteht in der Bundesrepublik erst seit 1961. Davor galten länderspezifische Regelungen, die teilweise Arzneimittel unter Gift-regelungen, teilweise unter Polizeiverordnungen behandelten. Im allgemeinen internationalen Wettbewerb war es für eine starke Arzneimittelforschung und Vermarktung im Sinne einer „Apotheke der Welt" nicht tragbar, dass der Export in andere Staaten an einem starken Misstrauen gegenüber der deutschen Arznei-mittelregistrierung und Überwachung litt. Um auch gleichzeitig den gestiegenen Anforderungen an die Arzneimittelsicherheit Rechnung zu tragen, wurde der Han-del und der Zutritt zum Markt ab 1961 bundeseinheitlich geregelt. Dazu gehörte allerdings auch die Etablierung einer Bundesoberbehörde, die diese Anfor-derungen erfüllen und gleichzeitig überwachen sollte. Gleichzeitig wurde aber auch die Zweiteilung der Zuständigkeiten gemäß der bundesdeutschen Verfassung zementiert: Die hoheitliche Aufgabe der Registrierung fiel unter die Zuständigkeit des Bundes, während die Überwachung – seien es Einzelpersonen, Vereine oder Firmen – den Ländern zukam. In der DDR bestanden zu dieser Zeit schon Rege-lungen, die sich aber primär auf die Versorgung der Bevölkerung gemäß dem jeweiligen Fünfjahresplan beschränkte und darüber hinaus eine zentralistische Zuteilung der zu erfüllenden Bedürfnisse durch einzelne Firmen enthielt. Gleich-zeitig wurde auch ein intensiver Arzneimittelexport im damaligen Comecon-Be-reich betrieben.

In Vorbereitung auf die gemeinsamen Aufgaben der Europäischen Gemein-schaft wurden ab 1965 erste gemeinsame Rahmenbedingungen geschaffen, wie in den Mitgliedsstaaten künftig Arzneimittel in Hinblick auf Qualität, Wirksamkeit und Verträglichkeit behandelt werden sollten. Aus diesen Diskussionen entstand die Richtlinie 65/65 EWG.

Nach der Tragödie der Embryopathien, die nach der Einnahme von Contergan auftraten, fand eine Überarbeitung des Arzneimittelgesetzes statt. Diese völlige Neufassung endete mit einer geschärften Verantwortung der pharmazeutischen Unternehmer bei gleichzeitiger Ausweitung der Prüfbefugnisse im Rahmen des neu geschaffenen Zulassungsverfahrens durch die zuständigen Bundesoberbehör-den. Dieses II. Arzneimittelgesetz von 1976, das 1978 in Kraft trat, ist mit einer Reihe von Novellen der heutige Rahmen für Arzneimittelzulassungen in Deutsch-

land. Im Rahmen eines Überleitungsgesetzes wurde nach 1990 die damals bestehende Regelung der DDR in das jetzt geltende bundesdeutsche Recht überführt.
Die Regelungen des AMG sind über folgende Internetlinks einsehbar:

- http://www.bmgesundheit.de/rechts/arzmed/arznei/amg.pdf
- http://www.bmgesundheit.de/rechts/arzmed/gesetze.htm

Die gesetzlichen Grundlagen für die Arzneimittelzulassung sind im vierten Abschnitt, Zulassung der Arzneimittel §§ 21–37 geregelt. „*Fertigarzneimittel, die
Arzneimittel im Sinne des § 2 Abs. 1 oder Abs. 2 Nr.1 sind, dürfen im Geltungsbereich dieses Gesetzes nur in den Verkehr gebracht werden, wenn sie durch die
zuständige Bundesoberbehörde zugelassen sind oder der Rat der Europäischen
Union eine Genehmigung für das Inverkehrbringen gemäß Artikel 3 Abs. 1 oder 2
der Verordnung (EWG) Nr. 2309/93 (http://dg3.eudra.org/F2/eudralex/vol-1/pdfs-
de/932309de.pdf) des Rates vom 22. Juli 1993 zur Festlegung von Gemeinschaftsverfahren für die Genehmigung und Überwachung von Human- und Tierarznei-
mitteln und zur Schaffung einer Europäischen Agentur für die Beurteilung von
Arzneimittel (ABl. EG Nr. L 214 S.1) erteilt hat...*"

Um eine unabhängige Beurteilung von Qualität, Wirksamkeit und Verträglichkeit zu ermöglichen, sind gemäß § 22 Abs. 2 vorzulegen:

1. Die Ergebnisse physikalischer, chemischer, biologischer oder mikrobiologi-
   scher Versuche und die zu ihrer Ermittlung angewandten Methoden (analytische Prüfung).
2. Die Ergebnisse der pharmakologischen und toxikologischen Versuche (pharmakologisch-toxikologische Prüfung).
3. Die Ergebnisse der klinischen oder sonstigen ärztlichen, zahnärztlichen oder
   tierärztlichen Erprobung (klinische Prüfung).

Die Ergebnisse sind durch Unterlagen so zu belegen, dass aus diesen Art, Umfang und Zeitpunkt der Prüfungen hervorgehen. Dem Antrag sind alle für die Be-
wertung des Arzneimittels zweckdienlichen Angaben und Unterlagen, ob günstig
oder ungünstig, beizufügen. Dies gilt auch für unvollständige oder abgebrochene
toxikologische oder pharmakologische Versuche oder klinische Prüfungen zu dem
Arzneimittel.
Ein wichtiges Element der europäischen Verfahren, das sich im deutschen
Recht ebenfalls findet, ist die Beurteilung der einzureichenden Unterlagen durch
Sachverständige. Diese Sachverständige müssen in ihren Gutachten nach § 24
AMG beurteilen, ob

1. das Arzneimittel die nach den anerkannten pharmazeutischen Regeln entsprechende Qualität aufweist, ob die vorgeschlagenen Kontrollmethoden dem jeweiligen Stand der wissenschaftlichen Erkenntnisse entsprechen und zur Beurteilung der Qualität geeignet sind,

2. aus dem pharmakologisch-toxikologischen Gutachten muss hervorgehen, welche toxischen Wirkungen und welche pharmakologischen Eigenschaften das Arzneimittel hat,
3. muss aus dem klinischen Gutachten hervorgehen, ob das Arzneimittel bei den angegebenen Anwendungsgebieten angemessen wirksam ist, ob es verträglich ist, ob die vorgesehen Dosierung zweckmäßig ist und welche Gegenanzeigen und Nebenwirkungen bestehen.

Dem Antrag sind Entwürfe der vorgesehenen Verpackung, eventueller Etiketten, der Packungsbeilage und der Fachinformation beizufügen.

Diese Kurzausführung der bei der Bundesoberbehörde einzureichenden Unterlagen sieht im Falle eines neuen Wirkstoffs (NCE = New Chemical Entity) relativ harmlos aus, was aber den Umfang der Unterlagen angeht, können hier schnell 150.000 bis 300.000 Blatt Papier zusammenkommen, die in ca. 400 bis 800 Aktenordnern untergebracht werden müssen. Da sich eine Bundesoberbehörde aber nicht mit einer Kopie zufrieden gibt, werden es bei vier Exemplaren 1.600 bis 3.200 Aktenordner in handlichen Paketen. Auch hierüber gibt es gezielte Anweisungen.[17]

Die gesamte Vielfalt der Unterlagen, die zu einer verlässlichen Beurteilung eines neuen Arzneimittels vorgelegt werden müssen, geht am besten aus dem Aufbau des Common Technical Documents (CTD) der International Conference on Harmonisation (ICH)[18] hervor.[19]

Die Grundlage jeder Entscheidung, die eine Behörde zu treffen hat, bevor sie einem neuen Arzneimittel den Marktzutritt gewährt, ist eine Nutzen / Risiko-Analyse. Das Ergebnis lässt sich nicht in einem einfachen Schema erarbeiten. Beginnend mit der Wirkstoffsynthese muss über Versuche in Zellsystemen, an isolierten Organen und an intakten Tieren nachgewiesen werden, dass das synthetisierte Molekül die speziell gewünschten Wirkungen zeigt. Darüber hinaus muss eine Abschätzung der vermutlichen Wirkungen am Menschen möglich sein und erste Tests am Menschen müssen belegen, dass die neue Substanz verträglich ist. Danach muss in geeigneten klinischen Prüfungen der Nutzen der neuen Substanz im angestrebten Therapiegebiet belegt werden.

Alle Unterlagen, die im Rahmen der mehrjährigen Erprobungsphase für das neue Arzneimittel zusammengestellt worden sind, müssen mit dem Zulassungsantrag zusammen an die Behörde gesandt werden. Aus dem umfangreichen Dossier werden dann die Unterlagen für die einzelnen Fachgebiete in die Fachgruppen des BfArM verteilt. Nach der Logik sollten Fachleute des Bundesinstitutes die Unterlagen ihres jeweiligen Aufgabengebietes überprüfen, die von Fachleuten aus der Arzneimittelforschung erstellt worden sind.

Für den Bereich Chemie / Pharmazie muss belegt werden, mit welchen Methoden die chemische Struktur bewiesen ist und wie der Wirkstoff synthetisiert wurde. Der Produktionsprozess und die dabei angewandten Prozesskontrollen müssen belegt werden, die Kontrolle von Ausgangsmaterialien, die Kontrolle kritischer

---

[17] Vgl. http://www.bfarm.de/de_ver/arzneimittel/zulassungen/zulassung.html.
[18] Vgl. http://www.ifpma.org/ich1.html.
[19] Vgl. http://www.ifpma.org/ichctd.html.

Stufen und von Zwischenprodukten. Da im Laufe einer Arzneimittelentwicklung Optimierungen im Herstellprozess des Wirkstoffes durchgeführt werden, müssen die Entwicklung der chemischen Synthese und die einzelnen Optimierungsschritte belegt werden. Neben dem Strukturbeweis muss das genaue Verunreinigungsprofil (möglichst sauber) belegt werden. Die analytischen Verfahren, mit denen die Freigabe zur Produktion des Fertigarzneimittels gewährleistet wird, müssen beschrieben werden. Diese Verfahren müssen validiert sein. Gleichzeitig muss nachgewiesen werden, dass im laufenden Produktionsprozess immer eine gleichbleibende Qualität des Wirkstoffs erzeugt werden kann. Aufbewahrungshinweise sind erforderlich und der Beleg, dass diese Hinweise gerechtfertigt sind.

Darüber hinaus ist die Herstellung des Fertigproduktes zu belegen, die Zusammensetzung der Kapsel, Tablette etc., die Beschreibung der Hilfsstoffe, mit denen die endgültige Arzneiform hergestellt wird, welche Untersuchungen zu der ausgewählten Arzneiform und welche Überlegungen zu der gewählten Zusammensetzung geführt haben.

Der Herstellprozess muss beschrieben werden, ebenso ist das Herstellverfahren zu validieren. Welche Inprozesskontrollen werden vorgenommen, welche analytischen Verfahren werden eingesetzt und wie sind diese Verfahren validiert. Zusätzlich ist die Stabilität des Arzneimittels in der endgültigen Verpackung zu belegen, hierbei auch die Auswahl der Packmittel (Polyethylen-Flaschen, Blister-Verpackungen, etc.) zu begründen. Diese sind unter verschiedenen klimatischen Bedingungen zu untersuchen, was letztlich zu entsprechenden Aufbewahrungshinweisen für den Patienten führt, die wiederum auf der äußeren Umhüllung des Arzneimittels zu finden sind. Dieser Teil der Dokumentation kann einen Umfang von drei bis acht Aktenordnern aufweisen.

Der nächste Teil ist die sogenannte präklinische Dokumentation, die alle Unterlagen enthalten muss, die zur pharmakologischen, pharmakokinetischen und toxikologischen Bewertung des Arzneimittels notwendig sind. Die verwendeten Tierarten, die Eignung für eine Voraussage der Wirkungen am Menschen, die Zahl der jeweils eingesetzten Tiere, Verabreichungsart, Dosierung, Dauer der Anwendung, Vor- und Nachteile der jeweiligen Tierart, die systemischen Belastungen der Tiere, die in den toxikologischen Untersuchungen im Bereich des „no effect level" auftraten und bei toxischen Dosierungen, jeweils im Verhältnis zu den vorgesehenen Dosierungen am Menschen. Bei all diesen Untersuchungen müssen die entsprechenden Guidelines der EU oder aus dem Bereich der ICH berücksichtigt werden. Außerdem muss für jede Studie, die zur Sicherheitsbeurteilung des Arzneistoffes durchgeführt wurde, ein GLP-statement (Good Laboratory Practice) vorliegen. Den größten Umfang in diesem Teil des Zulassungsantrages machen die Untersuchungen zum möglichen kanzerogenen Potenzial einer Substanz aus. Diese „Carcinogenicity Studies", häufig an Maus und Ratte durchgeführt, können mit allen Einzeldaten einen Umfang von ca. 50.000 Seiten, damit ca. 120 Aktenordner ausmachen. Mit allen weiteren Untersuchungen zur Pharmakologie und Toxikologie können hier je nach Substanz mehrere hundert Aktenordner zusammenkommen.

Der Bereich der klinischen Dokumentation umfasst alle Untersuchungen, die mit dem neuen Arzneimittel an Menschen durchgeführt worden sind. Die ersten Untersuchungen (Phase I) werden nach Möglichkeit an gesunden Freiwilligen

(Probanden) durchgeführt, um von niedrigen Dosierungen startend gerade die Dosierung zu testen, die zu Unverträglichkeitsreaktionen führt. Begonnen wird mit der Gabe einer Einzeldosierung. Nach Bestimmung der pharmakokinetischen Parameter wird eine Mehrfachgabe über einen Zeitraum von mehreren Tagen durchgeführt und ebenfalls die Pharmakokinetik bestimmt. Wichtig ist, dass bereits zu einem frühen Zeitpunkt Untersuchungen zur Absorption, Distribution, Metabolisierung und Elimination (ADME) erfolgen. Klinische Prüfungen zur Ermittlung der Dosis-Wirkungsbeziehung im angestrebten Indikationsgebiet an Patienten (Phase II) sowie breit angelegte Studien zur Ermittlung der Wirksamkeit des neuen Arzneimittels in der Zielpopulation sind einzureichen; weiterhin sind mögliche Interaktionen mit anderen Arzneimitteln zu untersuchen und deren Ergebnisse den Unterlagen beizufügen.

Aus allen durchgeführten klinischen Prüfungen müssen die aufgetretenen Nebenwirkungen aufgelistet und einer Bewertung unterzogen werden, so dass die Behörde in der Lage ist, eine eigenständige Bewertung des Nutzen / Risiko-Verhältnisses vorzunehmen.

Wie diese Beurteilungen zusammenfließen und auch unter ethischen Gesichtspunkten bewertet werden müssen, ergibt sich schnell wenn man zwei Beispiele betrachtet:

Fall I: *Obesity*, normalerweise mit Fettleibigkeit übersetzt, ist in einem Teil der Welt zu einem Problem geworden. Ein extremes Übergewicht ist mit einer Reihe von Risiken behaftet, die ein vorzeitiges Ausscheiden aus dem Kreise der Versicherten befürchten lässt. Mit entsprechender Latenz treten beispielsweise Durchblutungsstörungen, Diabetes (Typ II), Leber- und Nierenfunktionsstörungen auf. Vorbeugend kann man diesen Erkrankungen durch Gewichtsreduktion begegnen. Da sich die Körpermasse durch Aufnahme und Verbrauch von Kalorien regelt, wäre dieses Ziel durch eine Negativbilanz des täglichen Kalorienumsatzes erreichbar. Diesem scheinbar simplen Sachverhalt stehen allerdings einige psychische Hemmnisse entgegen. Um trotzdem im Sinne einer Reduktion der Erkrankungswahrscheinlichkeit tätig zu werden, werden Arzneimittel mit unterschiedlichen Wirkmechanismen entwickelt. Es ist einleuchtend, dass Arzneimittel zur Gewichtsreduktion, die leider bisher alle nur einen bescheidenen Nutzen haben, auch nur ein sehr geringes Risiko für den jeweiligen Patienten haben dürfen.

Fall II: *Krebstherapeutika*, die bei allen Enttäuschungen, die es bisher bei diesen Therapeutika gegeben hat, für eine nicht unbeträchtliche Anzahl von Patienten eine Lebensverlängerung erzielt haben, werden mit Recht völlig anders beurteilt. Eine Reihe von Tumorerkrankungen, z. B. Leukämien im Kindesalter haben eine hohe Heilungsrate. Die Belastungen für den kleinen Patienten sind allerdings erheblich. Der Verlust des Haupthaares ist dabei noch das geringste Übel. Durch starke Immunsuppression sind die Patienten stark infektionsgefährdet. Auch in einer sorgsam abgeschirmten Umgebung einer pädiatrischen Onkologie stellt dies immer noch ein hohes Risiko dar. Diesem Risiko steht aber ein sehr hoher Nutzen gegenüber, da ein Verzicht auf eine Behandlung fatal enden würde. Damit wäre in einem solchen Fall trotz starker Nebenwirkungen ein positives Nutzen / Risiko Verhältnis gegeben.

Die Zulassungsentscheidung einer Behörde richtet sich nun allerdings noch an einigen anderen Randbedingungen aus. So wird beurteilt, welche Therapien bisher verfügbar sind, welchen Zusatznutzen das neue Arzneimittel in der Monotherapie oder als Teil bestehender Therapieschemata bringt, in welchem Ausmaß das Auftreten von Sekundärtumoren möglich ist und welchen Vorteil sich für den Patienten, der eine Heilungschance hat, durch die Anwendung dieses neuen Arzneimittels ergibt.

Wenn das BfArM einen Zulassungsantrag erhalten hat, wird formal die Vollständigkeit des Antrags überprüft, bevor die eigentliche Bearbeitung beginnt. An dieser Stelle kann es schon zur Zurückweisung eines Antrags kommen, wenn die Unterlagen nicht vollständig sind oder wenn die rechtlichen Voraussetzungen des Antragstellers nicht stimmen. Ist der Zulassungsantrag akzeptiert, hat die zuständige Bundesoberbehörde nach § 27 AMG eine Entscheidung über den Antrag binnen einer Frist von sieben Monaten zu treffen. Gibt die Behörde dem Antragsteller Gelegenheit Mängeln am Antrag abzuhelfen, wird diese Frist bis zur Behebung der Mängel gehemmt. Im Allgemeinen wird aber eine Fristunterbrechung nur bis zu einer Dauer von maximal sechs Monaten gewährt.

Danach sollte der Zulassungsbescheid ausgestellt und dem Antragsteller zugestellt werden. Mit dem Erhalt der Urkunde kann dann die Vermarktung beginnen. Sollte der Zulassungsbescheid nicht im Sinne des Antragsstellers ausgefallen sein, ist ein Widerspruch innerhalb eines Monats möglich. Bei diesen Widerspruchsverfahren handelt es sich im Allgemeinen um Einschränkungen von Indikationen, Kontraindikationen oder Warnhinweise, die nicht im Sinne der Antragssteller formuliert sind.

Für die Bearbeitung eines Zulassungsantrages sind in § 27 Fristen gesetzt, die durch die Bundesoberbehörde einzuhalten sind, andernfalls ist eine Untätigkeitsklage vor dem zuständigen Verwaltungsgericht möglich.

Für ein Widerspruchsverfahren sind keine Fristen vorgesehen, hierbei entscheidet nach § 22 Verwaltungsverfahrensgesetz (VwVfG) die Behörde nach pflichtgemäßem Ermessen, ob und wann sie ein Verwaltungsverfahren durchführt. (Dieser Grundsatz gilt im Fall eines Zulassungsverfahrens nur für den Verwaltungsakt, der dem Zulassungsverfahren folgt, für den ursprünglichen Verwaltungsakt gelten die terminlichen Bestimmungen des § 27 AMG.)

Um aber eine Vermarktung nach der strittigen Zulassungsentscheidung doch noch durchführen zu können, sollte ein Widerspruch mit Nennung der angefochtenen Teile beim BfArM eingereicht werden und gleichzeitig um die sofortige Vollziehbarkeit des Ursprungbescheides gebeten werden, da sonst der Widerspruch eine aufschiebende Wirkung hat und damit eine Vermarktung bis zur rechtskräftigen Entscheidung nicht möglich ist. Durch die sofortige Vollziehbarkeit ist es möglich, die Zulassung in der angefochtenen Form zu nutzen und nach der endgültigen Entscheidung Anpassungen vorzunehmen.

All diese Tätigkeiten der Bundesoberbehörden sind nach § 33 AMG kostenpflichtig. Für ein Arzneimittel, das einen Stoff enthält, der in der medizinischen Wissenschaft nicht allgemein bekannt ist und damit der automatischen Verschreibungspflicht nach § 49 AMG unterliegt, beträgt die Gebühr 56.650 €.

2.2.3.2
Mutual Recognition Verfahren

Generelle Informationen und auch Statistiken über das mutual recognition Verfahren (MRP) sind auf der Web-Site der „Heads of Agencies" zu erhalten.[20] Dieses Verfahren wurde eingeführt, um die Kapazitäten der nationalen Zulassungsbehörden in der EU sinnvoll zu nutzen und um Doppelarbeit zu vermeiden. Nachdem in der EU ausreichende Grundlagen für die Beurteilung von Wirksamkeit und Verträglichkeit von Arzneimitteln geschaffen worden sind, sollte es möglich sein, dass die Zulassungsbeurteilung einer Zulassungsbehörde in der EU durch alle anderen Behörden anerkannt wird. Diese Fiktion der gegenseitigen Anerkennung funktioniert aber nicht direkt, so dass ein Verfahren installiert wurde, das auf einer nationalen Zulassung in einem EU-Staat basiert. Diese Zulassung wird von der zulassenden Behörde mit einem Bewertungsbericht versehen. Die Dokumentation, die zur Zulassung geführt hat, und der Bewertungsbericht dienen als Grundlage für das MR-Verfahren. Das Verfahren wird über das erstzulassende Land, den sogenannten *Rapporteur* gestartet. Dieses Verfahren wird innerhalb von 90 Tagen durchgeführt. Die ersten 60 Tage dienen den Mitgliedsstaaten (Concerned Member States), in denen auf diesem Wege eine Zulassung beantragt wird, als Bewertungsphase. Zum Tag 60 sollten dem Rapporteur die Fragen zugestellt werden, die vor der Anerkennung beantwortet werden müssen, wobei als sogenannte „major objections" eigentlich nur Gesundheitsrisiken für die jeweilige Bevölkerung des Mitgliedsstaates oder die gesamte EU gelten dürfen. Bis zum Tag 85 sollten die Anworten des Antragstellers vorliegen und an die Mitglieder der Mutual Recognition Facilitating Group (MRFG) bekannt gegeben werden. Damit soll sichergestellt werden, dass innerhalb der 90-Tage Frist eine endgültige Zulassungsentscheidung getroffen werden kann.

Die Fiktion dieses Verfahrens geht von einer Anerkennung auf der Basis der EU-Regelungen aus. Es kann sich beim zweiten Schritt des MR-Verfahrens nur noch um eine Anerkennung der Zulassung handeln, die von der erstzulassenden Behörde erteilt wurde. Eine erneute wissenschaftliche Prüfung in den anderen EU-Memberstates verstößt gegen die Absicht der EU einen gemeinsamen Arzneimittelmarkt in der EU zu schaffen.

Nationale Besonderheiten können allerdings durch einen Verfahrensschritt eliminiert werden. Zu jedem Zeitpunkt des Verfahrens kann der Zulassungsantrag in einzelnen EU-Ländern zurückgezogen werden, wenn die „major objections" nicht innerhalb der vorgesehenen Frist ausgeräumt werden können. Aus der Statistik der MRFG ist klar erkennbar, dass bei der Anerkennung ein gewisses Nord-Süd-Gefälle in der EU existiert.[21] Es ist zwar möglich, in einem sogenannten „second wave" die Vorbehalte dieser Staaten durch weiteres oder neues Datenmaterial zu entkräften, dies ist aber nicht als EU-konform anzusehen.

---

[20] Vgl. http://heads.medagencies.org.
[21] Vgl. http://heads.medagencies.org/mrfg/statistics/withdrawal.pdf.

2.2.3.3
Zentrales Verfahren (Centralised Procedure)

Mit der Council Regulation EEC 2309/93 wurde ein Gemeinschaftsverfahren
etabliert, das aufgrund eines Zulassungsantrages, einer Bewertung und einer Genehmigung den direkten Zugang für innovative Arzneimittel zum gemeinsamen
Markt der EU sicherstellen sollte. Mit dieser Regulation wurde die European
Agency for the Evaluation of Medicinal Products (EMEA) geschaffen, die für die
Koordination der existierenden wissenschaftlichen Ressourcen innerhalb der Zulassungsbehörden in der EU zuständig ist. Innerhalb der EMEA ist das Committee
for Proprietary Medicinal Products (CPMP) zuständig für die Erstellung der wissenschaftlichen Bewertung eines Zulassungsantrages. Die Mitglieder des CPMP
sind hochrangige Vertreter der Zulassungsbehörden in den Mitgliedsstaaten und
können auf Unterstützung von Mitarbeitern ihrer Behörde oder sachkundiger Mitarbeiter anderer Behörden zurückgreifen.

Dieses Verfahren ist allerdings nur für einen Teil der Produkte zugänglich, für
die ein Zulassungsverfahren beantragt werden kann. Im Anhang A und B der Regulation 2309/93 sind diese Produktgruppen aufgeführt: Anhang A, Produkte biotechnologischen Ursprungs, basierend auf

- rekombinanter DNA-Technologie,
- kontrollierter Expression in Prokaryonten und Eukaryonten, einschließlich
  transformierter Säugetierzellen, von Genen, die für biologisch aktive Proteine
  kodieren,
- Verfahren, die auf der Basis von Hybridomen und monoklonalen Antikörpern
  basieren.

Der Part B ist wie folgt dargestellt:

- Arzneimittel, die mit sonstigen biotechnologischen Verfahren hergestellt werden, die nach Ansicht der Agentur eine bedeutende Innovation darstellen.
- Arzneimittel, deren Art der Verabreichung nach Ansicht der Agentur eine bedeutende Innovation darstellt.
- Arzneimittel, die für eine vollkommen neue Indikation präsentiert werden, die
  nach Ansicht der Agentur von bedeutendem therapeutischen Interesse sind.
- Arzneimittel auf der Grundlage von Radioisotopen, die nach Ansicht der Agentur von bedeutendem therapeutischen Interesse sind.
- Neue Arzneimittel, die aus menschlichem Blut oder menschlichem Blutplasma
  gewonnen werden.
- Arzneimittel, die mit Hilfe von Prozessen hergestellt werden, die nach Ansicht
  der Agentur den Nachweis eines bedeutenden technischen Fortschritts darstellen, wie etwa die zweidimensionale Elektrophorese unter verminderter Schwer-
  kraft.
- Humanarzneimittel, die einen neuen Wirkstoff enthalten, der am Tag des Inkrafttretens dieser Verordnung in keinem Mitgliedsstaat für die Verwendung in
  einem Humanarzneimittel zugelassen war.

Der Vorteil für die Bürger der EU und der pharmazeutischen Industrie liegt auf der Hand. Innerhalb eines Zulassungsverfahren, das in einem rechtlich bindenden Verwaltungsakt für die EU endet, wird für alle Bürger der EU der gleichzeitige Zugang zu innovativen Arzneimitteln ermöglicht.

Der Ablauf stellt sich wie folgt dar: Am Tag 1 startet das Verfahren, Rapporteur und Co-Rapporteur sind festgelegt und haben ebenso wie alle anderen Behörden die vorgesehenen Unterlagen erhalten, wobei eigentlich nur vorgesehen ist, dass Rapporteur und Co-Rapporteur den vollständigen Satz an Unterlagen erhalten. Am Tag 70 erhalten die CPMP-Mitglieder sowie der Antragsteller den Bewertungsbericht von Rapporteur und Co-Rapporteur. Am Tag 100 werden die eventuellen Kommentare der CPMP-Mitglieder an die Verfahrensbeteiligten verteilt (ohne Antragsteller).

Am Tag 120 wird durch den CPMP die Fragenliste verabschiedet, die vor einer positiven Entscheidung vom Antragsteller zu bearbeiten ist. Mit der Übersendung dieser Fragenliste wird die Uhr für die Behörde angehalten. Jetzt läuft die Uhr allerdings für den pharmazeutischen Unternehmer, der die gestellten Fragen möglichst präzise beantworten und gleichzeitig auch noch möglichst wenig Zeit verlieren sollte. Sind alle Fragen auf Firmenseite beantwortet, wird die Dokumentation an Rapporteur, Co-Rapporteur, EMEA und CPMP-Mitglieder gesandt; hierbei sollten farbige Andrucke aller Packmittel für das Arzneimittel in allen Sprachen der EU vorgelegt werden (Tag 121). Damit läuft die Uhr jetzt auf Behördenseite weiter. Am Tag 150 zirkuliert der Bewertungsbericht aufgrund der Beantwortung, der am Tag 180 im CPMP diskutiert wird.

Je nach Problemstellung kann die Uhr jetzt noch einmal angehalten werden, um dem Antragsteller Gelegenheit zu geben, eine Präsentation mit Erläuterungen für das CPMP vorzubereiten.

Am Tag 185 werden dann englische Versionen der SPC (Summary of Product Characteristics), der Gebrauchsinformation und der Beschriftung des Arzneimittels vom Antragsteller in das Verfahren eingegeben. Spätestens am Tag 210 liegt dann die Entscheidung des CPMP und der Bewertungsbericht vor. Fünf Tage nach der CPMP-Entscheidung hat der Antragsteller alle Übersetzungen der SPC, der Gebrauchsinformation und der Packmittel in allen EU-Sprachen vorzulegen. Zehn Tage später müssen die Kommentare des CPMP und der EMEA eingearbeitet sein. Weitere fünf Tage später müssen alle Texte und Packmittel als Farbandrucke vorgelegt werden. Vor dem Tag 240 wird dann der endgültige Bewertungsbericht an den Antragsteller, die Mitgliedsstaaten und die EU-Kommission verteilt. Bis zum Tag 300 muss der EPAR (European Public Assessment Report) in Zusammenarbeit von Rapporteur, Co-Rapporteur, CPMP und Antragsteller fertig gestellt werden. Dieser EPAR ist später auf der Homepage der EMEA von allen Bürgern der EU einsehbar. Internetbesucher aus anderen Staaten werden allerdings nicht ausgeschlossen.

An dieser Stelle sei aber darauf hingewiesen, dass damit nur der mögliche Zugang zur Vermarktung freigegeben wird. Die hier beschriebene wissenschaftliche Entscheidungsfindung bedeutet noch nicht, dass das neue Arzneimittel auch wirtschaftlich sinnvoll in den Markt gebracht werden kann. In den meisten Ländern der EU bedeutet dieses Votum nur, dass jetzt mit Preisverhandlungen und Verhandlungen über die Erstattungsfähigkeit begonnen werden kann, was in vielen Ländern noch einmal 12 bis 18 Monate dauern kann. Ein sofortiger Marktzutritt wie in Deutschland ist eine Ausnahme.

2.2.4
Zulassungen in den USA / Kanada

Im Grundsatz sind die Anforderungen der FDA ähnlich denjenigen, die in Europa existieren. Mit der Vereinbarung über das Common Technical Document innerhalb der ICH-Regionen ist ein Grundkonsens darüber erzielt worden, was in allen Regionen (Europa, USA und Japan) an Unterlagen vorzulegen ist. Diese Dokumente beinhalten allerdings noch einige spezifische Unterlagen je Region.

Die Grundphilosophie der FDA den Antragstellern gegenüber ist von Misstrauen geprägt. Während man in Europa dem Antragsteller eine kritische Bewertung seiner Unterlagen mittels Sachverständigen nahelegt, möchte die FDA keine Wertungen, sondern nur die Fakten in den Unterlagen aufgeführt sehen. Während man sich in Europa im Allgemeinen mit einem Teil der Unterlagen zufrieden gibt, z. B. bei Kanzerogenitätsprüfungen den Bericht einschließlich aller Tabellen verlangt, müssen in den USA alle Einzeltierdaten mit eingereicht werden, so dass eine nachträgliche Bewertung aufgrund der Daten von einzelnen Tieren möglich ist. Zusätzlich sind SAS-files (Unterlagen eines statistischen Auswertungsprogramms) mit den Einzeldaten auf Datenträgern einzureichen.

Der Ablauf des Zulassungsverfahrens ist aber äquivalent zu einem Verfahren in Europa.[22] Nachdem der Antrag bei der FDA eingereicht ist, wird überprüft, ob er in dem Zustand, in dem er eingereicht worden ist, auch bearbeitbar ist. Danach beginnt die Überprüfung der einzelnen Teile in der Chemie, Pharmakologie, Biopharmazie, Mikrobiologie, Statistik und Medizin. Ist die Bewertung zugunsten einer Zulassung ausgefallen, findet eine Überprüfung der Glaubwürdigkeit der Unterlagen statt. Die Schlüsselstudien der klinischen Prüfung werden einem Audit durch die Behörde unterzogen, wobei zu überprüfen ist, ob die Studien entsprechen den internationalen Regeln der „Good Clinical Practice" (GCP) durchgeführt worden sind. Außerdem findet eine sogenannte „Pre-approval Inspection" in der Herstellungsstätte (Wirkstoff und Fertigprodukt) statt. Eine Nagelprobe, ob die Produktion auch den Anforderungen an das Regelwerk der Good Manufacturing Practice (GMP) gerecht wird. Sind diese Überprüfungen positiv ausgefallen, kommt es bei neuen Stoffen normalerweise zu einem Advisory Board Meeting, bei dem in öffentlicher Anhörung, einem Gerichtsverfahren recht ähnlich, mit Experten aus Hochschule und Forschung, den Reviewern der FDA und Firmenvertretern Pro und Contra einer Zulassung diskutiert wird. Einer Geschworenenabstimmung vor Gericht nicht unähnlich werden zu Schluss die Voten für und wider eine Zulassung abgefragt. Dieses Votum ist für die FDA nicht bindend. Es gehört aber zur guten Praxis der FDA, nur in begründeten Fällen davon abzuweichen.

Bevor das neue Arzneimittel dann über entsprechende Aktivitäten des Marketing an die Patienten herangebracht werden kann, steht ein Review des Labellings

---

[22] Vgl. http://www.fda.gov/cder/handbook/nda.htm.

(offizielle Gebrauchsanweisung) und eine Überprüfung der vorgesehenen Werbe-materialien aus.

Sollte ein wirklich innovatives Arzneimittel in das Zulassungsverfahren ge-bracht werden, ist ein großer Vorteil, dass die FDA mit Einsatz eventuell zusätzli-cher Kapazitäten innerhalb von sechs Monaten zu einer Entscheidung kommt, ein deutlicher Vorteil gegenüber dem bürokratisch aufwändigeren System in Europa. Im Allgemeinen muss man aber auch in den USA mit Zulassungszeiten von 12 Monaten und mehr rechnen.

War früher eine Zulassung durch die FDA mit dem Überspringen der höchsten Hürde vergleichbar, haben sich in den letzten Jahren die Relationen verschoben. Eine Zulassung durch die FDA ist nicht mehr gleichbedeutend mit einem erfolg-reichen Weg durch die Zulassungshürden Europas. Es sind inzwischen ausrei-chend Beispiele verfügbar, bei denen in den USA eine Zulassung erteilt wurde, während europäische Behörden abgelehnt haben bzw. europäische Zulassungen in den USA nicht akzeptiert wurden.

Für eine international tätige Pharmafirma ist es deshalb wichtig, sich in den un-terschiedlichen Phasen der klinischen Arzneimittelentwicklung mit den Behörden in Europa und den USA abzustimmen, um nicht nach mehrjähriger Entwick-lungszeit in einem der Hauptmärkte der Welt im Zulassungsverfahren zu schei-tern.

Die kanadische Health Products and Food Branch ist in Aufbau, Ablauf der Verfahren und in der Beurteilung von Nutzen und Risiko neuer Arzneimittel rela-tiv nahe der amerikanischen FDA.[23]

2.2.5
Zulassungen in Japan

Das System ist vom Ablauf her ähnlich wie in einigen europäischen Ländern.[24] Der Zulassungsantrag wird beim Ministry of Health and Welfare eingereicht und in Abstimmungsprozessen zwischen dem National Institut of Health Science, dem Central Pharmaceutical Affairs Council, dem Standing Committee, Special Com-mittees and Subcommittees für unterschiedliche Therapiegebiete beraten. Die Empfehlungen gehen dann an das Ministerium, das für den Zulassungsprozess zuständig ist.

Da Japan an der Internationalen Conference on Harmonisation (ICH) teil-nimmt, sind viele Anforderungen im Rahmen der Arzneimittelentwicklung analog zu den europäischen oder amerikanischen Anforderungen zu sehen.

Man sollte aber auch kulturelle Unterschiede zwischen den drei (ICH)-Regio-nen nicht vernachlässigen. Auf der einen Seite haben wir amerikanische Therapie-gewohnheiten, die sich auch bei der Prüfung von Arzneimitteln auswirken. So wird beispielsweise die maximal tolerierbare Dosis oft als Ansatz für die thera-peutische Dosierung herangezogen, was – salopp gesagt – manchmal an humanto-xikologische Ansätze denken lässt. Im japanischen Kulturkreis hingegen sollte ein

---

[23] Vgl. http://www.hc-sc.gc.ca/hpfb-dgpsa/index_e.html und http://www.hc-sc.gc.ca/hpb-dgps/therapeut/htmleng/index.html.
[24] Vgl. http://www1.mhlw.go.jp/english/wp_5/vol2/p2c5.html.

Arzneimittel vorzugsweise gut verträglich sein. Therapien werden damit oft am unteren Ende der Dosis-Wirkungskurve angesiedelt. Die Europäer beschreiten häufig einen Mittelweg, dem eine andere Interpretation des Nutzen / Risiko-Verhältnisses zugrunde liegt.

2.2.6
Zulassungen in CADREAC-Staaten (Collaboration Agreement between Drug Regulatory Authorities in the European Union and Associated Countries)

In diesen Ländern, mit den Mitgliedsstaaten Bulgarien, Zypern, Tschechische Republik, Estland, Ungarn, Litauen, Lettland, Polen, Slowenien und der Slowakischen Republik, werden Zulassungen aus dem zentralen Verfahren der EU vereinfacht übernommen, so dass im Rahmen einer Anerkennung innerhalb weniger Monate eine Zulassung ohne umfangreiche zusätzliche wissenschaftliche Prüfung erreicht werden kann. Zulassungen nach dem MR-Verfahren innerhalb der EU werden allerdings einer erneuten wissenschaftlichen Prüfung unterzogen. Da sich auch Kandidaten für eine Mitgliedschaft in der EU in dieser Gruppe befinden, wird hier eine weitere Harmonisierung der Anforderungen stattfinden. Seit einigen Jahren werden in erhöhtem Ausmaß klinische Prüfungen global tätiger Pharmakonzerne in diesen Ländern durchgeführt. Dabei nähert sich die medizinische Praxis gleichzeitig auch dem Standard der EU.

Eine Herausforderung für die Zulassungsabteilungen aus Firmen in der EU oder den USA besteht in der Anpassung der Texte an die jeweiligen Landessprachen für Länder mit geringer Bevölkerungszahl.

2.2.7
Aktivitäten nach der Zulassung

Hat der pharmazeutische Unternehmer sein erstes Ziel, die Zulassung, erreicht, kann zwar die Vermarktung begonnen werden, es bestehen aber eine Reihe weiterer Verpflichtungen, die in Deutschland im § 29 AMG geregelt sind: *„(1) Der Antragsteller hat der zuständigen Bundesoberbehörde unter Beifügung entsprechender Unterlagen unverzüglich Anzeige zu erstatten, wenn sich Änderungen in den Angaben und Unterlagen nach den §§ 22 bis 24 ergeben. Er hat ferner der zuständigen Bundesoberbehörde unverzüglich, spätestens aber innerhalb von 15 Tagen nach Bekanntwerden, jeden ihm bekannt gewordenen Verdachtsfall einer schwerwiegenden Nebenwirkung oder einer schwerwiegenden Wechselwirkung mit anderen Mitteln anzuzeigen sowie häufigen oder im Einzelfall in erheblichem Umfang beobachteten Missbrauch, wenn durch ihn die Gesundheit von Mensch und Tier unmittelbar gefährdet werden kann. Er hat über Verdachtsfälle anderer als schwerwiegender Nebenwirkungen oder Wechselwirkungen mit anderen Mitteln, die ihm von einem Angehörigen eines Gesundheitsberufes zur Kenntnis gebracht werden, Aufzeichnungen zu führen.*

Sofern nicht durch Auflagen anders bestimmt, hat er diese Aufzeichnungen der zuständigen Bundesoberbehörde unverzüglich nach Aufforderung oder mindestens alle sechs Monate während der ersten beiden Jahre nach der Zulassung und einmal jährlich in den folgenden drei Jahren vorzulegen. Der zuständigen Bundesoberbehörde sind alle zur Beurteilung von Verdachtsfällen oder beobachteten Missbrauchs vorliegenden Unterlagen sowie eine wissenschaftliche Bewertung vorzulegen. Die Verpflichtung nach den Sätzen 2 bis 5 hat nach der Erteilung der Zulassung der pharmazeutische Unternehmer zu erfüllen; sie besteht unabhängig davon, ob sich das Arzneimittel noch im Verkehr befindet. Die Sätze 2 bis 6 gelten entsprechend für denjenigen, der eine klinische Prüfung von Arzneimitteln veranlasst oder durchführt."

Zusätzlich zu diesen Verpflichtungen, die sich direkt nach der Zulassung ergeben, ist nach momentan geltender Rechtslage in der EU alle fünf Jahre eine Verlängerung der Zulassung zu beantragen. In der Bundesrepublik Deutschland wurde zwar immer wieder betont, dass alle fünf Jahre die Bewertung des zugelassenen Arzneimittels erneut im Hinblick auf Qualität, Wirksamkeit und Verträglichkeit überprüft würde. In der Realität sind aber Arzneimittel in Verkehr, für die inzwischen mehr als zwei Anträge auf Verlängerung der Zulassung gestellt wurden, ohne dass über die ersten Verlängerungsanträge entschieden wurde. Ein gewisser Optimierungsbedarf auf Behördenseite ist nicht zu übersehen.

Für die Pharmafirmen bedeuten die Anforderungen des § 29 eine stete Überprüfung des Arzneimittels. Im Bereich der pharmazeutischen Dokumentation ist jede Änderung an der Zusammensetzung, der Herstellung oder Verpackung mit den Belegen der Vereinbarkeit mit der Zulassung anzuzeigen. Gleichzeitig sind alle Nebenwirkungsmeldungen durchzuführen und es hat eine permanente Überprüfung stattzufinden, ob sich das Nutzen-Risiko-Verhältnis geändert hat; ob aufgrund von Nebenwirkungen oder Wechselwirkungen die Gebrauchsinformation anzupassen ist, um die Patienten über eventuelle Risiken zu informieren. Als „Dauerauftrag" an den pharmazeutischen Unternehmer ist eine konsequente Auseinandersetzung mit dem eigenen Arzneimittel erforderlich, um die Sicherheit der Patienten zu gewährleisten und gleichzeitig haftungsrechtliche Probleme für die Firmen zu minimieren.

2.2.8
Generika

Diese Arzneimittelgruppe ist bei Gesundheits- und Sozialpolitikern sehr beliebt, sind diese Arzneimittel doch preislich wesentlich günstiger als Produkte der Innovatoren, die letztlich über ihre Preise auch die Forschungsaufwendungen finanzieren müssen.

Nach Ende der Patentlaufzeit von zwanzig Jahren sind andere pharmazeutische Unternehmer frei den Wirkstoff herzustellen, zu Arzneimitteln zu verarbeiten und unter Beleg der pharmazeutischen Qualität sowie der Bioäquivalenz zum Originalanbieter eine Zulassung zu beantragen. Ist das „Generikum" bioäquivalent zu dem Originalpräparat, kann sich der Generikahersteller auf die Unterlagen berufen, die den Zulassungsbehörden im Bereich Pharmakologie / Toxikologie und Klinik vom Originalanbieter vorgelegt wurde.

In den letzten Jahren ähnelte die Zahl der Zulassungsanträge für Generika, die ab dem Tag nach dem Ablauf des Patents beim BfArM eingereicht wurden, den

Auswirkungen einer Flutwelle nach einem Seebeben. Dementsprechend fanden dann die Preisgestaltungen nach unten statt, die von den konkurrierenden Generika-Anbietern vorgenommen wurden.

In arzneimittelrechtlicher Hinsicht ist das bezugnehmende Zulassungsverfahren die einzige Erleichterung. Alle weiteren Anforderungen im Rahmen des Arzneimittelgesetzes unterscheiden nicht zwischen einem forschenden Pharmaunternehmen und einem Generika-Anbieter.

2.2.9
Pflanzliche Arzneimittel (Phytotherapeutika)[25]

Diese Arzneimittel werden traditionell in vielen Ländern Europas benutzt, bei der Mehrzahl von Arzneimitteln pflanzlichen Ursprungs handelt es sich um Extrakte oder isolierte und aufgereinigte Inhaltsstoffe von Pflanzen. Mit modernen analytischen Verfahren lassen sich die Bestandteile bestimmen. Die Extrakte können mit Hilfe dieser Methoden standardisiert werden. Nicht immer ist der streng wissenschaftliche Beweis der Wirkungen und der Wirksamkeit im beanspruchten Therapiegebiet möglich. Es existieren daher Bemühungen auf EU-Ebene, diesen Sektor der Therapie im Hinblick auf die Sicherheit der Patienten stärker zu kontrollieren und die erforderlichen Qualitätsschritte einzuleiten. In einigen Mitgliedstaaten werden die Phytopharmaka bisher als Nahrungsergänzungsmittel geregelt, so dass eine einheitliche Handhabung in der EU angestrebt wird.

2.2.10
Impfstoffe

Für die Zulassung von Seren und Impfstoffen in Deutschland ist das Paul-Ehrlich-Institut[26] in Langen zuständig. Nach dem Gesetz über die Errichtung eines Bundesamts für Sera und Impfstoffe vom 7. Juli 1972 hat das Paul-Ehrlich-Institut folgende Aufgaben:

- Zulassung und chargenweise Prüfung von (immun)biologischen Arzneimitteln im Humanbereich und Mitteln im Veterinärbereich. Diese umfassen nach § 77 des Arzneimittelgesetzes Sera, Impfstoffe, Blutzubereitungen, Testallergene, Testsera und Testantigene,
- Überwachung der Sicherheit der betreffenden Arzneimittel und Mittel,
- Forschung, insbesondere zu Prüfungsverfahren, auf dem Gebiet der betreffenden Arzneimittel und Mittel zu betreiben,
- Standardwerte für die betreffenden Arzneimittel und Mittel festzulegen sowie Standardpräparate zu entwickeln,
- Unterstützung der zuständigen Landesbehörden bei der Erteilung der Erlaubnis für die Herstellung der betreffenden Arzneimittel und Mittel,

---

[25] Vgl. http://www.emea.eu.int/pdfs/human/hmpwp/001599en.pdf.
[26] Vgl. http://www.pei.de.

- Unterstützung der zuständigen Länderbehörden bei der Überwachung des Verkehrs mit den betreffenden Arzneimitteln und Mitteln.

Die Grundanforderungen an die Arzneimittel, die vom PEI zugelassen werden und die eventuell auch chargenweise vor dem Vertrieb einer Prüfung zu unterziehen sind, unterscheiden sich hinsichtlich Qualität, Wirksamkeit und Unbedenklichkeit nicht von anderen Arzneimitteln. Aufgrund der Herstellungsverfahren und Produkteigenschaften kommt aber möglichen immunolgisch aktiven Verunreinigungen und dem Nachweis einer wirksamen Virusinaktivierung besondere Bedeutung zu. Bei Blutprodukten sind die Einzelspenden, die in die Verarbeitung eingebracht werden, individuell auf virale Marker wie HIV, Hepatitis B oder Hepatitis C zu testen und müssen frei von diesen sein.

Alle weiteren gesetzlichen Anforderungen sind im Arzneimittelgesetz geregelt, so dass eine einheitliche rechtliche Handhabung von Arzneimitteln sowie von Seren und Impfstoffen sichergestellt ist.

2.2.11
Gentherapeutika

Dieser noch fiktive Bereich von Therapeutika kann mit den Sicherheitsanforderungen der Arzneimittelgesetzgebung geregelt werden. Die ethische Bewertung ist sicher je nach therapeutischem Ansatz weitergehender als die bisherige Nutzen-Risiko-Abwägung vor einem Genehmigungsverfahren zur Durchführung einer klinischen Prüfung oder einem Zulassungsverfahren. Durch die Rückschläge mit Todesfolgen, die diese experimentelle „Therapieform" durch Benutzung von harmlosen Adenoviren erlitten hat, wird man sicher noch einige Zeit benötigen, bis man zur Entwicklung sicherer „Therapeutika" gelangt. Im gleichen Maß sind Industrie und Behörden aufgefordert ethische Leitlinien für den Umgang mit „Gentherapeutika" zu entwickeln.

2.2.12
Ausblick

Aus den Ausführungen sollte deutlich werden, welche Genehmigungsverfahren für Arzneimittel existieren, wo Unterschiede bestehen und wo weitergehende Informationen über das Internet zu erhalten sind.

In der EU sind momentan Überlegungen im Gange, die Zulassungsverfahren einem Review zu unterziehen, wobei von Seiten der EU-Kommission eine Stärkung des zentralen Zulassungsverfahrens angestrebt wird, was letztlich zu einer nicht unbedingt gewünschten weiteren Aufwertung der Rolle der EMEA bei gleichzeitiger Schwächung der nationalen Behörden führen würde. Der Ausgang ist offen und muss bei einer nächsten Auflage dieses Kapitels berücksichtigt werden.

3 Das Arzneimittel nach der Zulassung

3.1
Preisbildung und Erstattung

Olaf Pirk
Fricke & Pirk GmbH, Nürnberg

3.1.1
Einführung

Noch bis vor wenigen Jahren wurde die Preisbildung für Arzneimittel in erster Linie intuitiv durchgeführt. Die Stückkosten für ein Arzneimittel waren in etwa bekannt und ein profunder Kenner des Marktes, z. B. der Produktmanager, Marketing-, Vertriebs- oder Geschäftsleiter, legte fest, welchen Preis für ein Arzneimittel der Markt vertragen kann. Diese Form der Preisfindung war geprägt von Erfahrung, Glauben und Intuition. Auch heute finden sich anekdotisch noch ähnliche Schilderungen über die Festsetzung von Arzneimittelpreisen. Längst ist diese Form der Preisbildung jedoch einer rationaleren Vorgehensweise gewichen.

Die Hinwendung zu „begründbaren" Arzneimittelpreisen kommt nicht von ungefähr, sie geht einher mit einer zunehmenden Konzentration im Arzneimittelmarkt, mit einer immer stärker werdenden Internationalisierung nicht nur der europäischen Arzneimittelmärkte und mit einer zunehmenden Regulierung im gesamten Gesundheitsmarkt.

Noch in den siebziger Jahren wurden die steigenden Ausgaben der gesetzlichen Krankenversicherung, dazu gehören auch die Ausgaben für Arzneimittel, durch die Einnahmen gedeckt. Ein zunehmender Einnahmerückgang bedingt durch die demographische Entwicklung und eine steigende Erwerbslosigkeit in den achtziger und neunziger Jahren des letzten Jahrhunderts führte zu verstärkten Regulationsbemühungen von staatlicher Seite im Gesundheitsmarkt. Patientenzuzahlungen für Gesundheitsleistungen wie Arzneimittel wurden eingeführt. Ärzte wurden zu wirtschaftlicher Verordnung angehalten, für Arzneimittel, deren Patent abgelaufen war, wurden maximale Erstattungspreise (Festbeträge) für Versicherte der gesetzlichen Krankenversicherung eingeführt. Ausgabenobergrenzen („Budgets") für nahezu alle Teilbereiche des Gesundheitsmarkts, auch für Arzneimittel, sollten die Gesamtausgaben der gesetzlichen Krankenversicherung stabil halten.

Diese Aspekte führten dazu, dass die Arzneimittelpreise mehr und mehr in den Mittelpunkt vor allem der politischen Diskussion rückten. Eine mehr oder weniger willkürliche Preisbildung für Arzneimittel war kaum noch möglich.

3.1.2
Gesetzliche Rahmenbedingungen

Der Preis für ein Arzneimittel setzt sich vereinfacht ausgedrückt zusammen aus

- dem Herstellerabgabepreis,
- den Vertriebskosten und
- der Umsatzsteuer.

Diese drei Komponenten bilden zumindest für Arzneimittel, die über eine öffentliche Apotheke vertrieben werden, den sogenannten Apothekenabgabepreis. Der Hersteller hat hierbei allerdings nur direkten Einfluss auf den Herstellerabgabepreis, da gesetzliche Vorgaben die Aufschläge für die Vertriebskosten regeln. Indirekt bestimmt der Hersteller mit der Gestaltung des Herstellerabgabepreises natürlich auch den Apothekenabgabepreis. Die einschlägigen Regelungen finden sich in der Preisverordnung.

Über eine Verordnung, die Einfluss nimmt auf die Zuzahlung zu Arzneimitteln, die seitens der gesetzlichen Krankenversicherung erstattet werden, wird allerdings an einer weiteren Stelle von gesetzgeberischer Seite Einfluss auf die Preisgestaltung genommen. Mit der Einführung sogenannter Festbeträge hat der Gesetzgeber zumindest für Arzneimittel, deren Patent abgelaufen ist, massiv in die Preisgestaltung der Arzneimittelhersteller eingegriffen.

3.1.2.1
Preisverordnung

Der Vertriebsweg für verschreibungspflichtige Arzneimittel ist hierzulande klar geregelt. Der Arzneimittelhersteller verkauft seine Arzneimittel entweder direkt an eine Klinikapotheke oder eine Versorgungsapotheke, die mehrere Kliniken mit Arzneimitteln versorgt. In der Regel erfolgt die Belieferung zum Herstellerabgabepreis. Die Arzneimittel verbleiben allerdings in der Klinik und sind nicht zur Abgabe außerhalb der Klinik bestimmt.

Arzneimittel, die in öffentlichen Apotheken abgeben werden, gehen einen anderen Weg: Der Arzneimittelhersteller beliefert einen Großhändler zum Herstellerabgabepreis. Der Großhändler wiederum beliefert die öffentliche Apotheke. Erst von hier wird das Arzneimittel an den Endverbraucher weitergegeben. Die Kosten dieses Vertriebswegs sind in der Preisverordnung durch den Gesetzgeber geregelt und werden an anderer Stelle dieses Buches detailliert beschrieben (s. Kap. B 3.4).

3.1.2.2
Packungsgröße und Patientenzuzahlung

1994 hat der Gesetzgeber die Zuzahlungsverordnung eingeführt.[27] Ziel dieser Verordnung war es, dass zukünftig Arzneimittel in therapeutisch sinnvollen Pa-

---

[27] Vgl. Rote Liste (2001), S. 579–586.

ckungsgrößen auf den Markt gelangen. Damit nimmt der Gesetzgeber direkt auf die Abgabemenge und letztlich auf den Preis Einfluss. In dieser Zuzahlungsverordnung werden drei Packungsgrößen definiert. Eine kleine Packung, N1 genannt, eine mittlere Packung, N2, und eine große Packung, N3. Wie dabei N1, N2 und N3 definiert sind, hängt von der Indikation und der Darreichungsform ab, d. h. vom zu behandelnden Krankheitsbild und davon, ob das Arzneimittel in einer festen (z. B. Tablette, Kapsel), halbfesten (z. B. Creme) oder flüssigen Form (z. B. Saft, Tropfen) vorliegt oder ob es durch den Mund eingenommen, als Zäpfchen zugeführt, inhaliert oder auf andere Weise in den Körper eingebracht wird. Grundsätzlich soll sich die Packungsgröße an der therapeutisch sinnvollen Einnahmedauer orientieren. Da diese jedoch variieren kann, sind auch die Packungsgrößen in gewissen Grenzen variabel gehalten. So gelten Packungen für Arzneimittel zur Behandlung von Magen- und Darmbeschwerden bis zu einer Menge von 30 Tabletten, Kapseln o. ä. als N1, bis 50 als N2 und bis 100 als N3.

Diese Größenbezeichnungen haben zur Zeit konkrete Auswirkungen auf den gesetzlich krankenversicherten Endverbraucher, da die Größenbezeichnungen die Höhe der Zuzahlung bei ärztlicher Verordnung des Arzneimittels auf „Kassenrezept" regeln. Seit dem 1. Januar 2000 hat der Endverbraucher für ein Arzneimittel mit der Packungsgröße N1 8 DM, für die Größe N2 9 DM und für die Größe N3 10 DM selbst zu zahlen.[28] Liegt der Arzneimittelpreis allerdings unterhalb dieser Zuzahlungshöhe, wird der Gesamtpreis des Arzneimittels durch den Endverbraucher getragen.

Bei der Packungsgrößengestaltung und Preisbildung sind daher diese Eckdaten mit zu berücksichtigen. Nicht selten lässt sich beobachten, dass für die einzelne Packungsgröße bewusst die jeweils höchste Menge eingesetzt wird, um dem Endverbraucher zu suggerieren, dass er möglichst viel „Arzneimittel" für seinen jeweiligen Zuzahlungsbetrag erhält.

3.1.2.3
Festbeträge

Mit der Einführung von Festbeträgen durch das Gesundheitsreformgesetz von 1989 hat der Gesetzgeber erstmals unmittelbar in die Preisbildung von Arzneimitteln eingegriffen. Der Festbetrag stellt eine Erstattungsobergrenze für Arzneimittel dar, deren Patentschutz abgelaufen ist. Diese Erstattungsobergrenze gilt ausschließlich für die Rückerstattung von Arzneimittelkosten durch die gesetzliche Krankenversicherung. Wie die Zuzahlungsverordnung, deren gesetzliche Grundlage das Sozialgesetzbuch V (SGB V) ist, findet sich auch hier die Regelung zu den Festbeträgen.[29] Grundsätzlich kann der Arzneimittelhersteller die betroffenen Arzneimittel auch zu Preisen verkaufen, die oberhalb des sogenannten Festbetrags liegen, den Differenzbetrag zum Festbetrag muss dann jedoch der Endverbraucher vollständig selbst übernehmen. Zusätzlich zu diesem Differenzbetrag ist auch noch die oben erwähnte Zuzahlung gemäß der Packungsgröße zu zahlen.

---

[28] Vgl. § 31 (3) SGB V.
[29] Vgl. § 35 SGB V.

Es gibt drei Festbetragsgruppen. In den Gruppen sollen Arzneimittel zusammengefasst werden mit

1. denselben Wirkstoffen,
2. pharmakologisch-therapeutisch vergleichbaren Wirkstoffen, insbesondere mit chemisch verwandten Stoffen,
3. therapeutisch vergleichbarer Wirkung, insbesondere Arzneimittelkombinationen.

Der Bundesausschuss für Ärzte und Krankenkassen setzt nach diesem Gesetz fest, für welche Arzneimittel Festbeträge gebildet werden und orientiert sich dabei an den oben genannten Gruppen. Die Spitzenverbände der Krankenkassen setzen gemeinsam den Festbetrag auf Grundlage definierter Berechnungen fest.

Strittig ist, ob der Bundesausschuss die rechtliche Befugnis zur Festsetzung von Festbeträgen hat, daher wurde 2001 eine neue Regelung der Festsetzung von Festbeträgen eingeführt. Diese sieht vor, die Festbeträge einmalig durch Rechtsverordnung seitens des Bundesministeriums für Gesundheit anzupassen und in Ausnahmefällen neue Festbetragsgruppen festzusetzen.

Diese vorübergehende Lösung soll durch eine neue Regelung, die ab dem Jahr 2003 in Kraft tritt, abgelöst werden. (Anm. d. Verf.: Zum gegenwärtigen Zeitpunkt ist noch nicht bekannt, wie diese Regelung aussehen wird.)

3.1.2.4
Umsatzsteuer

Die Umsatzsteuer ist ein weiterer nicht zu vernachlässigender Bestandteil des Apothekenabgabepreises oder des Klinikpreises. Anders als beispielsweise auf Lebensmittel wird auf Arzneimittel der jeweils gültige höchste Umsatzsteuersatz fällig. Derzeit ist mit einem Umsatzsteuersatz von 16 % auf die Summe der Preisbestandteile aus Herstellerabgabepreis und Vertriebskosten zu kalkulieren.

Von den eben genannten Preisbestandteilen soll im Folgenden der Herstellerabgabepreis besonders erörtert werden, da dieser Bestandteil letztlich allein vom Hersteller bestimmt werden kann. Alle anderen Bestandteile leiten sich zwangsläufig aus der Höhe des Herstellerabgabepreises ab.

3.1.3
Herstellerabgabepreis

Der Herstellerabgabepreis ist die einzige Größe, über die ein Arzneimittelhersteller den Preis eines Arzneimittels steuern kann. Die Preisfindung sollte sich zwar am wahrgenommenen Preis, dem Klinik- oder Apothekenverkaufspreis orientieren, die Preisgestaltung muss jedoch auf den Herstellerabgabepreis bezogen werden, da die Komponenten, die den wahrgenommen Preis ausmachen, vom Hersteller nicht mehr zu beeinflussen sind.

Der Herstellerabgabepreis muss sich zunächst an den fixen und variablen Kosten des Produktes orientieren. Die Deckung der fixen und variablen Kosten durch den Preis sollte Voraussetzung für die Markteinführung eines Arzneimittels sein.

Für die langfristige Preisgestaltung stellen daher die Vollkosten des Produktes die Preisuntergrenze dar.

Die weitere Preisgestaltung hängt von der Unternehmens- und damit von der Preispolitik des Arzneimittelherstellers ab. Hierbei hat der Hersteller die Möglichkeit eine

1. dauerhafte Hochpreispolitik,
2. zeitweise Hochpreispolitik,
3. dauerhafte Niedrigpreispolitik oder
4. zeitweise Niedrigpreispolitik

zu verfolgen.[30]

3.1.3.1
Dauerhafte und zeitweise Hochpreispolitik

Diese Form der Preispolitik ist auch bekannt unter dem Namen Skimming-Strategie.[31] Wird eine dauerhafte Hochpreispolitik angestrebt, sind verschiedene Rahmenbedingungen zu beachten:

Lässt das Produktumfeld eine Hochpreispolitik zu? So wird ein Generikum (Nachahmerprodukt) zum Preis des Originalpräparats kaum akzeptiert werden.

Lässt das Image des Arzneimittelherstellers eine Hochpreispolitik zu? Ein Arzneimittelhersteller, dessen Produkte bisher meist im unteren Preisdrittel gelegen haben, wird Schwierigkeiten bekommen, wenn er die Preise seiner Arzneimittel in das obere Preisdrittel setzt.

Auch das zeitliche Umfeld muss bei einer Hochpreispolitik berücksichtigt werden. Gerade in Deutschland, aber auch in vielen anderen europäischen Ländern gibt es restriktive Sparbemühungen im Gesundheitswesen, die vornehmlich bei den Ausgaben für Arzneimitteln ansetzen. So existieren Arzneimittelbudgets für deren Überschreitung der verordnende Arzt haftet. Hochpreisige Arzneimittel finden unter diesen Bedingungen kaum Akzeptanz beim Verordner.

Hiermit kommt bereits eine weitere Rahmenbedingung zum Tragen: Hochpreisige Produkte sind in den meisten Fällen stark erklärungsbedürftig. Neben der Qualität und möglichen Serviceleistungen müssen die Produkte einen für den Verordner eindeutig erkennbaren Nutzen haben. Gelingt es diesen plausibel darzustellen, wird in den meisten Fällen auch der Preis akzeptiert. Diese Akzeptanz wird am ehesten dann erreicht, wenn dass Produkt

- eine Monopolstellung einnimmt oder
- eine Nischenindikation besetzt.

Eine dauerhafte Hochpreispolitik wird sich für ein Arzneimittel jedoch dauerhaft nicht durchsetzen lassen. Mit Ablauf des Patentschutzes werden in vielen Fällen Nachahmerpräparate (Generika) mit niedrigen Preisen in den Markt drän-

---

[30] Vgl. Lettau, H.-G. (1998), 148–156.
[31] Vgl. Dean, J. (1976).

gen und so auch den Arzneimittelhersteller des Originalpräparates unter Preisdruck setzen. Spätestens jedoch mit der Einführung von Festbeträgen wird der
Arzneimittelhersteller indirekt gezwungen, die Preise zu senken, um mit dem
Präparat weiter im Wettbewerb zu bleiben. Auch hierbei muss der Hersteller jedoch die Preisuntergrenze, die durch die Vollkosten für das Produkt bestimmt
wird, beachten. Eine dauerhafte Hochpreispolitik ist im Pharmamarkt daher kaum
denkbar. Die zeitweise Hochpreispolitik kommt damit der Realität wesentlich
näher als die dauerhafte Hochpreispolitik.

Beide Formen der Hochpreispolitik haben zum Ziel eher kurzfristig hohe Gewinne zu erzielen, um vor allem bei Produktneuentwicklungen eine schnelle
Amortisation des Forschungs- und Entwicklungsaufwandes zu erzielen. Dies ist
besonders für Neuentwicklungen von Pharmaka zu berücksichtigen. Die For-
schungs- und Entwicklungskosten liegen hier durchschnittlich bei ca. US$ 500
Millionen[32] und fallen meist in der ersten Hälfte der Patentlaufzeit an. Die Vermarktung hingegen findet in der Regel erst in der zweiten Hälfte der Patentlaufzeit
statt. In den meisten Fällen stehen mithin nur ca. zehn Jahre Vermarktungszeit zur
Verfügung, bevor Nachahmerpräparate auf den Markt kommen und zu einem
entsprechenden Preisdruck führen. Häufig wird diese Zeit noch dadurch verkürzt,
dass parallel ähnliche Produkte entwickelt werden, die mit einer gewissen Zeitver-
zögerung in den Markt kommen. Ein Beispiel aus dem Bluthochdruckbereich
verdeutlicht dies: Die *Sartane* gehören zu den erst seit wenigen Jahren verfügbaren neueren Medikamenten gegen Bluthochdruck. Nachdem das erste *Sartan* in
den Markt eingeführt wurde, dauerte es nur etwa ein halbes Jahr, bis das zweite
Sartan in den Markt kam, kein dreiviertel Jahr später wurde ein drittes eingeführt
und diese Entwicklung ist noch nicht beendet. Bei den *Sartanen* handelt es sich
um tatsächliche Neuerungen mit einem entsprechenden Nutzen, so dass eine
Hochpreispolitik durchaus vertretbar wäre. Für den Ersteinführenden war jedoch
absehbar, dass seine Monopolstellung nur von kurzer Dauer sein würde, sodass
ein hochpreisiger Einstieg schon schnell zu einer möglichen Preissenkung geführt
hätte, die möglicherweise einen schweren Schaden bezüglich des weiteren Pro-
duktabsatzes nach sich gezogen hätte. Auch in dieser Situation müssen die bereits
erwähnten Rahmenbedingungen berücksichtigt werden. Die potentiellen Vorteile
der Skimming-Strategie liegen auf der Hand:

- Es können kurzfristig hohe Gewinne erzielt werden.
- Diese Gewinne werden bereits frühzeitig im Lebenszyklus des Produktes er-
  zielt.
- Ein Preisspielraum nach unten ist vorhanden und kann in der entsprechenden
  Situation genutzt werden.
- Bei echten Innovationen mit entsprechender Monopolstellung sind hohe Ge-
  winne möglich.
- Ein hoher Preis wirkt nicht selten imagebildend und kann als Qualitätsindikator
  dienen.

---

[32] Vgl. Verband Forschender Arzneimittelhersteller (VFA) (1999), S. 15.

3.1.3.2
Dauerhafte und zeitweise Niedrigpreispolitik

Diese Form der Preispolitik ist auch bekannt unter dem Namen Penetration-Strategie.[33] Eine dauerhafte Niedrigpreispolitik lässt sich nur dort anwenden, wo es um den Absatz großer Mengen geht. Für die Neueinführung eines eher innovativen Arzneimittels kommt diese Form der Preispolitik meist nicht in Frage. Sie eignet sich eher für Nachahmerpräparate bei Indikationen mit einem hohen Patientenpotential. Eine dauerhafte Niedrigpreispolitik lässt sich in der Regel nur für solche Arzneimittelhersteller empfehlen, deren Kosten insgesamt gering sind, weil beispielsweise keine Forschung und Entwicklung betrieben wird, kein flächendeckender Vertriebsstab vorgehalten wird und kaum Serviceleistungen um das Produkt herum angeboten werden. Dies trifft in aller Regel auf die kleineren Generikahersteller zu. Große Generikahersteller haben in der Regel eigene Vertriebsstrukturen, bauen zunehmend eigene Forschungsabteilungen auf und bieten dem Verordner zahlreiche Serviceleistungen rund um ihre Produkte an.

Eine dauerhafte Niedrigpreispolitik ist zwar nicht unbedingt empfehlenswert für innovative neue Arzneimittel, unter Umständen gelingt es jedoch durch einen vergleichsweise günstigen Preis eine hohe Marktdurchdringung zu erreichen, um über die verkaufte Menge einen entsprechenden Gewinn zu erwirtschaften. Bei entsprechender Marktdurchdringung sind spätere Preiserhöhungen durchaus möglich.

Die bereits erwähnten Rahmenbedingungen sprechen allerdings gegen eine solche Vorgehensweise. Gerade der Versuch des Gesetzgebers an Arzneimitteln zu sparen, wird Preiserhöhungen in nennenswertem Umfang kaum ermöglichen.

Ziel der Penetration-Strategie ist, wie bereits angedeutet, über einen niedrigen Preis hohe Absatzmengen zu erreichen, um auf diese Weise Gewinne zu erzielen. Die Vorteile der Penetration-Strategie im Pharmamarkt können sein:

- Das Risiko einer „schlechten" Produkteinführung verringert sich möglicherweise, da eine hohe Akzeptanz für den Preis da ist.
- Der bereits niedrige Preis schreckt mögliche Konkurrenten ab.
- Durch den relativ raschen Absatzzuwachs entsteht ein Kostenvorteil gegenüber potentiellen Mitbewerbern.

Auch wenn jede dieser Preisstrategien ihre Vorteile hat, so führen die Rahmenbedingungen des Pharmamarkts eher dazu, für neue Produkte die Hochpreispolitik zu verfolgen. Da sich die Gewinnwirkungen von Skimming- und Penetration-Strategie gegenläufig verhalten (s. Abb. 3.1) und bei der Penetration-Strategie die Gewinne in den späteren Lebenszyklen erwirtschaftet werden, bietet sich diese Preispolitik wenn überhaupt eher für Generika an. Allerdings gilt es, wie schon erwähnt, hierbei die staatlichen Eingriffe in die Arzneimittelversorgung zu berücksichtigen, die zukünftig erfolgen können. Somit sollte unter dem unsicheren Zukunftsaspekt eher der Skimming-Strategie der Vorzug gegeben werden.

---

[33] Vgl. Dean, J. (1976).

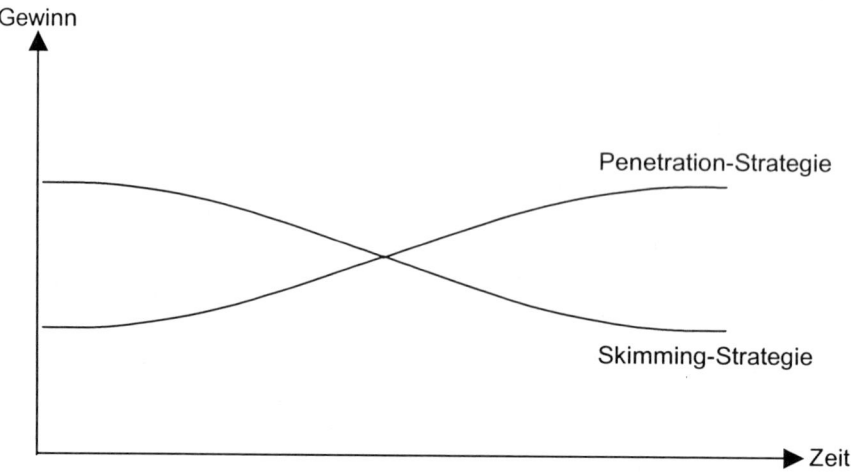

Abb. 3.1. Gewinnwirkungen von Skimming- und Penetration-Strategie[34]

3.1.4
Instrumente der Preisfindung

Unabhängig davon, für welche Preispolitik sich der Arzneimittelhersteller entscheidet, gibt es verschiedene Möglichkeiten der Preisfindung:

- Kostenorientierte Bestimmung des Preises anhand
  - der Kosten,
  - des Marktes,
  - des Nutzens.
- Bestimmung der Preis-Absatzfunktion anhand von
  - vorhandenen Marktdaten,
  - Expertenbefragung oder
  - Kundenbefragung.
  -

3.1.4.1
Kostenorientierte Bestimmung des Preises

Die kostenorientierte Bestimmung des Preises lässt zunächst die Wirkung des Preises auf den Absatz außer acht. Sie orientiert sich entweder an den Kosten des Produktes, an den Marktpreisen unter Berücksichtigung der eigenen Kosten oder am Nutzen des Produktes unter Berücksichtigung seiner Kosten.

---

[34] Quelle: Simon, H. (1995), S. 89.

Orientierung an den eigenen Kosten

Diese Form der Preisfindung wurde eingangs bereits anekdotisch erwähnt, sie kann auch als Zuschlagskalkulation oder „Kosten-Plus-Preisbildung" bezeichnet werden.[35] Hierbei wird meist auf die gesamten Stückkosten oder die variablen Stückkosten ein relativer Betrag aufgeschlagen, der sich aus der unternehmensüblichen Vorgehensweise ableiten lässt. Rationale Begründungen liegen selten vor. Dieses Verfahren ist denkbar einfach und erfreut sich daher einer großen Beliebtheit. Diversen Umfragen folgend wurde dieses Verfahren zumindest Mitte der achtziger Jahre noch von mehr als der Hälfte aller befragten Unternehmen angewendet. Die Nachteile dieser Methode liegen darin,

- dass Marktpreise unter Umständen unberücksichtigt bleiben und das Produkt am Markt vorbei „gepreist" wird und
- dass bei einem möglichen Absatzrückgang die Fixkosten steigen, eine mögliche Preiserhöhung würde den bestehenden Absatzrückgang weiter fördern.

Orientierung an den Marktpreisen

Dieses Instrument arbeitet mit einem vom Markt diktierten Preis, es setzt allerdings eine sorgfältige Deckungsbeitragsrechnung voraus, um zu ermitteln, ob der Marktpreis überhaupt für das Produkt angesetzt werden kann. Anders als die Zuschlagskalkulation, die mit fixen Aufschlägen arbeitet, ist der „Aufschlag" auf die Vollkosten hier variabel und wird vom Marktpreis diktiert. Nachteil dieser Methode ist,

- dass die bedingungslose Orientierung am Marktpreis unter Umständen zu Preisen führen kann, die unter der Preisuntergrenze liegen,
- dass Absatzrückgänge, die zu steigenden Fixkosten führen, nicht über den Preis kompensiert werden können und
- dass daher ein konsequentes Festhalten am Marktpreis nur selten möglich ist.

Orientierung am Nutzen des Produktes

Orientierung am Nutzen des Produktes basiert auf der Überlegung, dass die Verordnungsentscheidung vom Produktnutzen abhängt. Dieser Nutzen muss sich allerdings monetär darstellen lassen, um daraus eine Preisentscheidung ableiten zu können. Zu diesem Zweck ist genau zu definieren, welchen Nutzen ein Arzneimittel im Vergleich zu alternativen Vorgehensweisen hat und wie sich dieser Nutzen ökonomisch darstellt. Der Nutzen kann vielfältig sein, ideal wäre ein klinischer Nutzen, der sich entsprechenden klinischen Prüfungen entnehmen lässt.

Ist der Nutzen definiert worden, kommen nun Instrumente der Gesundheitsökonomie zum Einsatz. Das Indikationsgebiet wird untersucht, eine Kostenanalyse erstellt und ermittelt, an welcher Stelle im Versorgungsprozess das zu untersuchende Arzneimittel eingesetzt werden kann und welche Konsequenzen dieser Einsatz für die Kosten der Versorgung hat.

Aus der Kostenanalyse ist bekannt, welche Kosten im Rahmen der betrachteten Indikation die Kostenträger übernehmen. Unter der Annahme, dass nach Einfüh-

---

[35] Simon, H. (1995), S. 16–17.

rung eines eines neuen Therapieprinzips die Kostenträger nach Möglichkeit keine Mehrausgaben zu leisten haben, wird ermittelt, welchen monetären Wert der Nutzen des zu untersuchenden Arzneimittels bietet. Dieser monetäre Wert entspricht dem Preis, der von Seiten der Kostenträger getragen werden kann, ohne dass für sie Mehrkosten im Rahmen der betrachteten Indikation entstehen. Ein Beispiel soll diese Vorgehensweise erläutern:

Aufgabe war es einen Preis für ein innovatives Produkt in einer umschriebenen Indikation zu finden. Das Produkt ermöglicht im Gegensatz zu den Mitbewerberprodukten eine spezifische Therapie mit dem Erfolg die zu therapierende Krankheit, die kontinuierlich sich verschlechternd zum Tode führt, in ihrer Progression messbar zu verzögern. Diese Progressionsverzögerung ermöglicht dem Betroffenen sich selbst länger zu versorgen und länger am Alltagsgeschehen teil zu haben. Weiterhin ermöglicht der Einsatz des neuen Arzneimittels den Verzicht auf die bisher eingesetzten meist preisgünstigen Präparate.

Anhand vorhandener Literatur ließ sich eine Krankheitskostenanalyse für die Indikation erstellen. Es konnte gezeigt werden, welche Kosten in den einzelnen Stadien der Krankheit wirksam werden (s. Tabelle 3.1).

Tabelle 3.1. Krankheitskostenanalyse

Stadium	0	I	II	III	IV
Kosten (min) / Jahr (DM)	2.272	3.795	7.943	11.700	16.520
Kosten (max) / Jahr (DM)	2.272	5.252	14.851	27.627	34.927
Medikationskosten (DM)	868	736	724	607	644
ca. TTK (DM)	2,41	2,04	2,01	1,69	1,79

Eine Kosteneffektivitätsuntersuchung, die sich am Ablauf der Erkrankung orientiert (s. Abb. 3.2), wurde als mathematisches Modell entwickelt. Hier konnte ermittelt werden, welche Kostenreduktion sich durch die Progressionsverzögerung ergibt.

Die jährliche Kostenreduktion bei Einsatz des neuen Präparats wurde mit mindestens 600 DM und höchstens 1.067 DM ermittelt.

Im Modell wurde noch mit den Kosten der üblichen Medikation gerechnet. Da diese bei Einsatz der neuen Medikation verzichtbar sind, lassen sich unter der Voraussetzung das neue Präparat kostenneutral einzusetzen, folgende stadienbezogenen Tagestherapiekosten ermitteln (s. Tabelle 3.2).

Unter der Annahme einer gleichen Gewichtung der einzelnen Stadien lässt sich folgende nutzenorientierte Durchschnittspreisrange auf Basis der Tagestherapiekosten ermitteln: 3,87 DM bis 4,59 DM.

Wird der Preis für das neue Produkt auf dieser Basis festgelegt, entstehen den Kostenträgern bei Einsatz des neuen Präparats theoretisch keine Mehrkosten im Vergleich zur üblichen Vorgehensweise. Gleichzeitig steht ein Therapieprinzip mit hohem Nutzenpotential zur Verfügung. Der so ermittelte Preis ist politisch vertretbar und wird zumindest von dieser Seite nicht zu einer Ablehnung des Produktes führen.

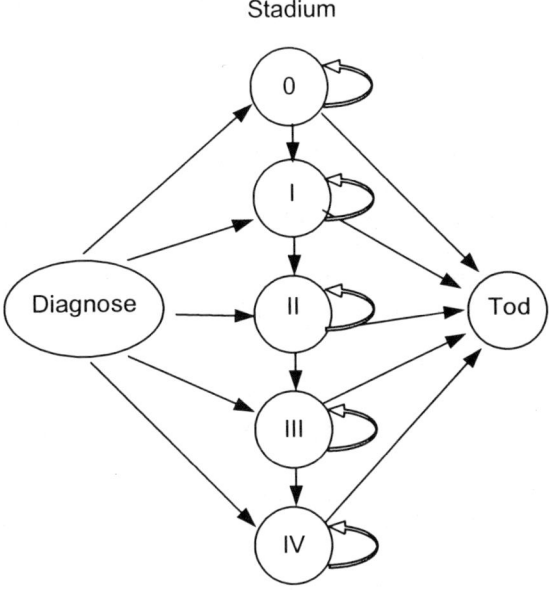

Abb. 3.2. Vereinfachtes Krankheitsmodell

Tabelle 3.2. Preis auf Basis der Tagestherapiekosten (TTK)

Stadium	0	I	II	III	IV
min TTK (DM)	4,08	3,71	3,68	3,36	3,38
max TTK (DM)	5,10	4,73	4,70	4,38	4,40

3.1.4.2
Bestimmung der Preis-Absatzfunktion

Während die oben skizzierten Instrumente ausschließlich auf den Preis abheben, versuchen die nachfolgenden Instrumente die Preis-Absatzfunktion für ein Produkt zu bestimmen, um auf diese Weise einen marktgerechten Preis zu finden, der den Absatz optimiert. Um eine entsprechende Funktion zu ermitteln, müssen Preise und zugehörige Absatzmengen und weitere Variablen, die einen Einfluss auf Preis und Absatz haben können, ermittelt werden. Diese Daten lassen sich entweder den Beobachtungen des Marktes, Experten- oder Kundenbefragungen entnehmen.

Marktbeobachtung

Für den Pharmamarkt liefert das Institut für Medizinische Statistik (IMS) nahezu weltweit standardisierte Daten. Mit Hilfe ökonometrischer Regressionsverfahren lassen sich aus entsprechenden Daten Preisabsatzfunktionen ermitteln. Voraussetzung ist allerdings, dass Daten für das interessierende Indikationsgebiet oder Produktumfeld vorliegen und dass diese Daten Veränderungen zeigen. Gibt es beispielsweise keine Preisveränderungen im zu betrachtenden Umfeld, wird sich keine Preisabsatzfunktion ermitteln lassen, die für das eigene Produkt aussagekräftig ist. Prinzipiell ist diese Methode für echte Innovationen somit kaum einsetzbar, da sich kein Pendant in den Marktdaten finden lässt. Die Methode eignet sich im Pharmamarkt eher für Nachahmerprodukte oder für relativ identische Arzneimittel, die allerdings zeitverzögert in den Markt kommen (z. B. das zweite oder dritte *Sartan*). Für neue Produkte ist den Experten- oder Kundenbefragungen daher der Vorzug zu geben.

Expertenbefragung

Die Parameter zur Entwicklung der Preis-Absatzfunktion liefern hierbei sogenannte „Experten". In aller Regel handelt es sich dabei um Personen, die sich mit dem Produkt, der Indikation, dem Markt und dem zugehörigen Umfeld gut auskennen. Das sind z. B. Produktmanager, Marktforscher, Außendienstmitarbeiter oder medizinische Fachreferenten.

Eine überschaubare Gruppe dieses Personenkreises wird hinsichtlich ihrer Einschätzung von Preisen und Absatzvorstellungen strukturiert befragt. Diese Befragung wird idealerweise von einer neutralen Person durchgeführt. Die Einzelmeinungen der Gruppenmitglieder sollten einem Konsensverfahren unterzogen werden. Aus den so gewonnenen Ergebnissen wird dann eine entsprechende Preis-Absatz-Funktion ermittelt. Die Vorteile der Expertenbefragung liegen in

- der schnellen und preisgünstigen Durchführbarkeit,
- der Anwendbarkeit für neue, aber auch für bestehende Produkte und
- der Möglichkeit auf die Expertise im eigenen Unternehmen zurückgreifen zu können.

Der letzte Punkt könnte sich allerdings genauso zum Nachteil entwickeln, wenn das eigene Produkt insgesamt zu positiv wahrgenommen wird und dadurch eine verzerrte Sichtweise bezüglich Preis- und Absatzerwartungen auftritt.

Einen Ausweg bietet die Kundenbefragung. Als Kunde wird dabei meist der Arzt als Verordner angesehen. In seltenen Fällen, wenn es beispielsweise um Arzneimittel geht, die möglicherweise nicht von den Kostenträgern übernommen werden, findet auch eine Befragung des Endverbrauchers, des (potentiellen) Patienten, statt. Als Befragungsmethoden stehen die direkte Befragung oder das sogenannte Conjoint Measurement zur Verfügung.

Direkte Kundenbefragung

Wie der Name sagt, wird der Kunde hier direkt nach seiner Verordnungsbereitschaft gefragt. Dabei können die Fragen folgendermaßen aussehen:

- Wären Sie bereit das Arzneimittel x zum Preis von y € zu verordnen?
- Wie vielen Ihrer Patienten würden Sie es zum Preis y € verordnen?
- Zu welchem Preis würden Sie das Arzneimittel verordnen?
- Wie vielen Ihrer Patienten würden Sie es dann verordnen?
- Bei welchem Preis würden Sie es gerade noch verordnen?
- Wie vielen Ihrer Patienten würden Sie es dann verordnen?

Aus den Antworten auf solche oder ähnliche Fragen wird dann die Preis-Absatzfunktion ermittelt. Auch diese Methode lässt sich relativ kostengünstig und schnell durchführen. Sie hat allerdings den Nachteil, dass der Kunde ausschließlich im Hinblick auf den Preis befragt wird und somit ein atypisch hohes Preisbewusstsein unterstellt wird. Die Eigenschaften des Produktes und sein Nutzen treten bei dieser Methode in den Hintergrund. Eine eher indirekte Befragungsweise, die nicht mit diesen Nachteilen behaftet ist, stellt das Conjoint Measurement dar.

Conjoint Measurement

Die Methode des Conjoint Measurement bezieht Preis, Eigenschaften und den daraus resultierenden wahrgenommen Nutzen durch den Verordner in die Befragung ein und versucht damit der „realen" Verordnungssituation recht nahe zu kommen. Die Methode geht davon aus, dass der Verordner Preis und „Leistungsfähigkeit" des Produktes gegeneinander abwägt und nach diesem Vergleich die Verordnungsentscheidung trifft. Indem der Verordner in eine Entscheidungssituation versetzt wird, versucht die Methode diesen sogenannten Trade-off darzustellen.

Der Verordner wird beim Conjoint Measurement nicht direkt zum Preis befragt, sondern mit verschiedenen Produktprofilen konfrontiert. Innerhalb dieser Profile werden Eigenschaften des Produktes variiert, wobei der Preis eine der Eigenschaften ist. Die verschiedenen Produktprofile werden vom Verordner nach seinen Verordnungspräferenzen bewertet. Die Ergebnisse dieser Bewertung erlauben es, ein Präferenzmodel zu erstellen, mit dessen Hilfe nicht nur Aussagen über den Einfluss des Preises, sondern auch der sonstigen Eigenschaften auf den Absatz möglich sind. Im einzelnen sind folgende Schritte durchzuführen:

1. Die Eigenschaften, die das Produkt beschreiben, sind zu definieren. Eigenschaften können sein die Darreichungsform, die Einnahmehäufigkeit oder -dauer, die Wirksamkeit, die Nebenwirkungsarmut, der Preis etc.
2. Die Ausprägung der Merkmale ist zu definieren. Für die Darreichungsform kann die Ausprägung z. B. Tablette, Dragee, Kapsel oder Saft sein. Für die Häufigkeit der Einnahme kann es die einmal, zweimal oder dreimal tägliche Gabe sein. Der Preis beispielsweise geht mit der Ausprägung der Preisspannweite ein, aus der prinzipiell der Endverbraucherpreis gewählt wird. Sollen Tagestherapiekosten zwischen 2,50 € und 4,20 € betrachtet werden, so sind folgende Ausprägungen denkbar: 2,50 €, 3,10 €, 3,70 € und 4,20 €.
   Grundsätzlich ist darauf zu achten, dass nicht zu viele Ausprägungen gewählt werden und die gewählte Anzahl für alle Eigenschaften relativ ähnlich ist. Die Spannbreite der Ausprägungen sollte so gewählt werden, dass sie der Realität

möglichst nahe kommt. Gerade für den Preis ist die Spannweite nicht zu eng zu wählen, um die Möglichkeit zu haben verschiedene Alternative zu testen.[36]

3. Erst jetzt erfolgt die eigentliche Befragung entweder mit Hilfe von Fragebögen oder computergestützt. Aus den vorgegebenen Eigenschaften und Ausprägungen werden Produkte gestaltet, die z. B. in einem Paarvergleich dem Befragten vorgelegt werden mit der Bitte eine Entscheidung für das ein oder andere Produkt zu fällen. Nachstehende Tabelle 3.3 stellt ein Beispiel für einen Paarvergleich dar:

Tabelle 3.3. Vergleich Medikament A und B

Merkmal	Medikament A	Medikament B
Marke	Marke 1	Marke 2
Wirksamkeit	hoch	mittel
Einnahmemodus	3 mal 1	1 mal 1
Preis pro Tag	1,04 €	0,50 €
Nebenwirkungen	Übelkeit	Schweißfüße

4. Mit Hilfe der Daten dieser verschiedenen Entscheidungssituationen lassen sich Präferenzen für die verschiedenen Eigenschaften ermitteln und daraus eine Präferenzfunktion erstellen. Marktdaten bzw. Erwartungswerte über den Absatz des Produktes helfen hieraus die Preis-Absatzfunktion zu bilden.

Nachteil dieser Methode ist der vergleichsweise hohe Preis. Dieser Nachteil wird jedoch durch diverse Vorteile wieder aufgewogen: Die Ergebnisse des Conjoint Measurement liefern nicht nur eine Aussage über den Preis, sondern auch über die weiteren Eigenschaften des Produktes, die Präferenzen bezüglich der Eigenschaften und der jeweiligen Ausprägung. Mit diesen Daten lassen sich Entscheidungen im Hinblick auf eine optimierte Positionierung des Produktes treffen. Da jedoch die Ergebnisse sehr stark von der Definition der Eigenschaften und Ausprägungen abhängen, wird geraten auch andere Methoden zur Absicherung dieser Ergebnisse einzusetzen, sofern dies möglich ist.[37]

3.1.5
Erstattung

Ist der Preis festgelegt und das Arzneimittel durch die Zulassungsbehörde zugelassen worden, wird es automatisch von der gesetzlichen Krankenversicherung erstattet, solange es der Verschreibungspflicht unterliegt, d. h. mit Hilfe eines Rezepts verordnet werden muss. Diese Verordnung wird in der Regel durch einen Arzt vorgenommen. Ein Arzneimittel, welches nicht mehr der Verschreibungspflicht unterliegt kann auch ohne Rezept direkt in der Apotheke gekauft werden. Hierbei wird von „over-the-counter"-Arzneimitteln oder OTC-Produkten gespro-

---

[36] Vgl. Simon, H. (1995), S. 40–47.
[37] Vgl. Simon, H. (1995), S. 40–47.

chen. Verschreibungspflichtige Arzneimittel werden in Abgrenzung hierzu meist als *ethische* Produkte bezeichnet. Es ist hierbei zu berücksichtigen, dass auch OTC-Produkte vom Arzt verordnet werden können und von der gesetzlichen Krankenversicherung erstattet werden. Es gilt das generelle Prinzip: Alles, was nicht verboten ist, ist erlaubt. Verordnungsausschlüsse werden in der sogenannten *Arzneimittelrichtlinie* geregelt. Eine sogenannte *Negativliste* benennt die Verordnungsausschlüsse. So sind beispielsweise Arzneimittel zur Behandlung von Bagatellerkrankungen wie Erkältungen von der Verordnung zu Lasten der gesetzlichen Krankenversicherung ausgeschlossen.

Neben der Negativliste soll möglicherweise eine Positivliste eingeführt werden, die ausschließlich verordnungsfähige Präparate enthält. Ob sich diese Positivliste allerdings durchsetzt, ist noch unklar. Bereits vor wenigen Jahren wurde eine Positivliste entwickelt und sollte per Gesetz eingeführt werden. Dieses Unterfangen scheiterte jedoch.

Unabhängig davon hat der bereits erwähnte Bundesausschuss der Ärzte und Krankenkassen die Möglichkeit darüber zu entscheiden, ob ein Arzneimittel zu Lasten der Krankenversicherung eingesetzt werden darf oder nicht. Der Ausschuss wird allerdings nicht von sich aus aktiv, er muss von einem der Spitzenverbände der Kassen, einer Kassenärztlichen Vereinigung oder der Kassenärztlichen Bundesvereinigung dazu aufgerufen werden. Bisherige Versuche neue Arzneimitteltherapien aus der Verordnung auszuschließen sind selten und meist nicht von Erfolg beschieden gewesen, da Betroffene auf dem Klageweg meist erfolgreich Ausnahmen von diesen Entscheidungen erstritten.

Trotz dieser verschiedenen Ansätze die Verordnungsfähigkeit und damit die Erstattung von Arzneimitteln seitens der gesetzlichen Krankenversicherung einzuschränken, gilt in Deutschland nahezu uneingeschränkt: Jedes regulär zugelassene Arzneimittel ist auch zu Lasten der gesetzlichen Krankenversicherung zu verordnen und damit erstattungsfähig. Hierzu heißt es in der Arzneimittelrichtlinie wörtlich: „Der Versicherte hat grundsätzlich einen Anspruch auf die Versorgung mit allen nach dem Arzneimittelgesetz (AMG) verkehrsfähigen Arzneimitteln, sofern sie nicht aus der Leistungspflicht der gesetzlichen Krankenversicherung ausgeschlossen sind oder soweit sie nicht nach dem Wirtschaftlichkeitsgebot, wie es in diesen Richtlinien konkretisiert ist, nur eingeschränkt verordnet werden dürfen".[38]

---

[38] Arzneimittelrichtlinie (1993) A 4.

3.2
Aufgaben und Ziele der quantitativen Marktforschung

Wolfgang Hartmann, Wiesbaden

3.2.1
Allgemeine Vorbemerkung

Die Markforschung wird in der einschlägigen Literatur[39] unterschiedlich beschrieben, beispielsweise mit den Begriffen Absatzforschung, Absatzerkundung, Werbeforschung. Inzwischen hat sie als Grundlage für die Planungstätigkeit im pharmazeutischen Marketing große Bedeutung erlangt. Sie soll verstanden werden als systematische Erkundung aller im Markt wirksamen Faktoren, die ein Unternehmen bei seinen Entscheidungen in Rechnung stellen muss.

Wer systematisch, prozessorientiert und logisch arbeiten möchte, setzt an den Beginn seiner Handlung die Untersuchung des Bestehenden bzw. eine Art Status der Sachlage. Sie besteht in der Verknüpfung über die Lage / den Status, in der objektiven *und* subjektiven Beurteilung sowie in den Fragen

- Was weiß ich über die Situation?
- Was sollte ich noch wissen?

Zu Beginn ist recht wenig über die Fakten bekannt und man hat das Bedürfnis, Daten, Informationen und Erkenntnisse zu beschaffen. Wir unterscheiden insbesondere die quantitative Marktforschung von der qualitativen Marktforschung mit ihren Prognosemodellen. Bei der Zusammenstellung von Fakten spielt die Statistik eine wichtige Rolle. Am Ende dieses Kapitels werden die wichtigsten statistischen Verfahren aufgezählt. Die Interpretation von statistischen Angaben ist nicht nur eine Frage statistischer Logik und Methodik, sondern auch des gesunden Menschenverstandes und Denkens.

Die Pharma-Marktforschung betrifft somit die angenäherte Einschätzung möglichst vieler operationaler Instrumente, die im Marketing-Mix zum Einsatz kommen:

- Effizienz und Qualität des Außendienstes
- Verändernde Wertigkeit des Arzneimittel-Musters
- Akzeptanz der schriftlichen, visuellen, digitalen und sogenannten „Neuen Medien"

---

[39] Vgl. beispielsweise Meffert, H. (1982), Weinholt, H. (1972), und Friesewinkel, H. (1988).

- Effizienz und Qualifikation von Veranstaltungstypen wie Referate, Seminare, Workshops, Round-Table-Gespräche, Talk-Shows, Fortbildungsveranstaltungen, Kamingespräche etc.

Erst eine systematisch betriebene Marktforschung schafft die für das Marketing notwendigen Entscheidungsgrundlagen sowohl für die Stabilisierung der Marketingstrategie als auch zur Änderung der Außendienstführungs-, Zielgruppenansprache- und Informationsstrategie. Der Einsatz von insbesondere theoretischen Systemen ist weniger von Bedeutung, viel entscheidender ist die laufende Überprüfung der Reaktionen im Markt auf die jeweiligen Aktivitäten in und auf dem Markt, um die Strukturen und notwendigen Entscheidungen deutlich zu machen, die den jeweiligen Erwartungshaltungen der jeweiligen Zielgruppe *Arzt, Apotheker* und *Patient* sowie der anderen Marktteilnehmer wie beispielsweise *Großhandel* oder *Kassen* entsprechen.

Theoretische Definitionen der Marktforschung sollen hier nicht weiter diskutiert werden, deshalb konzentrieren sich die nachfolgenden Ausführungen eher auf Marktdiagnose und quantitative Marktforschung zur Beurteilung von Absatz, Verordnungen und Werbung von Arzneimitteln im niedergelassenen Bereich, bei Apotheken, in der Selbstmedikation sowie im Krankenhaus. Die Beobachtung des jeweiligen bestehenden Produktsortiments nach

- Umsatz
- Mengenentwicklung
- Verordnungsentwicklung
- Werbeaufwendung etc.

unter Einbeziehung der jeweiligen Konkurrenzbeobachtung werden in einigen Beispielen diskutiert.

3.2.2
Quantitativer Arzneimittelreport des Apothekenmarktes

Seit 1954 ist als quantitativer Marktforschungsbericht über Arzneimittel des Apothekenmarktes der sogenannte DPM® entwickelt worden. Er zeigt als Vollerhebung alle Einkäufe von Arzneimitteln der öffentlichen Apotheken, beim vollsortierten Großhandel sowie als hochgerechnete Panelerhebung die Direkteinkäufe der öffentlichen Apotheken bei den Herstellern. Ca. 50.000 Handelsformen von Arzneimitteln werden für die Zeiträume Monat, Kumulation und 12-Monats-Wert mit Umsatz (Euro oder Dollar) und Absatz (Packungen) ausgewiesen. Neben der Zuordnung zur internationalen anatomischen Klassifikation werden auch Informationen zu Herstellern und zu Festbetragsklassen ausgewiesen (s. Abb. 3.3).

In vielen standardisierten Tabellen stehen alle wichtigen Marktparameter für Analysen bereit. Wertvolle Zusatzinformationen über Markttrends ergänzen die Tabellen. Der Report erscheint monatlich und wird auf CD-ROM, gegen Aufpreis auch als Buch, geliefert.

Der DPM® ist unverzichtbar zur Analyse des Apothekenmarktes und kann daher zu Recht als der „Große Brockhaus" der pharmazeutischen Industrie bezeichnet werden.

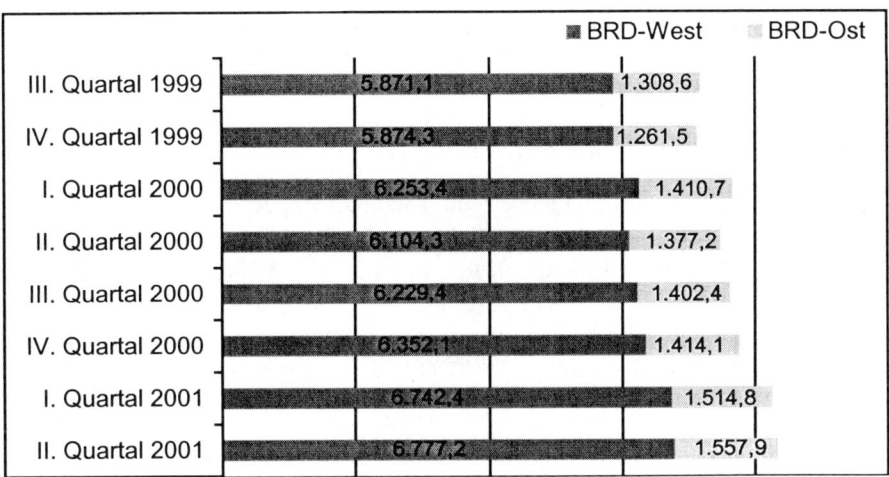

Abb. 3.3. Umsatzentwicklung Apothekenmarkt letzte acht Quartale (in Millionen DM)[40]

Über eine spezielle Anwendungssoftware können Daten selektiert, ausgedruckt und exportiert werden. Aus dieser Erhebung werden Sonderstudien generiert, wie zum Beispiel

• Generika-Studie
• Phytopharmaka-Studie

Das Besondere an der *Generika-Studie* ist, dass nur Präparate nach dem Patentablauf der Substanz aufgenommen werden. Eine Unterteilung der Präparate erfolgt nach Preisklassen. Dadurch wird die detaillierte Marktbeobachtung aller Nachahmer- und Originalprodukte ermöglicht. Eine Beobachtung der Preisstrukturen innerhalb der Preisklassen ist somit vereinfacht.

In der *Phytopharmaka-Studie* werden Präparate erfasst, die ausschließlich aus Pflanzen, Pflanzenteilen, Pflanzenextrakten oder deren galenischen Zubereitungen bestehen. In die Erfassung einbezogen werden auch Homöopatika und Kombinationspräparate. Das Besondere an dieser Sonderstudie ist, dass zwischen apothekenpflichtigen und nicht-apothekenpflichtigen Präparaten sowie zwischen Monopräparaten, Zweier- und Mehrfachkombinationen unterschieden wird. In einer 5-Jahres-Tabelle können alle pflanzlichen Präparate inkl. deren Hersteller im Apothekenmarkt beobachtet werden. Dabei werden zum Beispiel folgende Fragen beantwortet:

---

[40]   Quelle: DPM®, IMS Health, 2001.

- Wie haben sich in den letzten fünf Jahren die pflanzlichen Produkte im Markt entwickelt?
- Wie stehen die pflanzlichen Produkte gegenüber chemischen Produkten in einer Indikationsgruppe?
- Wer sind die umsatzstärksten Phytopharmaka-Hersteller in Deutschland?

3.2.3
Verschreibungsindex

Um einen Einblick in das Diagnose- und Therapieverhalten von niedergelassenen Ärzten zu gewinnen wurde vor ca. 40 Jahren der Verschreibungsindex für Pharmazeutika (VIP®) entwickelt (s. Abb. 3.4 und 3.5). Dabei werden zehn ausgewählte Facharztgruppen in Deutschland berücksichtigt:

Praktiker	Gynäkologen	Neurologen
Internisten	Dermatologen	Orthopäden
Pädiater	HNO-Ärzte	Pulmologen
Urologen		

Die Verordnungsdaten beruhen auf den Angaben von etwa 3.000 repräsentativ ausgewählten Ärzten in Deutschland. Ausgewiesen werden Arzt-, Patienten-, Diagnosen- und Verordnungsmerkmale. Aus dem Verschreibungsindex lassen sich umfassende Analysen als Basis für die operativen und strategischen Planungen erstellen, zum Beispiel:

- Detaillierte Beobachtung und Analyse des Diagnose- und Therapieverhaltens auf Gesamtmarktbasis und für jede der zehn Facharztgruppen
- Überprüfung von bestehenden und Bestimmung neuer Zielgruppen bei Ärzten und Patienten
- Erstellung der Marktdefinition im Rahmen einer Neueinführung
- Überprüfung des Marktpotenzials bei bestehenden Produkten
- Identifizierung von Veränderungen im Behandlungsmuster
- Beobachtung neuer Präparate und Therapieformen
- Beobachtung der Effekte von Marketingmaßnahmen auf das Verordnungsverhalten niedergelassener Ärzte
- Beobachtung und Vergleich der Entwicklungen von gesetzlichen und privaten Verordnungen

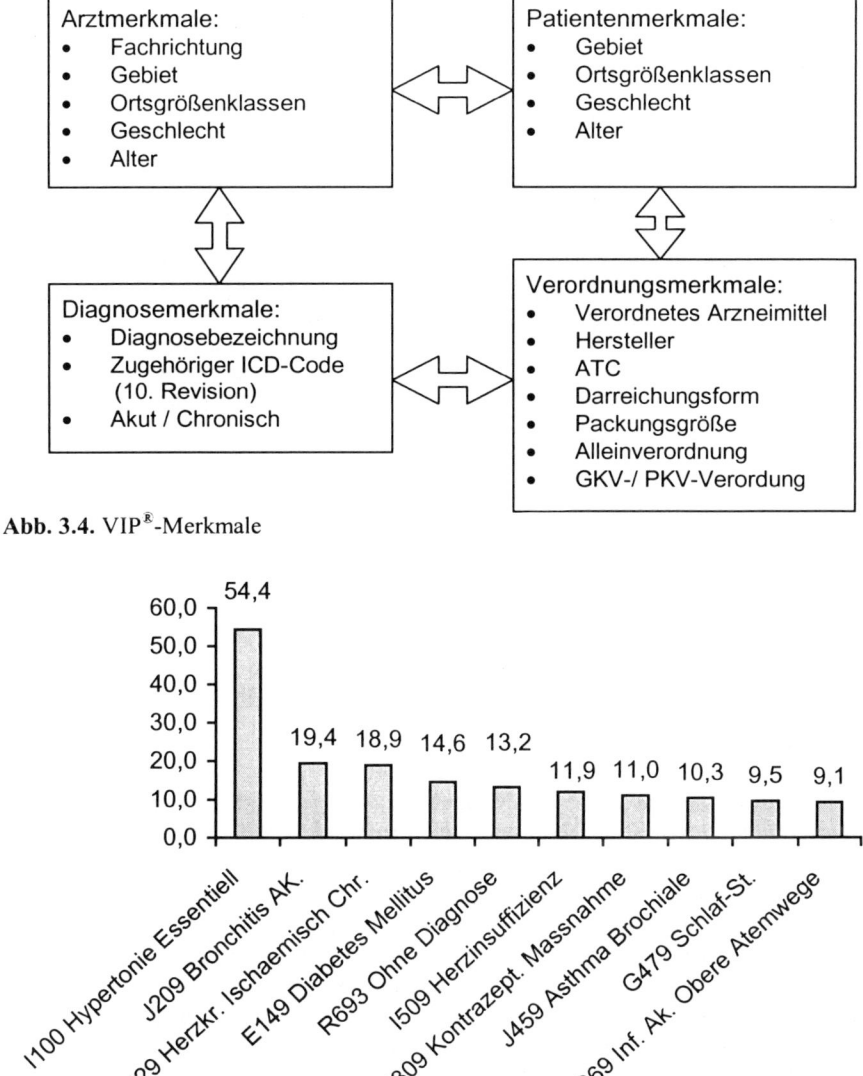

Abb. 3.4. VIP®-Merkmale

Abb. 3.5. Führende Diagnosen BRD-West (in Millionen)[41]

Soll durch ein Unternehmen zum Beispiel ein neues Migräne-Produkt eingeführt werden, kann die Struktur dieses Marktes zur Diagnose G43 „Migräne" aus
dem Verordnungsindex für weitere Marketingentscheidungen herausgefiltert werden (s. Abb. 3.6).

---

[41] Quelle: VIP®, IMS Health, 2001.

Ärzte	Verordnungen	Verordnungen pro Arzt
Praktiker	63,3 %	80,2
Internisten	19,9 %	65,4
Neurologen	8,5 %	95,0

Patienten	Diagnose G43 Migräne	Sonstige Infos
17,6 % männlich		70 % der Diagnose-
82,4 % weiblich	4,78 Millionen Diagnosen	Fälle sind chronisch
	5,39 Millionen Verordnungen	
87,3 % sind über		Der GKV-Anteil der
30 Jahre alt		Verordnung beträgt
...		93,3 %.

Führende ATCs

N2C Migränemittel
N2B sonstige Analgetika
A3F Gastriprokinetika
...

Abb. 3.6. VIP® Diagnose G43 Migräne

3.2.4
Krankenhausforschung

Derzeit verbrauchen mehr als 1.900 deutsche Akut-Krankenhäuser Arzneimittel im Wert von ca. 5 Milliarden DM pro Jahr. Ein Markt, der 9.500 Medikamente in ca. 20.000 Darreichungsformen umfasst. Da aber schon heute nicht der Medikamentenbedarf, sondern das Personal den Hauptkostenfaktor im Krankenhaus darstellt, werden in Zukunft immer mehr Krankenhäuser schließen. Parallel dazu ist mit einer zunehmenden Spezialisierung vieler Einrichtungen zu rechnen, da die Kostenträger aufgrund der Einsparbestrebungen des Bundes gezwungen sind verstärkt gewinnorientiert bzw. kostendeckend zu wirtschaften. Zwangsläufig wird dies zu einer Zunahme von Versorgungsschwerpunkten führen, das heißt immer weniger Apotheken versorgen, zum Beispiel in Form von Einkaufsverbänden, immer mehr Krankenhäuser. Angesichts grundlegender Veränderungen im Gesundheitswesen gewinnen deshalb fundierte Marktinformationen über das Krankenhaus immer stärker an Bedeutung.

Seit ca. 30 Jahren werden periodische Marktstudien über den Verbrauch von Pharmazeutika und den Einkauf von medizinischem Sachbedarf in deutschen Akut-Krankenhäusern erstellt. Dies geschieht auf der Basis von repräsentativen Panelerhebungen. Dadurch wird dem Kunden ein wesentlich effektiveres und kostensparenderes Vorgehen im Krankhausmarkt ermöglicht. Die Hauptvorteile für den Kunden liegen dabei in

• einer verbesserten Markttransparenz,

- einer effektiveren Außendienststeuerung,
- einem vereinfachterem und nachvollziehbarerem Produkt-Marketing.

3.2.4.1
Arzneimittel-Verbrauch im Krankenhaus

Die Markttransparenz, zum Beispiel durch den DKM® (= GPI Krankenhausindex), wird pro Fachbereich / Fachabteilung geboten. Die Studien zeigen den Verbrauch von Arzneimitteln in Akutkrankenhäusern und psychiatrischen Sonderkliniken der Bundesrepublik Deutschland. Als Datenquelle dient ein repräsentativ geschichtetes Panel von ca. 330 Krankenhäusern. Erhoben werden einzelne Zähleinheiten (eine Kapsel, eine Ampulle etc.), die aus der krankenhausversorgenden Apotheke an die einzelnen Kostenstellen (Stationen) im Krankenhaus abgegeben werden.

Die Außendienststeuerung kann mit Hilfe von Studien wie der Potenzialanalyse, sowie der Universums-Datei optimiert werden. Diese zwei Systeme ermöglichen eine Analyse der besuchswürdigen Krankenhäuser, eine Gebietsstruktur- und Mitarbeiterplanung sowie eine Budgetverwaltung.

Ein vereinfachtes und nachvollziehbares Produkte-Marketing kann mit Hilfe von Ad-hoc-Analysen geboten werden, die alle auf den *GPI-Krankenhaus-Index*® basieren. Diese setzen sich aus dem Produktprofil, der Substitutions-, der Plausibilitäts- und der Überschneidungsanalyse zusammen. Die Untersuchungen werden entsprechend der vorgegebenen Präparate und Präparateformen bzgl. Marktanteilsverschiebungen, der Ermittlung des tatsächlichen Verbrauches und der Identifikation der potenziellen Zielgruppen vorgenommen.

Dabei gibt der DKM® zusätzlich Aufschluss über die verbrauchten Mengen bis auf das Niveau der einzelnen Fachrichtungen im jeweiligen Krankenhaus. Die Marktvolumina werden in Form von durch Kunden definierten Bewertungsfaktoren in der Währung Euro dargestellt. Durch das DKM® werden beispielsweise die in Abbildung 3.7, 3.8, 3.9, 3.10 und 3.11 dargestellten Informationen geliefert.[42] Für das Marketing werden zum Beispiel folgende Fragen beantwortet:

- Wie hoch ist der Umsatz meines Produkts in einer Fachrichtung?
- Wie hoch ist der Umsatz eines Konkurrenz-Produktes in der jeweiligen Fachrichtung?
- Wie hoch ist die Vertriebsbreite für ein Produkt?
- Wie hat sich der Umsatz meines Produkts im Vergleich mit einer Vorperiode in diesem Gebiet entwickelt?
- Welche neuen Krankenhausprodukte sind in den letzten 12 bzw. 24 Monaten auf den Markt gekommen?

---

[42] Im Original sind die Informationen wesentlich detaillierter und übersichtlicher präsentiert, als es hier wegen des nur beschränkt zur Verfügung stehenden Raums möglich war.

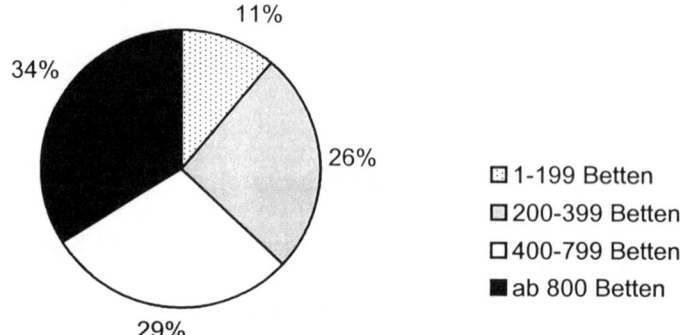

Abb. 3.7. Verteilung der Intensivbetten nach Bettengrößenklassen (insgesamt 20.608 Betten)

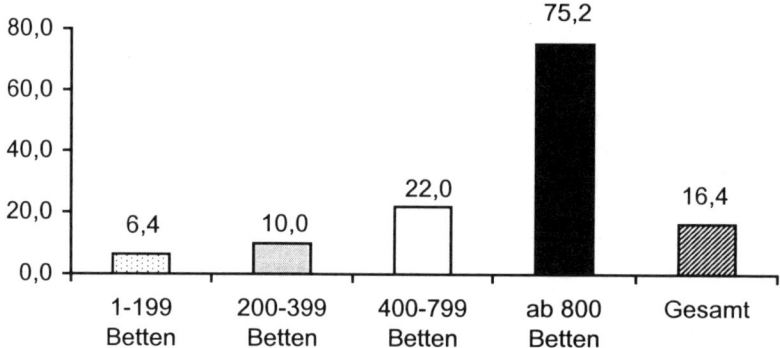

Abb. 3.8. Durchschnittliche Anzahl Intensivbetten pro Krankenhaus nach Bettengrößenklassen

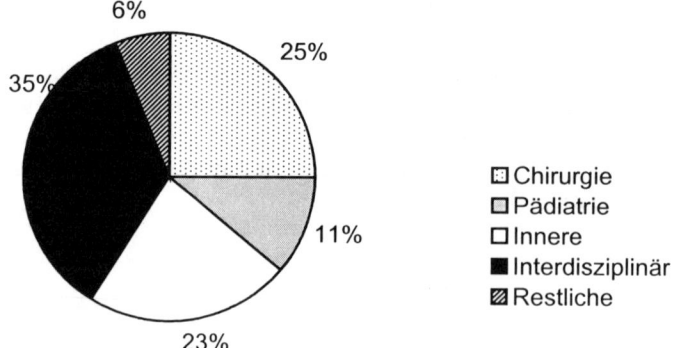

Abb. 3.9. Verteilung der Intensivbetten nach Fachrichtung (insgesamt 20.608 Betten)

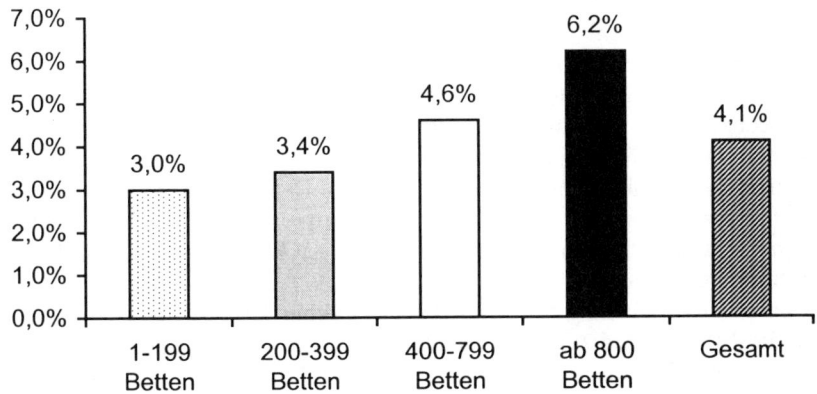

Abb. 3.10. Prozentuale Anteile der Intensivbetten an den Gesamtplanbetten nach Bettengrößenklassen

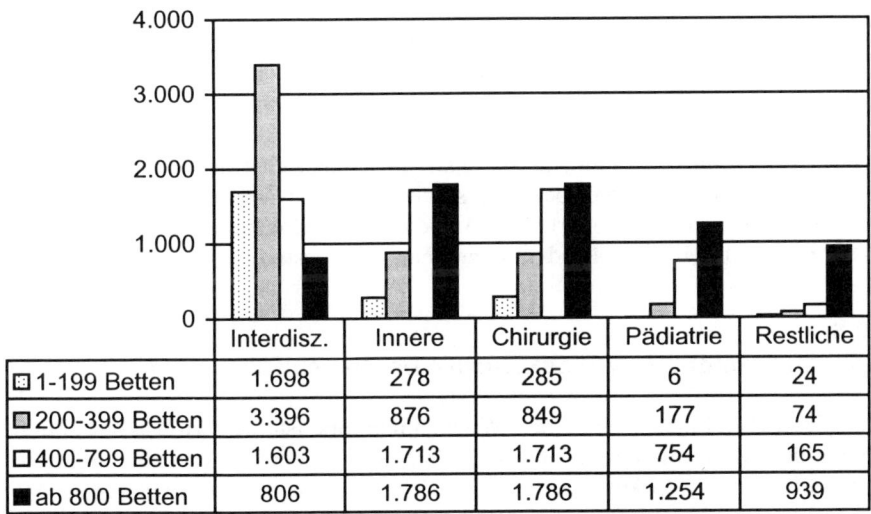

	Interdisz.	Innere	Chirurgie	Pädiatrie	Restliche
☐ 1-199 Betten	1.698	278	285	6	24
◼ 200-399 Betten	3.396	876	849	177	74
☐ 400-799 Betten	1.603	1.713	1.713	754	165
■ ab 800 Betten	806	1.786	1.786	1.254	939

Abb. 3.11. Anzahl Intensivbetten nach Größe der Krankenhäuser und Bettengrößenklassen in Deutschland

3.2.4.2
Krankenhaus-Sachbedarf-Markt

Der Anbieter von Medizinprodukten (Einmalbedarf) ist darauf bedacht den Vertriebskanal Akut-Krankenhäuser im deutschen Sachbedarf-Markt exakt zu analysieren. Auf Basis einer repräsentativen Panelerhebung werden alle relevanten Daten zum Einkauf von medizinischem Sachbedarf des Einmalverbrauchs quartalsweise erfasst. Eine Stichprobe von knapp 300 Akut-Krankenhäusern repräsentiert statistisch abgesichert und hochgerechnet die Einkäufe von etwa 1.900 Akut-Krankenhäusern mit mehr als 520.000 Betten. Dabei wird in 14 Produktgruppen gegliedert und detaillierte Analysen werden ermöglicht.

Der Nutzen dieser Marktforschungsstudie liegt in der Bereitstellung von Wettbewerbsbeobachtung, Markttrend- und Portfolio-Analysen sowie der Außendienststeuerung. Zusätzlich wird die preisliche Veränderung frei definierbarer Einzelartikel innerhalb eines fest vorgegebenen Betrachtungszeitraumes untersucht. Das Preisbarometer ermöglicht die Analyse produktbezogener Durchschnittspreise sowie die Darstellung regionaler Artikel-Preisvergleiche für eine oder mehrere Perioden.

Als passende Ergänzung zur Krankenhaus-Sachbedarfs-Studie ist inzwischen eine Studie MSA® (medizinischer Sachbedarf in der Apotheke) entwickelt worden. Erfasst sind hier als Vollerhebung die Einkäufe der öffentlichen Apotheken bei den vollsortierten deutschen Arzneimittelgroßhandlungen (Grosso-Geschäft). Zusätzlich werden auch Apothekendirekteinkäufe bei den Herstellern (Direkt-Geschäft) in dieser repräsentativen Stichprobe auf Basis von etwa 1.100 öffentlichen Apotheken berücksichtigt. Sämtliche Studien umfassen als elektronisches Extrakt zum Beispiel folgende Themen:

- Gesamt-Ranking aller Sachbedarf-Hersteller
- produktgruppenweise Ranglisten aller Wettbewerber nach Marktanteilen
- Produktgruppenübersichten

Die Aufbereitung besteht aus regional livrierten Zeitreihenbetrachtungen pro Artikel, die stück- und wertbezogen sowie nach den Nielsengebieten und vier Bettengrößenklassen gegliedert sind. Aus diesem Datenmaterial lassen sich jederzeit Sonderanalysen sowie Produktrecherchen und sonstige Projekte entwickeln.

3.2.5
Wochenmonitor als Erfolgskontrolle bei Neueinführungen

Das klassische Einsatzgebiet des Wochenmonitors ist die Erfolgskontrolle bei Neueinführungen auf regionaler Ebene. Weiterhin dient der Wochenmonitor zur Überprüfung von Marketingaktivitäten wie zum Beispiel Besprechungen, Mailings, Anzeigen bei bereits eingeführten Produkten. Der Wochenmonitor informiert über regionale Absatz- und Umsatzzahlen von über 117.000 pharmazeutischen Handelsformen im deutschen Markt. Er liefert alle Einkäufe aller öffentlichen Apotheken bei allen vollsortierten Großhändlern, und das wöchentlich (s. Abb. 3.12).

Nur drei Tage nach Berichtsende stehen die Daten direkt über elektronischen Zugang, zum Beispiel ISDN, zur Verfügung. Damit ist dieses Produkt zugleich Marktforschungs- und Marketing-Instrument in einem.

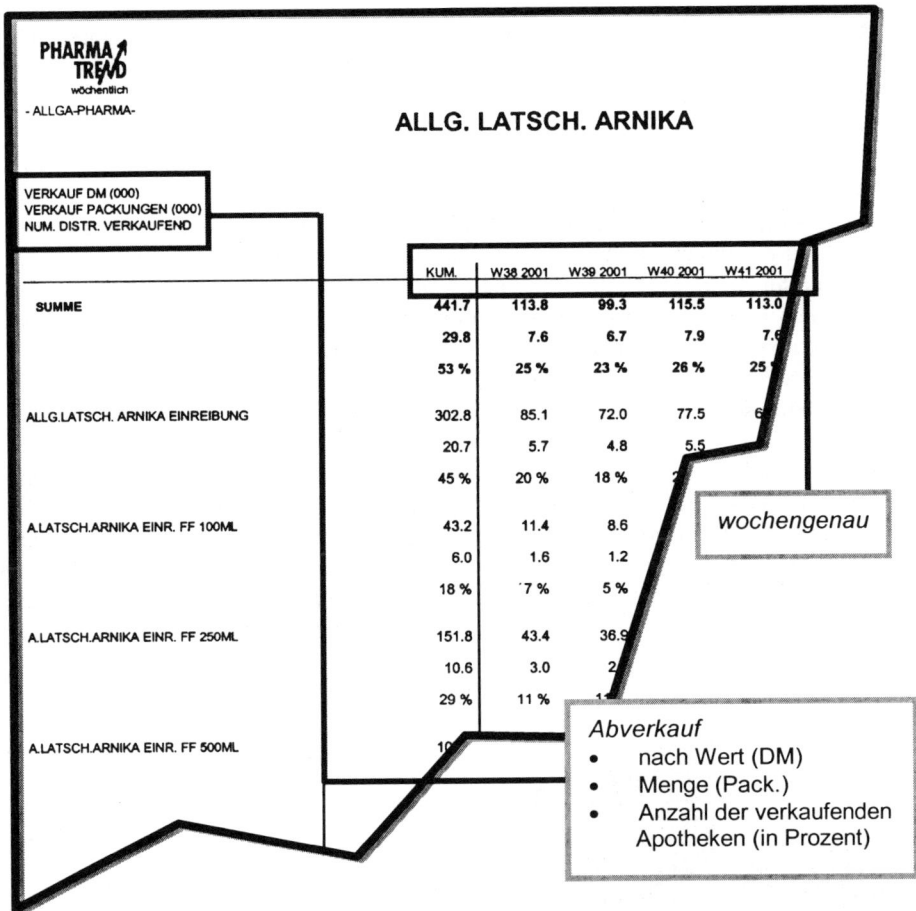

Abb. 3.12. Wochenmonitor[43]

3.2.6
Selbstmedikation

Das Marketing von OTC-Präparaten gewinnt an Bedeutung und die Ansätze aus dem Konsumgüter-Marketing werden hier übertragen. Es unterscheidet sich damit deutlich vom Marketing verschreibungspflichtiger Produkte. Untersucht werden Marktentwicklungen in Apotheken aber auch in anderen Vertriebskanälen wie Drogeriemärkten und Verbrauchermärkten; diese werden zueinander in Beziehung gesetzt.

Auf folgende Fragen des Selbst-Medikations-Marketings gibt es durch Marktforschungsprodukte und Panelerhebungen Antworten:

---

[43] Quelle: IMS Health, 2001.

- Wie entwickeln sich die Apothekenverkäufe und Apothekenlagerbestände für ausgewählte Produkte und Teilmärkte in unterschiedlichen Regionen von Deutschland?
- Ändern sich die Selbstmedikations- und Verordnungsanteile bei Produkten, die verstärkt für die Selbstmedikation beworben werden?
- Wie entwickeln sich Apothekenverkäufe in den einzelnen Außendienstgebieten, lassen sich regional starke Konkurrenten entdecken und wie kann die Marktdurchdringung in den einzelnen Außendienstgebieten verglichen werden?
- Wie erhält man einen Überblick über den rezeptfreien Arzneimittelmarkt und wie kann man langfristige Entwicklungen in den darin vorhandenen Teilmärkten Apotheke, Drogeriemarkt und Verbrauchermarkt beobachten?
- Wie entwickeln sich die Konkurrenzprodukte von Arzneimitteln, wie zum Beispiel diätetische Lebensmittel, Vitamine oder Nahrungsergänzungsprodukte?

Für Neueinführungen, intensive Wettbewerbsaktivitäten und nach tiefgreifenden gesundheitspolitischen Eingriffen benötigt das Marketing einer Unternehmung schnell aktuelle Marktinformationen, um reagieren zu können. Bereits sechs bis acht Arbeitstage nach Ende einer Kalenderwoche stehen für individuell ausgewählte Produkte Informationen über Apothekenverkäufe und Distributionen durch das Produkt *Pharmatrend*® wöchentlich zur Verfügung (s. Abb. 3.13).

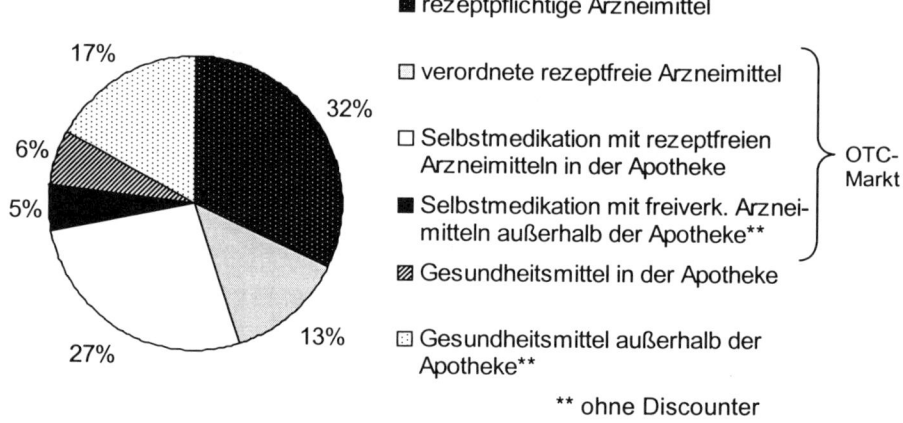

Abb. 3.13. Verkäufe von Arzneimitteln und Nichtarzneimitteln (Marktanteile in %)[44]

3.2.7
Longitudinal-Analysen zu Arzt, Patient, Diagnose und Therapie

Als einzigartige Dienstleistung steht seit mehr als 12 Jahren eine Longitudinal-Analyse mit den wichtigsten entscheidungsrelevanten Informationen zu Arzt, Patient, Diagnose und Therapie im Zeitverlauf zur Verfügung. Dabei haben sich inzwischen Daten von über 1 Million anonymisierten Patienten mit kontinuierlichen

---

[44] Quelle: PharmaTrend® monatlich.

Krankheitsverläufen von über zehn Jahren angesammelt. Eine solche Longitudi-
nal-Analyse (mediplus®) wird nicht nur im strategischen Marketing und in der
Marktforschung eingesetzt, sondern auch im Vertrieb und im medizinisch wissen-
schaftlichen Bereich. Immer mehr Bedeutung gewinnt es für gesundheitspolitische
Fragestellungen. Unternehmung, Marketing und Produkt-Management erhalten
Entscheidungshilfen bei folgenden Parametern:

- Mit der richtigen Positionierung den Markterfolg sichern
- Zielgruppen überprüfen und optimieren
- Marktpotenziale berechnen und vergleichen
- Marktaktivitäten steuern und kontrollieren
- Klinische Studien marktgerecht planen
- Pharmaökonomische Analysen unterstützen
- Schwächen des Wettbewerbs aufdecken und nutzen
- Klinikabstrahlungseffekte analysieren

3.2.8
Außendiensteffizienz

3.2.8.1
Regionaler Pharmazeutischer Markt

Das Instrument Regionaler Pharmazeutischer Markt (RPM®) zur regionalen Analyse des Pharmamarktes geht davon aus, dass die Arzneimittel, die vom Großhandel in ein Segment geliefert werden, vom Arzt in diesem Segment vorher verordnet und Patienten in der Apotheke desselbigen regionalen Segmentes eingelöst
worden sind. Man geht davon aus, dass der Außendienstmitarbeiter die Verordnung des Arztes ausgelöst hat und somit entsprechend beurteilt werden kann.

Der RPM® beinhaltet alle Einkäufe aller öffentlichen Apotheken bei allen voll-
sortierten Großhändlern (Vollerhebung). Er informiert monatlich über regionale
Absatz- und Umsatzzahlen von über 117.000 pharmazeutischen Handelsformen.
Diese Daten werden unterschiedlich segmentiert für das ganze Bundesgebiet ent-
weder in 1.860 Segmente oder 2.847 Segmente. In erster Linie dient der RPM®
zur Bewertung des Außendienstes, die weiteren klassischen Einsatzgebiete sind
Außendienststeuerung und -controlling. Darüber hinaus kann auf Basis der RPM®-
Zahlen

- eine Deckungsbeitragsrechnung erstellt werden,
- regionale Testmärkte gebildet werden,
- der Erfolg von Marketingaktionen überprüft werden.

RPM® Daten können online bezogen werden und nach Packung und Umsatz
gewichtet und umgerechnet werden.

3.2.8.2
Die Weiterentwicklung des RPM® heißt PharmaScope

Traditionellen Verfahren zur Analyse regionaler Pharmamärkte verlieren durch Unschärfen zunehmend an Validität. Die Quantifizierung von Wanderungsbewegungen erhöht die Markttransparenz, sorgt für zielgerichtetes Planen und Handeln sowie für eine leistungsgerechtere Beurteilung des Außendienstmitarbeiters. Analysen haben gezeigt, dass es je nach Arzneimittel und Region unterschiedlich starke Wanderungsbewegungen gibt, die folglich die Außendienstmitarbeiter in ihren Ergebnissen unterschiedlich stark beeinflussen. Mit dieser Methode können regionale Potenziale auf Basis der realen Marktgegebenheiten unabhängig von Vertriebswegen erkannt werden. Das reale Marktgeschehen lässt sich wie folgt beschreiben:

Der Patient geht in einem Segment zum Arzt, beispielsweise an seinem Wohnort, löst das Rezept, welches er bekommen hat, aber an einem anderen Ort ein, beispielsweise an seinem Arbeitsplatz. Im Segment des Außendienstmitarbeiters, der die Verordnung des Arztes ausgelöst hat, würde diese Verordnung bei den traditionellen Verfahren der Außendienststeuerung (wie RPM®) nicht registriert, sie wird hingegen im Segment der Dispensierung gutgeschrieben, das nicht notwendigerweise ein Segment desselben Außendienstmitarbeiters sein muss.

Dieses Instrument PharmaScope mit seinen zwei unterschiedlichen Varianten verfolgt einen völlig neuorientierten Analyseansatz. Die Kombination von vielen unterschiedlichen Datenquellen und innovativer statistischer Verfahren führt zu einer Synthese, die einen neuen Blick auf das regionale Marktgeschehen ermöglicht.

Die Quantifizierung von Wanderungsbewegungen erhöht die Markttransparenz, sorgt für zielgerichtetes Planen und Handeln sowie für eine leistungsgerechtere Beurteilung des Außendienstes. Bis zu 20 % aller Rezepte werden *nicht* in dem regionalen Segment eingelöst, indem sie auch verordnet worden sind. Analysen haben gezeigt, dass es je nach Arzneimittel und Region unterschiedlich starke Wanderungsbewegungen gibt. Während diese sich in großen regionalen Einheiten weitgehend ausgleichen, sind sie in kleinen regionalen Segmenten – wie auch im aus mehreren einzelnen Segmenten bestehenden Mitarbeitergebiet – oft sehr bedeutend.

Wie kann die Datentransparenz für den Außendiensteinsatz genutzt werden?

Die Analyse erkennt regionale Potenziale und ermöglicht somit ein zielgerichtetes Agieren des Außendienstes in seinem Gebiet. Verordnungsdaten geben zielgenau Aufschluss darüber, welche Potenziale ein Segment bietet. Darüber hinaus können auf Basis der Potenziale, der Außendienstgebiete sowie von Außendienstlinien optimiert werden, um für die Mitarbeiter Gebiete mit äquivalenten Potenzialen zu konstruieren. Das Wissen um die Gegebenheiten in seinem Gebiet und insbesondere die Beobachtung der Zu- und Abwanderungen gibt dem Außendienstmitarbeiter ein schärferes Bild über seine Aktivitäten. Der Außendienstleiter erhält über den Index der Verordnungen ein wahrheitsgemäßeres Bild über die Leistung seiner Mitarbeiter. Diese neue Möglichkeit, die durch den Außendienstbesuch ausgelösten Verordnungen genauer zu messen, führt zu einer leistungsgerechteren und motivierenderen Beurteilung des Außendienstes.

PharmaScope RX zeigt nach regionalen Segmenten Verordnungen, Rezeptzuwanderungen, Rezeptabwanderungen und die daraus errechenbaren Dispensierungen, jeweils für Umsatz und Absatz. Die Verordnungen beinhalten sowohl die GKV- als auch die Privat-Rezepte. Sie werden facharztgruppenübergreifend dem regionalen Segment der Verordnungen zugeordnet. *PharmaScope POS* zeigt nach regionalen Segmenten die Dispensierung auf Basis GKV- und Privat-Rezepte, jeweils Umsatz und Absatz. Wettbewerbsanalysen auf Basis von Verordnungsdaten bringen neue Erkenntnisse: Verordnungen und Einkäufe können in einem Segment stark divergieren.

3.2.9
Regionales Verordnungsverhalten von Facharztgruppen

Mit dem Produkt *Xponent MicroMarketer*® werden monatlich Rezepte des GKV-Marktes ausgewertet. Diese werden arztgruppenspezifisch erfasst und dem entsprechenden Facharztsegment in der Region, in der sie ausgestellt wurden, zugeordnet. Durch diese Auswertung erhält der Anwender Einblick in das Verschreibungsverhalten von 15 verschiedenen Facharztgruppen. Der Anwender kann fachgruppenübergreifendes Verordnungsverhalten untersuchen oder die Fachgruppen einzeln betrachten. Das Instrument bietet dem Marketing, dem Vertrieb und dem Außendienst die Grundlagen, um Management- und Marketing-Strategien zu entwickeln. Die regionalfeine Segmentierung von sechs bis elf Ärzten in einer Fachgruppe ermöglicht eine sehr detaillierte Zielgruppenbetrachtung. Was kann damit analysiert werden?

- Gibt es zum Beispiel in einer Region Segmente, in denen das Verordnungspotenzial pro Praktiker besonders hoch ist?
- Existieren externe Einflusse auf das Verordnungsverhalten? Zum Beispiel der Einfluss von kassenärztlichen Vereinigungen?
- Ist die jeweilige Zielgruppendefinition richtig?
- Wie hoch ist der fachgruppenspezifische Marktanteil?
- Werden Verordnungspotenziale optimal ausgeschöpft?
- In welchen ärztlichen Fachgruppen und Segmenten hat der Außendienstmitarbeiter seine Stärken?

3.2.10
Statistik

Beim Sammeln von Fakten und Daten spielt die Statistik eine wichtige Rolle. Die Kunst der Interpretation von Statistiken ist kein Monopol von Statistikern, doch sie setzt ein gewisses Maß an technischem Wissen über statistische Methoden voraus. Statistik ist eine Wissenschaft, sie beruht auf bestimmten Grundsätzen und Methoden. Nachfolgend werden nun die verschiedenen wichtigen Verfahren aufgezählt, die notwendig sind, um Marktforschung zu betreiben und / oder zu verstehen.

Korrelationsrechnung

Unter Korrelation versteht man den Grad einer Beziehung zwischen zwei Variabeln. Die Korrelation sagt aus, ob eine Variable die andere beeinflusst. Zur Berechnung der Korrelation gibt es zwei einfache Methoden:

- Korrelationskoeffizient
- Rang-Korrelation

Regressionsrechnung

Bei der Regressionsrechnung versucht man eine Größe auf die andere zurückzuführen, zum Beispiel die als abhängig gedachte Y-Reihe auf die als unabhängige gedachte X-Reihe. Mit Hilfe der Statistik sucht man nach einer algebraischen Beziehung zwischen den beiden Reihen X und Y. Bei einer linearen Beziehung kann man dies durch eine Geraden darstellen. Mit der *linearen Regression* werden vor allem Trendberechnungen dargestellt.

Einfach gekrümmte Kurven lassen sich durch eine Ausgleichsparabel approximieren. *Parabolische Regressionen* sind Zeitreihen mit ungleichen Abständen. Sie dienen der Feststellung von

- Sättigungen
- Marktstrukturveränderungen
- Marktformveränderungen etc.

Zeitreihenanalysen

Viele Zeitreihen sind mehrdimensional determiniert. Die Reihe muss also in elementare Prozesse zerlegt werden, um sie beurteilen zu können. Eine Konjunkturkurve enthält zum Beispiel

- einen Trend: Richtung über die Zeit (Jahre, Jahrzehnte etc.)
- Einzelereignisse: Gesundheitsreformen, Streiks, politische Entscheidungen, Neuentwicklungen aber auch Ereignisse wie Katastrophen, politische Ereignisse
- Saisonschwankungen, bedingt durch Jahreszeiten oder Einkaufsverhalten
- Konjunkturschwankungen: mittelfristige Konjunkturbewegungen über einen Zeitraum von Jahren / Jahrzehnten

In einer fortlaufenden Analyse lassen sich solche vieldeutigen Kurven in ihre Komponenten zerlegen, zum Beispiel bei einer Konjunkturkurve in folgende Reihenfolge:

Saisonschwankungen → Trend → Konjunkturbewegungen → Einzelereignisse

Statistischer Signifikanztest

Unter „Signifikanz" versteht man die Zufälligkeit eines statistischen Versuchsereignisses, das die Entscheidung über eine Hypothese ermöglicht. Auf die einzelnen Signifikanzstufen und -tests soll hier nicht eingegangen werden.

Mittelwerte und Streuung

Der Vollständigkeit halber werden nur die verschiedenen Mittelwerte und Streuung nachfolgend aufgeführt:

- Arithmetisches Mittel
- Gewogenes arithmetisches Mittel
- Geometrisches Mittel
- Quadratisches Mittel
- Harmonisches Mittel
- Median
- Modus (schwerster Wert)
- Scheidewert

Selbstverständlich lassen sich die jeweilig errechneten Mittelwerte zum Teil auch untereinander oder zueinander in Beziehung setzen.

Stichprobentheorie

Eine Gruppe von Personen, die eine Eigenschaft gemeinsam haben, die für die jeweilige Untersuchung relevant ist, bezeichnet man als Grundgesamtheit (Universum, Population). Die zum Zwecke der Erhebung ausgewählte Untergruppe nennt man Stichprobe. Die an der Stichprobe erhobenen Daten können hochgerechnet, das heißt in die Dimension der Grundgesamtheit erhoben werden. Ob die Daten auf die jeweilige Grundgesamtheit übertragbar sind, ob sie verallgemeinert werden dürfen, hängt mit der Repräsentativität zusammen. Zu den Themen:

- Stichprobenauswahl
- Stichprobenumfang
- Normalverteilung
- Stichprobenverteilung
- Vertrauensbereich
- Konfidenz-Intervall

soll hier ebenfalls nicht detailliert eingegangen werden.

3.3
Produktlebenszyklus und die Möglichkeiten seiner Gestaltung

Werner Guminski, Marco Rauland
I + G Gesundheitsforschung GmbH & Co, München

Arzneimittel werden in erster Linie danach unterschieden, gegen welche Erkrankung sie wirksam sind und auf welche Art sie hierbei ihren therapeutischen Effekt entfalten. Der Wettbewerb der Arzneimittelhersteller findet daher primär innerhalb der einzelnen Therapie- und Indikationsgebiete als Teilmärkte des gesamten Arzneimittelmarktes statt.

Die Entwicklung eines neuen Arzneimittels dauert im Durchschnitt etwa 15 Jahre und kostet zwischen 250 und 500 Millionen Euro. In der pharmazeutischen Industrie gilt die Faustregel, dass lediglich die ersten drei Präparate einer neuen Substanzklasse diese aufgewendeten Forschungs- und Entwicklungskosten wieder einspielen können. Trotz dieser enormen Investitionssummen wurde in den letzten Jahren mit Hochdruck an der Entwicklung neuer Medikamente gearbeitet. Dies zeigt sich allein daran, dass heute etwa 50 % des Umsatzes der pharmazeutischen Industrie durch Medikamente generiert wird, die vor einer Dekade noch nicht zugelassen waren.

Es liegt auf der Hand, dass jedem forschenden Pharmaunternehmen daran gelegen ist, die hohen Forschungs- und Entwicklungskosten wieder zu erwirtschaften und letztendlich Gewinne zu generieren. Hierbei nimmt die zeitnahe Optimierung des Absatzes und / oder Umsatzes eines Arzneimittels durch fortwährende Anpassung der Marketingaktivitäten an die dynamischen Veränderungen des Marktumfeldes und Rahmenbedingungen eine zentrale Rolle ein.

Betrachtet man die Möglichkeiten der Maßnahmen, die zu einer erfolgreichen Vermarktung eines Arzneimittels beitragen können, muss man sich zunächst die Unterschiede des Arzneimittelmarktes im Vergleich zu anderen Märkten, wie beispielsweise dem Konsumgütermarkt, vor Auge führen. Neben dem Patentschutz, der das zeitlich begrenzte Alleinvermarktungsrecht eines neuen Arzneimittels garantiert, ist der Arzneimittelmarkt durch eine Reihe von gesetzlichen Auflagen, d. h. durch das gezielte staatliche Eingreifen in vielerlei Hinsicht reguliert. Dies betrifft vor allem die gesetzliche Verordnung über die Arzneimittelwerbung und verkaufsfördernde Maßnahmen. Hinzu kommt der Faktor der Arzneimittelsicherheit, der durch eine Fülle von Bestimmungen und gesetzlichen Auflagen (u. a. Rezeptpflicht, kontrollierte Musterabgabe) die Vermarktungsmöglichkeiten vieler Medikamente nicht unerheblich einschränkt.[45]

---

[45] Vgl. Friesenwinkel, H. (1992), S. 44.

3.3.1
Der Produktlebenszyklus von Arzneimitteln

Kein Produkt lebt ewig. Zwischen der ersten Produktidee und dem letzten Verkauf durchläuft ein Produkt verschiedene Phasen, die sich allgemein – unabhängig vom betrachteten Markt – in sechs zeitlich aufeinander folgende Stadien aufgliedern lassen:[46]

- Forschungs- und Entwicklungsphase
  In der ersten Phase des Lebens eines Produktes generiert das Produkt noch keine Umsätze, im Gegenteil: Durch die oftmals enormen Forschungs- und Entwicklungskosten werden zunächst Investitionen getätigt.
- Markteinführung
  Das Produkt wird im Markt eingeführt und hat zunächst mit Kaufwiderständen zu rechnen: Es ist neu, daher im Markt noch nicht etabliert und muss somit erst einmal die erste Hürde nehmen: Bekanntheit im Markt erlangen.
- (Schnelle) Wachstumsphase
  Die Wachstumsphase beginnt, wenn es dem Unternehmen gelingt den Absatz zu steigern und die anfänglichen Marktwiderstände zu überwinden. Kunden, denen das Produkt gefällt, werden es weiter verwenden und neue Kunden kommen hinzu. Hier wird jetzt die Gewinnzone erreicht.
- (Verlangsamte) Wachstumsphase, Reifephase
  In der Reifephase bleibt der Markt stabil. Dennoch gibt es aufgrund eines verlangsamten Wachstums weniger Neukunden.
- Marktsättigung
  In dieser Phase ist das Marktpotenzial weitestgehend ausgeschöpft. Es werden neue verbesserte Konkurrenzprodukte auf den Markt gebracht, an die Marktanteile verloren gehen. Dadurch steigen die Kosten für die Produktion und die Gewinne fangen an zu sinken.
- Degenerationsphase (Zerfallsphase)
  In der Degenerationsphase (Zerfallsphase) werden neue überlegene Produkte auf den Markt gebracht, welche das Produkt vom Markt drängen. In dieser Phase sinken die Gewinne drastisch.

Durch die kontinuierliche Erhebung und Auswertung von Kenndaten, wie Absatz- und Umsatzzahlen des betrachteten Marktes und des Produktes selbst wird ersichtlich, in welcher Phase seines Lebenszyklus sich ein bestimmtes Produkt befindet und welchen Einfluss Marketingvariablen, wie der Preis oder die Promotion sowie Wettbewerbsaktivitäten auf den Produktlebenszyklus ausüben. Die Wahl der Marketingmaßnahmen zur Gestaltung und Beeinflussung des Produktlebenszyklus, die durchschnittlich etwa eine halbe Milliarde Euro verschlingen, ist hierbei nicht nur entscheidend für das Erreichen eines bestimmten Marktanteilniveaus, sondern beeinflusst auch unmittelbar die Form des Produktlebenszyklus (s. Abb. 3.14).

---

[46] Vgl. Kotler, P., Bliemel, F. (1999), S. 586.

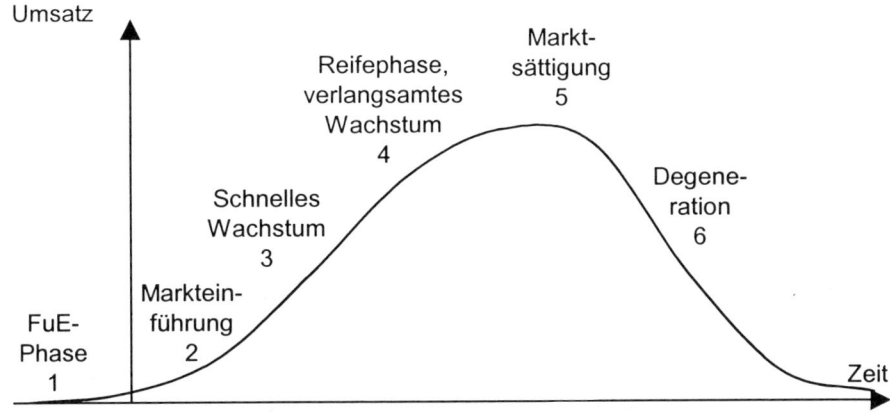

Abb. 3.14. Der Produktlebenszyklus

So folgen nicht alle Arzneimittel zwangsläufig der in dieser Abbildung darge-stellten Grundform des Produktlebenszyklus. Einige Produkte werden eingeführt und verschwinden wieder ohne alle Stadien zu durchlaufen. Andere Produkte verbleiben sehr lange Zeit im Reifestadium. Wieder andere Produkte, die bereits in die Phase des Absatzrückgangs eingetreten sind, können durch starke Werbung in eine erneute Wachstumsphase gebracht werden. Im Vergleich zu Produkten aus anderen Märkten ist der Produktlebenszyklus von Arzneimitteln zudem relativ kurz. Dies begründet sich zum einen in dem meist kurzen Alleinvermarktungszeit-raum und zum anderen in dem immer stärker werdenden Konkurrenzdruck vor allem in großen und daher umsatzstarken Marktsegmenten wie Herz- / Kreislauf-erkrankungen, Diabetes, Schmerz und Depressionen (s. Abb. 3.15).

3.3.1.1
Forschungs- und Entwicklungsphase

Viele Pharmaunternehmen forschen auf den gleichen Indikationsgebieten, wo-durch die Entwicklung eines neuen Arzneistoffes zum Wettlauf mit der Zeit und gegen den Wettbewerb geworden ist. Lange bevor die Entwicklung eines neuen Medikamentes abgeschlossen ist, lassen sich die Arzneimittelhersteller daher mögliche potentielle Wirkstoffe patentrechtlich schützen, um sich so gegen Nach-ahmer abzusichern. Aufgrund des häufig enormen Wettbewerbdrucks erfolgt die Patentanmeldung in aller Regel bereits in der präklinischen (spätestens in der ersten Phase der klinischen) Entwicklung, sobald erste Hinweise auf eine thera-peutische Wirksamkeit einer Substanz vorliegen.

Der Patentschutz für einen neuen Wirkstoff beträgt in der Regel 20 Jahre. In diesem Zeitraum hat der Patentinhaber das alleinige Vermarktungs-, Herstellungs- und Vertriebsrecht für den geschützten Wirkstoff. Bedenkt man jedoch die sehr lange Entwicklungszeit für ein neues Arzneimittel so schrumpft dieser zunächst recht lange Zeitraum auf einen relativ kurzen Schutzzeitraum nach der Marktein-führung zusammen, in dem das Produkt einen Wettbewerbsvorteil hat.

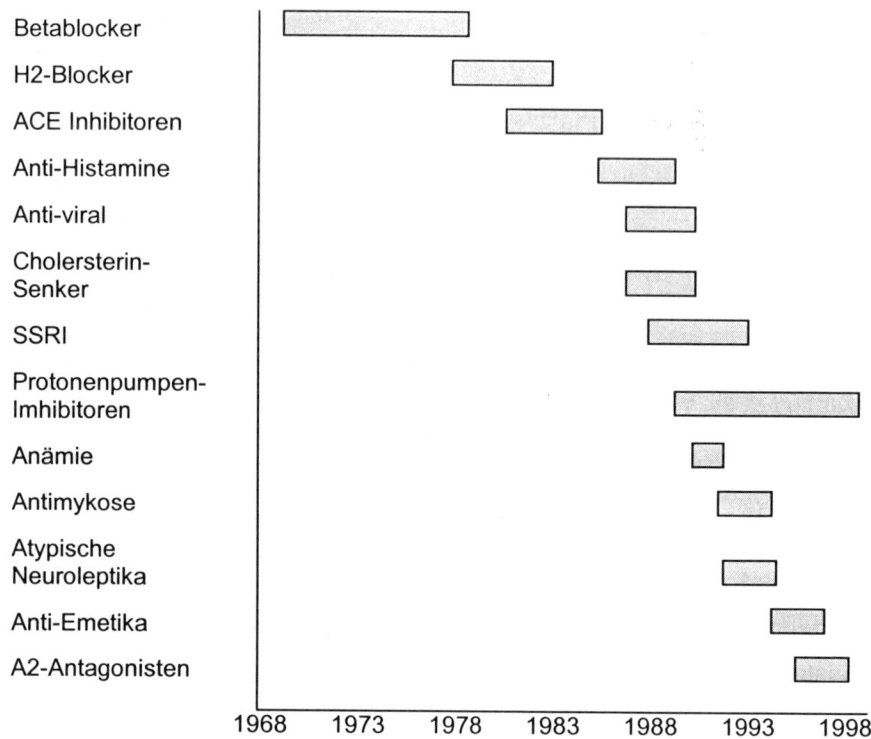

Abb. 3.15. Alleinvermarktungszeitraum einiger Arzneimittel

Eine erste mögliche Einflussnahme auf den Produktlebenszyklus von Arzneimitteln liegt somit auf der Hand: Die Verkürzung der kostenintensiven Forschungs- und Entwicklungsphase für ein neues Medikament. Ziel ist es hierbei den Zeitraum bis zum Markteintritt zu verkürzen, und somit höhere Gewinne durch ein längeres Alleinvermarktungsrecht zu generieren.

Als mögliche Maßnahmen besteht hierbei, neben dem Einsatz von modernen computergestützten Screening-Verfahren zur schnelleren Identifizierung wirksamer Substanzen, eine effizientere Planung und Durchführung der klinischen Entwicklung.

Um kostbare Zeit vor der Markteinführung zu sparen, stehen heute nahezu alle Pharmafirmen im frühzeitigen Dialog mit den Zulassungsbehörden, um auf deren Anforderungen an die klinische Entwicklung umgehend reagieren zu können. Ein weiterer zeitintensiver Faktor ist die aufwendige Datenaufnahme sowie deren Prüfungen seitens der Monitore in der klinischen Forschung selbst. Der Einsatz von Online Clinical Research kann hierbei durch das Einrichten einer zentralen Datenbank zu einer schnelleren Datenaufnahme, Prüfung und Auswertung beitragen.

Bei einem Umsatzziel von einer halben Milliarde Euro kann jeder Tag Verzögerung bis zur Markteinführung mit mehreren Hunderttausend Euro zu Buche schlagen. Daher können durch Maßnahmen, die zu einer Verkürzung der „Time-to-Market" führen, enorme Ertragssteigerungen erzielt werden.

Bereits im Vorfeld der Markteinführung beginnen auch die ersten Marketing-aktivitäten für das neue Produkt. Zur Vorbereitung einer erfolgreichen Lancierung wird das neue Präparat, vor allem im Rahmen von produktbezogenen Veranstaltungen (wissenschaftliche Symposien sowie Fort- und Weiterbildungen), den avisierten ärztlichen Zielgruppen (Target Groups) vorgestellt. Hierdurch wird der Markt gewissermaßen auf das neue Produkt vorbereitet und eine positive Erwartungshaltung erzeugt.

3.3.1.2
Markteinführung

Mit Erteilung der Zulassung ist dann der Tag X, die Markteinführung des neuen Arzneimittels, gekommen. Die in dieser Einführungsphase ergriffenen Marketingmaßnahmen sind bei allen Herstellern nahezu identisch und haben letztendlich nur ein Ziel: Das neue Produkt soll innerhalb kürzester Zeit bei allen relevanten Zielgruppen bekannt sein und somit Interesse wecken. Mit einem hohen Bekanntheitsgrad (Awareness) ist in aller Regel auch ein schnelles Wachstum, d. h. eine schnelle Marktdurchdringung, verbunden. Hierzu bespricht der medizinische Außendienst (oft ausschließlich) das neue Produkt bei den Ärzten. Für eine massive Präparat-Neueinführung können hierfür zusätzliche Kapazitäten über einen Leih-Außendienst geschaffen werden. Zeitgleich mit der Produktbesprechung durch den Außendienst erfolgt das Schalten von Werbeanzeigen in der medizinischen Fachpresse und die verstärkte Präsentation des Produktes im Rahmen von wissenschaftlichen Veranstaltungen.

Die Effektivität der Marketingaktivitäten in der Einführungsphase wird entscheidend von dem hierfür zur Verfügung stehenden Marketingbudget bestimmt. Je höher die finanziellen Mittel, um so wirkungsvoller und vor allem schneller greifen die Marketing- und Werbeaktivitäten im Markt. Auch in dieser Phase des Produktlebenszykluses gilt der Spruch „Zeit ist Geld". Der Erfolg der durchgeführten Marketingmaßnahmen lässt sich unmittelbar an der Absatzentwicklung des Produktes in der Wachstumsphase des Produktlebenszyklus ablesen. Darüber hinaus kann der Bekanntheitsgrad als Erfolgsparameter der Marketingaktivitäten vor und unmittelbar nach einer Produkt-Neueinführung herangezogen werden. Der enorme finanzielle Marketingaufwand mit dem Neueinführungen heute betrieben werden, zeigt sich allein daran, dass ein neues Arzneimittel vor fünf Jahren „erst" nach sechs Monaten bei etwa 90 % der Zielgruppen bekannt war. Heutzutage wird diese Produkt-Awareness bereits nach einem Monat erreicht.

Die für die Einführungsphase erforderlichen finanziellen Mittel müssen durch Produkte vorfinanziert werden, die sich in der Reife- und Sättigungsphase (Stars und Cash-cows) befinden. Zu viele neue Produkte in der Einführungsphase und zu wenige in den umsatz- und gewinnstarken Phasen können somit den Bestand eines Unternehmens gefährden.

3.3.1.3
Wachstumsphase

Der Idealfall für jedes Produkt – unabhängig vom betrachteten Markt – ist ein konkurrenzloses Umfeld, in dem die weitere Marktdurchdringung nur von der Initiative des vertreibenden Unternehmens selbst abhängt.

Nach Markteinführung mit den begleitenden Maßnahmen würde das Produkt im Laufe der Zeit stetig an Markt gewinnen, bis schließlich eine Marktsättigung erreicht ist. Weitere Zuwächse sind bei dieser Form der singulären Indikationskompetenz dann nur noch durch das Wachstum des Teilmarktes selbst (Zunahme der Patientenpopulation) oder Indikations- sowie Markterweiterungen (Erweiterung der Positionierung) möglich.

Ganz anders sieht es beim Eintritt von Konkurrenzprodukten in das entsprechende Marktsegment aus. Bei großen und somit umsatzstarken Indikationsgebieten folgen dem Urheberpräparat relativ zeitnah Konkurrenzprodukte, die nun ein Wettbewerbsumfeld schaffen, in dem es sich zu behaupten gilt.

Bei den potentiellen Wettbewerbsprodukten kann man prinzipiell zwischen drei Arten unterscheiden. Der patentrechtliche Schutz gilt nur für die chemische Entität selbst und kann durch eine geringfügig chemische Modifikation des Urheberpräparates oftmals umgangen werden. Eine solche geringfügige Molekülvariation einer bereits vorhandenen Substanz („Me-Too"-Produkt) unterscheidet sich von dem Pionierprodukt oftmals nur unwesentlich und entfaltet ihren therapeutischen Effekt nach dem gleichen Prinzip wie die Innovation. Ein Beispiel hierfür ist die Vielzahl an chemisch modifizierten Kalziumantagonisten, die nach erfolgreicher Markteinführung des ersten Kalziumantagonisten Nifedipin (Adalat®) der Bayer AG nach und nach auf den Hypertonie-Markt kamen. Der Anteil solcher kostengünstigen Nachahmerentwicklungen am deutschen Gesamtmarkt liegt bei etwa 13 %. Ihre Preise orientieren sich meist am Kostenniveau der Originalpräparate.

Neben chemischen Varianten des Urheberpräparates können auch Wettbewerbsprodukte in das entsprechende Marktsegment eintreten, deren Wirksamkeit auf einem völlig anderen Mechanismus beruht und die mit dem Urheberpräparat nur eins gemeinsam haben: die gleiche Indikation. In der Indikation „Migräne" konnte beispielsweise die neue Substanzklasse der mit weniger Nebenwirkungen behafteten Triptane, die „alten" Pionierprodukte, die Ergotamin-Präparate, teilweise aus dem Migräne-Markt verdrängen.

Bis zum Jahr 2003 verlieren allein 20 der größten Original-Medikamente ihren rechtlichen Schutz. Darunter sind so bekannte Präparate wie das Magenmittel Losec® des Pharmakonzerns AstraZeneca und das Anti-Depressivum Prozac® des US-Unternehmens Eli Lilly. Mit Ablauf des Patentschutzes kommt oftmals die gefürchtetste Konkurrenz in den Markt: die Generika. Hierbei handelt es sich um Produkte mit exakt dem gleichen Wirkstoff wie das Pionierprodukt mit einem entscheidenden Vorteil: Durch den Wegfall jeglicher Entwicklungskosten sind Generika oft um bis zu 60 % günstiger als die entsprechenden Innovationen.

3.3.1.4
Zerfallsphase

Angenommen ein wesentlich wirksameres Folge-Produkt tritt in den Markt des Pionierproduktes ein. Was wäre die beste Marketingmaßnahme? Wenn das Konkurrenzprodukt dem Pionierprodukt tatsächlich hinsichtlich aller Eigenschaften überlegen ist, dann würde jede ergriffene Marketingmaßnahme für das Pionierprodukt lediglich weitere Kosten verursachen, die aber vermutlich keinen nennenswerten Marktgewinn mit sich bringen würden. Im Gegenteil: Das Pionierprodukt würde zugunsten des Konkurrenzproduktes kontinuierlich an Marktanteil verlieren. In einem solchen Fall sollte daher die Einstellung aller Marketingaktivitäten durchaus in Betracht gezogen werden. Eine solche „Cash cow"- Strategie – minimaler Aufwand bei maximaler Profitabschöpfung – ist oftmals die beste Strategie in einem solchen Marktszenario. Hierbei sollte jedoch immer abgewogen werden, ob eine bewusste Steuerung des Produktes in seine Zerfallsphase durch eine derart defensive Produktselektion durch das Produkt-Portfolio aufgefangen werden kann.

Nach Ablauf des Patentschutzes fällt das Preisniveau einer Substanzklasse mit dem Eintritt von Nachahmerpräparaten in aller Regel um 30 bis 60 % unter den Urheberpräparatpreis ab. Diese enormen Preissenkungen lassen sich in aller Regel nicht völlig auffangen und führen zu massiven Umsatzeinbrüchen des Urheberpräparates. Spätestens mit dem Eintritt von Generika in ein Marktsegment wird daher in aller Regel die Zerfallsphase des Pionier-Produktes eingeläutet.

Zeichnet sich der Eintritt eines Produktes in die Zerfallsphase seines Lebenszyklus ab, sollten die Bemühungen um Nachfolgeprodukte oder die Suche nach neuen Märkten für das „alte" Produkt im Vordergrund stehen. Wenn man zu lange mit dem Absetzen des Produktes wartet, kann es zu massiven Verlusten kommen, die durch das Produkt-Portfolio nicht mehr aufgefangen werden können.

3.3.2
Der Marketing-Mix

In allen Phasen des Produktlebenszyklus, insbesondere aber in der wettbewerbsintensiven Reifephase, entscheidet die Wahl der Marketingstrategie maßgeblich, ob sich das Produkt im Markt weiterhin erfolgreich durchsetzt oder zunehmend Marktanteile verliert.

Vor allem wenn eine Differenzierung über die pharmakologischen und medizinischen Eigenschaften, wie Wirksamkeit, Bioverfügbarkeit, Galenik und Verträglichkeit, kein ausreichendes Differenzierungspotential liefert, kommt es darauf an, welches Unternehmen das bessere Management des Lebenszyklus ihres Produktes betreibt.

Nun entscheidet vor allem der effektivere Einsatz des sogenannten Marketingmixes über den weiteren Erfolg oder Misserfolg des Produktes im Markt. Die Komponenten des „Marketing-Mixes" – die Säulen des Marketings – sind die oft zitierten „vier P's", und zwar[47]

---

[47] Vgl. Lettau, H.-G. (1998), S. 130–131.

- *Product* (Positionierung / Differenzierung)
- *Price* (Preisgestaltung)
- *Promotion* (Kommunikation)
- *Place* (Distribution)

3.3.2.1
Produkt (Positionierung / Differenzierung)

Ein Faktor des Marketing-Mix ist das Produkt selbst. Im Vordergrund steht hierbei der Aufbau und die spätere Pflege eines Markenimages, aber auch eine erfolgreiche Differenzierung und die hieraus abgeleitete Positionierung des Produktes. Das Erreichen einer Positionierung oder die erfolgreiche Veränderung einer Position im Markt nimmt in der Regel einen langen Zeitraum in Anspruch.

Zu Beginn einer erfolgreichen Positionierung steht zunächst die Marktbeobachtung und Evaluation. Im Rahmen einer Portfolioanalyse wird untersucht, wo und wie die Konkurrenz ihre Produkte positioniert. Hierauf aufbauend sollte man eine Position suchen, die noch nicht besetzt ist, ein großes Entwicklungspotenzial verspricht oder mögliche Differenzierungsmöglichkeiten des eigenen Produktes vom Wettbewerb erlaubt. Selbst gleichwertige Produkte mit wenig Spielraum – wie viele Arzneimittel – lassen sich differenzieren. Hierzu muss man häufig lediglich etwas weiter vom Produkt selbst weggehen und das Umfeld des Angebotes betrachten: Die Packungsgröße, das Produktdesign, die Anwenderfreundlichkeit.

Produkt-Modifikation

Modifizieren bedeutet ein Produkt ändern oder umwandeln. Im Marketing und in der Produktpolitik ist dies in erster Linie Anpassung des Produktes an neue Trends und Entwicklungen. Hierbei dreht sich alles um die Frage: Was kann am eigenen Produkt verändert, korrigiert oder verbessert werden? Hierzu sollte – unter dem Blickwinkel des potentiellen Käufers – nach Eigenschaften gesucht werden, die das Produkt interessanter machen. Eine solche U. S. P. (unique selling proposition) ist die Grundlage einer jeden erfolgreichen Positionierung.

Da die Modifikation eines Produktes oftmals auch zu einer Verlängerung des Patentschutzes führt, können durch geschickte Produktmodifikationen zu erwartende Umsatzeinbußen (beispielsweise durch den bevorstehenden Eintritt von preisgünstigeren Generika) zumindest teilweise aufgefangen werden. Hierzu reicht es oft aus das Medikament als Kombinationspräparat mit anderen Stoffen anzubieten oder – noch banaler – in einer einfacheren Dosierung. Die Generika können dann nur der „alten" Form des Originalpräparates Konkurrenz machen. So kreierte die Firma Merck aus dem Diabetes-Mittel Glucophage®, das im Jahr 2000 seinen Patentschutz verlor, kurzerhand die Varianten Glucophage® XR (nur noch eine Tablette täglich) und Glucovance® (neue Wirkstoffkombination). Da die Ärzte Medikamente, die nur einmal am Tag eingenommen werden müssen, anderen Produkten vorziehen, verschaffte sich Merck so erneut einen Wettbewerbsvorteil und konnte den bevorstehenden Eintritt von Glucophage in die Zerfallsphase des Lebenszyklus erfolgreich abwenden. Ein weiteres Beispiel für eine geschickte

Produktmodifikation ist das Produkt Voltaren® der Firma Novartis Pharma AG. Durch die Erweiterung der Voltaren-Produktpalette um die topische Formulierung Voltaren® Emulgel für die äußere Behandlung rheumatischer Erkrankungen und der daraus resultierenden Marktführerschaft bei den topisch anzuwendenden Rheumamitteln konnten die Generika-bedingten Umsatzverluste bei der oralen Darreichungsform teilweise aufgefangen werden.

Neben der Erweiterung des medizinischen Einsatzspektrums um eine weitere Darreichungsform kann häufig auch die Erweiterung der Zulassung eines Arzneimittels für besondere Patientengruppen, wie Säuglinge, Kinder und ältere Menschen, einen entscheidenden Wettbewerbsvorteil mit sich bringen: Zum einen darf das entsprechende Medikament dann auch (und zwar zunächst exklusiv) für diese Patientenpopulation verwendet werden, zum anderen trägt die Zulassung für eine solch hoch ethische Population zu einer Aufwertung des Produktimages bei.

Einen weiteren Wettbewerbsvorteil können Indikationserweiterungen für eine bereits zugelassene Substanz bieten. So wurde das Medikament Zyprexa® der Firma Eli Lilly and Company 1996 zur Behandlung der Schizophrenie in den Markt eingeführt und im Jahr 2000 für die Langzeitbehandlung der Schizophrenie sowie die Therapie für die manische Phase im Verlauf einer bipolaren Störung zugelassen. Dadurch wurde Zyprexa® zum ersten Produkt seiner Klasse, das eine derart anhaltende Wirkung zeigt, was zu einem Umsatzanstieg von 25 % führte.

Der Wirkstoff Thalidomid der Firma Grünenthal, der als Schlafmittel unter dem Handelsnamen Contagan® traurige Berühmtheit erlangte, konnte sogar einen positiven Imagewandel verzeichnen, als es durch die USA-Behörde FDA 1988 zum Einsatz bei einer bestimmten Lepra-Komplikation zugelassen wurde.

Entscheidend für den Erfolg einer Erweiterung oder Änderung der Produktpositionierung ist die Effektivität der hierbei zwingend erforderlichen Änderung der Kommunikationsschwerpunkte. Wenn der Markt beispielsweise nicht über Indikationserweiterungen und / oder neue Darreichungsformen eines Produktes ausreichend informiert wird, wird die erwünschte Steigerung des Absatzes ausbleiben.

Eine einfache wie effektive Methode sich im Wettbewerbsumfeld vor allem hinsichtlich der Positionierung behaupten zu können, ist die Kooperation mit einem Wettbewerber. So haben die Firmen Novartis Pharma AG und Merck KGaA im Jahr 2000 ein Abkommen zur gemeinsamen Vermarktung des oralen Antidiabetikums Starlix® in Europa sowie in einigen Ländern Afrikas, Südostasiens und Lateinamerikas geschlossen. Die Firma Novartis, die das Produkt entwickelt hat, profitiert in dieser Kooperation von der Kompetenz der Firma Merck im Therapiebereich Diabetes, die in dieser Indikation bereits das orale Antidiabetikum Glucophage® erfolgreich vermarktet. Da Starlix® und Glucophage® zwei Arzneimittel mit komplementärer Wirkungsweise sind, kann Merck so dem Markt ein sich ergänzendes Produktportfolio zur Behandlung des Typ-2 Diabetes anbieten. Neben der gemeinsamen Positionierung des Produktes können durch eine solche Kooperation darüber hinaus weitere Komponenten des Marketing-Mixes wie eine flächendeckende Vermarktung und Bewerbung effektiv genutzt werden.

Markenpolitik
Der Aufbau eines Markenzeichens (Brand) ist ein weiterer Faktor in der Produktpolitik. Ein Markenzeichen bestimmt den Wiedererkennungswert und dadurch die

Vertrautheit mit dem Produkt. Ein Brand ermöglicht durch seine meist kurze und einprägsame Silbenfolge in besonderem Maße die Identifizierung von Arzneimitteln. Für patentgeschützte Präparate werden daher häufig neue, frei erfundene Wortschöpfungen kreiert. Da dieser Name auch nach Ablauf des Patenschutzes ausschließlich für das Originalprodukt verwendet werden darf, ist somit ein hoher Wiedererkennungswert gesichert.

Andere Firmen, die später in diesen Markt eintreten, vor allem Generikhersteller, haben so mit dem Problem zu kämpfen, dass sich das Originalpräparat sowie dessen Hersteller bereits in den Köpfen der Ärzte – vor allem über den Markennamen – verankert hat. Ein gutes Beispiel für diese so genannte Brand-Awareness ist das Mittel Zantic® der Firma GlaxoSmithKline zur Behandlung von Magengeschwüren mit dem Wirkstoff Ranitidin. Obwohl der Patentschutz für dieses Präparat abgelaufen ist, hebt sich dieses Produkt – gerade weil sein Markenzeichen keinen Bezug zum Wirkstoff hat – deutlich von den unzähligen generischen Präparaten ab, deren Namen sich fast alle vom Wirkstoff ableiten und daher kaum unterscheidbar sind: Raniberl®, Ranibeta®, Ranibloc®, Ranicux®, Ranidura®, Ranitic® etc. Allerdings bekam Zantic® mit den ersten Vertretern den Protonenpumpeninhibitoren, einer neuen Substanzklasse für die Behandlung bestimmter Magen-Darm-Erkrankungen, eine neue Konkurrenz, die letztendlich zu Absatzverlusten führte.

3.3.2.2
Preisgestaltung

Mit der Festlegung des Preises bestimmt ein Unternehmen den finanziellen Anteil, den das neue Produkt zum Erfolg des Gesamtunternehmens beitragen soll. Wird ein neues Produkt zu billig angeboten, werden mögliche Gewinne unnötigerweise verschenkt. Daneben kann ein zu niedriger Verkaufspreis auch Zweifel hinsichtlich der Qualität eines Produktes aufkommen lassen. Ist der Preis hingegen zu hoch, wird der Erfolg des Produktes im Markt gefährdet.

Durch gezielte Preismodifikationen lässt sich der Verlauf des Produktlebenszyklus in jeder Phase entscheidend beeinflussen: Bei der Markteinführung nimmt der gewählte Produktpreis einen entscheidenden Einfluss auf das Ausmaß und die Geschwindigkeit der Marktdurchdringung, später im Rahmen eines Konkurrenzumfeldes wird er zu einer der wichtigsten „Stellschrauben" für das weitere Überleben des Produktes im Markt und spätestens in der Zerfallsphase wird er zum alles entscheidenden Faktor, um das Aussterben des Produktes hinauszuzögern.

Preispolitik

Bei der initialen Preisfestlegung geht es darum den für die Produkteinführung „richtigen" Preis zu finden. Obwohl in Deutschland, im Gegensatz zu anderen europäischen Ländern wie Frankreich und Spanien, der Preis eines Arzneimittels vom Hersteller selbst festgelegt werden kann, nimmt der Arzt durch seine Bereitwilligkeit ein Arzneimittel für den vom Hersteller festgelegten Preis zu verschreiben einen indirekten Einfluss auf die mögliche Preisgestaltung. Daneben legen die Festbeträge für bestimmte Substanzklassen den finanziellen Anteil fest, der von den Krankenkassen erstattet wird. Übersteigt ein Medikament diesen Festbetrag, muss die Differenz vom Patienten selbst getragen werden. Auch dies nimmt einen indirekten Einfluss auf das Verschreibungsverhalten der Ärzte.

Die Preisbindung für Arzneimittel (die in Deutschland sonst nur noch im Buchhandel zu finden ist) verhindert im Arzneimittelmarkt zudem die in anderen Märkten durchaus üblichen Preiskämpfe: Durch das Fehlen einer Handelspanne sind Sonderaktionen mit „Aktionspreisen" zum Ankurbeln von Umsätzen nicht möglich. Hierdurch wird die „Klaviatur der Marketingmaßnahmen" im Arzneimittelmarkt um einen weiteren Einflussfaktor eingeschränkt.

Bei der Fixierung der Preislage orientiert man sich zunächst an den Preisen der Konkurrenz (sofern bereits Präparate in dem betreffenden Marktsegment vertrieben werden). Durch die Bestimmung des vorherrschenden Preisniveaus versucht man dann Nähe oder Abstand zu diesem Marktpreis zu gewinnen. Die Entscheidung für eine bestimmte Preislage wird vorrangig von den Produktzielen und dem damit jeweils spezifischen Produktimage bestimmt.

Neue Arzneimittel, die unter Patentschutz und somit unter Vermarktungsexklusivität stehen, werden in aller Regel zunächst hochpreisig angeboten. Vor allem dann, wenn es keine Nachahmerpräparate im entsprechenden Marktsegment gibt. Durch diese Premiumpreisstrategie versucht der Hersteller, die hohen Entwicklungskosten in dem zeitlich begrenzten Alleinvermarktungszeitraum wieder einzuspielen und, nach Möglichkeit darüber hinaus Gewinne zu erzielen.

Häufig verfährt man hierzu nach der so genannten Preisabschöpfungspolitik (skimming policy), bei der der Preis zunächst am obersten Ende des Preiszahlungsspielraums angesetzt wird. Ausgehend von diesem hohen Niveau wird dann der Preis entsprechend dem Stand fortschreitender Markterschließung und / oder Veränderungen des Wettbewerbsumfeldes sukzessive herabgesetzt. Allerdings ist hierbei der zeitliche Rahmen der Preissenkung zu beachten, da zu schnelle und zu große Preissenkungen die Glaubwürdigkeit der Marke schmälern können.

Eine weitere Preissetzungsmethode ist die Preisdurchdringungspolitik (penetration policy), bei der man versucht die Marktdurchdringung über den günstigsten (niedrigen) Preis möglichst schnell zu erreichen. Vor allem Nachahmerpräparate (Generika, Me-too-Produkte) und Pionierprodukte im mittleren und unteren Leistungsbereich eignen sich für diese Art der Preispolitik. Verfügt man darüber hinaus noch über eine relativ günstige Kostenstruktur, hat diese Preispolitik durchaus Vorteile. Eine erfolgreiche Differenzierung zur Kostenführerschaft mit Hilfe einer Preisdurchdringungspolitik ist dem Generikahersteller Ratiopharm gelungen. Der Werbeslogan „Gibt es das auch von Ratiopharm?" ist zur zentralen Marketingaussage der Firma geworden und impliziert „Gibt es das auch billiger?" Ein weiteres Beispiel für eine Preispolitik die letztendlich einen Wettbewerbsvorteil schaffen kann, sind Einheitspreise für ein Arzneimittel unabhängig von der benötigten Tagesdosis (Flat-pricing).

Neben der bereits dargestellten Erweiterung der Produktfamilie um neue Darreichungsformen sowie der Erschließung neuer Indikationen und Patientengruppen besteht in der drohenden Zerfallsphase eines Produktes für den betreffenden Pionierpräparat-Hersteller die Möglichkeit einer aktiven Teilnahme am niedrigpreisigen Generika-Markt. Die einfachste (dennoch aus Imagegründen selten praktizierte) Maßnahme ist hierbei die Einführung einer eigenen generischen Variante des Urheberpräparates auf dem Preisniveau der Nachahmerprodukte. Alternativ hierzu streben die forschenden Arzneimittelhersteller frühzeitig vor Ablauf des eigenen Patentschutzes in zunehmendem Maße Kooperationen mit Generika-Herstellern an. Von diesem Zusammenschluss mit dem Ziel einer gemeinsamen Vermarktung des Generikums profitieren beide Unternehmen: Der innovative Arzneimittelhersteller bewahrt sich seinen „guten Ruf" als forschendes Unternehmen und kann gleichzeitig Umsatzverluste des Originals durch die Beteiligung an den Generikaumsätzen kompensieren.

Kondition- und Distributionspolitik

Neben der aktiven Preispolitik, wie ein Absenken der Preise, mit dem Ziel der Konkurrenzfähigkeit oder aber dem Gegenteil, eine Preiserhöhung zur Optimierung des Umsatzes, stehen vor allem bei Krankenhausprodukten und Selbstmedikationspräparaten Rabatte im Mittelpunkt der vertriebsorientierten Preispolitik von Pharmaunternehmen.

Apothekenrabatte haben in den letzten Jahren eine eigenständige Funktion im Rahmen des vertriebsorientierten Marketings von Arzneimitteln erhalten. Ziel der Rabattierung ist es dem Apotheker attraktive Einkaufskonditionen zu bieten, die ihn an die Firma und somit die Produkte binden. Bei den möglichen Rabattsystemen unterscheidet man grundsätzlich zwischen Barrabatt und Naturalrabatt. Bei einem Naturalrabatt erhält der Kunde für eine bezahlte Menge X eine nicht zu bezahlende Menge Y. Beim Barrabatt hingegen steht die gelieferte Menge im Vordergrund, aufgrund derer ein Abzug von X Prozent vom Rechnungsbetrag gewährt wird. Ein effektives Rabattsystem – vor allem aus Sicht eines geschickten Produktmanagements – ist die Jahresrückvergütung. Diese bietet dem Arzneimittelhersteller eine gute Möglichkeit den Kunden über jeweilige Aktionsgedanken hinaus langfristig an sich zu binden.

Rabatte bieten in jeder Phase des Produktlebenszyklus eine Möglichkeit den Absatz eines Produktes zu steigern und sich somit einen Wettbewerbsvorteil zu schaffen. Vor allem bei Präparaten mit nahezu identischen Eigenschaften können die attraktiven Einkaufskonditionen den Ausschlag für eine bestimmte Produktwahl geben.

Wie in allen Märkten steht auch in der Arzneimittelindustrie der Service sowie die Qualität und Schnelligkeit der Lieferung im Mittelpunkt der Distributionspolitik. Die möglichen Distributionswege von Arzneimitteln sind jedoch stark limitiert. Verschreibungs- und apothekenpflichtige Arzneimittel dürfen nur über die Apotheke abgegeben werden. Diese wird in aller Regel von pharmazeutischen Großhändlern beliefert, die ihre Produkte von den Herstellern direkt beziehen. Eine Einflussnahme auf den Produktlebenszyklus von Arzneimitteln durch eine Veränderung der Distributionspolitik ist demnach kaum möglich.

3.3.2.3
Kommunikationspolitik

Nach dem Heilmittelgesetz ist Werbung für verschreibungspflichtige Arzneimittel nur in Fachkreisen, d. h. der medizinischen Fachpresse oder auf wissenschaftlichen Kongressen, erlaubt. Bei ethischen Arzneimitteln ist somit eine Bewerbung beim Endverbraucher – dem Patienten – nicht möglich. Im Vergleich zu anderen

Märkten bedeutet dies eine nicht unerhebliche Restriktion in der Produktkommunikation. Im Rahmen der Produktbewerbung stellt die Auswahl der richtigen Zielgruppe (Targeting) einen weiteren Baustein im Rahmen einer effektiven und erfolgreichen Produktbesprechung dar.

Der Arzt trifft (stellvertretend für den Patienten) die Entscheidung hinsichtlich der Produktwahl und ist somit der Absatzmittler. Der Arzt als alleiniger Ansprechpartner für die Vermarktung von verschreibungspflichtigen Produkten ist mit relativ niedrigen Kosten flächendeckend über den Außendienst der Firmen zu erreichen. Der Außendienst ist einer der Hauptkostenfaktoren in der Produktkommunikation: Nur durch einen entsprechend großen Außendienst ist eine flächendeckende Besprechung der Produkte bei den jeweiligen ärztlichen Zielgruppen möglich.[48] Bei Produktneueinführungen entscheidet vor allem die Anzahl an Außendienstmitarbeitern über den Zeitraum bis das Produkt bei den Ärzten aller relevanten Zielgruppen bekannt ist.

Die Produktbesprechung bei der ärztlichen Zielgruppe verläuft über den wissenschaftlichen Außendienst, der den Arzt vornehmlich mit wissenschaftlichen Präparatinformationen versorgt. Sein Ziel ist vor allem das Verschreibungsverhalten des Arztes für die eigenen Präparate zu fördern und zur emotionalen Bindung an das Unternehmen beizutragen. Von den Besuchen kann es abhängen, ob der Arzt eine bestimmte Arznei überhaupt, und wenn ja, wie häufig im Vergleich zu Konkurrenz-Arzneimitteln, verschreibt. Durch die Wahl der Produktschwerpunkte bei der Besprechung kann darüber hinaus unmittelbar Einfluss auf den Absatz eines Arzneimittels und den Stellenwert eines bestimmten Präparates im gesamten Produkt-Portfolio genommen werden. Nehmen die Verschreibungszahlen eines bestimmten Präparates ab, so kann dies gezielt besprochen und somit Einfluss auf die Verschreibungen genommen werden.

In den letzen Jahren ist neben dem Arzt auch der Apotheker verstärkt in den Focus der Marketingaktivitäten gerückt. Da er oftmals den einzigen fachlichen Bezug für den Verbraucher darstellt, nimmt der Apotheker eine wichtige Beratungs- und Kontrollfunktion ein. Bei Medikamenten, die von der Verschreibungspflicht befreit sind und bei Selbstmedikations-Produkten, ist der Apotheker neben dem Endverbraucher sogar die zentrale Zielgruppe in der Produktkommunikation.

Die Produktbewerbung bei den Apothekern erfolgt vornehmlich durch den kaufmännischen Außendienst des Unternehmens. Hierbei stehen neben der Mitteilung von präparatebezogenen Basis- und Anwendungsinformationen vor allem konkrete Vertragsabschlüsse im Mittelpunkt der Besuche. In diesem Zusammenhang gewinnt die Kontaktierung der Apotheken durch so genannte Key-Account-Manager, die Vertragsabschlüsse über das gesamte Produktportfolio einer Firma tätigen, immer mehr an Bedeutung.

Bei frei verkäuflichen Arzneimitteln trifft der Patient (oftmals basierend auf der Empfehlung des Apothekers) selbst die Entscheidung, welches Präparat er zur Behandlung seiner Erkrankung kauft. Die Möglichkeit der direkten Ansprache des Verbrauchers für Selbstmedikationsprodukte führt zu einer breiten Informations-

---

[48] Für die große ärztliche Zielgruppe Allgemeinmediziner, Praktiker und Internisten ist eine Außendienststärke in der Größenordnung von 400 bis 600 Mitarbeitern allein für Deutschland durchaus üblich.

politik der Pharmaunternehmen. Da für diese Produkte auch Laienwerbung erlaubt ist, setzt das Kommunikationsmarketing in der Arzneimittelindustrie seit einigen Jahren neben der klassischen TV-, Print- und Radio-Werbung (in der Praxis oft als „Above-the-Line" bezeichnet), verstärkt auf alternative Formen der Kundenansprache. Hierzu zählen neben der Unterstützung und Fortbildung von Selbsthilfegruppen sowie der Bereitstellung von Informationsbroschüren und Patientenratgebern in letzter Zeit vor allem Internetportale, die den Endverbraucher über alle Aspekte der entsprechenden Erkrankungen und deren medikamentöser Therapie aufklären. Ziel dieser patientenorientierten Kommunikationspolitik ist es die bestehenden Informationsbedürfnisse zu befriedigen und gleichzeitig das Verständnis für innovative Therapeutika zu fördern. Und nicht zuletzt lassen sich so die eigenen Produktvorteile darstellen, wodurch Einfluss auf die Absatzzahlen der Selbstmedikationsprodukte und somit den Verlauf des Produktlebenszyklus genommen werden können.

3.4 Vertriebswege und Vertriebswegeentscheidung

Erich Dambacher, Oliver Schöffski
Aventis Pharma Deutschland GmbH, Bad Soden/Taunus
Lehrstuhl für Gesundheitsmanagement, Universität Erlangen-Nürnberg

3.4.1
Klassifizierung von Arzneimitteln als Ausgangspunkt für Vertriebswegeentscheidungen

Ist ein Arzneimittel entwickelt, zugelassen und hat der Hersteller einen Preis für sein Produkt bestimmt, so ist in einem weiteren Schritt der Vertriebsweg festzulegen. In der Praxis erfolgen diese Schritte selbstverständlich parallel zueinander, hier werden sie zur Verdeutlichung aber sukzessive dargestellt. Allein durch die Betrachtung des Status quo wird deutlich, dass für die Hersteller bezüglich des Vertriebswegs kein allzu großer Handlungsrahmen besteht. Insbesondere sind die Möglichkeiten dann begrenzt, wenn es sich bei den Produkten um *apothekenpflichtige Präparate* handelt. Bei *freiverkäuflichen Präparaten* kann auch der normale Einzelhandel Partner der Hersteller sein, wenn dort ein Sachkundenachweis für den Verkauf von freiverkäuflichen Arzneimitteln vorhanden ist. Neben der Apothekenpflicht bzw. Freiverkäuflichkeit ist auch die *Rezeptpflicht* relevant. Die Hersteller haben zwar in Einzelfällen die Möglichkeit die Klassifizierung für ihre Präparate im Zulassungsverfahren zu beeinflussen (z. B. durch Beschränkung auf bestimmte Indikationen, damit anstelle der Verschreibungspflicht nur die Apothekenpflicht festgelegt wird), im Regelfall handelt es sich aber bei der Einstufung um eine Entscheidung, die als Datum genommen werden muss. Insbesondere neu entwickelte Wirkstoffe unterliegen generell einer Verschreibungs- und Apothekenpflicht.

In Abbildung 3.16 werden Arzneimittel gemäß der Kriterien Apothekenpflicht, Rezeptpflicht und Erstattungsfähigkeit klassifiziert, um den Verschreibungsbereich und den Bereich der Selbstmedikation von Arzneimitteln darzustellen. Gerade die Selbstmedikation ist ein Geschäftsfeld, bei dem für Hersteller ein Anreiz besteht vom „klassischen" Vertriebsweg Hersteller – Großhandel – Apotheke – Endverbraucher, der im Folgenden noch dargestellt wird, abzuweichen. Abbildung 3.17 zeigt die Anteile der unterschiedlichen Vertriebswege für Arzneimittel. Der „klassische" vierstufige Vertriebsweg hat einen Anteil von ca. 75 % des Marktes. Ein weiterer quantitativ bedeutsamer Vertriebsweg geht vom Hersteller direkt an Krankenhäuser, die die Arzneimittel dann ohne gesonderte Berechnung an ihre Patienten abgeben. Ein geringer Umsatzanteil läuft auch unter Ausschaltung des Großhandels direkt zwischen Hersteller und Apotheken. Gründe dafür werden weiter unten noch dargestellt. Weitere, quantitativ wenig bedeutsame Vertriebswege sind noch die Belieferung vom Hersteller über krankenhausversorgende Apotheken zum Krankenhaus bzw. die Direktbelieferung an Krankenhäuser mit eigener Apotheke.[49]

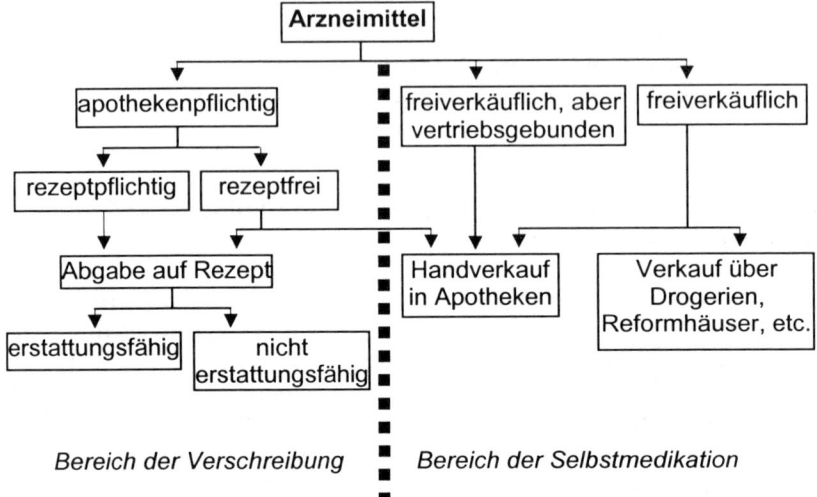

Abb. 3.16. Klassifikation von Arzneimitteln[50]

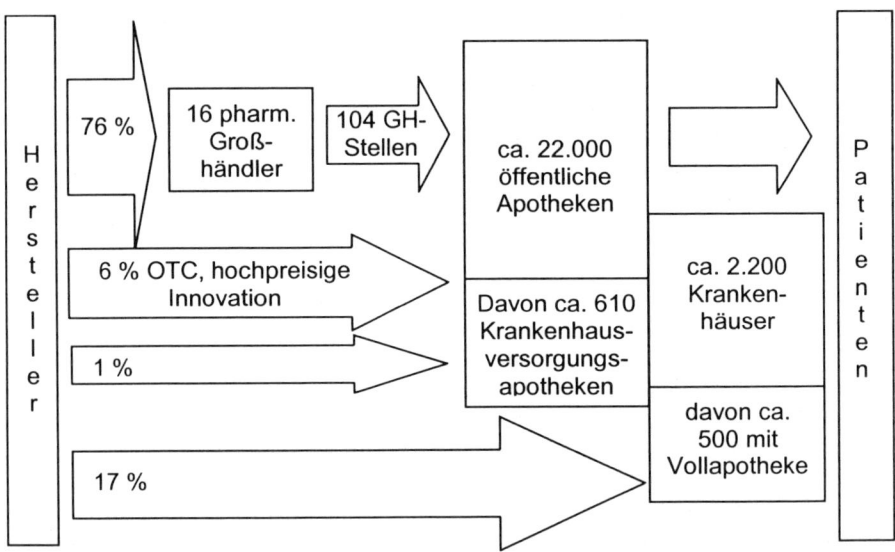

Abb. 3.17. Vertriebswege für Medikamente in Deutschland und deren quantitative Bedeutung

---

[49] In diesem Beitrag werden die in jüngster Zeit verstärkt diskutierten Vertriebsweg-Innovationen Versandhandel und Internet-Vertrieb nicht behandelt, da ihre rechtliche Zulässigkeit noch nicht abschließend geklärt ist und derzeit noch kein darstellbarer Marktanteil dieser Formen existiert. Diesem Themengebiet widmet sich ein gesonderter Beitrag in Teil C dieses Buches.

[50] Vgl. Rahner, E. (1980), S. 1234.

Im Folgenden werden die Handelsstufen für Arzneimittel kurz charakterisiert, um zu einer Beurteilung der einzelnen Vertriebswege zu kommen. Danach wird die Preisbildung auf den Handelsstufen erörtert und das diesbezügliche Optimierungspotential der Hersteller diskutiert.

3.4.2
Der pharmazeutische Großhandel

Der pharmazeutische Großhandel trägt dazu bei die schnelle Versorgung der Bevölkerung mit Arzneimitteln sicherzustellen. Er ist in der Regel der Abnehmer der Industrie und distribuiert die Medikamente (und Produkte des Nebensortiments) an die Apotheken. Der Großhandel übernimmt damit die regionale, quantitative und zeitliche Pufferfunktion, da nicht jeder der 1.500 pharmazeutischen Hersteller in Direktbeziehung zu den etwa 22.000 deutschen Apotheken stehen kann.

Während pharmazeutische Großhandelsunternehmen bei den meisten Produkten nur miteinander in Konkurrenz um ihre Abnehmer stehen, liefern die Hersteller sehr teure Arzneimittel (hier ist die aus der Arzneimittelpreisverordnung resultierende Spanne des Großhandels so hoch, dass es für den Hersteller wirtschaftlich interessant sein kann die Apotheken direkt zu beliefern) und rezeptfreie Arzneimittel (ggf. unter Gewährung eines Rabatts) direkt an die Apotheken. Gerade bei hochpreisigen Präparaten wird vom Großhandel beklagt, dass die Hersteller sie häufig vom Wettbewerb komplett ausschalten, indem sie die Produkte nicht an den Großhandel verkaufen und damit die Apotheken nur direkt beim Hersteller beziehen können.

Bei der Analyse der Konkurrenzbeziehungen zwischen den pharmazeutischen Großhandelsunternehmen müssen zwei unterschiedliche Arten von Großhändlern je nach Umfang des Medikamentenlagers gesondert betrachtet werden: Die vollsortierten und die teilsortierten Unternehmen. Die 16 vollsortierten Unternehmen mit 104 Niederlassungen sind im Bundesverband des Pharmazeutischen Großhandels (PHAGRO) e. V. zusammengeschlossen und weisen im Schnitt etwa 90.000 Lagerpositionen auf. Nahezu jedes verfügbare Medikament kann durch die Apotheken durchschnittlich dreimal täglich binnen weniger Stunden bezogen werden. Dieses erfordert einen enormen logistischen Aufwand. Der Pharmagroßhandel in Deutschland ist unbestritten sehr leistungsstark.

Der *vollsortierte Großhandel* kann in vier Gruppen eingeteilt werden.[51] In der ersten Gruppe befinden sich die Großhandelsunternehmen, die dem Interessenkreis der Apotheker zugerechnet werden können. Es handelt sich dabei um die zwei Genossenschaften Sanacorp e. G. und Noveda e. G. sowie das Unternehmen Andreae-Noris Zahn AG (ANZAG, Nummer 3 in Deutschland). An diesem sind die Apotheker ebenfalls direkt oder indirekt beteiligt. Diese Großhandelsgruppe betreibt aus verständlichen Gründen keine vertikale Integration (z. B. Kauf von Apothekenketten im Ausland), eine Politik, die ansonsten beim Großhandel zur Sicherung der eigenen Absatzmärkte verstärkt anzutreffen ist. Hinter der zweiten Gruppe von Großhandelsunternehmen steht der Pharmaunternehmer Merckle, der die Firma PHOENIX Pharma Handel (Nummer 1 in Deutschland) kontrolliert. Die

---

[51] Vgl. Schöffski, O. (1995), S. 166.

Gehe AG (Nummer 2 in Deutschland) ist das einzige bedeutende Großhandelsunternehmen, das zu keiner Pharmagruppe gehört und damit die dritte Gruppe darstellt. Zur vierten Gruppe zählen eine Reihe von Familienunternehmen, die überwiegend regional tätig sind. Der pharmazeutische Großhandel ist damit hochkonzentriert und es herrscht ein erheblicher Wettbewerb zwischen den Unternehmen, der sich im Service und im Rabattverhalten widerspiegelt.

Der *teilsortierte Großhandel* spielt in Deutschland eine geringe, aber zunehmende Rolle, insbesondere bei Impfstoffen und onkologischen Präparaten. Durch ausgeklügelte Rabattierungssysteme und ein umfassendes Warensortiment ist es dem vollsortierten Großhandel gelungen die Rolle der Teilsortimenter zu begrenzen.

Der wichtigste Wettbewerbsparameter des pharmazeutischen Großhandels ist neben der Anzahl der Kunden die Kundenbindung. Da der Kundenkreis auf etwa 22.000 deutsche Apotheken beschränkt ist, herrscht hier ein erheblicher Wettbewerb. Man will möglichst der einzige Lieferant einer Apotheke sein. Aus diesem Grund wurden – neben der permanenten Lieferfähigkeit – komplexe Rabattierungssysteme entwickelt, die dieses gewährleisten sollen.

3.4.3
Der pharmazeutische Einzelhandel: Die Apotheken

Die Apotheken haben ein Abgabemonopol für den größten Teil der Arzneimittel. Nur als freiverkäuflich deklarierte (d. h. nicht der Apothekenpflicht unterliegende) Arzneimittel dürfen außerhalb von Apotheken abgegeben werden und dann auch nur bei Nachweis der Sachkunde.[52] Konkret heißt es in § 17 der Apothekenbetriebsordnung, dass Arzneimittel und apothekenübliche Waren nur in den Apothekenbetriebsräumen (d. h. beispielsweise nicht in einem Aufbau vor der Eingangstür der Apotheke) und Arzneimittel nur vom pharmazeutischen Personal (d. h. nicht vom nicht-pharmazeutischen Personal wie beispielsweise Apothekenhelfern) abgegeben werden dürfen. Ausnahmen für die Abgabe in Apothekenräumen existieren nur für Einwegspritzen mit Zubehör und Kondome, die beispielsweise auch über Automaten vertrieben werden dürfen. Der Versand bzw. die Zustellung durch Boten ist nur in begründeten Einzelfällen gestattet, wird allerdings in der vergangenen Zeit immer häufiger von einzelnen Apotheken als Marketingaspekt gesehen. Die „begründeten Einzelfälle" werden dann eher weit ausgelegt.

In Deutschland existiert ein dichtes Netz von Apotheken. Viele Kenner des Pharmamarktes (insbesondere die gesetzlichen Krankenkassen) meinen, dass es zu dicht sei. Eine direkte Einflussmöglichkeit einer zentralen Instanz auf die Apothekendichte besteht allerdings nicht, da seit 1958 höchstrichterlich die *Niederlassungsfreiheit* für Apotheker festgelegt wurde. Davor herrschte seit der Trennung des Apotheker- vom Arztberuf im Jahr 1231 durch die *Constitiones medicinales*

---

[52] Dieses bedeutet, dass während der gesamten Geschäftsöffnungszeit eine entsprechend qualifizierte Person anwesend sein muss. Dadurch wird der normale Einzelhandel vor erhebliche Probleme gestellt, da auch Pausen- und Urlaubszeiten abgedeckt sein müssen.

des Hohenstaufenkaisers Friedrich II eine wie auch immer geartete Bedarfsplanung.

Es existieren in Deutschland derzeit etwa 22.000 *öffentliche Apotheken*. Von einer öffentlichen Apotheke spricht man, wenn dort die Öffentlichkeit ihren Arzneimittelbedarf befriedigen kann. Bei einer entsprechenden Apotheke handelt es sich um einen als Ladengeschäft betriebenen Einzelhandelsbetrieb. Trotz der schlechten wirtschaftlichen Bedingungen, über die die Apothekerschaft generell klagt, ist in den letzten Jahren regelmäßig eine (geringe) Zunahme der Apothekenzahl zu verzeichnen. Interessanter als die absolute Zahl von Apotheken ist allerdings die Verhältniszahl von Einwohnern zu Apotheken. 1999 betrug diese Kenngröße 3.800, mit der steigenden Anzahl von Apotheken ist sie in den letzten Jahren leicht zurückgegangen.

Allerdings scheint hier eine differenzierte Betrachtung nach Ost und West erforderlich. Während in den alten Bundesländern durchschnittlich 3.640 Einwohner durch eine Apotheke versorgt werden, waren es in den neuen Bundesländern 4.890 (Zahlen von 1997). Dieser Unterschied ist historisch zu begründen. In der ehemaligen DDR war die Arzneimittelabgabe weitaus zentraler organisiert als im Westen. Zum Zeitpunkt der Wiedervereinigung wurden noch weit über 6.000 Personen pro Apotheke in der ehemaligen DDR vorsorgt. Seit diesem Zeitpunkt nähern sich die Ost- und Westzahlen durch verstärkte Neugründungen im Osten immer weiter an, dennoch sind Ost-Apotheken im Durchschnitt immer noch tendenziell größer als West-Apotheken. Eine Aufgliederung der Einwohner je Apotheke nach Bundesländern belegt diesen Zusammenhang (s. Abb. 3.18).

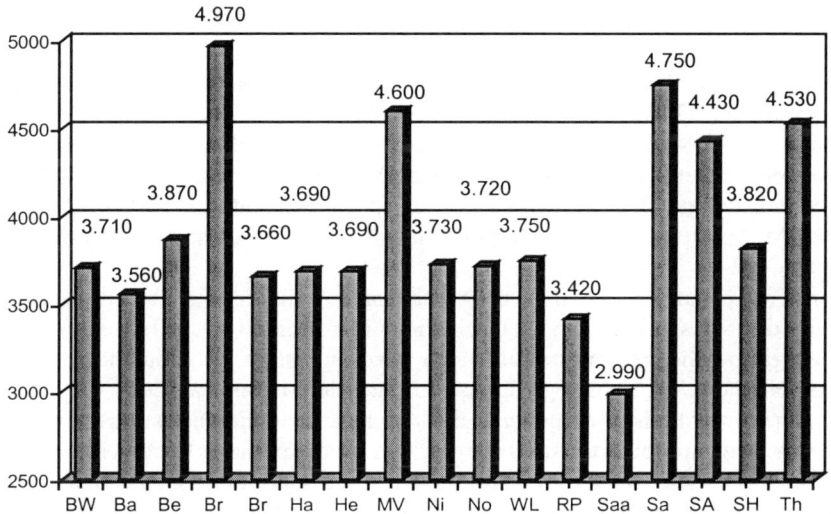

Abb. 3.18. Einwohner je Apotheken nach Bundesländern (2000)[53]

1999 betrug der durchschnittliche Umsatz je Apotheke 2,27 Millionen DM. Dabei ist allerdings zu beachten, dass etwa Zweidrittel der deutschen Apotheken unterhalb dieses Durchschnittswerts bleiben. Etwa 15 % der Apotheken machen

---

[53] Bundesvereinigung Deutscher Apothekenverbände (ABDA) (2001), Tabelle 3.

einen Umsatz von mehr als 3 Millionen DM. Der wirtschaftliche Erfolg einer Apotheke ist proportional vom Umsatz abhängig.

Den größten Teil ihres Umsatzes erwirtschaften die Apotheken mit Produkten, bei denen sie das Abgabemonopol haben. Der Gesamtumsatz der Apotheken betrug im Jahr 1999 50,3 Milliarden DM (ohne Umsatzsteuer). Die Umsatzstruktur stellt sich dabei wie in Tabelle 3.4 dargestellt dar.

Tabelle 3.4. Umsatzstruktur der Apotheken (2000, ohne Umsatzsteuer)[54]

Produkte	Umsatz	
Arzneimittel	49,1 Milliarden DM	(= 93,5 %)
Davon verschreibungspflichtig	35,4 Milliarden DM	(= 67,0 %)
Davon apothekenpflichtig	12,9 Milliarden DM	(= 25,0 %)
(nicht verschreibungspflichtig)		
Davon verordnet	6,0 Milliarden DM	(= 12,0 %)
Davon nicht verordnet	6,9 Milliarden DM	(= 13,0 %)
Davon freiverkäuflich (außerhalb	0,8 Milliarden DM	(= 1,5 %)
Apotheke 1,3 Milliarden DM)		
Apothekenübliches Ergänzungssortiment	1,6 Milliarden DM	(= 3,0 %)
Krankenpflegemittel	1,9 Milliarden DM	(= 3,5 %)
Verordnungsvolumen GKV, PKV und sonstige	41,4 Milliarden DM	(= 79,0 %)
Selbstmedikation	7,7 Milliarden DM	(= 14,5 %)

Seit Jahren klagen die Apotheker darüber, dass das, was von diesem Umsatz als Gewinn verbleibt, zu niedrig für eine angemessene Existenzsicherung ist. Für das Jahr 1999 wird eine Umsatzrendite von 0,3 % berichtet, d .h. von einem Umsatz von 100 DM verbleiben dem Apotheker durchschnittlich 30 Pfennig. Bei einem durchschnittlichen Umsatz von 2,3 Millionen DM pro Jahr wären das pro Apotheke nur 6.900 DM. Bei dieser Berechnung wurden allerdings die kalkulatorischen Kosten (Eigenkapitalverzinsung, Unternehmerlohn) in Höhe von 7 % schon vorher berücksichtigt. Dieses entspricht bei einer Durchschnittsapotheke immerhin 161.000 DM, bei den florierenden Apotheken sind die Gewinnaussichten wesentlich besser.

Bemerkenswert an den Apotheken ist insbesondere die intensive staatliche Regulierung, die ihresgleichen in Deutschland sucht. Einige besonders relevante Regulierungsbereiche werden im Folgenden kurz dargestellt, da dadurch auch die Besonderheiten des Vertriebswegs für Arzneimittel determiniert werden.[55]

Eine ganz wesentliche Komponente der Apothekenregulierung ist das *Fremdbesitzverbot*. Nur approbierte Apotheker dürfen eine Apotheke betreiben. Einem Nicht-Apotheker bleibt dieses verwehrt, er darf weder als Besitzer, Pächter oder auch nur als am Kapital Beteiligter auftreten. Kapitalgesellschaften und Stille Gesellschaften sind ebenso untersagt wie die Vereinbarung von gewinn- oder umsatzabhängigen Zahlungen für die Überlassung von Krediten oder anderen Vermögensgegenständen.

---

[54] Bundesvereinigung Deutscher Apothekenverbände (ABDA) (2001), Tabelle 10.
[55] Vgl. Schöffski, O. (1995), S. 97–158.

Im Gesetz über das Apothekenwesen ist festgelegt, dass der Apotheker zur persönlichen Leitung seiner Apotheke verpflichtet ist. Dieses ist nur möglich, wenn er praktisch ganztägig in seiner Apotheke anwesend ist. Die Möglichkeiten der Vertretung bei Urlaub oder Krankheit sind ebenfalls restriktiv geregelt. Daraus folgt zwingend, dass ein Apotheker auch nur genau eine Apotheke betreiben darf, man spricht vom *Mehrbesitzverbot*. Apothekenketten, wie sie in anderen Ländern existieren, sind damit in Deutschland nicht möglich. Zwar wird hinter vorgehaltener Hand kolportiert, dass einzelne Apotheker Zugriff auf mehr als eine Apotheke haben (entsprechende Gerichtsverfahren sind auch anhängig), prinzipiell ist der Mehrbesitz von Apotheken in Deutschland aber verboten.

Im „normalen" Einzelhandel sind Kooperationen mit Partnern anderer Handelsstufen nicht unüblich. Apotheker sind dagegen mit einem *Arzneimittelbevorzugungsverbot* belegt, d. h. sie dürfen sich nicht verpflichten bestimmte Arzneimittel ausschließlich oder bevorzugt anzubieten oder die Auswahl von Produkten bezüglich bestimmter Anbieter zu beschränken. Auch darf der Apotheker oder sein Personal mit Personen, die sich mit der Behandlung von Patienten beschäftigen, keine Verträge oder Absprachen treffen, die die bevorzugte Lieferung von Arzneimitteln oder die Zuführung von Patienten bzw. von Verschreibungen zum Inhalt haben.

In Apotheken dürfen *nur apothekenübliche Waren* in den Verkehr gebracht werden. Beispielsweise der Betrieb einer Lotto-Annahmestelle oder der Verkauf von (nicht-medizinischem) Alkohol (im Mittelalter das wirtschaftliche Standbein der Apotheken) ist nicht gestattet. Auf der anderen Seite haben die Apotheken für den größten Teil der Arzneimittel ein Abgabemonopol (*Apothekenpflicht*), dort konkurrieren sie nur mit anderen Apotheken um den eigenen Marktanteil. Existiert eine *Verschreibungspflicht* für ein Medikament, sind die Apotheker an das gebunden, was der Arzt per Rezept verordnet hat, d. h. es existiert ein *Substitutionsverbot*. Dieses gilt auch für vom Arzt verordnete nicht verschreibungspflichtige Produkte. Als Ansprechpartner für die Industrie ist der Apotheker daher in den Fällen besonders wertvoll, in denen er seine Kunden bezüglich der Verwendung von Produkten aktiv beraten kann, d. h. in der Regel bei nicht verordnungspflichtigen Produkten, die der Patient ohne Rezept nachfragt (*over-the-counter-Geschäft, genannt OTC*).

Die wesentlichste Regulierung der Apotheken ist aber im Bereich der Preisgestaltung zu sehen, diese wird im Folgenden ausführlicher für alle Handelsstufen dargestellt.

3.4.4
Preisbildung auf den Handelsstufen

§ 78 (2) des Arzneimittelgesetzes schreibt vor, dass ein *einheitlicher Apothekenabgabepreis* für Arzneimittel, die vom Verkehr außerhalb von Apotheken ausgeschlossen sind, zu gewährleisten ist. Sprich: Dasselbe Arzneimittel muss in jeder Apotheke in Deutschland für den Patienten den gleichen Preis haben. Von dieser Regelung existieren einige Ausnahmen, beispielsweise sind Krankenhausapotheken, Impfstoffe bei öffentlich empfohlenen Schutzimpfungen, Blutkonzentrate bei Bluterkrankheit und Arzneimittel zur Dialyse ausgenommen. Details hierzu regelt § 47 des Arzneimittelgesetzes. Ansonsten dürfen identische Arzneimittel in öffentlichen Apotheken in Deutschland keinen unterschiedlichen Preis haben.[56] Generell berechnet sich der einheitliche Apothekenabgabepreis folgendermaßen:

> Herstellerabgabepreis (netto)
> + Großhandelshöchstzuschlag
> + Apothekenfestzuschlag
> + Umsatzsteuer
> _____
> = Apothekenabgabepreis

Die entsprechenden Handelsstufenzuschläge sind in der Arzneimittelpreisverordnung festgelegt, es handelt sich dabei um eine *prozentual degressive Spanne* mit *linearisierten Teilbereichen.* Der Großhandelshöchstzuschlag beträgt beispielsweise bei Präparaten mit einem Einstandspreis des Großhändlers (= Herstellerabgabepreis) bis 1,65 DM 21 %, bei einem Einstandspreis zwischen 1,74 und 3,33 DM nur noch 20 %. Während der prozentuale Zuschlag von Stufe zu Stufe geringer wird, steigt der Zuschlag in absoluten Geldeinheiten an. Damit es durch diese Funktion nicht zu Sprungstellen kommt (höher Einstandspreis führt zu geringeren absoluten Zuschlägen), werden die entsprechenden Bereiche durch die Arzneimittelpreisverordnung linearisiert, d. h. es wird ein absoluter Geldbetrag zugeordnet. Beispiel wären hier Einstandspreise von 1,66 bis 1,73 DM, wo der Großhandelshöchstzuschlag auf linear 0,35 DM festgelegt ist.

Die degressive Abstufung der maximal erlaubten prozentualen Zuschläge endete bis 1998 bei 12 % für Herstellerabgabepreise über 108,71 DM. Da die möglichen Zuschläge für sehr hochpreisige Arzneimittel als nicht dem Aufwand angemessen erschienen, wurde eine neue letzte Klasse eingeführt: Arzneimittel mit einem Herstellerabgabepreis von über 1.339,29 DM dürfen nur noch mit einem Zuschlag von 3 % zuzüglich 120,53 DM belegt werden.

Bei den genannten Großhandelsabgabepreisen (= Apothekeneinstandspreisen) handelt es sich jeweils um die höchstmöglichen Preise, nach unten ist vom Gesetzgeber keine Grenze gesetzt worden. Da die Konkurrenz zwischen den Großhändlern wie bereits dargestellt sehr groß ist, sind erhebliche Rabatte an die Apotheken die Regel. Für die Apothekenstufe gilt eine ähnliche prozentual degressive Zuschlagsregelung mit linearisierten Stücken, nur dass diese nicht als Höchstzuschläge, sondern als *Festzuschläge* formuliert werden. Die Apotheken müssen exakt die vorgeschriebenen Zuschläge verwenden, sie dürfen dem Kunden preislich nicht entgegenkommen.[57]

Wie ist nun aber ein einheitlicher Apothekenabgabepreis zu gewährleisten, wenn der Großhandel den Apotheken unterschiedliche Rabatte gibt? Die Lösung dieses Problems liegt in der Vorschrift, dass die Apothekenfestzuschläge auf den *maximal möglichen Großhandelszuschlag* anzuwenden sind, auch wenn die Apotheken die Präparate günstiger bezogen haben. Das bedeutet aber im Umkehr-

---

[56] Diese für den Apotheker nicht unvorteilhafte Regelung wird von ihm auch auf große Teile des nicht preisgebundenen Apothekensortiments (z. B. hochwertige Kosmetika) ausgedehnt, auch dort findet zwischen den Apotheken quasi kein Preiswettbewerb statt.

[57] Einzige (gesetzlich vorgeschriebene) Ausnahme zum Rabattierungsverbot ist der fünfprozentige Rabatt auf alle Arzneimittel, der ausschließlich den gesetzlichen Krankenkassen zugute kommt.

schluss, dass die Reduzierung der Großhandelsspanne zu einer Erhöhung der Apo-
thekenspanne führt, vielleicht in einem Maß, das der Gesetzgeber gar nicht beabsichtigt hat. Hier aber noch einmal kurz die Eckpunkte der Apothekenfestzuschläge:

Bis zu einem maximal möglichen Großhandelsabgabepreis von 2,40 DM müssen die Apotheken einen prozentualen Zuschlag von 68 % anwenden. Bis zum
Preis von 2,63 DM wird ein linearisierter Zuschlag von 1,63 DM verwendet, danach folgt wieder eine prozentuale Festlegung von 60 % bis zu einem (fiktiven)
Einstandspreis von 7,60 DM. Es folgen weitere prozentuale und linearisierte Klassen bis für Arzneimittel über 70,31 ein Zuschlag von 30 % festgelegt wird. Aus
den schon beim Großhandelszuschlag genannten Gründen wurde 1998 dieser Zuschlag bei (fiktiven) Einstandspreisen über 1.063,82 DM wesentlich auf 8,263 %
zuzüglich 231,25 DM reduziert. Graphisch stellen sich diese Festzuschläge der
Apotheken gemäß Abbildung 3.19 dar. Dabei wurden die letzten beiden Klassen
aus Veranschaulichungsgründen weggelassen.

Die Struktur der Arzneimittelpreisverordnung führt dazu, dass die Apotheken
von sich aus wenig Interesse daran haben die Abgabe von niedrigpreisigen Arzneimitteln zu forcieren (wo es ihnen möglich wäre), da trotz sinkender prozentua-
ler Zuschläge die absoluten Zuschläge bei höherpreisigen Produkten höher sind.
Die Empfehlung einer preiswerteren Alternative würde damit zu einem geringeren
Erlös für den Apotheker führen.

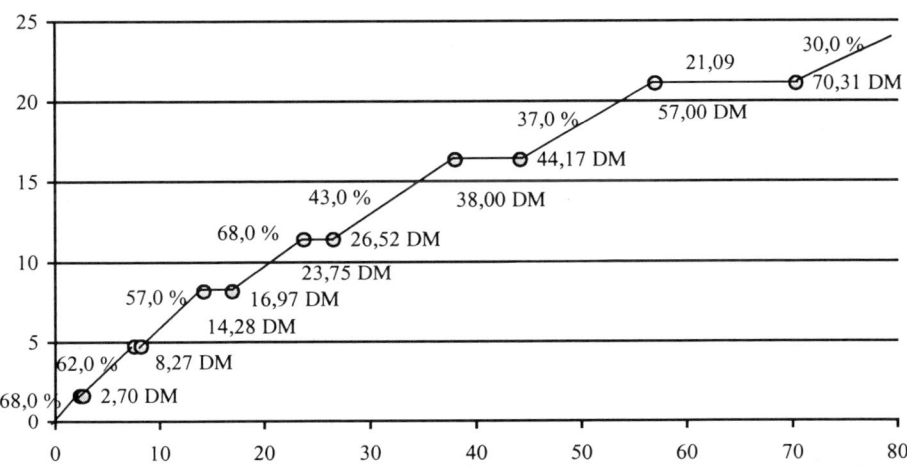

Abb. 3.19. Apothekenfestzuschläge (in DM) in Abhängigkeit vom maximalen Großhandelszuschlag (in DM)

Von den Herstellern wird beklagt, dass ihr eigener Anteil am Verkaufspreis eines
Präparats zu gering ist, d. h. die Handelsstufenzuschläge (auch im internationalen
Vergleich) unangemessen hoch sind. Dieses gilt insbesondere für hochpreisige
Präparate, bei denen die absoluten Zuschläge von Groß- und Einzelhandel beson-
ders hoch sind (s. Abb. 3.20 und Tabelle 3.5).

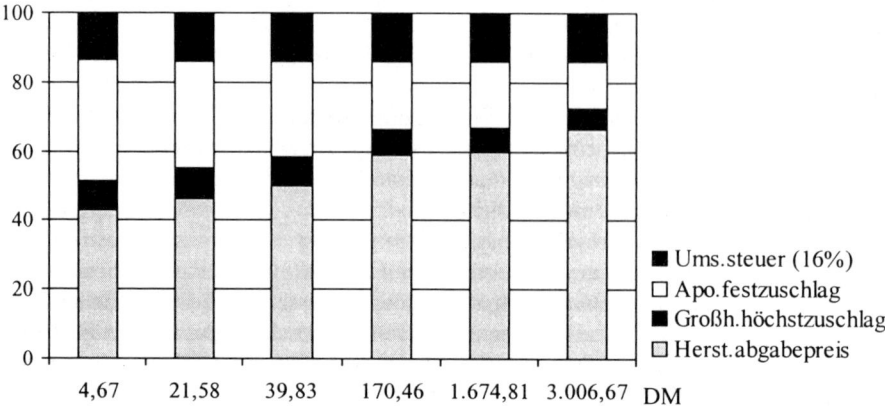

Abb. 3.20. Handelsstufenanteile bei unterschiedlichen Apothekenabgabepreisen (in %)

Die Preisregulierung führt dazu, dass der Endpreis eines Medikaments durch den Herstellerabgabepreis determiniert wird. Der Hersteller hat damit einen Preisgestaltungsspielraum, der in anderen Branchen nicht existiert. Für Arzneimittel – und dies gibt es in ähnlicher Form nur beim Buchhandel – gilt somit die „Preisbindung der zweiten Hand".

Tabelle 3.5. Beispiele zur Preisberechnung nach Arzneimittelpreisverordnung (in DM)

Herstellerabgabe- preis	Maximaler Großhan- delsabgabepreis	Apothekenverkaufs- preis (netto)	Apothekenverkaufs- preis (inkl. MwSt.)
5,00 DM	5,98 DM	9,69 DM	11,24 DM
10,00 DM	11,85 DM	18,60 DM	21,58 DM
20,00 DM	23,20 DM	34,34 DM	39,83 DM
50,00 DM	57,50 DM	78,59 DM	91,16 DM
100,00 DM	113,04 DM	146,95 DM	170,46 DM
200,00 DM	224,00 DM	291,20 DM	337,79 DM
500,00 DM	560,00 DM	728,00 DM	844,48 DM
1.000,00 DM	1.120,00 DM	1.456,00 DM	1.688,96 DM

So ergeben sich Optimierungsmöglichkeiten für die pharmazeutische Industrie. Will man sich beispielsweise als Generikahersteller im Preis von der Konkurrenz abheben, so hat man bei den linearisierten Stellen der Preisverordnung die Möglichkeit dieses zu tun, ohne den Verdienst der Apotheker zu schmälern (und damit Gegenreaktionen herauszufordern). Eine weitere Möglichkeit der Reduzierung der Handelsstufenzuschläge besteht in der Veränderung der Packungsgrößen.[58] Ein Beispiel aus dem Hochpreissegment soll dieses belegen: Ursprünglich wurde das

---

[58] Hier sind die Hersteller allerdings nicht völlig frei, sondern sie müssen sich an die Vorschriften der Vorordnung über die Zuzahlung bei der Abgabe von Arznei- und Verbandmitteln in der vertragsärztlichen Versorgung halten, in der die Packungsgrößen N1, N2 und N3 festgelegt werden.

Präparat als Einzelflasche vom Hersteller zu einem Preis von 1.098,00 DM abgegeben, es ergibt sich ein Apothekenabgabepreis in Höhe von 1.812,65 DM. Packt der Hersteller aber zwei oder drei Flaschen in eine Packung und lässt den Herstellerabgabepreis pro Flasche konstant (2.196,00 bzw. 3.294,00 DM), so ergeben sich auf der Einzelhandelsstufe Abgabepreise in Höhe von 3.260,20 bzw. 4.680,50 DM. Gegenüber dem Verkauf in Einzelflaschen bedeutet dies eine Handelsspannenersparnis von 365,10 bzw. 757,45 DM, was zusätzlich zum gleichen Erlös des Herstellers eventuell zu einer häufigeren Verordnung führt (Preis-Mengen-Reaktion).

3.4.5
Krankenhausapotheken

Wie bereits erwähnt gilt die Arzneimittelpreisverordnung nicht für Krankenhäuser, die Preise für Arzneimittel können hier frei gestaltet werden. Eine Abgabe dieser Präparate an Externe ist den Krankenhäusern verwehrt, sie dürfen nur in der Klinik verwendet werden.[59] Bei ambulant durchgeführten Therapien der Klinik (z. B. Chemotherapie) müssen die Patienten prinzipiell ein Rezept erhalten und sich die Präparate in einer öffentlichen Apotheke beschaffen.

Insgesamt existieren in Deutschland etwa 2.200 Krankenhäuser, davon ca. 500 mit Vollapotheke. Insbesondere Universitätskliniken, aber auch andere größere Krankenhäuser beziehen Arzneimittel erheblich günstiger als „normale" Nachfrager, eventuell sogar gratis. Folgende Gründe spielen dabei eine Rolle:

- Abnahme größerer Mengen
- Handelsspannenzuschläge fallen weg
- Ärzte (in Ausbildung) sammeln Erfahrung mit einem Produkt und verordnen es eventuell ihr Leben lang, wenn sie sich niedergelassen haben.
- Stationär aufgenommene Patienten werden mit diesen Präparaten „antherapiert", der niedergelassene Arzt führt vielfach diese Therapie fort.

Aus diesen Gründen kann ein Hersteller geneigt sein das Präparat preisgünstiger anzubieten.

3.4.6
Vertriebswegeentscheidung

Wie bereits dargestellt, existieren nicht allzu viel alternative Vertriebswege für pharmazeutische Produkte, trotzdem sind Handlungsoptionen vorhanden. Die einzelnen Vertriebswege lassen sich gemäß Tabelle 3.6 in Teilbereiche aufgliedern und charakterisieren.

---

[59] Eine Ausnahme stellt die Abgabe von Medikamenten an Mitarbeiter der Klinik und deren Angehörige dar.

Tabelle 3.6. Vertriebswegebeurteilung

Von	Zu	Art	Einschätzung
Hersteller	Großhandel	Bestellung 1x pro Woche, elektronisches, standardisiertes Bestellverfahren und Rechnungsübertragung, Normkartons, Griffeinheiten	Perfekt
Großhandel	Apotheken	Bestellung mehrmals pro Tag	Sehr viele Kleinbestellungen
Hersteller	Apotheken	Logistisch dem Großhandel unterlegen, wirtschaftlich interessant für OTC-Präparate und hochpreisige Arzneimittel	Für rezeptpflichtige Standardpräparate wenig sinnvoll
Hersteller	Krankenhaus	Bestellung 3x pro Woche, überwiegend Fax und Telefon	Standardisierung nur in Ansätzen erkennbar
Hersteller	Versorgungsapotheken	Ähnlich der Krankenhaus-Bestellung, nur sinnhaft bei getrenntem Sortiment, Kennzeichnung der Packungen notwendig	Sinnvoll für Kliniken bis ca. 500 Betten
Großhandel	Krankenhaus	Hat sich nicht etabliert, wird von der Mehrzahl der Beteiligten abgelehnt	Krankenhaus wünscht Direktbelieferung vom Hersteller

Aus Sicht der Hersteller ist ein elektronisches, standardisiertes Bestellverfahren gegenüber (fern-)mündlichen oder schriftlichen Bestellverfahren (z. B. per Brief, per Fax) vorzuziehen. Dieses ist insbesondere auf der Ebene zwischen Hersteller und Großhändler bereits realisiert, bei den übrigen Vertriebswegen, insbesondere zu den Krankenhäusern, sind im beidseitigen Interesse noch Verbesserungen bei der Standardisierung möglich. Die Krankenhäuser sind prinzipiell mit der Ist-Situation zufrieden, da eine Lösung per Fax preiswert ist und kaum zusätzlichen Aufwand bedeutet, die Lieferzeiten der Hersteller kurz und verlässlich sind und das Kliniknetz strikt vom Internet getrennt bleibt. Vorteile eines elektronischen Bestellverfahrens sind unter anderem

- die durchgehende Lösung
- keine Parallelerfassung
- schneller
- sicher
- fehlerfrei
- effizient
- Möglichkeit der Datenrückübertragung (z. B. Rechnungen)
- Interaktivität
- verbesserter Informationsfluss

3.4.7
Importe

Bezüglich der Arzneimittelpreise existieren erhebliche nationale Unterschiede, nicht nur beim allgemeinen Arzneimittelpreisniveau, sondern auch bei konkreten Präparaten. Dieses ist insbesondere durch die unterschiedlichen Preisregulierungssysteme der Länder der EU, aber auch durch verschiedene nationale Preispolitiken der Hersteller begründet. Das Preisniveau in den Ländern orientiert sich zusätzlich an der Leistungsfähigkeit seiner Bewohner.[60] Da als allgemein gesichert gilt, dass Deutschland bezüglich pharmazeutischer Produkte zumindest kein Billig-Land ist (ob es bei den Preisen an der Spitze oder mittlerweile eher im Mittelfeld liegt, darüber streiten sich die Experten), kann das unterschiedliche Preisniveau durch Importe ausgenutzt werden. Der Importmarkt ist in den letzten Jahren stark angestiegen und hat inzwischen ein Volumen von ca. 4 % im niedergelassenen Sektor.

3.4.8
Grauer Markt

Während im niedergelassenen Sektor (Hersteller → Großhandel → Apotheke) eine Preisbindung gilt, ist der Krankenhausbereich frei in der Preisgestaltung. Dies macht es für den Hersteller notwendig (es gibt hierzu aber keine gesetzliche Vorschrift) die Krankenhauspackungen zu kennzeichnen (z. B.: „Teil einer Krankenhauspackung, Einzelverkauf unzulässig"). Unterlässt der Hersteller das spezielle Kennzeichnen von Krankenhauspackungen muss er befürchten, dass preisgünstig verkaufte, für das Krankenhaus bestimmte Ware vom Großhandel aufgekauft wird. Experten schätzen das Volumen des Grauen Marktes auf ca. 1 Milliarde DM im Jahr.

3.4.9
Fälschungen

Da der Großhandel vielfach geneigt ist „günstige Bezugsquellen" zu nutzen und die Arzneimittel nicht ausschließlich beim Hersteller kauft, sind in den letzten Monaten Produktfälschungen im deutschen Markt aufgetaucht. Hierbei handelt es sich beispielsweise um in Osteuropa gefertigte Ware, die unter Fälschung des Packungsmaterials nach Deutschland verbracht wurde.

---

[60] Vgl. Schneider, M., Hofmann, U., Biene-Dietrich, P. u. a. (1999), S. 52.

3.5
E-Commerce als Vertriebsweg für Arzneimittel

Ralf Däinghaus
0800DocMorris N.V., Landgraaf, Niederlande

> „Nichts auf der Welt ist so mächtig wie
> eine Idee, deren Zeit gekommen ist."
> (Victor Hugo)

3.5.1
Was ist an Internet-Apotheken denn wirklich neu?

3.5.1.1
Voraussetzung und Situation

0800DocMorris ist eine in den Niederlanden zugelassene Apotheke. Deshalb ist 0800DocMorris auch der niederländischen Gesetzgebung und der niederländischen Apothekenbetriebsordnung (Nederlandse Apotheeknorm) verpflichtet. Diese unterscheidet sich nur marginal von der deutschen, ist doch die Harmonisierung der pharmazeutischen Gesetze und der Apotheken-Ordnungen innerhalb der EU weitgehend abgeschlossen. Einige Unterschiede bleiben allerdings bestehen. So kennen die niederländischen Regeln keine Festpreisverordnung, keine Zuzahlung und auch kein Versandverbot. Zudem gilt das Gebot des freien Warenverkehrs, das erlaubt Produkte beschränkungsfrei innerhalb des Binnenmarktes zu handeln. Der Versand von Arzneimitteln in den Niederlanden (und damit auch innerhalb der EU) ist also gestattet.

Andererseits ist es allen europäischen Bürgern seit dem Schumacher-Urteil von 1989 am Europäischen Gerichtshof (EuGH) gestattet Arzneimittel aus beliebigen EU-Staaten zum Eigenbedarf zu beziehen. In Deutschland wird dieser freie Warenverkehr durch zwei Gesetze geregelt. Zum einen wurde als Reaktion auf das Schumacher-Urteil der Artikel § 72 Abs. 2 Satz 6a AMG (Arzneimittelgesetz) eingeführt. Einschränkend wurde § 8 HWG (Heilmittelwerbegesetz) installiert, um den Ausnahme-Charakter dieser Bezugsart zu erhalten. Ob diese Einschränkungen rechtmäßig ist, wird nun erneut am EuGH geprüft. Der Bezug von Arzneimitteln ist innerhalb der EU (und damit auch in Deutschland) zum Eigenbedarf erlaubt.

Die Grundlage für den Betrieb einer europäischen Versandapotheke besteht in der Kombination der Versand-Erlaubnis für Apotheken in den Niederlanden und der Bezugs-Erlaubnis in den nationalen EU-Staaten. Die Herleitung der rechtlichen Situation zeigt, dass die Diskussion um die Internet-Apotheke 0800Doc-

Morris gar kein Internet- (und damit E-Commerce-) Thema ist, sondern eine Versand-Thematik.

Aus diesem Grund kann 0800DocMorris auch nicht als Internet-Apotheke, sondern allenfalls als eine Multi-Channel-Apotheke betrachtet werden, denn die Apotheke 0800DocMorris ist über folgende Kanäle erreichbar:

- persönlich (EuRegio Maastricht / Aachen)
- im Internet (www.0800DocMorris.com)
- per Telefon (0800DocMorris; (0800-362 66 77 47 nach Vanity-Code)
- per Telefax (0180DocMorris; (0180-362 66 77 47 nach Vanity-Code)
- per Post (verschiedene Postfächer)

Obwohl auf den Versandhandel spezialisiert, ist 0800DocMorris eine normale Offizin-Apotheke.

Für den Distanzhandel gelten die gleichen pharmazeutischen Regeln wie für die Abgabe vor Ort. So muss das Rezept im Original vorliegen und geprüft werden. Im Fall der Bestellung von rezeptpflichtigen Medikamenten per Internet ist diese dann vorliegende Bestellung lediglich eine Absichtserklärung. Die Bestellung wird erst gültig, sobald das Rezept per Post vorliegt. Dies gilt selbstverständlich für alle anderen Formen des Distanzhandels genauso.

Im Folgenden wird der Internet-Handel (E-Commerce) symptomatisch für Distanzhandel im Allgemeinen betrachtet.

3.5.1.2
Welche Veränderungen ergeben sich durch diese Situation?

Sowohl die Kunden als auch die bisherigen Marktteilnehmer werden sich auf weitreichende Veränderungen einstellen müssen. Der Handel mit Arzneimitteln über eine europäische Grenze hinweg ist seit Jahren im kleinen Grenzverkehr gang und gäbe, da Medikamente in den Niederlanden ca. 20 % günstiger sind als in Deutschland. Im Gegenzug dazu fahren Niederländer zum Tanken nach Deutschland.

Das Internet hilft nun, jeden Ort in Europa grenznah zu machen. Das Aufeinandertreffen verschiedener juristischer Rahmenbedingungen durch verschiedene nationale Gesetzgebungen ermöglicht ganz neue Möglichkeiten des Arzneimittelvertriebes. Denn plötzlich bekommen nicht nur die niederländischen Versandhandelsregeln in Deutschland Gültigkeit, sondern auch die niederländische Preisberechnung, die für den Patienten günstiger ist und auch keine Rezept-Zuzahlung kennt.

Für die Kunden ergeben sich daraus erhebliche Vorteile. So steht es ihm nun frei, seine Arzneimittel auch auf dem Versandweg zu beziehen. Diese Vertriebsart ist für deutsche Verbraucher nicht neu, werden doch in Deutschland gemäß Statistischem Bundesamt ca. sechs Prozent des Einzelhandelsumsatzes über den Versandhandel abgewickelt.

Wie aus der Versandhandelsbranche bekannt, nutzen nur bestimmte Zielgruppen diese Möglichkeit. So eignet sich der Versandhandel nicht für Käufergruppen, die gern spontan einkaufen oder Produkte sofort benötigen. Dies liegt in der Natur der Sache. Auch ist ein Gegensatz zwischen Stadt und Land zu beobachten. Städter scheinen dem Versandhandel aufgeschlossener gegenüber zu stehen. Vielleicht liegt es an dem Lebenskonzept nicht zu viel Zeit mit alltäglichen Vorgängen zu verschwenden. Kunden, die nicht bei Quelle, Otto, Sport-Scheck und Co. bestellen, werden sich auch nur schwerlich für den Distanzhandel bei 0800DocMorris begeistern lassen. Die bisherigen Erfahrungen mit Versandhandel zeigen aber auch, dass durch den neuen Vertriebsweg die alten nicht überflüssig werden.

Auch für die Märkte der EU-Staaten ergeben sich weitreichende Veränderungen. So werden nationale Beschränkungen (Versandverbot, Festpreisverordnung, Rezeptzuzahlung) unter Druck geraten. Dieses Prinzip ist seitens der EU auch gewollt, passen sich doch so die Gesetze und Verordnungen der Nationalstaaten aneinander an.

Ein Beispiel liefern die deutschen Handwerker: Diese müssen eine Meisterprüfung ablegen, bevor sie selbständig ihre Dienste anbieten dürfen. Diese Beschränkung gilt zwar für deutsche Handwerker, ihre europäischen Kollegen dürfen jedoch auch ohne deutsche Prüfung auf den deutschen Markt, da sie nur der Prüfungsordnung ihres eigenen Landes unterliegen. Diese sogenannte Inländer-Diskriminierung wird billigend in Kauf genommen. Erwartet wird dadurch eine Liberalisierung der nationalen Gesetze, wenn die Lobby verschiedener benachteiligter Interessenvertreter entsprechenden Druck auf den Gesetzgeber ausübt.

Dieser Lobby-Mechanismus ist bereits jetzt schon im deutschen Apotheken-Markt zu beobachten, denn es haben sich bisher fast alle Interessenvertreter zu Wort gemeldet.

3.5.2
Die Interessenvertreter

Die Meinung über 0800DocMorris als erstem Vertreter der E-Commerce-Apotheken spaltet die Branche, wie zuvor nur vom Re- und Parallelimport bekannt:

> „Die Argumente des pharmazeutischen Handels gegen Internet-Bestellungen und Versand sind ein Versuch das bestehende Monopol der öffentlichen Apotheken für die Zukunft abzusichern.", *Wolfgang Kaesbach, Abteilungsleiter Arzneimittel beim Bundesverband der Betriebskrankenkassen*

> „Es ist fraglich, ob das deutsche Recht einer Klage von Internet-Apotheken vor dem Europäischen Gerichtshof standhält", *Reinhard Büscher, Abteilungsleiter E-Business bei der Europäischen Kommission*

> „Wenn das System kippt, sind viele der 21.500 deutschen Apotheken nicht mehr überlebensfähig", *Henrik Meyer-Hoeven, Geschäftsführer des Pharmahändlers GEHE*

> „Der Onlinekauf fordert zu einem unreflektierten Konsum von Antibiotika und Hormonen, von Dopingmitteln und Lifestyle-Prä-

paraten sowie Wundermitteln aller Art heraus." *Eberhard Sinner, Bayerischer Verbraucherschutzminister (CSU)*

„Die Händler und Apotheken kassieren 40 % der Arzneimittel-kosten. Beim Onlineversand ließen sich 800 Millionen Mark pro Jahr einsparen.", *Norbert Schleert, Arzneimittelexperte der AOK*

„Im Zweifelsfall muss der Apotheker dem Kunden von dem Kauf eines Produkts abraten. Im Internet bekommt der Patient jedoch keine Beratung.", *Hans-Günter Friese, Präsident der Bundesvereinigung Deutscher Apotheker (ABDA)*

„Das bewährte deutsche System des Versandhandelsverbots sichert die Qualität. Eine Abschaffung des Systems gefährdet die flächendeckende Versorgung.", *Jürgen Ossendorf, Bundesverband des pharmazeutischen Großhandels*

„Wir können keine Mauer um Deutschland bauen. Von den Niederlanden und anderen Nachbarstaaten beliefern heute schon Internet-Apotheken mit Kurieren die Bundesrepublik und umgehen damit das Verbot", *Ulla Schmidt, Bundesgesundheitsministerin (SPD)*

„Mit vermeintlichen Kostenargumenten wird der Verbraucherschutz mit Füßen getreten", *Johannes Metzger, Präsident der Bundesapothekerkammer*

„Das Zeitalter der konservativen Apothekerkaste ist vorbei", *Jacques Waterval, Gründer und Vorstand der Internet-Apotheke 0800DocMorris*

Die Betrachtung der verschiedenen Interessenvertreter und ihrer Reaktionen auf das Geschehen um 0800DocMorris verdeutlicht die starke Polarisierung. Festzustellen ist, dass die Diskussion hitzig und emotional geführt wird. Festzustellen ist jedoch auch, dass die entscheidenden Fragen gar nicht den Vertriebsweg E-Commerce betreffen, sondern von weit grundsätzlicherer Natur sind. Thema der Auseinandersetzung ist letztendlich die Neuordnung eines stark wachsenden europäischen 100 Milliarden-Euro-Marktes.

Inzwischen aber haben sich die Interessenvertreter mehr oder weniger klar positioniert. Vor dem Hintergrund der notorisch leeren Kassen und der anstehenden Reform im Gesundheitssektor wird hart um die Veränderungen gefochten:

3.5.2.1
Die Apotheker und ihre Verbände

Rund 40 % der Apotheken in den alten Bundesländern schrieben gemäß Angaben der ABDA 1999 rote Zahlen. Unter diesen Voraussetzungen ist eine harte Haltung gegenüber 0800DocMorris verständlich, befinden sich die Apotheken doch plötzlich in einem vorher nicht gekannten Verdrängungswettbewerb.

Die leeren Gesundheitskassen beschleunigen den Prozess der politischen Veränderung. Die bestehenden Vergünstigungen wie Mehrbesitzverbot, Festpreisverordnung, Versandhandelsverbot werden dem Druck nicht lange standhalten.

3.5.2.2
Die Ärzte

Die Ärzteschaft steht 0800DocMorris neutral bis neugierig gegenüber. Einzelne Ärzte verhalten sich ablehnend bis fördernd. Innovative Ärzte können durch Patienten, die bei 0800DocMorris zu günstigen Preisen einkaufen, ihr Arzneimittelbudget schonen, da die günstige Abgabe der Medikamente ihr Budget weniger belastet.

Modern orientierte Mediziner empfinden die Empfehlung von 0800DocMorris als Patienten-Service, weiß doch der Arzt, ob der jeweilige Patient seine Medikamente selbst zahlen muss oder unter hohen Zuzahlungen leidet.

3.5.2.3
Die Händler

Die Pharmagroßhändler sehen sich als „Geisel der Apotheker"[61], hängen sie doch wirtschaftlich von ihnen ab. So ist es nicht verwunderlich, dass sie zusammen mit den Apotheker-Verbänden juristisch gegen die Internet-Apotheke vorgehen.

Auch der Verband PHAGRO distanziert sich vom Versandhandel. Verbandsinterne Anweisungen sind gerichtskundig, nach denen die in der PHAGRO organisierten Großhändler 0800DocMorris gesetzeswidrig vom freien Handel ausschließen.

Letztendlich stellt die Internet-Apotheke das Selbstverständnis des Großhandels in Teilen in Frage. Zum einen wird mit zunehmenden Handelsvolumen am Großhandel vorbei direkt beim Hersteller geordert. Zum anderen übernimmt die Internet-Apotheke durch ihre eigene Versandtätigkeit die Distributionskompetenz des Großhandels.

3.5.2.4
Die Krankenkassen und Krankenversicherungen

Die Kassen erstatten in Deutschland allein ca. 18 Milliarden Euro an Arzneimittelkosten. Die Studie des wissenschaftlichen Instituts der AOK (WidO) belegt ein Einsparungspotential von über 1 Milliarden Euro.[62] So ist es nicht verwunderlich, dass 0800DocMorris allein in Deutschland mit über 200 gesetzlichen Krankenkassen und privaten Krankenversicherungen Vereinbarungen und Verträge getroffen hat, die zusammen weit über 65 Millionen Versicherte vertreten.

---

[61] Dr. Henrik Meyer-Hoeven, GEHE Pharma, in einem Vortrag auf der Konferenz „Herausforderung Arzneimittelhandel" am 6./7. November 2000 in Düsseldorf.

[62] Vgl. WidO (Hrsg.) (2001).

Selbstverständlich ist 0800DocMorris im niederländischen Erstattungssystem voll integriert. Mit Sick Funds und Versicherungen in weiteren europäischen Staaten wird verhandelt.

3.5.2.5
Die Hersteller

Da der Ex-Factory-Preis für die Hersteller gleich bleibt, haben diese erst einmal keine direkten Berührungsängste zu 0800DocMorris. Allerdings befürchten sie durch den niederländischen Sitz Parallelimporte. Zudem sind sie so stark in die bestehenden Handelsstrukturen integriert, dass bei Ausscheren Channel-Konflikte mit den Großhändlern und Apotheken befürchtet werden.

Aus diesem Grund verhalten sich die Hersteller sehr heterogen. Die einen verklagen 0800DocMorris, die anderen arbeiten mit 0800DocMorris zusammen und beliefern direkt. Erkennen sie doch 0800DocMorris als Partner in der Kundenbindung.

3.5.2.6
Die Politik

Auch die Politik wird wach und wagt sich an eine Änderung der Gesetzeslage. Im deutschen Bundesgesundheitsministerium wird inzwischen eine Liberalisierung des Artikels 43 (Arzneimittelversand) diskutiert. Ende Mai kündigte das Ministerium an, notfalls noch in dieser Legislaturperiode per Rechtsverordnung den Versandhandel teilweise zu erlauben.

Die Politiker müssen einen Kompromiss zwischen einer liberalisierten Bezugsmöglichkeit für freie Bürger und der notwendigen Arzneimittelsicherheit finden. Zudem sind gleichzeitig der Berufsstand der Apotheker zu schützen und die Kosten im Gesundheitssystem zu senken. Wie immer keine beneidenswerte Aufgabe.

3.5.2.7
Die Verbraucherverbände

Die Arbeitsgemeinschaft der Verbraucherverbände (AgV) fordert eine Änderung des deutschen Arzneimittelgesetzes, um das Online-Handelsverbot von Medikamenten aufzuheben. Wie in der Schweiz und in Großbritannien soll auch in Deutschland ein hochwertiger und vertrauenswürdiger Versandhandel von Medikamenten Ziel sein. Die Verbraucherschützer legten einen von ihnen erarbeiteten Kriterienkatalog vor, an dem sich die Versandapotheken orientieren sollen, um als seriöse Anbieter zu überzeugen.[63]

Auch die Stiftung Warentest hat im Mai 2001 den günstigen Bezug von Arzneimitteln untersucht und ist zu dem Schluss gekommen, dass der Versandhandel eine sinnvolle Ergänzung zum regulären Bezug in der Apotheke darstellt.[64]

---

[63] Vgl. AgV (Hrsg.) (2001).
[64] Vgl. Stiftung Warentest (Hrsg.) (2001).

3.5.2.8
Der Patient

Dem mündigen Patient wird in Zukunft durch die anstehenden Änderungen im Gesundheitssystem mehr Eigenverantwortung und Eigenleistung abverlangt. Diese wachsenden Informationsansprüche müssen von den Apothekern als vertrauten Ansprechpartnern befriedigt werden.

Die Versandapotheken bieten verschiedene Vor- und Nachteile. Der Patient muss abwägen, denn nicht alle Patienten können oder wollen die Dienstleistung eines Versandunternehmens in Anspruch nehmen. So ist die Internet-Apotheke spezialisiert auf Patienten mit planbarem Medikamentenbedarf, denn diese Gruppe kann optimal bedient werden. Anderen Gruppen, zum Beispiel Patienten mit akutem Bedarf, kann die Versandapotheke keine sinnvolle Ergänzung sein.

3.5.3
E-Commerce – Pro und Contra

Die Etablierung eines flächendeckenden Versandhandels wird heftig diskutiert. Im Mittelpunkt des Interesses sollte zuerst der Verbraucher und die Überlebensfähigkeit der sozialen Systeme stehen. Beide Ziele bedingen die flächendeckende Versorgungssicherheit. Da eine Versandapotheke aber nur bestimmte Marktsegmente bedienen kann, kann diese Vertriebsform nur eine Ergänzung zu den Offizin-Apotheken sein.

Preis- und leistungsbewusste Patienten mit einem planbaren Bedarf an rezeptfreien und rezeptpflichtigen Medikamenten gehören zu diesem Klientel. Dies sind insbesondere Patienten, die

- nicht-erstattungsfähige Medikamente zur Selbstmedikation und / oder Verordnungsmedikation benötigen (Preisvorteil);
- im Rahmen von Langzeitmedikationen den Convenience-Vorteil des Fernbezugs (Home Delivery) genießen;
- durch den Fernbezug erstattungsfähiger Medikamente bei 0800DocMorris das Gesundheitssystem entlasten (Verantwortung);
- die aus Affinitätsgründen Medikamente im Internet ordern möchten (Early Adopters).

Für Patienten mit ad-hoc Bedarf ist der Fernbezug über 0800DocMorris nicht relevant.

Die Gegner der Versandapotheken führen als Argumente meist Arzneimittel- und Versorgungssicherheit an. Die Sicherheitsaspekte stehen auch für eine Versandapotheke an erster Stelle, genauso wie für alle Offizin-Apotheken auch. Deshalb müssen selbstverständlich alle Aufgaben in einer Apotheke genau analysiert und auf die eventuell veränderte Vorgehensweise einer Versandapotheke abgebildet werden. Aus dieser Analyse resultiert das Bearbeitungs-Schema von 0800DocMorris, das unter anderem aus drei Prüf- und Kontrollpunkten besteht (s. Abb. 3.21).

Bestellung
1. Order über Web, Fax, Brief (Rezept)
2. logische und pharmazeutische Kontrolle durch
   Apotheker / PTA (Rezept, Arzt, Bestellung)
3. Zusammenstellung und Verpackung durch Logistiker
4. Ausgangskontrolle / Dispensierung durch
   Apotheker / PTA
5. Abholung per Paketdienst oder persönlich
6. Abgabe / Empfang gegen Quittung
7. Kontrolle und Dokumentation des gesamten Vorgangs
Bezug

Abb. 3.21. Bearbeitungsschritte bei 0800DocMorris

Die sichere und einwandfreie Dispensierung kann durch eine Versand-Apotheke erbracht werden. Aber eine pharmazeutische Dienstleistung besteht nicht nur in der Abgabe von Medikamenten, sondern auch in einer angemessenen Beratung.

Ist die persönliche Beratung, die ein Patient in der Apotheke vor Ort regelmäßig erfährt, von anderer Qualität als die Beratung, die 0800DocMorris im Rahmen ihres Internethandels anbietet? Auch die Richter am Landgericht Frankfurt gingen davon aus, dass der Apotheker den Patienten durch persönliche Inaugenscheinnahme besser beraten kann. Aber stimmt das wirklich? Ein Apotheker kann vielleicht allein schon aus dem Alter, der Körperstatur und sonstiger äußerer Merkmale des vor ihm stehenden Kunden Rückschlüsse auf die Geeignetheit und Verträglichkeit bestimmter Medikamente ziehen, was bei einer telefonischen oder schriftlichen Beratung nicht der Fall ist.[65] Es kann allerdings nicht davon ausgegangen werden, dass die Patienten selbst in der Apotheke erscheinen. Studien haben ergeben, dass weniger als 60 % der Käufer tatsächlich auch die Konsumenten der Medikamente sind (s. Abb. 3.22).

Um diesen Fällen zu begegnen, muss eine Versandapotheke bemüht sein, präventiv Fragen zu beantworten, z. B. durch:

- Allgemeine Medikamenten-Informationen
- Einnahmevorschriften
- Erkannte unerwünschte Arzneimittelwirkungen

---

[65] So nimmt es das Landgericht Frankfurt in seiner Urteilsbegründung vom 9. November 2000 an.

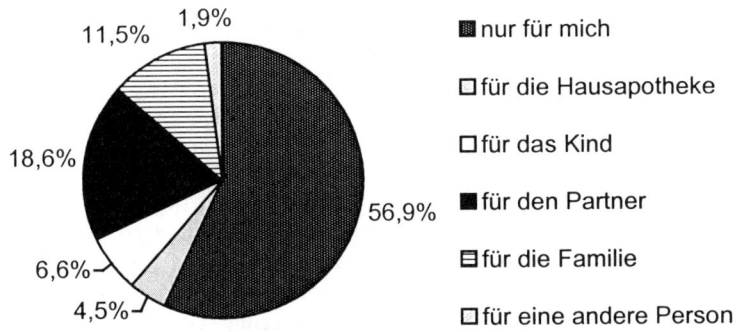

Abb. 3.22. Der Kunde ist nicht immer Medikamenten-Konsument[66]

Neben der Betrachtung der vermeintlichen Nachteile kann eine Versandapotheke mit einer Liste von Vorteilen aufwarten:

- Diskretion
  Ein wesentlicher Vorteil der Versandapotheke ist ihre Diskretion. Diese bietet den Kunden die Möglichkeit ohne Scheu vor dem Apotheker oder anderen Kunden in der öffentlichen Apotheke Gespräche zur individuellen Gesundheit zu führen. Es bedarf allerdings der Kompensation des fehlenden direkten Gesprächs. Denn zwischen den Zeilen lesen ist etwas anderes als zwischen den Worten hören. Der Vorteil der „Erleichterten Offenheit" durch die Diskretion bei der Beratung liegt auf der Hand. Dies hilft dem Kunden mit seinen persönlichsten Fragen und Problemen offen zu kommunizieren.
- Nachhaltigkeit
  Die schriftliche Betreuung der Patienten birgt viele Vorteile. So wird durch die Schriftform eine Nachhaltigkeit in der Beratung erreicht, die am Handverkaufstisch nicht erreicht werden kann. Gerade bei komplexen Themen wie unerwünschten Arzneimittelwirkungen oder sonstigen individuellen Beratungsleistungen lässt sich die Beratungsqualität deutlich anheben. Der Kunde kann sich zu jeder Zeit in Ruhe informieren, die schriftliche Beratung wiederholt lesen und aufbewahren. Dadurch bringt die schriftliche Beratung eine höhere Beratungsqualität mit sich.
- Kontrolle und Überprüfbarkeit
  Nicht nur ein übermäßiger, sondern auch ein regelmäßiger Kauf von Medikamenten wird sofort registriert. Unübliche Mengen von Medikamenten werden nicht abgegeben. Die pharmazeutische Verantwortung verbietet in einer auf nachhaltigen Erfolg ausgerichteten Apotheke einen solchen Verkauf.
- Verbessertes Kundenverständnis
  Über 80 % aller Kunden füllen die Fragenbogen zum Gesundheits-Check aus, weil sie sich davon eine Verbesserung der pharmazeutischen Dienstleistung versprechen. Denn erst mit diesen Hintergrundinformationen kann der Apotheker ganzheitlich beraten. Nicht nur die Patienten, sondern auch die Apotheker

---

[66] Quelle: GPI medic*scope (Hrsg.) (2000).

haben einen Vorteil von der Registrierung aller Vorgänge. Können doch so viele tausend Patienten vernünftig betreut werden.

3.5.4
Der Aufbruch zur Dienstleistungs-Apotheke

Eine moderne Dienstleistungsapotheke misst ihre Leistungen nicht mehr an den herkömmlichen Vertriebswegen für Arzneimittel, sondern orientiert sich an den Standards der Dienstleistungsgesellschaft. Die Kundenforderungen in der „Service-Wüste Deutschland" machen auch vor den Türen der Apotheken nicht Halt. 0800DocMorris ist angetreten, um diese Herausforderung anzunehmen. Gerade das Internet ist ein wichtiges Medium, Kunden zu erreichen und Patienten sinnvoll zu betreuen, denn es dient als weitere Kommunikationsschnittstelle zum Patienten. Bisher sind bereits wichtige Bereiche der pharmazeutischen Betreuung im Internet abgebildet:

- Gesundheits-Check zur besseren Beratung
  Im Gesundheits-Check gibt der Kunde – selbstverständlich auf freiwilliger Basis – wichtige Risikopotenziale an. Der Gesundheits-Check, der von den meisten Patienten im Laufe der ersten Bestellung ausgefüllt wird, ist der erste Schritt zur systematischen Betreuung der Kunden. Diese erkennen, dass Ihnen ein ausgefülltes Formular zur individuellen Betreuung hilft. Durch die aktive Mithilfe der Kunden kann die Apotheke auch eine Gesamt-Beratung bieten, die Apotheken verwehrt ist, denen nur das aktuelle Rezept vorliegt.
- Erinnerung an Medikamenteneinnahme und Arztbesuch
  Durch die Erinnerung an eine weitere Arzneimittelbestellung oder an einen Arztbesuch wird dem Kunden geholfen, seine bestehende Medikation zeitgerecht durchzuführen. Der Apotheke hilft ein solcher Service, die Kunden aktiv an sich zu binden.
- Permanente Verfügbarkeit durch kostenfreie Telefonnummer und E-Mail
  E-Mail verbindet die Vorteile der schriftlichen Betreuung (s. o.) mit der Geschwindigkeit des Telefons. Gerade durch eine nachhaltige (schriftlich) und schnelle Information wird dem Kunden geholfen, bestehende Fragen schnell zu klären bzw. präventiv auf bestimmte Umstände schon vor der Arzneimittellieferung aufmerksam zu machen. Die Kundenberatung bei 0800DocMorris wird pro Woche mit ca. 750 E-Mails und ca. 1.500 Telefonaten in Anspruch genommen. Die meisten Kundenkontakte finden in den Abendstunden statt.

Wer nutzt denn aber überhaupt das Internet? Finden sich die typischen Apotheken-Kunden in diesem modernen Medium ein? Die Kundenstatistik von 0800DocMorris belegt, dass nicht nur die typischen Internet-User (jung, männlich, besserverdienend) erreicht werden. Die Abbildung zeigt, dass die Kundenstruktur mit herkömmlichen Offizin-Apotheken vergleichbar ist (s. Abb. 3.23).

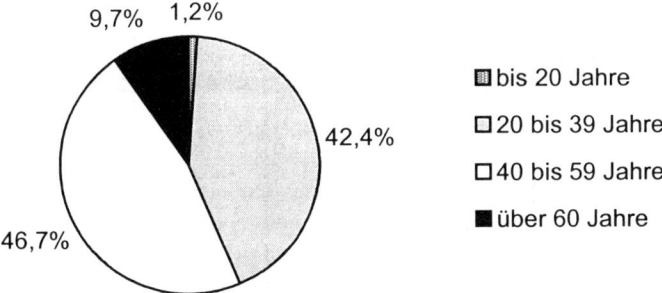

Abb. 3.23. Alter der Kunden von 0800DocMorris

Eine Umfrage von MediaTransfer belegt, dass aber nach wie vor der Versandhandel von Arzneimitteln umstritten ist. Vor allem die fachliche Beratung und die juristischen Implikationen betrachtet die breite Masse mit Skepsis (s. Abb. 3.24).

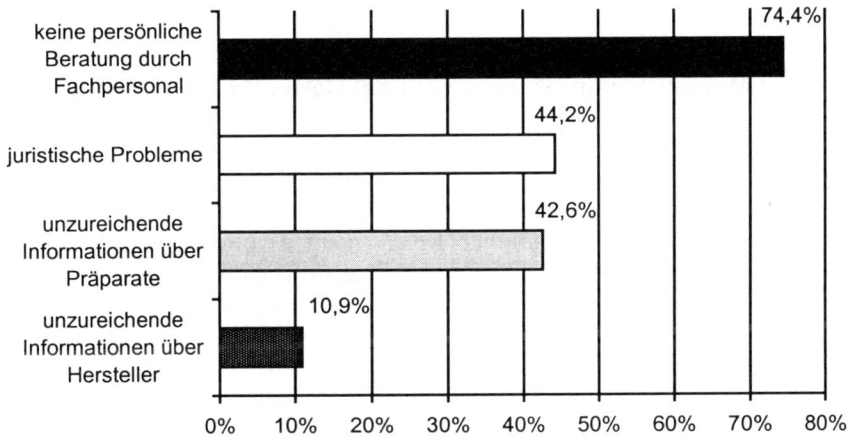

Abb. 3.24. Bedenken gegenüber Medikamentenhandel im Internet[67]

Aber auch die Vorteile des Versandhandels mit Arzneimitteln werden erkannt. Die angegebenen Gründe betonen die Standard-Vorteile des Versandhandels. So wird die bequeme Bestellung von zu Hause aus weit vor den günstigen Preisen genannt (s. Abb. 3.25). Nur noch wenige Menschen vermuten hinter einer Internet-Apotheke immer noch eine rezeptfreie und unreglementierte Bezugsquelle für Medikamente.

---

[67] Quelle: MediaTransfer (2001), S. 2.

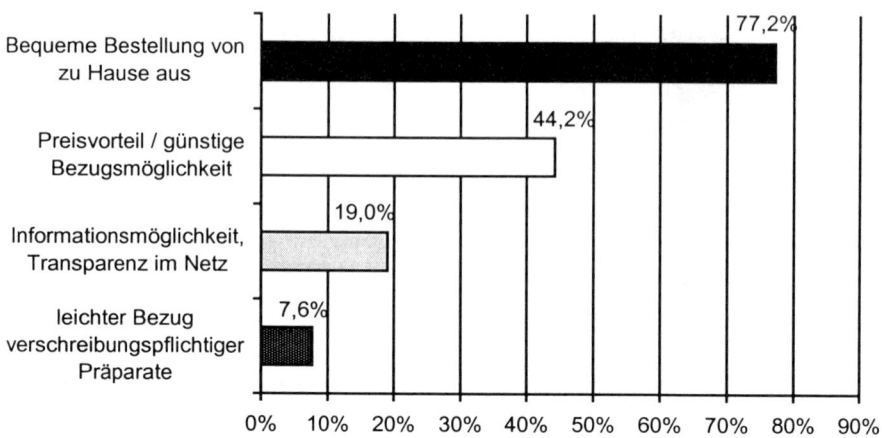

Abb. 3.25. Vorteile des Versandhandels mit Medikamenten im Internet[68]

3.5.5
Die neuen Möglichkeiten: Pharmaceutical Care und Compliance Management

Durch seine kundenorientierte Ausrichtung ist 0800DocMorris in der Lage moderne Betreuungsprogramme durchzuführen. Man unterscheidet dabei zwischen *Pharmaceutical Care* und *Compliance Management*. Erstere unterstützt die typische Apothekendienstleistung, zweite eröffnet neue Dienstleistungsmodelle und Wertschöpfungspotentiale.

Unter *Pharmaceutical Care* versteht 0800DocMorris die systematische Erfassung und Optimierung der Arzneimittelanwendung am Patienten zur Sicherung des Anwendungserfolges, zur Verbesserung seiner Lebensqualität und zur Vermeidung von Arzneimittelrisiken. Die Tatsache, dass nur in Apotheken verordnete Arzneimittel und die Selbstmedikation, bezogen auf individuelle Patienten, erfasst werden können, prädestiniert Apotheker dazu, arzneimittelbezogene Probleme zu erkennen. 0800DocMorris tritt an diese Aufgabe wahrzunehmen.

Darüber hinaus versteht 0800DocMorris unter *Compliance Management* die Verbesserung der Arzneimittelanwendung durch den Patienten zur Heilung oder Linderung seiner Krankheit und damit zur Steigerung seiner Lebensqualität. Außerdem zielt Compliance Management auf Risikominderung, auf Prävention und auf ökonomischeren Einsatz von Arzneimitteln. Dies bedeutet, dass zunächst Compliance-Probleme erkannt werden. Danach wird versucht, beispielsweise bei Ablehnung der Therapie, die Gründe dafür zu finden und schließlich zusammen mit dem Patienten und dem Arzt eine Strategie zur Problemlösung zu erarbeiten. Dies setzt ganz eindeutig den Patienten mit seinen Bedürfnissen in den Mittel-

---

[68] Quelle: MediaTransfer (2001), S. 2.

punkt und erfordert ein hohes Maß an Kooperationsbereitschaft und kommunikativer Fähigkeit.

Ein wichtiger Schritt zur Problembearbeitung ist eine geeignete, systematische Erfassung von Informationen zum Patienten und seiner Medikation. Daraus kann die Interpretation dieser Information und gegebenenfalls eine qualifizierte Intervention erfolgen. Die Dokumentation der einzelnen Schritte und Erkenntnisse garantieren Kontinuität. Vor allem aber sind mit der Dokumentation Aussagen über den Therapieverlauf und den Therapieerfolg möglich, wenn bestimmte Voraussetzungen erfüllt werden. Der Vorteil der Dokumentation liegt in der Nachvollziehbarkeit des pharmazeutischen Betreuungsprozesses.

Die Apotheken sind bislang in der Diskussion und Erprobung von Pharmaceutical Care und Compliance Management sehr unauffällig. Damit bleiben die herkömmlichen Apotheken deutlich hinter ihren Möglichkeiten als Beratungsexperten und Vertrauenspersonen gegenüber den Patienten zurück. Aus dieser Vertrauensstellung heraus könnten Apotheken durch aktive Kommunikation gegenüber dem Patienten intensiver und kostengünstiger Compliance-Management für Arzneimitteltherapien betreiben als beispielsweise Dienstleister aus dem medizinischen Disease- und Case-Management Bereich.

Das erklärte Ziel von 0800DocMorris ist eine intensivere Patientenbetreuung, um dem Anspruch der modernen Apotheke gerecht zu werden. Für einen pharmazeutisch betreuten Kunden wird eine Medikationsdatei angelegt. Jede Medikamentenabgabe wird dokumentiert.

Im Gesundheits-Check können die Kunden selbst wesentliche Teile ihres Medikationsprofils selbst erstellen und pflegen. Dies sind u. a. bekannte chronische Krankheiten, bekannte Allergien, Kinderwunsch oder Schwangerschaft. 0800DocMorris speichert sämtliche Aufzeichnungen der jeweiligen Medikamentenkäufe inkl. der im jeweiligen Einzelfall gelieferten Medikamente mehrerer Jahre.

Die Erkenntnisse oder Fragen, die sich aus dem Medikationsprofil ergeben, helfen bei der Identifikation und Interpretation von arzneimittelbezogenen Problemen und sind Ausgangspunkt für eine gute Kommunikation mit Patienten und Ärzten.

Neben der Medikamenten-Historie steht auch eine Kontakt-Historie für die Beratung zur Verfügung. Jegliche Inhalte von Beratungstelefonaten bzw. E-Mails etc. werden von 0800DocMorris umfassend dokumentiert. Die patientenbezogenen Aufzeichnungen sind Grundlage der pharmazeutischen Betreuung (Pharmaceutical Care):

- individuelle Therapieoptimierung
- automatische Interaktionsprüfungen
- Dosis-Check
- Überprüfung der Einnahmeregelmäßigkeit, so z. B. Erinnerung an Arztbesuch um unnötige Engpässe / Pausen zu vermeiden
- Verminderung von Doppelverordnungen wegen Unkenntnis des Arztes über Medikamentenprofil oder Ärzte-Hopping des Patienten
- Begleitung / Unterstützung nach Therapieumstellung
- Einflussnahme auf unsachgemäßen Arzneimittel-Gebrauch
- Patientenfreundliche Gebrauchsinformationen

Eine Compliance-Verbesserung wird durch folgende Maßnahmen erreicht:

- aktive Einnahmeunterstützung
- Aufklärung über Dringlichkeit / Notwendigkeit der regelmäßigen Einnahme
- bessere Selbsteinschätzung der Krankheit
- verbesserte Einsicht in Bezug auf regelmäßige Einnahme
- Vermeidung von eigenständigen Therapieabbrüchen durch den Patienten aufgrund von Nebenwirkungen o. ä.
- aktive Einnahmekontrolle

Diese gesetzten Ziele sind durch den geschickten Einsatz von E-Commerce erst möglich. Ohne Einsatz des Internet könnte keine nachhaltige Betreuung der Patienten gewährleistet werden. Die neuen Medien ermöglichen erst die moderne, patientenorientierte Ausrichtung der Internet-Apotheke 0800DocMorris.

3.5.6
E-Commerce als Ergänzung zum bestehenden System

Kurzfristig zeigt das starke Interesse der Patienten – die sich auch nicht durch die rechtlich unsichere Lage beirren lassen – den Bedarf an Internet-Apotheken.

Mittelfristig wird sich die legislative Situation normalisiert haben. Eventuell ist schon mit einer Liberalisierung des Versandhandels vor der abschließenden Beurteilung durch den EuGH zu rechnen. Der Gesetzgeber ist aufgerufen, eine für alle Parteien (Verbraucher, Ärzte, Apotheker, Kostenerstatter etc.) vernünftige Lösung zu schaffen.

Langfristig wird der Rechtsstreit ein Ende nehmen und es wird eine Apothekenlandschaft entstehen, die leistungsfähig und flächendeckend die Bevölkerung versorgt, rentabel ist und sich einem natürlichen Wettbewerb stellt. An diesem Wettbewerb werden auch Internet-Apotheken wie 0800DocMorris partizipieren.

4 Organisation der Vermarktungsprozesse

4.1
Produktmanagement und seine Aufgaben (Pharmamarketing)

Wolfgang Hartmann, Wiesbaden

4.1.1
Allgemeines

Marketing ist schöpferische, aktive Marktgestaltung durch die Koordination aller absatzwirtschaftlichen Funktionen der Unternehmung mit der Zielsetzung, die *bestehenden Märkte* zu *halten, auszubauen* und *neue Märkte zu schaffen* (s. Abb. 4.1).

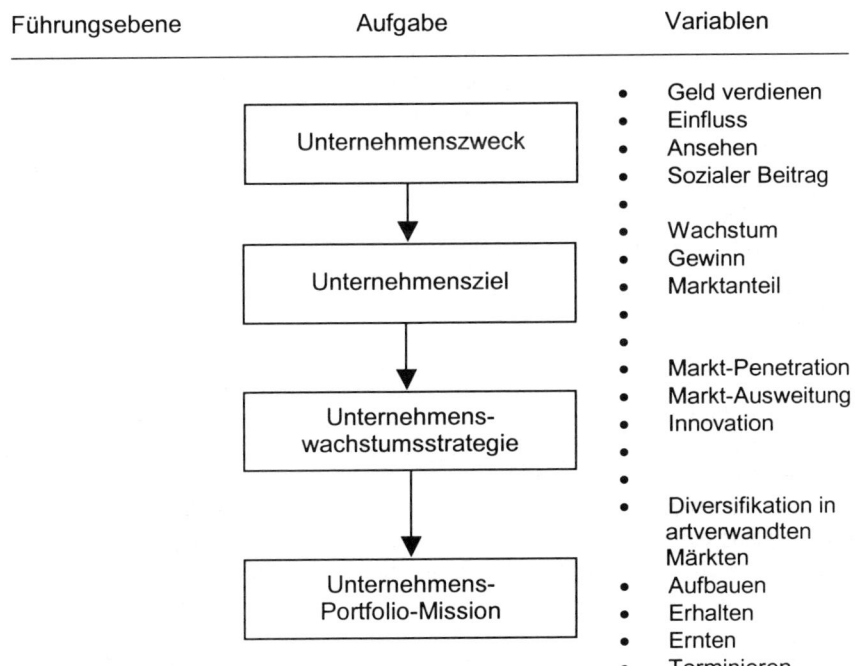

Abb. 4.1. Strategische Marketing Planung für ein Pharmaunternehmen

Marketing ist eine Kommunikationsaufgabe, insbesondere da sich der Pharma-Markt vom Verkäufer- zum Käufermarkt entwickelt hat (s. Abb. 4.2).

Früher:
In Zeiten des Verkäufermarktes herrschte die traditionelle Produktions-Verkaufsdenkweise:

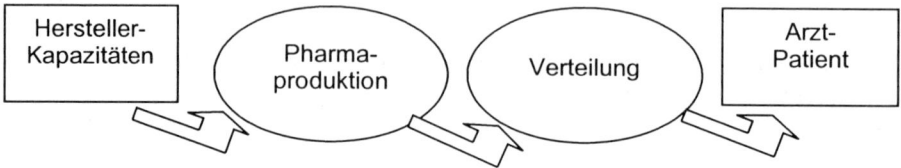

Heute und zukünftig:
In Zeiten des Käufermarktes ist Pharma-Marketing erforderlich, eine unternehmerische Denk- und Handlungsweise, die das gesamte Unternehmensgeschehen am Absatzmarkt orientiert.

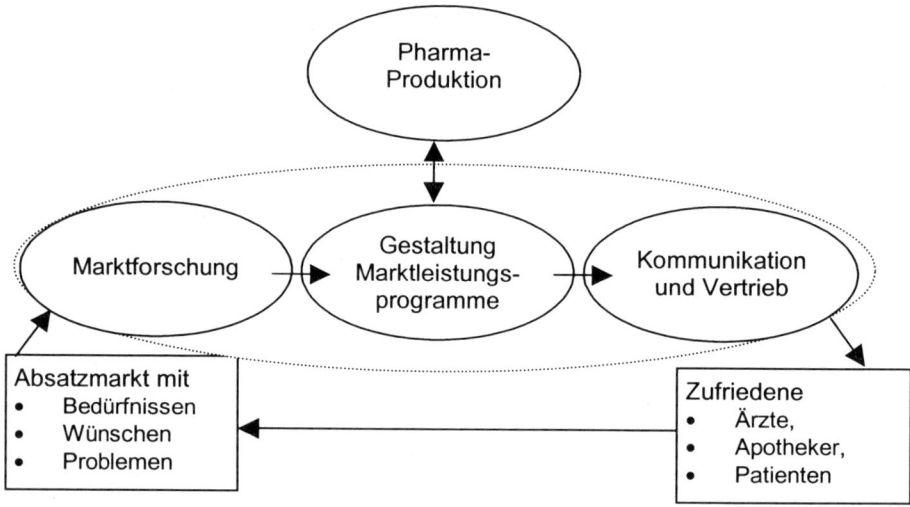

Abb. 4.2. Vom Verkäufer- zum Käufermarkt

Die Notwendigkeit einer solchen marktorientierten Unternehmensführung sowie einer aktiven Beeinflussung und Gestaltung des Marktes ergibt sich aus der gesteigerten Dynamik, der verstärkten Internationalisierung und damit Integration und Ausweitung der Märkte, die zu einer wesentlichen Verstärkung des Wettbewerbs geführt haben. Besonderheiten für den Pharma-Markt ergeben sich insofern, als Arzneimittel ein Konsumgut besonderer Art sind und sich hinsichtlich mehrerer Aspekte wie

- der staatlichen Zulassung von Arzneimitteln (Arzneimittelgesetz, AMG) als auch

- des Heilmittelwerbegesetzes (HWG)

von den Produkten der übrigen Konsumgüterindustrie unterscheiden. Zur Realisierung einer schlagkräftigen marktorientierten Unternehmensführung hat sich das Konzept des *Produktmanagements* als sehr wirksam bewährt.

4.1.2
Das System des Produktmanagements

Das Produktmanagement stellt eine besondere Form der präparatbezogenen Steuerung und Koordination betrieblicher Aktivitäten durch Produktmanager dar. Hiermit wird das Ziel verfolgt, jedem Produkt bzw. jeder Produktgruppe die bestmögliche Betreuung und Unterstützung zuteil werden zu lassen.

Eine solche Spezialisierung auf einzelne Erzeugnisse ist immer dann notwendig, wenn die *Zahl der Produkte sehr groß ist* und die *einzelnen Produkte heterogen* sind, sodass die Unternehmensleitung aufgrund dieses breiten, differenzierten Angebotsprogramms ihren Koordinations- und Steuerungsfunktionen bzgl. der einzelnen Präparate nicht mehr gebührend nachkommen kann. Ohne eine aktive Präparatkoordination und -steuerung besteht bei zahlreichen Produkten mit unterschiedlichen Indikationen und hartem Wettbewerb die Gefahr, dass die Marktposition der einzelnen Präparate gefährdet wird.

Als Lösungsmöglichkeit bietet sich hier die Institutionalisierung des *Produktmanagements* an. Der *Produktmanager* ist für ein Präparat bzw. eine Präparategruppe und dessen / deren Markterfolg verantwortlich. In den meisten pharmazeutischen Unternehmungen ist er für seine Präparate und Präparatgruppen sowohl verantwortlich für den Umsatz als auch für den Deckungsbeitrag I. Der Produktmanager steuert das Zusammenwirken verschiedener Funktionsbereiche (z. B. Forschung und Entwicklung, Medizin, Produktion, Einkauf, Werbung, externe Dienstleistungsunternehmen wie beispielsweise Werbeagentur, Media-Agentur) im Interesse eines Präparates oder einer Präparategruppe und ist für die *Aktivitäten* von Präparateentwicklung bis zur Vermarktung verantwortlich.

Der Produktmanager ist damit Bindeglied zwischen Präparatemarkt und den Funktionsbereichen der Unternehmung; er arbeitet sowohl innen- wie außenorientiert. Verantwortung und Zuständigkeit des Produktmanagers sind auf das Präparat bzw. die Präparategruppe bezogen. Er soll insbesondere Leistungen anderer, ihm nicht unterstellter Abteilungen, die für den Markterfolg der von ihm betreuten Präparate bedeutsam sind, steuern und koordinieren. Damit wird eine Spezialisierung nach Funktionen (z. B. Forschung und Entwicklung, Medizin, Produktion usw.) durch eine Spezialisierung nach Präparaten / Produkten ergänzt (Funktionsmatrix).

4.1.3
Die Organisation des Produktmanagements im Unternehmen

Die Organisation des Produktmanagements wird im Folgenden am Beispiel der Organisations- und Funktionsstruktur dargestellt.

Das Produktmanagement ist neben dem Außendienst im Marketing organisatorisch angesiedelt. Da das Produktmanagement verantwortlich ist für den Umsatz und den Deckungsbeitrag I und gleichzeitig die Marketing-Strategien und den Marketing-Mix bestimmt, besteht eine *Richtlinienkompetenz* gegenüber dem Außendienst. Der Außendienst ist Bestandteil des Marketing-Mix (mündliche Besprechung beim Arzt) neben vielen anderen Marketing-Mix-Instrumenten, die jedoch nicht die besondere vertriebliche Bedeutung des Außendienstes haben. Das Produktmanagement bedient sich weiterer „Service"-Abteilungen wie z. B. der Vertriebsforschung, des Einkaufs, der Produktion und der medizinischen Abteilung (s. Abb. 4.3).

4.1.4
Die Funktionen des Produktmanagements

Eine pharmazeutische Spezialität, auch Präparat bezeichnet, ist ein *spezielles Konsumgut*. Das Medikament wird konsumiert, und zwar im Sinne des „Zu-Sich-Nehmens". Es wird vom Patienten aber kaum aufgrund von Präferenzen selbst ausgewählt und eingekauft, sondern nach Rezept des Arztes oder allenfalls auf Anraten eines Apothekers erstanden und nach genauen Vorschriften verwendet. Insofern ist es ein spezielles Konsumgut. Die *Auswahl* desselben wird zwar von einem Fachmann übernommen, die Einnahme dient aber eindeutig einem rein subjektiven Zweck, nämlich der Erhaltung oder, soweit möglich, der Wiedererlangung der Gesundheit.

In der heutigen Praxis des Marketing wird damit das pharmazeutische Produkt auch entsprechend behandelt. Die Marketing-Anstrengungen, die beträchtlich sind, konzentrieren sich also nicht primär auf den „Endkonsumenten", sondern eben auf den *Arzt*, der den Entscheid über die Anwendung des Medikamentes trifft. Aus dieser Tatsache resultiert nun zu einem großen Teil die Intensität, mit welcher heute die Ärzte über das jeweilige Produkt / Präparat informiert und „bearbeitet" werden. Es ist im Vergleich zur eigentlichen Konsum- oder Verbrauchsgüterindustrie für eine Firma der Arzneimittelbranche nicht schwierig, z. B. für die Bewerbung ihrer Produkte *genaue Zielgruppen* zu bestimmen, und diese mit relativ geringem Aufwand auch vollständig zu erreichen.

Erst in der letzten Zeit ist es durch die sogenannte *Ärzteschwemme* und die erhebliche Zunahme an Apotheken (ca. 21.600 im Jahre 2001) notwendig geworden die *Zielgruppen* der Ärzteschaft und Apotheken zu selektieren und sich genau zu überlegen, welche Zielgruppen in das Marketing-Mix einbezogen werden und welche nicht. Zur generellen Verstärkung aller Marketing-Ziele (s. Abb. 4.4) und produktbezogenen Marketing-Maßnahmen werden die pharmazeutischen Produkte bei der Zielgruppe Arzt besonders intensiv beworben, wobei das Ziel aller Marketing-Abteilungen immer die Entwicklung besonders qualitativ guter Werbung ist, die dann auch vom Arzt beachtet wird. Mehr und mehr werden inzwischen auch die anderen Zielgruppen Apotheker und der Patient in die Marketingüberlegungen einbezogen.

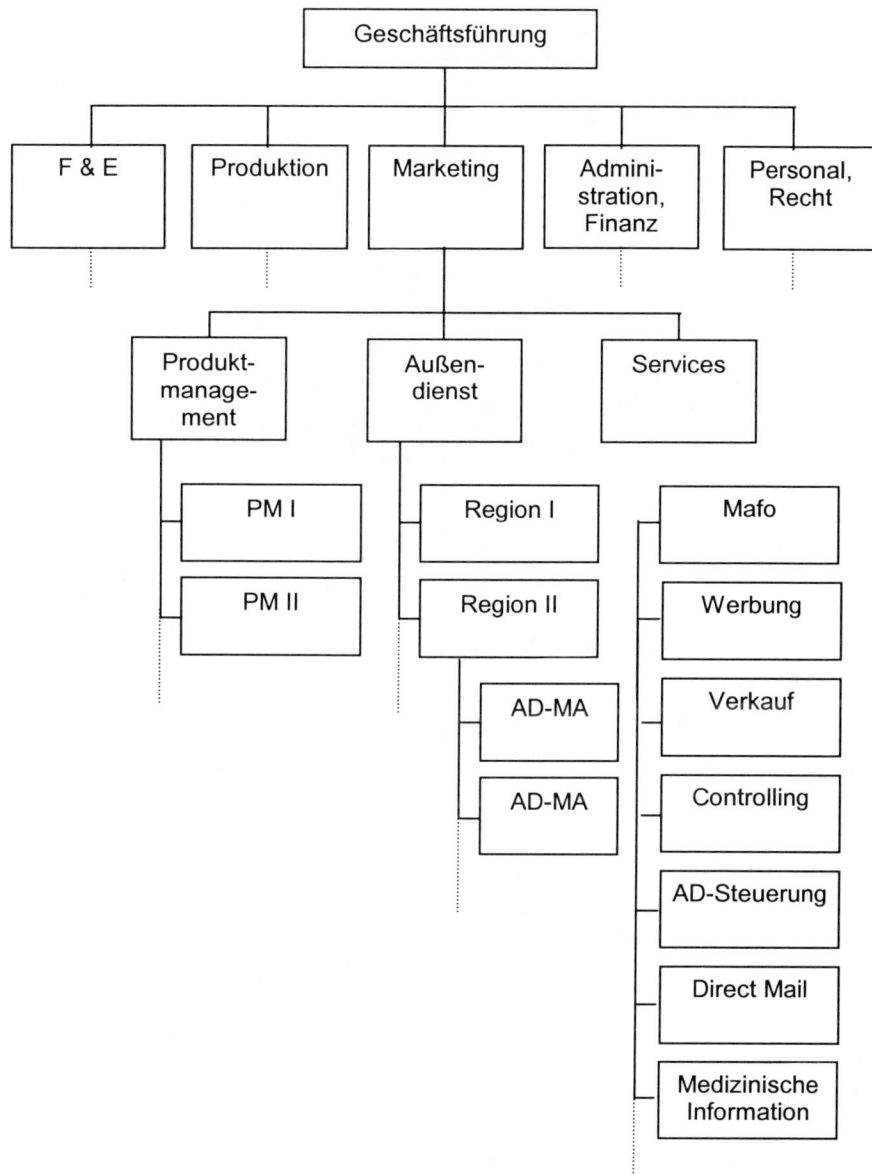

Abb. 4.3. Einbindung des Produktmanagements in die Organisationsstruktur eines pharmazeutischen Unternehmens

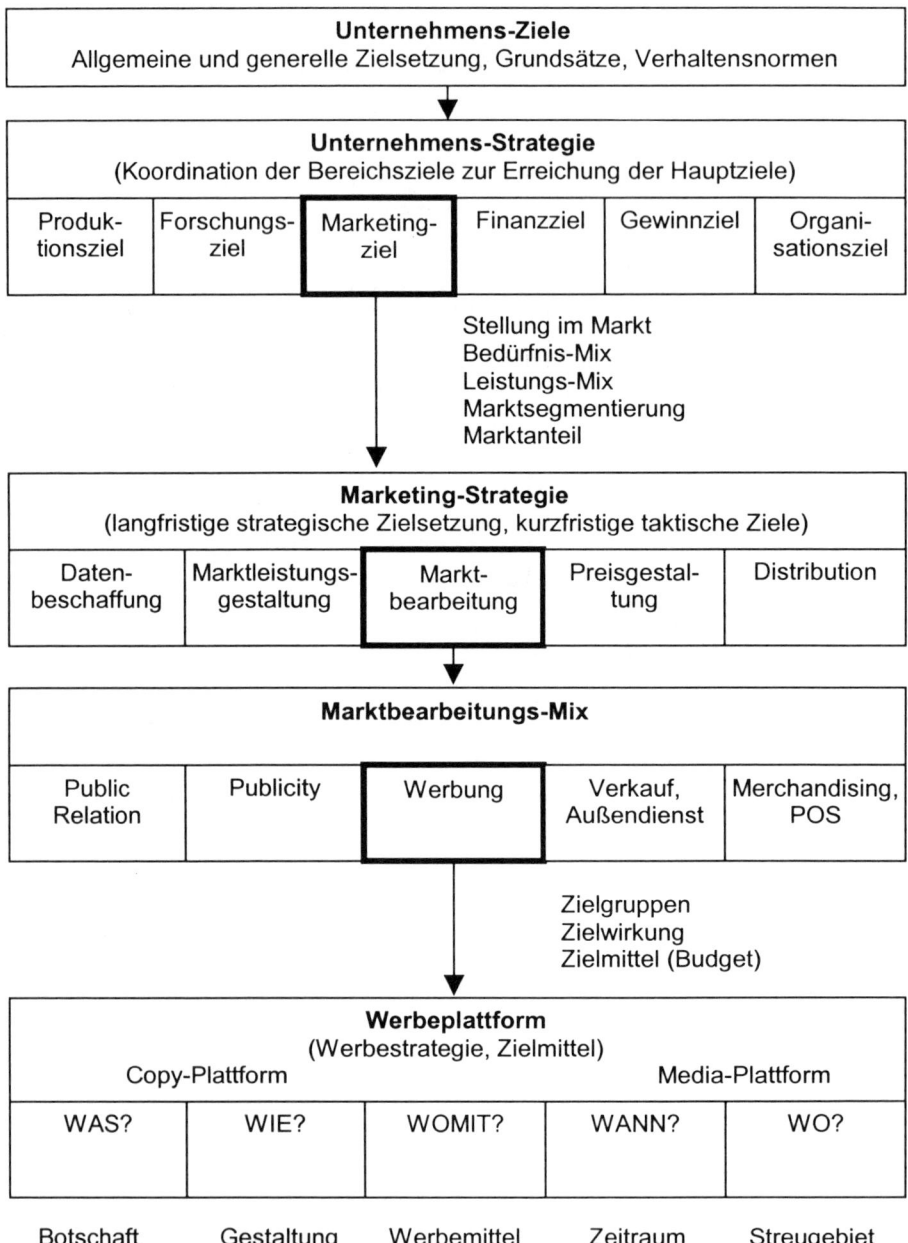

Abb. 4.4. Mittel-Zweck-Hierarchie der Unternehmung

Die Beachtung der Werbung beim Arzt hängt im Wesentlichen von folgenden Kriterien ab:

- Qualität der Werbung,
- Wiederholung in mündlicher, schriftlicher und kommunikativer Form,

um in der täglichen Flut der auf den Arzt zukommenden Produktwerbung überhaupt aufzufallen.

Durch die *vier* folgenden Aspekte unterscheidet sich das pharmazeutische Präparat von anderen Gütern:

Der zeitliche und finanzielle Aspekt

Die *Entwicklungsdauer* eines pharmazeutischen Präparates ist wesentlich länger als in der übrigen Konsumgüter-Industrie. Bis ein Forschungsergebnis oder gar eine bloße Idee als fertiges Produkt auf den Markt gebracht werden kann, benötigt die deutsche pharmazeutische Industrie nach eigenen Angaben zwischen sieben und zwölf Jahren.

Für die ausgedehnten Forschungs- und Entwicklungsarbeiten braucht man aber nicht nur viel Zeit, sondern auch viel Geld. In den USA wurde für das Jahr 2000 ein Forschungskostenanteil am Gesamtumsatz von nahezu 20 % errechnet. Hunderte von Mitarbeitern großer Pharma-Unternehmen sind jahrelang an der Entwicklung eines neuen Produktes und an der Weiterentwicklung eingeführter Präparate beteiligt. Von ca. 10.000 neu synthetisierten Stoffen hat im Durchschnitt nur ein Stoff die Chance alle Hürden, die die pharmazeutische Industrie im Interesse des Patienten und auch in ihrem eigenen aufbaut, zu nehmen und damit für die Firma kaufmännisch erst interessant zu werden. Die optimale Auswertung der verkaufsbereiten Präparate ist also erstes Gebot, da durch finanzielle Einbußen bei denselben die gesamte gegenwärtige und zukünftige Geschäftstätigkeit in Frage gestellt werden könnte.

Der technologische Aspekt

In der *chemischen Forschung* werden Tausende von Aktivsubstanzen synthetisiert oder aus Naturstoffen isoliert, um denn einer genauen Analyse unterzogen zu werden. In der *biologischen Forschung* werden diese Substanzen ein erstes Mal am Tier angewendet und auf Wirkung, Toxizität usw. geprüft. In der *pharmakologischen Forschung* wird teilweise am Tier die optimale Dosierung festgelegt, der Wirkstoff in der *Galenik* in eine vorteilhafte Darreichungsform gebracht (z. B. Tablette, Dragee, Sirup, Salben, Zäpfchen) und deren Wirkung, Stabilität und Verträglichkeit untersucht.

Nach jeder dieser Entwicklungsstufen scheiden all jene Substanzen aus, die den strengen – teilweise auch gesetzlichen – Anforderungen an die untersuchten Qualitäten nicht genügen. In der *Klinischen Forschung* schließlich werden die erfolgversprechenden Substanzen, die alle Prüfungen bestanden haben, an Patienten zur Anwendung gebracht, und zwar so, dass das Risiko für die freiwilligen Patienten (Phase I) minimal ist. Erst eine genügende Anzahl positiver klinischer Prüfungsberichte macht es einer Firma möglich, eine neue Spezialität einzuführen und auch eine Umstellung oder Weiterentwicklung vor Zulassungs- oder anderen Kontrollbehörden zu vertreten.

Der rechtliche Aspekt

Nach Abschluss der klinischen Forschungs-Phase II beantragt der pharmazeutische Unternehmer die Zulassung des Präparates als Arzneimittel. Die Zulassungsbehörden sind entweder die europäische EMEA, London, oder die nationalen Bundesoberbehörden, das BfArM bzw. PEI. Die Zulassung bescheinigt dem Präparat Wirksamkeit und Unbedenklichkeit. Geregelt wird dies durch das Arzneimittelgesetz (AMG).

Die Werbungsmöglichkeiten bei Laien / Patienten und vor allem Fachkreisen (Ärzte / Apotheker) regelt das Heilmittelwerbegesetz (HWG).

Welche Bedeutung der *Patentschutz* (das schutzrechtlich eingeräumte Monopol auf Zeit) für eine bewährte pharmazeutische Spezialität hat, kann eigentlich erst ermessen werden, nachdem diese abgelaufen ist. Dann erscheinen Nachahmerprodukte (Generics) in mehr oder weniger großer Zahl. Die Produzenten dieser Präparate machen sich die Forschungsergebnisse und die langjährige Erfahrung der Innovatoren zu Nutze und kommen mit dem gleichen Produkt unter anderer Marke und zu einem meist sehr tiefen Preis auf den Markt. Der Patentschutz (Gesamtdauer 20 Jahre, meistens erteilt für die chemische Substanz), der schon so oft zugunsten einer allgemeinen Verwertung neuer Substanzen in Frage gestellt worden ist, erlaubt es der forschenden pharmazeutischen Industrie die Früchte ihrer Bemühungen zur Entwicklung wirksamer Medikamente wenigstens während einer begrenzten Zeit von durchschnittlich zehn bis zwölf Jahren allein zu ernten. Mit Teilen der Gewinne kann dann wiederum intensive Forschung finanziert werden.

Der Aspekt des Marketing

Im Marketing wird das Ergebnis aller vorstehend kurz erwähnten Bestrebungen betreffend Zeit, Geld, Technologie und Recht in Form des marktreifen Präparates verwertet.

Alle Bemühungen des Marketing zielen also daraufhin ab das Produkt sowohl während seiner *Entstehung* als auch vor allem *während und nach* dessen *Einführung* in den Markt so zu unterstützen, dass es mindestens die in das Präparat gesetzten Erwartungen erfüllt, und damit seinen Beitrag zur Erreichung des Unternehmensziels (z. B. Deckungsbeitrags) leistet.

4.1.5
Die Aktivitäten des Produktmanagers: Von der Entwicklung bis zur Einführung des Präparates

Zur Verwirklichung einer Marketing-Idee stehen einer Unternehmung u. a. die folgenden Instrumente zur Verfügung (siehe dazu auch die Abbildung 4.5, die die vorangegangene Abbildung noch konkretisiert).

Abb. 4.5. Marketing-Instrumente

4.1.5.1
Marktforschung

Die Marktforschung hat als Grundlage für die Planungstätigkeit im pharmazeutischen Marketing große Bedeutung erlangt. Sie soll verstanden werden als systematische Erkundung aller am Markt wirksamen Faktoren, die eine Unternehmung bei ihrer Entscheidung in Rechnung stellen muss und die sie zu beeinflussen sucht.

Neben der Erforschung des *Marktpotenzials* steht die *Beobachtung der Konkurrenz* im Vordergrund. Es ist wichtig zu wissen mit welchem *Werbeaufwand* (schriftlich und mündlich) Präparate eingeführt wurden, um damit Anhaltspunkte für das eigene Vorgehen sowohl in strategischer Hinsicht als auch vom Aufwand her gesehen zu gewinnen. *Prognosemodelle* für Neueinführungen von Produkten müssen erarbeitet werden. Hierzu sind unterschiedliche Techniken inzwischen entwickelt worden.

Aber auch die Beobachtung des bestehenden Sortiments (*Altsortiment*) nach

- Umsatz,
- Mengenentwicklung,
- Verordnungsentwicklung,
- Werbeaufwendungen usw.

unter Einbeziehung zur jeweiligen Konkurrenz wird vom Produktmanagement mehrmals im Jahr durchgeführt.

4.1.5.2
Angebotsgestaltung

Unter Angebotsgestaltung wird die Präsentation des Präparates sowohl hinsichtlich seiner Eigenschaften wie auch seiner äußeren Merkmale verstanden. Während z. B. Boehringer Ingelheim ein einheitliches Packungsbild (Dreiteilung mit der farblichen Trikolore pro Präparat und Präparategruppe) aufweist, wird bei Konkurrenzpräparaten jeweils eine neue Packungsgestaltung gewählt (z. B. Pfizer oder MSD). Hierfür wird mit Graphikern bzw. Werbeagenturen zusammengearbeitet, es werden Vorschläge entwickelt, diese werden getestet und dann wird darüber entschieden.

4.1.5.3
Preisgestaltung

Die Preisgestaltung ist eines der wichtigsten Marketing-Instrumente. Der Produktmanager erarbeitet aufgrund der Konkurrenzbeobachtungen sowie des Verordnungsverhaltens und der Therapiegewohnheiten einschließlich der Tagesbehandlungskosten ein *Preisgestaltungskonzept.*

Da in den letzten Jahren die Preise ein besonderes *politisches Gewicht* erhalten haben, werden die Vorschläge des Produktmanagements mit der Geschäftsleitung abgestimmt. Um nach außen hin Preissteigerungsraten auch als Gesamtunternehmen vertreten zu können, sind manchmal *ungewisse Preisspielräume* durchzusetzen.

Durch die in letzter Zeit immer bedeutender werdenden Reimporte, die aufgrund des freien Warenverkehrs innerhalb der Europäischen Union möglich sind, sowie den durch Generic-Hersteller stattfindenden Druck auf die Preisgestaltung ist eine vernünftige Preisfindung, die auch noch einen Gewinn für das Unternehmen längerfristig sichert, zunehmend schwieriger.

4.1.5.4
Wahl der Absatzkanäle und Absatzmethoden

Die Wahl der Absatzkanäle kann in der Konsumgüter- und Verbrauchsgüterindustrie sehr oft flexibel gehandhabt werden. Dies ist im Handel mit chemischpharmazeutischen Präparaten weniger der Fall, da hier Vertriebsbeschränkungen bestehen.

Insbesondere die verschreibungspflichtigen Pharmazeutika legen schon seit Jahrzehnten den selben Weg zurück: Hersteller - Großhandel - Apotheke - Patient. Die wissenschaftliche und kaufmännische Unterstützung, welche die Medikamente auf ihrem Weg zum Verschreiber begleitet, ist hingegen immer differenzierter geworden. Es sei nur an die ständige Verbesserung der Schulung der Ärztebesucher und deren Motivation mit Prämien und Bonussystemen aber auch an den Ausbau des Direkt-Mailings im Pharma-Markt erinnert.

4.1.5.5
Physische Distribution

Die physische Distribution kann abstrakt als Maßnahme zur Überbrückung von *Raum-, Zeit- und Mengendifferenzen* zwischen Anbieter und Nachfrager verstanden werden.

Da der Patient das verschreibungspflichtige pharmazeutische Präparat nicht selbst auswählt, sind den Spielmöglichkeiten der Distribution auf der Ebene Einzelhandel und Verbraucher enge Grenzen gesetzt. Entweder erhält der Patient seine Mittel direkt vom Arzt, z. B. als Muster, oder er holt sie auf dessen Anweisung (Rezept) in der Apotheke.

4.1.5.6
Werbung, Verkaufsförderung, Public Relation

Es geht in der Pharma Branche nicht primär darum, wie in der Konsumgüterindustrie mit Werbeanstrengungen im Konsumenten latente Bedürfnisse zu wecken und sich so einen Markt zu schaffen oder einen solchen zu vergrößern, sondern eher darum, das immer akute Bedürfnis des Arztes nach besseren Medikamenten zu analysieren. Die physischen und psychischen Leiden der Menschen sind ja vorhanden, demzufolge auch ein Markt für die Medikamente, die solche Leiden kurieren oder lindern können.

Die *Werbung* für Pharmazeutika hat daher die Funktion, über neue Präparate oder neue Erkenntnisse zu etablierten Präparaten zu informieren, den Arzt zu überzeugen und dadurch zur Verschreibung zu veranlassen.

Eine werberische Unterstützung der Produkte mit *Verkaufsförderung* ist durch die Ärztebesucher möglich. Über diese vermittelt eine Unternehmung einerseits wissenschaftliche Information, auf der anderen Seite versucht sie durch Ärztebesucher ein echtes Vertrauensverhältnis zwischen Arzt und Unternehmung entstehen zu lassen und zu pflegen.

Öffentlichkeitsarbeit oder *Public Relations* schließlich lässt sich in der Pharmaindustrie auf vielfältige Weise betreiben:

- Werksbesichtigungen
- Unterstützung wissenschaftlicher Arbeiten außer Haus
- Finanzielle Beiträge an medizinische Veranstaltungen
- Durchführung von regionalen Meetings mit Ärzten
- Herausgabe von wissenschaftlichen Büchern
- Information von Medizinjournalisten
- Information von Redaktionen der Fach- und Publikumspresse

Eine besondere Form des Produkt-Public Relations hat sich erst in den letzten Jahren entwickelt. Hierbei wird versucht, das Produkt auf sympathische und interessante Weise Medizinjournalisten nahe zu bringen, damit diese in ihren Medien über die Produkte oder deren Umfeld (auch ohne Nennung des Präparate- oder Substanznamens) berichten.

Produkt-PR ist eine sinnvolle Ergänzung insbesondere in Zusammenhang mit Anzeigenschaltung, da fast alle medizinischen Fachzeitschriften kostenlos verteilt werden, die Redaktionen daher nur über die Anzeigen der pharmazeutischen Industrie finanziert werden können. Alle diese Maßnahmen dienen dazu, die Unternehmung in den Augen des Arztes und auch der Bevölkerung als fortschrittlich, modern und aufgeschlossen erscheinen zu lassen.

4.1.5.7
Direkt-Marketing / Schriftlicher Dialog

In den letzten Jahren hat sich das Instrument *Direkt-Marketing* – das schon in der Konsumgüterindustrie seit Jahrzehnten genutzt wird – auch bei der Bewerbung von pharmazeutischen Produkten ein nicht wegzudenkendes Feld erobert.

Ausgehend von *Musterabrufdiensten* und Aussendungsaktionen, die zum Ziel hatten neben Mustern auch andere Service-Leistungen der Unternehmungen wie z. B.

- Informationsschriften,
- wissenschaftliche Publikationen,
- Service-Artikel,

auf schriftlichem Wege anzubieten, hat sich in jüngster Zeit das Direct-Mail entwickelt, das mit dem Arzt auf schriftlichem Wege einen Dialog herstellt. Diese neue Form wird ständig weiterentwickelt und ausgebaut.

Zusätzlich kann der schriftliche Dialog bzw. das Direct-Mail den vom Außendienstmitarbeiter begonnenen mündlichen Dialog fortsetzen und die Zeit zwischen zwei Außendienstbesuchen abkürzen helfen, sodass die Kontaktzahl für ein Präparat oder für gute Argumente erhöht wird.

4.1.5.8
Marketing-Mix

Zwischen den einzelnen Instrumenten, von denen hier nur die wichtigsten aufgezählt und beschrieben wurden, besteht ein enger Zusammenhang. Alle müssen mehr oder weniger stark, je nach Problem, eingesetzt und aufeinander abgestimmt werden. Das heißt, es muss versucht werden, einen optimalen sogenannten *Marketing-Mix* pro Produkt zu erreichen.

4.1.6
Die Funktionen des Produktmanagers

Produktmanagement ist die produktspezifische Verrichtung u. a. der folgenden *Tätigkeiten*:

- Erhebung von Informationen und deren Analysen
  Hierzu gehört die ständige Beobachtung der Marktsituation der betreuten Präparate, die Herausstellung von Marktanalysen und Prognosen für den Indikationsmarkt
- Planung
  Diese Funktion des Produktmanagers umfasst die Entwicklung von Zielvorstellungen, die Ausarbeitung der Marketing-Strategie sowie die Erstellung von Plänen über den Einsatz der Marketing-Instrumente (*Marketing-Mix*)
- Organisation
  Hier ist insbesondere die Organisation der Zusammenarbeit mit den verschiedenen internen und externen Stellen zu nennen, die für den Markterfolg der vom Produktmanager betreuten Präparate bedeutsam sind. Der *Produktmanager* ist in erster Linie ein *Koordinator*.
- Entscheidungsvorbereitung, Empfehlung und Motivation
  Der Produktmanager stellt ein Informationszentrum dar für alle Belange, die sein Produkt betreffen. Er ist in Präparatefragen Berater gegenüber dem Top-Management, der Marketing-Leitung und anderen Abteilungen, evtl. auch gegenüber Kunden. Hierzu gehört auch die Erarbeitung von Vorschlägen für neue Präparate, Präparateveränderungen, neue Darreichungsformen usw. Da der Produktmanager mit zahlreichen internen und externen Stellen kooperiert, die zum Markterfolg der Präparate beitragen, ist die entsprechende Motivierung für eine erfolgreiche und fruchtbare Zusammenarbeit von großer Wichtigkeit.
- Koordination und Kontrolle
  Wichtige Aufgabe des Produktmanagements ist die Abstimmung von Zielen und geplanten Maßnahmen mit anderen Produkten und Bereichen sowie die zeitliche Koordination von Verkaufsplänen, Werbekampagnen usw. Hinzu kommt die Durchführung und Auswertung von Kontrollen. Diese Kontrollen betreffen die Verwirklichung der Produktwerbepläne wie auch die Wirksamkeit des produktbezogenen Marketing-Mix, hierzu gehört auch die Budgetüberwachung und die Kontrolle der Kosten und Gewinnsituation seiner Produkte.

Alle diese Aktivitäten sind auf das Ziel gerichtet:

* das richtige Präparat
* am richtigen Ort
* an der richtigen Zielgruppe
* in der richtigen Qualität und Quantität
* zum richtigen Preis
* zur richtigen Zeit

und soweit möglich den *Vorstellungen des Verwenders* konform anzubieten (s. dazu auch Abb. 4.6).

4.1.7
Die Arbeitstechniken des Produktmanagers: Netzplan

Der Weg von einer neuen Forschungssubstanz bis zum fertigen Präparat, d. h. bis zur Einführung ist relativ lang. Man rechnet heute dafür sieben bis zwölf Jahre. Eine Fülle von Tätigkeiten in den verschiedensten Bereichen des Unternehmens sind durchzuführen und zu koordinieren. Man bedient sich dabei heute im Einzelfall und bei Neueinführungen der sogenannten *Netzplantechnik*.

Die Netzplantechnik kennt man in fast allen Bereichen. Sie wurde zum ersten Mal eingesetzt bei der Entwicklung des Polaris-Programmes, als die Vereinigten Staaten merkten, dass sie hinsichtlich der Waffentechnik hinter der UDSSR zurücklagen. Etwa zur gleichen Zeit hat der Chemiekonzern Dupont ebenfalls diese Netzplantechnik im industriellen Bereich eingesetzt.

Die Netzplantechnik dient dazu, die zahlreichen verschiedenen Aktivitäten, die für ein Produkt erforderlich sind, aufeinander abzustimmen, sodass das Projekt in möglichst kurzer Gesamtdauer bzw. bis zu einem festgelegten Projektfertigstellungstermin durchgeführt werden kann.

Zunächst werden alle erforderlichen Aktivitäten in einer Checkliste gesammelt und die erforderliche Dauer jeder einzelnen Aktivität ermittelt (sogenannte Vorgangsliste), danach werden die Reihenfolgebeziehungen der Vorgänge festgestellt. Es wird erfasst, welche Vorgänge vor bzw. nach welchen anderen Vorgängen abgewickelt werden müssen und welche Vorgänge parallel nebeneinander verlaufen können. Sind diese Angaben zusammengestellt, so kann der Netzplan aufgestellt und gezeichnet werden.

Bei der Neueinführung eines Präparates sind insgesamt ungefähr 800 Tätigkeiten durchzuführen, die zu koordinieren sind und deren Zeitbedarf festgelegt werden muss. Zur Planung und Steuerung wird die Netzplantechnik angewendet.

Ein Beispiel über das gesamte Aktivitätsprofil eines Produktes von der Arzneimittel-Entwicklung bis zur Einführung in den Markt ist in Abbildung 4.7 zu sehen. Dabei enthält jeder Vorgang jeweils noch einmal 20 bis 30 Vorgänge bzw. Detail-Netzpläne, die hier jedoch nicht näher erläutert werden sollen.

Führungsebene	Aufgabe	Variablen

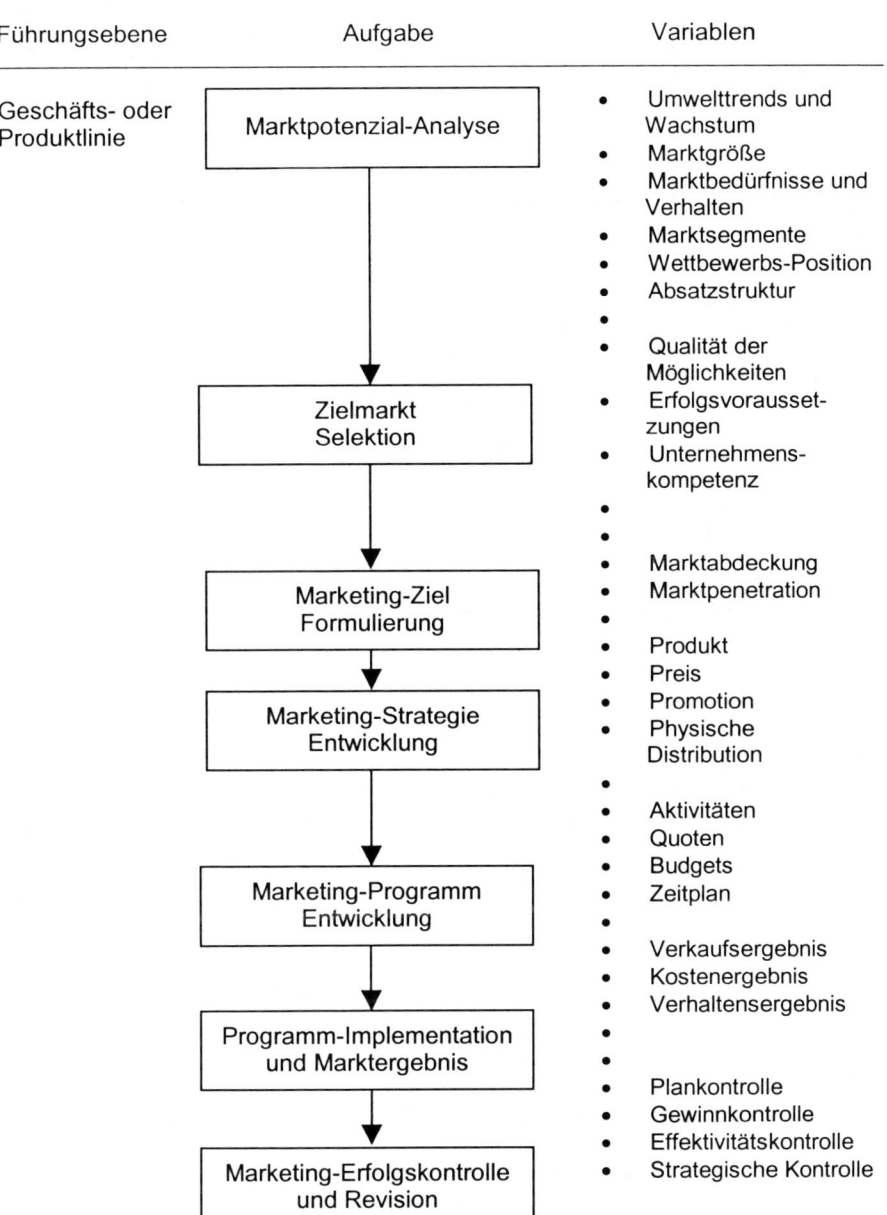

Abb. 4.6. Produkt-Management

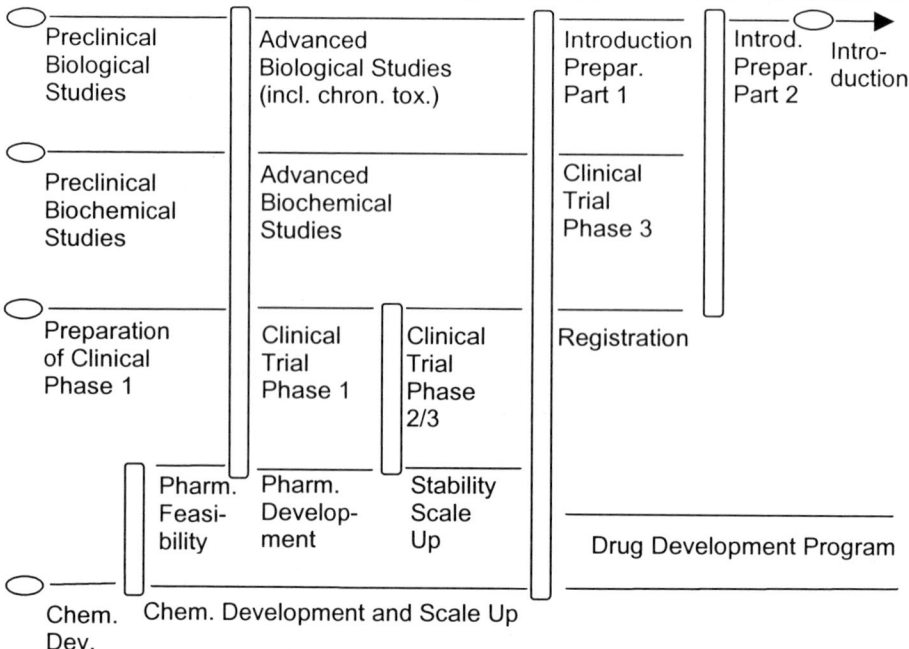

Abb. 4.7. Drug Development Program

Aufgabe des Produktmanagers ist mit Hilfe der einzelnen Netzplanverantwortlichen in den Bereichen den Fortschritt seines Projektes zu verfolgen, und dann, wenn nötig, steuernd einzugreifen. Wichtig dabei ist die Terminverfolgung auf dem sogenannten *kritischen Weg*, das heißt auf den Achsen, die keine Pufferzeit aufweisen.

4.1.8
Allgemeine Stellenbeschreibung eines Produkt-Managers (PM)

4.1.8.1
Positionierung / Leitungsfunktion / Anforderungen

Der geeignete PM soll vollständige Verantwortung für Produkt / Produktgruppen tragen. Zur Verantwortung gehört zwangsläufig Entscheidungsfreiheit in einem abgesteckten Rahmen. Der PM soll eine hohe fachliche Kompetenz für sein Produkt, dessen Anwendung beim Kunden und im Marktumfeld haben, ebenso betriebswirtschaftliche Grundkenntnisse und ein gutes Verständnis für Marketing mitbringen.

4.1.8.2
Zuständigkeit

Dem PM wird die verantwortliche Leitung eines Produktbereichs unter fachlichen und wirtschaftlichen Gesichtspunkten übertragen. Er ist zuständig, dass sein Produkt für seine Kunden den erwarteten Nutzen bringt. Der PM trägt die Umsatz- und Kostenverantwortung für sein Produkt. Er erstellt das Budget für Umsatz und Kosten. Das Umsatzbudget ist mit dem Key Account Management / Außendienst auf Realisierbarkeit abzustimmen und führt zur Feinsteuerung im Umsatz- und Kostenbereich durch den PM.

Dafür ist es erforderlich, dass der PM verkaufsunterstützende Maßnahmen unternimmt (Fallstudien / Broschüren / Präsentationen). Der PM steuert die in seinem Bereich anfallenden Kosten und die seinem Produkt direkt zuordenbaren Kosten. Er ist ständig um Optimierung ohne Qualitätseinbußen bemüht und nimmt damit ausgleichenden Einfluss auf die lokale Gewinnsituation.

Der PM ist für die Organisation in seinem Bereich und für die Delegation von Aufgaben und Verantwortung zuständig. Er führt sein Team und motiviert die Mitarbeiter. Er sorgt für umfassende Kommunikation im Team. Die Gesamtverantwortung bleibt bei ihm.

Der PM hat Kontakt zum Markt, speziell zu den Kunden seines Produktes. Er bzw. sein Team ist als kompetenter Ansprechpartner für den Kunden verfügbar. Der PM beobachtet das Marktumfeld, registriert Veränderungen, d. h. er kennt die Datenerhebungsquellen, Funktionen, Distributionswege und erkennt rechtzeitig Handlungsbedarf.

4.1.8.3
Funktionen

Der PM ist Teamleader, quasi der hochqualifizierte „Primus inter pares". Er organisiert seinen Bereich aufgabenorientiert nach Funktionen. Typische Aufgaben – jedoch nicht allgemeingültig für alle Projekte / Produkte – sind:

- Definition und Beschreibung des Produktes (Produktinhalte, statistische Basis, Genauigkeit, Zielsetzung)
- Weiterentwicklung, Line Extension etc.
- Die Erkundung der Markt- und Kundenbedürfnisse
- Die Positionierung seines Produktes, d. h. die begründete Abgrenzung zu ähnlichen Produkten im Unternehmen, im Markt, gegenüber Mitbewerbern
- Die Preisgestaltung in Koordination mit internationalem HQ
- Technische Koordination, Produktionssteuerung, Zeitplanung
- Qualitätsmanagement (Input-Output-Kontrollen, Begründung für Abweichungen, Nachfragen im Markt)
- Kunden- und Kontakt-Management in Abstimmung mit Key Account Management
- Kompetente Auskunftsstelle für Kundenfragen, Schulungen, Know-how Transfer an Account Manager

- Kundenspezifische Markt-Berichtsdefinitionen
- Administration, Reporting, Controlling

4.1.8.4
Manager

Der PM definiert die Aufgabenbereiche seiner Manager und erstellt mit den Managern detaillierte Aufgabenbeschreibungen. Er grenzt die Funktion innerhalb seiner Gruppe ab, sorgt für klare Zuständigkeiten und delegiert die Verantwortung für einzelne Funktionen. Er verzahnt die Schnittstellen und sorgt für eindeutigen Kommunikationsfluss. Ziel: Die Manager erkennen ihren Part in der gemeinsamen Aufgabe, wissen dass das Ganze nur funktioniert, wenn jeder in seinem Teilbereich funktioniert. Mit anderen Worten, sie verstehen sich als Leistungsträger im Team und sie wollen gemeinsam Erfolg haben.

Gliederung und Definition der Funktionen sind unterschiedlich je nach Produkt. Der Manager kann in seinem Teilbereich „Einzelkämpfer" sein oder weitere Mitarbeiter führen. Der Manager wird in die Definition und Beschreibung seiner Aufgaben aktiv einbezogen. Damit soll sicher gestellt sein, dass er seine Verantwortung genau kennt und Missverständnisse vermieden werden. Die Kommunikation findet ständig fortlaufend statt und nicht zu bestimmten Zeiten in Meetings. D. h. Informationsdefizite gibt es nicht, Probleme werden gelöst, wie sie anfallen („Management by open door"). Wichtige Ereignisse werden dokumentiert, aber nicht um Schuldige für Fehler zu suchen, sondern um die Erfahrung oder Problemlösung festzuhalten. Ständiger Lernprozess führt zur Optimierung. Kundenkontakte werden lückenlos dokumentiert und permanent an Key Account Manager weitergegeben.

„Der Kunde steht im Mittelpunkt. Nur zufriedene Kunden sind dauerhafte Geldgeber für unsere Gehälter". Dieses Verständnis muss jeder im Team verinnerlichen und dafür arbeiten. Besondere Erfolge werden prämiert. Für gute Jahresergebnisse kann es einen Teambonus geben.

Das Team und der einzelne Manager wachsen mit seinen Aufgaben. Verantwortung wird realisiert, Stolz und Zufriedenheit steigt mit der individuellen Leistung. Das Unternehmen vermehrt seine Leistungsträger. Das Team soll auch durch informelle Kontakte zusammenwachsen. Die Unternehmensleitung sollte bereit sein vierteljährlich ein gemeinsames Abendessen zu übernehmen.

Die Position des *Leiters Produkt-Management* könnte bezüglich ihres Profils folgendermaßen beschrieben werden:

Unternehmen:
1. Positionsbezeichnung:
   - Produkt Manager
2. Geschäftsbereich:
   - Marketing
3. Name des Vorgesetzen:
   - Geschäftsführer
4. Dem Stelleninhaber unterstehen:
   - Produktmanagement

- Marketing
- Services

5. Stelleninhaber vertreten durch:
- Senior Produktmanager / Services

6. Stelleninhaber vertritt:
- NN

7. Organisatorische Eingliederung der Position:
- Organigramm

8. Funktionen der Stelle:
- Verantwortung für alle Aktivitäten des Vertriebes, Marketings und der Logistik für alle Produkte mit dem allgemeinen Ziel der langfristigen Umsatz- und Marktsicherung sowie Umsatz- und Marktentwicklung
- Beratung des Geschäftsführers bei der Entwicklung der Geschäftspolitik, der strategischen Planung und der Corporate-Identity-Strategie

Aufgaben des Stelleninhabers:

1. Strategische Planung
- Erarbeitung und Implementierung firmenspezifischer Prognoseverfahren und einfacher Marktmodelle
- Erarbeiten von Vorschlägen für Produktportfolios und Positionierungsmöglichkeiten
- Konzipieren von Alternativen der Corporate-Identity-Strategie und Möglichkeiten der Imagepflege
- Informieren der Leitungsgruppe über die Marktentwicklungen und deren aktuellen Aktivitäten

2. Marktbeobachtung
- Entscheiden über regelmäßig zu beschaffende Markt- und Konkurrenzdaten
- Teilnehmen an Tagungen von Fachverbänden und einschlägigen politischen Interessensgruppen (in Abstimmung mit der Geschäftsführung)
- Pflege der Kontakte zu Meinungsbildnern, Politikern und deren Entscheidungsträgern

3. Marketingplanung
- Erarbeiten und einreichen des jährlichen Marketing-Gesamtplanes an den Geschäftsführer zur Genehmigung
- Verabschieden und Überwachen von kurz- und mittelfristigen Absatz- und Umsatzprognosen, Zielgruppenplanung

4. Produkt- und Sortimentsgestaltung
- Mitarbeit bei der Produktgestaltung
- Unterbreitung von Neueinführungsvorschlägen, Lizenzkauf, Streichen von Produkten
- Zuweisen neuer Produkte zur Bearbeitung an die Produktmanager
- Beratung bei der Durchführung von Customer Service

5. Preisgestaltung
- Überprüfen und beurteilen der bestehenden Preisstruktur zur Sicherung der vom Unternehmen angestrebten Umsatz- und Deckungsbeitragsziele

- Genehmigen von Sonderkonditionen bei nach Art und Umfang ungewöhnlichen Verkaufsabschlüssen

6. Werbung
- Beurteilen und genehmigen der von den PM erarbeiteten Werbekonzeptionen, Mailing-Aktionen etc.
- Überwachen und bewerten der Werbeerfolgskontrollen, Qualitätsanalysen und sonstiger Werbeleistungen
- Überprüfen und abzeichnen von Verkaufsförderungsaktionen
- Führung und Organisation der Marketingabteilung

7. Marktbearbeitung / Außendienst
- Festlegen der regionalen und / oder zielgruppenadäquaten Schwerpunkte
- Vorgeben der Ziele zur systematischen Außendienst-Steuerung
- Abstimmen von Besuchsprogrammen für den AD in Zusammenarbeit mit den AD-Leitern und den PM
- Festlegen der Größe des AD
- Festlegen von Vorgaben der AD-Besprechungen beim Kunden inkl. Abgabe-Artikel sowie deren Beschaffung

8. Marketinglogistik
- Bestätigen der Vorschläge durch die Controlling-Abteilung
- Sicherstellen einer ordnungsgemäßen Auftragsabwicklung und Fakturierung
- Verfolgen von Auftragsrückständen und Fehlermeldungen
- Sicherstellen einer wirtschaftlichen Lagerbestandsführung und einer rechtzeitigen Bedarfsanforderung oder Produktionsauftragserstellung, Disposition
- Überwachen der Abwicklung von Reklamationen
- Kundenkorrespondenz
- Veranlassen von logistischen Vorbereitungen von Neueinführungen

9. Führung und Organisation der Marketingabteilung
- Ausarbeiten und Vorgeben der Ziele
- Planen, einsetzen, steuern und koordinieren aller Marketingbereiche zu einer funktionsfähigen Einheit
- Motivieren der direkt Nachgeordneten und ständiges unterstützen mit dem Ziel der Verbesserung ihrer Leistungen
- Initiieren und genehmigen von Aus- und Weiterbildungskonzepten für neue bzw. vorhandene Mitarbeiter
- Bestimmen der Mitglieder der Marketing Runde und Institutionalisierung dieses Ausschusses
- Entscheiden über Art und Umfang des Berichtsystems und des Außendienststeuerungssystems
- Mitarbeiten am Prämiensystem und genehmigen von Vorschlägen für Gehaltserhöhungen
- Informieren der Abteilungen über einschlägige gesetzliche Vorschriften und verbandspolitische Maßnahmen

Bedürfnisse des Stelleninhabers
- Zeichnungsbefugnis Prokura (GF)

- Vertretung des Unternehmens nach innen und außen in allen Fragen des Vertriebes, der Logistik und sonstigen Angelegenheiten seines Geschäftsbereiches
- Entwicklung von Richtlinien für seinen Geschäftsbereich in Abstimmung mit der Geschäftpolitik
- Einstellen von Mitarbeitern in und Richtlinien für die direkt unterstellten Funktionsinhaber und deren Bereiche
- Abstimmung mit dem Personalplan und dem GF
- Kostenkompetenz im Rahmen der verabschiedeten Budgets

Anforderungen an den Stelleninhaber (Kenntnisse, Fähigkeiten etc.)
- Abgeschlossenes Hochschulstudium vorzugsweise im Bereich Wirtschaftswissenschaften, gute englische Sprachkenntnisse in Wort und Schrift, mehrjährige Erfahrung in Marketing und Vertrieb in der pharmazeutischen Industrie, vorzugsweise in leitender Funktion. Kenntnisse des OTC-Bereichs oder des Konsumgütermarketings. Das ideale Eintrittsalter wird zwischen 30 und 40 Jahren angesehen.

Betriebsinterne Ausbildung

4.1.9
Schlussbetrachtung

In einem Mehrproduktunternehmen, wie es pharmazeutischen Firmen in der Regel sind, kann die Unternehmensleitung ihrer Koordinations-, Steuerungsfunktion bezüglich der einzelnen Präparate nicht mehr gebührend nachkommen. So werden die Unternehmensziele in der strategischen, taktischen und operativen Unternehmensplanung konkretisiert, wobei sie die Marketing-Planung in einem Ziel- und Maßnahmenkatalog für das Produktmanagement umzusetzen hat.

Der Produktmanager gewährleistet hierbei den optimalen Einsatz des Marketing-Mix für die von ihm betreuten Präparate. Er stellt den Marketing-Plan und das Präparat-Budget auf, stimmt diese mit den anderen Stellen ab und legt diese zur Genehmigung der Marketing-Leitung vor.

Durch die Integration der Verantwortung für ein Präparat oder eine Präparategruppe von der Entstehung bis zur Vermarktung in einer Hand erfährt das einzelne Präparat bzw. die Produktgruppe - als Träger des Unternehmenserfolges - eine optimale Förderung im Sinne des Marketing-Konzeptes.

4.2
Die Rolle der medizinisch-wissenschaftlichen Abteilungen:
Fachliche Betreuung im Lebenszyklus eines Medikaments

Klaus Bertsch
Novartis Pharma GmbH, Nürnberg

4.2.1
Einführung

4.2.1.1
Definition

Medizinisch-wissenschaftliche Abteilungen können aufgrund stark unterschiedlicher Organisationsformen in den einzelnen Firmen nicht als organisatorische Einheit und damit nicht *strukturell,* sondern nur *funktionell* definiert werden. Wenn im Folgenden teilweise im Singular von „Med. Wiss. Abteilung" gesprochen wird, so ist dies in diesem Sinn – also als *funktionell* zusammengehörende Einheit – zu verstehen. Die involvierten Unterabteilungen und Personen stellen innerhalb der Firma das *Zentrum des medizinisch-naturwissenschaftlichen Wissens* dar – speziell für die im Handel befindlichen Medikamente und die zur Einführung in den Markt anstehenden Präparate. Zwar müssen sich einzelne Med. Wiss. Abteilungen schon weit in der Frühphase der Entwicklung mit neuen Präparaten befassen (z. B. die Informations- und Dokumentations-Abteilung), die entscheidende Aufgabe beginnt aber, wenn die klinische Entwicklung so weit fortgeschritten ist, dass eine Zulassung durch das Bundesinstitut für Arzneimittel und Medizinprodukte in Sicht ist. Es laufen bei den Med. Wiss. Abteilungen schwerpunktmäßig alle Aktivitäten zusammen, die sich mit folgenden Themenkreisen befassen:

- Medizinische Promotion (Produktmonographien, Anzeigentexte, Visual Aids und Schulung für den Außendienst)
- Gestaltung und Überwachung offizieller Informationsmedien wie Gebrauchsinformation für Fachkreise, Packungsbeilagen, Nachschlagwerke wie Rote Liste, Gelbe Liste, etc.
- Entwicklung und Umsetzung eines klinischen Prüfprogrammes der Phasen IIIb und IV
- Fachliche Repräsentanz zu den Indikationsgebieten und Präparaten in internen und externen Gremien und generell gegenüber der Öffentlichkeit
- Individuelle Beantwortung von Anfragen aus Fach- und Laienkreisen

4.2.1.2
Schnittstellen

Naturgemäß entstehen in der Med. Wiss. Abteilung Überschneidungen zu anderen Abteilungen / Verantwortlichkeiten, so z. B. zu Produktmanagern, Zulassungsstellen, Stellen für Arzneimittelsicherheit, Abteilung für klinische Forschung und Werbeabteilungen. Gute Kontakte und intensive Zusammenarbeit, aber auch klare Definition der Aufgaben und Verantwortlichkeiten der jeweiligen Personen und Abteilungen sind unabdingbar.

4.2.1.3
Marktwirtschaftliches Umfeld und Differenzierung

Um die prioritären Aufgaben der Med. Wiss. Abteilungen verständlich zu machen, muss man sich das Kernproblem jeder promotionalen Tätigkeit vergegenwärtigen. Die meisten medizinischen Indikationsgebiete stellen heute extrem *kompetitive Märkte* dar, mit einer Vielzahl vergleichbarer Präparate hinsichtlich der Wirkungs- und Nebenwirkungsrelation. Andererseits bieten sich dem Verschreiber aber auch verschiedene Substanzklassen, die teilweise markante Vor- und Nachteile aufweisen. Bei den verschreibungspflichtigen Medikamenten können hier als typische Beispiele der Markt der Antihypertensiva, die Lipidsenker, die Säureblocker, die nicht-steroidalen Antirheumatika oder auch die Antidiabetika gelten. Das Zauberwort jeder Promotion im Verdrängungswettbewerb heißt „*Differenzierung*", d. h. *Unterscheidung* vom Mitbewerber.

Differenzierung verlangt den richtigen Einsatz der immer begrenzten Ressourcen, z. B. den adäquaten Einsatz des Außendienstes hinsichtlich Segmentierung und Auswahl der wichtigen Verschreiber oder Definierung der optimalen Besuchszahl. Diese Problemkreise betreffen vorrangig das Produktmanagement und die Außendienstleitung.

Aufgabe der Med. Wiss. Abteilung ist die Suche und Umsetzung von Differenzierungsmöglichkeiten über medizinische, pharmakodynamische, pharmakokinetische oder mechanistische Besonderheiten und Höhepunkte. Die Med. Wiss. Abteilung und das Management insgesamt haben Produktpersönlichkeiten zu formen, die ein möglichst unverwechselbares Profil darstellen – sei es real oder zumindest in der subjektiven Anmutung des Empfängers der Promotionsbotschaften, d. h. bei Arzt, Apotheker, anderen Entscheidungsträgern im Gesundheitswesen oder ggf. auch Laien.

Eine effektiv arbeitende Med. Wiss. Abteilung hat das medizinisch-naturwissenschaftliche Potential eines Produktes und die nötigen Maßnahmen für einen erfolgreichen Lebenszyklus innerhalb der Firma den übergeordneten Entscheidungsträgern exakt aufzuarbeiten, transparent zu machen und diese auch faktenbasiert zu vertreten. Ebenso sind die fachlichen Aspekte gegenüber dem Außendienst, aber auch gegenüber den ärztlichen oder anderen Meinungsbildnern wie auch gegenüber der Presse kompetent zu vertreten. Diese Kompetenz ist auch bei der Schulung des Außendienstes erforderlich, sowie bei individuellen Fragen von Ärzten, Apothekern, Laien und eigenen Mitarbeitern.

Differenzierung durch Wissenschaft und Dokumentation

Bereits viele Monate vor Markteinführung eines neuen Medikaments beginnt die Erstellung einer Reihe wissenschaftlicher Unterlagen für Außendienstmitarbeiter, Ärzte, Apotheker und Patienten. Dazu genügt nicht die rein wissenschaftliche Abfassung der Information. Wissenschaft muss vielmehr – unter Berücksichtigung des jeweiligen medizinischen Kenntnisstandes des Empfängers – umgesetzt werden in griffige, einleuchtende und *überzeugende* Argumente, Bilder und Grafiken, die in Broschüren zusammengefasst werden. Besondere Produkteigenschaften und Vorteile müssen hervorgehoben werden.

Von besonderer Bedeutung ist die fachliche Dokumentation des Medikaments anhand von Publikationen, Monographien und Repräsentanz auf Symposien und Kongressen. Nur so kann dem verschreibenden Arzt das in diesem Metier so wichtige *Gefühl der Sicherheit*, des Geprüft-Seins in allen Belangen vermittelt werden.

Die Pflichtmedien wie *Fachinformation* (Summary of Product Characteristics) und *Gebrauchsinformation* sind von den zuständigen Abteilungen des pharmazeutischen Unternehmers (Med. Wiss., Klinische Forschung, Arzneimittelzulassung, Arzneimittelsicherheit) bei Neuzulassungen zu erstellen und der staatlichen oder internationalen Behörde einzureichen. Sie werden schlussendlich von diesen Behörden im Zulassungsbescheid verbindlich vorgeschrieben. Aufgrund des profunden Wissens über die spezifischen Gegebenheiten des betreffenden Indikationsgebietes und des Präparates hat hier die Med. Wiss. Abteilung die diesbezüglichen Vorgänge fachlich zu überwachen und bei Diskrepanzen in eine faktenbezogene Diskussion einzutreten. Ebenso hat die Abteilung spätere Änderungen in diesen Informationsmedien im Laufe des Lebenszyklus des Medikamentes vorzubereiten bzw. kritisch zu hinterfragen und zu bewerten.

Differenzierung durch Innovation

Die Med. Wiss. Abteilung begleitet das Medikament über seinen ganzen Lebenszyklus hinweg und hat diesen sog. *Life-Cycle Prozess* aktiv zu gestalten. Wie sonst soll der Außendienstmitarbeiter „seine" Ärzte für das Produkt interessieren? Die beste Möglichkeit besteht in der ständigen Information über *neue oder neu aufbereitete medizinisch-wissenschaftliche Erkenntnisse*, die im Einklang mit dem jeweiligen Produktprofil sind oder es vertiefen. Dies gilt besonders für Präparate mit neuartigem Wirkmechanismus oder anderen in dieser Form noch nicht existierenden Charakteristika.

Der Arzt will den Patienten mit dem am besten geeigneten Medikament behandeln. Nur wenn die medizinischen Vorzüge eines Präparates klar und eindrücklich dargestellt sind, wird sich der Arzt überzeugt für dieses Produkt entscheiden. Neue Erkenntnisse zu sammeln bzw. zu generieren stellt deshalb eine wesentliche Aufgabe der Med. Wiss. Abteilung dar.

Neben genauer und laufender Auswertung der internationalen Literatur sind dafür selektive *Spezialstudien der Phase IV Forschung* erforderlich, um gegenüber dem rasch wachsenden Wissensstand im jeweiligen Gebiet nicht ins Hintertreffen zu geraten. In dafür geeigneten Indikationsgebieten wie z. B. der Behandlung der Hypertonie werden idealerweise über die Abteilung für klinische Forschung auch *Großstudien (Megastudien) mit Endpunktparametern* durchgeführt, d. h. es wird der Einfluss der Therapie auf Morbidität und Mortalität in großen Patientenkollektiven untersucht (s. Tabelle 4.1).

Tabelle 4.1. Beispiel von Untersuchungen zum Zweck der differenzierenden Abgrenzung eines Antihypertensivums

Megastudien	Spezialstudien
• Endpunktstudien; Prüfparameter: Kombinierter Endpunkt Mortalität u. Morbidität KH-Einweisung, QoL etc.	• spezialisierte Zentren • begrenzte, selektionierte Patienten-Zahlen
• Design z. B. Prüfmedikation plus Standardmedikation vs. Standardmedikation	• mono- oder oligozentrische Durchführung
• Multizentrisch	
Themen:	Themen:
• Hypertoniker mit zusätzlichen Risikofaktoren	• metabol. Qualitäten (Glukosetoleranz, Lipidveränderungen)
• Herzinsuffizienz-Patienten	• Auswirkungen auf autonom. Nervensystem
• Postinfarkt-Patienten	
• Diabetiker (makrovaskuläre Komplikationen)	• Nephroprotektion (GFR, RBF, Mikroalbuminurie)
• Konversion gestörter Glukose-Toleranz zum Vollbild Diabetes	• endotheliale Effekte (NO-Synthese, Vasodilatation)
	• Radikalneutralisierung (Peroxid-Toxizität)
	• Koronarreserve (z. B. mit MRI)
	• cerebrale Funktion (Glukosestoffwechsel)

Flächendeckende Anwendungsbeobachtungen dienen demgegenüber der Sammlung von Erfahrungen in der breiten Anwendung und machen überdies eine größere Zahl von Ärzten mit dem Präparat vertraut.

Der jeweils aktuelle Stand des Wissens und wesentliche Zukunftsperspektiven können dem Mitarbeiter von Med. Wiss. Abteilungen nur durch dauernde *Kontakte mit führenden Meinungsbildnern* gegenwärtig sein. Aus diesen Diskussionen und Wünschen hochrangiger Spezialisten entstehen häufig auch kreative, innovative Ideen für zukunftsorientierte Spezialstudien, die teilweise auch als sog. *Investigator Initiated Trials* (IIT) durchgeführt werden können. Hierbei ist zu berücksichtigen, dass die Verantwortlichkeiten zwischen Firma und Durchführenden klar geregelt werden, um den Anforderungen des Arzneimittelgesetzes (AMG) und den Bestimmungen der Good Clinical Practice (GCP) gerecht zu werden. Anders als bei klassischen Auftragsstudien werden bei IITs nicht alle sonst üblichen Aufgaben in die Verantwortung des Sponsors d. h. des pharmazeutischen Unternehmers übernommen.

4.2.2
Med. Wiss. Funktionen

Im Folgenden werden die Aufgaben und das Anforderungsprofil der jeweils involvierten Gruppierungen und Personen detaillierter betrachtet. Unterabteilungen mit erheblichem personellen Umfang, wie z. B. die Abteilung für Ausbildung / Coaching oder die Dokumentation, beinhalten meist eine *eigene Leitungsfunktion* (s. Abb. 4.8).

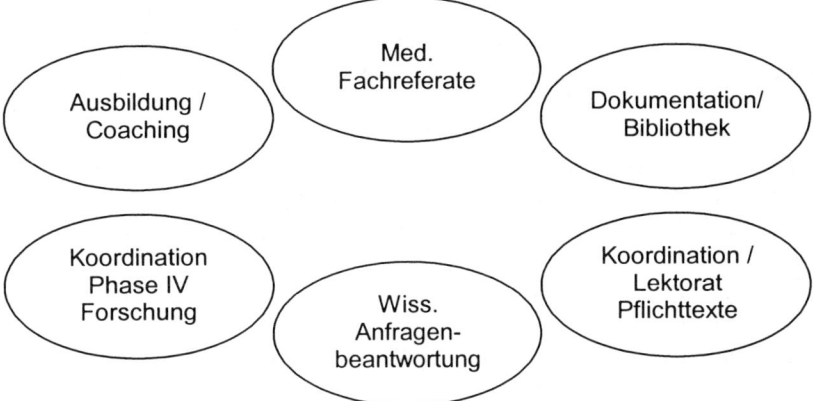

Abb. 4.8. Einheiten mit funktioneller (indirekter) oder strukturell / organisatorischer (direkter) Zuordnung zur Med. Wiss. Abteilung.

4.2.2.1
Medizinische Fachreferate

Medizinische Fachreferenten sind häufig Produktgruppen zugeordnet und betreuen *definierte Indikationsgebiete* und Präparate. Das Zuständigkeitsspektrum sollte nach Möglichkeit nicht allzu weitläufig sein, um dem Fachreferenten die Möglichkeit zu geben sich in seinem Indikationsgebiet als der *fachliche Experte* zu profilieren. Medizinische Fachreferenten rekrutieren sich naheliegender Weise überwiegend aus dem Kreis der Humanmediziner. Ebenso haben sich aber auch Naturwissenschaftler (Biologen, Chemiker) in dieses Aufgabenfeld eingearbeitet. Gelegentlich findet man auch Veterinärmediziner und andere Akademiker (z. B. Psychologen). Die Eignung hängt weitgehend vom spezifischen Einsatzgebiet und der entsprechenden Vorbildung ab. In jedem Fall wünschenswert ist eine gewisse *Außendiensterfahrung*. So ist am Besten gewährleistet, dass der Fachreferent medizinische Inhalte für die Promotionsmaterialien kreiert, die durch den Außendienst effektiv einsetzbar sind.

Die *Kreativität und Innovationsfreudigkeit* in der Ideenfindung für neue fachliche Promotionsmöglichkeiten ist ein entscheidender Faktor und unterscheidet mittelfristig den guten Fachreferenten vom weniger guten. Die medizinischen Fachreferate sind *schwerpunktmäßig* auf folgende Aufgaben ausgerichtet:

- *Ideenkreation zur fachlichen Bewerbung* der Präparate:
  Inhaltliche Gestaltung von Einführungsmaterialien für neue Präparate und von neuen Werbeunterlagen für eingeführte Medikamente. Hierzu sind dringend erforderlich:
  - Erkenntnisse aus Phase IV-Forschung
  - Kontakte zu Meinungsbildnern
  - Auseinandersetzung mit dem aktuellen wissenschaftlichen Stand zum Indikationsgebiet und Umfeld
  - Besuch nationaler und internationaler Kongresse und Symposien
  - Generelles Studium neuer Fachliteratur
- Verantwortungsbewusste Mitgestaltung und Überarbeitung von *Informationsmedien* wie Packungsbeilage, Fachinformation und Standard-Nachschlagewerken (z. B. Rote Liste)
- *Schulung des Außendienstes* bei Einführung neuer Präparate und bei Vorstellung neuer Erkenntnisse und Promotionsunterlagen
- Präparatespezifische Schulung neu in die Firma eingetretener Außendienstmitarbeiter
- Beantwortung fachlicher *Anfragen* von Ärzten, Apothekern, Laien und Außendienstmitarbeitern
- Präparatespezifische Vorträge auf Symposien und Fortbildungsveranstaltungen

Diese Aufgabenfelder liegen direkt in der *entscheidenden Geschäftsabwicklung* des Unternehmens und sind maßgeblich am Erfolg oder Misserfolg beteiligt. Sie werden aber auch stark von den juristischen Rahmenbedingungen *(Arzneimittelgesetz, Heilmittelwerbegesetz)* mitbestimmt. Unerlässlich ist eine gute Abstimmung mit anderen involvierten Personen aus dem medizinisch-wissenschaftlichen Bereich und anderen Abteilungen der Firma.

4.2.2.2
Informations- und Dokumentations-Abteilung (IuD) / Bibliothek

In ihr sind die Spezialisten, die professionell die *Informationsbeschaffung* aus allen zeitgemäßen Quellen beherrschen. Neben konzern- oder firmeneigenen Datenbanken sowie den wesentlichen großen öffentlichen Datenbanken (z. B. Medline, Embase) und den öffentlichen Bibliotheken gehören heutzutage dazu die digitalen Angebote der Zeischriftenverlage sowie das Internet in seiner ganzen Breite.
   Eine rasche und zielsichere Beschaffung von Informationsmaterial (z. B. Publikationen, Abstracts und Reviews) ist für die Arbeit der medizinisch-wissenschaftlichen Mitarbeiter (und auch der medizinischen Fachreferenten) unerlässlich. Aufgrund der modernen IT-Technologie könnte diese Aufgabe prinzipiell auch in jeder Unterabteilung selbständig durchgeführt werden. Eine Aufgabentrennung mit einer separaten IuD-Abteilung ist aber sehr sinnvoll, um die Fachreferenten und anderes wissenschaftliches Personal nicht zu sehr von ihren eigentlichen Schwerpunktaufgaben abzuhalten. Dies trifft um so mehr zu, da diese Informationsbeschaffung immer komplexer wird und dauernde Praxis erfordert um effektiv zu sein.

Neben der Literaturbeschaffung auf konkrete Anforderung übernimmt die IuD-Abteilung noch weitere Aufgaben:

- *Die aktive Information*:
  Die wissenschaftlichen Mitarbeiter verschiedenster Abteilungen (z. B. auch der klinischen Forschung) werden laufend und selektiv mit neuen Informationen nach ihren spezifischen Bedürfnissen versorgt (z. B. durch Beobachtung von Fachzeitschriften oder über Dauerrecherchen). Diese Informationen werden idealerweise gestützt durch interne Datenbanken verfügbar gemacht und auf Dauer zugreifbar gehalten.
- *Zeitschriftenverwaltung*:
  Die für die Firma wesentlichen Fachzeitschriften werden definiert und bestellt. Diese Publikationsorgane werden bei den Interessenten je nach persönlichen Präferenzen in Umlauf gebracht oder anderweitig zur Einsichtnahme bereitgelegt. Elektronische Zeitschriften werden am Arbeitsplatz verfügbar gemacht.
- *Erneuerung des Buchbestandes*:
  Die neuen Ausgaben wesentlicher Lehrbücher und anderer Standardwerke werden jeweils bestellt und stehen in der Bibliothek zur Nutzung bereit.

In der IuD Abteilung sind meist Mitarbeiter tätig, die aus dem naturwissenschaftlichen Spektrum stammen oder eine dokumentarische Ausbildung hinter sich haben.

4.2.2.3
Abteilung für Ausbildung und Coaching

In modernen Strukturen ist diese Abteilung häufig gegliedert in eine *Schulungseinheit*, die in der Zentrale ansässig ist und ein *Coaching-Team*, das dezentral – vor Ort – die Außendienstmitarbeiter trainiert.

Schulungseinheit in der Zentrale
Sie ist vorrangig zuständig für die Aus- und Weiterbildung des *Außendienstes*. Sie bietet darüber hinaus Ausbildung für Mitarbeiter des *Innendienstes,* um den Wissensstand im Gesamtunternehmen zu fördern bzw. zu verbessern. Die wesentlichen Aufgaben sind:

- die Ausbildung *neuer* Außendienstmitarbeiter in den Indikationsgebieten und Präparaten der Firma sowie im Mitbewerberumfeld,
- die Weiterbildung des *gesamten* Außendienstes, wenn neue Erkenntnisse zu eingeführten Präparaten geschult werden müssen bzw. wenn neue Medikamente der Firma zur Einführung in den Markt anstehen,
- die Verbesserung der *rhetorischen Fähigkeiten* der Außendienstmitarbeiter, meist im Zusammenspiel mit externen Trainern.

Einen Überblick zu den Aufgaben und zur Zusammenarbeit mit weiteren, in der Ausbildung involvierten Personen zeigt die Abbildung 4.9.

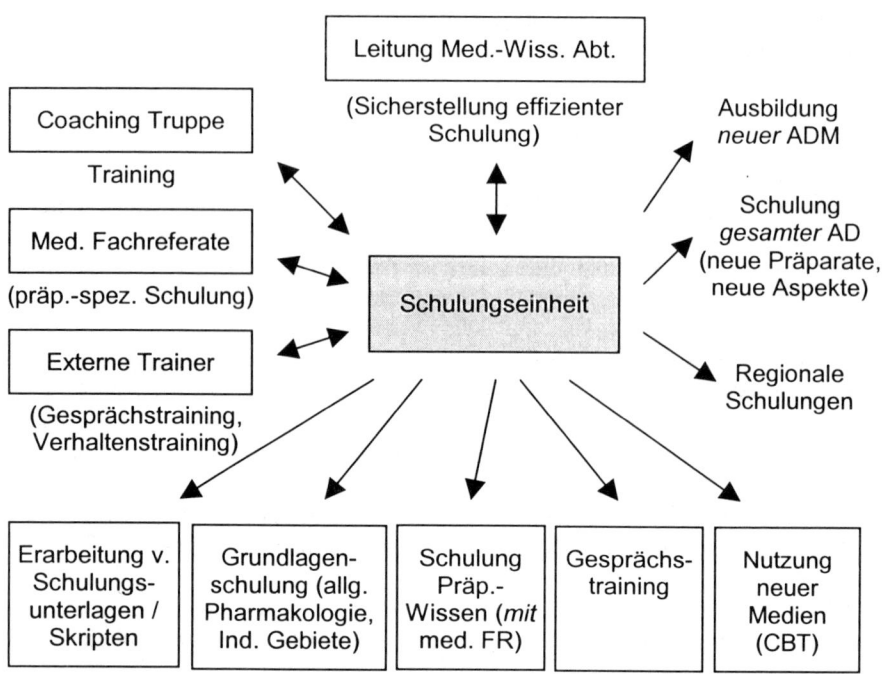

Abb. 4.9. Schulungseinheit zur Aus- und Fortbildung AD, Aufgaben und Zusammenarbeit

Das Personal setzt sich aus allen zur Lehre auf pharmakologischem Gebiet befähigten Studienbereichen zusammen. Sinnvoll ist, wenn ein Teil der reinen Präparateschulung vom jeweils zuständigen medizinisch Fachreferenten übernommen wird. Er ist definitionsgemäß der Top-Spezialist für seine Präparate und muss die neuesten fachlichen Prioritäten am besten kennen und beherrschen.

Coaching-Team
Die Coaches sind meist *regionalen Bereichen* zugeordnet. Ihre Hauptaufgaben lassen sich definieren mit:

- Hilfestellung bei fachlichen Wissenslücken im Einzelgespräch mit den Außendienstmitarbeitern oder auf kleineren Tagungen
- Rhetorikübungen in kleinen Gruppen (evtl. mit Videoaufzeichnungen)
- Gemeinsame Besuche mit Außendienstmitarbeitern und anschließender Gesprächsanalyse
- Bedarfsanalyse hinsichtlich Weiterbildungsmaßnahmen für den Außendienstmitarbeiter (ADM)
- Unterstützung des ADM in der Handhabung moderner Segmentierungsinstrumente für die Außendienstgebiete

Um als Coach Akzeptanz bei Mitarbeitern und Führungskräften zu finden, ist eine vorangegangene, erfolgreiche Außendiensttätigkeit sowie menschliche Kompetenz unabdingbar.

4.2.2.4
Serviceeinheit für Anfragenbeantwortung (Customer-Service)

In größeren Unternehmen gehen im Laufe eines Jahres in der Regel Tausende von Anfragen mit medizinischem Inhalt ein. Es handelt sich hierbei zum Teil um Fragen, die von Ärzten, Apothekern und Laien direkt über Briefpost, Telefon, Fax oder Internet adressiert werden. Ein anderer Teil der Anfragen von Fachkreisen erreicht die Firma über den Außendienstmitarbeiter. Zudem stellt ggf. der ADM selbst Fragen um sein Wissen zu vervollständigen.

Diese Fragen verantwortungsbewusst und zeitnah zu beantworten, würde die Möglichkeiten des Spezialisten – in der Regel des medizinischen Fachreferenten – überfordern. Medizinische Fachreferenten sind häufig auf Kongressreisen oder externen Tagungen und haben andere Prioritäten. Dies kann zu ungünstigen Verzögerungen in der Beantwortung führen. Eine vorgeschaltete „Filtereinrichtung" im Sinne einer Serviceeinheit für Anfragenbeantwortung ist daher sehr sinnvoll. Diese Einrichtung, bei der die Anfragen *primär* eingehen, sollte mit einer modernen Telefonanlage mit Ringschaltung und Anrufspeicherung versehen sein, um möglichst alle Anrufe entgegennehmen und bedienen zu können. Die Service-Einheit bewährt sich vor allem

- zur *schnellen Beantwortung* von Anfragen nach dem Motto „wer schnell hilft, hilft doppelt"
- zur Übernahme und Erledigung sich wiederholender „Routineanfragen"
- zur Versendung von Standardliteratur und Informationsmedien wie z. B. Gebrauchsinformationen für Fachkreise

Wichtig ist eine nahtlose Zusammenarbeit und Vorabsprache mit den medizinischen Fachreferenten. So können vom Spezialisten Standardantworten und Bausteine zur Verfügung gestellt werden, die für sich wiederholende Anfragen hilfreich sind. Es ist allerdings zu gewährleisten, dass sehr komplexe und schwierige Fragen, die die Kompetenz des Spezialisten erfordern, an den Fachreferenten weitergeleitet werden.

Durch diesen Dualismus „so schnell wie möglich, aber in jedem Fall umfassend und richtig" ist eine *optimale Darstellung der Kompetenz* der Firma und eine entsprechende Imagebildung gewährleistet. Sinnvollerweise und den geschilderten Aufgaben angemessen, setzt sich diese Serviceeinheit aus medizinischem bzw. naturwissenschaftlichem Fachpersonal sowie eingearbeitetem Hilfspersonal zusammen.

4.2.2.5
Koordinationsstelle für Phase IV Forschung (Life-Cycle-Management)

Unter Phase IV Forschung werden die eigentlichen *klinischen Prüfungen* der Phase IV, die sog. *Investigator Initiated Trials* (IIT), die *Anwendungsbeobachtungen* (AWB, Postmarketing Surveillance), pharmakologische, mechanistische und in vitro Studien sowie ggf. pharmakoökonomische Untersuchungen nach der Zulassung zusammengefasst. Dazu gerechnet werden meist auch im Sinne eines Prämarketing Phase IIIb Studien neu zuzulassender Präparate.

Diese Studien werden in aller Regel von dafür spezialisierten Abteilungen innerhalb und außerhalb der Firma ausgeführt, so z. B. der eigenen klinischen Forschung, von Auftragsinstituten (CROs), von Kliniken in weitgehender Eigenverantwortung (IITs) und von Spezialinstituten. Wegen des großen regulatorischen und organisatorischen Aufwandes (Arzneimittelgesetz, Good Clinical Practice) werden klinische Prüfungen nur selten von den medizinischen Fachreferenten direkt betreut. Auch für Anwendungsbeobachtungen, bei denen definitionsgemäß der routinemäßige Einsatz des Medikaments dokumentiert wird und die Anforderungen der klinischen Prüfung nach Arzneimittelgesetz entfallen, werden meist Auftragsinstitute zu Hilfe genommen um die Logistik der großen Patientenzahlen zu bewältigen.

Die *Ideenkreation* neuer Phase IV Projekte liegt vorrangig bei den medizinischen Fachreferenten bzw. der zuständigen Produktgruppe insgesamt. Für einen reibungslosen Ablauf ist aufgrund der Vielzahl der involvierten Stellen und Personen eine *Koordinationsstelle* von großem Vorteil. Dieser *Life-Cycle-Manager* kann entsprechende Terminpläne erstellen und überwachen, bei Verzögerungen rechtzeitig die Involvierten verständigen und Maßnahmen zur Beschleunigung koordinieren. Er kann Verzögerungen und Schwachstellen identifizieren und Hilfestellung bei der Behebung anbieten. Auch kann von ihm die Finanzierung fortlaufend überwacht und mit dem Controlling abgestimmt werden. Nicht zuletzt kann der Stelleninhaber auf Basis seiner Erfahrung Verbesserungen im Ablauf herbeiführen, Neulinge von vermeidbaren Fehlern abhalten und auch eigene Ideen im Sinne einer „Cross-fertilisation" einbringen. Die Abbildung 4.10 gibt eine Übersicht über die koordinative Tätigkeit des Life-Cycle Managers.

4.2.2.6
Koordinationsstelle und Lektorat für Pflichtmedien

Diese ist zu definieren als eine Stelle für eine sehr genau arbeitende und pflichtbewusste Sachbearbeiterin / Sekretärin. Sie arbeitet an der Schnittstelle, die für die korrekte und zeitgerechte Umsetzung *neuer Basistexte* in den Packungsbeilagen und Fachinformationen sowie den Promotionsunterlagen zu sorgen hat. Über Anleitung des wissenschaftlichen Personals (im Wesentlichen des medizinischen Fachreferenten und der Zulassungsabteilung) erstellt bzw. ändert sie die entsprechenden Texte der Präparate, legt sie den fachlich Verantwortlichen zur Abzeichnung und dem Abteilungsleiter zur Endfreigabe vor und leitet sie an die Produktion weiter (bzw. an den Sachbearbeiter für die Druckerstellung und Integration in

die Packungen). Die Andrucke kommen anschließend zur letzten Korrektur an die
Lektorstelle vor endgültiger Drucklegung zurück.

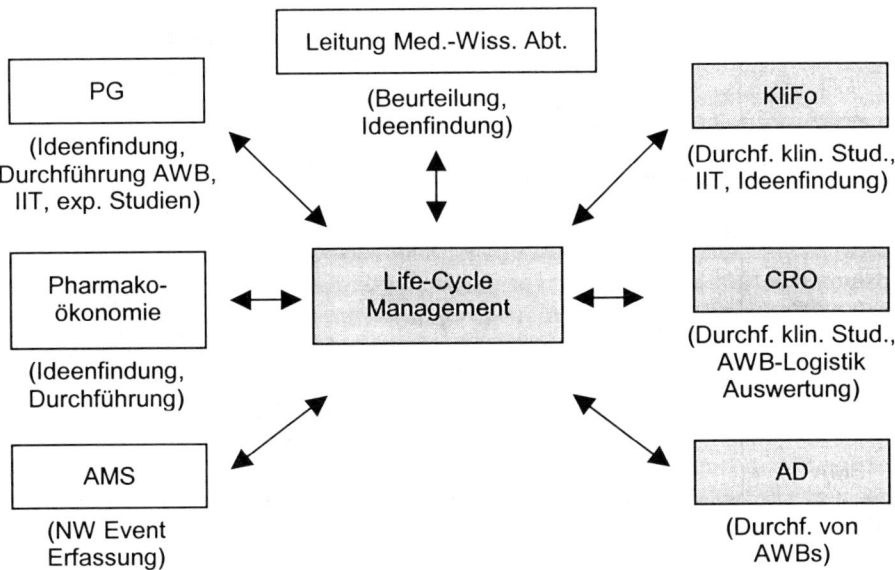

Abb. 4.10. Phase IV-Forschung: Der Life-Cycle Manager im Umfeld

Für einen geordneten und kontrollierbaren Ablauf ist von großer Bedeutung,
dass die jeweils neuesten, gültigen und abgezeichneten Pflichttexte *an einer einzigen Stelle* im Unternehmen lagern und für den Abruf verfügbar sind. So ist am
besten gewährleistet, dass nicht verschiedene und damit zwangsläufig ungültige
Versionen von Packungsbeilagen, Fachinformationen, Pflichttexten für die Werbung und Listeneintragungen (z. B. Rote Liste, Gelbe Liste) in den Verkehr gelangen. Auch für den Abteilungsleiter ist diese Dokumentation an einer Stelle die
beste Gewähr seiner Kontrollverantwortung nachkommen zu können.

Es ist sehr sinnvoll, diese Stelle *in der direkten Verantwortung des Med. Wiss.
Leiters* anzugliedern. Zwar entstehen Anforderungen und Notwendigkeiten im
Rahmen von Zulassungserfordernissen und Arzneimittelsicherheitsfragen. Neueintragungen (ggf. Anwendungsbeschränkungen, Nebenwirkungen oder gar Löschungen von Indikationen) müssen dennoch kritisch hinterfragt werden um ggf.
gravierende Nachteile im Markt nicht unnötig oder voreilig in Kauf zu nehmen.
Der medizinische Fachreferent mit seinem speziellen Wissen zu Präparaten und
Umfeld ist in Kooperation mit der Leitung der Med. Wiss. Abteilung dazu besonders in der Lage und muss im Rahmen der Verantwortung für seine Präparate auch
daran interessiert sein.

Die Abstimmung der einzelnen Abteilungen und die entsprechende Koordination gibt die Abbildung 4.11 wieder.

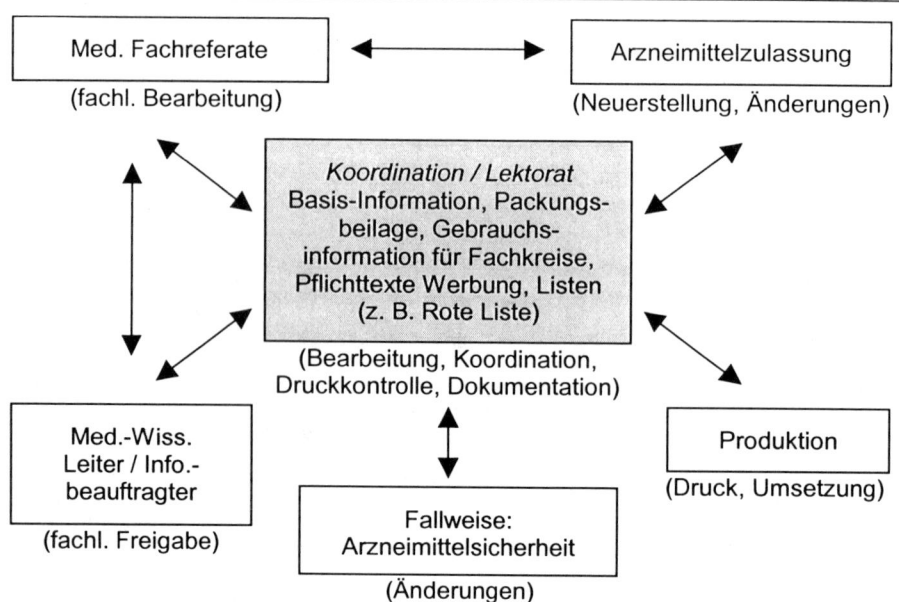

Abb. 4.11. Offizielle Informations-Medien (Fachinformationen, Packungsbeilagen sowie andere Pflichttexte) und deren Bearbeitung

4.2.3
Abteilungsleitung

Die *verantwortliche Führung* des direkten Personals der Abteilung ist jeder Leitungsposition inhärent. Hinzu kommt in der Leitung der medizinisch-wissenschaftlichen Funktionen die Zusammenarbeit und dirigistische Aufgabe gegenüber Mitarbeitern, die ggf. organisatorisch / strukturell anderen Abteilungen eingegliedert sind (z. B. medizinische Fachreferenten in Produktgruppen).

Aus dieser Konstellation ergibt sich eine *vermehrte Führungsaufgabe durch fachliches Wissen und Qualifikation* – eine herausfordernde Aufgabe in größeren Firmen mit vielen Indikationsgebieten und Präparaten! Es ist dem Leiter der Med. Wiss. Abteilung kaum möglich, alle Details aller Präparate und Indikationsgebiete zu kennen. Er muss jedoch in der Lage sein, die Aktivitäten der Firma in allen medizinisch-fachlichen Promotionsgebieten beurteilen zu können bzw. ggf. kritisch zu hinterfragen. Idealerweise ist er durch seine Einblicke in vielfältige Tätigkeiten auch in der Lage, befruchtende Ideen für neue Möglichkeiten in einzelne Produktgruppen hineinzutragen. Generell umfasst das Aufgabenspektrum:

- Einbringung des persönlichen medizinisch-naturwissenschaftlichen Knowhows in den Führungsgremien
- Wahrung der medizinisch-naturwissenschaftlichen Belange im Zusammenhang mit der Promotion der Präparate. Dies beinhaltet die *fachliche Aufsichtspflicht* gegenüber den Produktgruppen sowie eine Kompetenz- und Performancebeurteilung der medizinischen Fachreferenten

- Ausbau der medizinisch-wissenschaftlichen Erkenntnisse zu den Präparaten. Hierzu gehört die Abstimmung der Phase IV Forschung, die *Kontaktierung hochrangiger fachlicher Experten* sowie die Teilnahme an wissenschaftlichen Kongressen
- Stimulation des medizinisch-wissenschaftlichen Personals zur Erarbeitung neuer und neuartiger Promotionsstrategien
- Optimierung der Außendienstqualität durch Schulungsmaßnahmen mit effizienten und innovativen Methoden in Abstimmung mit dem Schulungsleiter
- Sicherstellung wissenschaftlicher Informationswahrnehmung der Marketing-Kommunikationspolitik des Unternehmens
- Repräsentanz in externen fachlichen Gremien und gegenüber Meinungsbildnern
- Gegebenenfalls: Wahrnehmung der Pflichten des Informationsbeauftragten und damit Einhaltung der juristischen und ethischen Normen lt. AMG; Verantwortung für die wissenschaftliche Information in allen Medien

Jede pharmazeutische Firma muss laut Arzneimittelgesetz § 74 a einen sog. „Informationsbeauftragten" der zuständigen Aufsichtsbehörde benennen. Es ist naheliegend, die Aufgaben und Pflichten des Informationsbeauftragten und die Funktion des Leiters der Med. Wiss. Abteilung in einer Person zu vereinen. Der gesetzliche Auftrag des *Informationsbeauftragten* lässt sich im wesentlichen in zwei Punkte fassen:

- Übergeordnete Verantwortung für alle wissenschaftlichen Aussagen, die in Informations- und Promotionsmedien das Haus verlassen
- Schutz des Kunden (Arzt, Apotheker, Endverbraucher) vor Täuschung durch irreführende Angaben

Die relevanten §§ 74 a und 8 des Arzneimittelgesetzes sind im Anhang wiedergegeben.

4.2.4
Anhang

4.2.4.1
Phase IV-Forschung

Kern der Phase IV Konzeptes sind ein Paket von:

- Klinischen Prüfungen zur Klärung *spezifischer Detailfragen,* die im Lebenszyklus des Medikamentes auftreten (z. B. Wirkstoffkonzentrationen in spezifischen Geweben, metabolische Auswirkungen, gastroskopische Erosionsbestimmungen). Die Abklärung solcher *Spezialfragestellungen* kann erforderlich sein:

- zur Erkenntnisanpassung und Gewinnung von Promotionsargumenten –
  entsprechend dem generellen wissenschaftlichen Fortschritt und um Vorsprung vor Mitbewerbern zu erlangen,
- zur Risikoabwehr im Sinne der Verhinderung gefährlicher Wissenslücken,
- zur Absicherung von Zulassungen im Rahmen der obligatorischen Verlängerungen oder der Nachzulassungen (solange zutreffend).

• Flächendeckenden *Anwendungsbeobachtungen* (AWB; Postmarketing Surveillance zum Erkenntnisgewinn im Routinebetrieb an großen Fallzahlen)

Wenn sich ein Medikament in einzelnen Ländern in verschiedenen Stadien des Lebenszyklus befindet, sind die *Anforderungen* an die Phase IV Forschung überwiegend *landesspezifisch*. Durch die Marktnähe der medizinischen Fachreferenten sollte die Ideenkreation für weiterführende Untersuchungen speziell von diesen fachlichen Spezialisten kommen.

Hinsichtlich der juristischen Bestimmungen, der Anforderungen und der Durchführung von klinischen Prüfungen und AWBs kann auf entsprechende Spezialliteratur verwiesen werden.[69] Da im Stadium nach der Zulassung die AWBs eine spezielle Rolle einnehmen soll hier auf einige wesentliche Verständnisaspekte hingewiesen werden:

• AWBs sind nach § 67, Abs. 6 AMG „Untersuchungen, die dazu bestimmt sind Erkenntnisse bei der Anwendung zugelassener Arzneimittel zu sammeln".
  Klinische Prüfungen sind durch strenge Reglementierungen immer artifiziell – AWBs bringen Erkenntnisse unter naturalistischen Routinebedingungen. Somit sind AWBs keine klinischen Prüfungen im Sinne des Arzneimittelgesetzes, der Arzt verschreibt das Medikament im Rahmen seiner üblichen Therapiegewohnheiten, d. h. nach entsprechender Diagnosestellung und Behandlungsentscheidung. Dies bedeutet auch den Wegfall der üblichen Verpflichtungen der klinischen Prüfung, wie Einhaltung strenger Ein- und Ausschlusskriterien, Einteilung der Patienten nach Zufallsverteilung, Anhörung einer Ethikkommission, Patientenversicherung und Einverständniserklärung des Patienten nach Aufklärung.
• Das BfArM hat 1998 Empfehlungen zur Planung, Durchführung und Auswertung von AWBs herausgegeben: Danach dürfen AWBs nicht ausschließlich Marketinginteressen dienen, sondern müssen eine medizinisch-wissenschaftliche Zielsetzung verfolgen.
• In AWBs können besonders Erkenntnisse gewonnen werden zu:
  - Verordnungsverhalten und Verschreibungsgewohnheiten (Therapieschemata, Präferenz spezieller Patientengruppen, Vor- und Begleitmedikation, Beachtung der Fach- bzw. Gebrauchsinformation)
  - Erkenntnisvertiefung hinsichtlich unerwünschter Arzneimittelwirkungen (Häufigkeit und Intensitäten, ggf. neue UAWs, Wechselwirkungen)

---

[69] Vgl. dazu beispielsweise de la Haye, R., Herbold, M. (2000), Victor, N., Schäfer, H., Nowak, H. (1991), Hehner, B. (1991), Mothes, K. G. (1984), Verband Forschender Arzneimittelhersteller e. V. (2000), Witte, P. U., Schenk, J., Schwarz, J. A., Kori-Linder, C. (2000).

- Erkenntniserweiterung zur Wirksamkeit (z. B. Wirksamkeit in Subgruppen, Charakterisierung spezieller Responder / Nonresponder)

Gelegentlich werden die Fragestellungen bzw. Zielsetzungen einer AWB auch in einem sogenannten „*Impetus-Profil*" zusammengefasst:

I   Indikations-Profil
M   Multimorbiditäts-Profil
P   Polypharmaka-Profil
E   Effektivitäts-Profil
T   Therapiestrategie-Profil
U   UAW-Profil (unerwünschte Arzneimittelwirkungen)
S   Setting-Profil (Rahmenbedingungen: Niedergelassene? Kliniker? Fachärzte? zusätzliche Psychotherapie etc.)

Weiterführend können in anspruchsvollen AWBs auch eingebaut werden:

- Erfassung / Änderung von Risikofaktoren
- Pharmakoepidemiologische Fragen
- Pharmakoökonomische Fragen

4.2.4.2
Checkliste „Schulungskonzept bei Neueinführungen" für medizinisch-fachliche Schulungsinhalte

A Grundlegendes Fachwissen

Basisunterlagen
- Indikationsgebiete:
  - Anatomie und Physiologie
  - Pathophysiologie
  - Krankheitsspezifika
  - Diagnostik
  - Therapiespektrum und -grenzen
  - Probleme der Behandlung
  - Medizinische Trends der Zukunft

spezifischer Teil
- Neues Präparat
  - Technische Aspekte (Herstellung, Galenik, Chemie)
  - Therapieprinzip
  - Pharmakologische Wirkung und biochemische Mechanismen im Vergleich zu anderen Präparaten
  - Toxikologie im Vergleich

- Pharmakokinetik bei der Normalpopulation und bei Problempatienten (z. B. Niereninsuffizienz, Leberschäden): Absorption, Verteilung, Exkretion, Halbwertszeit, absolute und relative Bioverfügbarkeit.
- Klinische Wirkung im Vergleich zu anderen Präparaten
- Klinische Verträglichkeit im Vergleich (NW-Spektrum, WW mit anderen Präparaten, KI)
- Handhabung des Präparates und Dosierung
- Spezialaspekte
- Laufendes, internationales Entwicklungsprogramm, z. B. klinische Studien im Life-Cycle-Management
- Konkurrenzpräparate
  - bisherige Therapien
  - Stärken und Schwächen der Präparate (gewichtet nach Marktbedeutung)
  - Abgrenzung zum eigenen Präparat

B Erklärung der Einführungsunterlagen

- Wissenschaftliche Einführungsbroschüre für Fachkreise
- Einführungsfolder: Kurzfassung der wissenschaftlichen Einführungsbroschüre mit den einprägsamsten Darstellungen und Argumenten
- Auswahl wichtiger Publikationen
- Inhalt von Anzeigenwerbung und Aussendungen
- Text Fachinformation und Packungsbeilage; gegebenenfalls inklusive Patiententext

C Aufbau des argumentativen Plans

- Bausteine Einführungsgespräch (abgestimmt auf den Einführungsfolder und die Zielgruppen)
- Schulung der Kernaussagen – wichtigste Botschaften in Kürze („einfach aber interessant")
- Listung der Zusatzargumente
- Reihenfolge des weiteren Argumenteneinsatzes – Vorschau auf spätere Werbebotschaft
- Einwandbehandlung
- Pharmakoökonomische Aspekte

D Schulung und Information zu unterstützenden Maßnahmen

- Anwendungsbeobachtungen (AWB) parallel zur Einführung
- Wissenschaftliche Symposien und / oder Pressekonferenzen
- Laufende / geplante klinische Spezialstudien
- CBT-Programme (computer based training)

Anmerkung: Die Basisunterlagen werden vom Lehrbeauftragten erstellt und präsentiert, die präparatespezifischen Teile präferentiell vom medizinischen Fachreferenten.

4.2.4.3
Informationsbeauftragter lt. AMG

§ 74 a Informationsbeauftragter

(1) Wer als pharmazeutischer Unternehmer Fertigarzneimittel, die Arzneimittel im Sinne des § 2 Abs. 1 oder Abs. 2 Nr. 1 sind, in den Verkehr bringt, hat eine Person mit der erforderlichen Sachkenntnis und der zur Ausübung ihrer Tätigkeit erforderlichen Zuverlässigkeit zu beauftragen, die Aufgabe der wissenschaftlichen Information über die Arzneimittel verantwortlich wahrzunehmen (Informationsbeauftragter). Der Informationsbeauftragte ist insbesondere dafür verantwortlich, dass das Verbot des § 8 Abs. 1 Nr. 2 beachtet wird und die Kennzeichnung, die Packungsbeilage, die Fachinformation und die Werbung mit dem Inhalt der Zulassung oder der Registrierung oder, sofern das Arzneimittel von der Zulassung oder Registrierung freigestellt ist, mit den Inhalten der Verordnungen über die Freistellung von der Zulassung oder von der Registrierung nach § 36 oder § 39 Abs. 3 übereinstimmen. Satz 1 gilt nicht für Personen, soweit sie nach § 13 Abs. 2 Satz 1 Nr. 1, 2, 3 oder 5 keiner Herstellungserlaubnis bedürfen. Andere Personen als in Satz 1 bezeichnet dürfen eine Tätigkeit als Informationsbeauftragter nicht ausüben.

(2) Der Nachweis der erforderlichen Sachkenntnis als Informationsbeauftragter wird erbracht durch das Zeugnis über eine nach abgeschlossenem Hochschulstudium der Humanmedizin, der Humanbiologie, der Veterinärmedizin, der Pharmazie, der Biologie oder der Chemie abgelegte Prüfung und eine mindestens zweijährige Berufserfahrung oder durch den Nachweis nach § 15. Der Informationsbeauftragte kann gleichzeitig Stufenplanbeauftragter, Herstellungs-, Kontroll- oder Vertriebsleiter sein.

(3) Der pharmazeutische Unternehmer hat der zuständigen Behörde den Informationsbeauftragten unter Vorlage der Nachweise über die Anforderungen nach Absatz 2 und jeden Wechsel vorher mitzuteilen. Bei einem unvorhergesehenen Wechsel des Informationsbeauftragten hat die Mitteilung unverzüglich zu erfolgen.

§ 8 Verbote zum Schutz vor Täuschung

(1) Es ist verboten, Arzneimittel herzustellen oder in den Verkehr zu bringen, die

1. durch Abweichung von den anerkannten pharmazeutischen Regeln in ihrer Qualität nicht unerheblich gemindert sind oder

2. mit irreführender Bezeichnung, Angabe oder Aufmachung versehen sind. Eine Irreführung liegt insbesondere dann vor, wenn

a) Arzneimitteln eine therapeutische Wirksamkeit oder Wirkungen beigelegt werden, die sie nicht haben,

b) fälschlich der Eindruck erweckt wird, dass ein Erfolg mit Sicherheit erwartet werden kann oder dass nach bestimmungsgemäßem oder längerem Gebrauch keine schädlichen Wirkungen eintreten,

c) zur Täuschung über die Qualität geeignete Bezeichnungen, Angaben oder Aufmachungen verwendet werden, die für die Bewertung des Arzneimittels mitbestimmend sind.

(2) Es ist verboten, Arzneimittel in den Verkehr zu bringen, deren Verfallsdatum abgelaufen ist.

Teil C:

Spezielle Fragen zu Markt und Unternehmenssteuerung

1 Rechtliche Aspekte

1.1
Rechtsfragen bei der Durchführung klinischer Studien

Alexander P. F. Ehlers, Isabel Weizel
Ehlers, Ehlers & Partner, München

Medikamente sind Teil unseres Lebens geworden und stehen unter anderem auch als Synonym für die Fortschrittlichkeit der menschlichen Gesellschaft. Aufgrund des hohen Gefährdungspotenzials dürfen Medikamente jedoch nicht so einfach in den Verkehr gebracht werden wie andere Waren des täglichen Lebens.

Um einen dementsprechenden Sicherheitsstandard von Medikamenten gewährleisten zu können, unterliegen sie einer generellen Zulassungspflicht. Der Weg, den ein Medikament bis zu seiner Zulassung gehen muss, ist weit. Die Entwicklungszeit von den ersten Versuchen im Reagenzglas bis zur Marktreife beträgt durchschnittlich 12 Jahre. Teile dieser Entwicklung sind die klinischen Studien, die von vielen Rechtsfragen begleitet sind.

1.1.1
Begriffe

1.1.1.1
Klinische Studien und Arzneimittelprüfung

Als klinische Studien werden alle systematischen Humanexperimente und Heilversuche bezeichnet. Hierunter fällt in erster Linie die klinische Prüfung von Arzneimitteln.

Die klinische Prüfung ist per Definition jede am Menschen durchgeführte systematische Untersuchung von Arzneimitteln, um klinische, pharmakologische und sonstige pharmakodynamische Wirkungen von Prüfpräparaten zu erforschen oder zu bestätigen und / oder alle Nebenwirkungen von Prüfpräparaten festzustellen und / oder die Resorption, die Verteilung, den Stoffwechsel und die Ausscheidung von Prüfpräparaten zu untersuchen, um deren Unbedenklichkeit und Wirksamkeit festzustellen.[1] Die ausreichende klinische Prüfung des Arzneimittels ist gemäß § 25 Abs. 2 Nr. 2 AMG Vorraussetzung für dessen Zulassung. Es werden allerdings nicht nur neue Substanzen geprüft, sondern auch bekannte Medikamente mit Bezug auf neue Indikationen.

Keine klinische Arzneimittelprüfung ist der Heilversuch im Einzelfall. Die Einordnung von Therapieoptimierungsprüfungen, sogenannte TOP, richtet sich danach, ob die jeweilige Prüfung methodisch und sachlich die Prüfung von Arzneimitteleigenschaften bezweckt und umsetzt. Bei der Optimierung einer Arzneimitteltherapie handelt es sich in der Regel um eine klinische Prüfung.[2] Jedoch müssen auch TOP, die keine klinischen Prüfungen sind, den Anforderungen einer solchen Prüfung genügen, insbesondere den Regelungen der „Good Clinical Practice" (GCP).

1.1.1.2
Durchführung der klinischen Prüfung

Die klinische Arzneimittelprüfung erfolgt in vier Prüfungsphasen.

Prüfungen der Phase I finden an wenigen, in der Regel gesunden, Probanden statt und dienen der vorläufigen Bewertung der Unbedenklichkeit der Anwendung und der erstmaligen Beschreibung des pharmakokinetischen bzw. pharmakodynamischen Profils sowie der Überprüfung der Dosierung und Verträglichkeit. Die Phasen II bis IV, welche an zunächst kleineren und anschließend an größeren Patientenzahlen stattfinden, dienen der therapeutischen Wirksamkeits- und Unbedenklichkeitsüberprüfung. Die Zulassung eines Arzneimittels wird nach Phase III beantragt. In der Phase IV der klinischen Prüfung wird das Arzneimittel nach seiner Zulassung überwacht.

1.1.2
Rechtsgrundlagen der klinischen Prüfung

1.1.2.1
Arzneimittelprüfrichtlinien nach § 26 AMG

Nach § 26 AMG erlässt das Bundesministerium für Gesundheit Arzneimittelprüfrichtlinien, die definieren, welche Anforderungen die zuständige Bundesoberbehörde an die analytische, die pharmakologisch-toxikologische, die klinische Prüfung sowie an die Rückstandsprüfung stellt. Es handelt sich hierbei um allgemeine Verwaltungsvorschriften, die sich mittelbar auch an die Antragsteller richten, welche bei der Erstellung der Zulassungsunterlagen die Prüfrichtlinien zu beachten haben.

---

[1] Vgl. Vierter Abschnitt der Bekanntmachung der Neufassung der Allgemeinen Verwaltungsvorschrift zur Anwendung der Arzneimittelprüfrichtlinien vom 05. Mai 1995 (BAnz Nr. 96a).

[2] Vgl. Hart, D. (2000), S. 780.

Mit § 26 AMG wurden europäische Vorschriften[3] für einen einheitlichen Maßstab bei der Prüfung der Qualität, Wirksamkeit und Unbedenklichkeit eines zulassungs- oder registrierungspflichtigen Arzneimittels innerhalb der Europäischen Union umgesetzt. Ergänzt werden die Arzneimittelprüfrichtlinien durch die internationalen Richtlinien der WHO (World Health Organisation), der OECD (Organization for Economic Cooperation and Development) und der PIC (Pharmazeutische Inspektions Convention).

Die Prüfrichtlinien befassen sich mit chemischen, pharmazeutischen und biologischen Versuchen mit Arzneimitteln, mit toxikologischen und pharmakologischen Versuchen und stellen Regeln über klinische Unterlagen auf. Planung, Methode, Durchführung, Auswertung und Dokumentation müssen den Grundsätzen für die ordnungsgemäße Durchführung der klinischen Prüfung von Arzneimitteln, der GCP (Good Clinical Practice), entsprechen.[4]

1.1.2.2
Kosten

Kosten der Arzneimittel

Arzneimittel, die zur klinischen Prüfung bestimmt sind, dürfen nach § 47 I Nr. 2 g AMG an Krankenhäuser und Ärzte nur abgegeben werden, sofern sie kostenlos zur Verfügung gestellt werden. Diese Vorschrift wurde im Rahmen der 5. AMG Novelle geändert und hat den Zweck zu verdeutlichen, dass klinische Prüfungen nicht auf Kosten der Krankenkassen oder zu Lasten Dritter durchgeführt werden sollen.[5] Für die Phasen I bis III der klinischen Prüfung entspricht diese Regelung der gängigen Praxis.

Ausnahmen gibt es hiervon soweit es sich um reine Anwendungsbeobachtungen, z. B. in der Phase IV, oder Dosismaximierungsstudien handelt. Ebenso aber auch in der experimentellen Onkologie und bei Hilfe in höchster Not in Form des *compassionate use*. In allen diesen Fällen fehlt es an dem Grund für eine Kostenüberwälzung auf den Hersteller und es wäre auch nach der Rechtsprechung des Bundesverfassungsgerichtes ein Übermaß, wenn die genannten Behandlungen, speziell mit teuren onkologischen Präparaten, nur weil sie auch einen wissenschaftlichen Zweck verfolgen, kostenlos zu erfolgen hätten.[6] Insofern hat das Bundesverfassungsgericht durch einstweilige Anordnung sowie wiederholt durch Beschluss die Regelung des § 47 I Nr. 2 g AMG vorläufig, bis zur Entscheidung einer hierzu anhängigen Verfassungsbeschwerde, außer Kraft gesetzt.[7] Es gilt also den Begriff der klinischen Prüfung im Rahmen dieser Regelung sehr eng auszulegen.

---

[3] RL 75/318/EWG zuletzt geändert durch die RL 91/507/EWG.
[4] GCP sind ein Leitfaden, den die ICH (International Conference on Harmonisation) herausgibt.
[5] Vgl. BT-Dr. 12/7572, S. 6.
[6] Vgl. BVerfG NJW 95, S. 771, und Deutsch, E. (1999), Rn. 775 .
[7] Vgl. BVerfG, NJW 95, S.771, BGBl. S. 1720, und Rehmann, W. A. (1999), § 47 Rn. 4.

Honorare

Ein vieldiskutiertes Problem stellen die Honorare für Ärzte zum Beispiel im Rahmen von Anwendungsbeobachtungen dar. In diesem Zusammenhang werden immer wieder Stimmen laut, die sich auf einen Interessenskonflikt des Arztes beziehen, bis hin zu Korruptionsvorwürfen gegenüber dem die Beobachtung durchführenden pharmazeutischen Unternehmen und den Ärzten. Grundsätzlich kann eine Tätigkeit des Arztes, wie beispielsweise das Ausfüllen eines Fragebogens im Rahmen einer Anwendungsbeobachtung, angemessen honoriert werden. Als *angemessen* gilt in diesem Zusammenhang ein Honorar, das die Mühen und den Zeitaufwand für das Ausfüllen und Rücksenden des Berichtbogens vergütet und keinen Anreiz dazu bietet, das zu beobachtende Arzneimittel häufiger als vorgesehen anzuwenden.

Eine vertragliche Honorarvereinbarung vor Durchführung der Studie, welche eine Abrechnung z. B. analog GOÄ bestimmt, erscheint hierbei als geeignetes Mittel, um etwaigen Vorwürfen vorzubauen, da insofern eine leistungsbezogene und transparente Honorierung möglich ist. Dies entspricht auch § 17 BPI[8], der für ärztliche Honorare eine leistungsbezogene und angemessene Vergütung auf Basis einer schriftlichen Vereinbarung vorschreibt.

Eine Anwendungsbeobachtung ist gem. § 67 VI AMG zwar unverzüglich gegenüber der Kassenärztlichen Bundesvereinigung und der gem. § 77 AMG zuständigen Bundesoberbehörde anzuzeigen, aber keine klinischen Prüfungen im Sinne der §§ 40 ff AMG.[9]

Darüber hinaus ist es dem Arzt gemäß § 34 Abs. 1 MBO[10] explizit untersagt, für die Verordnung von Arznei-, Heil- und Hilfsmitteln von dem Hersteller eine Vergütung oder sonstige wirtschaftliche Vergünstigung zu fordern oder anzunehmen. Eine Verordnung unter dem Gesichtspunkt einer Art von Provisionsvereinbarung wäre unärztlich. Die Verordnung eines Medikaments muss sich allein an sachlichen, den Interessen der Gesundheit des Patienten dienenden Maßstäben orientieren.[11]

1.1.2.3
Gesetzessystematik der Arzneimittelprüfung gemäß §§ 40 ff AMG

Die klinische Prüfung von Arzneimitteln ist national in den §§ 40 ff AMG geregelt, die einerseits dem Schutz des Menschen vor den Gesundheitsgefahren der klinischen Prüfung dienen und andererseits die Bedingungen der klinischen Prüfung nur soweit zu regeln versuchen, dass eine klinische Prüfung und insofern eine Neuentwicklung von Medikamenten überhaupt möglich ist. Während § 40 AMG die Vorraussetzungen der klinischen Prüfung am gesunden Menschen bzw. Probanden regelt, normiert § 41 AMG die am Kranken und betrifft insoweit den *Heilversuch* am Patienten.

Das Verhältnis der Vorschriften der §§ 40 bis 42 AMG zueinander ist kompliziert. Die Systematik der Vorschriften erschließt sich am besten, indem man sie in

---

[8]   Kodex der Mitglieder des Bundesverbandes der Pharmazeutischen Industrie e.V.
[9]   Vgl. Kloesel, A., Cyran, W. (1998), § 67 Anm. 21.
[10] Musterberufsordnung der deutschen Ärzte.
[11] Vgl. Ratzel, R., Lippert, H.-D. (2001), § 34 Rn. 1.

umgekehrter Reihenfolge, beginnend mit § 42 AMG liest. § 42 AMG regelt, wann die Vorschriften über die klinische Prüfung keine oder nur eingeschränkte Anwendung finden. Demzufolge ist § 40 AMG, bei bereits zugelassenen und von der Zulassungspflicht freigestellten Arzneimitteln, nur teilweise anwendbar. Auch bei Labordiagnostika, Grobdesinfektinsmitteln sowie Insektenvertilgungsmitteln gem. § 2 Abs. 2 Nr.4 AMG finden die §§ 40 und 41 AMG keine Anwendung.[12] Die Bestimmungen des § 41 AMG ergänzen zum Teil die Regelungen des § 40 AMG oder modifizieren sie.

1.1.2.4
Allgemeine Voraussetzungen der klinischen Prüfung gemäß § 40 AMG

Anwendungsbereich
Die allgemeinen Vorraussetzungen des § 40 AMG beziehen sich auf alle Phasen der klinischen Prüfung. Auch die Arzneimittelprüfungen nach Zulassung, also die der Phase IV, unterfallen gem. § 42 AMG den allgemeinen Voraussetzungen, mit Ausnahme der pharmakologisch-toxikologischen Prüfung, deren Ergebnisvorlage und des Votums der Ethik-Kommission. Die klinische Prüfung darf erst beginnen, wenn sämtliche der Voraussetzungen des § 40 I AMG vorliegen.

Pharmakologisch-toxikologische Prüfung
Jeder klinischen Prüfung eines neuen Arzneimittels geht eine präklinische Prüfung gem. § 40 I Nr. 5 AMG voraus. Diese wird als pharmakologisch-toxikologische Prüfung bezeichnet und muss dem jeweiligen Stand der wissenschaftlichen Erkenntnisse, welcher sich aus den Arzneimittelprüfrichtlinien ergibt, entsprechen. Die erforderlichen Angaben über Wirkungen und das biochemische Verhalten des Präparates werden an Organpräparaten und im tierischen Organismus erforscht.

Prüfplan, Prüfer
Nach § 40 I Nr. 6 AMG ist ein Prüfplan zusammen mit den Unterlagen über die pharmakologisch-toxikologische Prüfung beim BfArM (Bundesinstitut für Arzneimittel und Medizinprodukte) zu hinterlegen. Dieser ist einerseits auf die Prüfer bezogen und damit medizinisch-wissenschaftlich, andererseits ist er, soweit er auf die Studienpersonen bezogen ist, schutzorientiert.

Der Prüfplan muss den Prüfort sowie die Prüfer angeben. Als leitende Prüfer dürfen gem. § 40 I Nr. 4 AMG nur Ärzte mit nachgewiesener, mindestens zweijähriger Erfahrung in der klinischen Arzneimittelprüfung, eingesetzt werden. Der Inhalt des Prüfplanes ist nicht abschließend vorgegeben und muss vielmehr, um dem jeweiligen Stand der wissenschaftlichen Erkenntnisse zu genügen, diesem angepasst werden.[13] Insbesondere ist jedoch der aktuelle Stand der Wissenschaft, die Fragestellung der Studie, die wissenschaftliche Begründung der Ziele, Aussagen zur Ethik sowie das Ergebnis einer eventuellen Pilotstudie darzulegen. Wei-

---

[12] Vgl. Rehmann, W. A. (1999), § 42 Rn. 2.
[13] Vgl. Deutsch, E., Lippert, H.-D. (2001), § 40 Rn. 12.

terhin ist unter anderem die Vorgehensweise, die Gruppenbildung samt Zuteilung, die Auswahl und Kontrollmechanismen, Zahl der Versuchspersonen, Auswertung und Dokumentation, erwartetes Ergebnis und die Abbruchkriterien darzustellen. Insgesamt sollte der Prüfplan also folgende Punkte enthalten:[14]

1. Deckblatt:
   Titel des Projekts, Leiter der Prüfung gem. AMG, Prüfarzt, Beteiligte an der klinischen Prüfung, Biometriker, Sponsor, Monitor, Datum und Version des Prüfplans.
2. Zusammenfassung
3. Inhaltsverzeichnis
4. Einleitung mit wissenschaftlichen Grundlagen
5. Ziele der Studie und Kriterien: Hauptzielkriterien, Nebenzielkriterien
6. Prüfsubstanz:
   allgemeine Beschreibung, therapeutische Wirkungen, unerwünschte Wirkungen, Bereitstellung der Prüfmuster, Chargenbezeichnung, Beschriftung
7. Studientyp (-design)
8. Ein- und Ausschlusskriterien
9. Randomisierungsverfahren / -plan
10. Studienablauf einschließlich Dosierung des Arzneimittels
11. Begleittherapie
12. Sicherheitslabor
13. Definition der unerwünschten und schwerwiegend unerwünschten Ergebnisse
14. Abbruchkriterien: individuell, gesamte Studie
15. Statistisches Design
16. Rechtliche und ethische Aspekte:
    Meldung an Regierungspräsidium, Vorlage des Prüfplans beim BfArM, Hinterlegung der präklinischen Daten, Patienten-Versicherung, Ethikkommission, Datenschutz, Einblick in Originalunterlagen / Monitoring, Patienten- / Probandenaufklärung, Einverständniserkärung
17. Studienbedingte radiologische Diagnostik
18. Unterschriften

Der Prüfplan dient insofern als eine Art Checkliste für die Vollständigkeit der bei der Ethikkommission einzureichenden Unterlagen.

Nutzen / Risiken Abwägung
Nach § 40 I Nr. 1 AMG müssen die für den Probanden mit der Durchführung der Prüfung verbundenen Risiken vertretbar sein. Es wird also eine Abwägung zwischen dem Nutzen bzw. der Bedeutung des Arzneimittels für die Heilkunde und den Risiken für die Einzelperson durchgeführt. Für diese Güterabwägung, die ein Arzt sowohl vor Beginn der Prüfung vornimmt, als auch im Verlauf der Prüfung wiederholt, sind die aus der präklinischen Prüfung gewonnenen Erkenntnisse heranzuziehen. Sie werden im Verlauf der Prüfung ständig verifiziert. Die Relation des individuellen Schutzes und die Notwendigkeit des medizinischen Fort-

---

[14] Vgl. Walter-Sack, I. (1997), S. 304.

schritts, der wiederum der Menschheit und dem Einzelnen nutzt, ist sorgfältig abzuwägen. Maßgebend sind hierfür die Grundsätze der Revidierten Deklaration von Helsinki über die ethische Vertretbarkeit des Risikos.[15]

Aufklärung und Einwilligung

Für jede klinische Prüfung ist zwingend eine Einwilligung des Probanden vorausgesetzt. Die Einwilligung ist, abgesehen von den seltenen Ausnahmefällen der Behandlungspflicht, grundsätzlich für jede medizinische Maßnahme erforderlich. Sie kann nur nach angemessener Aufklärung wirksam erteilt werden, wobei der Proband gem. § 40 I Nr. 2 AMG „durch einen Arzt über Wesen, Bedeutung und Tragweite der klinischen Prüfung aufgeklärt" werden muss.[16]

Eine fehlende oder infolge unzureichender Aufklärung unwirksame Einwilligung ist bei einer dennoch erfolgten Prüfung straf- und haftungsrechtlich relevant, da sie die Rechtswidrigkeit des im Verlauf einer klinischen Prüfung stattfindenden Körpereingriffes nicht beseitigt. Es gilt insoweit das Prinzip des *informed consent*, der Einwilligung nach Aufklärung, welches als allgemeiner Rechtsgedanke und Ausfluss des Selbstbestimmungsrechts eines jeden Menschen in der Helsinki-Deklaration des Weltärztebundes als entscheidende Voraussetzung klinischer Prüfungen genannt wird.[17] Als Beispiel sei hier ein Fall aus Kanada angeführt. Ein Student hatte sich zur Verfügung gestellt ein neues Medikament an sich testen zu lassen. Er wurde darüber aufgeklärt, dass es sich um ein Anästhetikum handelt und ihm ein Katheter in die Armvene eingeführt wird. Die Aufklärung wurde von ihm formgerecht durch Unterschrift auf einem Formular bestätigt, wobei darin auch ein Anspruchsverzicht aufgenommen war. Im Laufe des Versuchs erlitt er einen Herzstillstand, nachdem ihm das Anästhetikum eingespritzt und der Katheter bis ins Herz vorgeschoben wurde. Der Herzstillstand konnte nach 90 Sekunden behoben werden. Der Student war mit seiner anschließenden Klage erfolgreich, da das zuständige Gericht feststellte, dass der Eingriff in die körperliche Unversehrtheit des Studenten nicht durch die von ihm erteilte Einwilligung gedeckt war, weil dieser eine unvollständige Aufklärung zu Grunde lag.[18]

Die Aufklärung muss also eine umfassende Darstellung des Ablaufs der Prüfung im Bezug auf den Probanden beinhalten. Sie muss weiterhin konkret auf die Erprobung des betroffenen Arzneimittels eingehen und dem Probanden klarmachen, dass er ein nicht zugelassenes und nicht ausgetestetes Arzneimittel erhält. Es ist hierbei auch auf die Bildung von Kontrollgruppen und im Falle von Blindstudien darauf einzugehen, dass einer Probandengruppe Placebos verabreicht werden. Im Sinne des Datenschutzgesetzes ist die Einwilligung des Probanden nach § 40 I Nr. 2 AMG auch hinsichtlich der Aufzeichnung und Weitergabe der Krankheitsdaten an die Auftraggeber und die zuständige Behörde einzuholen.

Während das Aufklärungsgespräch zwischen Arzt und Versuchsperson mündlich zu erfolgen hat, wobei *vorbereitende* schriftliche Aufklärungsformulare zulässig und sinnvoll sind, ist gem. § 40 II Nr. 2 AMG die Einwilligung vom Proban-

---

[15] Vgl. Kloesel, A., Cyran, W. (1998), § 40 Nr. 4.
[16] Vgl. ICH, Kapitel 1 Abschnitt 1.28.
[17] Vgl. Höfling, W., Demel, M. (1999), S. 540.
[18] Vgl. Deutsch, E. (2001), S. 109.

den selbst schriftlich zu erteilen. Mit Schriftlichkeit ist die handschriftliche Unterzeichnung (gem. § 126 I BGB) gemeint.

Die folgenden Listen[19] zur Aufklärung und Einwilligung gelten sowohl für das Humanexperiment gem. § 40 AMG, als auch für den Heilversuch gem. § 41 AMG.

Aufklärung:
1. Wesen, Ablauf und Titel der Studie
2. Sinn der Studie, individueller Nutzen
3. Risiken, unerwünschte Nebenwirkungen
4. Nutzen / Risiko-Abwägung
5. Andere Behandlungsmöglichkeiten (Heilversuch)
6. Randomisierung und ggf. Verblindung
7. Freiwilligkeit der Teilnahme, Rücktrittsrecht
8. Datenschutz (personenbezogene Daten)
9. Einblick in die Originalunterlagen
10. Probanden- / Patienten-Versicherung (Name, Anschrift der Versicherung, Police-Nummer, Obliegenheiten der Patienten)

Einwilligung:
11. Freiwillige Zustimmung zur Teilnahme
12. Erhalt der schriftlichen Patientenaufklärung
13. Bestätigung der *mündlichen* Aufklärung
14. Zustimmung zur Aufzeichnung von Krankheitsdaten
15. Zustimmung zur Weitergabe der Daten und Einsichtnahme durch die Überwachungs- / Bundesbehörde, Mitarbeiter des Auftraggebers, andere Monitore, zum Zweck der Überprüfung

Wirksamkeit der Einwilligung
Die Einwilligung ist nach § 40 II AMG nur wirksam, wenn die Person, die sie abgibt, geschäftsfähig und in der Lage ist, Wesen, Bedeutung und Tragweite der klinischen Prüfung einzusehen und ihren Willen hiernach zu bestimmen. Geschäftsfähigkeit des Einwilligenden wird also vorrausgesetzt. Seine Einwilligung ist selbst zwar kein Rechtsgeschäft sondern eine tatsächliche Erklärung[20], sie wird jedoch in Übereinstimmung mit einem wirksamen Behandlungs- oder Versuchsvertrag abgegeben. Dabei sollen die vertraglichen Beziehungen unter den Parteien und die Einwilligung zur Teilnahme an klinischen Studien synchron laufen.

Klinische Forschung an Einwilligungsunfähigen
Die klinische Forschung an einwilligungsunfähigen Personen wird sehr kontrovers diskutiert. Es gilt hierbei bei der Vielzahl von sachgerechten Überlegungen, und insofern vor allem den Interessen der Betroffenen gerecht zu werden. Nicht zur Einwilligung fähig sind zum einen *psychisch Kranke*, die unter Vormundschaft oder Betreuung stehen. Zum anderen sind das die *nicht mehr Einwilligungsfähigen*

---

[19] Vgl. Walter-Sack, I. (1997), S. 304.
[20] Vgl. BGHZ 29, 33, 36 und Deutsch, E. (2001), S. 110.

wie zum Beispiel der aufgrund eines Unfalls oder Schlaganfalls Bewusstlose. Für beide Gruppen von Einwilligungsunfähigen kommt eine gesetzliche Vertretung im Wege der Vormundschaft oder Betreuung in Betracht. Diese unterliegt wiederum der Beschränkung des § 1904 BGB, der vorschreibt, dass die Einwilligung des Betreuers in medizinische Maßnahmen der Genehmigung des Vormundschaftsgerichts bedarf, soweit zu befürchten ist, dass der Betreute aufgrund der Maßnahme stirbt oder Schaden erleidet.

Eine Ausnahme besteht jedoch für den Fall, dass mit dem Aufschub Gefahr verbunden ist. Der Wortlaut des § 1904 BGB („Untersuchung des Gesundheitszustandes, Heilbehandlung oder ärztlicher Eingriff") spricht zwar im Rahmen der Weite des allgemeinen Sprachgebrauchs dafür ihn auch auf die klinische Prüfung anzuwenden. Jedoch wird dessen Anwendung schon allein deshalb ausgeschlossen sein, weil die Ethikkommission klinische Versuche, bei denen die Gefahr des Todes oder schwerer und länger dauernder gesundheitlicher Schäden besteht, nicht positiv bewertet wird.[21]

In § 41 Nr. 4 AMG ist im Bezug auf den Einwilligungsunfähigen, in der Rolle des Patienten, geregelt, dass, nach Zustimmung seines gesetzlichen Vertreters, der therapeutische Versuch zulässig ist. Der rein wissenschaftliche Versuch ist hiervon nicht erfasst.

Mitunter wird für das Humanexperiment auch die antizipierte, also vorab erklärte Zustimmung des Einwilligungsunfähigen erwogen. Diese erscheint zum Beispiel im Zusammenhang mit einer fortschreitenden Demenz bei Alzheimer-Patienten als möglich. Problematisch ist diesbezüglich aber schon die hinreichend konkrete Zustimmung zu einem in der Zukunft liegenden Forschungsprojekt. Darüber hinaus wird es jedenfalls bei einer lange vor dem Versuch erklärten Einwilligung an einer dementsprechenden Aufklärung fehlen. Zum Zeitpunkt seiner Zustimmung kennt der antizipiert Einwilligende weder die Art, noch den genauen Inhalt des zukünftigen Forschungsprojekts.[22]

Die verfassungsrechtliche Bedenklichkeit des Humanexperiments mit Einwilligungsunfähigen ist, hinsichtlich des Grundrechts auf Leben und körperliche Unversehrtheit nach Art. 1 GG sowie einer Verletzung der Menschenwürde, evident. Letztlich wird eine diesbezügliche Diskussion auch durch die Umsetzung der Richtlinie 2001/20/EG des Europäischen Parlaments und des Rates vom 04. April 2001 zur Durchführung klinischer Prüfungen mit Arzneimitteln ein Ende finden.[23] Nach dieser Richtlinie sind Versuche an Einwilligungsunfähigen nur insoweit zulässig, als sie zu Gunsten der Versuchsperson erfolgen. Die Ethikkommissionen sind nach der Umsetzung der Richtlinie in nationales Recht an sie gebunden.

Minderjährige
Einwilligungsunfähig sind auch Kinder, die noch nicht selbst über ihre eigene Behandlung bestimmen können. Die Volljährigkeit und unbeschränkte Geschäftsfähigkeit, welche mit der Vollendung des 18. Lebensjahres eintritt, spielt bei der medizinischen Behandlung und Einwilligung nicht die entscheidende Rolle. Nor-

---

[21] Vgl. Deutsch, E. (2001), S. 111.
[22] Vgl. Höfling, W., Demel, M. (1999), S. 542.
[23] Umsetzungsfrist nach Art. 22 I der Richtlinie bis 01.05.2003.

malerweise sind Jugendliche schon im Alter ab 16 Jahren aufklärungs- und einwilligungsfähig. Jedoch gelten für den Minderjährigen bei der klinischen Prüfung gem. § 40 IV AMG besondere Regeln. Das Humanexperiment mit minderjährigen Probanden ist nur subsidiär zur klinischen Prüfung an Erwachsenen zulässig, also nur dann, wenn mit Erwachsenen keine ausreichenden Prüfergebnisse zu erwarten sind.[24]

Die Einwilligung wird durch den gesetzlichen Vertreter oder einen gerichtlich bestellten Pfleger erteilt. Ab einer gewissen Einsichtsfähigkeit des Minderjährigen, welche in der Regel im Alter von 12 Jahren gegeben ist, ist zusätzlich die Einwilligung des Minderjährigen erforderlich. Die klinische Prüfung ist auf Arzneimittel beschränkt, die zum Erkennen oder Verhüten von Krankheiten (Diagnostika und Prophylaktika) bei Minderjährigen bestimmt sind. Darüber hinaus muss die Anwendung des Medikaments angezeigt sein, um bei dem einzelnen Minderjährigen Krankheiten zu erkennen oder ihn vor Krankheiten zu beschützen.

Ethikkommission und Votum

Ethikkommissionen befassen sich mit Recht, Ethik und Medizin der klinischen Forschung am Menschen und sind im Arzneimittelgesetz verankert. Insofern darf gemäß § 40 I Nr. 6 AMG mit der klinischen Prüfung eines Arzneimittels am Menschen grundsätzlich erst begonnen werden, wenn die konkrete Prüfung bzw. deren Prüfplan zuvor von einer Ethik-Kommission zustimmend bewertet und dem BfArM zusammen mit den nach § 40 I Nr. 6 AMG erforderlichen Unterlagen vorgelegt worden ist. Der Prüfrahmen ist mit den Bestimmungen des § 40 I AMG vom Gesetzgeber abschließend vorgegeben und darf von der Ethikkommission nicht durch weitere Voraussetzungen erweitert werden. Es bedarf im Falle der Zustimmung keiner Begründung der Bewertung. Nicht ausreichend ist eine bloße Begutachtung durch die Kommission, es muss sich um ein zustimmendes Votum handeln. Der Prüfplan ist ein wesentlicher Ausgangspunkt für die ethische Beurteilung durch die Ethikkommission. Befasst sie sich überhaupt nicht mit dem vorgelegten Prüfplan gilt dies als Ablehnung. Liegt kein zustimmendes oder ein ablehnendes Votum vor, ist die klinische Prüfung nur dann möglich, wenn das BfArM innerhalb von 60 Tagen nach Eingang der Unterlagen nicht widerspricht. Insoweit verlagert sich durch das Schweigen die Verantwortung von der Ethikkommission auf die Bundesbehörde.

Bildung und Funktion

Die Ethikkommissionen werden nach Landesrecht errichtet und sind in der Bundesrepublik regelmäßig in den Heilberufsgesetzen der Länder geregelt. Sie sollen einerseits Patienten und Probanden vor den Gefahren einer Gesundheits- bzw. Körperverletzung und des Todes schützen. Weiterhin sollen sie auf eine vollinformierte Zustimmung der Versuchperson hinwirken und deren Privatsphäre sichern. Andererseits ist es auch die Aufgabe der Ethikkommission die Forscher davor zu bewahren, in ihrem Drang nach Weiterentwicklung die zulässigen Grenzen zu überschreiten. Des weiteren soll sie auch die Institution, an der sie errichtet

---

[24] Vgl. Deutsch, E., Lippert, H.-D. (2001), § 40 Rn. 21.

wurde, vor den Folgen unethischer Forschung bewahren. Die Ethikkommission hat keinen erwerbswirtschaftlichen Zweck.[25]

Multizentrische Studien
Findet im Rahmen multizentrischer Studien die Prüfung eines Arzneimittels an mehreren, verschiedenen Orten statt, ist gegenüber dem BfArM die für den Prüfleiter zuständige Ethikkommission als leitende und koordinierende Kommission gem. § 40 I Nr. 6 AMG bestimmt worden. Ihre Aufgabe besteht in der Koordination und Zusammenfassung der Stellungnahmen der anderen zuständigen Ethikkommissionen, welche in ihr Votum gegenüber dem BfArM einfließen. Außerdem ist sie für die Mitteilung von Nebenwirkungen zuständig.[26]

Anzeige von Nebenwirkungen
Schwerwiegende oder unerwartet unerwünschte Ereignisse, die die Sicherheit der Studienteilnehmer oder die Durchführung der Studie beeinträchtigen können, sind nach § 40 I 4 AMG der Ethikkommission mitzuteilen. Nach § 7 I 2 KlinPrüfV sind diese Nebenwirkungen folgendermaßen definiert: *„schwerwiegende unerwünschte Ereignisse* sind solche, bei denen die Gewissheit oder der begründete Verdacht besteht, dass das Leben bedroht oder die Gesundheit schwer oder dauernd geschädigt wird, oder bei denen die Möglichkeit besteht, dass sie den Tod zu Folge haben, lebensbedrohlich sind, eine maligne Erkrankung verursachen, angeborene Missbildungen hervorrufen, bleibende Schäden verursachen oder eine Einweisung in ein Krankenhaus oder eine Verlängerung des Aufenthalts erforderlich machen. *Unerwartet unerwünschte Ergebnisse* sind solche, die nach Art und Schwere bei der vorgesehenen Dosierung im Prüfplan nicht aufgeführt sind.“

Auf die Mitteilung solcher Nebenwirkungen hin hat die Ethikkommission oder ein von ihr beauftragtes Mitglied zu prüfen, ob die Nebenwirkungen die Zulässigkeit der Studie beeinträchtigen. Es kommt dabei auf die Kausalität und das örtliche Vorkommnis an. Bei gravierenden Nebenwirkungen hat sich die Ethikkommission erneut mit der Studie zu befassen und kann dabei ihr Votum abändern, Auflagen machen, eine Trendaufklärung verlangen oder neue Ein- und Ausschlusskriterien festsetzen.[27]

Haftung der Ethikkommission
Die Ethikkommission trifft die Pflicht die Bewertung einer klinischen Prüfung so zu treffen, dass das Wohlergehen der Probanden und Patienten sichergestellt ist. Bei einer Verletzung dieser Pflicht kommt eine Haftung der bestellenden Behörde, also der Ärztekammer, Universität oder Großklinik für die institutionelle Ethikkommission, unter den Voraussetzungen der Staatshaftung gem. Art. 34 GG, § 839 BGB, in Betracht. Bei grober Fahrlässigkeit ist der Rückgriff gegen die Mitglieder der Kommission vorbehalten. Das Votum der Ethikkommission ist als

---

[25] Vgl. Deutsch, E. (1999), Rn. 805, und Schenke, W.-R. (1996), S. 745.
[26] Vgl. Kroth, E. (1997), 1023–1024.
[27] Vgl. Göhrlich, H. D. (1995), aktuelle Seiten I, II und Deutsch, E., Lippert, H.-D. (2001), § 40, Rn. 17.

solches kein Verwaltungsakt im Sinne des § 35 S. 1 VwVfG, da der Entscheidung jedenfalls das Merkmal der Außenwirkung fehlt.[28]

Probandenversicherung

Nach § 40 I Nr. 8 AMG ist der Abschluss einer Versicherung zugunsten der Prüfperson schon vor Beginn einer klinischen Prüfung vorgeschrieben. Diese sogenannte Probandenversicherung gewährt Leistungen für den Fall, dass bei der Durchführung der klinischen Prüfung ein Mensch getötet oder der Körper oder die Gesundheit eines Menschen verletzt wird, und leistet auch dann, wenn kein anderer für den Schaden haftet. Die Versicherung muss zugunsten des Probanden selbst abgeschlossen werden. Insofern wird dem Probanden ein unmittelbarer Anspruch gegen die Versicherung eingeräumt. Die Probandenversicherung ist also eine Art der Unfallversicherung zugunsten eines Dritten, was sich an der haftungsrechtlichen Besonderheit zeigt, dass soweit im Einzelfall eine Leistung aus der Versicherung an den Probanden erfolgt, dessen Ansprüche gegenüber den anderen Haftenden erlöschen.[29]

Der Proband hat jedoch nur dann einen Anspruch, wenn die geltend gemachten Schäden kausal auf die bei der klinischen Prüfung, also als Folge der hierbei angewandten Arzneimittel, zurückzuführen ist. Von der Probandenversicherung werden nur Vermögensschäden umfasst. Der Proband hat insofern zu beweisen, dass der bei ihm eingetretene Schaden seines Vermögens durch eine Gesundheitsschädigung eingetreten ist, die im Rahmen der klinischen Prüfung entstand.

Die Versicherung ist unabhängig davon, ob der Gesundheitsschaden des Probanden im Zuge der Prüfung schuldhaft herbeigeführt wurde, verpflichtet einzutreten. Wegen Schmerzensgeld muss der Proband jedoch auf die Verschuldenshaftung zurückgreifen.

Inhalt und Umfang des Versicherungsschutzes richten sich nach § 40 III AMG. Die Probandenversicherung muss bei einem Versicherer abgeschlossen werden, der entweder im Inland zum Geschäftsbetrieb oder im Europäischen Wirtschaftsraum zugelassen ist. Der Umfang der Versicherung hat in einem angemessenen Verhältnis zu den mit der klinischen Prüfung verbundenen Risiken zu stehen und muss für den Fall des Todes oder der dauernden Erwerbsunfähigkeit mindestens eine Million Deutsche Mark betragen. Diese Mindestgrenze ist in der Praxis zur Höchstgrenze geworden, was dem Wortlaut des Gesetzes eindeutig widerspricht. Bei höheren Schäden könnte insoweit der Versicherer wegen Verschuldens bei Vertragschluss haftbar sein.[30]

Eine weitere Problematik stellen auch die Allgemeinen Versicherungsbedingungen für klinische Prüfungen von Arzneimitteln (AVB) dar, da manche von ihnen gesetzeswidrig sind. Dies ist insbesondere bei dem Ausschluss von Spätfolgen durch eine Dreijahresfrist nach Abschluss der Prüfung und dem Ausschluss genetischer Schäden der Fall. Weiterhin ist auch das Verbot einer anderen medizinischen Behandlung ohne das Einvernehmen des klinischen Prüfers gesetzeswidrig, da dies bei einem Notstand nicht durchführbar ist.

---

[28] Vgl. dazu Classen, C. D. (1995), S. 145, der die Ethikkommission als Behörde i. S. d. §§ 1 IV, 35 VwVfG bezeichnet.
[29] Vgl. Deutsch, E. (1999) Rn. 798.
[30] Vgl. Deutsch, E., Lippert, H.-D. (2001), § 40 Rn. 20.

Für Therapiestudien, wie zum Beispiel die Therapieoptimierungsprüfung (TOP), die nicht als Arzneimittelprüfungen im Sinne des Arzneimittelgesetzes zu qualifizieren sind, fehlt eine entsprechende Regelung. Der Abschluss einer Probandenversicherung ist aber auch für diese Studien aufgrund der hohen Haftungsrisiken dringend zu empfehlen.

Klinische Prüfverordnung

Die Regelung des § 40 V AMG enthält eine Verordnungsermächtigung, von der bislang jedoch kein Gebrauch gemacht wurde. Zweck der Ermächtigungsnorm ist es in Umsetzung der EG-GCP-Regelungen Aufgaben und Verantwortungsbereiche im Rahmen der klinischen Prüfung genauer bestimmen zu können. Weiterhin dürfen in einer Verordnung auch Befugnisse zur Erhebung, Verarbeitung und Nutzung personenbezogener Daten eingeräumt werden.

1.1.3
Besondere Voraussetzungen nach § 41 AMG

Die Bestimmungen des § 41 AMG regeln die klinische Prüfung am *Kranken*. In Modifikation bzw. teilweiser Ergänzung der Regelungen des § 40 AMG tragen sie der besonderen Situation des kranken Menschen Rechnung.

1.1.3.1
Klinische Arzneimittelprüfung am Kranken

Grundsätzlich darf gem. § 41 Nr. 1 AMG die klinische Prüfung am Kranken nur durchgeführt werden, wenn die Anwendung des zu prüfenden Arzneimittels nach den Erkenntnissen der medizinischen Wissenschaft angezeigt ist, um das Leben des Kranken zu retten, seine Gesundheit wiederherzustellen oder sein Leiden zu erleichtern. Demnach ist bei einer klinischen Prüfung am Kranken die medizinische Indikation des zu erprobenden Arzneimittels im konkreten Fall vorausgesetzt. Insofern ist aber nicht nur die Anwendung eines zu prüfenden Arzneimittels zulässig, sondern auch die kontrollierte Studie, bei der die Patienten randomisiert auf verschiedene Therapiearme zugeteilt werden.[31] Die Problematik in diesem Zusammenhang zeigt sich darin, dass die Mitglieder der Testgruppe einerseits die Gefahren eines neuen Medikaments auf sich nehmen, andererseits aber von dessen möglichen Vorteilen profitieren. Den Mitgliedern der Kontrollgruppe, welche regelmäßig die bisherige Standardtherapie erhalten, entgeht insofern zwar diese Chance, sie tragen aber nicht die Risiken der zu testenden Therapie.

Völlig anders liegt der Fall jedoch, wenn es eine gängige Standardtherapie gar nicht gibt. Insofern kommt eine klinische Prüfung des Testpräparates gegen ein Placebo, also Leerpräparat, in Betracht. In diesem Zusammenhang ergibt sich die Problematik, dass dem Kranken, der nur ein Placebo erhält, eine medikamentöse Therapie vorenthalten wird. Hierbei ist nach der Schwere des Leidens zu differenzieren. Bei minderen Leiden, mit geringer Ausprägung, wie etwa Schlaflosigkeit und Kopfschmerzen, ist eine Blind- oder Doppelblindstudie, Testpräparat gegen

---

[31] Vgl. Rehmann, W. A. (1999), § 41 Rn. 2.

Placebo, durchaus vertretbar, da die sogenannte Placebowirkung in einem angemessenen Verhältnis zu der noch ungewissen Wirkung des Testpräparates steht.[32] Bei schweren oder stärker ausgeprägten Leiden wäre jedoch die ausschließliche Gabe eines Placebos nicht mehr mit den Anforderungen des § 41 Nr.1 AMG zu vereinbaren.

1.1.3.2
Willensbeschränkte

§ 41 AMG enthält mehrere Sonderregelungen bezüglich klinischer Prüfungen mit Willensbeschränkten. Insofern ist nach § 40 Nr. 2 AMG, abweichend von § 40 Abs. 4 AMG, die Prüfung von anderen Präparaten als Diagnostika und Prophylaktika auch mit Minderjährigen und Geschäftsunfähigen zulässig. Die klinische Prüfung mit Minderjährigen oder Geschäftsunfähigen setzt jedoch neben deren eigenen Einwilligung, sofern sie dazu fähig sind, auch die vorherige Zustimmung des gesetzlichen Vertreters voraus. Ist der Kranke gänzlich willensunfähig, so genügt nach § 41 Nr. 4 AMG die Einwilligung des gesetzlichen Vertreters.

Die Einwilligung kann der Kranke gem. § 41 Nr. 6 AMG auch mündlich gegenüber dem behandelnden Arzt in Gegenwart eines Zeugen abgegeben, sofern er zu einer schriftlichen Erteilung nicht in der Lage ist.

Nach § 41 Nr. 7 AMG können in besonders schweren Fällen die Aufklärung und die Einwilligung entfallen, wenn durch die Aufklärung der Behandlungserfolg gefährdet würde und ein entgegenstehender Wille des Kranken nicht erkennbar ist. Diese Regelung ist Ausdruck des humanitären Prinzips, bei dem es ethisch gesehen um eine Modifikation des Postulats der Nichttäuschung durch den Grundsatz *nil nocere* geht.[33]

In Betracht kommt hier ein völliges oder teilweises Unterbleiben der Aufklärung, sodass bei einem Krebskranken, der die Eröffnung der Diagnose nicht ertragen könnte, eine versuchsweise chemotherapeutische Behandlung durchgeführt werden kann. Möglich ist aber auch die bloße Nichtaufklärung über den Versuchscharakter der Behandlung, wenn dies der Teil ist, der im Sinne des § 41 Nr. 7 AMG, etwa durch eine psychische Blockade, den Behandlungserfolg des Patienten gefährden würde. Die Vorschrift ist jedoch kein Freifahrtschein für die Nichtaufklärung des Kranken im Rahmen klinischer Prüfungen, da insbesondere ein Behandlungserfolg überhaupt hinreichend möglich erscheinen muss.

1.1.4
Rechtsfolgen und Sanktionen

Die Vorschriften des § 40 und die des § 41 AMG sind Schutzgesetze im Sinne von § 823 Abs. 2 BGB. In den Schutzbereich fallen die in die klinische Prüfung einbezogenen Patienten und Probanden. Der Verstoß gegen die Vorschriften der §§ 40, 41 AMG begründet also eine zivilrechtliche Schadensersatzpflicht. Verwaltungs-

---

[32] So auch Deutsch, E. (1999), Rn. 792. Anderer Ansicht sind jedoch Kloesel, A., Cyran, W. (1998), § 41 Anm. 1, die eine Anwendung von Placebos für „nicht angezeigt" halten.
[33] Ausführlich zum humanitären Prinzip Deutsch, E. (1999), Rn. 149.

rechtlich kann die Aufsichtsbehörde im Rahmen ihrer Befugnisse die Durchführung einer klinischen Prüfung untersagen, sofern deren Voraussetzungen nicht erfüllt sind.

Nach § 96 Nr. 10 AMG ist ein Teil der Vorschriften über die klinische Prüfung nebenstrafrechtlich sanktioniert. Insofern macht sich strafbar, wer vorsätzlich eine klinische Prüfung entgegen den Vorschriften des § 40 Nr.1 bis 5, 8 sowie des Abs. 4 oder des § 41 Nr. 1 AMG durchführt. Der Strafrahmen sieht Freiheitsstrafe bis zu einem Jahr oder Geldstrafe vor. Adressaten dieser Norm sind der Leiter der klinischen Prüfung sowie der Leiter der Einrichtung, an der die klinische Prüfung durchgeführt wird und der Prüfarzt. Ist die Tat nur fahrlässig begangen worden, stellt sie eine Ordnungswidrigkeit nach § 97 Abs. 1 dar. Nach § 15 MBO kann standesrechtlich sowohl der Leiter der klinischen Prüfung als auch der Prüfarzt zur Verantwortung gezogen werden, wenn von ihm keine berufsrechtliche und berufsethische Beratung durch die zuständige Ethikkommission der Ärztekammer oder Universität gesucht wurde.

1.1.5
Werbung für nicht zugelassene Arzneimittel

Nach § 3a HWG (Heilmittelwerbegesetz) ist eine Werbung für Arzneimittel unzulässig, die der Pflicht zur Zulassung unterliegen und die nicht nach den arzneimittelrechtlichen Vorschriften zugelassen sind oder als zugelassen gelten. Als Werbung im Sinne dieser Vorschrift gilt nach der Rechtsprechung nicht nur jede konkret produktbezogene Absatzwerbung, sondern auch nach Aufforderung zugeschicktes oder überlassenes wissenschaftliches Informationsmaterial, sofern es von einem Pharmaunternehmen in seine produktbezogene Absatzwerbung aufgenommen wird.[34] Demzufolge ist auch das Zusenden oder Überlassen eines Sonderdrucks von Statistiken und Berichten über klinische Studien gem. § 3a HWG unzulässig.

Bei dem Bewerben eines als Arzneimittel eingestuften Produktes vor Abschluss des arzneimittelrechtlichen Zulassungsverfahrens, handelt es sich um ein sogenanntes *illegales Premarketing*.[35]

Ebenso handelt es sich auch um eine nach § 3a HWG unzulässige Werbung, wenn der Hersteller für ein zugelassenes Arzneimittel mit nicht zugelassenen, weitergehenden Indikationen wirbt. Ist beispielsweise ein Arzneimittel für eine Therapie von Vitamin-E-Mangelzuständen zugelassen, darf der Hersteller nicht für die Wirksamkeit des Präparates zur Therapie von Arthrose oder arthrosebe-

---

[34] Vgl. OLG Hamburg, Pharma Recht 1996, S. 212–213, und Doepner, U. (2000), § 3a Rn. 9.
[35] Vgl. OLG München, PharmaInd 1999, S. 225–226.

dingten Gelenkschmerzen werben. Diese spezifischen Indikationen können zwar möglicherweise Folgephänomene des Vitamin-E-Mangels als Basiskrankheit sein, es kann aber nicht ohne weiteres davon ausgegangen werden, dass sie von dem ursprünglichen Zulassungsstatus des Arzneimittels abgedeckt sind.[36]

---

[36] Vgl. OLG Köln, MD 1998, S. 1288–1289, und Doepner, U. (2000), § 3a Rn. 11.

1.2
Arzneimittelhaftung

Christian Wirth
Staab & Kollegen Rechtsanwaltssocietät, Saarbrücken

1.2.1
Einführung

Das Leben, die Gesundheit und die Unversehrtheit des Körpers sind die wichtigsten Güter unserer Rechtsordnung. Deswegen hat derjenige Schadensersatz nach dem allgemeinen Haftungsrecht zu leisten, der vorsätzlich oder fahrlässig das Leben, den Körper oder die Gesundheit widerrechtlich verletzt (§ 823 I BGB). Die Haftung ist grundsätzlich als Verschuldenshaftung normiert.

Darüber hinaus hat der Gesetzgeber die verschuldensunabhängige Gefährdungshaftung geschaffen als typische Antwort auf schwer kontrollierbare Risiken der modernen Industriegesellschaft. Insoweit soll einem geschädigten Dritten nicht zugemutet werden im Einzelfall ein Verschulden desjenigen nachzuweisen, der gefährliche Güter in den Verkehr gebracht hat.

Das Arzneimittelrisiko realisiert sich an den wichtigen Schutzgütern Leben, Gesundheit und Körper, so dass der Gesetzgeber mit dem Arzneimittelgesetz für die Arzneimittel die Gefährdungshaftung als Sonderfall der Produkthaftung geschaffen hat.

1.2.2
Gefährdungshaftung nach dem Arzneimittelgesetz (AMG)

§ 84 AMG Gefährdungshaftung
„Wird infolge der Anwendung eines zum Gebrauch bei Menschen bestimmten Arzneimittels, das im Geltungsbereich dieses Gesetzes an den Verbraucher abgegeben wurde und der Pflicht zur Zulassung unterliegt oder durch Rechtsverordnung von der Zulassung befreit worden ist, ein Mensch getötet oder der Körper oder die Gesundheit eines Menschen nicht unerheblich verletzt, so ist der pharmazeutische Unternehmer, der das Arzneimittel im Geltungsbereich dieses Gesetzes in den Verkehr gebracht hat, verpflichtet, dem Verletzten den daraus entstandenen Schaden zu ersetzen. Die Ersatzpflicht besteht nur, wenn

1. das Arzneimittel bei bestimmungsgemäßem Gebrauch schädliche Wirkungen hat, die über ein nach den Erkenntnissen der medizinischen Wissenschaft vertretbares Maß hinausgehen und ihre Ursache im Bereich der Entwicklung oder Herstellung haben oder

*2. der Schaden infolge einer nicht den Erkenntnissen der medizinischen Wis-
senschaft entsprechenden Kennzeichnung, Fachinformation oder Gebrauchsinformation eingetreten ist."*

1.2.2.1
Die Voraussetzungen der Gefährdungshaftung

§ 84 AMG statuiert eine Gefährdungshaftung der Arzneimittel. Im Grundtatbestand des § 84 AMG werden die Schutzgüter, die geschützten Personen, der Kreis
der haftbarmachenden Arzneimittel sowie der Kausalzusammenhang und die
Verwirklichung der Gefahr geregelt. Gemäß § 84 AMG ist nur der pharmazeutische Unternehmer haftbar, der das Arzneimittel im Geltungsbereich dieses Gesetzes in Verkehr gebracht hat. Schutzgüter sind Leben, Körper und Gesundheit des
Menschen, hierunter fällt auch der Fötus, wenn er später lebend geboren wird.
Nicht umfasst von der Gefährdungshaftung des § 84 AMG werden Sachen und
Tiere. § 84 AMG verlangt darüber hinaus, dass die Verletzung „nicht unerheblich"
ist, wobei die Erheblichkeit quantitativ als auch qualitativ zu bestimmen ist. Des
Weiteren ist der Schutz auf den Patienten beschränkt, dem das Arzneimittel unmittelbar zugeführt wird. Außerhalb des persönlichen Schutzbereiches liegen
mittelbar Verletzte, die durch Ansteckung oder eine Übermaßreaktion des Patienten (z. B. Einschlafen am Steuer) verletzt worden sind. Hier ist der Geschädigte
auf das allgemeine Haftungsrecht verwiesen.

Bei dem Arzneimittel muss es sich um ein zum Gebrauch bei Menschen bestimmtes Arzneimittel handeln, das im Geltungsbereich des Gesetzes an den
Verbraucher abgegeben wurde und der Pflicht zur Zulassung unterliegt oder durch
Rechtsverordnung von der Zulassung befreit worden ist. Das Medikament muss
angewendet worden sein, d. h. es muss eingenommen, injiziert oder auf den Körper aufgetragen worden sein.

Die Verletzung muss infolge der Anwendung des Arzneimittels geschehen sein.
Durch die Anwendung des Medikaments müssen Tötung, Körper- oder Gesund-
heitsverletzung und als ihre Folge der Schaden eingetreten sein. Hierbei genügt
der Anschein der Ursächlichkeit aufgrund eines typischen Verlaufs als vorläufiger
Beweis bis zur Erschütterung durch die nicht nur theoretische Möglichkeit eines
untypischen Verlaufs.

1.2.2.2
Gefährdungshaftung wegen der Herstellung von Arzneimitteln, § 84
Satz 2 Nr. 1 AMG

Das Arzneimittelrisiko realisiert sich nach § 84 Satz 2 Nr. 1 AMG dann, wenn das
Arzneimittel bei bestimmungsgemäßem Gebrauch schädliche Wirkungen hat, die
über ein nach den Erkenntnissen der medizinischen Wissenschaft vertretbares
Maß hinaus gehen und ihre Ursache im Bereich der Entwicklung oder Herstellung
haben. Angesprochen sind demnach der Konstruktionsfehler und der Fabrikationsfehler.

Der bestimmungsgemäße Gebrauch ergibt sich aus den angegebenen Indikationen und wird verneint von den Kontraindikationen. Der bestimmungsgemäße

Gebrauch wird von dem pharmazeutischen Unternehmen durch die Packungsbeilage an den Patienten, durch Fachinformation an den Arzt oder Apotheker oder durch die Werbung getroffen. Bestimmungsgemäß ist auch eine Verwendung, die auf anerkannte Therapiegewohnheit beruht und vom Unternehmer untätig hingenommen wird. Der Unternehmer versucht durch die Angabe von Kontraindikationen das Haftungsspektrum zu beschränken. Die Bestimmungswidrigkeit ergibt sich jedoch nicht aus einer Empfehlung oder dem Gebrauch des Wortes, dass ein Arzneimittel nicht genommen werden „soll" oder „nur nach Weisung des Arztes" oder „nur mit Vorsicht". Von dem Unternehmer ist zu erwarten, dass er den bestimmungsmäßigen Gebrauch als solchen deutlich kennzeichnet und dem bestimmungswidrigen Gebrauch gegenüberstellt. Der Unternehmer muss jedoch davor gewarnt werden, zu viele mögliche negative Anwendungsbereiche anzuführen, da er hierdurch auch ein Haftungsrisiko eingeht, wenn ein indiziertes Medikament aufgrund nicht zutreffender negativer Anwendungsbereiche nicht eingenommen wird und der Patient hierdurch einen Schaden erleidet. Hier greift das allgemeine Haftungsrecht.

Die Gefährdungshaftung greift, soweit die Wirkungen über ein nach den Erkenntnissen der medizinischen Wissenschaft vertretbares Maß hinausgehen und ihre Ursache im Bereich der Entwicklung oder Herstellung haben. Es ist grundsätzlich verboten, ein bedenkliches Arzneimittel in den Verkehr zu bringen. Mit der medizinischen Vertretbarkeit wird eine Abwägung verlangt, wonach der therapeutische Wert die schädlichen Wirkungen des Arzneimittels überwiegt. Vorausgesetzt ist damit, dass schädliche Nebenwirkungen grundsätzlich in Kauf genommen werden können. Entscheidend ist dafür die Erkenntnis der medizinischen Wissenschaft. Nicht nur der medizinische Sachverständige muss die Vertretbarkeit beurteilen, auch die Akzeptanz durch den Patienten gewinnt immer mehr an Einfluss. Entscheidend sind dabei Dauer, Schwere und Häufigkeit der schädlichen Wirkungen sowie alternative Behandlungsmethoden, die eine geringe Gefahr aufweisen. In der Literatur wird des Weiteren diskutiert, ob wirtschaftliche Gesichtspunkte eine Rolle spielen können.

Für die Haftung ist letztendlich der Zeitpunkt der Beurteilung entscheidend. In der Literatur wird zum einen auf den Stand der medizinischen Wissenschaft im Zeitpunkt des Inverkehrbringens abgestellt, weiterhin wird die Auffassung vertreten, dass der Zeitpunkt der letzten mündlichen Gerichtsverhandlung heranzuziehen ist. Eine umfassende Meinung will das im Zeitpunkt der letzten mündlichen Gerichtsverhandlung vorhandene Wissen auf den Zeitpunkt des Inverkehrbringens zurückprojezieren, so dass sich die Frage stellt, ob die schädlichen Wirkungen, wenn sie bekannt gewesen wären, bei dem damaligen Arzneimittelangebot hätten in Kauf genommen werden dürfen. Dies ist die gleiche Frage, wie sie bei der Zulassung des Arzneimittels gestellt wird.

Soweit § 84 AMG die Ursache in der Entwicklung anspricht, ist der „Konstruktionsfehler" gemeint. Zwischen der Entwicklung und der Verletzung muss ein Kausalzusammenhang stehen. Hierzu gehören die Fälle der ungenügenden Pharmakologie und der Toxikologie, nicht ausreichende Prüfung, übersehen von in der Literatur angegebenen Kontraindikationen usw. Die Mitverursachung ist ausreichend. Selbst wenn das Arzneimittel die schädliche Wirkung nur im Zusammenhang mit der besonderen Konstitution des Patienten entfaltet, ist die Verbindung zur Entwicklung noch gegeben.

Mit der Ursache in der Herstellung meint der Gesetzgeber den „Fabrikationsfehler". Ein Fabrikationsfehler liegt vor, wenn die Herstellung nicht in Ordnung war, wie z. B. eine unangebrachte Dosierung. Umstände, die nach dem Inverkehrbringen entstanden sind, z. B. durch falsche Lagerung in der Apotheke oder beim Verbraucher gehören hier nicht dazu.

Die Wirkungslosigkeit eines Arzneimittels wird von § 84 AMG nicht umfasst. Die Gefährdung wird im Übermaß der Neben- und Wechselwirkung gesehen, nicht aber in Nichterkennung oder Nichtaufhalten der Krankheit. Allerdings kann die Wirkungslosigkeit trotz Wirkungserwartung in den Fällen der Garantie oder der Verschuldungshaftung eine Rolle spielen.

Auch die Wechselwirkungen von verschiedenen Arzneimitteln sind zu beachten, da zwar das Arzneimittel für sich nicht fehlerhaft zu sein braucht, die schädliche Wirkung durch das Zusammenwirken zweier an sich nicht zu beanstandender Medikamente entsteht. Wechselwirkung zu ermitteln ist Gegenstand der Arzneimittelprüfung, so dass die Nichtermittlung in den negativen Bereich der Entwicklung des Arzneimittels fällt.

1.2.2.3
Haftung wegen Arzneimittelinformation, § 84 Satz 2 Nr. 2 AMG

Entsprechend der in der Produzentenhaftung anerkannten Kategorie des Instruktionsfehlers verlangt das AMG eine der Kenntnis der medizinischen Wissenschaft entsprechenden Information des Patienten.

Die Information kann enthalten sein in der Kennzeichnung, der Fachinformation oder Gebrauchsinformation und nimmt somit auf die §§ 10 ff. AMG Bezug. Die Kennzeichnung umfasst die Zulassungsnummer, die Chargenbezeichnung, die Darreichungsform, den Inhalt nach Art, Gewicht, Rauminhalt oder Stückzahl, die Art der Anwendung, die wirksamen Bestandteile nach Art und Menge sowie das Verfalldatum. In der Packungsbeilage unter Fachinformationen sind darüber hinaus die wirksamen Bestandteile, die Anwendungsgebiete, die Gegenanzeigen, die Nebenwirkungen, die Wechselwirkungen, die Dosierungsanleitung, die Dauer der Anwendung sowie Warnhinweise, wichtige Inkompatibilitäten, Notfallmaßnahmen, Symptome und Gegenmittel sowie die pharmakologischen und toxikologischen Eigenschaften, die Hinweise für die Anwendung bei bestimmten Personengruppen, Lager- und Aufbewahrungshinweise angegeben. Die Gebrauchshinweise sind Instruktionen für den Patienten und den Arzt, um die Behandlung richtig anzusetzen und Überdosierung zu vermeiden.

Die Warnhinweise sollen den Patienten mit Hilfe seines Arztes erkennen lassen, dass die Einnahme des Arzneimittels kontraindiziert ist, beispielsweise dass wegen der möglichen Wechselwirkung wenigstens ein anderes Arzneimittel abgesetzt werden muss. Die Warnung enthält also regelmäßig eine Unterlassungsaufforderung.

Als Erscheinung der defensiven Pharmakologie werden nicht selten nichtwissenschaftliche Warnungen ausgesprochen, etwa gegen die Einnahme in den ersten Schwangerschaftsmonaten. Diese Information entspricht dann nicht den Erkenntnissen der medizinischen Wissenschaft. Wenn ein Patient ein notwendiges Arzneimittel nicht erhält oder nicht nimmt, kommt zwar eine Gefährdungshaftung nach § 84 AMG nicht in Betracht, da es an der Anwendung des Arzneimittels fehlt. Eine Verschuldenshaftung nach § 823 Abs. 1 BGB ist aber gegeben.

Die Notwendigkeit der Information richtet sich nach dem letzten Stand der medizinischen Wissenschaft. Hierbei kommt es nicht auf den Zeitpunkt des erstmaligen Inverkehrbringens, sondern auf den Erkenntnisstand an, als das Arzneimittel selbst auf den Markt kam. Entscheidend ist also nach allgemeiner Meinung der Zeitpunkt des Inverkehrbringens dieser Charge oder dieses Arzneimittels selbst. Damit obliegt dem Unternehmer im Rahmen der Verkehrssicherungspflichten die Produktbeobachtung.

Der Schaden muss sodann infolge der fehlerhaften Information eingetreten sein, wobei nicht verkannt werden darf, dass Fachinformationen vom Arzt nicht stets und Gebrauchsinformationen vom Patienten selten gelesen werden. In der Literatur wird vorgeschlagen zwischen Gebrauchs- und Warnhinweisen zu unterscheiden. Bei fehlerhafter Gebrauchsanleitung, die sich möglicherweise in dem Arzneimittelschaden niedergeschlagen hat, ist wegen der unmittelbaren Wichtigkeit dieser flankierenden Information eine Beweislastumkehr angebracht. Bei reinen Warnhinweisen hingegen wäre es unbillig, dem Patienten oder dem Arzneimittelhersteller die volle Beweislast aufzuerlegen, dass die Warnung befolgt worden wäre oder nicht. Hier wird empfohlen, die Rechtsprechung zur ärztlichen Aufklärung zu übernehmen. Danach hat der Patient darzutun, dass er bei gehöriger Warnung sich in einem echten Entscheidungskonflikt befunden hätte, ob er dennoch das Medikament nehmen sollte oder nicht.

Da die Gebrauchsinformation oder die Packungsbeilage nicht selten wie sonstiges Kleingedrucktes ungelesen bleibt, sind für ins Auge springende Gefahren deutliche Hinweise angebracht. Besteht die Möglichkeit des Missbrauchs in einer dramatischen Situation oder hat sich eine gefährliche Möglichkeit schon öfters realisiert, dann ist an prominenter Stelle leicht leserlich, nach Möglichkeit schon außen auf der Packung, ein Warnhinweis anzubringen.

1.2.3
Rechtsfolgen der Haftung nach dem AMG

Die Ersatzpflicht nach dem AMG ist der typischen Ersatzpflicht bei anderen Gefährdungshaftungen nachgebildet. Wesentliches Kennzeichen dafür ist die Beschränkung des Anspruchs der Höhe nach und die fehlende Erwähnung von Schmerzensgeld. Nach dem Wortlaut der §§ 86 ff. AMG soll der Arzneimittelhersteller im Falle der Tötung oder Körperverletzung den Schaden der Angehörigen bzw. des körperlich Verletzten einschließlich seiner Vermögensnachteile tragen. Der reine Vermögensschaden, der nicht auf eine körperliche Verletzung zurückgeht, wird nicht ersetzt.

Die Einführung des Schmerzensgeldes wird immer wieder diskutiert, da im Sozialstaat die Abnahme des Körperschadens für den Geschädigten nicht viel bedeutet, wird doch der Schaden von dem Arbeitgeber, dem Dienstherrn oder den Sozialversicherungen aufgefangen, die dann am Arzneimittelhersteller Regress nehmen. Aus diesem Grunde ist der Verletzte vor allem daran interessiert, Ersatz für überschießende Beträge und Schmerzensgeld zu erlangen. Hier wird er bisher auf die allgemeine Haftung im Deliktsrecht verwiesen. Schmerzensgeld als Ausgleichsfunktion wird durch das AMG nicht gewährt. Der Patient muss gemäß § 85 AMG sich ein eigenes Verschulden anrechnen lassen, wobei auf § 254 BGB verwiesen wird.

Derzeit haftet der Ersatzpflichtige im Falle der Tötung oder Verletzung eines Menschen bis zu einem Kapitalbetrag von 1 Million DM oder bis zu einem Rentenbetrag von jährlich 60.000 DM, im Falle der Tötung oder Verletzung mehrerer Menschen durch das gleiche Arzneimittel liegt die Haftungsgrenze bei einem Kapitalbetrag von 200 Millionen DM oder bis zu einem Rentenbetrag von jährlich 12 Millionen DM. Übersteigt die mehreren Geschädigten zu leistende Entschädigung die dort vorgesehenen Höchstbeträge, so verringert sich die einzelne Entschädigung in dem Verhältnis, in welchem ihr Gesamtbetrag zu dem Höchstbetrag steht.

Der pharmazeutische Unternehmer ist verpflichtet, dafür Vorsorge zu treffen, dass er seinen gesetzlichen Verpflichtungen zum Ersatz von Schäden nachkommen kann. Diese sogenannte Deckungsvorsorge kann nach § 94 AMG nur durch eine Haftpflichtversicherung oder durch eine Freistellung- und Gewährleistungsverpflichtung eines inländischen Kreditinstitutes erbracht werden. Die Bundesrepublik und die Länder sind zur Deckungsvorsorge jedoch nicht verpflichtet. Zur Gewährleistung der Deckungsvorsorge hat die Versicherungswirtschaft den sogenannten Pharmapool geschaffen, der über die normale Betriebshaftpflichtversicherung hinaus bis zu einer Summe in Höhe von 200 Millionen DM Versicherungsschutz gewährt.

Der Anspruch nach § 84 AMG verjährt in drei Jahren von dem Zeitpunkt an, in welchem der Ersatzberechtigte von dem Schaden, von den Umständen, aus denen sich seine Anspruchsberechtigung ergibt und von der Person des Ersatzpflichtigen Kenntnis erlangt, ohne Rücksicht auf diese Kenntnis in 30 Jahren von dem schädigenden Ereignis an.

1.2.4
Haftung nach dem Produkthaftgesetz und dem allgemeinen Deliktsrecht

ProdHaftG § 1 Haftung

I.   *Wird durch den Fehler eines Produkts jemand getötet, sein Körper oder seine Gesundheit verletzt oder eine Sache beschädigt, so ist der Hersteller des Produkts verpflichtet, dem Geschädigten den daraus entstehenden Schaden zu ersetzen. Im Falle der Sachbeschädigung gilt dies nur, wenn eine andere Sache als das fehlerhafte Produkt beschädigt wird und diese andere Sache ihrer Art nach gewöhnlich für den privaten Ge- oder Verbrauch bestimmt und hierzu von dem Geschädigten hauptsächlich verwendet worden ist.*

II. *Die Ersatzpflicht des Herstellers ist ausgeschlossen, wenn*

   1. er das Produkt nicht in den Verkehr gebracht hat,

2. *nach den Umständen davon auszugehen ist, dass das Produkt den Fehler, der den Schaden verursacht hat, noch nicht hatte, als der Hersteller es in den Verkehr brachte,*

3. *er das Produkt weder für den Verkauf oder eine andere Form des Vertriebs mit wirtschaftlichem Zweck hergestellt noch im Rahmen seiner beruflichen Tätigkeit hergestellt oder vertrieben hat,*

4. *der Fehler darauf beruht, dass das Produkt in dem Zeitpunkt, in dem der Hersteller es in den Verkehr brachte, dazu zwingenden Rechtsvorschriften entsprochen hat, oder*

5. *der Fehler nach dem Stand der Wissenschaft und Technik in dem Zeitpunkt, in dem der Hersteller das Produkt in den Verkehr brachte, nicht erkannt werden konnte.*

III. *Die Ersatzpflicht des Herstellers eines Teilprodukts ist ferner ausgeschlossen, wenn der Fehler durch die Konstruktion des Produkts, in welches das Teilprodukt eingearbeitet wurde, oder durch die Anleitungen des Herstellers des Produkts verursacht worden ist. Satz 1 ist auf den Hersteller eines Grundstoffes entsprechend anzuwenden.*

IV. *Für den Fehler, den Schaden und den ursächlichen Zusammenhang zwischen Fehler und Schaden trägt der Geschädigte die Beweislast. Ist streitig, ob die Ersatzpflicht gemäß Absatz 2 oder 3 ausgeschlossen ist, so trägt der Hersteller die Beweislast.*

§ 823 BGB Schadensersatzpflicht

I. *Wer vorsätzlich oder fahrlässig das Leben, den Körper, die Gesundheit, die Freiheit, das Eigentum oder ein sonstiges Recht eines anderen widerrechtlich verletzt, ist dem anderen zum Ersatze des daraus entstehenden Schadens verpflichtet.*

II. *Die gleiche Verpflichtung trifft denjenigen, welcher gegen ein den Schutz eines anderen bezweckendes Gesetz verstößt. Ist nach dem Inhalte des Gesetzes ein Verstoß gegen dieses auch ohne Verschulden möglich, so tritt die Ersatzpflicht nur im Falle des Verschuldens ein.*

§ 15 ProdHaftG verweist im Rahmen der Anwendbarkeit des AMG auf dieses. § 91 AMG bestimmt darüber hinaus, dass die allgemeine Produzentenhaftung neben der des AMG bestehen bleibt. Diese Haftung ist wichtig, weil sie die von § 84 AMG nicht gedeckte Haftungssituation betrifft: Haftung für Naturheilmittel, Haftung gegenüber Dritten, Haftung für Nichtwirkung, Haftung bei nichtbestimmungsgemäßen Gebrauch usw. Darüber hinaus bleibt es bei der Verschuldenshaftung nach allgemeinem Deliktsrecht. Dieses gewährt auch Schadensersatz jenseits der Höchstgrenze der Gefährdungshaftung und ein Schmerzensgeld, sowohl in der Ausgleichs- als auch in der Genugtunsfunktion.

Die Produkthaftung kann aufgrund einer Vertragsverletzung oder einer unerlaubten Handlung eintreten. Da in der Regel ein Vertrag nur zwischen dem Hersteller und seinem Erstabnehmer und nicht zum Patienten besteht, wird die Produkthaftung im Rahmen der Arzneimittelhaftung in erster Linie auf die Regeln der Ersatzpflicht aus unerlaubter Handlung gestützt, allerdings mit einer ausnahmsweisen Beweislastumkehr bezüglich der inneren Seite des Verschuldens. Die Verschuldensvermutung erleichtert die Position des Gläubigers erheblich: Wer ein fehlerhaftes Produkt in Verkehr bringt, haftet auf Schadensersatz, wenn er nicht nachweist, dass ihm kein Verschulden trifft.

Im Rahmen der Produzentenhaftung lösen drei Fehlertypen die erleichternde Verschuldungshaftung aus, der *Konstruktionsfehler*, der *Fabrikationsfehler* und der *Instruktionsfehler*. Hinzu kommt die Verpflichtung zur Produktbeobachtung.

Die Fehlerhaftigkeit des Arzneimittels realisiert sich durch Übermaß, Nebenwirkung, Wechselwirkung oder Wirkungslosigkeit. Die ersten drei Alternativen werden im Rahmen der Anwendbarkeit des AMG von der Haftung des § 84 AMG erfasst. Der Null-Effekt eines Medikaments fällt nicht unter diese Norm, so dass diesbezüglich die allgemeine Produkthaftung eingreift. Die *Wirkungslosigkeit* eines Arzneimittels ist dann fehlerhaft, wenn die Wirkung zu erwarten war, etwa bei Diagnosetests, Serum und Impfstoffe, nicht aber stets bei Naturheilmitteln. Auch eine zu geringe Dosierung gehört hierher. Voraussetzung ist dabei, dass ein anderes Arzneimittel oder eine andere Behandlung unterlassen worden ist, welche die Krankheit beeinflusst hätte.

Der *Entwicklungsfehler* realisiert sich bei der Entwicklung eines Arzneimittels, wenn nicht mit der im Verkehr erforderlicher Sorgfalt bezüglich Wirksamkeit, Neben- und Wechselwirkungen vorgegangen wird, so dass es zu einer Haftung aus Schulden kommt. Der Fehler kann in der mangelnden Prüfung des Arzneimittels oder in der Nichtberücksichtigung von Literatur liegen. Der *Herstellungsfehler* bezieht sich auf den Fabrikationsprozess eines Medikaments, der besondere Sorgfalt bedarf. Der *Informationsfehler* liegt vor, wenn der Hersteller des Arzneimittels dem Benutzer nicht die notwendigen oder richtigen Hinweise gibt, um eine effiziente und möglichst gefahrlose Benutzung zu ermöglichen.

Zu beachten ist, dass nach dem allgemeinen Haftungsrecht der Informationsfehler früher eintreten kann, als die Arzneimittelhaftung gemäß § 84 Satz 2 Nr. 2 AMG. Nach dem AMG sind vor allem Risiken mitzuteilen, die aufgrund der Prüfungsunterlagen bekannt sind oder über die gesicherte Erkenntnisse der medizinischen Wissenschaft vorliegen. Demgegenüber ist die allgemeine Hinweispflicht des pharmazeutischen Unternehmers nach § 823 BGB schon gegeben, wenn ein ernstzunehmender Verdacht, der vielleicht nicht einmal dringend ist, besteht.

Auch nach Zulassung und Inverkehrbringen des Arzneimittels trifft den pharmazeutischen Unternehmer die Pflicht, sein Produkt zu beobachten und die Hinweise danach auszugestalten und eventuell das Produkt vom Markt zu nehmen. Diese Beobachtungspflicht ist eine Unterform der Verkehrspflicht und zum Teil auch im AMG normiert. Der pharmazeutische Unternehmer hat die Erfahrungen und die ihm aus der Ärzteschaft zugehenden Mitteilungen zusammen, auszuwerten und aus ihnen Folgerungen zu ziehen. Diese können unter Umständen weitergehen, als in § 63 a AMG und entsprechende Auflagen des BGA verlangen. Werden mehr oder andere als die erwarteten Nebenwirkungen des Medikaments gemeldet, so ist darauf in der Information hinzuweisen z. B. das Arzneimittel vom Markt zu nehmen. Die Hinweispflicht gilt für neue Kontraindikationen und gefährliche Wechselwirkungen.

Der Umfang des Schadenersatzanspruches ist im Produkthaftgesetz ähnlich ausgestaltet wie im AMG.

Im Recht der unerlaubten Handlung umfasst die Haftung wegen Verschuldens grundsätzlich den vollen Schadensersatz und auch Schmerzensgeld. Der Schaden muss allerdings im sachlichen Schutzbereich der Norm liegen.

1.2.5
Sonderfälle

Im Arzneimittelbereich treten Schäden nicht selten erst nach einer langen Inkubationszeit auf. Die Latenzperiode der Verletzung führt bisweilen dazu, dass später der Hersteller des gefährdenden Medikaments nicht mehr ermittelt werden kann. Nach deutschem Recht geht dann der Patient leer aus, wenn er nicht das Arzneimittel und seinen Hersteller identifizieren kann. Anders in vielen Staaten der Vereinigten Staaten von Amerika. Hier wird entweder der Marktführer haftbar gemacht oder die Haftung tritt entsprechend dem Marktanteil prozentual ein.

Die Haftungsfrage stellt sich auch bei induziertem bestimmungswidrigem Gebrauch. Bisweilen veranlasst der Arzt oder eine Behörde einen Kranken, ein Medikament außerhalb der vom Hersteller angegebenen Indikation anzuwenden. So haben Heroinsüchtige Methadon auf Krankenschein erhalten, um durch Methadon ihre Heroinsucht zu kontrollieren. Da der Hersteller von Lewo Methadon diese Indikation nicht angegeben hat, handelt es sich um einen bestimmungswidrigen Gebrauch. Treten Neben- oder Wechselwirkungen auf, ist der Hersteller nicht nach § 84 AMG haftbar, da es an der Bestimmungsmäßigkeit fehlt. Hat er jedoch diesen Gebrauch offensichtlich geduldet, wäre es nach der Literatur unzulässige Rechtsausübung, wenn er sich auf die von ihm getroffene Bestimmung in der Gebrauchs- und Fachinformation berufen würde. Im Normalfall haftet anstelle des pharmazeutischen Unternehmers der Arzt oder der sonst für den nicht bestimmungsgemäßen Gebrauch Verantwortliche für mögliche Verletzungen, sofern ihm Verschulden zu Last fällt.

1.2.6
Fazit

Als Fazit ist festzuhalten, dass das Arzneimittelhaftungssystem zweistufig gegliedert ist. Aufgrund der objektiv eintretenden Gefährdungshaftung wird durch das AMG und durch das ProdHaftG eine Basisversorgung mit erheblichen Beweiserleichterungen für den Geschädigten gewährt. Der überschießende Ersatz, insbesondere ein etwaiger Anspruch auf Schmerzensgeld, bleibt der Verschuldenshaftung des allgemeinen Deliktrechts vorbehalten.

1.3
Rechtliche Aspekte des gemeinsamen Marketing

Wilhelm Volk
Novartis Pharma GmbH, Nürnberg

1.3.1
Einführung

Im pharmazeutischen Markt hat die Kooperation pharmazeutischer Unternehmen in den letzten Jahren immer mehr zugenommen. Viele Unternehmen haben eine strategische Allianz mit einem ihrer Wettbewerber um die Gunst der Ärzte als ein Mittel entdeckt, mit dem der immer größer werdende Wettbewerbsdruck etwas abgemildert werden kann. Ausgelöst durch die bei vielen Pharmaunternehmen festzustellende Ausrichtung auf gleiche Therapiegebiete, die dazu geführt hat, dass in vielen Substanzklassen eine große Zahl von verschiedenen Substanzen auf dem Markt erhältlich sind, wurden die Investitionen in die Vermarktung der Produkte (Außendienst, Muster, Anzeigen und Phase-Vier-Studien) immer höher. Mittlerweile geht man davon aus, dass zu einer erfolgreichen Einführung eines Produktes in einem Massenmarkt eine immense Anzahl von Außendienstkontakten notwendig ist, die oft von einem einzelnen Pharmaunternehmen nicht gewährleistet werden kann. So steht sehr häufig bei der Neueinführung einer Substanz die Frage nach dem geeigneten strategischen Partner ganz oben auf dem Einführungsplan.

Pharma-Firmen haben auch erkannt, dass eine Kooperation nicht nur am Anfang des Lebenszykluses eines Arzneimittels Sinn macht, sondern genauso bei Produkten, die bereits den Zenit ihres Vermarktungslebens überschritten haben. Durch Firmen-Zusammenschlüsse wurden viele Portfolios von pharmazeutischen Unternehmen deutlich aufgestockt und Produkte, die vor der Fusion noch im Fokus der Bewerbung standen, sind auf einmal zu sogenannten *Cash Cows* (d. h. Produkte, in die nichts mehr investiert wird, sondern nur noch die Umsätze abgeschöpft werden) herabgestuft worden. Da es sich hierbei jedoch oft um Produkte handelt, die durchaus noch ein Potenzial auf ihrem jeweiligen Markt haben, suchen viele Unternehmen für diese „reifen Produkte" einen Partner, der mit den geeigneten Marketing-Maßnahmen das Produkt, wenn auch nicht zu neuen Höhen führt, so doch aber den Umsatzrückgang zumindest verlangsamt. Da auf der anderen Seite bei vielen pharmazeutischen Unternehmen eine regelrechte Produkteknappheit herrscht, gibt es nicht wenige Unternehmen, die dankbar für eine solche Gelegenheit sind und gern solche älteren Produkte wieder aktiv vermarkten. Sehr häufig sind es auch Unternehmen, die neu auf den Markt drängen und die zur Überbrückung des Zeitraumes bis zur Vermarktungsreife eigener Produkte solche

älteren Arzneimittel gerne besprechen, um dem aufzubauenden Außendienst den
Eintritt in den Markt und die jeweilige Zielgruppe zu erleichtern.

Verhandelt und umgesetzt werden Co-Marketing-Verträge von bei den meisten
Firmen bestehenden *Business Development Abteilungen*, zu deutsch *Geschäfts-
entwicklung* oder auch *Lizenzabteilungen* genannt. Diese sind in der Regel bei der
Geschäftsleitung oder dem für Strategien zuständigen Geschäftsleitungsmitglied
aufgehängt.

1.3.2
Formen der Kooperation

Zwei grundsätzliche Formen der Kooperation, die in einem wesentlichen Merkmal
unterschiedlich sind, haben sich im Laufe der Zeit herausgebildet. Sie werden in
verschiedenen Ausprägungen praktiziert und unterscheiden sich durch die Anzahl
der Marken, unter denen ein Arzneimittel vermarktet wird.

1.3.2.1
Co-Marketing

Bei dieser Form der Kooperation arbeiten zwei Partner mit verschiedenen Marken
bei der Durchsetzung der gleichen Substanz zusammen. Da es zwei verschiedene
Marken gibt, benötigt ein Co-Marketing auch zwei verschiedene Zulassungen.
Diese sind in der Regel vergleichsweise einfach von den Zulassungsbehörden als
sog. „*Dubletten*" zu erhalten. Co-Marketing wird insbesondere in größeren Teilmärkten praktiziert, wo eine Vielfalt an Marken für den Vermarktungserfolg keine
negativen Auswirkungen erwarten lässt. Beim Co-Marketing treten beide Partner
nach außen hin völlig unabhängig voneinander auf, es können im Extremfall sogar
unterschiedliche Marketingstrategien gewählt werden, wobei jedoch in der Regel
darauf geachtet wird, dass sich die wissenschaftliche Grundausrichtung der beiden
Produkte nicht allzu sehr unterscheidet. Bei dieser Form der Kooperation liegen
die Vorteile in einer breiteren Bewerbung und Durchsetzung der Substanz im
Markt sowie der gewissen Konkurrenzsituation der beiden Marketingorganisationen. Denn nichts ist schöner für einen kaufmännischen Leiter eines Unternehmens, als die eigene Marketingorganisation mit Hinweis auf den größeren Erfolg
eines Co-Marketingpartners – der ja außer einem anderen Marketing keine unterschiedlichen Voraussetzungen im Wettbewerb mitbringt – auf höhere Umsatzbud-
gets verpflichten kann. Diese Konkurrenz belebt in der Tat das Geschäft und hat
nicht selten zu einem gegenseitigen Ansporn der beiden Unternehmen geführt,
was sich letztlich in höheren Umsätzen und damit auch größeren Gewinnen für
den Produkteigentümer niedergeschlagen hat.

Co-Marketing-Verträge sind vergleichsweise komplexe Verträge, die Patent-li-
zenzvertragliche, gesellschaftsrechtliche, kaufvertragsrechtliche, markenrechtliche
und arzneimittelrechtliche Bestandteile beinhalten.

Patent-Lizenzvertrag
Zentraler Bestandteil eines jeden Co-Marketing-Vertrages ist die Einräumung einer Nutzungsbefugnis an bestimmten immateriellen Schutzrechten. Hierzu gehört

zunächst die Einräumung einer Patentlizenz. Co-Marketing-Vereinbarungen werden in aller Regel für neu einzuführende Produkte, die noch unter Patentschutz stehen, getroffen. Da das Patent allein dem Patentinhaber die Befugnis einräumt, ein Erzeugnis, das Gegenstand eines Patentes ist, „herzustellen, anzubieten, in Verkehr zu bringen oder zu gebrauchen ...“[37], ist die Vergabe einer solchen Patentlizenz unabdingbar dafür, dass ein Dritter in die Vermarktung mit eingebunden wird. Aufgrund der überragenden Bedeutung des Patents ist in aller Regel auch die Laufzeit eines Vertrages an die Laufzeit des Patentes geknüpft. Zusammen mit der Einräumung des Patentnutzungsrechtes geht in aller Regel auch die sog. Bildung einer Angriffs- und Verteidigungsgemeinschaft einher. Dies bedeutet, dass die beiden Vertragspartner ihr Vorgehen für den Fall, dass ein Dritter das Patent angreift oder verletzt, bereits im Vertrag regeln. In aller Regel versichert der Patentinhaber, dass ihm Ansprüche Dritter, die das Patent gefährden könnten, nicht bekannt sind und dass er des weiteren alles tun wird, um die Patentrechte zu verteidigen. Der Lizenznehmer im Gegenzug versichert den Patentinhaber über alle Patentverletzungen umgehend zu informieren und selbst das Patent nicht anzugreifen.

Arzneimittelrechtliche Bestandteile

Wie bereits in den vorherigen Kapiteln beschrieben, unterliegen Fertigarzneimittel im Sinne des Arzneimittelgesetzes der Zulassungspflicht.[38] Ohne eine solche Zulassung dürfen Fertigarzneimittel nicht in den Verkehr gebracht, d. h. sie dürfen vor allem nicht an andere abgegeben werden. Damit ist der zweite zentrale Bestandteil eines Co-Marketing-Vertrages die Zurverfügungstellung einer arzneimittelrechtlichen Zulassung für das zu vermarkende Produkt. Da beim Co-Marketing die Strategie darin besteht, eine Substanz mit zwei Marken und dementsprechend auch zwei Zulassungen zu vermarkten, benötigt der Co-Marketing-Partner eine eigene Zulassung. Diese Zulassung ist zwar formal rechtlich eigenständig, inhaltlich jedoch in aller Regel gleichlautend mit der Originalzulassung. Übertragen werden die Rechte aus der Zulassung im Wege der *Änderungsanzeige* gegenüber den Zulassungsbehörden. Mit Wirksamwerden dieser Änderungsanzeige wird der Co-Marketingpartner zum Zulassungsinhaber und kann damit auch im Außenverhältnis über die Zulassung verfügen und ggf. auch ihren Inhalt verändern. Um sicherzustellen, dass nach Beendigung eines Co-Marketings die Zulassung auch wieder zeitnah auf den ursprünglichen Zulassungsinhaber zurückübertragen wird, werden zum Teil unwiderrufliche Vollmachten bedingt auf den Fall der Beendigung des Co-Marketing-Vertrages vom Zulassungsempfänger ausgestellt und dem ursprünglichen Zulassungsinhaber überlassen. Da normalerweise aber auch die Zulassungsdokumentation, das *Dossier*, dem Co-Marketing-Partner übergeben wurde, ist es ratsam, dem Lizenzgeber einen Anspruch auf Rückübertragung des Dossiers vertraglich einzuräumen.

Da der Co-Marketingpartner die Lizenzprodukte in aller Regel auch unter seinem Namen auf den Markt bringt, treffen ihn alle Rechte und Pflichten des pharmazeutischen Unternehmers und Zulassungsinhabers gegenüber den Zulassungs-

---

[37] § 9 Satz 2 Nr. 1 PatentG.
[38] Vgl. § 21 Abs. 1 Satz 1 AMG.

behörden. Dies bedeutet, dass er im Außenverhältnis alleiniger Ansprechpartner für das von ihm vertriebene Produkt ist, also auch gegenüber den Behörden für Nebenwirkungsmeldungen und andere Arzneimittel-Sicherheitsfragen zur Verfügung stehen muss.

Markenrechtliche Bestandteile

Im Rahmen eines Co-Marketing-Vertrages kommt der *Marke* bei Vertragsbeginn in der Regel keine so große Bedeutung zu. Wenn der Lizenzgeber weitere geeignete Marken für die Vermarktung vorrätig hat, so wird dem Partner normalerweise eine Markenlizenz an dieser Marke eingeräumt. Es ist jedoch auch nicht unüblich, dass dem Vertragspartner die Wahl der Marke überlassen wird, damit er diese eigenen Marken, die vielleicht in sein Firmendachmarkenkonzept hineinpassen, verwenden kann. Interessant ist allerdings die Frage, was mit der Marke bei Vertragsbeendigung passiert, denn normalerweise hängen am Image dieser Marke nicht unwesentliche Umsätze. Insbesondere wenn der Co-Marketing-Partner erfolgreich im Markt agiert hat, verkörpert die Marke den mit diesem Produkt auch noch in Zukunft erzielbaren Umsatz. Die Nachfrage im Markt ist zunächst einmal unabhängig vom Fortbestand des Co-Marketing-Vertrages. In aller Regel sollte daher der Lizenzgeber dafür sorgen, dass die Marke am Ende des Vertrages auf ihn übertragen wird, denn damit kann er auch die in der Marke verkörperten Umsätze weiterhin realisieren. Je nachdem welches Unternehmen während der Laufzeit des Vertrages Eigentümer der Marke ist, wird auch die Verantwortlichkeit für die Pflege der Marke (z. B. Verlängerungsanträge stellen, Angriffe auf die Marke abwehren) verteilt sein.

Kaufvertragsrechtliche Bestandteile

Jedem Co-Marketing-Vertrag eigen ist die Belieferung des Co-Marketingpartners durch den Lizenzgeber. Da in aller Regel die Abgeltung der eingeräumten Vertriebsrechte über die Belieferung des Co-Marketingpartners durch den Lizenzgeber mit Vertragsprodukten erfolgt, enthält jeder Co-Marketing-Vertrag die Verpflichtung des Co-Marketingpartners die Vertragsprodukte bei dem Lizenzgeber zu beziehen. Diese Bezugsbindung ist in aller Regel exklusiv und korreliert mit der Pflicht des Lizenzgebers den Co-Marketingpartner unter Berücksichtigung einer oft mehrmonatigen Vorlaufzeit mit den Vertragsprodukten zu beliefern. Je nachdem ob der Lizenzgeber selber die Vertragsprodukte herstellt, handelt es sich dann um einen Kaufvertrag oder um einen Werklieferungsvertrag.

Gesellschaftsrechtliche Bestandteile

Der Co-Marketing-Vertrag ist, wie bereits ausgeführt, von dem gemeinsamen Ziel der Vertragspartner bestimmt, ein Arzneimittel in einem bestimmten Vertragsgebiet / Markt gemeinsam zu vermarkten und ihm zu möglichst großer Durchdringung des Marktes zu verhelfen. Hierbei stimmen sich die Vertragspartner zumindest bezüglich der Grundaussagen und der Grundpositionierung des Produktes ab und arbeiten auch z. B. bei der Ausrichtung von wissenschaftlichen Symposien oder der Durchführung von Studien zusammen. Dadurch erfüllen die Co-Marketing-Verträge die Bestandteile des Paragraphen 705 BGB, in dem die *Gesellschaft Bürgerlichen Rechts* legal definiert ist. Denn die Co-Marketingpartner arbeiten zum Erreichen eines gemeinsamen Zwecks in einer vertraglich festgelegten Weise zusammen und leisten auch die gegenseitig versprochenen Beiträge hierzu.

Allerdings werden alle anderen gesellschaftstypischen Merkmale wie ein gemeinsames Gesellschaftsvermögen, gemeinschaftliche Geschäftsführung und Gewinnauseinandersetzung völlig abweichend vom Gesetz geregelt, so dass die Co-Marketing-Verträge nur rudimentäre Bestandteile der gesellschaftsvertraglichen Zusammenarbeit aufweisen.

1.3.2.2
Co-Promotion

Diese Form der Zusammenarbeit ist dadurch gekennzeichnet, dass zwei oder mehrere Pharmaunternehmen ein Arzneimittel unter einer Marke vertreiben. Dementsprechend gibt es auch nur eine arzneimittelrechtliche Zulassung. Eine Kooperation in Form einer Co-Promotion ist von der Steuerung der Vertriebsorganisation etwas schwieriger, weil sie einen höheren Abstimmungsbedarf mit sich bringt. Dadurch, dass es nur eine Marke am Markt gibt und damit auch nur einmal Umsätze anfallen (anders als beim Co-Marketing, wo jeder Vertragspartner seine eigenen Umsätze verbucht), sind vor allem im Außendienst Rivalitäten vorprogrammiert. Aus diesen Mitarbeiterkreisen kommt häufig die ablehnende Haltung, die damit begründet wird, dass man für seine Arbeit ja nur noch die Hälfte an der Belohnung bekäme, da man den weniger guten Mitarbeiter des Vertragspartners „mitziehen" müsse. In den Marketingabteilungen ist jedoch die Zusammenarbeit im Vergleich zu Co-Marketing oft einfacher, da es hier nicht die bereits angesprochene Konkurrenzsituation gibt, sondern man vielmehr gemeinsam der Kreativität freien Lauf lassen kann und dies vor allem in verschiedenen Meetings, insbesondere im Hause des jeweils anderen Vertragspartners, besprechen kann. Infolge dessen ist auch die Marketing-Strategie und die Aussage des Werbematerials völlig identisch und im Idealfall arbeiten die Außendienstmitarbeiter vor Ort dergestalt zusammen, dass sie sich in ihren jeweiligen Gebieten gut aufeinander abstimmen um die optimalen Besprechungsfrequenzen bei den Zielgruppenärzten zu realisieren. Besondere Bedeutung kommt bei der Co-Promotion der gegenseitigen Verpflichtung auf die Erbringung von Besprechungsleistungen sowie der Regelung der Verteilung der Umsätze zu. In aller Regel ist das Umsatzteilungsverhältnis abhängig von der Anzahl der Besprechungen, die der Partner mit in die Kooperation einbringt. Kosten für die Außendienstorganisation trägt der jeweilige Partner selbst. Geteilt werden entsprechend dem Umsatzverteilungsschlüssel auch die dem Produkt zu Gute kommenden direkten Marketingkosten. Hierbei empfiehlt es sich genau zu definieren, welche Kosten geteilt werden und welche nicht.

Auch Co-Promotion-Verträge vereinen verschiedene Vertragstypen miteinander. Wesentlicher Unterschied gegenüber den Co-Marketing-Vereinbarungen ist jedoch das Fehlen der kaufvertraglichen Komponente. Da bereits aus Kostengründen in aller Regel der physische Vertrieb, d. h. Auftragsannahme, Rechnungsstellung und Versand, nur von einem Vertragspartner abgewickelt wird, erfolgt kein Verkauf von Vertragsprodukten von einem Vertragspartner zum anderen. Ansonsten gelten die bereits weiter vorn gemachten Ausführungen entsprechend mit der Maßgabe, dass die arzneimittelrechtliche Abwicklung anders erfolgt. Um zwei verschiedenen Unternehmen die Vermarktung eines Arzneimittels unter einer Marke und damit einer Zulassung zu ermöglichen, ist es notwendig, einen *Mitvertrieb* gegenüber der Aufsichtsbehörde anzuzeigen. Dies geht nach deutschem Recht und soweit nationale Zulassungen betroffenen sind vergleichsweise einfach, denn es genügt eine Mitvertriebsanzeige gegenüber dem BfArM.

Soweit das zentrale europäische Zulassungsverfahren betroffen ist, ist umstritten, ob hier ein Mitvertrieb möglich ist. Die Befürworter eines Mitvertriebsverbotes berufen sich auf eine eher kryptische Formulierung in der *Notice to Applicants*[39], die ja bekanntlich keine rechtliche Bindungswirkung hat. Bei genauer Betrachtung wird jedoch deutlich, dass auch in Europa in einem zentralen europäischen Verfahren ein Mitvertrieb möglich sein muss und dieser nicht durch irgendwelche rechtlichen Vorschriften eingeschränkt werden darf. Gerade im Rahmen einer Co-Promotion bilden die Vertragspartner eine Gesellschaft Bürgerlichen Rechts zur Vermarktung der Vertragsprodukte. In allen europäischen Ländern kann die Gesellschaft Bürgerlichen Rechts auf die eine oder andere Weise Trägerin von Rechten und Pflichten sein, so dass sich die Frage der Zulässigkeit eines Mitvertriebs auf die Frage nach der Einhaltung von Kennzeichnungsvorschriften reduziert. Diese Vorschriften sind aber von ihrem Sinn und Zweck her nicht darauf ausgerichtet, die Zulässigkeit oder Nichtzulässigkeit eines gemeinsamen Vertriebes zu regeln, sondern betreffen ausschließlich die Kennzeichnung der aufgrund einer zentralen europäischen Zulassung vertriebenen Arzneimittel. Da sich somit keinerlei Rechtsgrundlage für ein Verbot eines Mitvertriebes in den einschlägigen Texten findet, ist von dessen grundsätzlicher Zulässigkeit auszugehen.

1.3.3
Ablauf und Organisation von Kooperationsverhandlungen

Jede Kooperation beginnt mit einem ersten in der Regel informellen Kontakt, entweder auf der Ebene der Geschäftsführung oder der jeweiligen Business Development / Lizenz-Abteilung. Diese sind entweder konkret vom strategischen Marketing beauftragt worden, um ein bestimmtes Produkt zu akquirieren oder haben ohne bestimmten Anlass regelmäßig Kontakt mit Wettbewerbern. Da die Entwicklungsprojekte der verschiedenen pharmazeutischen Unternehmen und insbesondere der größeren sehr transparent sind, ist es für einen Produktmanager wenig problematisch sich einen Überblick über die *Pipeline* der Konkurrenten zu verschaffen. Sollte sich bei diesen Sondierungsgesprächen herausstellen, dass beide Partner einer irgendwie gearteten Zusammenarbeit nicht prinzipiell abgeneigt sind, so erfolgt als nächster Schritt der Austausch von *Geheimhaltungsvereinbarungen*. Diese Vereinbarungen sind Verträge, die zum maßgeblichen Inhalt haben, die vom jeweils anderen Partner zur Verfügung gestellten Informationen geheim

---

[39] Die sogenannte „Notice of Applicants" ist eine interne Verwaltungsvorschrift der EMEA. In dieser Vorschrift ist dargelegt, welche Informationen die EMEA im Zulassungsprocedere vor allem hinsichtlich der Beschriftung der Packmittel verlangt. Die Notice of Applicants begründet keine Rechtsansprüche, jedoch ist in ihr eine sogenannte Selbstbindung der Verwaltung zu sehen.

zu halten und nicht für sich selbst zu nutzen. Da der Nachweis eines Schadens für den Fall, dass sich einer der Vertragspartner nicht an die Vertraulichkeitsregelung hält, äußerst schwer zu führen ist, gibt es Geheimhaltungsvereinbarungen, die vertragsstrafenbewehrt sind und substantielle Geldzahlungen für den Fall vorsehen, dass einer der Partner in unzulässiger Weise von den ihm überlassenen Informationen Gebrauch macht. Die „Verhandlungen" über diese Geheimhaltungsvereinbarung werden nicht selten genutzt, um den Partner näher kennen zu lernen, insbesondere dann, wenn es zum ersten Mal einen Kontakt zwischen diesen beiden Unternehmen gibt. Hier kann man quasi „üben" für die richtigen Vertragsverhandlungen, die noch bevorstehen.

Nach Unterzeichnung der Geheimhaltungsvereinbarung werden produktrelevante Unterlagen und Informationen ausgetauscht und es schließt sich in der Regel ein erstes Meeting im größeren Kreis an, bei dem auch die entsprechenden Marketing-Kollegen eingebunden werden. Bei diesem ersten Meeting stellt der Vertragspartner, der gerne die Lizenzrechte eingeräumt bekäme, seine Ideen zur Vermarktung vor und insbesondere auch seine Umsatzerwartungen, d. h. diejenigen Umsätze, die er sich zu erwirtschaften zutrauen würde. Wenn dann, was in aller Regel der Fall ist, die Umsatzerwartungen der Marketingvertreter der beiden Unternehmen einigermaßen übereinstimmen, so ist das schon ein erstes gutes Zeichen, dass man den richtigen Partner an der Hand hat. Im Anschluss an dieses Treffen wird dann in einem weiteren Termin, der normalerweise ohne Marketingvertreter erfolgt, über die Konditionen der Kooperation gesprochen. Hier wird dann festgelegt, wie hoch der Bezugspreis ist, ob ein *down payment*, sprich *Eintrittsgeld*, zu bezahlen ist und ob bestimmte Lizenzzahlungen zu leisten sind.

Bei der Ermittlung der finanziellen Konditionen einer Kooperation ist es von besonderer Bedeutung, auch einmal die Brille des Partners aufzusetzen und sich zu überlegen, ob die Kooperation in dem vorgegebenen finanziellen Rahmen für den Partner überhaupt Sinn macht. Denn selbst wenn der einzige Beweggrund des Vertragspartners darin besteht, seine Außendienstmitarbeiter nicht unbeschäftigt zu lassen, so kann es sich nicht einmal ein Pharmaunternehmen leisten, auf Dauer mit einer Kooperation nur Verluste einzufahren.

Diese Berechnungen auf der *net-present-value-Basis* werden oft von den verschiedenen Controlling-Abteilungen durchgeführt und es ist daher ratsam, diese frühzeitig von den Vertragsverhandlungen zu unterrichten. Wenn dann Einigung über die finanziellen Konditionen erzielt worden ist, was man durch den Austausch eines Vertragsstatusdokuments, in dem die wichtigsten Vertragseckpunkte schriftlich fixiert werden, dokumentieren kann, geht es an die Ausarbeitung des Vertragsentwurfs im einzelnen. Dies ist dann eine Aufgabe der Rechtsabteilung, die normalerweise auf bewährte Muster zurückgreifen kann.

Besiegelt wird eine Kooperation in aller Regel durch die Unterschrift, die, wenn es die Zeit erlaubt, in einem angemessenen Rahmen zelebriert wird. Diese Unterschriftsveranstaltungen, die mit einem gemeinsamen Essen abgeschlossen werden, sind nicht nur dadurch motiviert, dass die Beteiligten endlich wieder etwas vernünftiges zu Essen bekommen, sondern vielmehr um die Zäsur zwischen den zum Teil hart geführten Verhandlungen und dem Verfechten gegenseitiger Interessen zu der nunmehr gemeinsamen Vermarktung der Vertragsprodukte zu markieren. Diese Unterschriftzelebrierung ist quasi der Startschuss für die gemeinsame Vermarktung, bei der man vom Konkurrenzverhältnis in ein partnerschaftliches Miteinander überwechselt.

1.3.4
Ende der Kooperation

Jeder Kooperationsvertrag soll Regeln vorsehen, wie im Falle der Beendigung der Kooperation zwischen den Parteien verfahren werden soll. Die meisten Kooperationsverträge werden auf bestimmte Zeit abgeschlossen und enden daher mit Ablauf dieser Periode automatisch, wenn sie nicht von den Parteien verlängert werden. Dies ist für beide Partner wichtig, denn anders lässt sich die bereits oben angesprochene Wirtschaftlichkeitsberechnung nicht vernünftig vornehmen. Daneben gibt es aber noch andere Beendigungsgründe, die zweckmäßigerweise in den Vertrag aufgenommen werden. Hierzu gehört zum einen natürlich die Kündigung aus wichtigem Grund. Ein solcher liegt vor, wenn einer der Vertragspartner die vertraglichen Pflichten so schwerwiegend verletzt hat, dass das Vertrauensverhältnis zerstört ist und es dem vertragstreuen Partner nicht zugemutet werden kann, weiter am Vertrag festzuhalten. Diese Kündigungsmöglichkeit kann nach deutschem Recht nicht ausgeschlossen werden, jedoch ist es möglich, durch *Heilungsvorschriften* die fristlose Kündigung etwas abzumildern. Diese Heilungsmöglichkeiten bestehen darin, dass der vertragsverletzende Partner die Möglichkeit erhält binnen eines kurzen Zeitraums den Verstoß wieder gutzumachen.

Eine weitere Beendigungsmöglichkeit wird sehr häufig vorgesehen für den Fall, dass bestimmte im vorhinein definierte Mindestumsätze in der Kooperation nicht erreicht werden. Dahinter steht der Gedanke, dass es für beide Partner wenig Sinn macht an einem Vertrag festgehalten zu werden, dessen finanzielle Ziele nicht erreicht werden. Für den Lizenznehmer würde dies sonst bedeuten, weiterhin hohe Investitionen in der Gewissheit zu tätigen, diese nie wieder erwirtschaftet zu bekommen, und für den Lizenzgeber wäre es auf Dauer unmöglich einen anderen Partner zu suchen, der eventuell der Zusammenarbeit zu größerem Erfolg verhilft. Ein willkommener Nebeneffekt der Verhandlungen über diese Minimalumsätze ist auch, dass der Lizenzgeber ein Gefühl dafür bekommt, wie stark der Vertragspartner auf die eigenen Umsatzprognosen vertraut.

Letztlich ist es üblich geworden, „*Change of Control*"-Klauseln in einen Vertrag einzubauen. Diese beinhalten das Recht des jeweils anderen Vertragspartners die Kooperation zu beenden, sollte ein Vertragspartner von einem Dritten übernommen werden oder mit diesem fusionieren. Gerade in der jüngeren Vergangenheit gab es einige prominente Fälle, in denen Kooperationen relativ abrupt aufgrund der Änderung der Mehrheitsverhältnisse von einem Vertragspartner beendet wurden. Daher ist es ebenfalls üblich geworden, dass sich kleinere Unternehmen in einer Kooperation für finanzielle Übergangslösungen (z. B. Rückzahlung eines Teils des geleisteten down payments) stark machen.

Die besonders interessante Frage im Rahmen von Kooperationen ist jedoch diejenige nach dem Verbleib der Vertragsrechte bei Beendigung. Insbesondere wenn Patentrechte abgelaufen sind, verkörpert sich der mit einem Produkt zu erwartende Umsatz nur noch in der Zulassung und vor allem in der Marke. Zulassungen können vergleichsweise einfach erwirkt werden, wenn die Zulassungsschutzfristen abgelaufen sind, weshalb es für einen Kooperationspartner vergleichsweise einfach wäre – vorausgesetzt die Belieferung mit der Wirksubstanz ist sichergestellt – die eigene Produktion mit den Vertragsprodukten aufzunehmen. Diese könnte bereits während einer Kooperation vorbereitet werden, so dass bei Vertragsende der Vertragspartner ohne weitere Zahlungen an den Lizenzgeber das Vertragsprodukt weiter vertreiben kann. Deshalb kommt der Marke ganz entscheidende Bedeutung zu. Deren Verbleib ist dann auch ein zentraler Verhandlungspunkt, wenn es um die Zeit nach der Kooperation geht. Es ist üblich geworden, dass der Lizenzgeber bei Vertragsende die Marke zurückerhält und damit auch die hiermit verbundenen Umsätze erhält. Es ist im Gegenzug ebenso üblich geworden, dass der Vertragspartner dann die von ihm geleistete Aufbauarbeit noch gesondert vergütet bekommt. Dies sind *carry over payments*, die sich über mehrere Jahre nach Vertragsbeendigung erstrecken können und jeweils die Umsätze des letzten Vertragsjahres als Bemessungsgrundlage haben. Im Rahmen dieses Verhandlungsabschnitts wird derjenige Vertragspartner die besseren Karten haben, der seine Wirtschaftlichkeitsberechnungen (die eigenen und die des Partners) sorgfältig gemacht hat, denn dann lässt sich besser argumentieren, ob ein *carry over payment* notwendig ist oder nicht, um die Wirtschaftlichkeit einer Kooperation darstellen zu können. Denn letztlich hängt es vor allem vom Verhandlungsgeschick und noch mehr von den mit der Kooperation verbundenen Zielen ab, inwieweit bei einem Vertragspartner finanzielle Gesichtspunkte in den Hintergrund treten können.

2 Kosten und Finanzierung pharmazeutischer Forschung und Entwicklung

Christoph Thierolf
BioConnect AG, Frankfurt a. M.

2.1 Einführung

In den letzten Jahrzehnten hat die pharmazeutische Industrie weltweit entscheidende Erfolge in vielen wichtigen Indikationsgebieten erzielt. Die führenden Unternehmen haben dabei die unterschiedlichsten Medikamente entwickelt. Viele Krankheiten können effektiver behandelt und die gestiegenen Ansprüche der Patienten und Ärzte an die Therapie von Erkrankungen immer besser erfüllt werden. Da ein Großteil der neuen Ansätze eher zusätzliche Therapieoptionen darstellt, erhöhen sich in vielen Fällen die entsprechenden Gesundheitsausgaben. Trotzdem sind auch signifikante Einsparungen durch innovative Arzneimittel erzielt worden.

Durch das Voranschreiten der Forschung und Entwicklung in allen naturwissenschaftlichen Bereichen konnte auch die Arzneimittelentwicklung deutlich zielgerichteter und effektiver gestaltet werden. Experten gehen hier von wesentlichen Verbesserungen aus, die viele Prozesse vereinfachen und beschleunigen.[40] So konnten von den führenden Pharmaunternehmen signifikante Wachstumsraten von mehr als 15 % mit entsprechender Verbesserung des „Shareholder returns" erzielt werden. Diese Steigerungsraten wurden durch ein kontinuierliches Wachstum eines riesigen Marktes unterstützt. Seit 1996 ist der weltweite Pharmamarkt dabei jedes Jahr um durchschnittlich 6 % auf US$ 373 Milliarden Umsatz im Jahr 2000 gewachsen. Auf den Markt im Jahr 1999 bezogen haben die USA dabei mit 39 % den größten Anteil, gefolgt von Japan mit 16 % und Deutschland mit 6 %. Im Folgenden ist die Entwicklung des weltweiten Pharmamarkts von 1995 bis 2000 dargestellt (s. Abb. 2.1, Schätzung für 2001 und 2002).

Die attraktiven Fundamentaldaten dieses Marktes versprechen auch in Zukunft ein bedeutendes Wachstum. Wichtige Faktoren sind hierbei:

- Weitere signifikante Fortschritte auf vielen technischen und wissenschaftlichen Feldern, vor allem aber in der Biotechnologie, werden die Entwicklung völlig neuartiger Arzneimittel ermöglichen.
- Wachsende Nachfrage nach effektiven und sicheren Therapeutika aufgrund der demographischen und sozialen Entwicklung. Nach Schätzungen der Vereinten Nationen gab es 1998 weltweit 0,6 Milliarden Menschen im Alter von 60 und mehr Jahren. Im Jahr 2050 wird diese Altersgruppe auf mehr als 1,9 Milliarden

---

[40] Vgl. Accenture (2001), S. 2.

ansteigen. Abbildung 2.2 illustriert die Erwartungen der weltweiten demographischen Entwicklung.

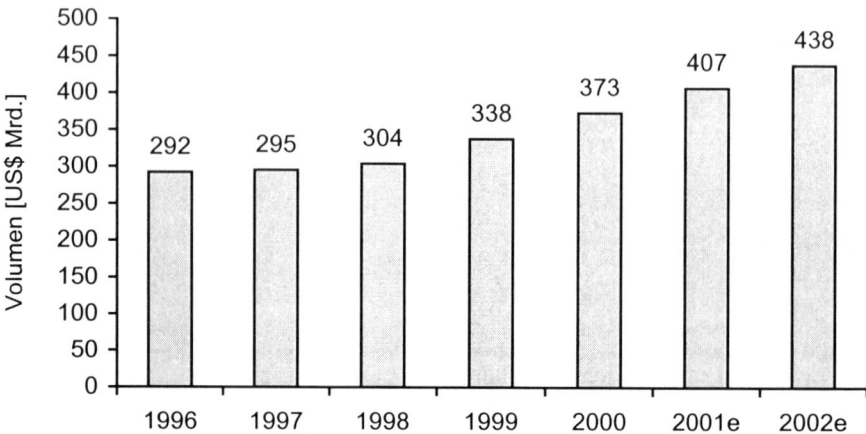

Abb. 2.1. Weltweiter Pharmamarkt[41]

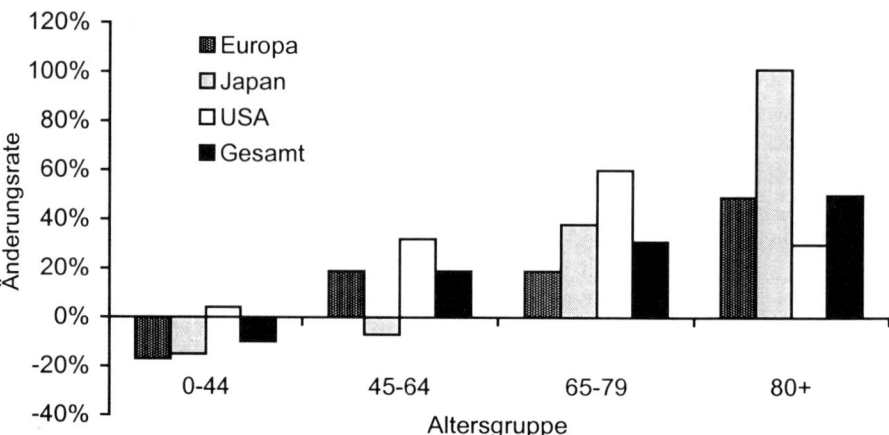

Abb. 2.2. Demographische Trends 2000–2020[42]

Um die so weiter steigenden Ansprüche und Bedürfnisse der Ärzte und Patienten auch erfüllen zu können, müssen innovative Ansätze bei der Erforschung und Entwicklung neuer Therapeutika erarbeitet und genutzt werden. Dabei macht die Entwicklung eines neuartigen Arzneimittels trotz aller oder gerade aufgrund der bisher erzielten Fortschritte außerordentliche Anstrengungen notwendig. Der

---

[41] Quelle: Handelsblatt (2001a), S. 1.
[42] Quelle: UBS Warburg (2001a), S. 4.

Entwicklungsprozess, die Aufwendungen für die einzelnen Schritte sowie deren Finanzierung sollen im Folgenden betrachtet werden.

2.2
Prozess der Arzneimittelentwicklung

Als Forschung und Entwicklung (FuE) wird der Prozess bezeichnet, in dem Arzneimittel identifiziert, getestet und letztendlich für den Markt zugelassen werden. Historisch wird dies als eine der Kernkompetenzen von pharmazeutischen Unternehmen angesehen. Die hohen Forschungs- und Entwicklungskosten resultieren aus den enormen Anstrengungen, erfolgversprechende Substanzen überhaupt zu identifizieren und aus den hohen Anforderungen, die (inzwischen) an die präklinische und klinische Entwicklung von Arzneimitteln bis zur Zulassung gestellt werden. So schätzt man derzeit die gesamte Entwicklungszeit von Medikamenten bis zur Zulassung auf bis zu 15 Jahre.

Arzneimittel sind Substanzen, die Funktionen des Organismus in spezieller Weise beeinflussen. Bisher waren dies hauptsächlich kleine Moleküle, die mit bestimmten Zielstrukturen (Targets) interagieren, um die gewünschte therapeutische Wirkung zu entfalten. Derzeit sind zwischen 400 und 500 Targets bekannt. Diese waren bzw. sind hauptsächlich regulatorische Proteine der Klassen: a) Enzyme, b) Transportmoleküle, c) Ionenkanäle oder d) Rezeptoren. Da bis vor kurzem in vielen Fällen der genaue Wirkmechanismus der Arzneimittel nicht bekannt war, wurden diese vielfach durch geringe Modifikationen an bekannten Substanzen entwickelt und boten oft nur moderate Verbesserungen zu den Ausgangsstoffen. In den letzten Jahrzehnten wurde der Prozess aber durch neue wissenschaftliche Erkenntnisse grundlegend verbessert. Hierbei spielen vor allem die biotechnologischen Errungenschaften, die unter anderem für die initialen Schritte der Arzneimittelentwicklung eingesetzt werden, eine entscheidende Rolle. So durchläuft die Entwicklung von Arzneimitteln zur Zeit im wesentlichen die in Abbildung 2.3 dargestellten Schritte.

Am Anfang steht die Identifikation einer Zielstruktur (Target) und die nachfolgende Validierung. Danach folgt die Suche nach Substanzen, die dieses Target beeinflussen, so dass ein pharmakologischer Effekt entsteht. Dabei wird eine große Anzahl von potenziellen Arzneimittelsubstanzen gegen Targets im sogenannten High Throughput Screening getestet. Lediglich rund ein Prozent der Ausgangssubstanzen zeigt beim Massenscreening überhaupt eine Wirkung, aus diesen werden weitere ungeeignete ausgelesen. Das können beispielsweise Moleküle sein, die im Verdacht stehen, unerwünschte Wirkungen zu entfalten oder das Target nicht zielgerichtet zu beeinflussen. Bei den verbleibenden Stoffen wird unter anderem untersucht, wie leicht oder schwer sie sich chemisch verändern lassen, ob ihre Struktur eine pharmakologische Wirkung (in dem gewünschten Umfang) möglich erscheinen lässt und ob sie womöglich unter Patentschutz stehen. Bei der Untersuchung und Modifikation dieser sogenannten Leitstrukturen (Leads) setzt man unter anderem Zell-basierte Assays oder Tiermodelle ein. Zwei bis fünf Jahre dauert diese Phase der Identifikation und Optimierung, in der immer wieder (chemische) Abkömmlinge hergestellt und detailliert evaluiert werden. Mit ihnen experimentiert das Unternehmen weiter und verbessert sie chemisch sowie pharmakologisch. Zwei Drittel der Leitsubstanzen scheiden nach dieser Stufe ebenfalls aus. Mit den ausgewählten Stoffen müssen die Forscher in der Phase der Präklinik genauer untersuchen, wie sie der menschliche Körper aufnimmt, sie die Funktion der Organe beeinflussen und wie sie verarbeitet und ausgeschieden werden. Die am meisten Erfolg versprechende Substanz wird dann in klinischen Studien auf ihre Wirksamkeit und Verträglichkeit getestet. Hierbei scheiden weitere Substanzen aus. Insgesamt ist so von mehreren tausend Substanzen nur eine für die Behandlung von Patienten geeignet und erhält eine Zulassung durch die Behörden. Die Entwicklungszeiten und die sich ergebenden Erfolgswahrscheinlichkeiten in Abhängigkeit von den einzelnen Phasen sind in Tabelle 2.1 zusammengefasst.

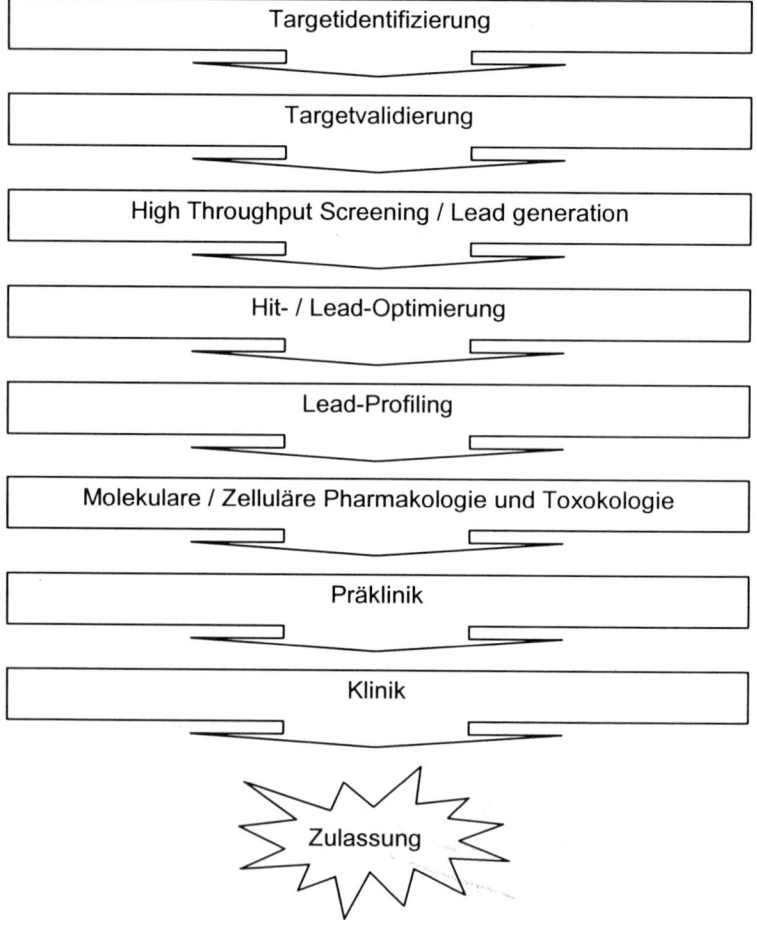

Abb. 2.3. Stufen der Arzneimittelentwicklung

Tabelle 2.1. Entwicklungszeiten und Erfolgswahrscheinlichkeiten[43]

Phase	Zeitraum [Jahre]	Wahrscheinlichkeit einer Zulassung [%]
Basisforschung	2–5	≤1
Präklinik	1–3	1–10
Klinik Phase I	0,5–1	5–20
Klinik Phase II	1–2	15–40
Klinik Phase III	1–3	40–80
Registrierung	0,5–1,5	75–90

2.3
Kosten der Arzneimittelentwicklung

Wenn nur eine von mehreren tausend Substanzen erfolgreich zugelassen wird, ist leicht verständlich, dass die gesamten Aufwendungen für eine erfolgreiche Zulassung sehr hoch sein müssen. So geht man zur Zeit davon aus, dass die gesamten Entwicklungskosten bis zur Zulassung eines Arzneimittels zwischen US$ 300 und 500 Millionen betragen. Dies schliesst die zahlreichen Fehlversuche genauso wie die Kapitalkosten über den gesamten Entwicklungszeitraum mit ein.

Die mit den neuen wissenschaftlichen Erkenntnissen gestiegenen Anforderungen an Sicherheit und Wirksamkeit haben dazu beigetragen, dass sich seit den 60er Jahren die Entwicklungszeiten von der Synthese eines Wirkstoffes bis zur Zulassung auf bis zu 15 Jahre nahezu verdoppelt haben. Im selben Zeitraum haben sich die Entwicklungskosten sogar verachtfacht. Der Anstieg der Entwicklungszeiten und der entsprechenden Kosten wird in Abbildung 2.4 aufgezeigt.

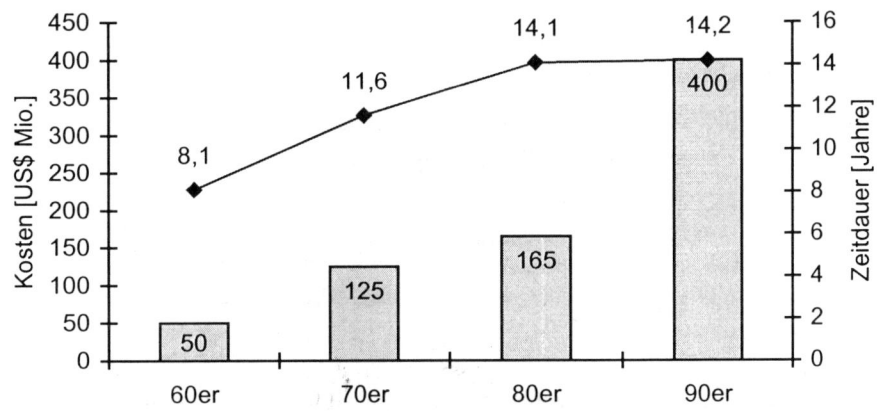

Abb. 2.4. Kosten und Dauer der Arzneimittelentwicklung[44]

---

[43] Quelle: UBS Warburg(2001b), S. 10, Ernst & Young (2000a), S. 46, und Di Masi, J. A. (2001b), S. 303.

2.3.1
Ausgaben in den einzelnen Entwicklungsphasen

Da die Gesamtkosten für die Entwicklung eines Arzneimittels unter Berücksichtigung der hohen Fehlerwahrscheinlichkeit sehr hoch sind, sollen die einzelnen Kostenblöcke zum besseren Verständnis dargestellt werden.

Nahezu ein Drittel der gesamten Forschungsausgaben werden für die klinische Entwicklung der Arzneimittel genutzt, d. h. 28,3 % für Phase I–III der klinischen Studien. Hierbei werden für jede Substanz, für die eine Zulassung beantragt wird, im Schnitt mehr als 60 klinische Studien durchgeführt. So sind die hohen Aufwendungen auch aufgrund der immer größer werdenden Patientenzahlen – mehrere tausend, vor allem in den späten Phasen der klinischen Forschung – gut nachvollziehbar. Aber auch die hohen Anforderungen, die zum Beispiel mit GMP (Good Manufacturing Practice) an die Produktion gestellt werden, verursachen im gesamten Forschung- und Entwicklungsprozess knapp 10 % der Kosten. Diese dürften durch die noch komplexeren Produktionsverfahren bei biotechnologischen Produkten und den unter anderem damit verbundenen Sicherheitsbedürfnissen (Kontamination etc.) in den nächsten Jahren noch überproportional ansteigen. Auf die Gesamtheit aller präklinischen Arbeiten entfallen 41 % der Forschungs- und Entwicklungskosten (s. Abb. 2.5).[45]

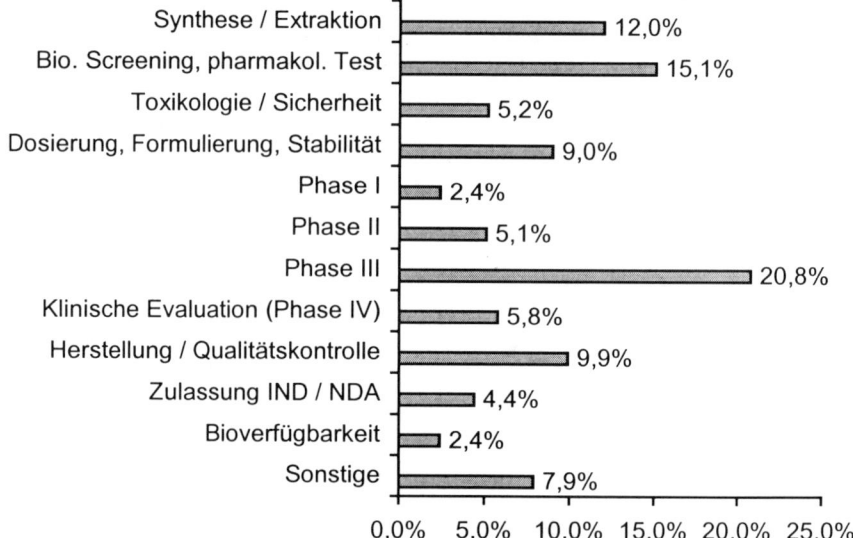

Abb. 2.5. Verteilung der Entwicklungskosten auf die einzelnen Phasen, USA[46]

Dabei werden nicht alle Leistungen in den einzelnen Entwicklungsphasen von dem Pharmaunternehmen selbst erbracht. Umfragen nach sollen von dem Gesamt-

---

[44] Quelle: Di Masi, J. A. (2001a), S. 292, Kettler, H. (1999), S. 1, und U.S. Congress (1993), S. 47–72.

[45] Vgl. Pharmaceutical Research and Manufacturers of America (2001), S. 21.

[46] Quelle: Pharmaceutical Research and Manufacturers of America (2001), S. 26.

betrag zwei Drittel auf interne Forschungsleistungen der Pharmaindustrie entfallen, während das restliche Drittel durch externe Dienstleistungen aufgebracht wird. Es wird erwartet, dass sich in den nächsten fünf Jahren dieses Verhältnis deutlich ändert und sogar umkehrt.[47] Dies wird damit begründet, dass die Pharmaunternehmen nicht genügend Innovationskraft besitzen, um die Herausforderungen der neuen biotechnologischen Verfahren quantitativ und qualitativ bewältigen zu können. So liegt zum Beispiel immer mehr gentechnisches Wissen und die Anwendung dieses Know-hows bei der Suche nach Medikamenten und Diagnostika außerhalb der traditionellen Pharmaindustrie.

2.3.2
Forschungs- und Entwicklungsausgaben und Umsatz

Die Entwicklungskosten für Therapeutika sind nicht nur gemessen an den absoluten Zahlen deutlich gestiegen. Auch im Verhältnis zu den erzielten Umsätzen ist eine signifikante Zunahme zu verzeichnen. So stieg der Anteil der Aufwendungen für Forschung und Entwicklung an den Produktumsätzen kontinuierlich an. Der Anteil der Forschungs- und Entwicklungsausgaben der amerikanischen Pharmaunternehmen wuchs zum Beispiel im Zeitraum von 1980 bis 2000 von 12 % auf über 20 % (s. Abb. 2.6). In anderen Ländern geht man abhängig von der Innovationsorientierung der Pharmaunternehmen von ähnlichen Zahlen aus. Ein Vergleich der Ausgaben der Pharmaindustrie für Forschung und Entwicklung mit denen für Marketing und Vertrieb relativiert diese Aussagen teilweise, da diese Aufwendungen aufgrund der immer stärkeren Marketingausrichtung mehr als doppelt so hoch sein sollen.

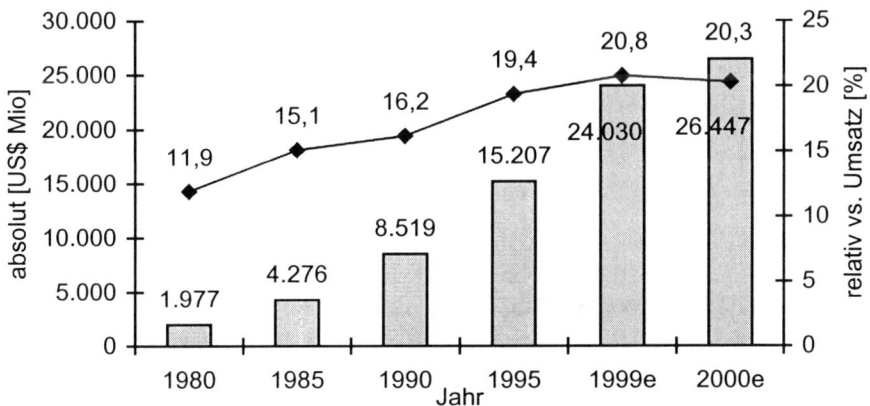

Abb. 2.6. FuE-Ausgaben, USA[48]

Dennoch zeigt der Anteil der Forschungs- und Entwicklungsausgaben der pharmazeutischen Industrie bezogen auf den Umsatz einen doppelt so großen

[47] Vgl. Lindner, R. (2000), S. W2.
[48] Quelle: Pharmaceutical Research and Manufacturers of America (2001), S. 20–21.

Anteil wie in nicht-medizinischen Industriezweigen, wie zum Beispiel in der
Computer- und Softwareindustrie mit 9 %, der Telekommunikationsbranche mit
5 % oder der Automobilindustrie mit 4 %. Höhere Eintrittsbarrieren, größere
Kommerzialisierungspotenziale und längere Produktzyklen in den pharmazeutischen Märkten rechtfertigen dabei die höheren Aufwendungen im Vergleich zu
anderen Branchen. Trotzdem ist anzumerken, dass die gestiegenen Forschungs-
und Entwicklungsausgaben nicht unbedingt zu einem entsprechenden Anstieg der
Produktzulassungen geführt haben.

Die große Anzahl erfolglos getesteter Substanzen führt dazu, dass nur eine geringe Anzahl ihre Forschungs- und Entwicklungskosten durch eine Vermarktung
wieder einbringen kann. Die Verlängerung der Entwicklungszeiten hat dazu geführt, dass die Unternehmen ökonomischen Risiken und Unsicherheiten länger
ausgesetzt sind. Größere Gesellschaften versuchen durch eine Diversifizierung des
Portfolios das Risiko und damit die negativen Auswirkungen durch erfolglose
Entwicklung oder Zulassung zu minimieren. Aber auch nach erfolgreicher Zulassung erzielen nur drei von 10 Substanzen überhaupt Umsätze in den Grö-
ßenordnungen, die notwendig sind um die durchschnittlichen Entwicklungskosten
eines Arzneimittels zu decken. Wie in vielen anderen Industrien erzielen nur 20 %
der Produkte 80 % der gesamten Umsätze. Die Pharmaindustrie ist daher darauf
angewiesen, für die Kommerzialisierung eines (Mega-)Blockbusters mit einem
Umsatzvolumen von mehr als US$ 1 Milliarde eine extrem hohe Marge anzustre-
ben.[49]

Eine weitere Finanzierungsquelle der Arzneimittelforschung ist direkte oder indirekte Förderung durch öffentliche Mittel. So soll zum Beispiel das Budget der
amerikanischen Gesundheitsbehörde allein für Forschung und Entwicklung im
Jahr 2001 mehr als US$ 20 Milliarden betragen.[50] Auch in anderen Ländern wer-
den erhebliche öffentliche Mittel zur Verfügung gestellt. Für das menschliche
Genomprojekt werden mehr als US$ 3 Milliarden, mehrheitlich aus öffentlicher
Hand, bereitgestellt. Für den Aufbau des Nationalen Genomforschungsnetzes will
die Bundesregierung für den Zeitraum 2001 bis 2003 Sondermittel in Höhe von
DM 350 Millionen zur Verfügung stellen.

2.4
Forschungsschwerpunkte

Nach Angaben von Experten sollen von den Pharmakonzernen derzeit weltweit
jährlich US$ 50 bis 70 Milliarden in Forschung und Entwicklung investiert wer-
den. Entsprechend Ihrem Anteil am weltweiten Pharmamarkt werden zur Zeit
mehr als ein Drittel aller Forschungs- und Entwicklungsaufwendungen von amerikanischen Pharmaunternehmen getätigt. Angesichts dieser Summen ist es wichtig
zu wissen, auf welche Erkrankungsgebiete sich die Forschung konzentriert. Dabei

---

[49] Vgl. Greene, A., Siegel, J. (2000), S. 13.
[50] Vgl. UBS Warburg (2000), S. 15.

ist aufgrund der Natur des Forschungs- und Entwicklungsprozesses und der Charakteristika von Erkrankungen eine Zuordnung dieser Investitionen zu Indikationen nicht unbedingt eindeutig zu bestimmen. So werden unterschiedliche Substanzen entwickelt, um verschiedene Krankheitsstadien zu therapieren. Andere Erkrankungen, wie zum Beispiel AIDS, benötigen diverse Arzneimittel aus unterschiedlichsten Indikationen zur Behandlung.

Trotz dessen lässt sich zeigen, dass sich der Großteil der Forschungs- und Entwicklungsausgaben auf nur wenige Indikationsgebiete konzentriert. So wurden zum Beispiel in den USA 1998 mehr als ein Fünftel des Gesamtvolumens in Bereich ZNS-Erkrankungen investiert. Im Folgenden sind die Forschungs- und Entwicklungsausgaben in den USA mit dem geschätzten Marktvolumen verglichen. Hierbei bestätigt sich, dass die größten Märkte oder Marktpotenziale auch mit den höchsten Forschungs- und Entwicklungsaufwendungen einhergehen (s. Tabelle 2.2).

Tabelle 2.2. FuE-Ausgaben und Marktvolumen bei bestimmten Indikationen (USA)[51]

Indikation	FuE-Ausgaben, USA [US$ Milliarden]	Marktvolumen weltweit [US$ Milliarden]
ZNS	6,0	33
Tumore, endokrinologische und metabolische Erkrankungen	5,0	41
Kardiovaskuläre Erkrankungen	4,1	42
Infektiöse und parasitäre Erkrankungen	3,6	22
Atemwege	1,5	20

2.5
Biotechnologie

In der technologischen Forschung soll das 21. (unter anderem) das Jahrhundert der Biotechnologie werden.[52] Nach einer DELPHI-Umfrage aus dem Jahr 1998 werden biotechnologische Methoden bis zum Jahr 2020 an der Hälfte der 30 wichtigsten Innovationen beteiligt sein. Rasante wissenschaftliche Entwicklungen unter anderem in den Bereichen der Biochemie, der Molekularbiologie, der Zellbiologie, Immunologie, Genetik und der Informationstechnologie haben zu enormen Fortschritten auch bei der Identifikation und Entwicklung von Arzneimitteln geführt.

So hat zum Beispiel die Sequenzierung des menschlichen Genoms durch öffentliche und private Institutionen eine gewaltige Informationsmenge zur Arzneimittelentwicklung geliefert. Nach heutigem Wissen kodiert dabei nur ein geringer Teil der Gene für Proteine. Diese Proteine schliessen auch die ein, die Krankheits-

---

[51] Quelle: Handelsblatt (2001b), S. 1, BW Bank (2000), S. 22, und Pharmaceutical Research and Manufacturers of America (2001), S. 23.

[52] Vgl. Pharmaceutical Research and Manufacturers of America (2001), S. 9–13.

prozesse beeinflussen oder überhaupt erst auslösen. Dabei bestehen große Hoffnungen, dass durch die Identifizierung und Sequenzierung der für Erkrankungen verantwortlichen Gene die Funktion der von diesen kodierten Proteine und damit den Krankheitsprozess an sich verstehen hilft. Aufgrund der Fortschritte in diesen Forschungsgebieten hoffen Wissenschaftler und Investoren auf eine exponentielle Wissenszunahme bezüglich biologischer Regulationsmechanismen und einen mehr ursächlichen Entwicklungsprozess von Arzneimitteln. Es wird erwartet, dass sich durch die Genom- und Proteomforschung die Anzahl der Targets für die Arzneimittelforschung in den nächsten Jahren von derzeit 400 bis 500 auf 5.000 bis 10.000 mehr als verzehnfacht. Allein in den letzten drei Jahren konnten 28 mit biotechnologischen Techniken entwickelte Therapeutika zugelassen werden. Darunter waren monoklonale Antikörper zum Einsatz bei Tumorerkrankungen und unterschiedlichste Wachstumsfaktoren zu finden. Die Biotechnologie ist somit zu einem zentralen Punkt in der Forschung und Entwicklung von Arzneimitteln geworden. Nach Angaben des amerikanischen Pharmaverbandes befinden sich allein in den USA derzeit 350 biotechnologische Therapeutika in unterschiedlichen Stadien der klinischen Entwicklung oder Zulassung. Der damit zu erzielende Umsatz wird auf rund US$ 200 Milliarden und damit auf knapp die Hälfte des derzeitigen Marktes geschätzt.

Bisher haben Pharmaunternehmen versucht, die Entwicklung von Arzneimitteln größtenteils aus eigener Kraft durchzuführen. Es zeigte sich dabei aber, dass mit diesem Ansatz die großen, jetzt vorhandenen Datenmengen nicht zu bewältigen, eine Füllung der Pipeline und die von den Finanzmärkten geforderten Wachstumsraten nicht mehr zu realisieren waren. Aufgrund der moderaten Größe und Struktur, verbunden mit großer Kompetenz in den neuen Wissenschaftsdisziplinen konnten so vor allem (junge) spezialisierte Biotechnologiefirmen die entstehenden Nischen besetzen.

2.5.1
Finanzierung von Biotechnologieunternehmen

Bei der Betrachtung von Biotechnologieunternehmen fallen zwei grundsätzlich verschiedene Geschäftsmodelle auf. Hier sind zum einen die *Plattformunternehmen*, die sich auf die Entwicklung einer oder mehrerer Technologien konzentrieren und zum anderen *Produktunternehmen*, die eigene Arzneimittel entwickeln, zu nennen. In jüngster Zeit haben sich zunehmend Mischformen, sogenannte *Hybride* der dargestellten Modelle gebildet.[53] Mit diesem Geschäftsmodell möchte man sich unter anderem einen Zugang zu einem breiteren Investorenkreis verschaffen, die sowohl die eine als auch die andere Strategie mit ihren speziellen Umsatz- und Gewinnerwartungen präferieren.

Plattformunternehmen der biotechnologischen Industrie, die zum Beispiel Enabling-Technologien oder spezielle Prozesse im Bereich der Functional Genomics oder Bioinformatik anbieten, werden meist von der pharmazeutischen Industrie oder anderen Biotechnologiegesellschaften auf Basis von Servicegebühren

---

[53] Vgl. UBS Warburg (2001b), S. 7–14.

finanziert. Damit können von der Arzneimittelindustrie speziell benötigte Dienstleistungen genutzt werden, ohne diese selbst intern aufbauen zu müssen.

Neben dem Angebot von Technologien oder Dienstleistungen konzentrieren sich immer mehr Biotechnologieunternehmen auf die Entwicklung eigener Arzneimittel bis in späte Phasen der (klinischen) Entwicklung oder sogar bis zur Marktreife. Da ein Großteil dieser Gesellschaften aber noch nicht die Finanzkraft besitzt, um die gesamten Entwicklungskosten zu tragen, werden mit Pharmafirmen (strategische) Allianzen geschlossen. So wird einerseits für die Biotechnologiegesellschaften eine Finanzierung der Entwicklung, ein Rückgriff auf die umfangreichen Erfahrungen der Pharmaindustrie im Bereich der präklinischen / klinischen Entwicklung sowie der Zulassungsprozeduren und der Zugang zum Markt durch große Vertriebs- und Marketingorganisationen ermöglicht. Andererseits ist es auf Basis dieser Allianzen den Pharmafirmen möglich auf neue (biotechnologische) Verfahren und Wissen zurückzugreifen. Einige führende Pharmafirmen haben dies sehr aggressiv vorgeführt. So hat zum Beispiel Pfizer unter anderem Partnerschaften mit Affymetrix, ArQule, GeneLogic, Incyte Genomics oder Maxygen geschlossen.

Die Finanzierung von Biotechnologieunternehmen im Rahmen von Allianzen erfolgt durch Anfangs-, Meilenstein- oder Royaltyzahlungen. Letztere sind Zahlungen des Lizenznehmers (meist Pharmafirmen) an den Lizenzgeber (Biotechnologieunternehmen), basierend auf Prozenten vom erzielten Umsatz. Je mehr es den Biotechnologieunternehmen möglich ist, aus eigener Kraft ein Arzneimittel zu entwickeln, um so höhere Zahlungen können von dem Pharmapartner gefordert werden. In einem bedeutenden Teil gehen die Partnerschaften so weit, dass sich der Pharmapartner auch direkt an dem Biotechnologieunternehmen beteiligt, um sich zum Beispiel einen besseren Zugriff auf dessen Expertise und Know-how zu sichern. Tabelle 2.3 gibt eine Übersicht über die durchschnittliche Höhe der Royaltyraten in Abhängigkeit von dem Stadium bei Auslizenzierung.

Tabelle 2.3. Royaltyraten in Abhängigkeit vom Entwicklungsstadium[54]

Entwicklungsstadium	Royaltyrate [%]
Präklinik	0–5
Phase I der klinischen Entwicklung	4–10
Phase II der klinischen Entwicklung	8–20
Phase III der klinischen Entwicklung	12–25

Um Technologien und Produkte soweit entwickeln zu können, dass sie durch Servicevereinbarungen und Partnerschaften Umsätze erzielen, muss die Entwicklung und das Biotechnologieunternehmen zumindest bis in diese späteren Phasen finanziert werden. Auf der Eigenkapitalseite reicht dabei das Spektrum von der Wagniskapitalfinanzierung über stille Beteiligungen bis hin zum Börsengang. Als Finanzierungsinstrumente auf der Fremdkapitalseite sind neben dem klassischen Bankkredit auch öffentliche Fördermittel zu nennen. In Deutschland werden diese Fördermittel zum Beispiel durch die Kreditanstalt für Wiederaufbau (KfW) oder die Technologie-Beteiligungs-Gesellschaft (tbg) der Deutschen Ausgleichsbank

---

[54] Quelle: UBS Warburg (2001a), S. 12.

zur Verfügung gestellt; üblicherweise muss bei der Nutzung dieser Mittel in gleichem Maß Eigenkapital zur Verfügung gestellt werden. Dem Eigenkapital kommt insgesamt entscheidende Bedeutung zu. Erst ein funktionierender Eigenkapitalmarkt ermöglicht eine Finanzierung von potenzialträchtigen, aber stark risikoreichen Technologie- / und Wachstumsunternehmen. Hier haben sich in den letzten Jahren starke Veränderungen und damit eine deutliche Orientierung zum Eigenkapital – schon seit längerem in den USA und jetzt auch in Europa – gezeigt.

Im Jahr 2000 flossen in Europa und den USA als Eigenkapital insgesamt mehr als € 39 Milliarden in die Finanzierung von Biotechnologiegesellschaften. Aufgrund des Wachstums des Marktes und dem gestiegenen Investoreninteresse war es möglich, das eingesammelte Kapital im Vergleich zum Vorjahr mehr als zu verfünffachen. Europa hatte darin bisher mit € 6 Milliarden den geringeren Anteil, zeigt aber gegenüber 1999 mit € 1,1 Milliarden eine deutliche Zunahme (s. Tabelle 2.4). Aufgrund der Kapitalmarksituation im Jahr 2001 ist zumindest kurzfristig mit einem signifikanten Rückgang bei allen Finanzierungsarten zu rechnen, der sich auch schon in ersten Statistiken zeigt.

Tabelle 2.4. Eigenkapitalquellen für Biotechnologieunternehmen[55]

Finanzierungsart	Europa			USA		
[€ Millionen]	2000	1999	1998	2000	1999	1998
Börsengang	2.950	319	294	6.698	605	374
Zweit- und andere Plazierung	2.447	235	265	23.237	4.303	3.690
Venture Finanzierung	1.154	579	380	3.207	1.392	843
Total	6.551	1.133	939	33.142	6.300	4.907

Naturgemäß kommt der in frühen Phasen der Unternehmensentwicklung so bedeutenden Wagniskapitalfinanzierung (Venture Capital) in späteren Unternehmensphasen eine geringere Bedeutung zu. Außerdem sind die Finanzierungsvolumina in späten Phasen meist um einiges größer als in frühen Phasen. Der relative Anteil der Venture Capital-Finanzierungen hat so in den USA von 20 % auf 10 % und in Europa von 50 % auf 20 % abgenommen. In Europa wurde mit € 1,2 Milliarden 26 % des Venture Capital-Volumens im Bereich der Biotechnologie investiert. Hierbei ist anzumerken, dass vor allem auch die Kapitalmarksituation die Relationen von Venture Capital- zu Börsenfinanzierung entscheidend beeinflusst.

Neben den klassischen Beteiligungsgesellschaften zur Eigenkapitalfinanzierung sind es auch die Unternehmen der pharmazeutischen Industrie, die durch eigene Beteiligungsgesellschaften zur Finanzierung forschender und entwickelnder Firmen beitragen, sogenannte Corporate Ventures. Dabei ergeben sich signifikante Vorteile für die Pharmaunternehmen. Der direkte Zugang zu neuesten Ergebnissen der Forschung und Entwicklung ohne Belastung der eigenen Bilanz und die Identifikation von geeigneten Akquisitionskandidaten sind hierbei sicherlich wesentlich. Als bedeutende Beispiele für diese Corporate Venture-Einheiten sind unter anderem die Merck Capital Venture und der Novartis Bioventure Fund II mit einem Volumen von jeweils mehr als € 100 Millionen zu nennen.[56]

---

[55] Quelle: Ernst & Young (2001), S. 17, und Ernst & Young (2000b), S. 12.
[56] Vgl. Ernst & Young (2001), S. 31–33.

2.5.2
Finanzierungsalternativen

Vor allem für Unternehmen in späten Phasen der Entwicklung existieren weitere Möglichkeiten der Finanzierung in Form von Privatplazierungen, Wandel- / Optionsanleihen, bilanzneutrale Strukturen oder (innovativen) Kombinationen dieser Instrumente.

Bei Privatplazierungen (PIPE, Private Investments in Public Equity) werden gut über das Unternehmen und dessen spezifischen Markt informierte Investoren direkt angesprochen. So ist es möglich, größtenteils auf einen umfangreichen Ressourcen-Einsatz durch zusätzliche Due Dilligence oder Road-Shows zu verzichten. Ein weiterer Vorteil liegt in der höheren Flexibilität in Bezug auf Volumen und Zeitpunkt dieser Finanzierungsmittel. Bei börsennotierten Unternehmen reduziert sich darüber hinaus der Abgabedruck am Markt in Folge der Ankündigungen von geplanten Kapitalerhöhungen.

Nachrangige Anleihen mit oder ohne Option auf Aktienerwerb und Wandelanleihen sind als festverzinsliche Instrumente zu nennen. Dabei haben nachrangige Darlehen ohne Option naturgemäß höhere Kapitalkosten als vorrangige Darlehen. Ist eine Option auf Aktienerwerb enthalten, so ist vom Investor bei Ausübung üblicherweise eine Prämie zur aktuellen Börsenbewertung bzw. zur letzten erzielten Bewertung zu entrichten. Der Kupon von Optionsanleihen liegt meist unter dem Zinssatz eines herkömmlichen Darlehens, teilweise fehlt sogar eine Verzinsung. Anleihe und Optionsschein sind dabei zwei eigenständige Wertpapiere, die losgelöst voneinander (an der Börse) gehandelt werden können. Bei Wandelanleihen erhält der Käufer das Recht, während der Laufzeit zu festgelegten Terminen den Anleihebetrag in Aktien des Herausgebers umzutauschen. Meistens ist die Verzinsung von Wandelanleihen niedriger als der Kapitalmarktzins, wobei der Investor mit dem Wandlungsrecht zu einem festgelegten Kurs kompensiert wird. Das gestiegene Investoreninteresse für Wandelanleihen zeigt sich an der wachsenden Emissionstätigkeit vor allem amerikanischer Biotechnologie-Unternehmen. Für die Emittenten ergeben sich in der Regel beträchtliche Kostenvorteile verglichen mit einer reinen Eigenkapitalfinanzierung. Die aufgenommenen Mittel stehen meist längerfristig zur Verfügung und der Verwässerungseffekt ist kalkulierbar.

Durch die Abspaltung von Forschungs- und Entwicklungseinheiten und die Ausgabe von Gesellschaftsanteilen an Investoren können spezifische Projekte ausgelagert und bilanzneutral finanziert werden. Trotzdem bleibt dem Mutterunternehmen die Teilnahme am Gewinnpotenzial aus Entwicklungen der ausgegliederten Forschungseinheit durch spezielle Optionsrechte gewahrt. Varianten dazu sind Target Stocks, oder auch Tracking Stocks, bei denen bestimmte Geschäftseinheiten ausgegliedert und deren Anteile zur Zeichnung angeboten werden. Durch die Plazierungserlöse können so kapitalintensive Forschungsprojekte finanziert werden.

Aber auch die Kombination von den hier exemplarisch dargestellten Instrumenten in innovativen Strukturen werden zur Finanzierung genutzt. Hier sind zum Beispiel SPORD- (Stock, Put-Option und Research & Development) oder

SWORD-Modelle (Stock, Warrants, Option und Research & Development) zu nennen.

In einer SPORD-Struktur erwirbt der Investor Anteile an einer (neuen) selbständigen Forschungs- und Entwicklungseinheit. Die Anteile werden kombiniert mit einer Put-Option um diese zum Beispiel einem großen Pharmaunternehmen zu einem bestimmten Preis und Zeitpunkt andienen zu können. Dabei schliesst das Pharmaunternehmen parallel dazu mit der neuen Einheit eine Forschungs- und Entwicklungsvereinbarung ab.

Die Anteilseigner der Forschungs- und Entwicklungseinheit haben bei einem SWORD-Modell das Recht Aktien des kooperierenden Pharmaunternehmens zu erwerben. Dieses Unternehmen wiederum hat das Recht die Anteile der Forschungs- und Entwicklungseinheit zu einem bestimmten Zeitpunkt und festgelegten Konditionen zu erwerben. Außerdem werden bestimmte Lizenzvereinbarungen etc. zwischen der Forschungs- und Entwicklungseinheit und dem Pharmaunternehmen getroffen.

Die dargestellten Finanzierungsinstrumente werden schon in anderen Technologie-Sektoren regelmäßig genutzt. Aufgrund des Risikoprofils in der Biotechnologie ist es daher absehbar, dass diese Instrumente auch hier verstärkt eingesetzt werden.

2.6
Schlusswort

Die Ausführungen machen deutlich, wie aufwendig und kostenintensiv die heutige Arzneimittelentwicklung ist. Hierbei zeigt sich, dass nur ein äusserst geringer Teil der anfangs verfolgten Produktansätze letztendlich zugelassen wird. Aber auch nach Zulassung kann gerade ein Drittel aller Arzneimittel auf dem weltweiten Pharmamarkt einen Umsatz generieren, der die Entwicklungskosten abdeckt. Da zusätzlich zu den reinen Forschungs- und Entwicklungskosten die Vermarktungskosten deutlich angestiegen sind, wird diese immer weiter aufgehende Schere nicht durch höhere Verschreibungszahlen und Preise abgefangen. Auch in Märkten wie den USA, wo bisher sehr hohe Preise realisierbar waren, wird die Preisgestaltung immer mehr reglementiert und die Pharmafirmen kommen unter stärker werdenden Preisdruck. Daher ist die Pharmaindustrie bestrebt, über umfangreiche und lang andauernde Schutzrechte die hohen Innovationskosten durch Umsätze wieder einzuspielen, bevor nach Ablauf des Patentschutzes Produkteinführungen von Generikaherstellern zu deutlichen Umsatz- und Margeneinbussen führen. Letztendlich muss jedoch auch eine signifikante Verkürzung der Entwicklungsphasen vor der Zulassung dazu beitragen, dass die Forschungs- und Entwicklungskosten durch längere Zeiträume, in denen eine alleinige, durch Patente geschütze Vermarktung möglich ist, finanziert werden können.

Die Biotechnologie ist in der Pharmaindustrie zur treibenden Innovationskraft geworden. Erforschung, Entwicklung und Produktion von Medikamenten ist heute kaum noch ohne biotechnologische Methoden denkbar. Bei der durch Eigenkapital geprägten Finanzierung dieser Wachstumsindustrie werden neben den klassischen immer mehr innovative Finanzinstrumente genutzt. Dieses erweiterte Spektrum bietet Investoren wie Unternehmen ein attraktives Chancen- und Risikoprofil und ermöglicht damit die erfolgreiche Nutzung der Verfahren der modernen Biotechnologie im Bereich der pharmazeutischen Forschung und Entwicklung.

3 Neuordnung und Konsolidierung in der ‚Pharma-Bioteconomy'

Marcus Labbé
Rödl & Partner Corporate Finance, Frankfurt am Main

3.1
Die Boomjahre der Biotech-Industrie kommen erst noch

Das Jahr 2000 war für die europäische Biotechnologie-Industrie das bisher Erfolg-reichste. Hinsichtlich Kapitalbeschaffung, Marktbewertung, Umsatzerlöse, Anzahl der Firmen und der Beschäftigten erreichte der Biotechnologie-Sektor ein Rekord-Niveau. Die Zahl der Biotech-Unternehmen in Europa stieg um 16 % auf rund 1.600, die Beschäftigtenzahl um 6 % auf über 61.000 und der Umsatz um 38 % auf 8,7 Miliarden €. Aus deutscher Sicht ist besonders erfreulich, dass Deutsch-land nicht nur die Spitzenposition bei der Anzahl von Biotech-Firmen in Europa hält, sondern dass deutsche Unternehmen auch qualitativ aufholen. In Deutschland sind insgesamt rund 367 Firmen ansässig (Stand Juli 2001), deren Hauptzweck die Kommerzialisierung der modernen Biotechnologie ist. Das sind 19 % mehr als im Jahr 1999; im europäischen Durchschnitt liegt der Zuwachs an Biotech-Unterneh-men bei 16 %. Seit 1996 hat sich die Zahl der Unternehmen in Deutschland um mehr als 250 % erhöht. Mit knapp 11.000 Beschäftigten arbeiteten 31 % mehr Menschen im deutschen Biotechnologie-Sektor als im Vorjahr. Bis 2003 werden hierzulande mehr als 18.000 Mitarbeiter in dieser Branche arbeiten.

Der Gesamtumsatz deutscher Biotech-Firmen stieg im Jahr 2000 um 52 % auf 786 Millionen €. Bis zum Jahr 2005 wird der Umsatz der weltweit „Top 10"- Bio-tech-Unternehmen um 20 % pro Jahr auf rund 33 Milliarden € zunehmen und damit deutlich über dem erwarteten Anstieg des weltweiten Pharmamarktes von jährlich 8 % liegen. Ausgehend vom Jahr 1982, dem Jahr der ersten Zulassung eines biotechnologisch hergestellten Produktes, haben sich die Umsätze der bör-sennotierten Unternehmen bei einer durchschnittlichen jährlichen Steigerung von 36 % von 125 Millionen € auf 31 Milliarden € im Jahr 2000 erhöht. Im Bereich Biopharmazeutika könnte der Umsatz bis 2005 auf rund 42 Milliarden € ansteigen. Die Branche ist dabei von starken Größenunterschieden geprägt: Während die Hälfte der weltweiten Umsätze auf die drei größten Unternehmen entfallen, erzie-len über 80 % der Biotech-Firmen einen Jahresumsatz von weniger als 50 Millio-nen €. Stand Ende 2000 haben nicht einmal 10 % aller börsennotierten Biotech-Unternehmen die Gewinnzone erreicht. Bis 2005 werden jedoch knapp 50 % der neu zugelassenen pharmazeutischen Produkte biotechnologischen Usprungs sein und die Zahl der profitablen Firmen könnte sich nahezu verdoppeln.

3.2
Von der Alchemie zum Gang an die Börse

Europäische Biotech-Unternehmen hatten im Jahr 2000 mit über 6 Milliarden €
sechsmal soviel Kapital an den Börsen aufgenommen wie im Jahr 1999. Dennoch
liegen die Europäer noch weit hinter den Amerikanern zurück. Der Wert der gesamten Biotech-Branche in Europa liegt nur knapp über dem Börsenwert des US-
Marktführers Amgen. Betrachtet man die Marktkapitalisierung der größten Biotech-Werte, könnte die Übernahme eines großen Traditionsunternehmens aus der
Pharmabranche bald anstehen. Allerdings trimmen auf der anderen Seite auch Big
Pharma-Unternehmen ihre Biotechforschung auf Beweglichkeit. Viele von ihnen
suchen sich dafür externe Investoren. Zwar gehen sie weiterhin intensiv Kooperationen mit jungen Biotech-Unternehmen ein, doch gliedern sie zugleich ihre eigenen Aktivitäten in der Branche aus und entlassen sie in die unternehmerische Un-
abhängigkeit. Hinter den Ausgliederungen verbergen sich verschiedene Motive:
Zum einen geht es darum Aufwand und Risiko in der Forschung besser abzuwägen. Arbeitsgebiete wie die Gentherapie oder Genomforschung bieten zwar große
Chancen, belasten die Forschungs-Etats der Pharmariesen aber zunächst erheblich.
Indem Big Pharma externe Kapitalgeber mit ins Boot nimmt, mindern die Unternehmen ihr eigenes Risiko, ohne den Zugang zu möglichen Innovationen grundsätzlich zu verlieren. Zum anderen spielt es eine wichtige Rolle, dass interne Bio-
tech-Forschung häufig breiter angelegt ist als die Therapiegebiete, auf die sich die
Firmen im operativen Geschäft konzentrieren. Und viele Unternehmen betreiben
Grundlagenforschung, von der sie selbst nur einen ganz kleinen Teil nutzen können. Eine engere Kooperation scheint deshalb unerlässlich.

Der globale Trend zur stärkeren Zusammenarbeit zwischen Biotech-Unternehmen bestätigt sich auch in Europa: Allianzen, Fusionen und Unternehmenskäufe
(M&A) nahmen gegenüber dem Vorjahr um 41 % zu. Mit knapp über 400 Allianzen ist für das Jahr 2000 in Europa ein Zuwachs um mehr als 50 % gegenüber dem
Vorjahr zu verzeichnen. Wurden im Jahr 1998 noch 86 % der Biotech-Allianzen
zwischen Pharma- und Biotech-Firmen geschlossen, sank dieser Anteil im Jahr
2000 auf 64 %. Biotech-Unternehmen schließen zunehmend Allianzen untereinander und werden unabhängiger von Big Pharma. Der Zwang zur kritischen Masse
über das Vehikel M&A – in der amerikanischen Biotech-Industrie schon seit jeher
„daily business" – ist auch in der europäischen Biotech-Industrie deutlich verstärkt
wahrzunehmen. Je mehr Ressourcen einem Unternehmen aufgrund seiner Größe
zur Verfügung stehen, desto schneller kann es die Marktführung einnehmen. Dies
ist insbesondere in einer Branche von extrem hoher Bedeutung, in der der zweite
Gewinner der erste Verlierer ist. In der Marktposition ist dann auch noch immer
ein deutlicher Abstand zwischen der europäischen und der amerikanischen Biotech-Industrie zu erkennen: Die durchschnittliche Börsenkapitalisierung der no-
tierten europäischen Gesellschaften erreicht nur 60 % des entsprechenden Wertes
in den USA. US-Firmen haben im Jahr 2000 fünfmal mehr neues Kapital aufgenommen als europäische. Während europäische Biotech-Unternehmen noch im
Jahr 1999 durch Börsengänge 1,1 Milliarden € an Eigenkapital aufgenommen
haben, waren es in 2000 bereits über 6,5 Milliarden €. 39 europäische Unterneh-

men gingen im Jahr 2000 an die Börse – eine Steigerung gegenüber 1999 um 52 %, in Deutschland wurden 12 Unternehmen erstmals notiert; dies entspricht einem Plus von 60 %. Im Durchschnitt nahmen Biotech-Unternehmen bei ihrem Börsengang 76 Millionen € auf – nahezu doppelt soviel wie 1999; in Deutschland betrug die Kapitalaufnahme durch Börsengänge durchschnittlich 74 Millionen €. Die Marktkapitalisierung der Biotech-Werte hat sich in Deutschland ebenfalls sehr erfreulich entwickelt, auch wenn es mittlerweile wieder gewisse Korrekturen gab.

3.3
Wer nicht mit der Zeit geht, geht mit der Zeit

Parallel zur fundamentalen Neubewertung der Biotech-Branche hat sich der wichtige Partner der Biotech-Industrie, die Pharmabranche, trotz signifikanter Megafusionen (Pfizer / Warner Lambert, SmithKline Beecham / Glaxo Wellcome, Astra / Zeneca, Hoechst / Rhône Poulenc, Pharmacia & Upjohn / Monsanto) eher unterproportional entwickelt. Aus Kapitalmarktsicht hat sich das Kräfteverhältnis deutlich zu Gunsten der Biotech-Unternehmen verschoben. Spiegelbildlich zu den Entwicklungen am Kapitalmarkt hat sich auch die Qualität und die Natur der M&A-Transaktionen verändert, wenngleich die Zahl der Transaktionen durchgängig auf hohem Niveau liegt. Vor der oben beschriebenen Trendwende wurde das M&A-Geschehen durch die angespannte Situation der Biotech-Industrie wesentlich bestimmt. Einerseits bedeutete die relativ niedrige Bewertung der Biotech-Unternehmen eine ausgezeichnete Gelegenheit für die Pharma-Branche ihre Pipelines durch günstige Zukäufe zu füllen. Zum anderen zwang der Kapitalmarkt die Biotech-Unternehmen zur Konsolidierung. Seit der Trendwende beobachtet man viel stärker strategisch motivierte Biotech-Biotech-Transaktionen, deutlich weniger Pharma-Biotech-Übernahmen und bereits erste Biotech-Pharma-Übernahmen. Eine Reihe fundamentaler Trends wird dazu führen, dass das M&A-Geschehen in der Biotech-Industrie weiter lebhaft bleibt. Dazu zählen die fragmentierte Struktur des Sektors, der Trend vieler institutioneller Anleger Small Caps aus ihren Portefeuilles zu eliminieren (eine Marktkapitalisierung von 500 Millionen € gilt als kritische Schwelle) sowie die langen Entwicklungszyklen mit ihren hohen finanziellen Implikationen.

In der Pharmaindustrie grassiert das Fusionsfieber ebenfalls. Das für das Jahr 2000 ausgewiesene Transaktionsvolumen erhöhte sich um 64 % von 151 Milliarden US$ auf 248 Milliarden US$. Davon machen die drei Pharma-Megafusionen Pfizer / Warner Lambert, SmithKline Beecham / Glaxo Wellcome und Pharmacia & Upjohn / Monsanto alleine knapp 192 Milliarden US$ aus. Diese spektakulären Transaktionen bilden allerdings die Ausnahme. Der Durchschnitt der rund 650 ausgewiesenen Transaktionsvolumina liegt lediglich bei knapp 75 Millionen US$, der im Rahmen der anstehenden zweiten und dritten Konsolidierungswelle jedoch stark ansteigen dürfte. Dennoch: Allein in den vergangenen zwei Jahren waren rund die Hälfte der 25 weltweit führenden Pharmaunternehmen an großen Fusionen und Akquisitionen (Mergers & Acquisitions) beteiligt. Sieben der gegenwärtigen „Top 10"-Unternehmen sind das Ergebnis von M&A-Transaktionen. In wenig mehr als einem Jahrzehnt hat sich durch die Großfusionen die Wettbewerbslandschaft gravierend verändert. Die Megafusionen trugen entscheidend dazu bei, dass der Anteil der Top 5 am Weltpharmamarkt zwischen 1993 und 2000 von 16 % auf über 25 % stieg. Die Quote wird sich bis zum Jahr 2010 nochmals verdoppeln. Ein Ende der Konsolidierungswelle ist nicht abzusehen. Treibende Kraft sind nicht so sehr die Unternehmenskapitäne der Pharma-Tanker selbst, sondern institutionelle Investoren, die im Interesse ihrer Kapitalgeber mit ihrer geballten Aktionärsmacht auf hohe Wertsteigerung durch entsprechendes Umsatz- und Gewinnwachstum drängen. Die Bedeutung der institutionellen Investoren lässt sich wieder einmal am Beispiel der USA deutlich machen, wo über 60 % des Aktienkapitals der großen US-Pharma-Unternehmen in der Hand dieser Investorengruppe liegt. Auch ohne direkte Empfehlung von institutioneller Seite erscheinen M&A-Transaktionen vielen Unternehmenslenkern, die unter Shareholder-Value-Druck stehen, oftmals als rettender Ausweg. Doch selbst wenn die Börse die Rationalisierungs- und Wachstumspotenziale von Fusionen und Akquisitionen zunächst honoriert, sind M&A-Transaktionen kein bequemes Hintertürchen, durch das Unternehmen und Management den Wertsteigerungsansprüchen leicht entkommen könnten. Denn lediglich bei reinen Pharmafusionen sind hohe Synergien möglich. Pharmafusionen machen nur Sinn, wenn sie das Produktportfolio nachhaltig stärken, also zum Beispiel bei der Übernahme eines Biotech-Spezialisten durch ein klassisches Pharma-Unternehmen, das auf dem gleichen Anwendungsgebiet tätig ist.

3.4
Der Konsoliderungstrend wird sich fortsetzen

Die wichtigsten Gründe für die zunehmende Zahl von Mergers & Acquisitions liegen in den zweistelligen Umsatz- und Ertragssteigerungserwartungen, der Absicht, das Produktportfolio zu ergänzen oder Marktanteile hinzuzukaufen, sowie das F&E-Projektportfolio, also die Pipeline für die Produkte von morgen, zu erweitern. Zusätzlich zwingen steigende F&E-Kosten, Patentausläufe und Innovationen in der Biotechnologie die Pharma-Unternehmen, sich strategisch und geographisch neu zu positionieren. Insbesondere die Strukturen der deutschen Pharma-Industrie werden sich aufgrund der ab 2002 voll zur Geltung kommenden steuerlichen Anreize durch M&A-Aktivitäten verändern. Dabei finden sich unter den rund 300 größeren mittelständischen Pharma-Firmen viele Übernahmekandidaten. Nur diejenigen, die sich bereits erfolgreich fokussiert haben, werden auf der Käuferseite stehen. Der harte globale Wettbewerb in der Pharmaindustrie bringt die mittelständischen Unternehmen mächtig unter Druck. Während sich die großen Konzerne durch Fusionen und Auslagerung von kostenaufwendigen Bereichen frische finanzielle und wirtschaftliche Spielräume verschaffen, ist mit der Biotechnologie kraftvolle Konkurrenz an der Basis nachgewachsen, die den alteingesessenen Mittelstand mit innovativen Produkten und als kompetenter Partner von Big Pharma zu verdrängen beginnt. Wenn sich die mittelständische Pharmaindustrie auf Dauer nicht mit der Herstellung von wertschöpfungsarmen Produkten und Nachahmermedikamenten, sogenannten Generika, begnügen will, muss sie sich um modernes Know-How bemühen. Für die Unternehmen bedeutet dies mit neuen Allianzen die Zukunft zu sichern.

Obwohl sich die Ausgaben für Forschung und Entwicklung in der Pharmabranche innerhalb der letzten 10 Jahre verdoppelt haben, ist der Output an innovativen Medikamenten fast unverändert geblieben. Aus über 100 Forschungsprojekten entsteht in der Pharmabranche nur ein einziges neues Medikament. Immer höhere Etats und immer mehr Personal haben daran nichts geändert. Als Faustregel gilt, dass ein Pharmakonzern pro 10 Milliarden US$ Umsatz jährlich eine Milliarde US$ aus neuen Präparaten erlösen muss, um erfolgreich zu bleiben. Grund: Sobald Medikamente ihren Patentschutz verlieren, kommen billige Nachahmer auf den Markt und verderben den Preis. Die Furcht des Managements, die eigenen Labors lieferten nicht genügend Nachschub, war Hauptauslöser für die jüngsten Megafusionen. Mit der Größe der Forschungstanker, so das Kalkül, verringere sich die Gefahr des Sinkens. Doch Finanzkraft allein ist kein Garant für Innovationen. Alle Unternehmen knüpfen heute globale Netzwerke mit Universitäten, externen Forschungsinstituten und Biotech-Firmen, um ihr eigenes Know-how zu ergänzen. Und weil viele Impulse zu echten Innovationen heute aus Biotech-Boutiquen kommen, wollen die Konzerne deren Spirit jetzt in kleinen Einheiten imitieren.

3.5
Acquila non captat muscas – Grösse allein reicht nicht

Der neue Pharma-Gigant Glaxo SmithKline beispielsweise vergleicht seine neu geschaffene F&E-Organisation mit einer Kriegsflotte: Eine Fregatte, flankiert von sechs wendigen Schnellbooten, soll den Kampf um den Pharmamarkt gewinnen. Der ungewöhnliche Entwurf kombiniert die Vorteile von Big Pharma (24 F&E-Standorte, 16.000 Wissenschaftler, 161 Substanzen in der Entwicklung, Stand Juli 2001) mit der Flexibilität kleiner Unternehmenseinheiten: In der Grundlagenforschung wird ‚geklotzt'. Tausende Mikrobiologen, Screeningspezialisten, Biochemiker und Pharmakologen kümmern sich auf dem Forschungsmutterschiff um frisches Wissen und Plattformtechnologien. Sie sind die Zuarbeiter für sechs neu gegründete „Centers of Excellence", die wiederum selbständig ein eigenes Therapiegebiet betreuen. Der Konzernvorstand teilt diesen ein Budget zu, doch in welche Projekte sie investieren, bleibt ihnen überlassen. Sie holen sich Substanzen nach Bedarf aus der eigenen Forschung oder kaufen sie bei externen Biotech-Unternehmen ein. Haben Sie die Ziellinie erreicht, die für große klinische Tests am Menschen festgelegt ist, setzt Glaxo SmithKline wieder auf die große Fregatte: Hunderte von Ärzten, Anwälten und IT-Spezialisten koordinieren die aufwändigen klinischen Tests und bereiten das Zulassungsprozedere vor.

Neben der rascheren Umsetzung von Forschungsresultaten werden auch Produkt- und Plattformtechnologie-Unternehmen immer stärker zusammenwachsen. Diese werden sich zunehmend in Richtung Entwicklung und Vermarktung eigener Produkte bewegen müssen. Deutsche Biotech-Unternehmen befassen sich dabei vor allem mit der Entwicklung von Technologien für die Sequenzierung und Funktionsaufklärung des menschlichen Erbgutes. In dieser Hinsicht unterscheiden sich hiesige von den reiferen angloamerikanischen Firmen, die produktorientierter sind und innovative Arzneimittel und Therapeutika entwickeln. Technologie-Entwickler geraten schnell in einen selbstverzehrenden Mechanismus, der sie zwingt in immer kürzeren Abständen neue Verfahren bereitstellen zu müssen. Die kostspieligen Technologien sind aber nur dann wettbewerbsfähig, wenn sich damit die Entwicklung von Medikamenten oder Therapien tatsächlich beschleunigen lässt. Der immense Wettbewerbsdruck, unter dem die gesamte Pharma-Bioteconomy steht, hat dazu geführt, dass ein großer Teil deutscher Biotech-Unternehmen in die Entwicklung von Plattformtechnologien investiert. Schwerpunkte sind die Bereiche Genomics, Biochips und integrierte Lab-on-a-Chip-Systeme, Proteomics, Screening und Bioinformatik-Instrumente. Dabei müssen nicht nur die Technologie-Entwickler hart an ihren Kompetenzen arbeiten, auch der therapeutische Bereich hat seine Tücken. Wer auf die Entwicklung nur eines Medikamentes setzt, hat nur selten Aussicht auf Erfolg. Denn lediglich eine von 5.000 Substanzen schafft es bis zur Marktreife. Dabei gilt es, einen langen Atem und gute Kapitalreserven zu haben, denn bis zur Produktreife kann es acht bis 10 Jahre dauern. Gute Karten hat, wer sich frühzeitig und weitsichtig nach kompetenten Partnern umsieht.

3.6
Transatlantische M&A-Transaktionen nehmen zu

Die Integration der verschiedenen Technologien bildet sowohl für die traditionelle Pharma- als auch für die moderne Biotech-Industrie eines der wichtigsten Motive für Zukäufe und Partnerschaften. Während die etablierten Pharmakonzerne immer stärker auf Kooperationen mit Biotech-Unternehmen setzen, drängen die größeren Biotech-Firmen zunehmend auch selbst in das Arzneimittelgeschäft. Der enorme Kapitalzufluss im Boomjahr 2000 gibt ihnen dazu großen Rückhalt. Viele Experten sagen der Biotech-Industrie vor diesem Hintergrund eine enorme Konsolidierung voraus, die wiederum stärkere Unternehmen hervorbringt. Einige US-Biotech-Firmen treten inzwischen mit dem Ziel an in das Spitzenfeld der Big Pharma vorzudringen. Vor einigen Jahren hätte man sie dafür noch milde belächelt. Doch nun werden sie von den Etablierten ernst genommen. Auch europäische Biotech-Firmen rüsten auf und gehen zunehmend transatlantische Transaktionen ein, weil Erfolg im Heimatmarkt nicht ausreichend ist, um Nachhaltigkeit zu erzielen. Gerade vor dem Hintergrund der noch stark fragmentierten Marktstruktur in Europa erscheint der US-Markt als weltweit grösster Health Care-Markt bevorzugtes Ziel, über den es in die Liga der Global Players aufzusteigen gilt. Dabei geht es nicht nur um den Hinzugewinn von Marktanteilen, sondern insbesondere um den Zukauf kritischer Technologien und Produkte.

Transatlantische M & A-Transaktionen sind verstärkt, obgleich auch in weit geringerem Ausmaße, von den USA aus in Richtung Europa zu verzeichnen. Der Hauptgrund für die Unausgewogenheit der Direktinvestitionen US-amerikanischer Firmen in den europäischen Markt liegt in der vergleichsweise hohen Marktunreife europäischer Biotech-Unternehmen. Noch befindet sich die europäische Biotechnologie im Anfangsstadium ihrer Entwicklung. Anders verhält es sich hingegen in den USA, wo viele US-Firmen ihren europäischen Wettbewerbern eine ganze Reihe von Anknüpfungspunkten zum Aufbau kritischer Masse bieten. Insbesondere die Notwendigkeit, Investoren mit vollen Pipelines und breit angelegten Technologieplattformen zu begegnen, wird dazu führen, dass der US-Markt in den nächsten Jahren weiterhin den Einstieg in das Global & Big Business ermöglichen wird. Die derzeit instensiv geführte Debatte über Wohl und Wehe der Gen- und Biotechnologie wird ebenso beitragen, dass Direktinvestitionen tendenziell in das Ausland umgeleitet werden. M&A-Transaktionen wiederum werden das Vehikel sein, über das europäische Firmen insbesondere Produkt- und Plattformtechnologien selektiv zukaufen werden.

3.7
„Beauty is in the eye of the beholder", oder: Wert ist relativ

Jeder M&A-Transaktion geht eine Bewertung des jeweiligen Unternehmens voran. Dieser liegt keine einzig richtige How-to-Do-Methodik zugrunde, insbesondere nicht in der Pharma-Bioteconomy. Dies liegt vor allem in der hohen Unsicherheit bei der Abschätzung von zukünftigen Umsätzen und Gewinnen begründet. In der Phase vor dem Forschungsdurchbruch und der erfolgreichen Markteinführung von Produkten oder Verfahren sind Umsätze kaum, Aufwendungen und Investitionen hingegen in enormer Höhe zu verzeichnen. Negative operative Cash Flows sind die logische Konsequenz: In diesem Zusammenhang spricht man auch von Burn Rates, die den Kapitalverzehr abbilden. Erst die Zulassung eines therapeutischen Produktes beispielsweise zur Krebsbekämpfung kann zu einem explosionsartigen Umsatz- und Gewinnanstieg führen. Weitere Unsicherheiten sind über den Lebenszyklus abzubilden, der durch Konkurrenzprodukte abrupt verkürzt werden kann. Vergessen Sie KGV, KUV und PEG-Ratio. Bisher hieß die Lösung Kurs-Umsatz-Verhältnis; gefährlich, denn über die Fähigkeit, Gewinne zu erzielen, sagt es nichts aus. Besser wäre das Price / Earnings-to-Growth-Ratio (PEG), da das Wachstum berücksichtigt würde. Aber hier ist das Problem der Gewinn. Denn wo kein Gewinn vorhanden ist, kann auch kein PEG errechnet werden. Der Realitätssinn rät zur Werthaltigkeit, also zu Unternehmen, die unter traditionellen fundamentalen Gesichtspunkten Gewinne versprechen. Zentrum der Betrachtung: die Substanz bzw. im engeren Sinne die Liquidität.

Doch wenn sich Unternehmen neuen Grundsätzen der Wertschöpfung unterwerfen, stösst die klassische Unternehmensbewertung an ihre Grenzen. Die Werttreiber in der Pharma- & Bioteconomy sind vor allem immaterielle Vermögensgegenstände, deren Identifizierung, Messung und Bewertung jenseits der erprobten Methoden liegt. Eine Bilanz ist nicht mehr das entscheidende Merkmal für den Erfolg oder den Misserfolg eines Unternehmens. Die klassischen Vermögenswerte, die in der Bilanz aufgeführt werden, sind zwar nach wie vor relevant, aber sie sind nicht allein entscheidend für die Beurteilung der Entwicklung eines Unternehmens. Denn Werttreiber sind heute vor allem immaterielle Werte und das zugrundeliegende Geschäftsmodell. Zu Beginn einer Unternehmensbewertung hat die Analyse dann auch relativ wenig mit Zahlen zu tun, sondern mehr mit qualitativen Faktoren. Zunächst steht die Klärung im Vordergrund, was das Unternehmen macht, wie lange es schon existiert, wie viele Mitarbeiter es beschäftigt und mit welcher Dynamik sich diese Zahl über die Zeit entwickelt hat. Zusätzlich ist wichtig, ob das Unternehmen in einem zukunftträchtigen Markt aktiv ist und wie sich die Konkurrenzsituation darstellt. Auch die Fragen nach dem Technologievorsprung und der Patentsituation sind von Bedeutung. Daneben spielt die Erfahrung des Managements eine wesentliche Rolle, das neben wissenschaftlichem Knowhow auch über Kontakte zu den wichtigen Vertretern der globalen Pharmaindustrie, also den potenziellen Geschäftspartnern, verfügen sollte. Die Qualität des Managements kann dabei über die Historie der einzelnen Mitglieder abgeklopft werden. Erst dann sind die Geschäftszahlen interessant, deren Aussagekraft in sehr frühen Entwicklungsstadien ohnehin noch nicht sehr hoch ist. Wichtiger sind die Produkte, die ein Unternehmen entwickelt, noch wichtiger die Technologie, auf deren Basis das geschieht.

3.8
Bewertungsansätze gibt es viele - „den" richtigen gibt es nicht

Zur Unternehmensbewertung werden häufig Umsatz-Multiples aus einer vergleichbaren Gruppe von Unternehmen, der sogenannten Peer Group, herangezogen. Die für Vergleichsunternehmen bezahlten Kaufpreise stellen dann den Orientierungspunkt für die Kaufpreisfindung des betreffenden Unternehmens dar. Der Vergleich eines Unternehmens mit seinen Wettbewerbern ist hilfreich und birgt zugleich Probleme. So ähnlich sich zwei Unternehmen auch sein mögen, es gibt immer Unterschiede in den Geschäftsmodellen, abgesehen von Abweichungen in den Entwicklungsstadien: reife Unternehmen sind anders zu bewerten als junge. Wegen der subjektiven Auswahl der Vergleichsunternehmen und der Verzerrung der Analyse durch extreme Ausprägungen bei einzelnen „Peers" kann der Peer Group-Vergleich nur einen Anhaltspunkt bei der Bewertung eines Unternehmens darstellen. Denn vielen Unternehmen ist gemeinsam, dass mit dem Erreichen der Gewinnschwelle erst in einigen Jahren zu rechnen ist. Bei der Bewertung fallen damit Vergleichskennzahlen wie das Kurs-Gewinn-Verhältnis (KGV), die Eigenkapital- und Dividendenrendite sowie der Price-Earnings-Growth-Faktor (PEG), der das KGV zum Gewinnwachstum ins Verhältnis setzt, aus dem Korb der Möglichkeiten heraus. Geeignet ist bei börsennotierten Unternehmen neben dem Kurs-Umsatz-Verhältnis das Discounted-Cash-Flow (DCF)-Modell, das aus wissenschaftlicher Sicht sicher die richtigere Form der Unternehmensbewertung ist. Ihre Anwendung bereitet aber Probleme.

Mit Hilfe des DCF-Modells wird der Barwert zukünftiger Zahlungsströme als Maß für den Unternehmenswert durch Abzinsung mit einem adäquaten Faktor ermittelt. Die Schwierigkeit liegt in der Bestimmung zukünftiger Zahlungsströme. Je weiter man in die Zukunft blickt, desto größer werden die Unsicherheiten. Wegen des sehr langen Abzinsungszeitraumes ist die Wahl des geeigneten Diskontierungsfaktors entscheidend. Am Anfang steht oft ein Zinssatz von 7 % oder 8 %, der dann um einen Risikoaufschlag ergänzt werden muss. Um ein besseres Gefühl für die Bandbreite des Unternehmenswertes zu bekommen, sollte man eine Szenario-Analyse durchführen, d. h. verschiedene Szenarien hinsichtlich künftiger Ertragsentwicklungen erstellen und die Auswirkungen auf den Unternehmenswert analysieren. Dabei sind Annahmen über Erfolgswahrscheinlichkeiten und Umsatzpotenziale der Produkte zu treffen. Anstatt nach dem absolut richtigen Unternehmenswert zu suchen, ist es angebracht, verschiedene Zukunftsszenarien zu betrachten. Die Wahl des geeigneten Diskontierungssatzes, mit dem der Gegenwartswert einer Zahlung, die erst in einigen Jahren erfolgt, ermittelt wird, ist bei einem DCF-Modell die entscheidende Herausforderung. Ausgangspunkt der Berechnung des Abzinsungsfaktors kann die Rendite deutscher Staatsanleihen im Schnitt der letzten Jahre sein. Der risikolose Satz ist dann um eine unternehmensspezifische Risikokomponente zu erweitern, die auf die Einschätzung der Technologie und Produkte, aber auch des Managements abstellt.

3.9
Nur wer vom Ende her denkt, schaut nach vorne

Mit der Veröffentlichung des menschlichen Erbguts im Frühjahr 2001 startete das Rennen um die besten Medikamente. Der Hauptteil der Arbeit beginnt erst. Noch haben die Genforscher die Buchstaben des Erbguts einfach nur übersetzt. Mit der Funktionsanalyse dieses Rohmaterials muss nunmehr verstanden werden, wann welche Gene an- und ausgeschaltet werden und welche Rolle die Proteine in der Zelle spielen, für die die Gene die Bauanleitung liefern. Denn die Proteine steuern Wachstum und Gesundheit, kurz alle Lebensvorgänge des Menschen. Zur Zeit beruhen 30 % der Arzneimittelkandidaten, die jetzt zur Marktreife gebracht werden, auf Erkenntnissen der Genomforschung. Im Jahr 2005 werden es bereits 50 %, fünf Jahre später alle Medikamente sein. Noch bis Anfang 2001 hatten die

Genomforscher mit bis zu 130.000 Genen beim Menschen gerechnet – statt dessen soll sich Stand Juni 2001 das menschliche Erbgut aus nur knapp 30.000 Genen zusammensetzen. Die Vorstellung, dass ein Gen einer Krankheit zugeordnet werden kann, muss über Bord geworfen werden. Die Nutzung der Gene wird komplexer, die Forschung damit komplizierter und natürlich teurer. Nach Berechnung von Experten könnte die Entwicklung eines neuen Medikamentes künftig im Durchschnitt drei Jahre länger dauern. Entsprechend dürften die Entwicklungskosten von bislang einer Milliarde US$ auf über anderthalb Milliarden US$ ansteigen.

Darüber hinaus bedeuten die derzeitigen Erkenntnisse der Genomforschung mittelfristig weiteres Ungemach für Big Pharma: Der Trend geht hin zur personalisierten Medizin. Das Zeitalter der Blockbuster, von Medikamenten, die zumindest eine Milliarde US$ Umsatz einspielen, ist dann vorbei. Zu den Favoriten der Experten zählen nun vor allem jene Firmen, die sich auf die Erforschung des Zusammenspiels zwischen Genen und Proteinen spezialisiert haben. Hier liegt der Schlüssel für die Erforschung von Krankheiten. Die Genom-Protein-Forschung wird unser Leben in der Zukunft beeinflussen, stärker noch als heute überhaupt vorstellbar. Pharma-Bioteconomy wird den entscheidenden Beitrag leisten. Und doch ändert das nichts an einer Tatsache, die so unausweichlich ist wie das menschliche Leben per se sterblich bleiben dürfte: Wir teilen die Hälfte unseres Genoms mit der Banane. Oder um es mit Goethe's Faust zu halten: „Den Göttern gleich ich nicht... Dem Wurme gleich ich, der den Staub durchwühlt."

4 Harmonisierung in der EU und ihre Konsequenzen

4.1
Ziele und Maßnahmen europäischer Gesundheitspolitik

Hans Stein
Bundesministerium für Gesundheit, Bonn

4.1.1
Gesundheit – Bestandteil der europäischen Integration

Gesundheit als unverzichtbare Aufgabe der Europäischen Integration, Gesundheitspolitik als noch zu gestaltender Politikbereich der Europäischen Union ist nicht nur in Deutschland lange Zeit vernachlässigt und unterschätzt worden. Sie wurde teilweise sogar als unzulässiger europäischer Eingriff in nationale Zuständigkeiten nachdrücklich abgelehnt.

Diese europaskeptische Haltung besteht in Deutschland und unterschiedlich ausgeprägt auch in anderen Mitgliedstaaten der EU. Es gibt jedoch eine Vielzahl von Anzeichen, dass diese negative Grundeinstellung überwunden wird. Ein Beleg dafür ist, dass in der Charta der Grundrechte der EU auch ein Grundrecht „Gesundheitsschutz" enthalten ist. Artikel 35 bestimmt, dass „jede Person das Recht auf Zugang zur Gesundheitsversorgung und auf ärztliche Versorgung nach Maßgabe der einzelstaatlichen Rechtsvorschriften und Gepflogenheiten hat. Bei der Festlegung und Durchführung aller Politiken und Maßnahmen der Union wird ein hohes Gesundheitsschutzniveau sichergestellt". Diese Regelung macht klar, wie stark heute Gesundheitspolitik zum europäischen Thema geworden ist.

Es kann kein Zweifel daran bestehen, dass das deutsche Gesundheitswesen in weiten Bereichen mit der europäischen Entwicklung sehr eng verflochten ist und von ihr beeinflusst wird. Vom Binnenmarkt mit seinen vier Freiheiten, dem Wettbewerbsrecht und der Einführung des EUROs werden die nationalen Gesundheitssysteme verstärkt unter Druck gesetzt werden.

Die heute festzustellende Öffnung in Richtung Europa geht teilweise sogar so weit, dass sich in den Grenzregionen ein grenzüberschreitender europäischer Gesundheitsmarkt entwickelt. Noch ist er von der Gesamtzahl der Patienten und vom Volumen der Leistungen her gering.

Nach wie vor wird nachdrücklich der Erhalt der nationalen Kompetenzen für die Ausgestaltung der Gesundheitssysteme gefordert. Gleichzeitig aber – und das ist die entscheidende Neuerung – wird der Einfluss der EU auch als Chance für die nationale Entwicklung betrachtet. Aufgabe ist die nationalen Gesundheitssysteme „europakompatibel" weiterzuentwickeln und zu gestalten.

Eine Harmonisierung der nationalen Gesundheitssysteme auf europäischer Ebene ist weder sinnvoll noch rechtlich möglich. Es sind auch keine derartigen Tendenzen erkennbar, weder bei der Kommission noch bei dem Europäischen Parlament und schon gar nicht bei den Mitgliedstaaten.

Es wird jedoch unausweichlich eine fortschreitende „Konvergenz" der unterschiedlichen Gesundheitssysteme geben. Wie weit diese Konvergenz allerdings gehen kann, wie schnell und umfassend sie Gestalt annimmt, hängt weitgehend vom politischen Konsens in den Mitgliedstaaten ab.

Die fortschreitende wirtschaftliche Vernetzung, die Veränderungen des technologischen Umfelds einschließlich der rasanten Informationstechnologie, die demographisch bedingten Finanzierungsprobleme, der Wertewandel in der Gesellschaft, die steigende Mobilität der Bevölkerung, die zunehmende Bedeutung chronischer Krankheiten bei gleichzeitig neuen, oft weltweit auftretenden Gesundheitsgefahren stellen alle Gesundheitssysteme vor vergleichbare Herausforderungen.

Diese Probleme müssen zwar im Rahmen der nationalen Gestaltungskompetenz gelöst werden, aber die Zusammenarbeit auf europäischer Ebene kann zur Bewältigung entscheidend beitragen.

Wenn die Mitgliedstaaten die Qualität ihres Systems bewahren und verbessern wollen, wenn sie die Grundprinzipien ihres jeweiligen Systems aufrecht erhalten wollen, müssen sie sich aktiv in diesen bereits laufenden Prozess einbringen. Er kann nicht den europäischen Institutionen überlassen bleiben.

Das Gesundheitswesen ist national und europäisch gleichzeitig sowohl Wirtschafts-, Standort- und Wachstumsfaktor. Es ist ein Markt, möglicherweise der größte Markt, den es überhaupt in der Europäischen Union gibt. Es ist ein Bereich, für den zwar die europäischen Marktregeln gelten, in dem aber gleichzeitig soziale und humane Verpflichtungen berücksichtigt werden müssen. Es ist die Aufgabe der Gesundheitspolitik diese Gesundheits-Interessen gegenüber Wirtschafts- und Marktinteressen zur Geltung zu bringen. Die Ziele der EU-Gesundheitspolitik lassen sich in fünf Thesen zusammenfassen:

1. Die Aufnahme in die Europäische Grundrechtscharta belegt, dass Gesundheit als Bereich der Europäischen Integration ständig an Bedeutung gewinnt.

2. Gleichwohl ist Europäische Gesundheitspolitik bisher weder eindeutig definiert noch gegenüber anderen EU-Politikbereichen oder nationalen Aufgaben klar abgegrenzt.

3. Das deutsche Gesundheitswesen ist schon heute in weiten Bereichen mit der europäischen Entwicklung (insbesondere Binnenmarkt und Wettbewerb) eng verflochten. Die Beteiligten im deutschen Gesundheitswesen sind verstärkt darum bemüht, die Herausforderung Europa anzunehmen und aktiv mitzugestalten.

4. Pluralität und Vielfalt der nationalen Gesundheitssysteme müssen erhalten bleiben. Eine Harmonisierung auf europäischer Ebene ist weder inhaltlich

gewollt noch rechtlich möglich. Gleichwohl müssen die nationalen Gesundheitssysteme „Europakompatibel" weiterentwickelt werden.

5. Die Europäische Gesundheitspolitik ist Gegenstand eines längerfristigen, teilweise beeinflussbaren Entwicklungsprozesses auf Gemeinschafts- und nationaler Ebene. Die anstehende inhaltliche Ausgestaltung der Europäischen Gesundheitspolitik muss politisch aktiv auf andere europäische Politikbereiche verstärkt Einfluss nehmen und sie mitgestalten.

4.1.2
Grundlagen der Gesundheitspolitik in der Europäischen Union

Durch Artikel 3 Buchstabe o und Artikel 129 des Maastrichter Vertrags über die Europäische Union erhielt die Tätigkeit der Europäischen Gemeinschaft im Bereich der öffentlichen Gesundheit erstmals eine eigenständige Rechtsgrundlage. Bis dahin gab es versprengte Einzelinitiativen zu verschiedenen Krankheitsbildern, jedoch keine klar erkennbare Gesamtkonzeption einer Gesundheitspolitik. Die Rolle der Gemeinschaft wurde in Artikel 129 dahingehend definiert, dass sie die Bemühungen der Mitgliedstaaten auf dem Gebiet der öffentlichen Gesundheit unterstützt, ihnen bei der Formulierung und Umsetzung von koordinierten Zielen und Strategien behilflich ist und einen Beitrag zur Erreichung eines hohen Gesundheitsschutzniveaus in der gesamten Europäischen Gemeinschaft leistet, wobei als Vorgabe die besten in einem gegebenen Bereich erzielten Resultate gelten sollen. Dies ist ein über eine reine Zuständigkeitsregelung hinausgehender Auftrag. Gesundheitsprobleme und Gesundheitsgefahren machen heute weniger denn je an Grenzen Halt. Sie sind gerade in einer Europäischen Union ohne Binnengrenzen grenzüberschreitend. Ihre erfolgreiche Bewältigung erfordert mehr denn je grenzüberschreitendes und gemeinsames Handeln der Mitgliedstaaten.

In ihrer Mitteilung über einen Aktionsrahmen im Bereich der öffentlichen Gesundheit vom 24. November 1993 hat die Kommission erstmalig die gesundheitspolitischen Probleme dargestellt, denen sich die Mitgliedstaaten gegenüber sehen. Sie hat erläutert, wie sie die Bestimmungen des Maastrichter Vertrags umsetzt, wobei sie sich auf zwei Arten von Maßnahmen stützt:

*   Horizontale Maßnahmen zur Förderung und Überwachung der Gesundheit, wie das Programm der Europäischen Gemeinschaft zur Gesundheitsförderung, -aufklärung, -erziehung und -ausbildung, die ebenfalls andere Politikbereiche abdecken und
*   mehrjährige globale Programme, die bestimmte prioritäre Bereiche abdecken, wie Krebs, Drogenabhängigkeit, Aids und andere übertragbare Krankheiten. Ferner hat die Kommission zielgerichtete Programme auch zu den Aktionsbereichen Umweltkrankheiten, Unfällen und Verletzung sowie seltenen Krankheiten vorgelegt.

4.1.3
Anfänge der Gesundheitspolitik in der Europäischen Union

Fragen der öffentlichen Gesundheit rückten seit Mitte der siebziger Jahre in das Interesse der Europäischen Gemeinschaft. Die Haltung der drei Hauptgesetzgebungsorgane zu Maßnahmen der öffentlichen Gesundheit war zunächst sehr unterschiedlich. Während das Parlament eine europäische, das heißt eine gemeinschaftliche Gesundheitspolitik forderte, ergriff die Kommission zunächst keine eigenen Initiativen.

Der Rat zeigte in der zweiten Hälfte der siebziger Jahre zunächst Interesse an der Entwicklung eines neuen Aktionsfeldes, brach dann aber die Konsultationen zu diesem Themenbereich ab. Erst Mitte der achtziger Jahre etablierte sich der Gesundheitsministerrat zur dauerhaften Einrichtung. Später sorgte der Europäische Rat in Mailand für den endgültigen Durchbruch zum Aufbau eines Tätigkeitsfeldes in der öffentlichen Gesundheit. Auf seine Anregung hin nahm die Europäische Gemeinschaft den Kampf gegen den Krebs auf, der in der dritten und vierten Entwicklungsphase fortgesetzt und ausgebaut wurde. Diese Initialzündung für verstärkte Aktivitäten der Gemeinschaft in der öffentlichen Gesundheit beruhte zunächst auf einem Einzelschicksal: Nachdem der ehemalige französische Staatspräsident François Mitterrand an Krebs erkrankt war, schob der frühere EG-Kommissionspräsident Jacques Delors das Aktionsprogramm „Europa gegen den Krebs" an. Mit dieser Initiative wollte die Europäische Kommission Gemeinschaftsgelder für weitreichende Recherchen bei allen Arten von Krebserkrankungen über mehrere Jahre sicherstellen.

Außerdem startete die Europäische Gemeinschaft eine Reihe anderer Maßnahmen zur öffentlichen Gesundheit, insbesondere zur Bekämpfung von Drogenmissbrauch und Aids. Im Laufe der dritten Entwicklungsphase verdoppelte sie ihre Aktivitäten in diesem Bereich. Ferner konsolidierte und erweiterte die Europäische Wirtschaftsgemeinschaft ihre früheren Vorhaben mit Hilfe der bereits gewonnenen Erfahrungen. In der Drogenbekämpfung äußerte sich dies unter anderem durch die Gründungen des Europäischen Ausschusses für Drogenbekämpfung und der Drogenbeobachtungsstelle. Sowohl in der dritten als auch in der vierten Entwicklungsphase standen präventiv-medizinische Maßnahmen im Vordergrund. Sämtliche Rechtsakte auf Ratsebene in dieser Zeit ergingen als „Beschlüsse der im Rat vereinigten Minister der Mitgliedstaaten" oder Entschließungen ohne rechtliche Verbindlichkeit. Sie wurden, soweit es sich nicht um bloße Schlussfolgerungen handelte, auf den Vertrag zur Gründung der Europäischen Wirtschaftsgemeinschaft oder auf die Gemeinschaftsverträge gestützt.

Fragen aus dem Bereich der Gesundheitspolitik gewannen zunehmend Einfluss auch in anderen Politikbereichen der Europäischen Gemeinschaft: In den gemeinschaftlichen Forschungsprogrammen der zweiten bis vierten und ebenfalls in der geplanten fünften Periode, aber auch in der Tabakförderung wurden Gesundheitsaspekte komplementär zu den Aktionen zur öffentlichen Gesundheit berücksichtigt. Dennoch blieb bis heute ein Widerspruch zwischen den Tabaksubventionen der Europäischen Gemeinschaft und der Krebsbekämpfung bestehen. Außerdem fehlte eine Gesamtplanung im Bereich der öffentlichen Gesundheit.

Am Ende der dritten Entwicklungsphase begann der Rat, das gesamte Tätigkeitsfeld zu strukturieren, um so einen Handlungsrahmen und schließlich eine übergreifende Planung in diesem Bereich zu ermöglichen. Damit schaffte er gleichzeitig eine Grundlage für die Entwicklung der neuen Rechtsgrundlage zur öffentlichen Gesundheit.

4.1.4
Gesundheitspolitik nach dem Vertrag von Maastricht

Das Gesundheitswesen als solches ist bis zum Vertrag von Maastricht kein Bereich gewesen, für den eine ausdrückliche Gemeinschaftskompetenz bestand. Die Europäische Gemeinschaft war – und auch die Europäische Union ist es überwiegend – eine Wirtschaftsgemeinschaft, in der wirtschaftliche Gesichtspunkte dominieren. Sozialpolitik, und begrenzt die Gesundheitspolitik, sind erst in der letzten Zeit mehr in Erscheinung getreten. Kennzeichnend dafür waren das Grün- und Weißbuch der Europäischen Kommission zur Sozialpolitik, die auch einen Abschnitt zur Gesundheitspolitik enthalten.

Der mit dem Maastrichter Vertrag erfolgte Wandel der Wirtschaftsgemeinschaft zur politischen Union führte notwendigerweise dazu, dass die Gesundheitspolitik auf Gemeinschaftsebene eine neue Qualität bekam. Dies findet durch die Schaffung einer eigenständigen Gesundheitszuständigkeit in den Artikeln 3 o und 129 EGV ihren Ausdruck.

Von dieser neuen Kompetenz gingen allerdings nur wenige unmittelbare Konsequenzen und Auswirkungen auf die nationale Gesundheitspolitik der Mitgliedstaaten aus. Die Gesundheitsversorgung wurde als solches nicht berührt. Dennoch gab es Bereiche der Gesundheitspolitik, die mehr und mehr die nationalstaatlichen Interessen berührten. Unzählige Beispiele für alle europäischen Gesundheitsberufe finden sich in sämtlichen Programmen zur Gesundheitspolitik in der Europäischen Gemeinschaft: Beispielsweise enthält das Programm der Kommission zu „ansteckenden Krankheiten" auch einen Schwerpunkt „Krankenhausinfektionen".

Die Zuständigkeit der Gemeinschaft nach Artikel 129 EGV beschränkte sich auf die Verhütung von Krankheiten, hatte als Instrumente nur Fördermaßnahmen und Empfehlungen zur Verfügung und schließt eine Harmonisierung von Rechts- und Verwaltungsvorschriften ausdrücklich aus. Die bis dahin vielfach verwendete *„Allzweck-Klausel"* des Artikels 235 EGV war für den Gesundheitsbereich ausdrücklich ausgeschlossen. Eine weitere Einschränkung ergab sich aus dem Subsidiaritätsprinzip, ein Prinzip, das insbesondere auf deutschen Wunsch in das Vertragswerk aufgenommen wurde und dessen Konkretisierung auf nicht unerhebliche Schwierigkeiten stieß. Es besagt, dass „in den Bereichen, die nicht in die ausschließliche Zuständigkeit der Gemeinschaft fallen – was beim Gesundheitswesen zutrifft – die Gemeinschaft nur tätig wird, sofern und soweit die Ziele der in Betracht gezogenen Maßnahmen auf Ebene der Mitgliedstaaten nicht ausreichend erreicht werden können und daher wegen ihres Umfangs oder ihrer Wirkungen besser auf Gemeinschaftsebene erreicht werden können."

Dennoch hatte diese EU-Kompetenz mehr Auswirkungen als der reine Wortlaut des Artikels 129 EGV vermuten lässt:

- Mit der neuen Rechtsgrundlage und der damit einher gehenden Errichtung eines Gesundheitsministerrats als ständige Einrichtung wurden die institutionellen Grundlagen für die Gesundheitspolitik auf EU-Ebene verbessert und
- zugleich mit der sogenannten „Gesundheitsschutzverträglichkeitsklausel" die Einflussmöglichkeiten der Gesundheitspolitik verstärkt.

Diese in ihrer Tragweite lange Zeit nicht ausreichend erkannte, geschweige denn genutzte Bestimmung in Artikel 129 EGV, wonach die Erfordernisse im Bereich des Gesundheitsschutzes Bestandteil der übrigen Politiken der Gemeinschaft waren, gibt eine weit bessere rechtliche Basis für einen konkreten Einfluss der Gesundheitspolitik auf andere Bereiche als sie vorher bestanden. Rechtlich gesehen gewann die Gesundheitspolitik als solche ein Mitspracherecht, das sie nutzen muss.

4.1.5
Gesundheitspolitik nach dem Vertrag von Amsterdam – Artikel 152

Der Amsterdamer Gipfel vom 16. und 17. Juni 1997 beendete die lang andauernden und schwierigen Arbeiten der Regierungskonferenz mit einem positiven Ergebnis. Bedeutungsvoll für die Gesundheitspolitik in der Europäischen Gemeinschaft ist die neue Fassung des Artikels 129 EGV (im Amsterdamer Vertrag Artikel 152 EGV), der die Kompetenzen der Gemeinschaft im Gesundheitsbereich regelt. Diese Vertragsänderung kam überraschend, denn zunächst bestand sowohl bei den europäischen Institutionen – Europäischem Parlament, Europäischer Kommission und Ministerrat – wie auch in den Mitgliedstaaten Übereinstimmung, dass keine Änderung dieses Artikels erforderlich sei.

Diese Einmütigkeit resultierte auch aus den Gegensätzen der Beteiligten, gingen doch ihre Ambitionen und Befürchtungen, was eine Neufassung des Artikels 129 EGV mit sich bringen könnte oder sollte, weit auseinander. Sie reichten von der kompletten Absage an die „Öffentliche Gesundheit" als europäischer Aufgabe und der Forderung nach vollständiger Renationalisierung des Themas auf der einen Seite bis zum Wunsch nach totaler Harmonisierung und einem einheitlichen europäischen Gesundheitssystem auf der anderen Seite. Angesichts dessen schien es letztlich ratsamer und vernünftiger, zunächst einmal beim alten Artikel zu bleiben.

Diese Haltung änderte sich radikal, als das Europäische Parlament im Zusammenhang mit dem Bericht seines BSE-Untersuchungsausschusses die Forderung erhob, dass die „EU über eine eindeutige Rechtsgrundlage verfügen muss, kraft derer sie Zuständigkeiten im Bereich des öffentlichen Gesundheitswesens wahrnehmen kann". Diese Forderung ist ein zentraler Punkt des vom Europäischen Parlament in seinem BSE-Untersuchungsbericht erarbeiteten Maßnahmenbündels.

Auf der Grundlage dieser Forderungen legte die Europäische Kommission einen Formulierungsvorschlag für einen neuen „129" vor, nachdem vorher Belgien und Luxemburg mit eigenen Textentwürfen die Diskussion begonnen hatten. Nach einer schwierigen, überaus strittigen Debatte wurde dann auf der Grundlage mehrfacher Vorschläge der Niederländer, die im ersten Halbjahr 1997 die Präsident-schaft im EU-Ministerrat innehatten, eine politische Einigung erzielt.

Die von Deutschland in Übereinstimmung des Bundes mit den Ländern bei die-ser Diskussion vertretenen Grundpositionen wurden inhaltlich weitgehend durch-gesetzt. Von Deutschland wurde damals gefordert:

- Keine Erweiterung der bestehenden Gemeinschaftskompetenzen
- Keine Harmonisierung der Strukturen und Organisation der nationalen Siche-rungssysteme im Gesundheitsbereich
- Keine Harmonisierung im Gesundheitsbereich insgesamt, insbesondere aber bei der Qualität und Sicherheit von Organen und Blut
- Verbesserung des Gesundheitsschutzes durch Verlagerung der Kompetenzen im Veterinärbereich und beim Pflanzenschutz, soweit sie unmittelbar den Schutz der öffentlichen Gesundheit zum Ziele haben

Der neue Artikel 152 EGV trägt diesen Forderungen Rechnung. Ziel der die Politik der Mitgliedstaaten ergänzenden Gemeinschaftsaktivitäten ist weiterhin die Verbesserung der Gesundheit der Bevölkerung durch die Verhütung von Krank-heiten und die Beseitigung von Ursachen für Gesundheitsgefährdungen. Dabei steht die Bekämpfung der weitverbreiteten schwerwiegenden Krankheiten zwar im Vordergrund, ist aber nicht auf diese begrenzt.

Mit der nunmehr im Vertrag von Amsterdam vorgenommenen Änderung von Artikel 129 werden die Möglichkeiten für eine gemeinschaftliche Gesundheitspo-litik und das Instrumentarium dafür weiterentwickelt. Dies erfolgt, ohne dass es im engeren Gesundheitsbereich zu einer Kompetenzerweiterung der Gemeinschaft zu Lasten der Mitgliedstaaten kommt.

Allerdings wird durch die Verlagerung der Zuständigkeiten aus dem Agrarbe-reich der Anwendungsrahmen erheblich erweitert. Die im Artikel 3 o EGV als genereller politischer Grundsatz festgeschriebene Zielsetzung, dass die Gemein-schaft „einen Beitrag zur Erreichung eines hohen Gesundheitsschutzniveaus leis-tet", bleibt auch mit dem Vertrag von Amsterdam unverändert bestehen. In Artikel 152 Absatz 1 Satz 1 wird zudem klargestellt, dass „bei der Festlegung und Durch-führung aller Gemeinschaftspolitiken" ein hohes Gesundheitsschutzniveau sicher-zustellen ist.

Diese Feststellung beinhaltet gegenüber der alten Fassung von Artikel 129 (Maastrichter Vertrag) eine deutliche Stärkung der Belange des Gesundheitsschut-zes in allen Bereichen der Gemeinschaftspolitik. Dies gilt insbesondere für die Maßnahmen auf den Gebieten des Veterinärwesens und des Pflanzenschutzes, soweit sie unmittelbaren Schutz der Gesundheit der Bevölkerung zum Ziel haben, was beispielsweise die Hygieneregeln im Veterinärbereich oder Höchstmengenre-gelungen für Pflanzenschutzmittel betrifft. Damit wird erstmals im Artikel 152 EGV eine Rechtsgrundlage für eine Harmonisierung von Rechtsvorschriften ge-schaffen. Abweichend von der bisher für diese Fragen in Anspruch genommenen Rechtsgrundlage in Artikel 43 (Landwirtschaft – das Europäische Parlament hat hier lediglich Anhörungsrecht) wird auch für diese Bereiche durch die Verlage-rung von Kompetenzen und das jetzt anzuwendende Mitentscheidungsverfahren, das wie gehabt für den ganzen Artikel 152 EGV gilt, die Rolle des Europäischen

Parlaments deutlich gestärkt. Auf diese Weise werden zugleich die Durchsetzungsmöglichkeiten der für den europäischen Bürger besonders wichtigen gesundheitlichen Verbraucherschutzinteressen entscheidend verbessert.

Die Neufassung von Artikel 129 EGV stellt auch dem Subsidiaritätsprinzip entsprechend das komplementäre Verhältnis der Gemeinschaftsmaßnahmen im Gesundheitsbereich gegenüber den Maßnahmen der Mitgliedstaaten eindeutig klar. Die Verantwortung der Mitgliedstaaten für Gesundheitspolitik, insbesondere für die Organisation des Gesundheitswesens und die medizinische Versorgung, bleibt völlig unberührt (Absatz 4 Buchstabe c und Absatz 5). Es erfolgt keine wie auch immer geartete Harmonisierung der nationalen Rechtsvorschriften im Gesundheitswesen. Wesentliches Instrument der Europäischen Union im engeren Gesundheitsbereich wird auch weiterhin die Förderung und Unterstützung der Zusammenarbeit der Mitgliedstaaten durch die Gemeinschaft sein (Absatz 2).

Dies gilt auch für die Bereiche Organe und Blut, die erstmals ausdrücklich im Vertrag genannt werden. Trotz dieser Hervorhebung ist eindeutig klargestellt, dass auch hier die einzelstaatlichen Regelungen unberührt bleiben (Absatz 5). Dieser Artikel 152 EGV ist eine ausreichende Grundlage zur Entwicklung einer stärker akzentuierten Gesundheitspolitik auf Gemeinschaftsebene. Notwendig dafür ist jedoch, dass diese neue und stärkere Rechtsgrundlage auch politisch genutzt wird. Dies erfordert einen politischen Konsens, der nicht nur von den europäischen Institutionen, sondern zusammen mit allen Beteiligten und Betroffenen in den Mitgliedstaaten erarbeitet werden muss. Eine Grundlage dafür ist das Programm „Öffentliche Gesundheit".

4.1.6
Aufgabe der Gesundheitspolitik in der Europäischen Union

Mit dem Vertrag über die Europäische Union wurde erstmals eine formale Rechtsgrundlage für eine europäische Gesundheitspolitik geschaffen. Die Tätigkeit der Gemeinschaft erhielt als neue Zielsetzung „einen Beitrag zur Erreichung eines hohen Gesundheitsschutzniveaus" zu leisten und wurde durch den neuen Artikel 152 EGV noch konkretisiert, indem sie zur „Sicherstellung eines hohen Gesundheitsschutzniveaus die Zusammenarbeit zwischen den Mitgliedstaaten fördern und diese erforderlichenfalls unterstützen" sollte. Der „neue" Amsterdamer Gesundheitsartikel präzisiert die Aufgaben der Gemeinschaft und dehnt sie auf einzelne Tätigkeitsfelder, wie drogenkonsumbedingte Gesundheitsschäden, Bekämpfung weitverbreiteter schwerer Krankheiten aus.

Folgende Forderungen sind an eine europäische Gesundheitspolitik zu stellen:

- sie muss transparenter, für den Bürger verständlicher werden;
- sie muss weit mehr sein, als die Fortsetzung nationaler Politik auf einer europäischen Ebene;
- sie muss vom Anspruch her umfassend sein und damit andere Politikbereiche einbeziehen und

- sie muss die vorgesehene EU-Erweiterung um die assoziierten Länder Mittel- und Osteuropas im Auge haben, die gravierenden Gesundheitsprobleme der Beitrittsländer einbeziehen.

Das Ziel der europäischen Gesundheitspolitik ist die Unterstützung der Mitgliedstaaten bei der Entwicklung funktionstüchtiger Gesundheitssysteme, die finanziell und sozial verträglich sind und die eine qualitativ hochwertige, den EU-Standards entsprechende Gesundheitsversorgung allen Bürgern, ungeachtet ihres sozialen und ökonomischen Status, zugänglich macht. Hier kann die Gemeinschaft unterstützend tätig werden, wobei die nationale Verantwortung der Mitgliedstaaten für das Gesundheitswesen unvermindert weiter voll bestehen bleiben sollte.

4.1.7
Die neue europäische Gesundheitspolitik – Artikel 152 in der Praxis

So vielfältig die Aktivitäten der Europäischen Union in der Gesundheitspolitik bereits bisher waren, so sind doch weitere Ansätze nötig. Dazu gehören:

- eine ausreichende Vorstellung darüber, was europäische Gesundheitspolitik leisten kann, soll und darf,
- eine Ausrichtung an allgemeinen gesundheitspolitischen Zielen,
- eine übergreifende Koordinierung der Gesundheitspolitik auf Kommissionsebene, indem die Gesundheitspolitik derzeit verteilt auf rund sieben Generaldirektionen stärker fokussiert wird,
- eine Festlegung, welchen Rang und Stellenwert, welchen Einfluss europäische Gesundheitspolitik im Integrationsprozess hat und haben muss.

Die Europäische Union braucht eine klare Gesundheitsstrategie, die die Fragen nach gemeinsamen Zielen und Instrumenten beantwortet. Die Entwicklung dieser neuen Strategie ist seit Mitte 2000 Gegenstand eines breiten Diskussionsprozesses in allen Mitgliedstaaten, der nicht nur in den europäischen Institutionen – Ministerrat, Europäisches Parlament, Ausschuss der Regionen, Wirtschafts- und Sozialausschuss – geführt wird, sondern an dem sich auch Gesundheitsberufe, Leistungserbringer, Kostenträger, NGO (Non-Governmental Organisations) und Public Health-Verbände aktiv beteiligen.

Grundlage dieser Diskussion ist die Mitteilung der Kommission vom 22. Juni 2000, in der sie nicht nur ihre Vorstellungen zur zukünftigen Gemeinschaftsstrategie entwickelt, sondern in der sie auch den Vorschlag für einen „Beschluss des Europäischen Parlaments und des Rates über ein Aktionsprogramm der Gemeinschaft im Bereich der öffentlichen Gesundheit (2001–2006)" vorlegt.

In dieser Mitteilung wird die breit angelegte gesundheitspolitische Strategie der Gemeinschaft dargestellt, das Bemühen der Gemeinschaft, in allen Bereichen ihrer Politik, ein kohärentes und effektives Konzept in Gesundheitsfragen zu berücksichtigen. Zentraler Bestandteil dieser Strategie ist ein neuer Aktionsrahmen im Bereich der öffentlichen Gesundheit, zu dem der Vorschlag eines Beschlusses des

Europäischen Parlaments und des Rates über ein Aktionsprogramm der Gemeinschaft im Bereich der öffentlichen Gesundheit gehört.

Der Aktionsrahmen wird es der Gemeinschaft ermöglichen, ihren Verpflichtungen wirksamer nachzukommen, indem er klare Ziele und politische Instrumente festlegt. Dies ist insbesondere im Hinblick auf folgende Faktoren wichtig:

- die Erwartung der Öffentlichkeit, dass die Gemeinschaft tätig werden sollte, um für ihren Gesundheitsschutz zu sorgen,
- die in den letzten Jahren verstärkten Verpflichtungen der Gemeinschaft im Bereich der öffentlichen Gesundheit, insbesondere infolge mehrfacher Änderungen des EG-Vertrags,
- neue Herausforderungen und Prioritäten im Gesundheitsbereich, insbesondere im Zusammenhang mit der EU-Erweiterung, mit höheren Anforderungen an die Gesundheitsdienstleistungen und mit dem demographischen Wandel,
- die Erfahrungen mit der Durchführung der laufenden Aktionsprogramme innerhalb des 1993 geschaffenen Aktionsrahmens im Bereich der öffentlichen Gesundheit,
- die Auffassung der übrigen Gemeinschaftsorgane, insbesondere des Europäischen Parlaments und des Rates, dass ein neues Konzept erforderlich ist, um den künftigen Herausforderungen zu begegnen.

Das Aktionsprogramm im Bereich der öffentlichen Gesundheit konzentriert sich auf drei Schwerpunkte:

1. Verbesserung von Information und Kenntnissen im Bereich der Gesundheit
Es wird ein umfassendes Informationssystem eingerichtet, das den politischen Entscheidungsträgern (und der Öffentlichkeit) die erforderlichen gesundheitlichen Schlüsseldaten liefert.
2. Rasche Reaktion auf Gesundheitsgefahren
Es wird ein wirksames Schnellreaktionssystem eingerichtet, das Gefährdungen der öffentlichen Gesundheit, beispielsweise durch Infektionskrankheiten, begegnet. Die Integration auf der Grundlage der Freizügigkeit in der EU erfordert eine höhere Wachsamkeit.
3. Berücksichtigung der Gesundheitsfaktoren
Das Programm wird zur Verbesserung des Gesundheitszustandes der Bevölkerung und zur Verringerung der vorzeitigen Todesfälle in der EU beitragen, indem die Krankheitsursachen durch wirksame Maßnahmen zur Gesundheitsförderung und zur Prävention bekämpft werden.

Das Aktionsprogramm im Bereich der öffentlichen Gesundheit ist eine Initiative von zentraler Bedeutung, die einen erheblichen zusätzlichen Nutzen auf Gemeinschaftsebene erbringen wird, gleichzeitig aber mit der Bestimmung des EG-Vertrags in Einklang steht, der zufolge die Verantwortung der Mitgliedstaaten für die Organisation des Gesundheitswesens und die medizinische Versorgung in vollem Umfang gewahrt bleibt.

Neben dem Aktionsprogramm im Bereich der öffentlichen Gesundheit umfasst der Aktionsrahmen auch andere legislative Maßnahmen. Dazu gehört die Möglichkeit, Maßnahmen in den Bereichen Veterinärwesen und Pflanzenschutz, Maßnahmen zur Festlegung hoher Qualitäts- und Sicherheitsstandards für Organe und Substanzen menschlichen Ursprungs sowie für Blut und Blutderivate zu harmonisieren.

Außerdem soll ein neuer Mechanismus, ein Europäisches Gesundheitsforum, eingerichtet werden, das allen an der öffentlichen Gesundheit Interessierten Gelegenheit geben soll, an der Entwicklung der Gesundheitspolitik mitzuwirken.

Die Zuständigkeit der EU in Gesundheitsfragen beschränkt sich nicht auf spezielle Maßnahmen im Bereich der öffentlichen Gesundheit. Der Vertrag fordert ausdrücklich, dass „bei der Festlegung und Durchführung *aller* Gemeinschaftspolitiken und -maßnahmen ein hohes Gesundheitsschutzniveau sichergestellt werden muss". Dies bedeutet, dass auch Vorschläge in anderen zentralen Bereichen der Gemeinschaftspolitik (Binnenmarkt), soziale Angelegenheiten, Forschung und Entwicklung, Landwirtschaft, Handels- und Entwicklungspolitik, Umwelt usw. den Gesundheitsschutz aktiv fördern sollten. Die neue gesundheitspolitische Strategie umfasst daher eine Reihe spezifischer Maßnahmen zur Erfüllung dieser Anforderung, beispielsweise durch die Verbesserung der Koordinierung und durch die Darstellung, in welcher Weise die Maßnahmen die möglichen Auswirkungen auf die Gesundheit berücksichtigen.

Wesentliches Instrument der EU-Gesundheitspolitik ist demnach das umfassende Aktionsprogramm, das die gegenwärtigen acht Gesundheitsprogramme, die alle Ende 2002 auslaufen werden, ersetzt. Dieser Programmvorschlag wird gegenwärtig (Mitte 2001) im Europäischen Parlament und im Gesundheitsministerrat behandelt. Es ist zu erwarten, dass diese Beratungen so zügig abgeschlossen werden können, dass das neue Programm Anfang 2003 in Kraft treten wird.

Wenn auch das EP und der Ministerrat den Grundzügen des Kommissionsvorschlags zustimmen, so ist doch eine Vielzahl von Änderungen erfolgt. Im „Gemeinsamen Standpunkt", den der Gesundheitsministerrat am 5. Juni 2001 beschlossen hat, werden die Inhalte des Programms unter folgenden Überschriften zusammengefasst:

- Tätigkeiten im Bereich der Überwachungs- und Krisenreaktionssysteme
- Tätigkeiten im Bereich der gesundheitsrelevanten Faktoren
- Tätigkeiten im Bereich der Rechtsetzung
- Tätigkeiten im Bezug auf Konsultation, Wissen und Information

Im Übrigen wird im Programm festgelegt, dass die Ziele des Programms auch in Form „gemeinsamer Strategien und gemeinsamer Aktionen" in Verbindung mit anderen Gemeinschaftsprogrammen wie z. B. Verbraucherschutz, Sozialschutz, Forschung und technologische Entwicklung, Binnenmarkt, Informationsgesellschaft, Informationstechnologie, Bildung und Umwelt durchgeführt werden.

Damit werden die Voraussetzungen dafür geschaffen, dass Gesundheitspolitik verstärkt in umfassende Strategien der EU eingebaut werden kann. Insbesondere wird es dadurch möglich werden, dass auch die „Methode der offenen Koordinierung", mit der die unterschiedlichen Systeme der sozialen Sicherheit in den Mitgliedstaaten der EU auf ihrem Weg zu einer Konvergenz quantitativ und qualitativ unterstützt werden, angewandt werden kann. Die dafür erforderliche „Definition von Politik, Zielen und Leitlinien, die Festsetzung von Indikatoren und ‚Benchmarks' und die Einrichtung eines Überwachungssystems zur Evaluierung des Fortschritts" sind auch in der EU-Gesundheitspolitik möglich und notwendig.

Entscheidend für die weitere Entwicklung ist, dass das Programm sich nicht nur – wie bisher – auf Gesundheitsförderung und Prävention von Krankheiten beschränkt, sondern dass auch das Gesundheitssystem insgesamt, einschließlich der Krankenversorgung, Gegenstand des Programms sein wird. Dadurch wird es möglich, auch Fragen der Qualität und „Best Practice" einzubeziehen.

4.1.8
Die Haltung der Bundesländer

Wesentliche Zuständigkeiten im Gesundheitswesen liegen in Deutschland bei den Bundesländern. Zur erfolgreichen Umsetzung von EU-Maßnahmen ist daher eine aktive und positive Unterstützung durch die Bundesländer unerlässlich. Die früher vorhandene Skepsis ist heute von einer positiven Grundhaltung abgelöst. Beleg dafür ist – abgesehen von der positiven Stellungnahme des Bundesrats zum Programmvorschlag der Kommission vom 29. September 2000 – ein Beschluss der 72. Gesundheitsministerkonferenz vom 09. / 10. Juni 1999 zu „Erwartungen an die Entwicklung einer europäischen Gesundheitspolitik". In diesem Beschluss stellen die Bundesländer fest:

„Die Akzeptanz europäischer Integrationsprozesse ist auf Dauer vom notwendigen Gleichklang zwischen Sozial- und Wirtschaftspolitik geprägt. Dabei ist die Gesundheitspolitik für ein Europa der Bürger einzubeziehen".

In einem weiteren Beschluss vom 21. / 22. Juni 2001 zu „Grundlinien einer europäischen Gesundheitspolitik" haben die Gesundheitsminister den Auftrag erteilt, dass ihnen bis zur 75. GMK 2002 ein Positionspapier dazu vorgelegt wird. In diesem Papier sollen folgende Fragestellungen behandelt werden:

- Das Gesundheitswesen im Spannungsfeld von staatlich organisierter Daseinsvorsorge und europäischem Wettbewerbsrecht
- Der Einfluss der europäischen Harmonisierung und der Osterweiterung auf Gesundheitspolitik und Gesundheitswesen
- Entwicklung einer integrierten, bürgernahen, europäischen Gesundheitspolitik
- Kontrollierte Konvergenz der Gesundheitsversorgungssysteme unter Wahrung der Eigenständigkeit
- Die Bedeutung der Regionen (Länder) in der Gesundheitspolitik eines zusammenwachsenden Europas zu stärken
- Kooperation und Konvergenz zwischen benachbarten Regionen
- Kompatibilität der medizinischen Leistungserbringung im Lichte der zunehmenden grenzüberschreitenden Nachfrage und der Wanderungsbewegung von Gesundheitsfachberufen
- Sicherung bzw. Verbesserung der Qualität von Gesundheitsdienstleistungen und Erhöhung der Transparenz zum Nutzen der Bürgerinnen und Bürger (europäischer Mehrwert), insbesondere durch Strukturvergleiche und Erfahrungs- und Informationsaustausch

- Neue Chancen, Risiken und Herausforderungen durch grenzüberschreitende Angebote der Kommunikations- und Informationstechnologie (Gesundheitstelematik, medizinische Beratung im Internet, Internet-Apotheke etc.)
- Aktive Mitgestaltung durch die Länder bei der Umsetzung des Aktionsprogramms der Gemeinschaft im Bereich der öffentlichen Gesundheit

In diesem Zusammenhang betonen die Länder die Bedeutung des Subsidiaritätsprinzips.

4.1.9
Zusammenfassung

Zusammenfassend lässt sich feststellen, dass das Gesundheitswesen in allen Ländern Europas sowohl ein Wirtschafts- und Standortfaktor als auch ein erheblicher Wohlfahrtsfaktor ist und somit in hohem Maße zum sozialen Frieden und zur Leistungsfähigkeit der Arbeitnehmer beiträgt. Gesundheitspolitik steht immer auch in Wechselwirkung zur Wirtschafts- und Strukturpolitik und ihrer gemeinschaftlichen Ausprägungen und kann nicht mehr isoliert betrachtet werden. Entwicklungen in diesem Bereich werfen europaweit Probleme auch im Gesundheitswesen auf, für die nicht nur auf nationaler Ebene, sondern auch im europäischen Rahmen verstärkt Lösungen gesucht werden müssen. Die Gesundheitssysteme der Mitgliedsländer sind heute schon in weiten Bereichen mit europäischen Entwicklungen verflochten. Dieser Tatsache muss die zukünftige nationale Gesetzgebung in allen EU-Mitgliedstaaten Rechnung tragen.

4.2
Harmonisierungstendenzen in der sozialen Sicherung der Länder der Europäischen Union und ihre Konsequenzen – Zukunftsmodell oder Verlegenheitsfiktion?

Günter Danner[57]
Techniker Krankenkasse, Hamburg
Europavertretung der Deutschen Sozialversicherung, Brüssel

4.2.1
Vorbemerkung

Eine Erörterung der programmierten politischen und ökonomischen Gemeinsamkeiten zwischen den heutigen EU-Staaten ist die Grundlage aller daraus abzuleitenden Beurteilungen des politischen Willens der verschiedenen Entscheidungsebenen hin zu mehr geteilter Problemverantwortung. Dieser Weg ist bislang keineswegs mühelos oder auch nur sonderlich erfolgreich beschritten worden. Zahlreiche Konfliktquellen gilt es zu begreifen, wenn man sich ein halbwegs realistisches Modell der künftigen EU-Entwicklung machen möchte. Das Schwergewicht auf der politischen Willensbildung dient dabei primär der Analyse abgeschlossener oder vermehrt laufender Prozesse. Es wird, wie darzustellen ist, in einem wachsenden Umfang von nahezu unverhüllten ökonomischen Erwägungen bestimmt, für die ein Großteil der nationalen EU-Politikfomulierung kaum vorbereitet sein dürfte. Die traditionell wenig veränderungsfreundlichen EU-Gesellschaften stehen dabei vor einer kaum mehr zu übersehenden Menge von konfliktträchtigen Reformnotwendigkeiten, die geeignet sein könnten, den viel gepriesenen gesellschaftlichen Generalkonsens der nationalen Vergangenheit nachhaltig zu gefährden. Dass tatsächliche Reformen nicht gerade zu den bevorzugten Übungen der jeweils amtierenden Politik zählen, liegt auf der Hand.

Zeitgleich zu dieser Herausforderung findet ein ökonomischer Konzentrationsprozess enormen Ausmaßes statt, der sich nahezu vollständig in das bekannte wirtschaftliche Umgestaltungsmuster einfügt, dass auch in anderen Weltteilen, insbesondere den USA, zu beobachten ist. Die Systeme der sozialen Sicherung, ohnehin im EU-Rahmen der heutigen Mitgliedstaaten schon enorm auseinanderklaffend hinsichtlich *unterschiedlicher Qualitätsparameter* und im Gesundheitsbereich vor allem der *zeitnahen Verfügbarkeit*, stehen dabei naturgemäß im doppelten Interesse. Einerseits sind sie das bevorzugte, taktische Angriffsziel derjenigen, die den fernen Rauch der „Globalisierung" als Instrument verwenden möchten,

---

[57] Der Verfasser ist Persönlicher Referent des Vorstandes der Techniker Krankenkasse in Hamburg und Stv. Direktor der Europavertretung der Deutschen Sozialversicherung in Brüssel. Der Beitrag gibt seine persönliche Meinung wieder.

um am heimischen Herd bestimmte Klientel bedienen zu können und als hinder-
lich Empfundenes mit dem übergeordneten „Argument" des „weltweiten Zwan-
ges" zu beseitigen. Andererseits dienen sie ihren traditionellsten Verteidigern
gelegentlich als „historisch gewachsenes Strukturbollwerk" gegen „Amerikanisie-
rung" und sämtliche denkbaren sozialen Ungerechtigkeiten, wobei jede, auch die
kleinste Strukturveränderung das Gebäude zum Einsturz bringen würde. Folge-
richtig plädiert man, je nach nationaler Tradition, für Strukturerhalt, notfalls auch
um den Preis der inhaltlichen Leistungsfähigkeit, oder wendet sich gar historisch
rückwärts in die schöne Zeit der scheinbar unbegrenzten etatistischen Problemlösungen der 70er Jahre. Eine dritte, freilich weitgehend aus Gründen politischer
Korrektheit unausgesprochene Variante ist die Fortexistenz von sozialstaatlichen
Papiernormen bei weitgehender Unmöglichkeit ihrer tatsächlichen Einlösung.[58]
Das politische Europa der EU steht kurz vor der Einführung des Euros vor einer
Vielzahl von Herausforderungen. Ein Blick auf das Detail soll helfen, die Gegen-
wart und die Zukunft dieses globalen Versuchs näher zu bestimmen.

4.2.2
Die EU als Produkt nationaler politischer Interessen

In den kaum mehr als zehn Jahre zurückliegenden Tagen des Maastrichter Vertra-
ges hätte vermutlich kaum jemand ernsthaft daran geglaubt, dass der Abschied
von der nationalen Währung als Quintessenz des offenbar national existierenden
Willens zu mehr und unauflösbarer Gemeinsamkeit mit unseren europäischen
Nachbarn unbedingt das Stadium der absichtsvollen Papierform verlassen würde.
Seit dem Ende der 80er Jahre erfuhr der Vereinigungsprozess auf EU-Ebene durch
Inangriffnahme verschiedener Großprojekte eine inhaltliche Verdichtung und eine
Beschleunigung der Ereignisabfolge, die in der jüngeren Wirtschafts- und Sozial-
geschichte nahezu ohne Beispiel ist. „Wirtschafts- und Währungsunion", „Schen-
gener Abkommen", „Erweiterung der EU um zahlreiche Staaten Mittel- und Ost-
europas", „Beitritte Maltas und Zyperns" sowie die schon lange diskutierte große
Reform der Organe der EU nebst präzisere Definition ihrer Zuständigkeiten im
Sinne einer ablauftechnischen Qualitätsverbesserung auch im größeren Rahmen
standen dabei ebenso auf dem Prüfstand wie die Formulierung und Umsetzung
einer sogenannten „Globalstrategie" mit der Absicht, dem außenpolitischen Auftreten der EU durch verbesserte Strukturen und Praktiken zu mehr Nachhaltigkeit,
Gemeinsamkeit und damit einem höheren Grad an – man muss es wohl so formulieren – „Weltgeltung" zu verhelfen.

Nicht von ungefähr entspringt der Wunsch der 15 heutigen Mitgliedstaaten
nach „mehr Gemeinsamkeit" – so er denn tatsächlich in bestimmten Gebieten
festzumachen ist – dem Gefühl einer ziemlich hoffnungslosen Unterlegenheit
gegenüber den übermächtigen USA, also vordringlich jenem Modell, dass so

---

[58] Beispiele dafür sind u. a. die öffentlichen Gesundheitssysteme Griechenlands oder Italiens, deren tatsächliche Verfügbarkeit regional oft so gering ist, dass die Privatzahlung
als Normalform gilt. Auch die mit großem Aufwand betriebenen Staatssysteme, etwa
Großbritanniens oder mancher skandinavischer Staaten sind von sozial kaum akzeptab-
len Wartelisten bestimmt, deren sozialer Gerechtigkeitsgrad zu denken geben sollte.

vieles völlig anders macht als die Mehrzahl der EU-Europäer und dabei allen hier oft und gern betonten sozialen Ungerechtigkeiten zum Trotz neben einem eindeutigen ökonomischen Erfolgsplus und der traditionellen Weltgeltung in reinster Form nicht einmal über ein nennenswertes Protestpotential unter den eigenen Staatsbürgern verfügt.[59] Nicht von ungefähr offenbart sich eine Tendenz zur abgeschwächten Kopie eines wählerwirksamen US-amerikanischen Politikerverhaltens unter bewusster Vermeidung von „unberührbaren" Reformnotwendigkeiten, die jedoch geeignet sind, den Rahmen des gewünschten sozialen Konsenses zu sprengen. Statt dessen wird der Kandidat sich stets dann, auch um den Preis einer nicht mehr stimmigen Generallinie seiner inhaltlich relevanten Aussagen zu Wort melden, wenn zu irgendeinem beliebigen Aspekt Mehrheiten in Sicht sind. Sie zu gewinnen und auf die eigene Person zu verdichten, wird somit zum willkommenen Ersatz für komplexe Analysen und Handlungsempfehlungen, die ohnehin geeignet sind, in ihrem logischen Aufbau nicht eben breitenverständlich formulierbar zu sein. Mag dies im Bereich der Alterssicherung bei uns in Deutschland durchaus noch in der jüngeren Vergangenheit erfolgreich gewesen sein – man denke hier an die seinerzeitige Kampagne des Ministers Blüm, so wird es im komplexeren Allokationsbereich des Gesundheitswesens ungleich problematischer. Zu undurchschaubar sind die Zusammenhänge zwischen den höchst komplizierten Regelkreisen, zu widersprüchlich bisweilen die Interessen am Status quo und letztendlich so paradox dies klingt, zu leistungsfähig ist noch die gebotene Regelversorgung in Deutschland, als dass es eine zwingende Notwendigkeit gäbe, dieses schwierige Thema politisch über das normale Maß einer wie auch immer leistungsfähigen „Gesundheitsreform" über die Legislaturperiode hinaus zu priorisieren. Anders sieht dies schon dort aus, wo hunderttausendfacher Druck auf den endlosen Wartelisten geeignet sein könnte – wenngleich nicht immer ist – jede Regierung binnen kurzer Zeit ins Wanken zu bringen.[60]

Bereits ein Blick auf den Status quo der Gesundheitssicherungssysteme im heutigen Europa der Fünfzehn zeigt, wie schwierig es ist, die heterogene Angebotsstruktur und die unterschiedlichen nationalen Regelungssystematiken auch nur bedingt zu synchronisieren, ganz zu schweigen von einer de facto „Harmonisierung" der sozialen Sicherungssysteme, die sowohl politisch „ausgeschlossen" ist als auch makroökonomisch weder durchführbar noch den Völkern politisch vermittelbar wäre. Traditionell ist die EU ihrer EWG Vergangenheit vielleicht weniger entronnen, als dies in Anbetracht der Großprojekte und der demonstrierten Vergemeinschaftung zu vermuten ist. Nach wie vor bestimmt der Ministerrat,

---

[59] Die von allerlei Ungereimtheiten begleitete Wahl von George W. Bush wurde in der EU zunächst gern als Beweis für die eigene Überlegenheit gedeutet. Aller Kritik an seiner Person zum Trotz könnte Bush von einer sicheren Wiederwahl ausgehen, auch wenn er so ziemlich alles verkörpert, was man in der politischen EU heute nicht sein sollte. Vielleicht stiftet sein spezieller Charakter in der EU die dort kaum offen zutage tretenden Gemeinsamkeiten für die nähere Zukunft.

[60] Man stelle sich die deutsche Gesundheitsdiskussion statt im Zeichen der Überversorgung und des Vorhaltens von Doppelangeboten einmal unter britischen Umständen mit einer Warteliste vor, die die Million längst offiziell überschritten hat. Auch die Sozialstaatsmodelle der skandinavischen Staaten, einst „Beispiel" für andere können heute mangels hinreichender Infrastruktur bestenfalls im Ausland, vorwiegend wohl bei uns, Leistungen einkaufen.

zusammengesetzt aus den Vertretern der Nationalstaaten, in herausragender Weise was, wann und wie zu geschehen hat. Das Parlament, historisch ein nachträglich geschaffener Funktionshybrid, hat seine historische Rolle als demokratisch legitimierter, höchster, machtvergebender Instanz trotz langsam durch Rat und Mitgliedstaaten anvertrauter höherer Zuständigkeit mangels Verankerung in den Völkern nicht gefunden. Wenn immer von Parlamentsdebatten öffentlich die Rede ist, so sind damit kaum oder nur höchst selten solche im EP gemeint.

Traditionelle Ungerechtigkeiten aus den frühesten Ursprüngen der EWG – etwa das Vertretungsverhältnis zwischen Deutschland und Frankreich im Rat und später im Parlament – wurden gerade im Vertragsentwurf von Nizza erneut festgeschrieben. Demnach soll zwar die künstliche Stimmengleichheit im Rat bestehen bleiben, Frankreich gestattet aber Deutschland im Parlament dafür eine Berücksichtigung seiner gewaltigen zahlenmäßigen Überlegenheit an Einwohnern nach der Wiedervereinigung. Dies ist ein kleines Beispiel dafür, wie stark der Vergemeinschaftungsprozess von historischen Problemen und Animositäten selbst in einer Zeit bestimmt wird, wo Frankreich und Deutschland in vielen Kernbereichen politischen Handelns weitgehend übereinstimmen. Nebenbei zeigt es deutlich, wo aus französischer Sicht im EU-Raum die „Musik spielt" und unterstreicht die nationalstaatliche Herangehensweise an den EU-Prozess, wie sie seit jeher für Paris typisch gewesen ist.[61]

Die Rolle der Kommission als vorschlagendem Organ wurde an anderer Stelle bereits ausführlich beschrieben. Sie ist geprägt durch den Wunsch nach einem Ausnützen der vertraglich gebotenen Möglichkeiten, etwa der neuen Zuständigkeiten für Gesundheitspolitik – ohne Einschluss der Sozialversicherungskomponente – und insbesondere durch das Benchmarking für nationale Politikgestaltung im Bereich der Arbeitsmarktpolitik und der diesen Bereich berührenden sozialen Sicherung, etwa im Bereich der Renten. Die Abgrenzung von Politikvergleichen und aktiver Politikformulierung im Sinne von sozialökonomischem Vordenkertum wird vermutlich seitens der Kommission mit großer Sorgfalt beobachtet werden, damit hier keine vermeidbaren Zuständigkeitsrivalitäten bereits im Ansatz Probleme bereiten. Eigenständige aktive Veränderungsvorschläge des Europaparlamentes dürften schließlich entweder auf einem nationalpolitischen Hintergrund aufbauen oder schon frühzeitig „auf die lange Bank" geschoben werden. Das Schicksal des Ende 2000 veröffentlichten Berichtes Rocard verbunden mit dem Auftrag an die Kommission nach Abfassung eines Grünbuches zur vergleichenden Darstellung der nationalen Gesundheitssicherungssysteme mit ihren

---

[61] Im weltweiten Vergleich pflegt die französische Gesellschaft gerade bei der Sozialpolitik vielleicht eine der konservativsten und strukturbewahrendsten Ansätze überhaupt. Eklatante Strukturmängel gepaart mit einer hohen Verschuldung der weitgehend staatsbestimmten Sicherungssysteme haben unabhängig von der Richtung der jeweiligen Regierung nur mehr Etatismus, Keynesianismus und Strukturbewahrung bewirkt. Das dabei bewusst als Gegenmodell zu Anglo-Amerika – Großbritannien wird hier oft schon mit den USA gleichgesetzt – gedachte Modell erspart sich durch Strukturverteidigung die eigentlich unumgängliche Reformdiskussion, zumindest solange die Staatsverschuldung dies zulässt. Der Primat des Nationalstaates lässt hier naturgemäß keinen manifesten Wunsch nach Vergemeinschaftung der Zuständigkeiten aufkommen.

Vorzügen und Problemen kann hier vorerst als Höhepunkt der zu erwartenden Aktivitäten gedeutet werden.[62]

Keine seriöse Analyse der existierenden Gesundheitssicherungssysteme käme an einer Erörterung der mehrheitlich vorherrschenden Mangelsteuerung, d. h. der bewusst konstruierten Wartelistenversorgung, zum Zwecke einer Scheinpreiswürdigkeit bei gleichzeitiger sozialer Gerechtigkeit in Papierform vorbei. Dies allerdings auch nur zu thematisieren wäre aus Sicht der Kommission ein nicht mehr kompensierbarer Fauxpas, der nicht ohne Folgen bliebe. Erneut zeigt sich die Abhängigkeit des politischen EU-Geschehens vom Konsenspotential zwischen den Mitgliedstaaten. Als die EWG begann, war zu keinem Zeitpunkt abzusehen, dass die heutige EU als Zwischenprodukt dabei herauskäme.

Vermutlich ist es ebenso problematisch, mit dem Anspruch auf Seriosität Zukunftsprognosen zu stellen. Allerdings sind bestimmte politische ökonomische Leitlinien erkennbar, die zumindest mit der nötigen Vorsicht Schlüsse auf die weitere Entwicklung zulassen. Mehr „Harmonisierung" ist stets gleichbedeutend mit einem Macht- und Zuständigkeitstransfer aus der bisherigen nationalstaatlichen Ebene in die Sphäre supranationaler Entscheidungsfindung. Gerade hier offenbart sich allerdings das Dilemma der EU-Konstruktion bedingt durch ihre Schwerfälligkeit, Reformunfähigkeit und ihr Erstarren in der Suche nach Kompromissformeln, deren Grundmengen gelegentlich leer sind. Ein Blick in die konkreten Ergebnisse der mittlerweile vor allem durch ihre Begleitkrawalle Aufmerksamkeit erweckenden EU-Gipfel zeigt, wie erschreckend gering die Beweglichkeit der Verantwortlichen eigentlich geworden ist. Soziale Sicherung ist weder ein zwangsläufiges Begleitereignis erfolgreicher Volkswirtschaften noch gar eine betriebswirtschaftliche Notwendigkeit, wenn sie mehr und dauerhafter sein soll, als ein gelegentlich markttechnisch erforderliches Incentive. Sie ist ein gewachsenes Produkt eines jahrzehntelangen politischen Ringens um Stabilisierung der Demokratie und um Kompensation der mit wirtschaftlichem Erfolg untrennbar verbundenen gesellschaftlichen Schieflagen. Sie gehorcht auch, dies wird oft vergessen, makroökonomischen Erfordernissen zur Stabilisierung der Binnennachfrage und dient, dies ist ganz wesentlich für die forschende Medizintechnik oder Pharmaindustrie, der systematischen Sicherung einer hinreichenden Nachfrageba-

---

[62] Der sozialistische EU-Abgeordnete und vormalige französische Ministerpräsident Rocard hatte geschickt aus der Systemnot des durch eine finanziell problematische Entwicklung belasteten französischen solidaritätsbasierten Zusatzversicherungsmodells der „mutualité" ein denkbares Idealmodell abgeleitet. Neben der verständlichen Forderung nach einer Regelung der Zusatzversicherungen in der Koordinierung der EU-Systeme wurde ein Anforderungsprofil für solche Angebote entworfen, dass, nähme es Gestalt an, in der Tat ein wesentlicher Schritt hin zu einer technischen Vereinheitlichung wäre. Einmal abgesehen davon, dass es auf die deutschen Verhältnisse nicht passt, da das SGB V weit mehr bietet als das französische Grund- und Zusatzsystem zusammen, so wurde die EP Forderung nach einem Grünbuch in Verbindung mit diesem Bericht von vielen Mitgliedstaaten überaus reserviert, ja ablehnend aufgenommen. Es steht kaum zu erwarten, dass die Kommission hier den Konflikt mit den Mitgliedstaaten riskiert. Statt dessen dürfte mit erheblicher Verzögerung ein jeden „amtlichen" Charakters entkleidetes, wissenschaftliches Werk erscheinen, dass bestehende Probleme nach Möglichkeiten verniedlicht oder verschweigt. Die EU von heute verträgt kaum noch ein zusätzliches Konfliktfeld.

sis. Ihre Existenz baut wesentlich auf nationaler Politikformulierung und ist von deren intellektueller Trennschärfe und Visionskraft weitgehend abhängig. Ein Blick in die Arsenale der nationalen Politikformulierung soll das Verständnis des gegenwärtigen und künftigen EU-Prozesses erleichtern.

4.2.3
Gesundheitssicherungsstrukturen im Überblick

Es ist dies nicht der Platz für eine detailreiche Darstellung der *Papier- und Realformen* der heutigen EU-Gesundheitssicherungstypen. Historische Prozesse und unterschiedliche gesellschaftliche Erwartungen haben dazu geführt, dass sich im Prinzip 15 eigenständige Mechanismen in höherer oder geringerer Staatsnähe etablieren konnten. Sie alle unterliegen einem nahezu permanenten Veränderungsprozess mit dem staatspolitischen Ziel, eine schier unbegrenzte theoretische Nachfrage an konstante oder verbreitet sinkende öffentliche Ressourcen anzupassen. Wesentliche künftige Einwirkungen sowohl quantitativer als auch qualitativer Art erwartet man durch die für Europa eher ungünstige demographische Entwicklung. Egal, ob es per se gerechtfertigt ist, jeden länger lebenden Menschen als Ursache für die Kostenentwicklung am Gesundheitsmarkt anzusehen oder nicht, der Anteil an kostspieligen Interventionen insbesondere im Bereich der chronischen Erkrankungen und der sogenannten „großen Volkskrankheiten" unserer Epoche dürfte wachsen.

Nahezu allen Modellen gemeinsam ist es des weiteren nur wenig und auch noch Unklares über ihren jeweiligen Wirkungsgrad aussagen zu können. Vermutlich entzieht sich die breitenwirksame Zurverfügungstellung von Zugang zu Diagnose und Therapie in letzter Instanz einer rein ökonometrischen Betrachtung. Dieses mag seine Ursache einmal darin haben, dass zu den entscheidenden Vorüberlegungen ein hohes Maß an moralisch-ethischen Komponenten gehört und das eigentliche Ziel der Bemühungen, also entweder die „Lebensdauer" an sich oder die Zahl an „beschwerdefreien oder -reduzierten Lebensjahren", als direkt zuzuordnende Erfolgsleistung des jeweiligen Gesundheitssicherungssystems reichlich vage formuliert sein muss. Ein Blick auf die schlichten Zahlen der durchschnittlichen Lebenserwartung in den Staaten der EU erklärt jedenfalls kaum den überaus unterschiedlichen Aufwand im Gesundheitswesen, der an den verschiedenen Orten getrieben wird. Er sagt auch sehr wenig aus über die real existierenden Möglichkeiten für kranke Menschen sich Zugang zu einer hinreichend zeitgemäßen medizinischen Versorgung dann zu verschaffen, wenn dies aus diagnostischen und therapeutischen Gründen weitgehend objektiv indiziert ist.

Neben der moralisch-ethischen Dimension, nämlich einem zumindest verbal erklärten Ziel, jedem Systemangehörigen im Wege kollektiver Umverteilung eine Medizin zu ermöglichen, die weder im Selbstzahlerweg noch durch den privaten und vorwiegend risikoadäquat strukturierten Versicherungsmarkt befriedigt werden kann, sollte nicht übersehen werden, dass die sich national unterschiedlich, allerdings durchweg wachsend gestaltenden Gesundheitsmärkte ganz wesentlich von dieser Zurverfügungstellung von gewaltigen Geldmengen abhängig sind. Diese Erwägung wird auch dann relevant, wenn es darum geht auf den Spuren der heutigen Diskussion um Wege zur Kostendämpfung einmal zu überlegen, welche der in den EU-Staaten heute geübten Wege zur Kostenverlagerung oder -vermeidung tatsächlich mit den ursprünglichen Prinzipien eines weitgehend gleichartigen Versorgungszuganges zur Deckung zu bringen sind. Parallel zur allgemeinen Suche nach Ausgabenvermeidung hat sich – ausgesprochen oder unausgesprochen – als Nebenaktivität die Vermehrung der dem nimmersatten Gesundheitsmarkt zuzuführenden Gelder verstetigt. Die Forderung nach „mehr Geld ins System" erschallt, wie könnte es anders sein, gelegentlich am lautesten dort, wo ohnehin noch vergleichsweise Überfluss herrscht, jedoch der betriebswirtschaftliche Geldmittelfluss weitgehend eindeutig definiert ist.[63]

Grundsätzlich sind die Ausgaben am Gesundheitsmarkt überall gestiegen. Neue Technologien, verfeinerte Diagnosemethoden, ein umfassenderes Angebot aber auch eine im Vergleich zur Nachkriegszeit veränderte Einstellung zur Krankheit und zum Kranksein an sich haben dazu in unterschiedlicher Weise beigetragen. Dies betrifft zum einen die absoluten Zahlen des für Gesundheitsleistungen Aufgewendeten. In vergleichsweise geringerem Maß betrifft es allerdings die Entwicklung der Leistungsausgaben der Zahlerkollektive (GKV) gemessen an der Entwicklung des Brutto-Inland-Produktes (BIP). Für Deutschland hat sich etwa dieser Anteil zwischen dem Jahr 1991 mit 5,91 % und dem Jahr 1999 mit 6,22 % nicht nur vergleichsweise konstant gehalten, sondern gemessen an dem Verhältnis aus dem Jahr 1996 mit 6,59 % und den Schätzungen für das Jahr 2000 mit 6,19 % sogar mild rückläufig entwickelt. Die absoluten Zahlen sprechen dabei für sich: Auf ein BIP von 2938,00 Milliarden DM des Jahres 1991 entfielen gemäß dem Sachverständigenrat zur Begutachtung der gesamtgesellschaftlichen Entwicklung *GKV Gesamtausgaben* von 183,04 Milliarden DM, davon 173,57 Milliarden DM reine *Leistungsausgaben*. Im Jahre 1999 bei einem BIP von 3877,20 Milliarden DM waren dies 256,05 Milliarden DM *GKV-Gesamtausgaben* und 240,97 Milliarden DM *GKV-Leistungsausgaben*.

Deuten diese Zahlen auch darauf hin, dass die eigentliche Kostenexplosion schwerlich nachzuweisen ist, so zeigen sie ebenso ein stetiges Anwachsen der Leistungsausgaben bei – und dies ergibt sich zumindest nicht stringent aus dem BIP – nicht eben glänzender einnahmeseitiger Entwicklung und einer wohl problematisch auf so kurze Zeiträume erklärbaren abrupten Veränderung der langfristigen und kostenintensiven Morbidität. Die anhaltende hohe Arbeitslosigkeit und eine latente Stagnation in der Entwicklung der Grundlohnsumme haben die GKV auch ohne Explosion des Anteils der Leistungsausgaben am BIP in eine wenig beneidenswerte Situation gebracht. Vermutlich allen EU-Staaten gemeinsam ist daher eine gemischte Problematik aus einnahmeseitigen Problemen resultierend

---

[63] Diese Forderung ist etwa in vergleichsweise großzügigen Systemen wie desjenigen Deutschlands oder Österreichs nahezu ein thematischer Dauerbrenner, begreiflicherweise vor allem aus Sicht der weitgehend privaten Leistungsanbieter. Als eher kollektive Forderung angesichts nahezu zusammenbrechender Strukturen kennt man ähnliches aus der britischen Presse, insbesondere dann, wenn durch Zusammentreffen unterschiedlicher Faktoren die schwer überlasteten Kapazitäten vorübergehend außer Kontrolle zu geraten drohen. Ist der Finanzmangel im Vereinigten Königreich innerhalb des öffentlichen Sektors mit Händen zu greifen, so wird dies in Deutschland und ähnlich konstruierten Systemen durchweg problematischer. Dies insbesondere dann, wenn der Nachweis über eine objektiv zielgerichtete Mittelverwendung unter weitgehendem Ausschluss von vermeidbarer Verschwendung nicht durchgängig gelingen will.

aus Steuerausfällen, rückläufigen Beitragssummen und ausgabeseitigen Schwierigkeiten. Letzgenannte Dimension ist naturgemäß dann fühlbarer, wenn sie in einer direkten kommerziellen Verbindung zum betriebswirtschaftlichen Geschehen einer marktbeteiligten Einheit steht.[64]

4.2.3.1
Staatsbestimmte Gesundheitssicherungssysteme

Die zuvor beschriebene vergleichsweise simple Kontrollhoheit erklärt möglicherweise die quantitative Präferenz der EU-Staaten für Gesundheitssicherungssysteme in völliger oder weit überwiegender Staatsbestimmtheit. Je nach der Art und Weise der Kategorisierung haben neun EU-Staaten solche Konstruktionen gewählt. Sie unterscheiden sich zwar erheblich in bestimmten Details, weisen aber insbesondere hinsichtlich ihres Grades an Abweichung von der sogenannten *„Bismarcklösung"* Deutschlands und Österreichs ein hohes Maß an Übereinstimmung auf.

Neben Großbritannien und Irland haben Schweden, Dänemark, Finnland, Italien, Spanien, Portugal und Griechenland sich für ein staatsnahes Modell entschieden bzw. kannten zu keinem Zeitpunkt eine soziale Alternative.[65] Bemerkenswert sind die relativen politischen Unterschiede hinsichtlich der einstigen Großzügigkeit oder des heute davon noch übriggebliebenen Grades an politischem Gewicht, den der Gesundheitssektor auch in den nationalen Budgetverhandlungen um die Anteile am Staatshaushalt ins Feld führen kann. Durchweg ist die Rolle des Leistungserbringers in einem staatsnahen System die eines ganz oder vorwiegend abhängigen Serviceleistenden. Die freie Arztwahl ist selbstverständlich unmöglich bzw. eingeschränkt. Der Zugang zu höheren Versorgungsebenen rigide beschränkt.[66] Bemerkenswerterweise ist die kritische Betrachtung dieser, durch ihr

---

[64] Der Kampf um die sogenannte Budgetierung der Leistungsausgaben in Deutschland zeigt die Problematik einer nicht bewältigten Beschaffungsirrationalität. Zwar erhält man die Einzelleistungsvergütung, setzt jedoch deren erkennbar systemsprengender Kraft mit einem zunächst sanktionsbewehrten Budget später einem sanktionslosen Zustand nur unzureichende Mechanismen entgegen. Der Versuch einer Verzahnung der Budgets aus unterschiedlichen Leistungssparten – etwa Krankenhaus und ambulanter Sektor – das sogenannte „Globalbudget" misslang schon in seiner Entstehungsphase. Die Gefahr einer versäumten rechtzeitigen Vernunftlösung und somit späterem panikgesteuerten Handelns des Gesetzgebers in Richtung auf Anordnungslösungen nach staatsgesteuertem Modell liegt auf der Hand. Sie diente niemandem, weder dem Arzt noch den Patienten.

[65] Finnland verweist gern auf die Zweigleisigkeit seines Modells, d. h. einem öffentlich-staatlichen Angebotsektor und einer Privatsphäre. Die Systempatienten erhalten bei Inanspruchnahme des privaten Sektors einen bescheidenen finanziellen Zuschuss und können private Versicherungen abschließen. Dies entbindet sie allerdings nicht von der Kofinanzierung des wartelistengesteuerten staatlichen Systems durch Kommunalsteuern.

[66] Üblich ist eine Einschränkung auf ein GP-Modell (hausärztliche Basisversorgung) mit oder ohne eingeschränkten Wechselmöglichkeiten und Entlohnung auf Basis einer Pro-Kopf-Pauschale. Der Zugang zur fachärztlichen Versorgung ist beschränkt durch Verweisungszwang und indirekt und wirksam – durch Aufrechterhalten einer Mangelversorgung zum Zwecke der Unterdrückung einer patientengesteuerten oder anbieterausgelösten „unerwünschten" Ergänzungsnachfrage. Im Krankenhaus herrscht Wartelisten-

hohes theoretisches Gleichheitspostulat in bestimmten Kreisen so geschätzten Systeme erst in jüngster Zeit außer Landes gedrungen. Jahrelange Versorgungsdefizite im NHS Großbritanniens haben gelegentlich zu materiellen Aufstockungen oder neuartigen Allokationsformen geführt, den Primat staatlicher Alleinzuständigkeit allerdings weitgehend belassen bzw. lediglich die Verantwortungsebene verlagert. Sie haben in Großbritannien und Irland durchgängig zum Wachstum eines privatassekuranzgestützten zweiten Marktes beigetragen, der es den jungen, gesunden und somit versicherbaren Menschen, die sich dies zusätzlich zur Steuerlast leisten können, ermöglicht, sich auf der oftmals rechtlich schwankenden Basis des jeweiligen privatassekuranzlich verbindlichen Versicherungsvertragsrechts zumindest solange Leistungszugang einkaufen zu können, wie sie den Kriterien der örtlichen selektiven Versicherungsindustrie entsprechen. Diese können, etwa im Fall Großbritanniens, durchaus rigide Kriterien für die Versicherbarkeit, die Fortsetzungsfähigkeit eines bestehenden Versicherungsverhältnisses oder die Ausstattung des angebotenen Leistungskataloges haben. Wie divergent dabei die ordnungspolitischen gesellschaftlichen Leitbilder sind, zeigen Spezialitäten etwa des britischen Privatversicherungsmarktes wie eine vertragliche Kostenbegrenzung von Leistungssegmenten auf bestimmte Beträge oder gar der Gesamtsummen auf einen Maximalbetrag für eine bestimmte oder unbestimmte Laufzeit.[67]

Die einstigen Modelle Skandinaviens halten in ihrem Versorgungsgrad der Verfügbarkeit von Leistungen außerhalb unmittelbarer Notfallversorgung einem kritischen Vergleich kaum mehr Stand. Zwar sind sie, bedingt durch einen noch immer vergleichsweise hohen Stellenwert sozialer Politik gerade in bewusster Abgrenzung zu der als „wirtschaftsbestimmt" und „kapitalverflochten" diskreditierten EU-Administration, mehr im Zentrum des politischen Geschehens, allein kann dies nicht darüber hinwegtäuschen, dass ein Verzicht auf das Element der Wartelistenversorgung kaum ohne umfassenden Haushaltskonflikt gelänge. Angesichts einer Rekordbesteuerung von Einkünften ist den steuerfinanzierten Systemen des Nordens der einfache Weg einer Erhöhung der vorhandenen Mittel im fiskalischen Weg nahezu versperrt, möchte man nicht die Abwanderung ganzer Industriezweige bzw. wirtschaftsrelevanter Leistungsträger in einem gesellschaftlich kaum

---

versorgung mit Präferenz absoluter Notfälle zur Vermeidung eines Entstehens von „Überkapazitäten" mit entsprechend negativen Effekten für die Ausgabenentwicklung. Positivlisten und ggf. gesetzliche Arzneimittelpreisordnungen ergänzen das Instrumentarium.

[67] Die rund sechs wesentlichen Anbieter in Großbritannien gehen hier durchaus unterschiedliche Wege. Allerdings sind auch ihre Privatpolicen im Vergleich zur deutschen PKV rigide eingeschränkt, gelegentlich anbieterseitig kündbar auch ohne Rechtsverstoß des Versicherungsnehmers und durch allerlei Kleingedrucktes gekennzeichnet. Sie ermöglichen allerdings dem einschlägigen Personenkreis eine Umgehung der ansonsten ubiquitären Wartelisten sowie der oft traurigen Qualitätswirklichkeit in Systemkrankenhäusern. Mit dem Voluntary Health Insurance Board ging Irland schon Ende der 50er Jahre einen Sonderweg und schuf der Welt wohl einzige Staatsanstalt für Privatversicherung, die im Zuge der EU-Gesetzgebung 1993/94 zur Deregulierung anstand und heute mit über 40 % Marktanteil bei wachsender Konkurrenz verschiedene Versicherungen für den stationären Bereich auf der Basis von Pauschalprämien ohne Risikoselektion anbietet (community rating).

mehr hinnehmbaren Umfang riskieren.[68] Neben einem bescheidenen Privatversi-
cherungssektor in Dänemark gibt es davon mehr in Finnland und erste Anzeichen
im Mutterland der Wohlfahrtsmodelle des Nordens in Schweden.[69]

Prinzipiell zeichnen sich die staatsnahen Modelle vor allem dadurch aus, dass
sie einen umfassenden Bevölkerungsschutz zumindest in ihren Anfangsphasen
zum erklärten Politikziel gemacht haben. Die politische Nachrangigkeit speziell
des gesundheitspolitischen Ordnungsgeschehens sowie eine, das auch bei uns
zunehmend zu beklagende Maß an Wettbewerbsvermeidung und Marktverneinung
wesentlich überschreitende detailallokative Planwirtschaftlichkeit haben trotz
möglicherweise guter und gerechtigkeitsstiftender Grundintentionen just das Gegenteil dessen bewirkt, was eigentlich beabsichtigt war. Statt einer schier unüber-
trefflichen Gleichheit bei hoher Versorgungsqualität wurden bürokratische Institutionen angehäuft, deren endverbraucherorientierter „Output" unzulänglich ist
und mit stark fallender Tendenz lediglich in eine offenkundige Klassenmedizin
mit der paradoxerweise noch begrüßten Tendenz eines Abwanderns der dazu
Fähigen in die Privatsphäre geführt hat. Statt „Gleichheit" und „Gerechtigkeit"
wurde also ein plump differenziertes Versorgungsniveau zum erheblichen Nachteil der überwältigenden Mehrheit der Bevölkerung verwirklicht. Innovatives
Geschehen ist unter solchen Mangellagen wenn überhaupt so nur noch stellen-
weise und wenig kohärent möglich. Gäbe es den Ausgabefilter der Mangelsteuerung nicht, dies gewinnt unter europarechtlichen Kategorien erhebliche Bedeutung, so wären diese Systeme in der Tat mit einer kurzfristigen Ausgabenentwicklung konfrontiert, die sie kaum mehr beherrschten.

Die staatlich geprägten Mangelsysteme der EU-Südschiene, also diejenigen Italiens, Spaniens, Portugals und Griechenlands, sollen trotz all ihrer evidenten Ver-
sorgungsmängel, ihres teilweise bemerkenswerten Grades an Schattenwirt-
schaftlichkeit und der politischen Verankerungsschwäche hier hinter den Nordva-
rianten genannt werden. Mit Ausnahme Italiens, dessen zahlreiche Regierungen
seit 1945 eine nahezu ebenso hohe Anzahl sozialpolitischer Kurswechsel zu verantworten hatten und das seit der Quasi-Regionalisierung der öffentlich zugänglichen Versorgung immerhin dort, wo die nötige Effizienz, Rechtsstaatlichkeit und
ein erforderliches Maß an gutem Willen vorhanden sind, vergleichsweise aner-
kennenswerte Qualitäten liefert – in anderen Gegenden eben aber auch nicht –
sind die sozialpolitischen Anstrengungen der einstigen Diktaturen, wiewohl vergleichsweise mager im Resultat, so doch ein überaus anerkennenswertes Bemühen
um Sozialstaatlichkeit im Rahmen dessen was gelegentlich etwas vorschnell als

---

[68] An dieser Stelle sei auf die flexiblen fiskalischen Praktiken in den skandinavischen
Ländern verwiesen, wenn es um die unterschiedliche Besteuerung von Erwerbseinkünf-
ten oder investitionsrelevanten Betriebsergebnissen mit direkten arbeitsmarktlichen Auswirkungen geht.

[69] Hier drücken besondere Wartelisten und vor allem das norwegische Beispiel zu ihrer
Reduktion, das noch zu erörtern ist. Als neueste Variante entstehen „Zahnklubs"
(Tandklubben), die gegen bescheidene Monatszahlungen eine Basiszahnversorgung im
ansonsten weitgehend privatisierten zahnmedizinischen Geschehen anbieten und an frü-
he gemeinnützige Hilfsvereine erinnern.

„EU-Sozialmodell" bezeichnet wird. Ohne die EU-Integration wäre dieser Prozess, so überhaupt, vermutlich wesentlich später begonnen worden.[70]

Die Leistungsschwäche der Südsysteme hängt, dies ist kennzeichnend für die makroökonomische Abhängigkeit der Sozialsysteme vom gesamtwirtschaftlichen Geschehen, naturgemäß an der ökonomischen Potenz. Hier bestehende Ungleichheiten lassen auch auf einen ungleichen sozialen Standard in der Gesundheitsversorgung schließen, sofern nicht, wie etwa in den USA oder vielleicht ansatzweise schon in Großbritannien, eine bewusste Verweisung des Kranken an das Marktgeschehen erfolgt. Hier muss dieser, wiewohl ökonomisch schwächste Teil des Geschehens nun zusehen, wie und ob er die Angebote für sich nutzen kann oder nicht. Verstetigt sich eine solche Entwicklung, so führt sie zu offenen (USA) oder verdeckten Ausgrenzungen (Großbritannien) von zahlenstarken Personenkreisen unvollständiger Marktteilnehmer, deren Potential für eine bestimmte Form an Marktteilnahme nicht ausreicht bzw. denen die eigentlich zustehende öffentliche Nachfrage durch Mangelsteuerung zumindest zeitnah nicht möglich ist. Abgesehen von der ethischen Fragwürdigkeit eines solchen Tuns wird dadurch, die USA machen dies deutlich, eine durchaus makroökonomisch destruktive Spirale der Irrationalität am Gesundheitsmarkt gefördert. Ein wachsender Kreis von Unversicherten steht einem rein anbieterseitig ausgenutzten Marktgeschehen gegenüber und fällt, auf die eine oder andere Weise zu einem späteren Zeitpunkt oft verarmt und im fortgeschrittenen Krankheitsstadium der Allgemeinheit zur Last. Gerade das Element der „Armutsproduktion", dass dem US-Gesundheitsgeschehen innewohnt, indem es erst diejenigen mehr schlecht als recht versorgt, die gar nichts mehr besitzen, kann vernünftigerweise ökonomisch nicht durch „marktgerechte" Entlohnung der überreichen Anbieter gerechtfertigt werden. Dies um so weniger, als man nur zu bereit ist, die negativen materiellen Folgen ohne größere Umwege der Allgemeinheit aufzubürden[71]

---

[70] Es ist dies hier nicht der Platz um die merkwürdigen Bewertungen der Weltgesundheitsorganisation (WHO) zum Ranking von Gesundheitssystemen zu besprechen. Immerhin billigt sie – ob im Wissen um die schattenwirtschaftlichen Elemente und eklatanten regionalen Versorgungsgefälle oder unter bewusster politisch korrekter Verkennung derselben Italien nach Frankreich einen vorderen Rang zu. Messlatten, Ansatz und der Versuch einer quantitativen Verobjektivierung des keineswegs statischen Prozesses, der ein Gesundheitssystem beschreibt, bleiben dabei umstritten und haben zu in der Tat bizarren Ergebnissen geführt, die in Deutschland von vielen mit großer Entrüstung kommentiert wurden. Auch in der Vergangenheit konnte die WHO nicht eben mit analytischer Tiefenschärfe aufwarten, sondern muss, ihrer inneren Struktur folgend, eine Vielzahl von Interessen und Empfindlichkeiten bedienen, die wenig oder nichts mit der kleinen Zahl tatsächlich breitenwirksam funktionierenden öffentlichen Gesundheitssystemen zu tun haben, die unsere ungleiche Welt nun einmal kennt. Rang 2 für Italien, bei gleichzeitigem zahlenstarken Missbrauch des Auslandskrankenscheines E 111 etwa in Frankreich oder Österreich durch Italiener, denen die vermutlich illegalen heimischen Barzahlungen zu hoch sind, kommentiert sich weitgehend selbst.

[71] So ist Krankheit in den USA heute eine führende stetige Verarmungsursache gerade besitzender bürgerlicher Kreise, die öffentlichen Behandlungszugang mangels bestehenden oder ausreichenden Versicherungsschutzes oft erst dann finden, wenn sie ihr Vermögen verloren haben. Angesichts des ungewöhnlichen Preisniveaus für Gesundheitsdienstleistungen in USA geht dies erfahrungsgemäß recht rasch vonstatten.

4.2.3.2
Sozialversicherungsmodelle in der heutigen EU

Die traditionelle Unterteilung der EU-Gesundheitsmodelle in die Typen „Beveridge" (Staatlicher Gesundheitsdienst) und „Bismarck" (Pflichtversicherungsmodelle) ist angesichts einer hoch differenzierten Entwicklung weitgehend obsolet. Zwar weisen die Systeme Frankreichs, der Niederlande, Luxemburgs, Belgiens, Deutschlands und Österreichs noch immer bestimmte gemeinsame Prinzipien auf, doch überwiegen die Unterschiede so stark, dass es den Fehlschluss einer weitgehenden strukturellen Gleichheit geradezu beförderte, vom französischen Kassenmodell in primärer Staatsverwaltung, nahezu völliger Abhängigkeit von der jeweiligen Administration, ohne Beitragshoheit und aktive Ausgabensteuerung als von einem „Bismarckmodell" zu sprechen.[72]

Strukturelle Ähnlichkeiten bestehen unbestreitbar zwischen den Modellen Deutschlands und Österreichs, wenngleich zu berücksichtigen ist, dass es dort anders als bei uns nahezu keinerlei Wettbewerb unter den Krankenkassen gibt und dieser bis auf den heutigen Tag kaum gewollt zu sein scheint.[73]

Schon die weitgehend auf politischen Parteien und deren Umfeld aufgebauten sozialen Krankenversicherungen machen die historischen Unterschiede zur deutschen Lösung deutlich. Zwar wird die Leistungsfähigkeit des belgischen Gesundheitswesens oft unterschätzt, allerdings sind die zusätzlich zum Pflichtumfang abzusichernden Ergänzungsrisiken nicht eben unerheblich. Das niederländische Modell steht schließlich in seiner Dreistufigkeit aus einer gesetzlich begründeten Zuweisung an öffentliche Krankenkassen (Ziekenfondsen) oder private Krankenversicherungsträger auf der Basis von Kontrahierungszwang und fehlender Risikoprüfung nebst der steuerfinanzierten Großrisikosäule (AWBZ) in praxi wesentlich weniger liberal dar als hierzulande oft angenommen wird. Allgemein ist eine gewisse Neigung zur Bewunderung niederländischer Lösungen auch dann bei uns erkennbar, wenn dazu bei näherer Betrachtung fast alle Grundlagen fehlen und man gern aus dem Systemzusammenhang gelöste Einzelelemente zum Gegenstand der Verehrung macht, die dann um so beachtlicher ausfällt, wenn die negierende Wirkung des Kontextes zu keinem Zeitpunkt berücksichtigt werden muss und man sich sozusagen an einem Idealpartikel erfreuen kann, ohne die Praxis insgesamt

---

[72] Dies offenbarte ebenfalls ein wenig geschärftes historisches Bewusstsein für die französischen Empfindlichkeiten hinsichtlich der geschichtlichen Rolle Bismarcks. Dortselbst ist der „Eiserne Kanzler" eben vorwiegend in ganz anderer Erinnerung als seine obrigkeitsstaatlich verordnete Sozialbefriedung im Deutschen Reich es bei uns zu Wege brachte.

[73] Das bisher durch großen Konsens gekennzeichnete korporatistische österreichische Sozialmodell zeigte jüngst erste Risse und echte Finanzierungsprobleme. Vermutlich ist auch dort langfristig die Entscheidung zwischen mehr Markt oder mehr Staat nicht zu vermeiden. Vermutlich wäre ein Mehr an Wettbewerb, insbesondere unter den Leistungserbringern und deren verschiedenen Sparten sowohl qualitätsfördernd als auch Garant dafür, dass der ethische Auftrag zum Wohle der Bevölkerung auch künftig erfüllt werden kann. Wohin es mit einer stetigen Ausweitung der Staatskompetenz gehen kann, machen die entsprechenden EU-Modelle nur allzu deutlich. Für den Patienten ist dies ebensowenig mit Gewinn verbunden wie für den Leistungserbringer.

werten zu müssen, die das schöne Bild von der scheinbar einfachen Lösung beim eben einfach schlaueren Nachbarn eintrüben könnte.[74]

Eine solche, primär auf Unterstellung „überlegener" Systemlösung bei ausländischen Nachbarn setzende Vorgehensweise ist im EU-Kontext nahezu typisch deutsch. Dies um so mehr als die ursprünglich stolzstiftenden Elemente, wie DM-Kurs, Währungsstabilität und ökonomische Lokomotiveigenschaft unserem Vaterland langsam abhanden gekommen sind. Teils hat man dies so gewollt, teils hat es sich so ergeben. In Frankreich, einem Land mit einem hierzulande nicht mehr modischen nationalen Selbstwertgefühl, ist solches Denken eher die Ausnahme als die Regel. Das neben Deutschland wichtigste EU-Land, ja zusammen mit uns der eigentliche politische und ökonomische Motor des EU-Vergemeinschaftungsprozesses, steht in seinem Gesundheitssystem seit Jahrzehnten vor kaum mehr lösbaren ökonomischen Verwerfungen. Bislang hat die französische Medizin basierend auf der in diesem Land sehr hochgehaltenen gesellschaftlichen Solidarität hier trotz fehlender politischer Konzepte, starrer Strukturen und wachsender Schulden ein in der Tat bemerkenswertes öffentlich zugängliches Gesundheitswesen erhalten, dass weitgehend frei von Wartelisten den Bürgerinnen und Bürgern Erhebliches bietet. Allerdings scheinen die Tage einer solchen allgemeinen Großzügigkeit gezählt zu sein. Das obligatorische Primärsystem kennt neben der allgemeinen Pflichtversicherung mittlerweile ein Mischfinanzierungssystem aus Steueranteilen auf der Versichertenseite, Restbeitragsanteilen dortselbst und traditionellen Beitragsteilen auf der Arbeitgeberseite.

Im Wunsch nach einem staatlichen Gesundheitsdienst ging die sozialistische französische Regierung trotz offener Kritik an den Zuständen des britischen NHS diesen Weg dort weitgehend konsequent, wo dies möglich war, im Einnahmebereich. Die „Verstaatlichung" der Leistungserbringerschaft ist hingegen in keiner Weise gelungen und dürfte auch nahezu unmöglich sein. Als reines „Kostenerstattungsmodell" kennt das Primärsystem trotz vergleichsweise teurer Steuern / Beiträge nur eine bescheidene Erstattung der festgelegten Systemsätze von

---

[74] Die Niederlande kennen ein rigides Primärarztmodell im ambulanten Bereich mit erheblichen Wartelisten und Phänomenen der Mangelsteuerung sowohl bei fachärztlicher Versorgung als auch bei stationärem Spitalaufenthalt. Ähnlich wie es für einige Zeit Mode war, das niederländische „Arbeitsmarktwunder" (Poldermodell) vor allem in Deutschland zu bestaunen. Die Holländer hatten bei hohem Stand an Arbeitsinvaliden kaum Arbeitslose vorzuweisen und nutzen den angenehmen Begleiteffekt einer sozial nicht belasteten Ausgliederung unerwünschter älterer Arbeitnehmer nicht in die stigmatisierte Arbeitslosigkeit, sondern in die Invalidität ebenso wie massive Teilzeitarbeit. Über die nicht unbedenklichen gesellschaftlichen Hypotheken insbesondere der Alterssicherung der dauerhaft oder zumindest langfristig Teilzeitbeschäftigten bei einer durchgehenden Abhängigkeit von betrieblichen Zusatzpensionen zum kargen Regelmaß einer steuerfinanzierten Einheitsrente auf Minimalniveau glaubte man zumindest in dieser Generation nicht mehr nachdenken zu müssen. Im Gesundheitswesen wurde die (nicht durchgängig praktizierte, wiewohl vorgesehene) regelmäßig Rezertifizierung von Allgemeinärzten zum Anlass für einen Preis aus Deutschland, den die Presse in mangelnder Differenzierung zur Ehrung des gesamten Gesundheitswesens umdeutete. Just dieses Gesundheitswesen ist Gegenstand vieler EuGH-Fälle infolge unübersehbarer Mangelsteuerungstendenzen verbunden mit dem Wunsch nach Verbot von Auslandsnachfrage und Wartelistenumgehung und kennt, kaum ein Zeichen von Liberalität, nicht einmal eine Beitragshoheit der gesetzlichen Krankenversicherung.

rund 60 % im ambulanten Bereich und etwa 80 % im Krankenhaus. Dies hatte, wie bei Selbstbehalten ohne unmittelbare und absolute Steuerungshoheit durch den Patienten üblich, lediglich den Effekt eines Anwachsens der Zusatzversicherungsindustrie, im Falle Frankreichs der genossenschaftlichen Mutualitées. Diese tragen, finanziert ausschließlich durch die Versicherten, in der Regel den Rest der Behandlungskosten. Trotz der hohen Selbstbeteiligung ist ein damit in irgendeiner Weise verbundener Kostendämpfungseffekt zu keinem Zeitpunkt eingetreten. Allerdings konnten sich nicht alle Franzosen den Zusatzschutz leisten, auch wenn die Mutualitées auf Kleingedrucktes, Risikoausschlüsse und ähnliches völlig verzichtet.

Die jüngste Ergänzung des französischen Modells ist die umfassende Krankenversicherung (assurance maladie universelle) mit einer fiktiven Mutualität für solche Personen, die unter einer offiziellen Einkommmensgrenze liegen. Damit wurde zwar eine offensichtliche Lücke geschlossen, jedoch finanziell eine nicht eben unbedenkliche Entwicklung ausgelöst. Die Finanzierung durch das Basissystem selbst und den Staat gleicht der sprichwörtlichen Leiter der Schildbürger, was oben fehlte, wurde unten abgesägt. Die Betrachtung des französischen Kassenwesens und dessen Reformen ist für uns überaus lehrreich, da viele daheim gelegentlich vollmundig empfohlene Wunderrezepte dort schon mit überaus mäßigem Erfolg oder ganz frei davon probiert wurden.[75]

Grundübel ist der angesichts nicht bewältigter Einkaufsprozesse nach wie vor verbreitete Glaube, dass durch „mehr Staat" zwangsläufig mehr Gerechtigkeit zu sichern wäre. Man beschränkt sich daher auf Übertragung laufend weiterer Zuständigkeiten an den Staat, gerade als ob eben dieser grundsätzlich mit dem ihm anvertrauten Geld zielgerecht, qualitätsorientiert, sinnvoll oder auch nur „comme un bon père de famille" – so der französische Rechtsbegriff – umzugehen in der Lage wäre. Weder kennen die französischen Kassen eine Art der Einnahmehoheit

---

[75] Ein solches Theorem ist der als „liberal" ausgezeichnete Wunsch nach durchgängiger Kostenerstattung auch in Deutschland. Dies ist sachlich nicht begründbar. Wird für eine bekannte Leistung ein vorher fixierter Betrag durch den Patienten direkt, statt durch das Zahlerkollektiv erstattet, erhöht dies nur die in Frankreich amtsstubenfüllende Abrechnungsbürokratie. „Mehr Geld" gäbe es für die Leistungserbringer dadurch nicht. Ist es tatsächlich – dies wäre in Deutschland zu vermuten – als Vehikel für höhere Zuzahlung gedacht, so müsste man dies von Anfang an klar benennen und hätte gewiss keine Mehrheit mehr. Soll es gar den ohnehin nur schwach ökonomisierten Beschaffungsprozess individualisieren – „Stichwort : mündiger Patient" – so wäre damit eine kontraproduktive Entwicklung eingeleitet. Statt sinnvolleren, qualitativ gesicherteren und objektiv notwendigeren „Einkaufs" wäre der Kranke in der Situation die Qualität des Angebotenen fachlich, merkantil und ethisch überprüfen zu müssen. Bleibt es schließlich bei der schlichten Absicht jedem Versicherten „seine" Kosten vor Augen führen zu wollen, so wäre für einen großen Aufwand in der Tat fast nichts gewonnen. „Kostenkenntnisaktionen" bringen vermutlich viel weniger als mancher hofft. Wie, wozu und warum sollen die Schwerkranken – nur dort wäre es sinnvoll – in der Lage sein, eine Angebots- und Verabreichungsüberwachung erfolgreich durchzuführen? Frankreich handelt nach der Variante Nr. 1 und allgemein wird bedauert, dass die Krankenkassen als nachfragebefähigende Kollektive keinen Einfluss auf das Angebotsgeschehen haben. Erst wenn kein Geld mehr da ist, wird der Staat autoritär eingreifen. Die deutsche PKV macht schließlich seit Jahren vor, wie man gerade nicht eben besonders sinnvoll und wirtschaftlich Leistungen vergütet.

oder Prämiengestaltung, noch irgendeine Form eines rationalen Beschaffens. Sie erstatten stur und einflusslos dass, was der Staat und seine Schiedsstellen für erforderlich halten. Unfähig, bestehende Strukturen auch nur verbal tatsächlich zu hinterfragen, bleibt kassenseitig einzig die Hoffnung darauf, dass man es „höheren Orts" schon richten werde. Schwindet dieses Vertrauen im Lichte wachsender Erfahrungen mit der generellen Kurzsichtigkeit einer auf nicht einmal vier Jahre programmierten Politikformulierung und weit davon abweichenden Zeithorizonten, so wachsen verschwiegene Zweifel neben den ungelösten Problemen.

Frankreich strebt nach dem Willen seiner Regierung unverändert ein verstaatlichtes Gesundheitswesen an. Sollte auch der künftige Präsident sozialistisch sein, so rechnen Landeskenner mit einer neuen politischen Offensive in diese Richtung. Der Schritt zur „Verstaatlichung" der Leistungserbringer wäre dabei vermutlich zwar nur indirekt machbar, könnte jedoch darin bestehen in Gestalt einer Neuzertifizierung der zur Kassenbehandlung Berechtigten gewissermaßen ein Supernetzwerk von Medizinern zu schaffen, welche sich als feste freie Mitarbeiter einem solchen System unterwürfe. Ohne Kassenpatienten kann auch in Frankreich kaum eine Praxis außerhalb weniger privilegierter Regionen überleben. Die Hoffnung auf ein langsames Anwachsen von Privatversicherten oder gar Selbstzahlern als „zweiter betriebswirtschaftlicher Säule" wäre im ambulanten Bereich vielleicht nicht einmal abwegig. Im stationären Bereich geht es den vielen Privatkliniken in der öffentlichen Regelversorgung finanziell ziemlich schlecht. Sie wären weitgehend von staatlicher Patientenzuweisung abhängig. Problematisch wäre die Qualität: kein einziges staatliches Gesundheitssystem kann auf Mangelsteuerung und Wartelistenmedizin verzichten. Dieses auf Frankreich zu übertragen wäre politisch mit einigem politischen Risiko behaftet.

4.2.4
Der Einfluss des Binnenmarktes auf die nationalen Gesundheitsmärkte

Grundsätzlich hat die Kommission kein Mandat für eine wie auch immer geartete Harmonisierung der Gesundheits- und Sozialsysteme. Die ist Bestandteil der verschiedenen Verträge und wurde nach den spektakulären EuGH-Entscheidungen in den Rechtssachen „Kohll" und „Decker" aus dem Frühjahr 1998 geradezu mantrahaft wiederholt. Kaum eine EU-Stellungnahme kommt ohne den deklamatorischen Verzicht auf diese – offenbar so gefürchtete – Form supranationaler Machtausweitung aus.[76] Als der EuGH in den benannten Fällen sein seinerzeit mit

---

[76] In den Rechtssachen Kohll und Decker wurde in einem Luxemburger Fall der grenzüberschreitende Erwerb von medizinischen Dienstleistungen und Waren (hier eine kieferorthopädische Behandlung in Trier und eine Brille in Belgien) mit Hinblick auf die EU Grundfreiheiten gestattet. Ein vorheriges Zustimmungsgebot der heimischen Krankenkasse hätte diese Grundfreiheiten mehr als zu rechtfertigen wäre eingeschränkt. In den die stationäre Versorgung betreffenden Fällen „Smits-Geraets" und „Peerbooms" ging es um Inanspruchnahmen von besonderen Behandlungen in Deutschland und Österreich durch Niederländer. Hier wurde mit einjähriger Verzögerung zwar die Einschränkung der Dienstleistungs- und Warenverkehrsfreiheit durch vorherigen Genehmigungsvorbehalt gerechtfertigt. Aus Sicht mangelgesteuerter Gesundheitssysteme be-

lautstarker Kritik auch bei uns bedachtes Urteil verkündete, standen Aspekte einer grenzüberschreitenden Versorgungsgerechtigkeit dabei keineswegs im Zentrum. Vermutlich waren sie nicht einmal handlungsleitend, da weitgehend rechtspositivistisch die Abwägung zwischen Vorab-Genehmigungsvorbehalt eines nationalrechtlich begründeten Leistungsanspruches und einer Anspruchsbefriedigung in einem anderen EU-Staat berücksichtigt wurden. Anders im überall geplanten und überaus ressourcenaufwendigen Hospitalgeschehen. Die niederländischen Patienten wollten einmal andere Behandlungsformen als es im Inland vorgesehen war und darüber hinaus noch den heimischen Wartelisten entrinnen. Ein solches Vorgehen kollidiert geradezu zwangsläufig mit den nationalen Vorrechten und insbesondere der Territorialität in der Sozialversicherung als einem nach wie vor leitenden Prinzip auf das auch kaum verzichtet werden kann. Schon seit langer Zeit ist in den entsprechenden EU-Rechtsverordnungen, so beispielsweise der VO 1408/71 (EWG), u. a. die grenzüberschreitende Sachleistungsaushilfe im Gesundheitswesen geregelt. Der sich vorübergehend, etwa zu Urlaub, im Ausland Aufhaltende wird dabei auf der Grundlage des entsprechenden Auslandsberechtigungsscheines E111 so gestellt wie es ein Inländer am Urlaubsort wäre. Flankiert wird diese Regelung u. a. durch Bestimmungen über erteilte Vorabgenehmigungen des heimischen Kostenträgers für Behandlungen im Ausland oder den – rechtlich etwas unterschiedlichen Versicherungsschutz der dauernd im Ausland lebenden Rentner. Grundlage aller dieser Bestimmungen ist die Fortexistenz territorial gebundener Pflichtzuständigkeiten heimischer Sicherungssysteme in ausschließlich nationalrechtlich gestaltbarer Struktur.

Auch wenn diese Regelung – eine Überarbeitung wäre vermutlich angezeigt scheitert jedoch an dem dazu erforderlichen Einstimmigkeitsvorbehalt, den es infolge sinkender Gemeinsamkeiten auf EU-Ebene derzeit kaum mehr gibt – bereits erheblich in die Jahre gekommen ist und in vielen Bereichen, so dem Urlaubskrankenversicherungsschutz in bevorzugten Sommer- oder Wintersportgegenden, kaum mehr als Sachleistungssystem funktioniert, so ist doch nichts Besseres in Sicht. Vermutlich werden angesichts neuer aus den jüngsten EuGH-Urteilen ableitbarer Anrechte auf „rechtzeitige" Behandlung mehr und mehr Personen versuchen, eine Vorabgenehmigung für eine Auslandsbehandlung zu erreichen statt auf der heimischen Warteliste einer aus ihrer Sicht unnötigen Verlängerung ihrer Beschwerden tatenlos zuzusehen. Dies würde die Erkrankten im Unterschied zu einer in Eigenregie wahrgenommenen Spontannachfrage im Ausland von verschiedenen Problemen befreien: einmal wüssten sie, an wen sie sich im Ausland – dies heißt angesichts der Angebotslage fast überwiegend in Deutschland – zu wenden hätten, was sie dort qualitativ und infrastrukturell erwartet und schließlich würde es sie im Falle des Erlangens einer Vorabgenehmigung vor unliebsamen Kostenüberraschungen des – gerade für Selbst- und Privatzahler – nicht eben besonders billigen deutschen Gesundheitswesens schützen.

Aus der Wanderungswelle von Patienten über die EU-Binnengrenzen, die offenbar auch bei uns bekannte Politiker für wahrscheinlich gehalten haben, ist na-

---

sorgniserregend ist jedoch gewiss der Umstand, dass zugleich auf die Notwenigkeit einer „rechtzeitigen" heimischen Versorgungsmöglichkeit in das Zentrum des Urteils gerückt wurde.

hezu nichts geworden. Aus deutscher Sicht, mit Überkapazitäten in nahezu allen Versorgungsbereichen mit Ausnahme solcher, die sich, wie etwa die Psychiatrie, für eine Auslandsnachfrage im fremdsprachlichen Raum nun einmal per se nicht eignen, bestand wohl zu keinem Zeitpunkt die Gefahr, dass kranke Menschen auf eigene Kosten in einen anderen Kulturraum wandern um Behandlung zu suchen, die sie vermutlich rascher und besser jedenfalls quantitativ überreich bei sich „um die Ecke" hätten haben können. Dies gilt für den Fall einer ambulanten Versorgung – aufgrund jüngster Erkenntnisse und Fragezeichen mit der Qualität oder Gewährleistung sogar für den mit hohen Eigenanteilen vielleicht zu Billigkäufen reizenden Zahnmedizin – und erst recht für die stationäre Behandlung, die ohnehin wohl eine Präferenz für die eigene Sprachwelt kennt, wenn denn Behandlung dort möglich ist. Geblieben ist uns ein sich abzeichnendes Durchbrechen verschiedener heimischer Vertriebstraditionen etwa im Bereich der Arzneimittel, der Hilfsmittel oder vielleicht der Kuren, so grenzüberschreitende Vertragsangebote für deutsche Krankenkassen möglich werden und das Angebot samt Wettbewerb sicherlich bereichern dürften. Die Internet-Apotheke – sei es nun „Doc Morris" oder ein Mitbewerber – beruft sich ebenfalls auf die Binnenmarktfreiheiten, um das bei uns bestehende Versandverbot von Medikamenten nebst dem Fremd- und Mehrbesitz-verbot zu Fall zu bringen.[77] Spannend wird es auch zu beobachten, ob der hohe Mehrwertsteuersatz auf Medikamente in Deutschland sich ewig wird halten kön-nen. Immerhin agiert der Staat hier in einem finanziell sehr kritischen Bereich eindeutig als Kostentreiber.

Unter dem Schock einer möglichen Totalliberalisierung der nationalen Ge-sundheitsmärkte wurde das Tabuthema „Ist-Zustand der gesundheitlichen Versor-gung hier und anderwärts" erstmals außerhalb eines kleinen Kreises an Wissen-schaftlern und Systemfunktionären diskutiert. In der Presse fanden sich erste ver-gleichende Darstellungen, wiewohl nur zu oft auf schwacher Informationsgrund-lage basierend, so doch geeignet, das Bewusstsein eklatanter Versorgungsunter-schiede in Abweichung zu den schwer quantifizierbaren Effektdivergenzen eines den „output" analysierenden Herangehens traditioneller gesundheitsökonomischer

---

[77] In der Tat wäre eine Öffnung und wettbewerbliche Gestaltung der überregelten Pharma-vertriebswege in Deutschland und anderwärts unter Wettbewerbsaspekten sinnvoll und notwendig. Die „königlich privilegierte Officin-Apotheke" als Alleinform des kosten-treibenden Vertriebs schmälert die effektive Verfügbarkeit eines Pharmabudgets ohne einen nachweisbaren makroökonomischen Nutzen. Dies gefährdet eben nicht, wie manchmal dargetan wird, die „Medikamentensicherheit", da Apothekenzwang und Ver-triebsweg bis hin zur Versandapotheke, zur Einbeziehung der Krankenhausapotheke, zu Shop-in-Shop-Apotheken nach US-Vorbild ebenso die „bewährte Beratung" anbieten können, wie sie in den heutigen Apotheken ja bestimmend sein soll. Die zweifelsfrei be-stehenden Gefahren eines ohnehin völlig ungeregelten Internetvertriebes rund um den Globus sprechen eben erst recht für eine kontrollierbare aber wettbewerbliche Öffnung heimischer Vertriebswege. Dies läge vermutlich auch im Interesse der Pharmaindustrie, die in einer grenzüberschreitenden Versandapotheke eine zusätzliche Quelle von Re-Im-porten fürchten muss. Wäre das grenzüberschreitende Element nur eines unter vielen, so käme die heimische Liberalisierung der Vertriebswege der Industrie wohl entgegen. Klarer würde jedenfalls, welch unnötig hoher Anteil des Arzneimittelbudgets heute in Deutschland auf die Vertriebskosten entfällt. Ist eine Rationalisierung, wie in diesem Fall, wohl unvermeidlich, so wäre dies ein Schritt zu mehr Wettbewerb dort, wo erfor-derlich.

Machart. Es wurde klar, dass nicht scholastisches Bemühen um freudige Entdeckung von rechtssystematischen Abweichungen in der Verwaltungspraxis – der sogenannte „Das-macht-Ihr-also-so-Effekt" im Zentrum stehen sollte sondern der Versuch, mit Gleichheitsfiktionen dort aufzuräumen, wo diese vorwiegend auf einer Papierform basieren. Gerade Deutschland kann und sollte die Chance nutzen, sein nahezu vergleichsloses Angebot im Gesundheitsbereich als Systembestandteil aktiv zu vermarkten.[78] Im EU-Konzert steht Deutschland mit seinem Modell derzeit weitgehend allein. Jede auch nur theoretische „Harmonisierung" wäre zweifelsfrei ein steuerfinanziertes Gesundheitsdienstmodell mit einem transnationalen Ausgleichsmechanismus und einem Transferbedarf, der den ohnehin nicht eben vorbildlichen EU-Agrarmarkt noch um einiges übertreffen dürfte. Die „Europäisierung" wäre angesichts einer Überzahl an Staatslösungen keineswegs zwangsläufig mit „mehr Freiheiten" verbunden. Erst was sich zu nahezu 100 Prozent als „staatlich" darstellt, wäre hinsichtlich seiner rechtlichen Absicherung wohl unangreifbar.

Hier vorauseilend zu verstaatlichen wäre ebenso weltfremd wie eine ebensolche Preisgabe immerhin funktionierender nationalrechtlich begründeter Instrumentarien in der Überzeugung, dass „Europa" dies dereinst nicht mehr gestatte. Die schöpferische Nutzung des Binnenmarktes durch unser nationales Gesundheitssystem trägt in Gestalt der berühmten „Norwegenlösung" erste Früchte. Norwegen, EWR-Staat mit Ölreichtum und kaputtgespartem öffentlichen Gesundheitswesen nach schwedischem Muster bewilligte 1 Milliarde Kronen (rund 240 Milliarden DM) für den Einkauf von medizinischen Dienstleistungen im Ausland, nach Lage der Dinge insbesondere bei uns. Andere skandinavische Länder, so etwa Schweden, können hier nicht abseits stehen und ihrer Bevölkerung Wartelisten in wachsender Höhe zumuten. Der britische Premier versprach noch kurz vor seiner Wiederwahl – vermutlich ohne Verwirklichungsabsicht angesichts dazu nicht ausreichend gefüllter NHS-Kassen – einer Million wartender Patienten Zugang zum teuren aber ebenfalls britischen Privatsektor. Die jüngsten EuGH-Entscheidungen dürften mit dem Element der „Rechtzeitigkeit" den Einstieg in eine qualitative Bewertung nationaler Systeme durch das oberste EU-Gericht darstellen und diese Entwicklung fördern.

---

[78] Mittlerweile ist es geradezu chic am deutschen Gesundheitswesen kein gutes Haar mehr zu lassen. Dies ist zwar nicht durchgängig ungerechtfertigt, insbesondere die Kontrolle der Qualität als einer wesentlichen, den Preis rechtfertigenden Determinante lässt mangels Standards und Vergleichbarkeit erheblich zu wünschen übrig, jedoch schadet es der Gesamtheit aller Akteure, wenn wir damit nichts anderes erzielen, als die unaufrichtige Selbstlegitimation fragwürdiger ausländischer Systeme zu untermauern. Dort ist Kritik entweder systemimmanent ohnehin mangels struktureller Freiräume wirkungslos oder findet aus Gründen der Staatsräson nur hinter verschlossenen Türen statt. Wir sollten erkennen, dass wir statt regelmäßiger Reformen pro Legislaturperiode endlich dahingehend Fortschritte erzielen, dass nur Staatsferne und die sozialethisch instrumentalisierte Kraft des Wettbewerbs qualitätsfördernd, angebotssichtend und „gerecht" entlohnend wirken kann.

4.2.5
Problem Osterweiterung

Die Osterweiterung, mithin die Erweiterung der EU um zunächst fünf mittel- und osteuropäische Staaten (Polen, Estland, Ungarn, Tschechien, Slowenien) und dann die Staaten Lettland, Litauen, Slowakei, Rumänien und Bulgarien ist unter sozial-ökonomischer Sicht überaus problematisch und weitgehend ungeklärt. Zwar bemühen sich die Kandidatenländer, zumindest diejenigen der sogenannten „ersten Welle" um funktionierende soziale Sicherungssysteme, doch zeigt die Praxis, wie weit alle – mit Ausnahme vielleicht Sloweniens – auch nur vom bescheidensten heutigen Ansatz eines EU-Staates, etwa Griechenlands – entfernt sind. Weder genoss Sozialpolitik im Transformationsgeschäft einen sonderlichen Stellenwert, noch fanden sich dazu befähigte gesellschaftliche Kräfte um einen funktionierenden Sozialstaat mit klarer Rechtsstaatlichkeit als Grundlage zu verwirklichen. Die seitenstarken Pflichtenhefte der Kommission haben gerade im Gesundheitsbereich eben kein Mandat einen Nationalstaat dazu zu bewegen etwas anderes als eine „Koordinierungsfähigkeit der Gesundheitssysteme" sicherzustellen. Dies funktioniert bereits heute nicht durchgehend und kann angesichts offenkundiger Versorgungsgefälle gepaart mit räumlicher Nähe etwa zwischen Deutschland und Polen kaum gelingen, ohne dass in Polen Sozialstaatlichkeit und der Rechtsstaat allgemein einen anderen alltagsspürbaren Stellenwert gewinnen. Grundsätzlich dient die Osterweiterung, zumindest um den Kreis der ersten Welle mit noch kompensierbaren Unterschieden zur heutigen EU, einer Stabilisierung des Sozialstaates gerade auch bei uns selbst. Dies allerdings nur dann, wenn im Rahmen der auch nach Übergangsfristen zu gewährenden Freizügigkeit von Personen nicht ein bislang unbekanntes Maß an Gesundheitstourismus schon bald die Frage einer auch nur teilweisen Außerkraftsetzung der Freizügigkeit aufwirft.[79]

Schon die Integration Polens dürfte angesichts dort noch ungelöster sozialer und rechtsstaatlicher Probleme nicht reibungslos vonstatten gehen. Staaten der zweiten Welle schließlich haben einen gesamtgesellschaftlichen Nachholbedarf, für den kaum Finanzierungsquellen in Sicht sind. Nicht von ungefähr entspannte sich der Verteilungsstreit der heutigen Mitgliedstaaten um die zukünftige Zuordnung der EU-Fördermittel. Auch außerhalb des nur wenig thematisierten Sozialbereiches herrscht allgemeine Unklarheit über die Frage, wer die Integration der Oststaaten durch Verzicht auf bislang erhaltene Unterstützungen denn wirklich erleichtern möchte. Ebenso unklar ist die künftige Behandlung des einstigen Junktims zwischen einer EU-Strukturreform vor Beitritt der neuen Mitglieder ins-

---

[79] Die verbreitet schattenwirtschaftliche Form der Nachfrage nach medizinischen Dienstleistungen zusammen mit zwar rechtlich theoretisch „starken", durch Finanznot jedoch handlungsbeschränkten Krankenkassen weitgehend ohne Vertrauen der Bevölkerung, die zu Barzahlungen genötigt wird, die oft in keinem Verhältnis zu den auf ehrlicher Grundlage erzielbaren Einkünften stehen, lähmen das System ebenso wie eine zu effizienzsteigernden Reformen unfähige Politik, die oft schon nach wenigen Monaten an der Macht das Vertrauen ihrer Wähler verspielt. Wie eine EU-Integration von Staaten wie Rumänien oder Bulgarien oder der Slowakei funktionieren soll, wo Armut, Korruption und Misswirtschaft blühen bleibt ebenso abzuwarten wie die Beantwortung der Frage, wer dies wie bezahlen möchte oder muss.

besondere nach dem irischen Referendum und der Absage an die Resultate des Nizzaer Gipfels. Geht es um Geld, so ist mit praktischer Solidarität auch zwischen Staaten kaum mehr zu rechnen.

Mit der Bewältigung der Wiedervereinigung hat Deutschland hier einen Vorgeschmack dessen bekommen, was durch die Osterweiterung angesichts eines wachsenden Grades an wirtschaftlicher Verbundenheit der EU-Mitgliedstaaten in erheblich größerem Umfang zu erwarten steht. Gelingt die gerade sozialökonomisch wichtige Osterweiterung auch nur um die erste Welle, so wäre dies ein europäischer Jahrhunderterfolg, zu dessen Verwirklichung man sich getrost Zeit lassen könnte. Gelingt sie nicht, steht die EU bald vor Haushaltsproblemen, die sie kaum mehr wird lösen können. Sonderwege einzelner Mitgliedstaaten oder Gruppierungen dürften dann das durch Schengen, Nicht-Schengen, Euro, Nicht-Euro und schließlich den EWR ohnehin eher vielgestaltige Bild weiter beleben. Mehr Beständigkeit, Berechenbarkeit oder gar Schnelligkeit von Prozessgestaltung wären damit gewiss nicht verbunden. Die historische Wahrscheinlichkeit deutet auf eine neuerliche Kompromissformel einer Mitgliedschaft in mehreren Stufen hin. Auch dies ist keineswegs problemfrei, da sich Sonderwege verstetigen können, die ein nicht unerhebliches Gefahrenpotential darstellten. Erst seit kurzer Zeit wird, teilweise sehr ideologisch über die Sinnfälligkeit der Osterweiterung, die politische Beschlusslage auf „allerhöchster" Ebene öffentlich und kritisch diskutiert. Die geringe Begeisterung der Allgemeinheit für das EU-Großprojekt ergänzt vorhandene Probleme mit der noch nicht allerorten bewältigten Währungsunion und dem, zumindest aus Sicht der Bevölkerung, nicht eben beeindruckenden Erfolg des Euros als angehender Alternativ-Weltwährung zum US-Dollar.

4.2.6
Fazit

Die EU-Politik hat in der kurzen Zeit seit Unterzeichnung des Maastrichter Vertrages eine Fülle von Großprojekten begonnen, deren Ergebnisse in letzter Konsequenz noch nicht absehbar sind. Weder ist die Währungsunion ein in den Völkern überall und gleichmäßig verankertes Wunschbild noch zeichnet sich das EU-Geschehen von heute durch volksnahe positive Emotionalität aus. Wo es zu Volksabstimmungen kommt, zeigen sich Misshelligkeiten und Probleme, die ansonsten „realpolitisch" gelöst oder verschwiegen werden. Offen sind ferner elementare Abgrenzungsfragen zwischen der politischen Zuständigkeit der Union oder dem nationalstaatlichen oder gar föderalen Element. Die Verstetigung der parlamentarischen Demokratie in der Kompetenzausweitung des Europäischen Parlamentes findet ihre Grenzen in der letztendlich bestehenden Primärzuständigkeit nationaler Volksvertretungen. Die wenig handlungsfördernde Struktur der Kommission ist schließlich unverändert Gegenstand zahlreicher Reformwünsche, die mangels Gemeinsamkeiten ihrer abschließenden Bearbeitung harren. Das Schwergewicht „Europas" ist nach wie vor der primär wirtschaftliche Bereich einer Verwirklichung historisch einmaliger Freiheiten.

Im Vergleich dazu, auch dies ist nicht neu, hinkt der politische Bereich der Findung gemeinsamer Standpunkte mit Gewicht erheblich hinterher. Die Gefahr besteht, dass vor Vollendung schwieriger „alter" Projekte noch weitere neuere begonnen werden könnten, um den langsam abebbenden emotionalen Schwung der EU-Idee noch für möglichst irreversible Schritte – etwa die Erweiterung des Mitgliederkreises – zu nutzen bevor weitere „EU-unberechenbare" nationale Regierungen als Protest einer dies nicht mehr tragenden Bevölkerung für Stillstand sorgen. Grundsätzlich fehlt der EU-Praxis von heute die tragende Unterstützung der Völker, wie sie einst bei den ersten Schritten der EWG sichtbar waren. Zu intransparent und unergründlich sind die Entscheidungen samt der zu ihnen führenden Wege als das sich eine breite Mehrheit hier ohne Zögern wiederfinden könnte.

Gerade im Sozialbereich, wo es um sehr wesentliche Qualitätsaspekte nahezu aller Einwohner eines Landes geht, dürften daher auf Sicht nationale Erwägungen im Zentrum stehen. Weder will die Kommission eine Allgemeinzuständigkeit für sozialrechtliche Fragen noch dürften die Mitgliedstaaten dem einstimmig ihre Unterstützung geben. Allerdings bietet der neuartige Prozess des politischen Benchmarkings im Sozialbereich – vorerst noch ohne den Gesundheitssektor in seinem versicherungstechnischen Teilbereich – einen Ansatz, wo Mitgliedstaaten auf der Suche nach sozialpolitischen Lösungen ihre Politrezepte mit Unterstützung der Kommission vergleichen und miteinander abstimmen können. Dieses als „Luxemburgprozess" bekannte Geschehen betrifft derzeit den Arbeitsmarkt und eingeschränkter jedoch fühlbar die Alterssicherung. Aus deutscher Sicht ist Vorsicht geboten, wenn es darum geht, sich anderen vorschnell anzupassen, um möglichst „europäisch" daherzukommen, wiewohl man mit der erforderlichen kritischen Distanz jederzeit von tatsächlich besseren anderen Lösungen lernen kann.

Vermutlich, dies ist allerdings Spekulation, dürfte die „Wahrheit" eines zukünftigen Gesundheitsmodells dereinst in einer wie auch immer gestalteten „mid Atlantic" Variante liegen. Diese könnte gekennzeichnet sein durch eine europäisch-deutsche Verfügbarkeit und Allgemeinzugänglichkeit zusammen mit US-Innovationskraft und gemischter Beschaffungsstruktur bei umlagefinanzierter allgemeiner Versicherungspflicht. Vielleicht ist dies wahrscheinlicher als die schon historisch unrealistische Ausweitung deutscher Prinzipien auf andere EU-Staaten oder der ganz und gar unattraktiven Verstaatlichung des Gesundheitsgeschehens bei uns nach Art anderer EU-Partner. Dass die EU aus ihrer Mitte ein typisch europäisches alleinstehendes gesundheitsökonomisches Modell entwickeln könnte, dass den höchst unterschiedlichen Traditionen und Empfindlichkeiten Rechnung trüge, ist eher unwahrscheinlich. Der internationale Lernprozess wird die USA schon infolge ihres gewaltigen Potentials an Forschungskapazität und Marktkraft nicht ausschließen können ebenso wie es diesem Staat trotz seiner Stärke nicht auf Dauer gelingen wird, eine stabile Breitenzugänglichkeit seines Gesundheitswesens und damit der dort erzielbaren Nachfrage zu verhindern. Im Gegenzug könnten die EU-Staaten von heute und morgen in die allgemeine Diskussion ihrerseits wertvolle praktische Erfahrungen einspeisen, ohne auf die Kopie von sozialhistorischen Modellen, ohnehin ein unwahrscheinliches Ereignis, zu drängen. Erhält Deutschland seine diesbezügliche Kraft durch Bewahrung und Erweiterung von Freiräumen und Staatsferne, so könnten wir hierbei ohne kurzsichtige Belehrungsabsicht eine bedeutende Rolle spielen. Der milliardenschwere Gesundheitsmarkt und die hohe moralische und sozialethische Verpflichtung einer breitenzugänglichen Qualitätsversorgung sind vielleicht ungleiche Partner, sie dienen jedoch manchmal ein und demselben Zweck.

Abbildungsverzeichnis

Teil C: Spezielle Fragen zu Markt und Unternehmenssteuerung

Tabellenverzeichnis

Teil B: Der Unternehmensprozess im pharmazeutischen Unternehmen und seine Besonderheiten

Teil C: Spezielle Fragen zu Markt und Unternehmenssteuerung

Abkürzungsverzeichnis

A KH	Ausschuss Krankenhaus
AABG	Arzneimittelausgaben-Begrenzungsgesetz
ABAG	Arzneimittel-Budget-Ablösungsgesetz
ABDA	Bundesvereinigung Deutscher Apothekerverbände
AD	Außendienst
ADM	Mitarbeiter im Außendienst
ADME	Bestimmung zur Absorption, Distribution, Metabolisierung und Elimination
AEK	Verband der Arbeiter-Ersatzkassen
AEV	Arbeiter-Ersatzkassen-Verband
AG	Aktiengesellschaft
AgV	Arbeitsgemeinschaft der Verbraucherverbände
AMG	Arzneimittelgesetz
AMR	Arzneimittelrichtlinien
AMS	Arzneimittelsicherheit
ANZAG	Andreae-Noris Zahn AG
AOK	Allgemeine Ortskrankenkasse
AOK-BV	Bundesverband der Allgemeinen Ortskrankenkasse
AVB	Allgemeine Versicherungsbedingungen
AWB	Anwendungsbeobachtung
AWBZ	Allgemeines Gesetz über außergewöhnliche Krankheitskosten
BA Ä/KKen	Bundesausschuss der Ärzte und Krankenkassen
BA ZÄ/KKen	Bundesausschuss der Zahnärzte und Krankenkassen
BÄK	Bundesärztekammer
BDA	Bundesvereinigung der Deutsche Arbeitgerberverbände
BdI	Bundesverband der deutschen Industrie e. V.
BDI	Bundesverband der deutschen Internisten e. V.
BetrVG	Betriebsverfassungsgesetz
BfArM	Bundesinstitut für Arzneimittel und Medizinprodukte
BIP	Bruttoinlandsprodukt
BKK	Betriebskrankenkasse
BKK-BV	Bundesverband der Betriebskrankenkassen
BMA	Bundesministerium für Arbeit
BMG	Bundesministerium für Gesundheit
BMJFFG	Bundesministerium für Jugend, Familie, Frauen und Gesundheit
BPI	Bundesverband der pharmazeutischen Industrie
BUB	Bewertung ärztlicher Untersuchungs- und Behandlungsmethoden
BZÄK	Bundeszahnärztekammer
CBT	Computer based training
CDU	Christlich-Demokratische Union
CFR	Code of Federal Regulations
CPMP	Committee for Proprietary Medicinal Products
CRO	Contract Research Organisation
CSU	Christlich-Soziale Union
CTD	Common Technical Documents
DAG	Deutsche Angestellten Gewerkschaft
DB	Deutscher Beamtenbund

DBV	Deutsche Beamtenversicherung
DCF	Discounted-Cash-Flow
DGB	Deutscher Gewerkschaftsbund
DKG	Deutsche Krankenhausgesellschaft
DKM®	Deutscher Krankenhaus Markt
DKV	Deutsche Krankenversicherung AG
DPM	Deutscher Pharma Markt
DRGs	Diagnosis Related Groups
e. V.	Eingetragener Verein
EBM	Einheitlicher Bewertungsmaßstab
EK	Arbeiterersatzkasse
EMEA	European Medicines Evaluation Agency
EP	Europäisches Parlament
EPAR	European Public Assessment Report
ESWT	Extrakorporale Stosswellentherapie
EU	European Union
EuGH	Europäischer Gerichtshof
EWG	Europäische Wirtschaftsgemeinschaft
EWR	Europäischer Wirtschaftsraum
F&E	Forschung und Entwicklung
FBAG	Festbetrags-Anpassungsgesetz
FDA	Food and Drug Administration
FuE	Forschung und Entwicklung
GCP	Good Clinical Practice
GGmbH	Gemeinnützige Gesellschaft mit beschränkter Haftung
GKV	Gesetzliche Krankenversicherung
GKV-NOG	Krankenversicherungs-Neuordnungsgesetz
GLP	Good Laboratory Practice
GmbH	Gesellschaft mit beschränkter Haftung
GMP	Good Manufacturing Practice
GP	General Practitioner
GPI	Gesundheit & Psychologie im Internet
GPI	Gesellschaft für Pharma-Informationssysteme mbH
HWG	Heilmittelwerbegesetz
ICH	International Conference on Harmonization
IIT	Investigator Initiated Trial
IKK	Innungskrankenkasse
IKK-BV	Bundesverband der Innungskrankenkassen
IMS	Institut für Medizinische Statistik
IT	Informationstechnologie
IuD	Information und Dokumentation
KAiG	Konzertierte Aktion im Gesundheitswesen
KBV	Kassenärztliche Bundesvereinigung
KfW	Kreditanstalt für Wiederaufbau
KGV	Kurs-Gewinn-Verhältnis
KH	Krankenhaus
KI	Kontraindikation

KK	Krankenkasse
KliFo	Klinische Forschung
KTQ	Kooperation für Transparenz und Qualität
KUV	Kurs-Umsatz-Verhältnis
KVKG	Krankenversicherungs-Kostendämpfungsgesetz
KZBV	Kassenzahnärztliche Bundesvereinigung
LPVG	Landespersonalvertretungsgesetz
M&A	Mergers & Acquisitions
MBO	Musterberufsordnung der deutschen Ärzte
Med. FR	Medizinischer Fachreferent
Med. Wiss.	Medizinisch wissenschaftlich
MR	mutual recognition
MRP	Mutual Recognition Verfahren
MSA®	Medizinischer Sachbedarf in der Apotheke
NCE	New Chemical Entity
NGO	Non-Governmental Organisation
NHS	National Health Service
NICE	National Institute for Clinical Evidence
NW	Nebenwirkung
OECD	Organization for Economic Cooperation and Development
OTC	over-the-counter
PEG	Price/Earnings-to-Growth-Ratio
PEI	Paul-Ehrlich-Institut
PG	Produktgruppe
PHAGRO	Bundesverband des pharmazeutischen Großhandels e. V.
PIC	Pharmazeutische Inspektions Convention
PIPE	Private Investments in Public Equity
PKV	Private Krankenversicherung
PM	Produkt-Manager
POS	Point-of-Sales
PST	Pulsierende Signaltherapie
QALY	Quality-adjusted life-year
RPM®	Regionaler Pharmazeutischer Markt
SBU	Strategischen Business-Units
SG	Sozialgericht
SGB	Sozialgesetzbuch
SPC	Summary of Product Characteristics
SPD	Sozialdemokratische Partei Deutschland
SPORD	Stock, Put-Option und Research & Development
SVR KAiG	Sachverständigenrat für die Konzertierte Aktion im Gesundheitswesen
SWORD	Stock, Warrants, Option und Research & Development
tbg	Technologie-Beteiligungs-Gesellschaft
TOP	Therapieoptimierungsprüfung

TTK   Tagestherapiekosten

U.S.P.   Unique selling proposition
UAW   Unerwünschte Arzneimittelwirkung

VdAk   Verband der Angestellten Krankenkassen e. V.
VFA   Verband forschender Arzneimittelhersteller
VIP®   Verschreibungsindex für Pharmazeutika
VVaG   Versicherungsverein auf Gegenseitigkeit

WHO   World Health Organisation
WW   Wechselwirkung

ZNS   Zentrales Nervensystem

Literaturverzeichnis

Accenture (2001): Speed to Value: Delivering on the Quest for Better Medicines. London

Adam, H., Henke, K.-D. (1994): (§ 31) Konzertierte Aktion im Gesundheitswesen. In Schulin, B. (Hrsg.): Handbuch des Sozialversicherungsrechts. München, 845–851

AgV (Hrsg.) (2001): Medikamentenverkauf im Internet. http://www.agv.de/politik/patientenschutz/polmedinternet.htm

Arzneimittelrichtlinie (1993): Bundesanzeiger Nr. 246 vom 31. Dezember 1993, zuletzt geändert am 3. August 1998 (veröffentlicht im Bundesanzeiger Nr. 182 vom 29. September 1998)

Auster, R., Leveson, I., Sarachek, D. (1969): The Production of Health, an Exploratory Study. Journal of Human Resources 4, 4, 411–436

Berg, H. (1986): Bilanz der Kostendämpfungspolitik im Gesundheitswesen: 1977–1984. Wissenschaftliches Institut der Ortskrankenkassen (WidO) (Hrsg.), Sankt Augustin

Berg, W. (1997): Gesundheitsschutz als Aufgabe der EU, Entwicklung, Kompetenzen, Perspektiven. Baden-Baden

Berwick, D. M. (2001): Not again! Preventing errors lies in redesign – not exhortation. British Medical Journal 322, 247–248

Beske, F., Michel, C. (1998): Bedarf und Überkapazität im Krankenhaus. In Arnold, M., Paffrath, D. (Hrsg.): Krankenhausreport '98. Aktuelle Beiträge, Trends und Statistiken. Stuttgart u. a., 59–79

Bohle, T. (2001): Die Bedeutung der Rechtsform des Krankenhauses sowie der Chefarztverträge für Struktur und Organisation der Krankenhausleitung. In Eichhorn, S., Schmidt-Rettig, B. (Hrsg.): Krankenhausmanagement. Zukünftige Struktur und Organisation der Krankenhausleitung. Stuttgart, New York, 153–179

Braun, G. (Hrsg.) (1999): Handbuch Krankenhausmanagement: Bausteine für eine moderne Krankenhausführung. Stuttgart

Breyer, F., Ulrich, V. (2000): Gesundheitsausgaben, Alter und medizinischer Fortschritt: eine Regressionsanalyse. Jahrbücher für Nationalökonomie und Statistik, 220 1, 1–17

Breyer, F., Zweifel, P. (1999): Gesundheitsökonomie, 3. Auflage. Berlin, Heidelberg, New York

Bundesinstitut für Arzneimittel und Medizinprodukte (1998): Empfehlungen zur Planung, Durchführung und Auswertung von Anwendungsbeobachtungen. (12. November 1998)

Bundesministerium für Arbeit, Gesundheit und Soziales (1998): Qualität im Gesundheitswesen, Möglichkeiten und Grenzen der Zusammenarbeit auf EU-Ebene zur Erreichung eines hohen Gesundheitsschutzniveaus in den Mitgliedstaaten. Konferenzunterlage. Wien

Bundestagsdrucksache 12/3937 (1992): Erster Bericht des Bundesministeriums für Gesundheit zur Entwicklung der Beitragssätze in der gesetzlichen Krankenversicherung und zur Umsetzung der Empfehlungen und Vorschläge der Konzertierten Aktion zur Erhöhung der Leistungsfähigkeit, Wirksamkeit und Wirtschaftlichkeit im Gesundheitswesen (Erster Bericht nach § 141 Abs. 4 SGB V)

Bundestagsdrucksache 12/8570 (1995): Zweiter Bericht des Bundesministeriums für Gesundheit zur Entwicklung der Beitragssätze in der gesetzlichen Krankenversicherung und zur Umsetzung der Empfehlungen und Vorschläge der Konzertierten Aktion zur Erhöhung der Leistungsfähigkeit, Wirksamkeit und Wirtschaftlichkeit im Gesundheitswesen (Zweiter Bericht nach § 141 Abs. 4 SGB V)

Bundestagsdrucksache 13/11256 (1998): Dritter Bericht des Bundesministeriums für Gesundheit zur Entwicklung der Beitragssätze in der gesetzlichen Krankenversicherung und zur Umsetzung der Empfehlungen und Vorschläge der Konzertierten Aktion zur Er-

höhung der Leistungsfähigkeit, Wirksamkeit und Wirtschaftlichkeit im Gesundheitswesen (Dritter Bericht nach § 141 Abs. 4 SGB V)

Bundestagsdrucksache 9/1300 (1982): Bericht der Bundesregierung nach Artikel 2 § 6 des
Krankenversicherungs-Kostendämpfungsgesetzes

Bundesvereinigung Deutscher Apothekenverbände (ABDA) (2001): Die Apotheke. Zahlen,
Daten, Fakten. Eschborn

BW Bank (2000): Europäische Pharma-Industrie. Herausforderung Biotech: Chancen und
Risiken für Big Pharma. Stuttgart

Classen, C. D. (1995): Ethikkommissionen zur Beurteilung von Versuchen am Menschen:
Neuer Rahmen, neue Rolle. Medizinrecht (MedR), 148–151

Committee of Ministers to Member States on the Development and Implementation of
Quality Improvement Systems (QIS) in Health Care, Council of Europe (1998):
Recommendation No. R (97) 17. 23./24. Juli 1998. Bad Tatzmannsdorf

Coopers & Lybrand (1995): Business Strategy. London

Cullis, J. G., West, P. A. (1991): The Economics of Health. Chippenham

Dalhoff, M. (1997): Die Regelungen zur Steuerung der gesetzlichen Krankenversicherung – eine Orientierungsanalyse. Arbeit und Sozialpolitik, 11–12, 25–50

Danzon, P. M. (1998): The Economics of Parallel Trade. Pharmacoeconomics 13, 3,
293–304

de la Haye, R., Herbold, M. (2000): Anwendungsbeobachtungen, Leitfaden für die praktische Durchführung. Aulendorf

Dean, J. (1976): Pricing Policies for New Products. Harvard Business Review 54, 141–153

Deutsch, E. (1998): Medizinrecht, Arztrecht, Arzneimittelrecht und Medizinproduktrecht –
Bürgerliches Gesetzbuch zu § 823 ff. BGB ProdHaftG, 4. Auflage

Deutsch, E. (1999): Medizinrecht, 4. Auflage. Berlin, Heidelberg, New York

Deutsch, E. (2001): Die Sorge für den nicht einwilligungsfähigen Patienten – eine Aufgabe
der Ethikkommission? Recht der Medizin (RdM) (Zeitschrift Österreich), 106–113

Deutsch, E., Lippert, H.-D. (2001): Kommentar zum Arzneimittelgesetz (AMG). Berlin,
Heidelberg, New York

Deutsche Krankenhausgesellschaft (2000a): Krankenhausrecht. Taschenausgabe 2000.
Düsseldorf

Deutsche Krankenhausgesellschaft (2000b): Positionen der Deutschen Krankenhausgesellschaft zur Weiterentwicklung im Gesundheitswesen, 3. geänderte Auflage. Düsseldorf

Deutsche Krankenhausgesellschaft (2000c): Zahlen, Daten, Fakten 2000. Düsseldorf

Deutsches Krankenhausinstitut (2000): Krankenhaus-Barometer, Frühjahr 2000.
Düsseldorf

Deutsches Krankenhausinstitut, I+G Gesundheitsforschung (1999): Begleitforschung zur
Bundespflegesatzverordnung 1995. Düsseldorf

Di Masi, Joseph A. (2001a): New drug development in the United States from 1963 to
1999. Clinical Pharmacology & Therapeutics 69

Di Masi, Joseph A. (2001b): Risks in new drug development: Approval success rates for
investigational drugs. Clinical Pharmacology & Therapeutics 69

Dietz, W., Fabian, B. (1999): Das Räderwerk der Europäischen Kommission, 3., völlig
neubearbeitete und erweiterte Auflage. Bonn

Doepner, U. (2000): Heilmittelwerbegesetz, 2. Auflage. München

Eichhorn, S., Schmidt-Rettig, B. (2001): Krankenhausmanagement. Zukünftige Struktur
und Organisation der Krankenhausleitung. Stuttgart, New York

Einwag, M. (49. Ergänzungslieferung): Krankenhauswesen. In Schulz, R. S. (Hrsg.): Das
Grüne Gehirn, Loseblattsammlung. Starnberg, D1

Enquete-Kommssion des 11. Deutschen Bundestages (1990): Strukturreform in der gesetzlichen Krankenversicherung. Endbericht. Bonn

Environment Directorate OECD (1998): OECD-Principles of Good Laboratory Praxis (as revisited 1977). Paris; umgesetzt in nationales Recht durch die Chemikalien – Verwaltungsvorschriften – Gute Laborpraxis (GLB) vom 29.10.1990. Bundesanzeiger Nr. 204 vom 31.10.1990

Erbsland, M., Ried, W., Ulrich, V. (1998): The Impact of the Environment on the Demands for Health and Health Care. An Empirical Analysis for Germany. In Zweifel, P. (Hrsg.): Health, the Medical Profession, and Regulation. Dordrecht, 3–34

Erlei, M., Leschke, M., Sauerland, D. (1999): Neue Institutionenökonomik. Stuttgart

Ernst & Young (2000a): Convergence. The Biotechnology Industry Report. London

Ernst & Young (2001): Integration. Ernst & Young's Eighth Annual European Life Sciences Report 2001. London

EU-GCP (1995): ICH Topic E6 Note for Guidance on Good Clinical Practice (CPMP/ICH/135/95) Date for Coming into Operation: 17 January 1997

European Health Management Association (EHMA) (2000): The Impact of Market Forces on Health Systems. Dublin

Feiden, K. (1998): Betriebsverordnung für pharmazeutische Unternehmer, 5. Auflage. Stuttgart

Fricke, F.-U. (2000a): Der gesundheitspolitische Nutzen von Evaluationsstudien. In Schöffski, O., Schulenburg, J.-M. Graf v. d. (Hrsg): Gesundheitsökonomische Evaluationen, 2. Auflage. Berlin, Heidelberg, New York, 471–496

Fricke, F.-U. (2000b): Gesundheitsversorgung im 21. Jahrhundert. Recht und Politik im Gesundheitswesen 6, 4, 99–104.

Friesenwinkel, H. (1992): Pharma-Business. Berlin

Friesewinkel, H. (1988): Das Pharma-Marketing Buch. Kullenbach

Görlich, H. D.(1994): Anzeige von Nebenwirkungen aus klinischen Prüfungen nach der 5. AMG Novelle. Pharma Recht 11 (Pharma R), aktuelle Seiten I–II

GPI medic*scope (Hrsg.) (2000): Permanente Tagebuchstudie mit 10.000 Patienten (OTC).

Greene, A. Siegel, J. (2000): Pharmaceutical Industry. Drug Discovery: The Key to Long-Term Financial Success. Wasserstein Perella Securities, Inc., New York

Greiner, W., (2000): Die Berechnung von Kosten und Nutzen im Gesundheitswesen. In Schöffski, O., Schulenburg, J.-M. Graf v. d. (Hrsg.): Gesundheitsökonomische Evaluationen, 2. Auflage. Berlin, Heidelberg, New York, 159–174

Greiner, W., Schöffski, O. (2000): Grundprinzipien von Wirtschaftlichkeitsuntersuchungen. In Schöffski, O., Schulenburg, J.-M. Graf v. d. (Hrsg.): Gesundheitsökonomische Evaluationen, 2. Auflage. Berlin, Heidelberg, New York, 205–229

Grossman, M. (1972): On the Concept of Health Capital and the Demand for Health. Journal of Political Economy 80, 2, 223–255

Handelsblatt, Investor (2001a): Von Genen und Gewinnen. Düsseldorf

Handelsblatt, Investor (2001b): Biotech für Mutige. Düsseldorf

Hart, D. (2000): Therapieoptimierungsprüfungen. Der Onkologe 8, 778–782

Hayek, F. A. v. (1968): Der Wettbewerb als Entdeckungsverfahren. Kiel

Hehner, B. (1991): Kontakte Ciba-Geigy Jg. 8, 4. Wehr

Henke, K.-D. (1988): Funktionsweise und Steuerungswirksamkeit der Konzertierten Aktion im Gesundheitswesen (KAiG). In Gäfgen, G. (Hrsg.): Neokorporatismus und Gesundheitswesen. Baden-Baden, 113–157

Hof, B. (2001): Auswirkungen und Konsequenzen der demographischen Entwicklung für die gesetzliche Kranken- und Pflegeversicherung. Gutachten im Auftrag des Gesamtverbandes der Deutschen Versicherungswirtschaft. Köln

Höfling, W., Demel, M. (1999): Zur Forschung an Nichteinwilligungsfähigen. Medizinrecht 12 (MedR), 540–546

Hölmstrom, B. (1979): Moral Hazard and Observability. Bell Journal of Economics 10, 1, 74–91

ICH (1995): ICH Topic E8 Note for Guidance on General Considerations (CPMP/ICH/291/95) adopted: Sept. 97

ICH (1996): Tripartite harmonised ICH guideline (E6) finalised in May 1996

ICH (2000): ICH Topic Q7A Step 5 Note for Guidance Good Manufacturing Practice for Active Pharmaceutical Ingredients (CPMP/ICH/4106/00 – released for consultation July 2000)

ICH, Guideline for Good Clinical Practice (GCP), May 1996. http://www.ifpma.org/pdfifpma/pb.pdf

Institut für medizinische Statistik (IMS) (2001):Health Data. Frankfurt. http://www.imshealth.de

Jakubowski, E., Busse, R. (1998): Health Care Systems in the EU – a comparative study. Working Paper for the Directorate General for Research of the European Parliament, SACO 101 EN

Jung, K. (1998): Bundesausschuss der Ärzte und Krankenkassen – Entscheidungsgremium der gemeinsamen Selbstverwaltung in der vertragsärztlichen Versorgung der gesetzlichen Krankenversicherung (GKV). Gesellschaftspolitische Kommentare (gpk) 9/1998, 3–42

Kamke, K. (1998): Bundesausschuss gewinnt an Bedeutung. Deutsches Ärzteblatt 95, Heft 1/2, A27

Kamke, K., Hutzler, D. (1999): Die Richtlinien des Bundesausschusses der Ärzte und Krankenkassen. In Berner, B., Herles, D., Hess, R., Hutzler, D., Kamke, K. u. a.: Die vertragsärztliche Versorgung im Überblick. Köln, 251–331

Kern, A. O., Beske, F., Kupsch, S., Hallauer, J. F. (1997): Zur Neubestimmung des Leistungsumfangs der gesetzlichen Krankenversicherung – Gesundheitsziele, Leistungskatalog und Selbstbeteiligung. Kiel

Kerres, M., Lohmann, H. (2000): Der Gesundheitssektor: Chance zur Erneuerung. Wien, Frankfurt

Kersting, W. (2000): Gerechtigkeitsethische Überlegungen zur Gesundheitsversorgung. In Schöffski, O., Schulenburg, J.-M. Graf v. d. (Hrsg): Gesundheitsökonomische Evaluationen, 2. Auflage. Berlin, Heidelberg, New York, 25–49

Kettler, H. (1999): Updating the cost of a NCE. Office of Health Economics. London

Kloesel, A., Cyran, W. (1998): Arzneimittelrecht. Stuttgart

Knappe, E., Optendrenk, S. (1999): Der Einfluss des demographischen Wandels auf die Kranken- und Pflegeversicherung. In Grünheid, E., Höhn, C. (Hrsg.): Demographische Alterung und Wirtschaftswachstum. Schriftenreihe des Bundesinstituts für Bevölkerungsforschung, Bd. 29. Opladen, 157–179

Kohn, L., Corrigan, J., Donaldson, M. (Hrsg) (1999): To err is human: building a safer health system. Institute of Medicine, National Academy of Sciences, Washington DC

Kommission der EG (1993): Mitteilung der Kommission über den Aktionsrahmen im Bereich der öffentlichen Gesundheit. KOM (93)559 endg.. Brüssel

Kommission der EG (1998): Bericht der Kommission: Soziale Sicherheit in Europa 1997 – Zusammenfassung. KOM (1998) endg.. Brüssel

Kommission der EG (2000): Mitteilung der Kommission über die gesundheitspolitische Strategie der Europäischen Gemeinschaft vom 16. Mai 2000. KOM (2000) 285 endg., 2000/0119 (COD). Brüssel

Kopmann, U. (1997): Nachgefragt: Konzertierte Aktion und Sachverständigenrat. Es ist ruhig geworden um den runden Tisch des Gesundheitswesens – Sachverständige mit Sonderaufgaben. Medikament und Meinung. Oktober 1997, 3

Kotler, P., Bliemel, F. (1999): Marketing Management. Stuttgart

Krämer, W. (1996): Hippokrates und Sisyphus. Die moderne Medizin als Opfer ihres eigenen Erfolgs. In Kirch, W. Klient, H. (Hrsg.): Rationierung um Gesundheitswesen. Regensburg

Kroth, E. (1997): Situation der klinischen Prüfungen in Deutschland. Die pharmazeutische Industrie 12, 1022–1026

Kupsch, S., Kern, A. O., Klas, C., Kressin, B. K. V., Vienonen, M., Beske, F. (2000): Health Service Provision on a Microcosmic Level – An International Comparison – Results of a WHO/IGSF Survey in 15 European Countries. Kiel

Lampert, H. (1998): Lehrbuch der Sozialpolitik, 5. Auflage. Berlin, Heidelberg, New York u. a.

Laufs, A., Uhlenbruck, W. (1999): Handbuch des Arztrechts, 2. Auflage, München

Lettau, H.-G. (1998): Grundwissen Marketing, 8. Auflage. München

Leu, R. E., Doppmann, R. J. (1986): Die Nachfrage nach Gesundheit und Gesundheitsleistungen. In Gäfgen, G. (Hrsg.): Ökonomie des Gesundheitswesens. Schriften des Vereins für Socialpolitik, N. F., Bd. 159. Berlin, 160–175

Lindner, R. (2000): Die Pharmakonzerne wollen ihre Rolle als Entdecker nicht aufgeben. Aber die Biotechnologieindustrie übernimmt immer mehr Forschungsaufgaben. Frankfurter Allgemeine Zeitung 108

Marx, P. (2000): Erstattung von Arzneimittel in Deutschland. Health Economics in Prevention and Care 0, 0, 16–19

Mc Guire, H., Henderson, J., Mooney, G. (1988): The Economics of Health Care. An Introductory Text. London

MediaTransfer (2001): e-bus. Hamburg

Meffert, H. (1982): Marketing. Einführung in die Absatzpolitik. Wiesbaden

Mintzberg, H. (1994): The Fall and Rise of Strategic Planning. Harvard Business Review Jan/Feb 1994, 107–113

Mirrlees, J. A. (1976): The Optimal Structure of Incentives and Authority within an Organization. Bell Journal of Economics 7, 1, 105–131

Mothes, K. G. (1984): Pharmastrategien im Wandel. Siegburg-Seligenthal

Müller-Bohn, T., Ulrich, V. (2000): Pharmakoökonomie. Stuttgart

Muurinen, J. (1982): Demand for Health: A generalised Grossman Model. Journal of Health Economics, 1, 1, 5–28

Neubauer, G. (1999): Private im Vormarsch. In: krankenhaus umschau 3, 175–179

Neubauer, G., Rowy, R. (2000): Ökonomische Aspekte von Rehabilitation. In Bengel, J., Koch, U. (Hrsg): Grundlagen der Rehabilitationswissenschaften. Berlin

Oberender, P., Hebborn, A. (1994): Wachstumsmarkt Gesundheit. Therapie des Kosteninfarkts. Frankfurt

OECD (2000): Health Data. Paris

Olson, M. (1971): The Logic of Collective Action. Cambridge/Massachussets

OlsonOrganization for Economic Cooperation and Development (OECD) (1990): Health Care Systems in Transition: The Search for Efficiency. Paris

Orlowski, U. (2000): §142 SGB V. In: GKV-Kommentar, 113. Erg.-Lfg., April 2000. Heidelberg

Osterkamp, R. (2001): Das deutsche Gesundheitssystem im internationalen Vergleich. Ifo-Schnelldienst 54, 10, 9–16

Pammolli, F., Orsemigo, L., Gambardella, A. (2000): Report European Prospective: Global Competitiveness in Pharmaceuticals.

Pantenburg, S. (2000): Unternehmensmanagement aus institutioneller Sicht. In Eichhorn, P., Seelos, H.-J., Schulenburg, J.-M. Graf v. d. (Hrsg.): Krankenhausmanagement. München, Jena, 104–125

Pharmaceutical Research and Manufacturers of America (2001): Pharmaceutical Industry Profile 2000. Washington, DC

Pohlmeier, W., Ulrich, V. (1992): Determinanten des Gesundheitszustands. Ein empirischer Ansatz zur Outputmessung im Gesundheitswesen bei partieller Information. Zeitschrift für Wirtschafts- und Sozialwissenschaften 112, 2, 219–238

PricewaterhouseCoopers (1999): Studie „Marketing to the Individual". London

Rahner, E. (1980): Umfang der Selbstmedikation in der BR Deutschland. Pharmazeutische Industrie 42, 12, 1233–1239

Ratzel, R., Lippert H.-D. (1998): Kommentar zur Musterberufsordnung der deutschen Ärzte (MBO). Berlin, Heidelberg, New York, Tokyo

Rechtsverordnung über die Amtsdauer, Amtsführung und Entschädigung der Mitglieder der Bundesausschüsse und Landesausschüsse der Ärzte (Zahnärzte) und Krankenkassen vom 10. November 1956, Bundesgesetzblatt (BGBl) 1956, I, 861; BGBl 1980, I, 282

Rehmann, W. A. (1999): Arzneimittelgesetz (AMG). München

Ried, W. (1998): Comparative Dynamic Analysis of the Full Grossman Model. Journal of Health Economics 17, 4, 383–426

Rieger, H.-J. (2001): Lexikon des Arztrechts, 2. Auflage. Heidelberg

Rote Liste (2001): Arzneimittelverzeichnis für Deutschland (einschließlich EU-Zulassungen). Aulendorf

Sachverständigenrat für die Konzertierte Aktion im Gesundheitswesen (1997): Gesundheitswesen in Deutschland, Sondergutachten 1997, Kostenfaktor und Zukunftsbranche, Band II: Fortschritt und Wachstumsmärkte, Finanzierung und Vergütung. Baden-Baden

Sachverständigenrat für die Konzertierte Aktion im Gesundheitswesen (2001): Bedarfsgerechtigkeit und Wirtschaftlichkeit. Band I: Zielbildung, Prävention, Nutzerorientierung und Partizipation. Band II: Qualitätsentwicklung in Medizin und Pflege. Gutachten 2000/2001. Baden-Baden

Sachverständigenrat für die Konzertierte Aktion im Gesundheitswesen (1988): Medizinische und ökonomische Orientierung. Vorschläge für die Konzertierte Aktion im Gesundheitswesen. Baden-Baden

Sachverständigenrat für die Konzertierte Aktion im Gesundheitswesen (SVRKAiG) (2000/2001): Zielbildung, Prävention, Nutzerorientierung und Partizipation. Gutachten Band 1. http://www.svr-gesundheit.de/gutacht/gutalt/sg00.htm

Sachverständigenrat zur Begutachtung der gesamtwirtschaftlichen Entwicklung (2000): Chancen auf einen höheren Wachstumspfad. Jahresgutachten 2000/2001. Stuttgart

Schenke, W.-R. (1996): Verfassungsrechtliche Probleme einer öffentlichrechtlichen Monopolisierung der ethischen Beratung bei klinischen Versuchen am Menschen. Neue Juristische Wochenschrift (NJW), 745–755

Schneider, M., Hofmann, U., Biene-Dietrich, P., Späth, B., Mill, D. (1999): Die deutschen Arzneimittelpreise im europäischen Vergleich. Augsburg

Schneider, U. (1998): Der Arzt als Agent des Patienten – Zur Übertragbarkeit der Principal-Agent-Theorie auf die Arzt-Patient-Beziehung. Wirtschaftswissenschaftliche Diskussionspapiere 2/98, Rechts- und Staatswissenschaftliche Fakultät, Ernst-Moritz-Arndt-Universität Greifswald

Schöffski, O. (1995): Die Regulierung des deutschen Apothekenwesens. Eine ökonomische Analyse. Baden-Baden

Schöffski, O. (1996): Consequences of Implementing a Drug Budget for Office-Based Physicians in Germany. Pharmacoeconomics 10, Suppl. 2, 37–47

Schöffski, O., Uber, A. (2000): Grundformen gesundheitsökonomischer Evaluationen. In Schöffski, O., Schulenburg, J.-M. Graf v. d. (Hrsg): Gesundheitsökonomische Evaluationen, 2. Auflage. Berlin, Heidelberg, New York, 175–203

Schölkopf, M., Stapf-Finé, H. (2000): Stationäre Versorgung im europäischen Vergleich. In: Das Krankenhaus, 11, 870–874

Schwabe, U., Paffrath, D. (1999): Arzneiverordnungsreport 1998, Berlin

Simon, H. (1995): Preismanagement kompakt: Probleme und Methoden des modern pricing. Wiesbaden

Smigielski, E. (1981): Zur Problematik der Globalsteuerung im Gesundheitswesen unter besonderer Berücksichtigung der Konzertierten Aktion im Gesundheitswesen. In: Die Ortskrankenkasse, 13, 521–526

Statistisches Bundesamt (2000): Statistisches Taschenbuch Gesundheit 2000, Wiesbaden

Statistisches Bundesamt (Hrsg) (1998): Gesundheitsbericht für Deutschland. Stuttgart

Statistisches Bundesamt (Hrsg) (2000): Statistisches Jahrbuch 2000 für die Bundesrepublik Deutschland. Stuttgart

Statistisches Bundesamt (Hrsg.) (verschiedene Jahrgänge): Diagnosedaten der Krankenhauspatienten. Wiesbaden

Statistisches Bundesamt (Hrsg.) (verschiedene Jahrgänge): Grunddaten der Krankenhäuser und Vorsorge- und Rehabilitationseinrichtungen. Wiesbaden

Stiftung Warentest (Hrsg.) (2001): Pillen preiswerter einkaufen. Test 5, 88–90

Terhorst, E. (2000): Wahlfreiheit und Wettbewerb in der Privaten Krankenversicherung. Berlin

The World Bank (1993): World Development Report 1993- Investing in health. New York

The World Bank (1997): World Development Report 1997 – The state in a changing world. Washington DC

U.S. Congress, Office of Technology Assessment (1993): Pharmaceutical R&D: Costs, Risks and Rewards. OTA-H-522. Washington/DC

UBS Warburg (2000): Accelerating Biopharma R&D. Drug Discovery Tools. London

UBS Warburg (2001a): An Introduction to the Pharmaceutical Industry. London

UBS Warburg (2001b): The Biotechnology Handbook. „Blue Sky" Potential?. London

Velkova, A., Wolleswinkel-van den Bosch, J. H., Mackenbach, J. P. (1997): The East-West life expectancy gap: differences in mortality from conditions amenable to medical intervention. International Journal of Epidemiology 26, 1, 75–84

Verband der Privaten Krankenversicherung (2000): Zahlenbericht 1998/99, Köln

Verband Forschender Arzneimittelhersteller (VFA) (1999): Forschung für das Leben, 3. Auflage. Bonn

Verband Forschender Arzneimittelhersteller e.V. (VFA) (1997): Klinische Forschung in Deutschland – Eine Standortbestimmung (Zur Sache 2). Brühl

Verband Forschender Arzneimittelhersteller e.V. (VFA) (2000): Arzneimittelrecht aktuell. Berlin

Vertrag über die Europäische Union in der Fassung vom 2. Oktober 1997 (Vertrag von Amsterdam). BT-Drs. 13/9339. Amsterdam

Vertrag über die Europäische Union vom 7. Februar 1992 (Vertrag von Maastricht). BGBl. 1992 II S. 1253. Maastricht

Victor, N., Schäfer, H., Nowak, H. (1991): Arzneimittelforschung nach der Zulassung. Berlin

Wagstaff, A. (1986): The Demand for health: Some New Empirical Evidence. Journal of Health Economics 5, 3, 195–233

Walter-Sack, I. (1997): Aufgaben und Arbeitsweise einer Ethikkommision nach der Änderung der Berufsordnung der Ärzte in Baden Württenberg und Inkrafttreten des Medizinproduktegesetzes sowie der 5. Novelle des Arzneimittelgesetzes. Medizinrecht (MedR) 7, 301–304

Weinholt, H. (1972): Marketing – Ein Lehrgang in 12 Lektionen. Herbruck, St. Gallen

WHO (2000): HFA-Database. Kopenhagen

WidO (Hrsg.) (2001): Modellrechnung des WidO zu Versandapotheken. Bonn

Wild, J. (1982): Grundlagen der Unternehmensplanung, 4. Auflage. Reinbek bei Hamburg

Wille, E., Mehnert, A., Rohweder, J. P. (1994): Zum gesellschaftlichen Nutzen pharmazeutischer Innovationen. Frankfurt, Main

Wille, E., Ulrich, V. (1991): Bestimmungsfaktoren der Ausgabenentwicklung in der gesetzlichen Krankenversicherung. In Hansmeyer, K.-H. (Hrsg.): Finanzierungsprobleme der sozialen Sicherung II. Schriften des Vereins für Socialpolitik, N. F., Bd. 194 II, Berlin, 9–115

Wissenschaftlicher Beirat beim Bundesministerium für Wirtschaft und Technologie (2000): Aktuelle Formen des Korporatismus, Berlin

Witte, P. U., Schenk, J., Schwarz, J. A., Kori-Linder, C. (2000): Ordnungsgemäße klinische Prüfung. Berlin

World Health Organization (WHO) (1999): The World Health Report 1999: Making a difference. Genf

World Health Organization (WHO) (2000): The World Health Report 2000: Health Systems: Improving Performance. Genf

Zweifel, P. (1982): Ein ökonomisches Modell des Arztverhaltens. Berlin, Heidelberg, New York

Zweifel, P. (1994): Eine Charakterisierung von Gesundheitssystemen: Welche sind von Vorteil bei welchen Herausforderungen? In Oberender, P. (Hrsg.): Probleme der Transformation im Gesundheitswesen. Baden-Baden, 9–43

Stichwortverzeichnis

Autorenverzeichnis

Bertsch, Klaus, Dr.
Novartis Pharma GmbH
Roonstr. 25
90429 Nürnberg

Däinghaus, Ralf
Geschäftsführer
0800DocMorris N. V.
Minckelersstr. 6
6372 PP Landgraaf
Niederlande

Dambacher, Erich
Aventis Pharma Deutschland GmbH
Königsteiner Str. 10
65812 Bad Soden/Taunus

Danner, Günter
Technikerkrankenkasse
Bramfelderstr. 140
22305 Hamburg

de la Haye, Rainer, Dr.
Input GmbH
Lütticher Str. 281
52074 Aachen

Ehlers, Alexander, Dr. Dr.
Ehlers, Ehlers & Partner
Rechtsanwaltssocietät
Widenmayerstr. 29
80538 München

Freytag, Antje
Universität Trier
FB IV – Volkswirtschaftslehre
54286 Trier

Fricke, Frank-Ulrich, Dr.
Fricke & Pirk GmbH
Färberstr. 20
90402 Nürnberg

Gorbauch, Thorsten, Dr.
Aventis Pharma GmbH
Medizinische Abteilung
Königsteiner Str. 10
65812 Bad Soden/Taunus

Guminski, Werner
I + G Gesundheitsforschung
GmbH & Co.
Landsberger Str. 338
80687 München

Hartmann, Wolfgang, Dr.
Krökelbergstr. 17
65193 Wiesbaden

Jordan, Harald, Dr.
Schwarz Pharma AG
Corporate Regulatory Affairs
Alfred-Nobel-Str. 10
40789 Monheim/Rhein

July-Grolman, Maike
mjg Management Beratung
Gleueler Str. 269
50935 Köln

Kamke, Kerstin, Dr.
Kassenärztliche Bundesvereinigung
Hauptgeschäftsführung
Herbert-Lewin-Str. 3
50931 Köln

Kern, Axel Olaf
Universität Augsburg
Lehrstuhl für Finanzwissenschaft und
Sozialpolitik
Universitätsstr. 16
86159 Augsburg

Kupsch, Stephan Dieter
Medizinischer Dienst der Krankenversicherung Schleswig-Holstein
Katharinenstraße 11 a
23554 Lübeck

Labbé, Marcus, Dr.
Rödl & Partner
Äußere Sulzbacher Str. 100
90491 Nürnberg

Pirk, Olaf, Dr.
Fricke & Pirk GmbH
Färberstr. 20
90402 Nürnberg

Rauland, Marco, Dr.
    I + G Gesundheitsforschung
    GmbH & Co.
    Landsberger Str. 338
    80687 München

Robbers, Jörg
    Deutsche Krankenhausgesellschaft
    Hauptgeschäftsführer
    Münsterstr. 169
    40476 Düsseldorf

Schöffski, Oliver, Prof. Dr.
    Universität Erlangen-Nürnberg
    Lehrstuhl für Gesundheits-
    management
    Lange Gasse 20
    90403 Nürnberg

Stapf-Finé, Heinz, Dr.
    Deutsche Krankenhausgesellschaft
    Bereich Politik
    Straße des 17. Juni 114
    10623 Berlin

Stein, Hans, Ministerialrat Dr.
    Bundesministerium für Gesundheit
    Am Propsthof 78 a
    53121 Bonn

Thierolf, Christoph, Dr.
    BioConnect AG
    Arndtstr. 28
    60325 Frankfurt a. M.

Ulrich, Volker, Prof. Dr.
    Universität Greifswald
    Lehrstuhl für Finanzwissenschaft
    Friedrich-Loefflerstr. 70
    17489 Greifswald

Volk, Wilhelm, Dr.
    Novartis Pharma GmbH
    Roonstr. 25
    90429 Nürnberg

Weizel, Isabel, Dr.
    Ehlers, Ehlers & Partner
    Rechtsanwaltssocietät
    Widenmayerstr. 29
    80538 München

Wirth, Christian, Dr.
    Staab & Kollegen Rechtsanwalts-
    societät
    Bahnhofstr. 77
    66111 Saarbrücken